Thomas Leif · Rudolf Speth (Hrsg.)

Die stille Macht

Thomas Leif · Rudolf Speth (Hrsg.)

Die stille Macht

Lobbyismus in Deutschland

Westdeutscher Verlag

Bibliografische Information Der Deutschen Bibliothek
Die Deutsche Bibliothek verzeichnet diese Publikation in der Deutschen Nationalbibliografie;
detaillierte bibliografische Daten sind im Internet über <http://dnb.ddb.de> abrufbar.

1. Auflage Dezember 2003

Alle Rechte vorbehalten
© Westdeutscher Verlag/GWV Fachverlage GmbH, Wiesbaden 2003

Redaktion: Dr. Thomas Leif und Dr. Rudolf Speth
Lektorat: Frank Schindler

Der Westdeutsche Verlag ist ein Unternehmen von Springer Science+Business Media.
www.westdeutscher-verlag.de

Das Werk einschließlich aller seiner Teile ist urheberrechtlich geschützt. Jede Verwertung außerhalb der engen Grenzen des Urheberrechtsgesetzes ist ohne Zustimmung des Verlags unzulässig und strafbar. Das gilt insbesondere für Vervielfältigungen, Übersetzungen, Mikroverfilmungen und die Einspeicherung und Verarbeitung in elektronischen Systemen.

Die Wiedergabe von Gebrauchsnamen, Handelsnamen, Warenbezeichnungen usw. in diesem Werk berechtigt auch ohne besondere Kennzeichnung nicht zu der Annahme, dass solche Namen im Sinne der Warenzeichen- und Markenschutz-Gesetzgebung als frei zu betrachten wären und daher von jedermann benutzt werden dürften.

Umschlaggestaltung: Horst Dieter Bürkle, Darmstadt
Umschlagbild: Stefan L. Wolf, Nina Faber de.sign, Wiesbaden
Druck und buchbinderische Verarbeitung: Hubert & Co., Göttingen
Gedruckt auf säurefreiem und chlorfrei gebleichtem Papier
Printed in Germany

ISBN 3-531-14132-5

Inhalt

Einleitung

Thomas Leif / Rudolf Speth
Anatomie des Lobbyismus. Einführung in eine unbekannte Sphäre der Macht   7

Problemrelief: Zwischen Lobbyliste und parlamentarischer Realität

Inge Maria Burgmer
Lobbyverbände unter Anpassungsdruck   33

Birger P. Priddat
Die Lobby der Vernunft. Die Chancen wissenschaftlicher Politikberatung   43

Ralf Fücks
Lobbyismus braucht demokratische Kontrolle   55

Thomas Hart
Mehr Transparenz für die stillen Mächtigen   60

Feldbeobachtungen: Diskretion und Effizienz – Fallbeispiele aus dem Alltag

„Getrennt marschieren, vereint schlagen"
Interview mit *Wolf-Dieter Zumpfort*   85

Klaus Escher
Unternehmenslobbying. Studie zur politischen Kommunikation der BASF   98

Anke Martiny
Lobbyinteressen im Gesundheitssektor. Wo bleibt das Gemeinwohl?   115

Markus Jatzer
Komplizen in der Politik. Politische Handlungsdefizite im Gesundheitssystem   131

Kurt Langbein
Die Pharmalobby. Der Mut zur Überdosis Macht   137

„Lobbyismus ist Politikberatung"
Interview mit *Karlheinz Maldaner*   144

Gottlob Schober
Die Deutsche Telekom. Lobbyarbeit für den Börsengang   157

„Der Lobbyist will politische Entscheidungen beeinflussen"
Fragen an Lobbyisten   178

Eckehard Niemann
Das Interessengeflecht des Agrobusiness   186

Alain Grenier
Die Interessenwahrer des Straßenbaus   213

Jochen Roose
Lobbying für die „gute Sache". Umweltinteressen und die Macht der NGOs 238

Franz-Reinhard Habbel
Die Städte als Lobbyorganisationen 253

Konrad Klingenburg
Dagegen sein ist nicht alles. Gewerkschaftliche Interessenvertretung
in Berlins neuer Unübersichtlichkeit 271

Wolfgang Schröder
Lobby pur. Unternehmerverbände als klassische Interessenvertreter 281

Ortbesichtigungen: Erfahrungen jenseits der nationalstaatlichen Bühne

Rinus van Schendelen
Brussels: The premier league of lobbying 300

Martin Thunert
Is that the way we like it? Lobbying in den USA 320

Reiseführer und Lotsen: Vermittler, Agenturen und Kolporteure im Lobby-Labyrinth

Tobias Kahler / Manuel Lianos
Neue Aktionsfelder: Agenturen in den Lobby-Kinderschuhen 335

Klaus Kocks
Das neue Lobbyinstrument – PR im Journalismus 350

Thomas Leif / Rudolf Speth
Lobby-Kampagnen. Zur Kolonisierung der Öffentlichkeit 354

„Im Vorfeld miteinander reden"
Der Dreißiger-Multiplikatoren-Club-Berlin (DMC)
Interview mit *Heinz Warneke* 362

Andreas Skowronek
Bloß nichts Verbindliches. Das Zusammenspiel von Ministerien
und Lobbyisten 372

Kommentierte Literaturauswahl 378

Autorenverzeichnis 381

Anatomie des Lobbyismus
Einführung in eine unbekannte Sphäre der Macht.

Thomas Leif / Rudolf Speth

1 Imageprobleme

Immer öfter legen gegenwärtig die Stillen im Lande ihre Zurückhaltung ab. Kaum wird eine Reform angekündigt, melden sich Interessengruppen und bauen ihre Drohpotenziale auf. Dies können andere Akteure in der Politik oft sogar vermeiden, die sogenannten Lobbygruppen. Sie verstehen es, bereits im Vorfeld wichtiger Entscheidungen auf geräuschlose Weise Macht auszuüben.

Am Gesundheitsbereich, einer der größten Reformbaustellen, ist das deutlich zu studieren. Hier sind es nicht die Gewerkschaften, die sonst immer als lobbyistische Blockierer hingestellt werden. Die Gesundheitsministerin Ulla Schmidt sieht im Widerstand der Lobbyistengruppen der Pharmaindustrie, der Kassenärztlichen Vereinigungen, der Apotheker Versuche, den status quo zu zementieren und die Vorteile der eigenen finanzkräftigen Klientel zu sichern.

Ähnliche Tendenzen gibt es auch in anderen Bereichen. Die Einführung des Pfands auf Getränke brachte die unterschiedlichen Lobbygruppen der Dosenindustrie und der großen Getränkehersteller auf den Plan. Nicht geht gegen und auch nichts mit ihnen.

Die lautstarke Attacke ist aber nicht der Alltag der lobbyistischen Interessenvertreter. Gewöhnlich agieren sie eher still und in gewohnten Routinen. Die Öffentlichkeit wird dieser Macht der Lobbygruppen immer erst gewahr, wenn etwas aus dem Ruder gerät, oder wenn die Interessen ihrer Auftraggeber nicht berücksichtigt oder massiv angegriffen werden. Öffentlicher Protest ist für sie die ultima ratio.

Das Wechselspiel zwischen Politik und Lobbyismus birgt durchaus Risiken und Nebenwirkungen in sich. Der tiefe Fall des Verteidigungsministers Rudolf Scharping hat kurz vor der Bundestagswahl im September 2002 die enge Verflechtung von Politik und Lobbyisten wieder schlaglichtartig ins Bewusstsein der Öffentlichkeit gerückt. Scharping und andere Politiker pflegten allzu enge Kontakte zu Moritz Hunzinger mit seinen Spezial-Beziehungen zur Rüstungsindustrie. Dabei zählt Hunzinger offiziell gar nicht zu den klassischen Lobbyisten. Er würde sich vielmehr selbst als PR-Berater bezeichnen, der auch Kontakte herstellt, beispielsweise zwischen Rüstungslobbyisten und rüstungsfreundlichen Entscheidungsträgern. Daneben verhilft er seinen Kunden zu mehr Anerkennung in der Öffentlichkeit. Es gibt auch Grenzgänger der Branche.

Was im Fall Hunzinger deutlich wurde: Das Geschäft der Einflussnahme blüht im Verborgenen und die Grenzen sind fließend. Die Lobbyisten sind zur stillen Macht im Lande geworden. PR-Berater, Image-Berater, Vertreter von Verbänden und Wirtschaftsgruppen: Alle suchen politische Entscheidungen zu beeinflussen und sich in die Nähe der Macht zu tasten. Es hat sich eine Kultur des Austausches von Wissen gegen Einfluss etabliert. Die Lobbyisten bieten ihr Wissen an und werden – im Gegenzug frühzeitig mit Informationen versorgt. Die Art und Weise, wie dies im Schatten der Öffentlichkeit geschieht, wird zunehmend diskutiert. Hunzingers Geschäftsmodell gilt mittlerweile in der Branche als überholt und sogar als gefährlich. Folgt man den Selbsteinschätzungen der Lobbyisten – dann ist Seriosität angesagt. Verlässlichkeit, Glaubwürdigkeit, Redlichkeit, profunde Kenntnisse und Professionalität sind die Schlüsselqualifikationen, die immer häufiger von einem Lobbyisten erwartet werden.

Einige Lobbyisten berichten sehr freimütig über ihr Geschäft und bekennen sich zu ihrer Tätigkeit, wenngleich einige den eher verharmlosenden Begriff der Politikberatung dafür wählen. Dieses Bekenntnis finden wir nicht nur dort, wo wir es erwarten würden, bei den Vertretern von Unternehmen und großen Organisationen. Zur Lobby-Arbeit bekennen sich heute auch Nicht-Regierungsorganisationen wie Greenpeace, *Transparency International* und entwicklungspolitische Gruppen. Lobbyisten leisten mehr als nur Politikberatung. Es gibt auch einen *return of invest*, der umso größer ist, je geschickter der Lobbyist auf der Klaviatur der politischen Einflussnahme zu spielen versteht. Unternehmen äußern sich heute nicht mehr allein zu ihren spezifischen Interessen, sondern zunehmend auch zu anderen gesellschaftspolitischen Fragen.

Der Lobbyismus ist heute zu einer stillen fünften Gewalt gewachsen. Er hat sich in den Arbeitsformen differenziert und im Arbeitsstil professionalisiert. Es gibt also oftmals nicht nur Schwarz und Weiß, sondern zahlreiche Graustufen, die weder von der Wissenschaft noch von den Medien analysiert werden.

Trotz der anhaltenden Bemühungen, das Image der Branche aufzubessern, gibt es nach wie vor großen Bedarf nach Aufklärung und Öffentlichkeit. Kaum ein Rüstungsgeschäft, das ohne lobbyistische Vermittlung abläuft. Bei jeder politischen Entscheidung – von der Besteuerung von Dienstwagen bis zur Privatisierung von Renten – sind im Vorfeld die Betroffenen lobbyistisch tätig. Kontaktnetze sind das Kapital der Akteure. Wen der Kanzler zur Runde einlädt, in der über die Energiepolitik der nächsten Jahrzehnte beraten wird, ist für Lobbyisten und ihre Auftraggeber überlebenswichtig.

Auch wenn seitens der Lobbyisten die Entfremdung zwischen Wirtschaft und Politik beklagt wird, so ist doch häufiger ein Wechsel von der Politik in den Lobbybereich zu beobachten – gerade nach verlorenen Wahlen. Die ehemalige Staatssekretärin aus dem Gesundheitsministerium, Cornelia Yzer, ist jetzt für den Verband der forschenden Arzneimittelhersteller tätig. Bei *Wirtschaft Medien Politik* (WMP) sind zahlreiche Politiker, die teilweise noch aktiv sind, im Geschäft.

Lobbyismus bedeutet zunächst einmal Interessenvertretung mit dem Ziel, politische Entscheidungen zu beeinflussen. Damit bezeichnet der Begriff ein elementares politisches Gestaltungsmittel in einer Demokratie. Lobby bezeichnet ursprünglich die Wandelhalle des Parlaments, in der die Interessenvertreter die Parlamentarier treffen und in ihrem Sinne beeinflussen konnten. Es ist also eine Form der Mitwirkung an der Gesetzgebung und an politischen Entscheidungen, die jedoch nicht durch Gesetze geregelt ist.

Der Begriff Lobbyismus hat in Deutschland etwas Anrüchiges. Denn die Beeinflussung geschieht schon lange nicht mehr in der Wandelhalle. Sie vollzieht sich vielmehr in vielfältigen Kontakten und Beziehungen, über die die Öffentlichkeit nichts mitbekommt. Mit dem Begriff wird immer noch die heimliche Macht starker Interessen assoziiert. Lobbyismus changiert zwischen dem Anspruch legitimer demokratischer Interessenvertretung und illegitimer Einflussnahme, die bis hin zu Patronage und Korruption reichen kann.

Die Vorbehalte gegenüber lobbyistischer Tätigkeit haben vielleicht auch mit dem Begriff selbst zu tun. Gestützt wird dieser Vorbehalt gegenüber solchen Aktivitäten im vorparlamentarischen Raum durch die kontinentale Auffassung von Demokratie, wonach die Abgeordneten ganz allein, Kraft ihres Wissens und ihrer politischen und moralischen Prinzipien zu entscheiden hätten. Interessengruppen sind in diesem rousseauistischen Demokratieverständnis störend. Deshalb wird auch immer wieder das Gemeinwohl als die Richtschnur des politischen Handelns und vor allem als Aufgabe der politischen Entscheider angeführt. Nur ist dieses oft kaum erkennbar und meist wird es benutzt, um bestimmte Interessen unangreifbar zu machen.

Die Vorbehalte gegenüber dem Lobbyismus haben gelegentlich dazu geführt, einen anderen Begriff für dieselbe Sache zu verwenden. Um den Eindruck einer – nicht von der Verfassung vorgesehenen – Einflussnahme auf politische Entscheidungen zu verwischen, möchten einige Lobbyisten und Politiker viel lieber von Politikberatung sprechen. Denn sie würden nichts anderes tun, als ihr Wissen der Politik zur Verfügung zu stellen. Untermauert wird dies durch den Hinweis, die Politik sei komplexer geworden und bedürfe einer wissensbasierten Beratung. Auf der EU-Ebene kommt diese begriffliche Verschiebung auch in der Selbstbezeichnung der Lobbyisten zum Ausdruck. Viele verstehen sich als Consultants, die sich auf dem Markt der Beratung erst einen Auftrag verschaffen und dann gezielt den Kontakt mit der Brüsseler Bürokratie herstellen. Diese Consultants und Public-Affairs-Agenten offerieren gleichzeitig auch ein breiteres Angebot: nicht mehr allein die Interessenvertretung, sondern auch Imageberatung und Medienkonzepte gehören zum Dienstleistungsangebot.

Auch von größeren Unternehmen wird gerne die enge lobbyistische Interessenvertretung zugunsten eines erweiterten Selbstverständnisses aufgegeben. Man würde sich als „Corporate Citizen" verstehen und hätte daher ein breiteres Spektrum von Themen, vor allem gesellschaftspolitischer Art, im Blick. Den eigenen Interessen und der eigenen Position wird damit der Mantel des Gemeinwohls umgehängt. Im Interesse von „Volkswagen" sei es daher auch, nicht nur zur Altautoverordnung

Stellung zu nehmen, sondern auch zur Gemeindefinanzreform oder zu Umweltthemen. Zweifellos haben sich – nicht nur durch die Globalisierung – Unternehmensstrukturen verändert. Damit ist das Interessensspektrum der Unternehmen breiter geworden.

Anders wird Interessenpolitik in den USA beurteilt. Politische Entscheidungen zu beeinflussen, Macht und Druck auszuüben – all das, was heute mit dem Begriff „Lobbying" bezeichnet wird – ist dort längst akzeptiert; wohl auch deshalb, weil US-Lobbyismus immer schon anerkannte Interessenverfolgung in einer pluralistischen Demokratie war. Dort plädiert man seit den Tagen der Verfassungsväter für „checks and balances" und für die Ausweitung der Zahl der Interessengruppen, die sich dann – gemäß der amerikanischen Lehre – selbst neutralisieren sollen. Ganz anders stellt sich die Lage in Europa dar. Dort hegt man seit Rousseau einen Argwohn gegen Interessengruppen. Hier baut man stärker auf die reinigende Wirkung des Gemeinwohls – in der Politik wie auch bei den Bürgern und Interessengruppen.

2 Defizite in der sozialwissenschaftlichen Forschung

Es gibt ein krasses Missverhältnis zwischen Praxis und wissenschaftlicher Reflexion beim Thema Lobbyismus. Auf der einen Seiten beobachten wir, wie sich die Praxis der politischen Einflussnahme durch Interessengruppen ständig ausweitet und neue Formen annimmt. Auf der anderen Seite geben uns die Sozialwissenschaften kaum Auskunft über das Phänomen Lobbyismus. Sucht man unter diesem Begriff, so stellt man fest, dass er nicht zum begrifflichen Grundinventar gehört. Die Wissenschaft – insbesondere die Politikwissenschaft – hinkt hier der Wirklichkeit weit hinterher. Zwei Meinungen strukturieren das analytische Desinteresse: Ulrich von Alemann wiegelt ab: „Der Staat regiert kräftig weiter ... Der Lobbyismus regiert ein bisschen mit. Und das ist gar nicht übel." (2000) Ähnlich bewertet Martin Sebaldt den Forschungsbedarf: „Lobbyistische Realität ist ... unspektakulär, regelgeleitet, ja fast banal und damit für Publizistik und Wissenschaft unattraktiv." (1998)

Wenn Politikwissenschaftler von Lobbyismus sprechen, dann als von einem Unterfall oder Teilgebiet des großen Themas Verbände und der Staat-Verbände-Beziehung. Die Verbände, ihre historische Entwicklung, ihre Funktionen, ihre Typologie und ihre Handlungsfelder und die Probleme innerverbandlicher Demokratie stehen dann meist im Mittelpunkt. Wenig ist zu den konkreten, modernisierten Interventions- und Aktionsformen der Verbände zu finden. Dies hatte verschiedene Gründe, denn die konkreten Formen und Methoden der Einflussnahme sind schwer zu erforschen und bewegen sich oft im informellen Bereich. Hinzu kommt, dass Verbände nur selten bereit sind, sich der Forschung zu öffnen, ihre Strukturen und ihre Techniken der Einflussnahme der Öffentlichkeit zu vermitteln. Für die Techniken und Methoden der Interessendurchsetzung als einem der wirksamsten Mittel der Verbandspolitik, hat sich die Wissenschaft kaum interessiert. Ein „blinder Fleck" mit fatalen Auswirkungen für den politischen Prozess.

Kaum in den Blick genommen wurden die Formen und Methoden der Interessenvertretung anderer Organisationen – Institutionen, Unternehmen, Städte, soziale Bewegungen.

Ein weiterer Grund dafür, die Techniken und Methoden des Lobbying nicht genauer zu untersuchen, mag auch damit begründet werden, dass hier die Interessen im Mittelpunkt stehen und als solche auch kritiklos als legitim anerkannt werden. Außerdem wurden die demokratieschädlichen Aspekte kaum ernsthaft in den Blick genommen. In einer Gesellschaft, in der Konsens und weniger Konflikt die normative Leitlinie vorgab, war zudem das Modell des rational handelnden Individuums, das seine Interessen verfolgt, eher fremd.

Der Begriff Lobbying setzte sich im Gefolge neoliberaler Gesellschafts- und Wirtschaftskonzepte durch, in denen die Interessen von Individuen und organisierte Interessen im Mittelpunkt stehen. Hier wird nicht sofort danach gefragt, wie sich diese Interessen mit dem Gemeinwohl vertragen. Die nachdrückliche Vertretung der eigenen Interessen wird zum unersetzlichen Element im Politikprozess. Nicht zuletzt ist es daher auch eine schwächere und unverbindlichere Vorstellung von Gemeinwohl und Gemeinschaft, die Interessenpolitik weniger anrüchig sieht und die es auch begünstig, sich mit die Techniken des Lobbying – und auch der damit verbundenen Probleme – zu beschäftigen.

Dabei hatte der Pluralismus mit Ernst Fraenkel als seinem wichtigsten Vertreter in den 60er Jahren des vergangenen Jahrhunderts bereits die Weichen in Richtung Lobbying gestellt. Hier wurde das Gemeinwohl im Politikprozess selbst unerkennbar – erst am Ende wird deutlich, was das Gemeinwohl ist. Das Gemeinwohl hatte damit für die Interessenpolitik keine orientierende Funktion mehr. Die Artikulation und Durchsetzung der Interessen – und daher auch das Lobbying – stand im Mittelpunkt. Der Pluralismus hat als liberale, von den amerikanischen Gegebenheiten inspirierte Gesellschaftstheorie allerdings zwei große blinde Stellen. Er ging davon aus, dass sich alle Interessen artikulieren und auch durchsetzen können. Schnell fand man, dass es Interessen gibt – etwa Verbraucher-, Kinder-, Umweltinteressen –, die ressourcen- und daher durchsetzungsschwach sind. Zum zweiten ging er naiv von einer Schiedsrichterrolle des Staates aus. Der Staat ist in der pluralistischen Sicht unabhängiger Ort des pluralistischen Interessenausgleichs und er hat für die Einhaltung der Spielregeln zu sorgen. Gerade die Rational-Choice-Theorien zeigen, dass staatliche Bürokratien ein erhebliches Eigeninteresse haben und dass die Ausweitung staatlicher Tätigkeit auch im Interesse des Staates an sich selbst begründet liegt.

Für die wissenschaftliche Ausblendung dieser wesentlichen Themenfelder gibt es forschungssystematische Gründe. Der Lobbyismus stand aber nicht immer im Abseits wissenschaftlicher Aufmerksamkeit. Für Ulrich von Alemann ist der Lobbyismus schlicht die „nackte Verkörperung des Pluralismus" (2000). Lobbying und Pluralismus waren offensichtlich zu liberal für den auf Konsens und Verhandlung ausgerichteten Zeitgeist.

Dies ist bereits eine erste und wichtige Antwort auf die Frage nach den Gründen für die Nichtbeachtung des Begriffs und natürlich auch der damit verbundenen Praxis. Als Mitte der 70er Jahre mit der Korporatismusforschung ein neues – und zugleich altes – Theorieparadigma die Forschungslandschaft in Deutschland eroberte, hatte dies zumindest zwei Konsequenzen: Der Pluralismusbegriff und mit ihm die Aufmerksamkeit für Lobbying als Form der Interessendurchsetzung wurde in die Abstellkammer veralteter wissenschaftlicher Konzepte gestellt. Und die liberalen Ansätze wurden neutralisiert. Denn der Korporatismus richtet sich nicht nur gegen den Pluralismus, sondern auch gegen die Neoklassik, die vor allem in den Wirtschaftswissenschaften erfolgreich war.

Philippe C. Schmitter, Gerhard Lehmbruch, Rolf G. Heinze und Ulrich von Alemann setzten das neue, etwas naiv anmutende Paradigma des Korporatismus in der Politikwissenschaft durch (vgl. Czada 1994).

2.1 Korporatismus

Im Kern ging es dieser Theorie um eine soziale Steuerung der Wirtschaft durch die Einbeziehung großer Organisationen in die staatlichen Entscheidungen. Dieses Modell erodierte jedoch zunehmend.

Korporatismus war für historisch informierte Zeitgenossen in Deutschland keineswegs ein neues Phänomen. Gerhard Lehmbruch hatte ihn damals als institutionalisiertes Muster der Politikformulierung beschrieben (1996). Große, organisierte Interessengruppen kooperieren untereinander und mit staatlichen Institutionen. Ziel ist eine effektive Durchsetzung der dabei getroffenen Entscheidungen und deren Absicherung in den öffentlichen Diskursen. Lehmbruch hatte den Korporatismusbegriff als Teil der politikwissenschaftlichen Steuerungstheorie begriffen. Die Korporatismusforschung wurde zu einer akademischen Wachstumsindustrie, schaffte es aber nie, den wissenschaftlichen Elfenbeinturm zu verlassen und betrieb über Jahrzehnte mit Hingabe ein begriffliches *l"art pour l"art*. Das Konzept verfehlte den Sprung in die Arena der politischen Öffentlichkeit und verweigerte sich der politischen Realität.

Der Korporatismus entsprach auch – nicht nur durch seine Frontstellung gegen liberale Gesellschaftstheorien – dem sozialdemokratischen Zeitgeist. Er hob die konstitutive Rolle des Staates bei der Organisierung der gesellschaftlichen Interessen hervor. Der Staat hat eine ermöglichende Funktion und unterstützt die Bemühungen der großen Organisationen. Gegenüber dem Pluralismus sieht diese Theorie die Interessen nicht als gegeben an. Aufgabe der Organisationen ist es, die Interessen zu formieren, zu definieren und zu filtern. Hier drückt sich der Vorbehalt gegen die „nackten" Interessen und deren lobbyistischer Vertretung aus. Die Verbände werden nicht so sehr als lobbyistische Organisationen gesehen, sondern als Akteure, die vor allem zum Gemeinwohl beitragen. Die Verbände würden dem Staat Organisationshilfen leisten und für ihn Ordnungsleistungen erbringen. Sie würden bereits im Vorfeld die gemeinwohlschädlichen Interessen herausfiltern und mit einer staatlichen Beauftragung dafür entlohnt werden. Eine Lobbytätigkeit ist dafür kaum mehr nötig, weil zum einen ein privilegierter Zugang zu den staatlichen Bürokratien existiert und zweitens die Verbände selbst quasi hoheitlich handeln. Die Verbände hatten in dieser Sichtweise die Aufgabe, die Interessen ihrer Mitglieder zu domestizieren. Schließlich war man noch bis weit in den 90er Jahren der Auffassung, dass korporatistisch organisierte Ökonomien besser funktionieren und höhere Wohlfahrtsleistungen erbringen.[1] Korporatistische Lösungen von Konflikten und Verteilungsfragen stellten sich aber immer häufiger als Lösungen zu Lasten Dritter heraus. Ein Beispiel dafür ist die Lösung der Arbeitsmarktprobleme in den 90er Jahren durch Frühverrentung. Gewerkschaften, Unternehmerverbände und Staat einigten sich auf Kosten der jüngeren Generation bzw. Beitragszahler der Rentenversicherungen. Die gegenwärtigen und künftigen Beitragszahler hatten keine Lobby und keine exit-option. Das Resultat dieser kurzatmigen Politik ist ein zunehmend eskalierender Generationenkonflikt.

Der Korporatismus war der Auffassung, dass ungebundene Interessen ohne die Einhegung durch Organisationen gefährlich sein können. Er sah auch die lobbyistische Tätigkeit als überflüssig an, weil die Organisationen bereits halbstaatlich tätig waren und immer schon mit an dem Tisch saßen, an dem politische Entscheidungen getroffen wurden.

Der Koproratismus war letztlich eine theoretische Position, welche die Wirklichkeit mehr oder minder gut beschrieb. Sie blieb auch viel zu abstrakt und artifiziell, um sich weiteren Kreisen zu erschließen. Die technische Begrifflichkeit trug dazu bei, dass der Begriff des Korporatismus im Arkanum der Wissenschaft blieb. Zudem ging es der Korporatismusforschung im Kern nur um die Strukturen und die Funktionen organisierter Interessen, mit dem Ziel, gesellschaftliche Integrationsleistungen, staatliche Steuerungsfähigkeit und Konsensbildung zu optimieren.

Der Begriff Lobbyismus hingegen taucht immer häufiger in den Schlagzeilen der Tageszeitungen auf. Er hat den Sprung in die politische Öffentlichkeit geschafft, wohl auch deshalb, weil er eine Praxis bezeichnet, die – auch ohne präzise wissenschaftliche Analyse – als Normalfall der politischen Steuerung immer bedeutsamer wird.

Heute ist Ernüchterung eingekehrt. Angesicht des mageren Ergebnisses des Bündnisses für Arbeit unter Bundeskanzler Gerhard Schröder spricht niemand mehr vom Erfolg der korporatistischen Strategie. Der Blick auf die großen Verbände, die staatliche Ordnungs- und Steuerungsaufgaben zu übernehmen hatten, versperrte eher den Blick auf die sich fortsetzende Pluralisierung der Interessen. Zudem sind die Verbände immer weniger in der Lage, gemeinwohlorientiert zu handeln, sondern sie betreiben verstärkt harte partikulare Interessenpolitik. Heute sind es immer mehr die

---

[1] Wolfgang Streeck, Einleitung des Herausgebers. Staat und Verbände: Neue Fragen. Neue Antworten? In: Ders. (Hg.) Staat und Verbände, Politische Vierteljahresschrift Sonderheft 25, Opladen 1994, S. 7 - 34.

Verbände, die Reformen blockieren und die Besitzstände zäh verteidigen oder ausbauen wollen. Heute artikulieren sich neue Interessengruppen, die auf eigene Faust agieren. Das Monopol der großen Verbände scheint sich zunehmend aufzulösen. Dies betrifft sowohl die großen Industrieverbände als auch die Gewerkschaften. Das koporatistische Arrangement war, wenn es je als solches bestanden hat, auf den Nationalstaat zugeschnitten. An den neuen Anforderungen der Europäisierung und Globalisierung scheitert dieses Modell der Interessenpazifizierung und -verstaatlichung. Global agierende Konzerne lassen sich auch immer weniger in eine nationalstaatliche Interessenregulierung einbinden.

Die jüngsten Konflikte um Schröders Agenda 2010 zeigen, dass auch die Gewerkschaften die engeren Interessen ihrer Mitglieder vertreten und dass die traditionellen Bündnisbeziehungen zur SPD brüchig geworden sind. Gewerkschaftliches Lobbying wird immer gefragter werden, wenn sich die Staat-Vebände-Beziehung lockert und das Gewerkschaftsmitgliedsbuch von Abgeordneten alleine keine Gewähr mehr für eine gewerkschaftsfreundliche Politik bietet.

2.2 Forschungsagenda

Notwendig ist daher heute zweierlei. Zum einen wird es darum gehen, sich von der Ideologie des Korporatismus frei zu machen. Denn die Rhetorik von Konzertierung, Sozialpakten und Konsensfindung verstellt den Blick auf die im Hintergrund sich durchsetzenden Interessen. Zum zweiten muss der Blick der Verbändeforschung erweitert werden. Interessen werden heute nicht mehr allein von Verbänden vertreten. Lobbying geschieht durch ganz unterschiedliche Akteure. Es können Kirchen, Vereine, NGOs, Parteien, Kommunen, Krankenkassen, Unternehmen, Agenturen, Netzwerke etc. sein. Das Feld der Akteure erweitert sich. Es ist nicht mehr allein damit getan, den Blick auf die Verbändeliste des Bundestages zu werfen. Diese Erweiterung hat auch Auswirkungen auf die Formen des Lobbying. Expertisen, Gutachten, Entwürfe, Informationen, aber auch Einladungen, Gesprächskreise, Clubs bis hin zu persönlichen Vorteilen und Annehmlichkeiten werden als Mittel der Einflussnahme eingesetzt. Weil sich Akteure und Formen rasant verändern, ist hier Aufklärung dringend erforderlich. Mehr Transparenz ist notwendig angesichts dieser hintergründig und subtil wirkenden Beeinflussungen.

Aufgabe der sozialwissenschaftlichen Forschung wird es sein, die Veränderungen in der Praxis der Interessenvertretung zur Kenntnis zu nehmen und genauer zu untersuchen. Das naive und merkwürdig desinteressierte Verhältnis zum Thema Lobbying, das immer noch anzutreffen ist, muss überwunden werden. Das moderne Lobbying ist längst in der Wissensgesellschaft angekommen. Information wird zum entscheidenden Rohstoff. Es geht um die Qualität der Informationen, nicht mehr um deren pure Quantität. Die analytische Verdichtung zum richtigen Zeitpunkt schafft Konkurrenzvorteile und sichert gleichzeitig Gesprächskontakte.

In veränderter Weise knüpft damit die Diskussion um Lobbying an die pluralismuskritische Debatte der 1970er Jahre über das Machtungleichgewicht in der verbandlichen Interessenvertretung an, bringt diese Debatte aber auf einen neuen Stand. Dadurch gerät die Interessenpolitik wieder in den Mittelpunkt der Aufmerksamkeit. Pluralismus und damit die vielfältigen Formen der Einflussnahme sollen wieder ins Zentrum der wissenschaftlichen und publizistischen Aufmerksamkeit gerückt werden, während der Korporatismus mit seiner Fixierung auf staatliche Steuerungsleistungen eine Besonderheit bleibt.

Anzuknüpfen ist dabei auch an die inzwischen praktizierte Netzwerkanalyse. Denn für die Untersuchung lobbyistischer Strukturen sind auch die Adressaten des Lobbying und das Umfeld wichtig. Diese Netzwerke der Politikbeeinflussung sind so vielschichtig und verschwiegen, dass sie für die Lobbyisten immer noch zum wichtigsten Kapital gehören. Ein solches Kapital lässt sich nicht schnell erwerben und kann auch nicht einfach weitergegeben werden.

3 Herausforderungen der Interessenpolitik

Die Lobby, das sind Personen und Organisationen, die im Vorfeld politischer Entscheidungen Legislative und Exekutive sowie Schlüsselfiguren zu beeinflussen suchen. Über Lobbyismus zu diskutieren heißt, natürlich wieder von Interessen und Interessenpolitik zu reden, Interessenvertretung als legitimes demokratisches Ausdrucksmittel anzuerkennen und zugleich eine Kritik der Interessen und ihrer Ausdrucks- und Durchsetzungsformen zu formulieren. Wenn man intensiv über Lobbyismus spricht, so fällt auf, dass Lobbyisten heute sich zwar zum „Geschäft des Lobbyierens" bekennen, obwohl sie nicht gerne über Details Auskunft geben, sich die Adressaten der Interessenspolitik aber in den Parlamenten, Ministerialbürokratien und in den Vorzimmern der Top-Entscheider vollkommen bedeckt halten. Es ist also höchste Zeit, dass die schweigende Seite der Interessenkommunikation wieder eine Stimme findet und den jeweiligen Prozess von Entscheidungsfindung und Entscheidungsbeeinflussung öffentlich reflektiert.

Die zunehmende Korruption (vgl. die Untersuchungen von Transparency International, www.transparency.de) insbesondere in Deutschland zeigt, dass es mit einer kritischen Prüfung der Interessen längst nicht mehr getan ist. Dazu ist es notwendig, genauer hinzusehen. Die Artikulation und Durchsetzung von Interessen erlebt heute eine Aufwertung und Rechtfertigung. Dies bedeutet allerdings nicht der Naivität zu verfallen, die sich in der Selbstbeschreibung der Lobbyisten und im Bild affirmativer Wissenschaft vielfach ausdrückt, alle Formen der Einflussnahme seien legitime demokratische Gestaltungsmittel.

Durch eine moralisierende Disqualifizierung der Interessen lässt sich der Lobbyismus kaum beeindrucken. Denn der Begriff des „Gemeinwohls", der gern in den Argumentationen benutzt wird, ist oftmals selbst interessengeleitet. Der Staat, der als Gemeinwohlgarant vor den partikularen Interessen zu schützen sei, ist hier nur ein unzureichendes Korrektiv. Auch hinter dem Gemeinwohl können sich mächtige Interessen verstecken. Gemeinwohl als Abwehrformel kann durchsetzungsstarke Lobbyinteressen nicht von ihrem Tun abhalten. Auch hat sich die Auffassung, dass Verbände aufgrund ihrer Struktur und Größe zur Realisierung des Gemeinwohls beitragen, als kurzschlüssig erwiesen. Die Eigeninteressen des Verbandes setzen sich gegen die übergeordneten Interessen durch.

Denn trotz aller sozio-moralischen Disqualifizierung und Einhegung in Konsensrunden ist der Lobbyismus längst eine (heimliche) fünfte Gewalt in Deutschland und Europa geworden. Die Macht dieser fünften Gewalt wird weiter wachsen, weil in komplexen Situationen alle Akteure im Entscheidungsprozess strukturell überfordert sind. Die Unternehmen suchen genauso nach neuer Übersicht, wie diejenigen politischen Akteure, die immer neue Ausdifferenzierungen von Regelwerken und „Zumutungen" ihrer Bürokratie bewältigen müssen.

Die Verbändeforschung kann uns darüber informieren, dass wir es immer noch mit Asymmetrien der verbandlichen Interessenvertretung zu tun haben. Es gibt Unterschiede darin, wie sich einzelne Interessen organisieren, mobilisieren und durchsetzen können. Auch wenn die Bedingungen der lobbyistischen Durchsetzung „schwacher Interessen" verbessert worden sind, ist das Ungleichgewicht immer noch da. Ressourcenstarke Interessen (Automobil-, Gesundheits- und Chemieindustrie etwa) haben es leichter als Verbraucher- oder Patientenvertretungen. Die Entwicklung der vergangenen Jahrzehnte zeigt aber, dass auch schwache oder „moralische" Interessen gelegentlich in der Lage sind, sich zu artikulieren und durchzusetzen. Aber noch besteht lange keine Waffengleichheit zwischen ökonomischen und gesellschaftlichen Interessen.

Mit der Konzentration auf den steuerungstheoretisch ausgerichteten Korporatismus ging ein weiterer Aspekt verloren, den die kritische Verbändeforschung immer im Blick hatte: die demokratietheoretische Problematik. Die ungleiche Verteilung der Macht auf die verschiedenen gesellschaftlichen Interessen gefährdet den durch Wahlen artikulierten politischen Willen. Das Demokratieproblem hat aber auch eine innerverbandliche Seite, denn nicht immer geht es um die Stärkung des Einflusses der Mitglieder. Vielfach dominiert der Einfluss der Funktionäre und der Verbandsspitze.

Neben diesen bekannten Problemen aus der Verbändeforschung sind fünf „Megatrends der Interessenpolitik" (v. Alemann) festzustellen, auf die der Lobbyismus reagiert. Globalisierung, Europäisierung, Wandel des Lobbyismus in Berlin, Lobbying von Unternehmen und Individualisierung/Pluralisierung werden die Strukturen des Lobbyismus im Kern verändern. Es sind Trends, die die Politik der Interessensgruppen vor neue Herausforderungen stellen und ihnen zugleich neue Aktionsräume öffnen werden.

3.1 Globalisierung

Im Rahmen der Globalisierung kommt es zu weltweiten wirtschaftlichen Verflechtungen, zu einer Intensivierung der Kommunikation zwischen Staaten, Regionen und Erdteilen (Held u.a. 1999). Der Außenhandel wächst exponenziell und auch die Kapitalströme suchen nach kurz- und langfristigen Anlagemöglichkeiten rund um den Globus. Die Internationalisierung der Medien, die Internet-Kommunikation, der Tourismus sowie Austauschbeziehungen in Kultur und Wissenschaft sind weitere Aspekte transnationaler Verflechtung. Unternehmen versuchen sich durch Umstrukturierung und Verlagerung diesen Trends anzupassen und agieren in diesen transnationalen Räumen als *global player*.

Der Trend zur Globalisierung wichtiger Lebens- und Politikbereiche kommt dem Lobbyismus entgegen. Durch politische Regulierung in Form internationaler Regime werden transnationale Entscheidungs- und Regelstrukturen geschaffen, die politische Gestaltbarkeit sichern sollen. Neue Entscheidungsinstanzen entstehen oder werden gefordert. Schon seit einigen Jahrzehnten gab es das GATT als Regulierungsinstanz für die internationale Handelspolitik, gefolgt nun von der WTO. Die Weltbank, der Weltwährungsfonds und die UNO versuchen Ordnungsstrukturen in diesen transnationalen Räumen zu etablieren. Doch wer ist der transnationale politische Bezugspunkt für global agierende Konzerne wie DaimlerChrysler, Shell, General Electrics oder Aventis? Die UNO hat mit dem *global compact* versucht, die transnational agierenden Konzerne zur Einhaltung wenigstens der Menschenrechte und Standards des Umweltschutzes, der Nachhaltigkeit und der Rechte der Arbeitnehmer zu bewegen – mit bislang mäßigem Erfolg.

Die von der UNO ausgerichteten internationalen Konferenzen in Rio, Peking, Kyoto und Johannesburg sowie die Treffen von WTO, Weltbank und Internationalem Währungsfonds zeigen eindrucksvoll den Handlungsbedarf. Noch beachtlicher ist das Wachstum neuer Lobbyorganisationen, der NGOs auf transnationaler Ebene. Sie sind inzwischen zahlreicher als die Vertreter der Regierung und verfügen zunehmend über ein fundierteres Wissen.

Die internationalen Regime schaffen Regelsysteme und Entscheidungsstrukturen auf der Basis freiwilliger Vereinbarungen. Diese Strukturen eröffnen den nichtstaatlichen Akteuren – Konzernen, Verbänden und Nichtregierungsorganisationen – Einflussmöglichkeiten und vergrößerte Handlungsräume. Lobbyismus geschieht hier nicht mehr nach dem nationalen Muster der Beeinflussung von Entscheidungsträgern. NGOs treten hier als kompetente und selbstbewusste Akteure auf, ohne deren Mitwirken es kaum zu neuen Vereinbarungen kommt und ohne die diese Vereinbarungen nicht umgesetzt werden können. Weil wir auf der transnationalen Ebene Tendenzen eines „Regierens ohne Regierung", eines Regierens ohne politisches Zentrum (Beate Kohler-Koch) haben, kommt der Lobbyismus hier anders daher: selbstbewusster, öffentlich, informiert, kooperativ und mit neuen Strukturen. Die Lobbygruppen werden zu Verhandlungsrunden eingeladen und können mit Expertise dienen. Die traditionellen Verbände tun sich sichtlich schwer, hier ihre Rolle zu finden, da sie mit anderen Methoden der öffentlichen Politikformulierung vertraut sind.

3.2 Europäisierung

80 Prozent der Gesetze und Verordnungen, die in nationales Recht umgesetzt werden, so heißt es (Beisheim u.a. 1999), stammen aus den Brüsseler Amtsstuben. Auf diese Gegebenheit haben sich die Lobbygruppen längst eingestellt. So komplex die regulierende Bürokratie und die zu regelnden Sachverhalte – Altautoverordnung, Gruppenfreistellung, Agrarüberschüsse, Beihilfen – so differenziert sind inzwischen die Lobbygruppen. Der europäische Politikprozess ist durch besondere Unübersichtlichkeit gekennzeichnet, für Außenstehende gleicht er einem Dschungel. Auf der europäischen Ebene gibt es, insbesondere seit der Errichtung des Gemeinsamen Marktes, eine anwachsende Zahl von Interessengruppen und Organisationen, die Lobbyismus und Beratung der EU-Institutionen betreiben. Das „European Public Affairs Directory" verzeichnete bereits 1995 mehr als 6500 Interessenvertretungsorganisationen. Es kann mittlerweile von einem differenzierten und weiter expandierenden Markt der professionellen Beratung gesprochen werden. Zu diesem Markt gehören internationale und europäische Dachverbände, Einzelunternehmen, Unternehmens- und Bauernverbände, Gewerkschaftsvertretungen und Beratungsfirmen. Das „European Public Affairs Directory" unterteilt die Lobbyorganisationen in vier Gruppen: 1. *Law firms*, 2. *political consultancies*, 3. *public relations consultancies* und 4. *economic and management consultancies*.

Wir können auf der europäischen Ebene verschiedene Entwicklungen des Lobbying beobachten, unter denen die zunehmende Professionalisierung die wichtigste ist. Die wachsende Zahl der Anwaltsfirmen in Brüssel, die sich auf Lobbying spezialisiert haben, bestätigt diesen Trend. Nach ersten Erhebungen (Lahusen 2002) stellen diese lobbyistisch agierenden Anwaltsfirmen etwa die Hälfte aller Lobbygruppen in Brüssel. Sie arbeiten häufig nach amerikanischem Muster und stellen wie die Wirtschaftsberatungsfirmen Wissen zur Verfügung, ohne das der Brüsseler Gesetzgebungsprozess nicht funktionieren würde. Die Lobbyisten verstehen sich auf der europäischen Ebene auch als „Informationsdienstleister", die gegenüber der Bürokratie über einen erheblichen Informations- und oft auch Kompetenzvorsprung verfügen. Mit dieser Professionalisierung ist die alte Frage verbunden, welche Rolle die persönlichen Kontakten und Fähigkeiten des Lobbyisten spielen. Denn Lobbying ist traditionell auf gute persönliche Kontakte, langjährige Erfahrungen und gute Kenntnisse institutioneller Prozesse angewiesen. Dies ist der Grund, weshalb häufig Politiker die Seite wechseln und ihr Insiderwissen samt Kontakten verkaufen. In dieses Einflussfeld investieren die führenden Lobby-Akteure langfristig.

In Brüssel finden sich Lobbyisten aus allen Mitgliedsländern der EU, auch die Kommission als Regulierungsinstanz benötigt Wissen über die verschiedenen Mitgliedsländer, um politisch erfolgreich sein zu können. In den europäischen Ländern gibt es unterschiedliche Politikstile der Interessenvertretung. Die Folgen dieser Konstellation sind bis heute weitgehend unerforscht (vgl. u.a. Lahusen/Jauß 2001).

Die Neugründung von Lobbyorganisationen und -gruppen auf europäischer Ebene verläuft nach dem stürmischen Boom in den 90er Jahren inzwischen langsamer. Auch in Brüssel ist der Trend der Professionalisierung der Lobbyarbeit unverkennbar. Die kleineren, weniger professionell arbeitenden Gruppen stehen in Konkurrenz zu international tätigen Agenturen und Firmen.

Die institutionellen Routinen und Prozeduren politischer Entscheidung sind auf der europäischen Ebene immer noch hoch komplex und für Außenstehende kaum überschaubar. Durch frühzeitige Informationen über Tagesordnungen, Vorlagen etc. ist die Kommission für Lobbyorganisationen relativ offen. Die im Vergleich zu nationalen Regierungen überschaubare Größe des Brüsseler Apparats ist ein weiterer Vorteil. Die Kommission unterstützte auch die Gründung von Dachverbänden auf der europäischen Ebene und ist bestrebt, diese und viele andere Gruppen mit ihrer Expertise in den Politikprozess einzubeziehen. Die Konsultationen der unterschiedlichen Gruppen hat sich zwar gegenüber der im Verborgenen wirkenden Machtausübung der Interessengruppen durchgesetzt, sie vollzieht sich aber weitgehend informell und ohne feste Regeln. Es gibt deshalb ein Defizit an Transparenz und Partizipation. Die Brüsseler Institutionen sind einerseits offen und von der Größe her überschaubar, andererseits aber sind die Verfahren der Konsultation wenig formalisiert. Der Beteiligungs- und Beratungsstil bei der Kommission ist geprägt durch informelle und selektive Konsultationen. So erscheint die Beteiligung oft als Privileg und die Kenntnis der informellen Praktiken und Routinen wird umso wichtiger.

Auf der Brüsseler Ebene fehlt eine Kontrolle und Regulierung der Lobbytätigkeit vollständig. Diese Regulierung ist umso notwendiger, weil sich lobbyistischer und demokratischer Prozess der Politikformulierung und Entscheidung in einem gefährlichen, demokratie-unverträglichen Ungleichgewicht befinden. Erste Ansätze dazu gibt es beim Europäischen Parlament. Das Parlament hat einen *code of conduct* für Lobbyisten geschaffen. Es gibt aber nach wie vor eine zu geringe Beratungskompetenz beim Parlament.

Ähnliche Regulierungsinstrumente sind auf Brüsseler Ebene dringend notwendig. Die Beamten der Kommission haben zwar einen Verhaltenskodex, aber es fehlt eine kritische europäische Öffentlichkeit als Kontrollinstanz und noch immer gibt es die annähernd 500 Komitees. Sie bestehen aus nationalen Beamten und Experten und durch sie erfolgt Rechtsetzung ohne das Parlament. Auf der europäischen Ebene ist Regulierung und Transparenz der Lobbystrukturen dringend notwendig, weil dort die Interessenvertretungsorganisationen in die Entscheidungsstrukturen eingebunden sind wie sonst nirgends. Gegenüber der Brüsseler Bürokratie muss verstärkt Transparenz, Offenlegung von Funktionen und eine Begrenzung der Komitologie[2], des kaum noch überschaubaren Ausschusswesens, eingefordert werden. Transparenz ist

---

[2] Mit diesem Brüsseler Kunstwort wird das unüberschaubare System von Kommitees (Verwaltungsausschüssen) aus nationalen Fachleuten und Beamten beschrieben. Die Kommitees beraten die Kommission, können aber auch mitentscheiden. Es werden mehrere Hundert dieser Verwaltungsausschüsse gezählt.

insbesondere dort notwendig, wo alle wichtigen Entscheidungen fallen: im Rat. Hier wird immer noch im intergouvernementalen Verhandlungsstil, getarnt durch eine Überbürokratisierung, Politik gemacht.

3.3 Neuausrichtung des Lobbyismus in Berlin

Der Umzug von Regierung und Parlament nach Berlin bildete nur den äußeren Anlass für Veränderungen im Lobbyismus. Auch auf der nationalen Ebene sind die Interessenvertretungen gezwungen, sich dem wirtschaftlichen und gesellschaftlichen Strukturwandel anzupassen.

Noch immer haben es viele Verbände nicht geschafft, auf die sich verändernden ökonomischen, gesellschaftlichen und politischen Gegebenheiten eine schlüssige Antwort zu finden. Der Umzug nach Berlin zwingt bisweilen dazu, über eine strategische Neuausrichtung nachzudenken. So haben sich die drei Spitzenverbände der deutschen Wirtschaft zumindest dazu durchringen können, in Berlin eine Wohngemeinschaft zu bilden. Zu einer strategisch-organisatorischen Neuausrichtung kam es dagegen nicht (vgl. Burgmer, in diesem Band). Viele der Spitzenverbände haben den Bonner *status quo* mit nach Berlin transportiert. Damit entfernen sich die Verbände von den Ansprüchen ihrer Mitglieder.

Der Strukturwandel der Wirtschaft, vor dem sich gerade ihre Lobbyisten nicht verschließen können, betrifft vor allem das Wachstum des Dienstleistungssektors und die neuen Technologien. Dadurch entstehen neue unternehmerische Profile, die mit der klassischen Struktur der Branchenverbände kaum mehr deckungsgleich sind. Der Wandel der Verbandsstrukturen hält mit dem der Unternehmerinteressen nicht mit. Die Verbände geraten an die Grenzen ihrer Integrationsfähigkeit. Mittelständische Interessen stehen in Konkurrenz zu denen der Industrie. Der Wettbewerbsdruck zwingt Unternehmen zu einem kurzfristigen Denken, das auch Trittbrettfahrerstrategien einschließt. Diese Entwicklungen bedeuten auch, dass sich das Anforderungsprofil an lobbyistische Akteure verändern wird.

Viele Lobbyisten sehen sich längst als Akteure im politischen Geschäft. Sie erbringen einerseits „pure Dienstleistungen" und reklamieren für sich daher eher den Begriff der Politikberatung. Ihre Dienstleistungen reichen von bescheidenen Expertisen bis hin zu ausgearbeiteten Referaten und komplexen juristischen Argumentationen. Andererseits werden durch diese Dynamik des Geben und Nehmens die Grenzen verwischt: manche Lobbyisten verstehen es vortrefflich, ihre Klientel anzufüttern, um später ihre „Wissensrenditen", in Form von wohlwollenden Gesetzen oder Subventionen einzufordern.

Auch die Gewerkschaften sind diesen Veränderungen ausgesetzt. Bislang versuchen sie durch eine Strategie der Konzentration auf die Veränderungen zu antworten. Kann die neue Dienstleistungsgewerkschaft ver.di das organisatorische Mittel sein, um der wachsenden Bedeutung des Dienstleistungssektors und den Beschäftigten in der IT-Branche gerecht zu werden?

Veränderungen sind nicht nur auf der Seite der Auftraggeber der Lobbyisten zu beobachten. Auch auf Seiten der politischen Institutionen haben sich Verschiebungen ergeben. Die Legislative, das Parlament, erleidet einen schleichenden Bedeutungsverlust. Das Gros der Gesetze und Verordnungen kommt aus der Ministerialbürokratie. Die Exekutive gewinnt an Macht. Es werden immer häufiger Kommissionen eingesetzt, die Empfehlungen ausarbeiten und politische Entscheidungen vorbereiten. Da ist die akkurat geführte Verbändeliste des Deutschen Bundestages nur ein untauglicher Versuch, Transparenz gegenüber den vielfältigen Zugängen der Lobbyisten zur Ministerialbürokratie herzustellen. Die ritualisierten Anhörungen in den Ausschüssen des Bundestages sind zumeist werbewirksame Showveranstaltungen. Auf Abteilungen und Referate der Ministerialbürokratie kann Einfluss effektiver ausgeübt werden, weil dort Themen gesetzt und Gesetzesvorlagen erarbeitet werden. Ehemalige Minister, die in die Branche der Lobbyisten gewechselt sind, kennen sich hier bestens aus.

3.4 Lobbying von Unternehmen

Unternehmen sind Organisationen, die primär auf dem Markt erfolgreich sein wollen. Hierfür werden Ressourcen mobilisiert und Strategien entwickelt. Der Unternehmenserfolg wird gegenüber den Eigentümern und dem Kapitalmarkt als Ergebnis der Produkte ausgewiesen, die das Unternehmen entwickelt und für die es auf dem Markt Käufer gefunden hat. In der Regel sind dies sehr nüchterne Zahlen.

Unternehmen wenden aber auch erhebliche Ressourcen dafür auf, politische Entscheidungen zu beeinflussen. Aus Sicht der Unternehmen ist dies eine rationale Strategie, denn der Staat und andere Akteure, welche die Regeln des Marktes festlegen, beeinflussen das Marktgeschehen dadurch wesentlich. Je mehr also der Staat und beispielsweise die Europäische Kommission das Marktgeschehen durch Regelsetzung beeinflusst, desto lukrativer wird es für Unternehmen auf diese Regelsetzung Einfluss auszuüben. Manchmal kann dies sogar wichtiger als das Produkt selbst werden. Die Tätigkeit der Regulierungsbehörde ist für die Deutsche Telekom zuweilen bedeutsamer als die Entwicklung von neuen und konkurrenzfähigen Produkten. Denn die Regulierungsbehörde legt faktisch die Preise für die Produkte fest. Hier ist es lohnender und für die Politik auch gewinnbringender, wenn die Regulierungsbehörde der Telekom entgegenkommt, weil dadurch auch der Wert der Aktienanteile des Bundes betroffen ist.

Größere Unternehmen vertrauen nicht mehr allein auf die Arbeit der Verbände. Sie haben in Berlin Firmenrepräsentanzen errichtet und betreiben von dort aus das Geschäft der Einflussnahme. Damit entledigen sie sich des Problems der verbandlichen Bündelung der Interessen auf dem Niveau des kleinsten gemeinsamen Nenners. Sie bleiben aber Mitglieder der Wirtschaftsverbände und sehen im Verband ein komplementäres Lobbying-Instrument. Zu erwarten ist allerdings, dass es zu einer Arbeitsteilung kommen wird und die Methode des „getrennt marschieren und vereint schlagen" Gewinne bei der Effizienz der Interessendurchsetzung verspricht. Dies hat eine noch nicht veröffentlichte Studie von *politik&kommunikation* erbracht, nach der auch das Interesse von Unternehmen am Lobbying zugenommen hat.

Hinzu kommt, dass Unternehmenslobbyisten heute ihre Tätigkeit hoch professionell betreiben. Mit guten Kontakten allein ist es nicht mehr getan. Gezielte Politik-, Strategie- und Kommunikationsberatung wird für das lobbyistische Handwerk immer unverzichtbarer. Zahlreiche Handbücher geben Anleitungen für erfolgreiche Lobbystrategien und präsentieren Tipps, für den Fall, dass sich ein Unternehmen für einen eigenen Lobbyisten entscheidet.

Unternehmen bieten also den politischen Entscheidern ihr Wissen nicht nur an, weil es besser ist oder weil in einer pluralistischen Demokratie alle Interessen berücksichtig werden müssen. In manchen Fällen ist es einfach kostengünstiger, statt bessere Produkte zu entwickeln, die Spielregeln des Marktes zu beeinflussen. In der Regel wird beides betrieben: die Schaffung innovativer Produkte und Beeinflussung der Regelsetzung.

Der Einfluss auf staatliche Entscheidungen resultiert aus dem ökonomischen Kalkül und folgt dem Zwang der Konkurrenz: Wenn der Konkurrent Lobbyismus betreibt, so sind die Vorteile, die er daraus zieht, durch eigenes Lobbying zu egalisieren.

Am liebsten wären Unternehmen natürlich Monopolisten, und sie würden Märkte gerne alleine als Verkäufermärkte definieren. Insofern ist Lobbying auch für staatliche Monopolbetriebe unentbehrlich, weil die Sonderbedingungen aufrechterhalten werden sollen.

Nach der Studie von *politik&kommunikation* wird der Nutzen von Verbänden positiv beurteilt, während externe Berater und Agenturen für das Lobbying eher niedrigen Nutzen haben. Die bevorzugten Instrumente sind immer noch Telefonate und Gespräche bei offiziellen und inoffiziellen Anlässen, und für das Lobbying wird auch die Unternehmensführung eingesetzt, wenn es um Kontakte auf der politischen Führungsebene von Landesregierung oder Ministerien und mit dem Bundeskanzleramt geht.

Auch für Unternehmenslobbyisten gelten die Spielregeln der Branche. Einige international tätige Unternehmen haben bereits firmeninterne *guide-lines* für ihre Lobbyisten entwickeln. Es wäre sinnvoll, wenn Unternehmen, die solche Richtlinien haben, diese auch der Öffentlichkeit präsentieren. Andere Unternehmen würden in Zugzwang gesetzt werden. Denn wenn sich die Produkte immer ähnlicher werden, werden die Art und Weise der Produktion und insgesamt das Verhalten der Unternehmen als Marketinginstrumente bedeutsamer. Transparenz in Lobbyfragen könnte ein wesentlicher Faktor im Wettbewerb sein. Aber dies ist noch eine Zukunftsvision.

3.5 Pluralisierung und Individualisierung

Der Lobbyismus regiert auch auf gesellschaftliche Veränderungen. Neue Lebensstile bilden sich aus und alte Milieubindungen nehmen ab. Die Gesellschaft individualisiert sich und durch den demografischen Wandel verschieben sich die Gewichte. Damit bilden sich neue Interessenkonstellationen aus. Diese müssen sich zunächst zu einer vernehmbaren Stimme formen. Daneben nimmt die Bindewirkung traditioneller Verbände ab, so dass sich immer mehr Partikularinteressen formieren, die lobbyistische Politikbeeinflussung betreiben.

Der gesellschaftliche Trend der Individualisierung korrespondiert mit der Aufwertung des Interessenbegriffs und der Verfolgung legitimer Eigeninteressen. Trotz der zu beobachtenden Gemeinschafts- und Gemeinwohlrhetorik steigt der Einfluss von Partikularinteressen. Vielfach ist dies nur der hilflose Versuch, unterkomplexe Solidarformen in der sich pluralisierenden Gesellschaft zu konservieren. Befeuert wird die Dominanz der Partikularinteressen auch durch den neoliberalen Zeitgeist und die enger werdenden Verteilungsspielräume. Die Versuchung wird für kleine und schlagkräftige Gruppen größer, die eigenen, eng umgrenzten Interessen zur Geltung zu bringen und durchzusetzen. Oft geht dies zu Lasten Dritter.

Die Pluralisierung der Gesellschaft hat aber auch positive Folgen. Mit der Umweltbewegung kommen seit mehr als drei Jahrzehnten auch Gesichtspunkte der Interessenwahrnehmung ins Spiel, die bislang keine Stimme hatten: Natur, künftige Generationen, Verbraucherschutz. Gleichzeitig bleibt aber die Vertretung der allgemeinen Interessen problematisch. Die klassischen Orte, die Parlamente, geraten auf der nationalen wie auf der europäischen Ebene gegenüber den Exekutiven ins Hintertreffen.

Im Gefolge der Umweltbewegung haben sich neue Verbandsstrukturen (BUND, NABU, Greenpeace) herausgebildet, die anders als die großen Wirtschaftsverbände agieren: Sie suchen die Öffentlichkeit und nutzen zunehmend Fundraising als Finanzierungsmethode. Die öffentliche Wahrnehmung der Umweltbewegung wird vor allem durch die großen Verbände geprägt. Es gibt aber auch zahlreiche kleinere Organisationen und Netzwerke, die sich auch in ihrer Arbeitsweise von den großen Verbänden unterscheiden. Als zivilgesellschaftliche Akteure sind sie „Moralunternehmer", aber auch Akteure, die mit hochwertiger Expertise aufwarten können. Dadurch werden sie zu weitgehend akzeptierten Bündnispartnern – auch innerhalb des Regierungsapparates und auf internationalen Konferenzen. Die großen Organisationen besitzen inzwischen professionelle verbandliche Strukturen und haben Lobbying als ein wichtiges Mittel ihrer politischen Verbandsarbeit akzeptiert. Die Tendenz zum Lobbying wird auch durch die Expertise, die die Verbände inzwischen auch mit Hilfe der wissenschaftlichen Institute bereitstellen können, forciert.

War früher noch der Protest die dominierende Handlungsform – bei einigen Organisationen ist er es immer noch – so ist doch die Tendenz unverkennbar, dass Lobbying auch in diesem Bereich immer mehr anerkannt und genutzt wird. Dies hat auch Folgen für die Organisation und das Verhalten der Mitarbeiter. Wenn das Gespräch und die politischen Kontakte mit Ministerialen und Politiker im Mittelpunkt stehen, dann sind die Spielregeln des öffentlichen Protests weniger nützlich. Noch agieren viele Umweltorganisationen doppelgleisig: während sich die Verbandsspitze in Ausschüssen und Kommissionen den Regeln der lobbyistischen Einflussnahme unterworfen hat, agieren die Mitglieder je nach Bedarf noch nach den alten Protestmustern.

Auch die Nicht-Regierungsorganisationen, die auf internationaler Ebene tätig sind, bekennen sich heute zum Lobbyismus. Sie gehen neue Koalitionen ein und haben – entgegen den üblichen *grass roots*-Strukturen – ein *Top-down*-Organisationsmodell wie *Transparency International*. Auch im sozialpolitischen Bereich ist zu beobachten, wie neue Themen und Interessengruppen (AIDS-Hilfe, Selbsthilfegruppen) entstehen, die nicht mehr von den traditionellen Wohlfahrtsverbänden aufgesogen werden.

Die Frauenbewegung hat effektive Lobbystrukturen hervorgebracht, die nicht primär verbandlich organisiert sind. Dafür ist der Bereich auch sozial und interessenpolitisch zu heterogen. Die Durchsetzung frauenspezifischer Interessen geschieht beinah in allen Politikfeldern durch verschiedene Gruppen und Netzwerke, die nicht in erster Linie öffentlichkeitsscheue Hinterzimmerpolitik betreiben. Vielmehr nutzen sie die Öffentlichkeit um ihre Forderungen vorzutragen und die Umsetzung anzumahnen. Aber was wurde wirklich erreicht? Der politische Druck der Straße war doch in der Anfangsphase wesentlich.

Diese beschriebenen Trends deuten auf Veränderungen in einem Bereich hin, der immer wichtig war und noch wichtiger wird. Die Sozialwissenschaften haben dies bislang nicht ausreichend erkannt. Gerade deshalb gilt es genauer hinzusehen. Um auch die neuen Phänomene ausleuchten zu können, gilt das Interesse gleichermaßen der Perspektive von Praktikern und Theoretikern. Drei Dimensionen des Lobbyismus gilt es dabei zu beachten:

a) Lobbyismus als professionelle Technik der Interessendurchsetzung im öffentlichen Raum. Hierbei handelt es sich um eine legitime Aktionsform, doch es gibt fließende Übergänge – Transparenzdefizit, ungleiche Zugänge etc. – bis hin zur Korruption.
b) Die unterschiedlichen Einflussgrade (sowie das Legitimitätsgefälle) von Lobbying als Instrument organisations- und konfliktfähiger Privatinteressen, die mit allen Mitteln ihre Position durchsetzen.
c) Der Lobbyismus für „schwache" oder „moralische" Interessen hat sich inzwischen entwickelt.

4   Die Adressaten des Lobbying

Wesentliches Charakteristikum des Lobbying ist der Tausch von Informationen gegen Einfluss und Wahlverhalten. Wenn man Lobbying begreifen will, ist es daher notwendig, nicht nur die Lobbyisten und ihre Organisationen (Verbände, Unternehmen, Agenturen, Städte, etc.) sich anzusehen. Auch das Gegenüber muss miteinbezogen werden. Denn der Erfolg des Lobbying hängt wesentlich davon ab, wie die politische Entscheidungsebene strukturiert ist und wie Politik und Bürokratie auf lobbyistische Annäherungen reagieren.

In erster Linie sind es Parlament und Ministerialbürokratien, die hier interessieren. Denn dort werden die Entscheidungen getroffen, auf die Lobbyisten Einfluss nehmen wollen. Hinzu kommen aber auch die Parteien, Fraktionen, in denen bereits Vertreter von Verbänden oder anderen Organisationen sitzen können, weitere supranationale Organisationen und schließlich die politische Öffentlichkeit, die zur Durchsetzung bestimmter Ziele mobilisiert werden kann.

Um den lobbyistischen Einfluss auf das Parlament zu beschreiben, werden gerne die Lobbylisten des Deutschen Bundestages zitiert. Außer einer dürren Auflistung von mehr als 1700 Verbänden findet sich dort nichts, was interessant wäre. Sie ist allerdings die Grundlage für Einladungen zu den Anhörungen der Ausschüsse. Wesentlich wirksamer ist dagegen die Verbandsimprägnierung des Bundestages durch die Abgeordneten. Es sind entweder die Mitgliedschaften von Abgeordneten in den Gewerkschaften und anderen Organisationen oder die direkte Mitgliedschaft von Funktionären im Parlament: So sitzen Klaus Wiesehügel, Vorsitzender der IG Bauen-Agrar-Umwelt (IG Bau), für die SPD und Reinhard Göhner, Hauptgeschäftsführer der Bundesvereinigung der Arbeitgeberverbände, für die CDU im Bundestag. Doch der zusammengebrochene Protest der Gewerkschaften gegen Schröders Agenda 2010 zeigt, dass die traditionell engen Bindungen zwischen SPD und Gewerkschaften kaum mehr existieren.

Hinzu kommt der Funktionsverlust des Parlaments. Immer mehr Entscheidungen werden nicht mehr von ihm selbst vorbereitet und getroffen – es wurde oft degradiert zum Abnickinstrument von Entscheidungen, die an anderen Orten getroffen wurden. Immer mehr politische Themen werden in Kommission und Konsensrunden ausgelagert, in denen Verbandvertreter Mitarbeiter sind und direkten Einfluss auf die Gesetzgebung ausüben. Nur ganz wenige Spitzenparlamentarier haben wirklichen Einfluss in ihren Fachgebieten. Das Parlament hat dann die Entscheidung von solchen Runden oft nur noch zu ratifizieren. Die schleichende Entparlamentarisierung verändert auch für lobbyistische Aktivitäten die Geschäftsgrundlage. Der Zugang zu den informellen Entscheidungsträgern wird nun wichtiger.

Ein sicherer Hort des Einflusses bleibt aber: die Ministerialbürokratien. Sie haben gegenüber den Abgeordneten und Fraktionen an Bedeutung gewonnen. Wenn davon gesprochen wird, dass Lobbytätigkeit im Vorfeld der parlamentarischen Gesetzgebung ansetzen muss, dann ist hier der Ort, an dem die Beeinflussung beginnt. Gewiefte Lobbyisten wissen in der Regel, wo und wann etwas gesetzlich geregelt werden soll, noch bevor eine Zeile die Gestalt eines Entwurfs annimmt. Die Ministerialbürokratie ist über eine solche frühzeitige Einbindung ganz froh, weil sie den Sachverstand und die Expertise der Lobbyisten nutzen und Konflikte vermeiden kann. In der Gemeinsamen Geschäftsordnung der Ministerien (GGO II, § 23, § 24 ist der Zugang der Lobbyisten zu den Ministerien geregelt. Die Verbandsvertreter sitzen in den zahlreichen Arbeitskreisen und Beiräten und bekommen Entwürfe und Vorlagen noch bevor je ein Abgeordneter überhaupt erfährt, dass etwas gesetzlich geregelt werden soll.

Das Zusammenspiel von Ministerialbürokratie und Lobbyisten vollzieht sich nicht allein auf dieser „offiziellen" Ebene. Zahlreiche Clubs bringen die beiden Gruppen auch menschlich einander näher. Hier kann auch mal eine Sache beim Bier oder Champagner beredet werden, ohne dass Geschäftsordnungen oder Satzung die Kommunikation behindern.

Im Unterschied zu den Bürokratien bekennen sich mittlerweile die Lobbyisten auch zu ihren Clubs. Die Ministerien hingegen geben sich zugeknüpft und verweisen auf die Gemeinsame Geschäftsordnung der Bundesministerien (GGO II). Ganz offensichtlich profitieren sie von den Lobbyisten, weil nur diese ihnen die Auswirkungen ihrer gesetzlichen Regelungen deutlich machen können und sie potenzielle Konflikte im Vorfeld abfedern. Dass im Gegenzug die eine oder andere juristische Formulierungshilfe akzeptiert wird, ist übliche Praxis. Alles dies geschieht zu Lasten Dritter, der Abgeordneten. Und die meisten Ministerien sind sich einig, dass hier ein Informationsfreiheitsgesetz, das ein wenig Licht in das Dunkel bringen könnte, ihnen nur schadet und ihre Verwaltungsroutine stört.

Auch die aus den Verbänden kommenden Politiker, die in den Bundestag gewählt werden, müssen sich über ihre neue Rolle klar werden. Sie sind nicht länger nur der verlängerte Arm des Verbandes im Parlament. Politiker haben einen besonderen Auftrag, der im Idealfall auch zur Ausbildung eines rollenkonformen Verhaltens als Abgeordneter führt. Wie reagieren Politiker konkret in Situationen, in denen sie lobbyistischer Interessenpolitik gegenüberstehen?

Diese Frage richtet sich insbesondere an die Politiker, die im parlamentarischen Betrieb lobbyistischer Interessenpolitik gegenüberstehen. Inwieweit können Ausschüsse und Ministerien Wissen und Expertise mobilisieren, um von Lobbyisten unabhängiger zu werden – oder sind Lobbyisten auch eine Bereicherung und Hilfe bei schwierigen Entscheidungen?

Zwischen lobbyistischer Auskunftsbereitschaft und der Reserviertheit der Adressaten in Politik und Ministerialbürokratie besteht ein Missverhältnis. Hier erscheint es viel versprechend nachzuhaken, denn die Kommunikation der Interessen an dieser Gelenkstelle des politischen Prozesses ist sensibel und politisch bedeutsam.

Dies kann gleichzeitig auch ein Ansatzpunkt sein, das Feld des Lobbyismus demokratisch einzuhegen. Das wichtigste Steuerungsinstrument heißt deshalb Transparenz. Viele Unternehmen verfügen bereits über präzise Handlungsanweisungen, sogenannte *guides*, die genau festlegen, was geht und was nicht erlaubt ist. Zum Teil reichen sie an den anspruchsvollen Pressekodex der New York Times heran.

Transparenz muss es auch auf der Adressatenseite geben. Die entscheidende politische Klammer, um diesen Analyseansatz pragmatisch umzusetzen, ist die längst überfällige Durchsetzung des Informationsfreiheitsgesetzes. Deutschland ist hier in der Umsetzung das Schlusslicht Europas. Es geht dabei nicht um eine Welle von Bürgeranfragen, sondern um die Stimulierung eines anderen Informationsverhaltens in Politik und Verwaltung.

5 Lobbying und Demokratie

Besonders in einer von Rousseau herkommenden demokratietheoretischen Tradition hat man den Lobbyismus als Gefahr für die Demokratie angesehen. Aber auch bestimmte Konservative waren gegenüber den Interessengruppen reserviert. Sie sahen im Repräsentativprinzip ein hinreichende Bedingung der Interessenberücksichtigung. Dem naiven Anspruch nach sollen sich die Interessen der Bürger über die Abgeordneten zu einem politischen Willen verdichten. Dadurch sei eine angemessene Interessenberücksichtigung sicher gestellt. Solche Positionen, die den Gesetzgebungsprozess von äußeren Einflüssen abschotten wollen, sind aber unrealistisch. Es gibt einen Beratungsbedarf der Politik. Öffentliche Debatten garantieren nicht immer, dass alle relevanten Argumente eingebracht werden. Und sie können vor allem Expertenwissen nicht ersetzen. Der Lobbyismus ist ein Subsystem, mit dem komplexe Gesellschaften Wissen für politische Entscheidungen nutzbar machen kann. Voraussetzung wäre aber, diese Prozesse öffentlich und kontrollierbar zu machen. Deshalb birgt der Lobbyismus zahlreiche Gefahren der illegitimen Interessendurchsetzung.

Dies liegt daran, dass es neben dem Willen der Bürger in allen Demokratien mächtige und weniger mächtige Interessengruppen gibt, die den Gesetzgebungs- und Entscheidungsprozess zu ihren Gunsten zu beeinflussen versuchen. Sie verfügen über mehr Ressourcen und spezielles Wissen, wann, wo und wie am erfolgreichsten interveniert werden kann. Darin liegt eine Gefahr. Besorgt stellte daher Theodor Eschenburg bereits in den fünfziger Jahren die Fragen: „Herrschaft der Verbände?" Das Verbändegesetz, das die FDP in den 1970er Jahren eingebracht hat, ist sang- und klanglos gescheitert. Heute gibt es kaum Möglichkeiten gemeinwohlschädigendes Verhalten von kleinen Interessengruppen zu sanktionieren. Dieser Konflikt reicht bis ins Parlament: einerseits geißelt die FDP stets die überregulierten Märkte, wenn aber die Interessenlage etwa der Handwerker durch neue Gesetze tangiert wird, vergessen die Liberalen ihre Prinzipien.

Diese Befürchtung einer Herrschaft der Verbände teilt der Pluralismus nicht, dessen Grundgedanken heute wieder aufgegriffen werden. Lobbyistische Interessenpolitik ist für ihn ein wichtiges Gestaltungsmittel in der Demokratie. In uramerikanischer demokratischer Tradition empfiehlt er eher die Vervielfachung der Interessengruppen, als sie aus dem politischen Prozess herauszudrängen.

Dennoch wäre auch aus dieser lobbyfreundlichen Sicht eine kluge und Demokratie fördernde Regulierung der Interessenpolitik der Lobbygruppen notwendig. Dies zeigt auch die amerikanische Praxis. Sie enthält zahlreiche Verfahren, mit denen das Geschäft der Interessengruppen transparenter gemacht werden kann. Aber auch hier zeigt sich, dass die Interessengruppen immer wieder Mittel und Wege finden, die Transparenzgebote zu umgehen.

Zweifellos ist Transparenz eine zentrale Markierung. Die gegenwärtigen Bestrebungen, ein Informationsfreiheitsgesetz zu verabschieden, werden von Unternehmen und durch die Ministerien behindert, die sich nicht gerne kontrollieren lassen wollen. Transparenz in der Lobbytätigkeit aber ist notwendig. Hier hilft der Verweis auf die Lobbyliste des Bundestages nicht weiter.

Ein ernsthaftes Kontrolldefizit muss man der lobbyistischen Beeinflussung der EU-Kommission attestieren. Es fehlt eine europäische Öffentlichkeit, die zur massiven Lobbytätigkeit ein Gegengewicht herstellen könnte. Die Stärkung des Europäischen Parlaments geht in die gleiche Richtung.

Auf der Ebene der Europäischen Union ist mehr Transparenz einzufordern. Bis zu einer europäischen Öffentlichkeit ist es noch weit (vgl. FJ NSB 4/01), doch müssen das Parlament gestärkt und die Verfahren vereinfacht werden. Transparenz ist vor allem dort gefragt, wo alle Entscheidungen getroffen werden: beim Rat. Zudem muss das undurchsichtige Ausschusswesen durchforstet und transparenter gemacht werden. Zudem wird es notwendig, die Mittelvergabe in den zahlreichen EU-Programmen transparenter zu gestalten. Der jüngste Skandal um Eurostat zeigt, wie weit wir noch von demokratischen Strukturen auf der EU-Ebene entfernt sind.

Soziale Bewegungen sind, von ihrer Organisationsstruktur und ihrer Weise, sich im politischen Raum bemerkbar zu machen, nicht unbedingt auf Lobbyismus angewiesen. Angesichts der Veränderungen und der zunehmenden Artikulationsfähigkeit auch schwacher Interessen muss dennoch genauer untersucht werden, wie soziale Bewegungen die neuen Instrumentarien nutzen und nutzen können.

6 Die Aufgaben der Medien – Transparenz

Lobbyismus als Erscheinungsform moderner und effektiver Interessenvermittlung durchsetzungsstarker Interessen sucht – anders als das Lobbying für „schwache" oder „moralische" Interessen – nicht das Licht der Öffentlichkeit. Deshalb haben Medien und Wissenschaft hier ein erhebliches Analyse- und Wissensdefizit.

Lobbyismus vollzieht sich abseits öffentlicher Aufmerksamkeit, er ist schwer zu fassen und wirkt diskret. Es gehört zu den professionellen Grundsätzen der Lobbyisten, nicht die Scheinwerfer und Mikrophone zu suchen. Tun sie es dennoch, wie im Fall Schreiber oder Hunzinger, so verstoßen sie gegen die Diskretionsregeln, die sich die Branche selbst auferlegt hat.

Eine Kontrolle der Lobbymacht ist aber auch durch die Medien notwendig. Das Thema Lobbyismus wird aber jenseits der markigen Überschriften in vielen Medien („die Ärzte-Lobby", „die Pharma-Lobby") sowohl in der Wissenschaft, den Medien und anderen Produzenten der Öffentlichkeit vernachlässigt. Dies muss sich im Sinne einer aufgeklärten Öffentlichkeit ändern. Das Thema Lobbyismus muss zum Standard in der Sozialkunde werden, nicht zuletzt, weil zwischen zunehmendem Einfluss der Wirtschaft auf die Politik, der wachsenden Bedeutung der Medien und dem bereits überwältigenden Einfluss der Staatsbürokratien, immer weniger Entscheidungs-Raum für die genuin gewählten Entscheider bleibt: für das Parlament. Die besonders einflussreiche Kraft der Lobbyisten muss kontrollierbarer und transparenter arbeiten, damit Bürgerrechte in legitimierten Parlamenten nicht zu einer Randgröße werden.

7 Welchen Einfluss haben Lobbyisten tatsächlich?

Diese Frage treibt nicht nur Wissenschaftler, sondern auch Firmenvorstände und Unternehmer um, denn Lobbyisten kosten Geld. Vielfach sind es die so genannten „stillen Erfolge", die nach außen nicht wahrgenommen werden. In der Frühphase von Themenformulierungen werden Entscheidungen gefällt und die Weichen gestellt, ohne dass es nach Beeinflussung aussieht. Hier freut sich der Lobbyist über eine gelungene „Kooperation" und wird dies nicht nach außen als Erfolg verkaufen.

Es gibt aber auch den öffentlich bekundeten Erfolg des Lobbying. Eine „gelungene Lobbyarbeit für die Wirtschaft" sei es, so Alfons Kühn, Chef der Finanz- und Steuerabteilung des Deutschen Industrie- und Handelskammertag, in Report Mainz am 15.09.03. Ein Grund zum Feiern, denn Hans Eichel hat in seinem Gesetzentwurf zur Reform der Gewerbesteuer das Lobbypapier des DIHK zur Grundlage für den Entwurf genommen. Ein Gesetzentwurf, der letztlich auf den Ausarbeitungen des DIHK basiert. Ob dieser Lobbyerfolg sich allerdings auch realisieren lässt, hängt vom politischen Druck ab, den die Kommunen zu entfalten in der Lage sind.

Der Wirkung der Lobbyarbeit ist in der Regel schwer zu bewerten, da sie sich zumeist jenseits öffentlicher Aufmerksamkeit abspielt. Zudem sind die Einflussformen so vielfältig und die Wirkungen so kompliziert nachzuweisen, dass sich oft schwer genau angeben lässt, inwieweit sich lobbyistische Interessen durchgesetzt haben. Dennoch muss danach gefragt werden, wie weit bei konkreten Entscheidungen – Riester-Rente, Atomkonsens, Gesundheitsreform – sich Interessen einzelner Gruppen (z. B. Industrie) durchsetzen konnten.

8 Zum diesem Band

Der vorliegende Band verfolgt mehrere Ziele. Zuerst geht es darum, das Thema Lobbyismus in das politische und wissenschaftliche Blickfeld zu rücken. Interessenpolitik war immer schon Teil der politikwissenschaftlichen Verbändeforschung. Dieses politikwissenschaftliche Teilgebiet hat aber den Begriff und vor allem die damit verbundene Praxis nicht in den Mittelpunkt ihrer Aufmerksamkeit gestellt. Der lobbyistische Einfluss auf politische Entscheidungen ist heute spürbarer zu einem Thema der öffentlichen Aufmerksamkeit geworden.

Vor allem soll es in diesem Band um die Praxis der lobbyistischen Interessenpolitik gehen. Denn sie wurde in den bisherigen Veröffentlichungen der Verbändeforschung zwar thematisiert, doch selten wurde die Praxis genauer beleuchtet. Deshalb kommen im vorliegenden Band auch zahlreiche Praktiker zu Wort. Karlheinz Maldaner von der Deutschen Telekom AG, Wolf Dieter Zumpfort von TUI und Heinz Warneke vom Dreißiger Multiplikatoren Clubs gaben uns Interviews. Sie wollen ihre Tätigkeit als ganz normales Geschäft der Politikberatung verstehen und die öffentlichen Vorbehalte entkräften.

Unverkennbar sind die Tendenzen zu mehr Professionalität. So erscheinen vermehrt Handbücher, die Unternehmen und Lobbyisten Ratschläge geben, wie sie Projekte der Einflussnahme gestalten sollen. Rinus van Schendelen untersucht die professionellen Verhaltensweisen von Lobbygruppen auf dem Brüsseler Parkett und diskutiert die Auswirkungen des Lobbying auf Demokratie, Integration und Effizienz des Regierens.

Ein weiteres Bestreben dieses Bandes ist es, neue Dimensionen des Lobbying sichtbar zu machen. Denn inzwischen sind es nicht mehr nur die Verbände, sondern auch NGOs, Landkreise, Städte und Länderregierungen die – über ihre durch Verfahren gesicherten Formen der Beteiligung – auch auf die unkonventionellen Formen des Lobbying zurückgreifen (siehe dazu den Beitrag von Franz-Reinhard Habbel über den Deutschen Städte- und Gemeindebund). Auch Umweltgruppen nutzen inzwischen die Instrumente des Lobbying, um ihren Einfluss geltend zu machen, wie Jochen Roose zeigt. Die Gruppen und Verbände wollen sich nicht mehr allein auf den Protest als einziger Form der Einflussnahme verlassen.

Auch die wissenschaftliche Politikberatung betreibt Lobbyismus, auch wenn die wissenschaftlichen Sachverständigen dies nicht immer wahrhaben wollen. Birger P. Priddat fordert in seinem Beitrag, dass sich die wissenschaftliche Politikberatung auch zu den Interessen bekennen sollte, die ihre Beratung im Verborgenen steuern.

Lobbyismus ist ein Wachstumsmarkt. Der Umzug von Regierung und Parlament hat in der Branche einige Veränderungen bewirkt. Lianos und Kahler widmen sich den Veränderungen, die im Bereich der Public Affairs-Agenturen zu beobachten sind.

Das Lobbying scheint sich von seinem Negativ-Image zunehmend zu befreien. Immer deutlicher bekennen sich Lobbyisten zu ihrem Tun, und immer offener rechtfertigen Politiker auch die Zusammenarbeit mit Lobbyisten. In vielen Beiträgen dieses Buches ist diese neue Einstellung zu spüren. Die andere Seite dieses steigenden Selbstbewusstseins ist aber das Fehlen von öffentlicher Kontrolle und Transparenz. Die Beiträge von Thomas Hart und Ralf Fücks wollen darauf aufmerksam machen, dass Demokratie und Transparenz der politischen Entscheidungen zu hohe Güter sind, um sie dem Lobbyismus zu opfern. An Transparenz fehlt es auch auf Seiten des Adressaten des Lobbying, bei der Ministerialbürokratie. Dies zeigt der Beitrag von Andreas Skowronek. Welche Schwierigkeiten mit der Kontrolle lobbyistischer Gruppen verbunden sind, zeigt der Beitrag von Martin Thunert, der die Lobby-Gesetzgebung in den USA, dem Mutterland des Lobbyismus, beleuchtet.

Vom Vorbild der amerikanischen Regulierung des Lobbyismus könnten aber auch positive Signale für eine Regulierung der Lobbygruppen in Berlin und Brüssel ausgehen.

Die lobbyistische Praxis genauer unter die Lupe zu nehmen, heißt auch, den Einfluss von Interessengruppen in einzelnen Politikfelder oder bei spezifischen Entscheidungen intensiv nachzuzeichnen. Der Gesundheitsbereich und die Landwirtschaft sind Politikfelder, die seit jeher sehr stark von Interessengruppen dominiert sind. Die Agrarpolitik ist ein seit Jahrzehnten gewachsener Lobbybereich, der zudem stark europäisiert ist. Hier hat sich mit dem Deutschen Bauernverband eine besonders effiziente Lobbyorganisation etablieren können, wie Eckehart Niemann zeigt. Alain Grenier liefert mit seinem Beitrag zur Straßenbaulobby einen Einblick in die weit verzweigte Lobbystruktur dieses für Deutschland wichtigen Politikbereichs. Die Beiträge von Anke Martiny, Kurt Langbein und Markus Jantzer zeigen die organisierte Macht der Interessengruppen im Gesundheitsbereich.

Viele Interessenvertreter begreifen sich als Dolmetscher zwischen Wirtschaft und Politik. Politik und Wirtschaft sind unterschiedliche Funktionssysteme und Aufgabe des Lobbyisten ist es nicht nur die Interessen des Unternehmens gegenüber der Politik zu vertreten, sondern auch dem eigenen Unternehmen die Zwänge, Eigenheiten und Themen der Politik zu vermitteln. Der Band enthält neben den drei längeren Interviews auch eine synoptische Zusammenstellung von schriftlichen Befragungen von Lobbyisten.

Welchem Veränderungsdruck die Verbände ausgesetzt sind zeigen die Beiträge von Inge Maria Burgmer, Wolfgang Schröder (zu den Wirtschaftsverbänden) und Konrad Klingenburg (für die Gewerkschaften). Sie müssen ihre neue Rolle finden, angesichts der Tatsache, dass sich die Branchenstruktur verändert und immer mehr große Unternehmen Firmenrepräsentanzen eröffnen. Wie eine solche Gründung vorbereitet wird, zeigt der Beitrag von Klaus Escher am Beispiel der BASF. Gottlob Schober beschreibt in seiner Studie über die Deutsche Telekom, wie der Börsengang des Unternehmens ab 1994 lobbyistisch vorbereitet und begleitet wurde. Die Lobbyisten haben hier gute Arbeit geleistet. Das Unternehmen ist teilprivatisiert, doch viele Anleger haben viel Geld verloren. Noch immer beschäftigen sich Gerichte mit der Neubewertung der Immobilien der Telekom, die erst den Gang an die Börse ermöglichte und damit dem Finanzminister Milliarden in die leere Kasse spülte.

Klaus Kocks macht in seinem Beitrag deutlich, wie sich Lobbyismus in Form von PR im Journalismus immer mehr verbreitet. Auch die zahlreichen Kampagnen zielen auf eine lobbyistische Bearbeitung der Öffentlichkeit.

Literatur

Ulrich von Alemann, 2000:Vom Korporatismus zum Lobbyismus? Die Zukunft der Verbände zwischen Globalisierung, Europäisierung und Berlinisierung, in: aus Politik und Zeitgeschichte, Jg. 50, Heft B 26/2.

Beisheim, Marianne et. al., 1999: Im Zeitalter der Globalisierung. Thesen und Daten zur gesellschaftlichen und politischen Denationalisierung, Baden-Baden.

Czada, Roland, 1994: Konjunkturen des Korporatismus: Zur Geschichte eines Paradigmenwechsels in der Verbändeforschung, in: Wolfgang Streeck (Hrsg.), Staat und Verbände, Sonderheft 25 der Politischen Vierteljahresschrift, Opladen, S. 37 – 64.

The European Public Affairs Directory: The comprehensive guide to opinion formers in the capital of Europe, 1995/1999 Brussels, Landmarks SA.

Held, David/McGrew, Anthony/Goldblatt, David/Perraton, Jonathan, 1999: Global Transformations. Politics, Economics and Culture. Stanford, California: Stanford University Press.

Lahusen, Christian/Jauß, Claudia, 2001: Lobbying als Beruf. Interessengruppen in der Europäischen Union. Baden-Baden.

Lahusen, Christian, 2002: Professional Consultancies in the European Union: Findings of a survey on commercial interest intermediation, Bamberger Beiträge zur Europaforschung und zur internationalen Politik Nr. 6 (www.uni-bamberg.de/sowi/europastudien/beitraege).

Lehmbruch, Gerhard, 1996: Der Beitrag der Korportismusforschung zur Entwicklung der Steuerungstheorie, in: Politische Vierteljahresschrift 37, Heft 4, S. 735 – 751.

Sebaldt, Martin, 1998: Mythos und Realität des Lobbyismus im Parlament, in: Blickpunkt Bundestag Dezember 05/1998 (www.bundestag.de/aktuell/bp/1998/bp9805/9805004.html).

Lobbyverbände unter Anpassungsdruck

Inge Maria Burgmer

Verändertes Zusammenspiel von Politik und Wirtschaft

In Berlin lassen sich heute nicht nur organisierte Rundgänge durch die historische Mitte buchen, auch Führungen entlang der Hauptstadtrepräsentanzen der großen Konzerne dieser Republik sind inzwischen Bestandteil des touristischen Angebotes. Dabei sind diese Lobby-Spaziergänge nur ein Beleg für die Konjunktur, die das Thema Lobbyismus zu Beginn des neuen Jahrhunderts erfährt. Gazetten[1] berichten über neue und vor allem – mutmaßlich – mächtige lobbyistische Akteure, Tagungen zu diesem Themenkreis haben sich zu einem festen Bestandteil der jährlichen Hauptstadt-Agenda entwickelt; jüngst sah ein etabliertes Wirtschaftsmagazin[2] gar die Spitzenverbände der deutschen Wirtschaft, die klassischen lobbyistischen Akteure also, von einem Abstieg in die zweite Liga bedroht.

Richtig ist, dass sich das Zusammenspiel an der Schnittstelle von Politik und Wirtschaft verändert hat. Machtwechsel und Umzug von Regierung und Parlament bildeten allerdings lediglich nur den äußeren Anlass für die Neuformierung der Interessenvertreter in Berlin. Im Kern liegt die Ursache für das veränderte Zusammenspiel von Politik und Wirtschaft vielmehr in vornehmlich zwei Faktoren begründet: in dem Strukturwandel der Wirtschaft im globalen Maßstab auf der einen Seite und in den überkommenen Strukturen der deutschen Verbändelandschaft auf der anderen Seite.

Seit Jahren haben es die Spitzenverbände der deutschen Wirtschaft versäumt, die notwendigen Anpassungen an den globalen ökonomischen Strukturwandel konsequent vorzunehmen. So hat die Mehrzahl der Spitzenverbände den Umzug nach Berlin lediglich genutzt, um eine Art Wohngemeinschaft zu bilden. In einem gemeinsamen „Haus der Wirtschaft" haben sich drei der vier großen Spitzenverbände

---

[1] Etwa Helmut Hauschild, Konkurrenz belebt das Geschäft. Mehr und mehr Großkonzerne betreiben eigene Lobbyarbeit – Zahl der Unternehmensrepräsentanzen in Berlin und Brüssel hat sich verdoppelt, in: Handelsblatt vom 20.11.2002; Kanzler formiert Bündnis für Arbeit neu. Neben den Wirtschaftsverbänden sollen auch Manager und Wissenschaftler teilnehmen, in: Handelsblatt vom 04.12.2002; Margarete Hucht, Vitamin B ist ihr Kapital. Die Berliner Republik hat mit dem Berater für „Public Affairs" ein neues Berufsbild hervorgebracht, in: FAZ vom 14.06.2003; Matthias Wulff, Schröder reloaded. Der Kanzler regiert plötzlich ohne Wirtschaftsverbände und Gewerkschaften. Eine Kampfansage an die deutschen Lobbyisten, in: Welt am Sonntag vom 29.06.2003; Stefanie Lafrentz, Professionelle Lobbyisten. Public Affairs nennt sich die Beraterszene, in der PR-Generalisten gefragt sind, in: Die Welt vom 19.07.2003.
[2] Daniel Dehaes/Peter Leo Gräf: Zweite Liga. Das Lobbying in der Hauptstadt, früher fest in der Hand der Wirtschaftsverbände, zerfasert, in: Wirtschaftswoche, 24.07.2003, Nr. 31, S. 26f.

räumlich und infrastrukturell zusammengeschlossen. Die Mitglieder dieser Hausgemeinschaft, bestehend aus BDI, BDA und DIHT, teilen Kantine und Konferenzräume und -technik, strategisch-organisatorisch bleibt hingegen alles beim Alten. Der vierte Spitzenverband der deutschen Wirtschaft, der Zentralverband des Deutschen Handwerks e.V. (ZDH), ist seiner alten Gemeinschaft verbunden geblieben: Im „Haus des Deutschen Handwerks" residiert er auch in Berlin nach wie vor Seite an Seite mit der Bundesvereinigung der Fachverbände des Deutschen Handwerks e.V. und dem Deutschen Handwerkskammertag. Die Interessenvertreter dieser Zunft sind mithin nicht über den Bonner Status Quo hinausgegangen.

Ein fünfter Spitzenverband hat sich nach langem Tauziehen in der neuen Hauptstadt im „Haus des Handels" konstituiert: Es ist die Bundesvereinigung der *Deutschen Handelsverbände e.V.* (BDH). Hauptmotivation derer, die diesen Zusammenschluss federführend betrieben haben, war seinerzeit, möglichst schnell im Rahmen des „Bündnisses für Arbeit" mit am Tisch im Bundeskanzleramt sitzen zu können, also – wie so oft – mehr ein Motiv der Eitelkeit, denn der organisatorisch-inhaltlichen Systematik.

Auch die Versicherungswirtschaft hat den Umzug nach Berlin zur Zusammenlegung der Lebens- und Schadensversicherer unter dem Dach des *Gesamtverbandes der Deutschen Versicherungswirtschaft e.V.* genutzt. Alleine die Tatsache, dass die Privaten Lebensversicherer eigenständig geblieben sind, zeigt allerdings die Halbherzigkeit schon im Ansatz.

Fazit: Einige Spitzenverbände haben sich in der neuen Hauptstadt räumlich zusammengeschlossen, wenige darüber hinaus auch organisatorisch-strategisch. Fusionen zur Erhöhung der Schlagkraft in Deutschland und Europa stehen in der deutschen Verbändelandschaft unverändert auf der Tagesordnung. Die jüngste Umfrage des Ifo-Institutes bei 1100 Unternehmern belegt eindrucksvoll deren Erwartungshaltung: Danach plädieren 75 Prozent der befragten Unternehmer dafür, dass Wirtschaftsverbände aus Gründen der Effizienz fusionieren. Und eine weitere Zahl lässt an der Unzufriedenheit der Unternehmenslenker mit ihren Verbänden kaum Zweifel: Mehr als jeder vierte Unternehmer denkt der Umfrage zufolge darüber nach, seinen Verband zu verlassen.[3]

Herausforderungen

Dennoch hat bis heute keiner der Spitzenverbände eine konsequente Neuausrichtung vorgenommen, die überkommenen Strukturen der Wirtschaftsverbände sind nach wie vor existent. Und das, obwohl die Perspektiven des Lobbyismus in Berlin nicht zuletzt davon abhängen, ob sich die Spitzenverbände der deutschen Wirtschaft den Herausforderungen der Zukunft noch beizeiten und konsequent stellen werden. Lei-

---

[3] Die vollständigen Ergebnisse der Studie ebenda, S. 27.

sten sie die notwendigen Strukturanpassungen nicht, werden sie weiter an Bedeutung verlieren.

Schon heute haben neue lobbyistische Akteure an Einfluss gewonnen: Es sind Rechtsanwaltskanzleien, aber auch klassische Unternehmensberatungen, neu entstandene Agenturen für Public Affairs, aber auch klassische Agenturen mit einem gleichnamigen neuen Geschäftsbereich, und freie Berater, darunter häufig Minister und Staatssekretäre außer Dienst, ehemalige Kommunikationschefs großer Konzerne, pensionierte Konzernlenker und frühere Chefredakteure. Sie alle sind mit politischen Mandaten beauftragt und haben Teilfunktionen der Verbände übernommen. Deutliche Neugewichtungen der Lobbyisten untereinander sind mithin bereits Realität.

Gleichzeitig werden die Wirtschaftsverbände nach wie vor mit fünf strukturellen Herausforderungen konfrontiert, die zudem wesentlichen Einfluss auf die Neuformierung der Interessenvertreter in Berlin haben:

Zwei bedeutende politisch-ökonomische Phänomene sind die zunehmende *Globalisierung* und die fortschreitende *europäische Integration*. Beide Entwicklungen führen zu einer steten Verlagerung von Entscheidungsprozessen und zu abnehmenden Gestaltungsmöglichkeiten nationaler Politik und damit auch nationaler Wirtschaftsverbände.

Das dritte Phänomen, mit dem die Wirtschaftsverbände konfrontiert werden, ist der massive technologisch bedingte *Strukturwandel* der Wirtschaft. Gemessen an den Anteilen des sekundären Sektors an der Bruttowertschöpfung sinkt die Bedeutung, während gleichzeitig die Bedeutung des tertiären Sektors beständig wächst. Das produzierende Gewerbe und die modernen Dienstleister entwickeln sich zu einem komplementären Beziehungsgeflecht, eine Entwicklung, an deren Ende ein neuer Schlüsselsektor der Volkswirtschaft stehen wird.

Keiner der konventionell gegliederten Branchenverbände kann angesichts dieses Strukturwandels die Unternehmerinteressen – insbesondere die der Zukunftsbranchen – voll abdecken. Die Schnittmengen zwischen den Branchenverbänden wachsen beständig. Die Folge: Es wird immer schwieriger, die Tätigkeitsfelder der Unternehmen einem der klassischen Branchenverbände eindeutig zuzuordnen. Die Grenzen traditioneller Verbandsstrukturen sind erreicht, anders gesagt: sie bedürfen einer Neudefinition.

Viertes Phänomen, das die Wirtschaftsverbände verändert, ist der *Paradigmenwechsel* in der Gesellschaft, ein Wechsel von Solidarität und Gemeinwohlorientierung hin zu Individualisierung und Pluralisierung und zu abnehmender Bindungswilligkeit ihrer Mitglieder. Mussten in der Vergangenheit Unternehmer, die ihre Verbände verließen, mit geschäftlicher und gesellschaftlicher Diskreditierung rechnen, scheint es heute dem Zeitgeist zu entsprechen, Verbänden den Rücken zu kehren und – im Hinblick auf ihre Leistungen – Trittbrett zu fahren.

Eng verbunden mit dem vierten ist schließlich das fünfte Phänomen, das die Wirtschaftsverbände verändert: Es ist die neue Denkrichtung der Unternehmer angesichts des internationalen Wettbewerbsdruckes. Galt früher langfristige Interessenpolitik als ein von den Unternehmern anerkanntes Ziel eines Verbandes, so scheint die kurzfristige Wahrnehmung von *Partikularinteressen* erheblich an Bedeutung gewonnen zu haben. Heute drängen Unternehmer auch in ihrem Verhältnis zu ihren Verbänden zunehmend auf schnellen „Return on Investment".

Entwicklungstendenzen

Diesen zentralen Herausforderungen haben sich die Spitzenverbände bis heute nicht hinreichend gestellt. Die unverändert dringend notwendigen Anpassungsstrategien lassen sich unter dem Rubrum „wirtschaftsstrukturelle Anpassung und maximale Flexibilisierung der Verbandsstruktur" fassen. Die seit langem geforderte Forcierung verbandlicher Konzentrationsprozesse reicht zur Stärkung der Schlagkraft alleine nicht mehr aus. Selbst wenn die überfällige Fusion der Spitzenverbände der deutschen Wirtschaft infolge der Ergebnisse der jüngsten oben zitierten Studie sehr schnell Realität werden würde, sollten nach Überzeugung der Verfasserin folgende Maßnahmen der Spitzenverbände hinzukommen: Die Zulassung von Unternehmensdirektmitgliedschaften als zusätzliches Element zu den bestehenden Verbändemitgliedschaften, die Einführung eines Modells einer kombinierten Struktur aus Basis-Mitgliedsbeiträgen und leistungsgebundenen Beiträgen und – damit eng verbunden – die Schaffung eines Systems aus Basisleistungen und optionalen Verbandsleistungen, der konsequente Ausbau des Instrumentes der ausgegliederten Geschäftsbetriebe und schließlich die Schaffung adäquater verbandlicher Betreuungspotenziale für die Informations- und Kommunikationswirtschaft und die modernen Dienstleister.[4]

Sicher ist: Nur eine umfassende Neuausrichtung entlang dieses Maßnahmenkataloges kann im Ergebnis die Interessen der Verbändemitglieder unter den veränderten Rahmenbedingungen wieder hinreichend befriedigen und damit die Spitzenverbände als klassische lobbyistische Akteure stärken.

Sicher ist allerdings auch: Wie auch immer sich die Spitzenverbände der deutschen Wirtschaft angesichts der umrissenen strukturellen Herausforderungen aufstellen werden, Lobbyismus wird in Zukunft deutlich facettenreicher. Das hängt vor allem damit zusammen, dass die Steuerungsmöglichkeiten nationaler Regierungen abnehmen und gleichzeitig die Steuerungspotenziale der Wirtschaft und der Finanzmärkte substantiell wachsen. Die Folgen dieses Prozesses sind überdeutlich: Die Schnittstelle von Politik und Wirtschaft rückt in das Zentrum öffentlichen Interesses. Und die politische Bedeutung der führenden Repräsentanten der Wirtschaft

---

[4] Dass der Bundesverband der Deutschen Industrie e.V. (BDI) hier inzwischen einige Meilensteine bewegt hat, soll an dieser Stelle ausdrücklich positiv gewürdigt werden. So hat dieser Spitzenverband der deutschen Wirtschaft seine Definition des Industriebegriffes faktisch erweitert. Heute sind sowohl BITKOM Bundesverband Informationswirtschaft, Telekommunikation und neue Medien e.V. als auch der Verband Forschender Arzneimittelhersteller e.V. (VFA) und der Bundesverband der Deutschen Tourismuswirtschaft (BTW) e.V. Mitglied des BDI.

wächst proportional mit der Zunahme ihrer Steuerungspotenziale. Mehr als je zuvor benötigen sie im veränderten Zusammenspiel von Regierung und Wirtschaft mithin maßgeschneiderte professionelle Politik-, Strategie- und Kommunikationsberatung. Dass solche individuellen Beratungsleistungen in weiten Teilen nicht von den Spitzenverbänden der deutschen Wirtschaft zu erbringen sind und dies auch nicht ihre originäre Aufgabe sein kann, versteht sich von selbst.

Insofern scheint eine Entwicklung schleichenden Einflussverlustes der klassischen Spitzenverbände bei gleichzeitiger Etablierung alternativer lobbyistischer und beratender Strukturen unterhalb der Ebene formaler Veränderungen mittelfristig die wahrscheinlichste Variante. In jedem Falle wird Lobbyismus in Berlin nicht zuletzt wegen des veränderten Anforderungsprofils an lobbyistische Akteure pluraler.

Die Tatsache, dass die mächtigen Unternehmensfürsten vermehrt das direkte Gespräch mit den Regierenden, vor allem mit dem Bundeskanzler selbst, suchen und damit zunehmend als ihre eigenen Cheflobbyisten agieren, mag als ein Beleg gelten. Dies entspricht den veränderten Bedürfnissen der Unternehmer und – zumindest auf europäischer Ebene – mit der Etablierung der European Round Tables seit einigen Jahren auch der faktischen Entwicklung. Auch die zunehmenden lobbyistischen Aktivitäten von Rechtsanwaltskanzleien und Unternehmensberatungen und die wachsende Zahl eigener Hauptstadtrepräsentanzen großer Konzerne unterstreichen diese Entwicklung. Und schließlich belegt auch die Tatsache, dass alle bedeutenden PR-Agenturen in der neuen Hauptstadt inzwischen eigene Bereiche für Public Affairs aufgebaut und sich zudem Agenturen etabliert haben, die ausschließlich Public Affairs zum Gegenstand ihrer Geschäftstätigkeit erklären, die beschriebenen Entwicklungstendenzen.

Dabei sind die Chancen, die mit der Neuformierung der Interessenvertreter in Berlin verbunden sind, deutlich größer als die Risiken, ist sie doch Ausdruck der veränderten Bedürfnisse. Wenn die klassischen Spitzenverbände der deutschen Wirtschaft und die hinzugekommen Interessenvertreter es verstehen, sich in Zukunft komplementär zu begreifen, wird Lobbyismus im wohlverstandenen Sinne als elementares demokratisches Gestaltungsmittel an der immer bedeutender werdenden Schnittstelle von Politik und Wirtschaft insgesamt profitieren!

Hinzu kommt, dass die globalen Konzentrationsprozesse der Wirtschaft zwangsläufig Einfluss sowohl auf die Entwicklung der europäischen als auch auf die Entwicklung der nationalen Verbändelandschaft haben werden. Zudem wird sich die Organisation von Interessen im internationalen Maßstab beschleunigen. Für die nationalen Wirtschaftsverbände gilt in diesem Kontext vor allem, ihre Schlagkraft optimal zu bündeln, um auf supranationaler Ebene Gehör zu finden. Im nationalen Maßstab gilt, auf die Herausforderungen durch konsequente Neuausrichtung entlang des skizzierten Maßnahmenkataloges endlich adäquat zu reagieren und damit ihre Zukunftsfähigkeit sicherzustellen. So gestärkt könnten die nationalen Wirtschaftsverbände als die klassischen lobbyistischen Akteure die hinzugekommenen Interessenvertreter in souveräner Attitüde als komplementär begreifen.

Für die weiteren Überlegungen bleibt an dieser Stelle festzuhalten, dass sich im Zuge fortschreitender Europäisierung und zunehmender Globalisierung der Wirtschaft die Steuerungsmöglichkeiten nationaler Regierungen verändert haben und gleichzeitig die Steuerungspotenziale der Wirtschaft und der Finanzmärkte gewachsen sind. Die Folgen dieses Prozesses sind überdeutlich: Die Schnittstelle von Politik und Wirtschaft wird immer wichtiger für das sich verändernde Zusammenspiel von Regierung und Konzernlenkern. Neben den Spitzenverbänden der deutschen Wirtschaft kommt heute jedem einzelnen führenden Repräsentanten der Wirtschaft wachsende politische Bedeutung zu. Auch wenn jüngste Überlegungen des deutschen Regierungschefs, in Zukunft neben den Vertretern der Verbände auch führende Repräsentanten der Wirtschaft zu den turnusmäßigen Gesprächen ins Kanzleramt zu bitten, einstweilen wieder verworfen worden sind, so belegt allein die Existenz solcher Überlegungen den enormen politischen Bedeutungszuwachs jedes einzelnen Konzernlenkers. Dass sich angesichts dieser Entwicklung heute nicht mehr nur klassische politische Entscheidungsträger, sondern in zunehmendem Maße auch die führenden Repräsentanten der Wirtschaft für das sich verändernde Zusammenspiel an der Schnittstelle zu Regierung und Parlament individueller professioneller Politik-, Strategie- und Kommunikationsberatung bedienen, scheint im Lichte dieser Neugewichtung zwangsläufig.

In der Konsequenz fügen sich zwei scheinbar diametral gegenüberstehende große gesellschaftliche Entwicklungslinien auf wundersame Weise zusammen: Es ist der weiter oben beschriebene Paradigmenwechsel in der Gesellschaft von Solidarität und Gemeinwohlorientierung hin zu Individualisierung und Pluralisierung und zu abnehmender Bindungswilligkeit ihrer Mitglieder auf der einen Seite. Mussten in der Vergangenheit Unternehmer, die ihre Verbände verließen oder auch nur – zur Wahrung singulärer Interessen – durch lobbyistische Einzelaktionen aus der Verbandspolitik temporär ausscherten, mit geschäftlicher und gesellschaftlicher Diskreditierung rechnen, scheint es heute dem Zeitgeist zu entsprechen, Verbänden den Rücken zu kehren oder zumindest bei der Wahrnehmung eigener Interessen zweigleisig zu fahren. Es wirkt wie eine besondere Ironie der Geschichte, dass wegen der konstatierten, enorm wachsenden politischen Steuerungspotenziale der führenden Repräsentanten der Wirtschaft auf der anderen Seite es heute aber genau diese Konzernlenker sind, die zunehmend von der Regierung in die Verantwortung für das Gemeinwesen – gewollt oder ungewollt – eingebunden werden. In Berlin ist es ein offenes Geheimnis, dass der amtierende Bundeskanzler sehr daran interessiert ist, auch die Unternehmensfürsten zu den einschlägigen Kaminrunden zu bitten, anstatt alleine mit den Repräsentanten der Standesvertretungen zu konferieren. Der Leiter des prominentesten Lobbyistenzirkels in Berlin, des sogenannten Kollegiums[5], Wolf-Dieter Zumpfort, ließ sich unlängst gar in einem renommierten Wirtschafts-

---

[5] Das Kollegium ist der Kreis der Dax-30-Repräsentanten und von zehn weiteren ausgewählten Unternehmen. Er gilt als der einflussreichste lobbyistische Zusammenschluss in der Hauptstadt.

magazin mit der Bemerkung zitieren: „Verbände spielen für Politiker in der zweiten Liga"[6].

Neubestimmung des Verhältnisses von Politik und Wirtschaft

Abseits aller Fragen persönlicher Präferenzen ist heute ein intelligentes Miteinander von Politik und Wirtschaft, das die Generierung von Geschäft sinnvoll mit gesamtgesellschaftlich verantwortlichem Handeln verbindet, das Gebot der Stunde.

Die Nachkriegsrepräsentanten der deutschen Wirtschaft rekurrieren in der Regel auf Art. 14 (2) Grundgesetz „Eigentum verpflichtet", wenn sie über die gesellschaftliche Verantwortung der Unternehmer sprechen, allen voran Reinhard Mohn als ihr prominentester Vertreter. Jürgen Schrempp, Konzernlenker von Daimler-Chrysler und exponierter Repräsentant der Globalisierungsstrategen der deutschen Wirtschaft, spricht von Verantwortungsgemeinschaft zwischen Politik, Wirtschaft und Gesellschaft. In den Kommunikationsabteilungen großer Konzerne werden heute eigenständige Bereiche für „Corporate Social Responsibility" eingerichtet. Der Bundesverband der Deutschen Industrie unterstreicht sein gesellschaftliches Engagement, indem er etwa – wie unlängst geschehen – eine internationale Konferenz zum Thema „Partnerschaften für eine Nachhaltige Entwicklung" gemeinsam mit econsense, dem Bundesministerium für wirtschaftliche Zusammenarbeit (BMZ) und der Weltbank initiiert. Die Politik auf der anderen Seite, namentlich Bundeskanzler Gerhard Schröder, streicht die Bedeutung der Zivilgesellschaft als Wirtschaftsfaktor heraus. Die Fähigkeit einer Gesellschaft zur Selbstorganisation wirke sich positiv auf ihre Innovationskraft aus. Insofern sei eine starke und funktionierende Zivilgesellschaft wichtig für die ökonomische Wettbewerbsfähigkeit eines Landes, so der Bundeskanzler auf einer Tagung zum Thema „Corporate Citizenship, Gesellschaftliches Engagement – Unternehmerischer Nutzen", welche die Siemens AG, das deutsche Netzwerk Wirtschaftsethik und das Magazin *Wirtschaftswoche* jüngst ausrichteten.

Die hier in einer Auswahl umrissenen alten und neuen Stichworte – Artikel 14 (2) Grundgesetz, Verantwortungsgemeinschaft, Corporate Social Responsibility, Nachhaltigkeit, Zivilgesellschaft als Wirtschaftsfaktor und Corporate Citizenship – haben eines gemein: Sie alle konzentrieren sich auf die Schnittstelle von Politik, Wirtschaft und Gesellschaft; alle reden darüber, niemand hat die Dinge bis heute allerdings miteinander verknüpft und zu Ende gedacht. – Keine Frage: Angesichts fortschreitender Europäisierung und Globalisierung und einer damit verbundenen Veränderung der Steuerungsmöglichkeiten nationaler Regierungen geht es heute um eine Neubestimmung von Staat und Gesellschaft und damit – implizit – von Politik und Wirtschaft. Die wachsende Bedeutung der Wirtschaft durch die Zunahme ihrer

---

[6] Daniel Dehaes/Peter Leo Gräf: Zweite Liga. Das Lobbying in der Hauptstadt, früher fest in der Hand der Wirtschaftsverbände, zerfasert, in: Wirtschaftswoche, 24.07.2003, Nr. 31, S. 27.

Steuerungspotenziale führt zwangsläufig auch zu einer wachsenden gesamtgesellschaftlichen Verantwortung ihrer führenden Repräsentanten. Staat und Gesellschaft sind heute mehr denn je auf einen substantiellen Beitrag der in den Unternehmen gebündelten Kompetenz und ihres organisatorischen Potenzials angewiesen, und zwar über den originären Unternehmenszweck der Generierung von Geschäft hinaus. Entscheidend dabei ist im gesamtgesellschaftlichen Sinne das Kriterium der Nachhaltigkeit, sowohl im Hinblick auf den wirtschaftlichen Erfolg als auch im Hinblick auf den Umgang mit den natürlichen Ressourcen und dem gesellschaftlichen Umfeld. Die Einsicht in die Interdependenzen dieser drei Dimensionen von Nachhaltigkeit scheint zu wachsen. Insofern gibt es zarte Hoffnungsschimmer für ein intelligentes Miteinander von Politik und Wirtschaft, welches langfristig in gesamtgesellschaftlich verantwortlichem Handeln münden könnte.

Dabei geht der Gedanke komplementären Wirkens auch angesichts der jüngsten Entwicklung einer Neuformierung der lobbyistischen Akteure nicht verloren, sind doch die Wirtschaftsverbände für die Aggregierung von Interessen in diesem Prozess des neuen Miteinanders von Politik und Wirtschaft nach wie vor unverzichtbar. Wollen sie als klassische Interessenvertreter auch in Zukunft an der Schnittstelle von Politik und Wirtschaft substantiell mitspielen, sollten sie allerdings endlich den Herausforderungen der Gegenwart adäquat begegnen.

Die neuen lobbyistischen Akteure auf der politischen Bühne erfüllen lediglich Teilfunktionen der klassischen Verbände. Auch ein grundlegend reformiertes „Modell Deutschland" erfordert jedoch mehr als partikulares Lobbying, Strategie- und Politikberatung von Unternehmern, individuelles Aushandeln von Unternehmenstarifen und alternative Betreuung von austrittswilligen Kammermitgliedern; es erfordert die umfassende Partizipation dauerhaft organisierter Interessen. Individualisierte Interessenvertretungen können die Prozesse, die eine Zivilgesellschaft auszeichnen, langfristig nicht alleine bestimmen. Unabhängig von der Frage ihrer Gestalt werden dauerhaft organisierte Wirtschaftsinteressen mithin auch in Zukunft für die Aggregierung derselben eine entscheidende Rolle spielen. Wollen die klassischen Wirtschaftsverbände diese Aufgabe an der Schnittstelle von Politik und Wirtschaft weiterhin wahrnehmen, sollten sie die Voraussetzungen für ihre Zukunftsfähigkeit im Sinne einer Neuausrichtung noch deutlich weiter forcieren.

Mögliche Maßnahmen

Das Dilemma in diesem Zusammenhang ist allerdings, dass sich die etablierten Verbände unverändert mit fünf zentralen Herausforderungen konfrontiert sehen: mit der Globalisierung der Wirtschaft, der fortschreitenden europäischen Integration, dem massiven technologisch bedingten Strukturwandel der Wirtschaft, dem Paradigmenwechsel in der Gesellschaft – von Solidarität und Gemeinwohlorientierung hin zu Singularisierung und Pluralisierung – und schließlich, als Folge des zunehmenden internationalen Wettbewerbsdruckes, mit der Forderung der Unternehmer nach schnellem „Return on Investment", und zwar auch im Verhältnis zu ihren Verbänden. Mit der Bewahrung des Status Quo gefährden die Verbände mindestens mittelfristig ihre Existenz.

Mit einem fünf Punkte umfassenden Maßnahmenkatalog könnten sie diesen Herausforderungen dagegen adäquat und damit nachhaltig begegnen: vermehrte Konzentrationsprozesse in der nationalen Verbändelandschaft zur Erhöhung der Schlagkraft in Deutschland und Europa, definitorische Erweiterung des Industriebegriffes, kombinierte Struktur aus Verbände- und Unternehmensdirektmitgliedschaften, Ausbau des Instrumentes der ausgegliederten Geschäftsbetriebe und kombinierte Struktur aus Basisleistungen und optionalen Leistungen und – damit verbunden – aus Basismitgliedsbeiträgen und leistungsgebundenen Beiträgen. Dies entspräche den Erfordernissen maximaler Flexibilisierung, ohne das verbandliche Gefüge in seinen Grundfesten in Frage zu stellen. Durch eine konsequente Neuausrichtung entlang des skizzierten Maßnahmenkataloges könnten die Wirtschaftsverbände ihre Zukunftsfähigkeit sicherstellen, mithin die hinzugekommenen Spieler auf der politischen Bühne als willkommene Ergänzung ihres eigenen Wirkens betrachten.

Von einem komplementären Zusammenwirken der etablierten Wirtschaftsverbände und der neu hinzugekommen Interessenvertreter könnte sich an der immer bedeutender werdenden Schnittstelle von Politik und Wirtschaft Lobbyismus im Sinne der angelsächsischen Konnotation langfristig zu einem festen Bestandteil des demokratischen Meinungsbildungsprozesses entwickeln.

Der Bedeutungszuwachs der führenden Repräsentanten der Wirtschaft, die Individualisierungs- und Singularisierungstendenzen in der Gesellschaft, die abnehmende Bindungsfähigkeit der Verbände und schließlich die veränderten Spielregeln der Medien in unserer „beschleunigten Gesellschaft" (Peter Glotz) haben das Anforderungsprofil an lobbyistische Akteure fraglos verändert. Dass individuelle Beratungsleistungen an der Schnittstelle von Politik und Wirtschaft in der Regel nicht von den Wirtschaftsverbänden erbracht werden können und das auch nicht ihre originäre Aufgaben sein kann, gilt inzwischen als unstrittig. Insofern scheint es folgerichtig, dass Rechtsanwaltskanzleien, Unternehmensberatungen, Agenturen für Public Affairs und andere freie Berater sich dieser neuen Arbeitsbereiche annehmen. Dabei sind die Chancen, die mit der Neuformierung der Interessenvertreter in Berlin verbunden sind, deutlich größer als die Risiken, trägt die Entwicklung doch den veränderten Bedürfnissen der Gesellschaft Rechnung.

Unabdingbare Voraussetzung im veränderten Zusammenspiel an der Schnittstelle von Politik und Wirtschaft allerdings ist die strikte Einhaltung zum Gemeingut gehörender gesellschaftlicher Spielregeln für ein nachhaltiges Miteinander.

Den bestehenden Kodizes kann, aber muss nicht zwingend ein weiterer Verhaltenskodex hinzugefügt werden; bekanntlich entscheidet alleine die Existenz von Normen noch nicht über deren Anwendung. Wichtig ist vielmehr, einen breiten gesellschaftlichen Konsens über die Bedeutung und die Legitimität eines kontinuierlichen Dialoges und Austausches an der Schnittstelle von Politik und Wirtschaft zu erzielen.

Dass dabei Themen klar zu definieren und die unterschiedlichen Interessenlagen in jedem Falle transparent zu machen sind, scheint allzu selbstverständlich. Termine zwischen Regierungsvertretern und Unternehmensfürsten im Stile der Geheimdiplomatie zurückliegender Jahrhunderte sollten der Vergangenheit angehören, etwaiges Fehlverhalten sollte von den anderen Beteiligten ohne Ansehen der Person sanktioniert werden, und zwar durch Ausschluss von den einschlägigen Bühnen. Eine Kultur des offenen Dialoges und Austausches könnte sich mithin entwickeln, die Lobbyismus auch in Deutschland allmählich zu einem positiv konnotierten Instrument der politischen Willensbildung werden lässt.

Die Lobby der Vernunft
Die Chancen wissenschaftlicher Politikberatung

Birger P. Priddat

Während die Politik „sich ihres Verstandes" bedient, hat die Wissenschaft die Vernunft. Wissenschaft, so die Hoffnung, scheint die einzige Ratgebungsinstanz zu sein, die nur wissenschaftlich, also interessenfrei auftritt.

Das ist bereits dann unterbrochen, wenn Wissenschaftler Gutachten erstellen. Denn wenn die Gutachten „in der Politik" verschwinden, also nicht veröffentlicht werden, beginnen Grauzonen der Intransparenz. Man schreibt Urteile, die weitere Urteile verlangen, d.h. nächste Aufträge sichern. So entstehen Partei-Freunde. Man liefert Legitimation (gegen Geld). Beratung ist ein Markt.

Wenn Beratung ein Markt ist, sind die wissenschaftlichen Aussagen, die in solchen Beratungen getroffen werden, marktkonform. Es ist überhaupt kein Problem, redlich zu bleiben, aber der Markt öffnet alle Optionen. Man gibt in der Politik keine Gelder aus für Gutachter, die das Gegenteil von dem raten, was man vorhat. Das wäre irrational, denn wissenschaftliche Gutachten in politischen Kontexten sind Legitimationshilfen zur Stimmenmaximierung.

Wissenschaftliche Politikberater sind auch Wissenschaftler, d.h. auf Reputation in ihrer *scientific society* angewiesen. Sie beraten auf der Basis von Theorien, die, wenn sie ökonomische Theorien sind, Effizienztheoreme enthalten, die mit der Politikpraxis nicht kohärent laufen. Deshalb „sind Politikberater ganz offensichtlich nicht in der Lage, Mehrheiten für ihre Ideen in der Politik oder Öffentlichkeit zu finden; mit anderen Worten, sie sind nahezu einflusslos" (Wilke 1999, 231; ähnlich, wenn auch minder pointiert, Krupp 1999; v. Weizsäcker 1999; Schatz 1999; Priddat 1999; Franz 2000; Pitlik 2001; für andere Wissenschaften: Bechmann/Hronszky 2003). Wilke spricht, wenn er von Politikberatern spricht, von Ökonomen; er belegt seine Aussage an der Wirkungslosigkeit ökonomischer Beratung bei der Einführung des Pflegegesetzes (vgl. Wilke 1999, 240f.). Bleiben wir beim Fall der ökonomischen Berater.

Der Politikprozess entscheidet, nicht der Berater. Die Verhältnisverteilung zwischen ökonomischen und nicht-ökonomischen Beratern sei häufig so bestellt, dass ökonomische Argumentationen einflusslos bleiben (vgl. die These der Dominanz von Arbeitnehmerinteressen (v. Weizsäcker 1999: 144) und der Juristen (Auerbach 1992: 239)). Nehmen wir das als einen Basishinweis für die Analyse der Politikberatung:

1. Beratung ist Beratung, nicht Entscheidung,
2. Politik ist nicht Ökonomie,

3. Beratung ist, für die beratene Politik, Meinung. Und zwar Meinung unter anderen Meinungen.

Wenn Ökonomen Politiker beraten, haben wir es nicht mit einer einheitlichen Wissensdomaine zu tun, sondern mit unterschiedlichen Systemen. „Economists and politicians too frequently are like ships passing in the night, neither understanding the needs of the others" (Eizenstat 1992: 71 („früherer Berater von Präsident Carter")). Politiker wollen nicht notwendigerweise ökonomisch denken lernen, sondern ökonomische Einschätzungen der Wirkungen und Folgen ihrer politischen Entscheidungen. Pitlik hält das bereits für einen Beratungserfolg (Pitlik 2001: 63). Es geht folglich nicht, oder nur selten, um Wissensangleichungen, sondern um Übersetzungen, denn Ökonomen denken ökonomisch, Politiker politisch. Ökonomen wünschen sich allerdings, dass Politiker ökonomisch denken (vgl. Klamer/Meehan 1999: 67). Das ist ein verständlicher Wunsch, aber letztlich eine unrealistische Präferenz (der Ökonomen). Umgekehrt wünschen Politiker, dass Ökonomen politischer denken.

Was als Trivialität erscheinen mag, ist eine systematische Differenz, die zu vernachlässigen nicht-triviale Folgen hat. Politiker arbeiten in Machtspielen; sie haben das Interesse, wiedergewählt zu werden. Ökonomen, die die Politik ökonomisch analysieren („public choice", vgl. Mueller 1989), halten diese Haltung für zulässig, müssen aber auch die Folgen aushalten, die sie als Berater treffen, wenn ihre Beratungsvorschläge nicht mit den Interessen der Politiker konkludieren (vgl. die Erklärungsansätze in Pitlik 2001). Wirtschaftspolitische Beratung interessiert die Politiker rational nur soweit, wie sie ihre politische Interessenposition aufrechterhalten oder ausbauen können. Ökonomen hingegen präferieren rationale Spiele; ihre ökonomischen Konzepte, die ihren Beratungen zugrunde liegen, interpretieren wirtschaftliche Interdependenzen, Allokationszusammenhänge und Kosten-/Nutzendifferenzen. Beide – Ökonomen wie Politiker – entwickeln Perspektiven über die „Welt", die sich nicht selbstverständlich decken (vgl. Pitlik 2001: 64 ff.).

Das ist kein durch bessere Information oder Lernen leicht aufzulösender Tatbestand, da wir es mit unterschiedlichen mentalen Modellen und unterschiedlichen Sprachspielen zu tun haben. Selbst wenn Politiker Ökonomen sind (z.B. Klaus Töpfer), müssen sie als Politiker andere Kontexte als nur die ökonomischen ins Auge fassen (darin ähnlich BGH-Richtern). Politik bewegt sich in der öffentlichen Meinung (vgl. Kriesi 2001; aber auch schon hervorragend: Luhmann 1996). Es kommt nicht nur darauf an, eine wirtschaftpolitische Maßnahme zu realisieren, sondern vor allem darauf, wie sie in der Öffentlichkeit „ankommt" bzw. kommuniziert wird.

Wilke betont den kommunikativen Aspekt ausdrücklich (vgl. ebenso Pitlik 2001: 65ff.). Ökonomen machen den Fehler, zu glauben, dass ihre ökonomische Argumentation als ökonomische Argumentation überzeugen könne. Sie übersehen die kommunikative Performanz, die Öffentlichkeitsarbeit. Als Quintessenz seiner Analyse schlägt Wilke vor, die ökonomischen Konzepte offensiv in Meinungsbildungsprozessen zu vertreten (Wilke 1999: 242), gleichsam durch *public relations-*

Abteilungen der politikberatenden Institutionen (wie z.B. des Sachverständigenrates zur Begutachtung der gesamtwirtschaftlichen Entwicklung (vgl. auch Apolte/Wilke 1998)). Nur dann, wenn die ökonomischen Beratungskonzepte erfolgreich in der Öffentlichkeit kommuniziert würden, wären Politiker in der Lage, sie zu akzeptieren, wenn sie dadurch Wahlvorteile vermuteten (zur Konzeption vermehrter Öffentlichkeitsarbeit der Ökonomen vgl. Witt 1992: 121f.; Wentzel 1998; Franz 2000: 68; Pitlik 2001: 67ff.).

Ignoranz der Ökonomie: Eine public-choice-Erklärung

Was in den wissenschaftlich besetzten Gremien, Kommissionen etc. gilt, gilt für die Politiker um so mehr. Paul Krugman klagt: „the role of the economist who cares about policy can be despriting: one may spend years devising sophisticated theories or carefully testing ideas against the evidence, then find that politicians turn again and again to ideas that you thought had been discredited decades or even centuries ago, or make statements that are flatly contradicted by the facts" (Krugman 1994: 292). Für Politiker gibt es keine fachdisziplinären Fragestellungen, sondern nur politische, d.h. multidisziplinäre Kontexte. Politiker müssen, wenn sie gewählt werden wollen, Programme bereithalten, die soviel wie mögliche Wähler ansprechen. Sich auf Konzepte einer Disziplin zu verlassen (unabhängig von dem Problem der möglichen Heterogenität von Meinungen innerhalb einer Disziplin (Klamer/Meehan 1999: 67 f.)), kommt Politikern schnell als einseitige Interessenbevorzugung vor, die sie sich, wegen ihres Maximierungsverhaltens, nicht leisten können. In einer Gesellschaft z.B., die die Norm „sozialer Marktwirtschaft" so ausgebildet hat, dass die Bürger sich in einem Wohlfahrtsversorgungsstaat zu Hause fühlen, können Effizienzprogramme der Neugestaltung von Sozialsystemen erst einmal nur Besitzstandsängste auslösen, die die Politik, selbst wenn sie die Effizienzregelungen selber für angemessen halten sollte, unbedingt berücksichtigen muss.

Klären wir an Wilke, der „public choice"-theoretisch argumentiert (vgl. auch Kirchgässner 1988, 1996), die Beratungsresistenz der Politik. Interessengruppen, die nicht-ökonomische Argumentationen vortragen, „verstehen es offensichtlich besser, sich an die realen Gegebenheiten des politischen Marktes anzupassen" (Wilke 1999: 241). Rationale Wähler sind über die zur Verfügung stehenden Alternativen nicht vollständig informiert. Die vollständige Information lohnt sich für die Wähler nicht, weil sie ihre eigene Stimme für marginal und einflusslos halten. Weil sie ihre singuläre Stimme für einflusslos halten, lautet Brennan/Lomasky's Argument, entscheiden sich Wähler oft für die Politikalternative, die nicht ihren eigenen, sondern gesamtwirtschaftlichen Interessen dient (Brennan/Lomasky 1985). Wegen der Einflusslosigkeit befürchten sie nicht, dass ihre Stimme tatsächlich ihre individuelle Position gefährde (Wilke 1999: 241f.; vgl. auch Kirchgässer/Pommerehne 1993). Das ist der rationale Kern, weshalb politische Kommunikation moralisch argumentiert und, unabhängig von ökonomischem Sachverstand, einflussreich werden kann. Die Informationsasymmetrie ist das Einflusstor für diskursive Varianz.

Die Brennan/Lomasky-Erklärung arbeitet nicht mit einer Theorie der unvollständigen Information, sondern mit einer anderen Hypothese, die wir mit Anthony Downs „rationale Ignoranz" nennen können. Weil die Wähler annehmen, dass ihre Stimme bedeutungslos sein wird, gestatten sie sich, von ihren individuellen Präferenzen abzusehen und beliebige moralische oder Gemeinschaftspräferenzen (vgl. vor allem Musgrave 1986) in Anschlag zu bringen. Diese Hypothese kann mit vollständiger Information arbeiten; entscheidend ist nicht, was der Wähler über die Politik und ihre Folgen weiß, sondern dass er dieses Wissen für irrelevant hält, weil er die Geltung seiner Stimme im Politikprozess für irrelevant hält.

Es gibt gute Gründe, einen solchen Erklärungstypus selbst für bedeutungslos zu erklären. Wilkes Folgerung – die ökonomischen Lösungen öffentlich besser zu kommunizieren, weil die Wähler ihre individuelle Rationalität aufgeben – kann das Ausgangsproblem der Brennan/Lomasky-Erklärung nicht beseitigen, nämlich: – die Einschätzung der Wähler, dass ihre einzelne Stimme irrelevant ist für die Bestimmung politischer Programme. Die ökonomische Aufklärungsarbeit müsste den einzelnen Wähler nicht nur davon überzeugen, dass die ökonomischen Lösungen effizient und wohlfahrtsverbessernd sind, sondern vor allem auch davon, dass seine Stimme ein Beitrag ist für die Wiedereinsetzung von Handlungsrationalität, die er gerade bezweifelt.

Dieses Verhalten lässt sich einfach an der „public choice"-Konzeption erklären. Die „public choice"-Theorie erklärt politisches Handeln als Stimmenmaximierung der Politiker vor der Wahl. Ökonomische Beratung von Politikern läuft darauf hinaus, dass sie Effizienzprogramme übernehmen sollen, die im gewöhnlichen Fall einem Teil der politischen Wählerklientel soziale Besitzstände nehmen oder Nachteile generieren können. Die Rationalität seines politischen, stimmenmaximierenden Verhaltens zwingt dann den Politiker, ökonomische Effizienzprogramme, die ihm ökonomische Berater vorschlagen, aus rationalen Gründen auszuschlagen, weil sie mit seinem Ziel, die Wahl zu gewinnen, in Konflikt geraten. Diese Erklärung setzt übrigens voraus, dass wir Politiker als *rational agents* einschätzen, die die Rationalität der Politik gegenüber der Rationalität der Ökonomen, in Form ökonomischer Beratungsvorschläge, befolgen. Bei dieser Voraussetzung ist es erst einmal unerheblich, ob die Politiker ökonomisches Denken verstehen oder ihre eigenen Weltmodelle über Ökonomie besitzen. Selbst als Ökonomen sind sie auf die *Stimmenmaximierung abonniert, d.h. sie müssen ökonomische Konzepte, die sie persönlich für richtig halten mögen, fallen lassen, wenn sie ihre politische Wahl nicht gefährden wollen.*

Wenden wir diese Situation auf die ökonomischen Theorien an, die die ökonomischen Berater den Politikern vorschlagen. Innerhalb der ökonomischen Theorien kommt ein Politiker, der diese Theorien aus rationalen Gründen zurückweist, nicht vor. Die ökonomischen Theorien gehen – mit welchem normativen Idealismus? – davon aus, dass sie einfach umsetzbar sind, und zwar über die rationale Einsicht in die wohlfahrtssteigernden längerfristigen Wirkungen, gegenüber myopischen Verschlechterungen.

Es scheint, dass ökonomische Theorien, die ökonomische Berater Politikern vorschlagen, schon deshalb „unwahr" sind, weil Politiker, nach einer anderen ökonomischen Theorie (z.B. der „public choice"-Theorie), nur diejenige ökonomische Konzeption für „wahr" anerkennen können, die ihnen bei ihrer Stimmenmaximierung verhilft. Die Rationalität des Politikerverhaltens erzeugt eine Selektion der zur Beratung eingesetzten ökonomischen Theorien. Sie werden danach ausgesucht, wieweit sie den konzeptuellen Schemata oder „kleineren ökonomischen Alltagstheorien" der Wähler/Bürger entgegenkommen. Oder noch genauer: Sie werden gemäß dem Interesse der „political enterpreneurs" ausgewählt die Wahl zu gewinnen.

Damit haben wir, mithilfe einer gewöhnlich für diese Kontexte verwendeten ökonomischen Theorie (der „public choice"Theorien) eine rationale Erklärung für die Selektion von ökonomischen Beraterkonzepten bzw. für deren Ignoranz. Diese Erklärung, unvollständig noch, weil sie nicht erklärt, woher Politiker wissen können, dass ökonomische Beratertheorien bei den Wählern nicht ankommen, komplettiert sich durch die oben vorgetragene Erklärung, dass bei Wählern (d.h. gewöhnlich *nonexperts in economics*) andere Vorstellungen, Konzeptionen, Erwartungen etc. von und über Ökonomie vorherrschen.

Konsequenzen

Professionelle Berater, die diese Zusammenhänge kennen, stellen sich darauf ein und erzählen überzeugende Geschichten. Die Professionalität der Beratung besteht dann darin, Abstand zu nehmen vom ökonomischen oder wissenschaftlichen Erzähltypus oder Stil und die ökonomischen Argumente in eine Geschichte zu verpakken, die die Bürger/Politiker für relevant erachten. Telekommunikationsmärkte z.B. werden als Entwicklungsgeschichten erzählt, in denen besondere Akteure besondere Leistungen zeigen. Vor allem müssen die Geschichten für Politiker so erzählt werden, dass sie ihre eigenen Handlungsspielräume darin entdecken können. Es geht nicht darum, Entscheidungen (Optima) zu simulieren, sondern Politikern Argumente und Gründe zu liefern, innerhalb ihrer Politik-Interessen-Macht-Matrix Entscheidungen zu treffen, die ihre politischen Positionen halten und stärken und die zugleich als Kooperationsgewinne für alle dargestellt werden können.

Die Politikerberatung ist ja niemals „Politik"-Beratung, sondern Beratung spezifischer Politiker in spezifischen Parteien mit spezifischen Interessenlagen und Geschichten. Es reicht aus, wenn man eine evidente Geschichte so erzählt, dass sie geglaubt wird. „Glauben" heißt hier: dass das Auditorium überzeugt ist. Glauben und Überzeugung sind Formen des Wissens, die die Leute erreichen. Die Ökonomie der Beratung zieht ihr Erfolgskriterium aus der Fähigkeit, zu überzeugen (bzw. den Politikern Argumente, verpackt in Geschichten und Metaphern zu liefern (vgl. McCloskey 1990), die sie deshalb überzeugen, weil sie damit ihre Partei und ihre

Wähler überzeugen können). Das gelingt um so eher, wenn man, als ökonomischer Berater, seine ökonomische Erzählung im Kontext der Alltagserzählungen platziert. Politik spielt sich in der Differenz von ökonomischer Präferenz und anders kontexturierter Semantik ab. Wenn Politiker die ökonomischen Kontexte ignorieren, gefährden sie ihre Wiederwahl – ließen sie sich auf rein ökonomische Argumentationen ein, aber auch. Das institutionenökonomische Argument – Politikberatung müsse Politiken entwickeln, die Kooperationsgewinne ausweisen (vgl. z.B. Voigt 2002: 284) – ist zu erweitern über den Nettogewinn aus ökonomischen Belangen hinaus auf den Bruttogewinn aus der Inklusion von nichtökonomischen Belangen, z.B. rechtlichen oder sozialrechtlichen. Wenn C. Chr. von Weizsäcker moniert, dass die Bürger, gegen ökonomischen Sachverstand, die regulative Idee sozialer Gerechtigkeit einsetzen (v. Weizäcker 1999), ist die Politikberatung gut beraten, auf ökonomische Theorien zurückzugreifen, die diesen Zusammenhang thematisieren, anstatt ihn zurückzuweisen (vgl. Priddat/Schefczyk 2000).

Berater wiederum sind aufgefordert, in eben dieser Lage zu beraten, d.h. die Komplexität der Analyse mit trivialer Konsequenz zu verbinden. Die ökonomische Lösung muss kontextkompatibel sein, d.h. die sozialen Befürchtungen müssen mit behandelt werden. Was für die Volkswirtschaft vorteilhaft sein mag, interessiert weder Bürger noch Politiker, wenn nicht zugleich im Beratungszusammenhang klar wird, welche individuellen und kollektiven Handlungsspielräume entstehen oder eingeschränkt werden. Die politisch-ökonomische Rhetorik in Deutschland hat das bisher z.B. durch die Generalmetapher „Erhalt von Arbeitsplätzen" erledigt. Welche neuen Metaphern werden eingeführt? Das ist keine Ablenkung vom Thema, sondern seine Fokussierung: wenn *shared mental models* den Raum der Politikmodelle einrahmen („framen"), brauchen wir *re-framing*: neue *shared mental models*. Nur: Wer führt sie ein? Mit welcher Effektivität und Nachhaltigkeit? Wer übernimmt die *poltical entrepreneurship*? (vgl. Denzau/North 1994: 25; Bikchandani/Hirshleifer/ Welch 1992).

Politiker wollen Nomen, Begriffe, überzeugende Sätze. Sie kaufen Rhetorik, nicht Sachverstand. Oder um es genauer zu sagen: sie kaufen natürlich Sachverstand, aber von dem gibt es mehr als genug. Sie wollen die Untermenge von Sachverstand treffen, die ihnen die Sache politisch elegant und *marketable* formuliert. Sie brauchen den sachverständigen Erzähler, der seine *analytics* in *stories* verpacken kann.

Jede Reform aber braucht große Erzählungen, wofür Berater gesucht werden, die nicht nur die Politiker, sondern das Publikum überzeugen können. Denn oft sind die Politiker willig, bestimmte Politiken durchzusetzen, wenn ihre Wiederwahl nicht gefährdet ist, was nur gelingen kann, wenn das Publikum überzeugt wird, dass die Politik richtig oder zumindest angemessen war. Das meint Stefan Voigt mit Beratungsangeboten, die Kooperationsgewinne versprechen (Voigt 2002: 284).

Die Art von Überzeugung, die hier gemeint ist, ist partei- und fraktionsübergreifend gemeint. Wen die Politik sich immer auch als Berater holen mag, er gilt entweder als parteipolitisch markiert, oder als auftragsfreundlich argumentierend, oder als einseitig ausgerichtet. Alle großen Wirtschaftsforschungsinstitute leben mehr oder minder von Staatsaufträgen; hier bilden sich keine Meinungen, die völlig unabhängig von laufenden Politiken die Gesellschaft mit Modellen überzeugen können. Bei Meinhard Miegel gab es einmal eine Phase, wo ein solcher *think-tank* hätte entstehen können; die Bertelsmannstiftung gehört im gewissen Sinne dazu (man muss die grade laufenden Entwicklungen abwarten). Auch das Wissenschaftszentrum Berlin hätte eine solche Chance, ohne sie bisher medienpolitisch einzusetzen. Die Koerber-Stiftung arbeitet bereits so, aber auf einem *low level* (Bergedorfer Kreis), ohne massiven medienpolitischen Einsatz. Auch die VW-Stiftung bleibt medienpolitisch *below the line*: man macht seine Wissenschaft diskret, aber nicht medienwirksam. Man kann das weiter so durchgehen: WSI, DWI, etc. Einzig das IFO-Institut in München, unter Werner Sinns Einfluss, beginnt eine andere *performance*.

Medienpolitisch wirksam werden hieße: selber Politik machen mit Konzepten, Visionen, Analysen, die die Handlungspotenziale der laufenden Politik ebenso einrechnen kann wie die einer möglichen Politik. Die „Öffentliche Meinung" wird gleichsam ins System der Politik hineinkopiert (vgl. Luhmann 1996: 187 f.).

Uns fehlt in Deutschland ein anregendes Diskursfeld von *think-tanks*, die politikunabhängig und stiftungsfinanziert konzeptuelle Konkurrenz ins politische Publikum bringen (vgl. auch Pitlik 2001: 70). Die Qualität der *think-tanks* wäre ihr *in between*-Modus: wissenschaftlich montiert, aber trivialisierungskompetent – in die Politik hinein übersetzend tätig. Es geht letztlich nicht nur um Politikberatung *in economics*, sondern auch um Kommunikation von ökonomischen Handlungsframes, um falsche oder in die falsche Richtung weisende Politikvorstellungen zu korrigieren.

In einem Land, zu dessen Wissenschaftskultur es nicht gehört, neben wissenschaftlichen Büchern mindestens auch ein populäres Buch geschrieben zu haben, um als Wissenschaftler Reputation zu behalten, wird Trivialisierungskompetenz noch abschätzig behandelt. Aber gerade deshalb brauchen wir neue Institutionen, die eine intelligente, fruchtbare und deshalb wirksame Übersetzungsarbeit leisten, indem sie dazu beitragen, neue Konzepte der Ökonomie und Wirtschafts- wie Finanzpolitik zu trivialisieren, d.h. Akzeptanz herzustellen und erste Modifikationen an den *mental models* der Bürger (auf eine etwas amerikanisch unelegante Art vgl. auch Wyplosz 1999) vorzunehmen.

Berater, die sich für diesen Prozess zu schade sind, profitieren zumindest davon, wenn andere ihn betreiben. Es wäre aber ein Missverständnis, wenn die Trivialisierung nur als eine Übersetzung von *high elaborated economics* in Alltagsökonomik verstanden werden würde. Jede Übersetzung ist selber konzeptionell tätig: denn indem man entwickelt, was erklärbar ist, entwickelt man zugleich, was machbar ist, mit Folgen für die Ausgangskonzeption, die sich auf Viabilität und Pragmatik neu prüfen lassen muss. Vor allem aber müssen die *think tanks* unabhängig sein, nicht semantisch eingenordet, wie viele wirtschaftliche und wirtschaftspolitische Aussagen in der jetzigen Gesellschaft. Wir haben es kulturell in der Politik zugelassen, dass die Wirtschaft ideologisch eingeordnet wird. Das sind nicht nur die Reste der alten Plan-/Marktwirtschaftsideologiedebatten, sondern auch andere Ideologien: z.B. die der Versorgungsgewährleistung der Staatswirtschaft etc.

Warum viele *think-tanks*? Warum hier Wettbewerb? Thrainn Eggertsson hat darauf hingewiesen, dass wir uns hier in einer Welt unvollkommener Information bewegen. „Eine Welt unvollkommener Information ist nicht vollständig determiniert. Unterschiedliche und sich wandelnde Politikmodelle würden nicht nur Raum für neue Politikrichtungen lassen, sondern es können sich auch als lohnend erweisen, in Politikmodelle zu investieren und andere von ihrer Richtigkeit zu überzeugen. Eggertsson geht damit explizit davon aus, dass sowohl das Wissen von Politikern als auch von wissenschaftlichen Politikberatern beschränkt ist. Das heißt auch, dass es konkurrierende Hypothesen gibt, die sich quasi im Wettbewerb miteinander befinden" (Voigt 2002: 285; mit Bezug auf Eggertsson 1997).

Viele *think tanks* mit konkurrierenden Hypothesen und Modellen würden neue Impulse in die *shared mental model*-Welt bringen. Alte *Ideologien* würden aufgegeben werden können, weil plötzlich keine normativen oder ideologischen Leitlinien für die Wirtschaft und Wirtschaftspolitik mehr gelten, sondern das Feld für neue Konzeptionsmöglichkeiten geöffnet wird. Die Beobachtung der Wirtschaft orientiert sich nicht mehr zwischen den beiden Zustandsräumen „liberale Märkte" und „soziale Gerechtigkeit", sondern kann Mischungen denken, die zuvor tabu waren. Wer aber versorgt die öffentliche Meinung mit neuen Modellen, neue Konzeptionen?

„Für Wissenschaftler, die an Wirtschaftspolitik interessiert sind, kann es sich deshalb lohnen, Überzeugungsarbeit für die eigenen Hypothesen zu leisten: sollten sich bisher akzeptierte Hypothesen – und die auf ihrer Grundlage getroffenen politischen Maßnahmen – nämlich als falsch – bzw. unbefriedigend – erweisen, haben Politiker Anreize, sich nach Alternativen umzuschauen" (Voigt 2001: 285). Wettbewerb fördert Pragmatik und damit viele verschiedene ökonomische Konzepte, die in den Erörterungsraum geworfen werden. Voigts Szenario ist ein *de-framing*-Szenario: eine Form der Entideologisierung, die mit einer Pragmatisierung der Politik einhergeht. Um es noch einmal zu wiederholen: wir brauchen keine neuen Modelle, sondern neue *frames*, neue Metaphern, die neue Modelle überhaupt erst interessant und aufnahmefähig machen.

Im Grund geht es gar nicht um Beratung, sondern um kommunikative Steuerung. Denn ein Berater, dem es gelänge, die Bevölkerung von einer Politik zu überzeugen, die er dann berät (und erfolgreich berät, weil die Politik jetzt nichts anderes machen muss, als dass, was bereits Überzeugung vieler ist, zu realisieren), serviert der Politik Vorlagen, die sie um so bereitwilliger übernimmt, als sie ihre Wahlpositionen damit fördert. Politik läuft dann nicht mehr direkt: nicht mehr zwischen Politikern und Wählern, sondern indirekt, über *third party enforcers* (Barzel 2000), *die aber letztlich dann die Politik nicht beraten, sondern drohen, ansonsten selber politisch tätig zu werden* (vgl. Priddat 2002).

Wahrscheinlich ist die optimale Form der Politikberatung keine Beratung, sondern selber in das Politikgeschäft einzusteigen, als ein *third party enforcer*, der der

Politik Druck macht, d.h. dem Staat Kosten generiert, wenn er auf die „Beratungen" nicht eingeht. Gute *think tanks* sind so medienrelevant. Ihre Vorschläge zu missachten bedeutet, Kosten zu generieren, die sich ein Staat nicht leisten kann. Wir erleben gerade eine Renaissance neuer Bürgerbewegungen: Bürgerkonvent etc., die nun allerdings nicht *think tank* – getrieben sind, sondern medientaktisch.

Ich schlage vor, Beratung nicht naiv als Rat, Ratschlagung, sondern selber als Politik zu verstehen: „nimm meinen Rat an oder ich gehe in die Medien, um dich zu diskreditieren". Politikberatung wird dann bedeutsamer, wenn ihre Ignoranz als riskant angesehen wird. Und nun nicht im Sinne positiver Übertragung, sondern im Sinne negativer Kostenabwehr.

Es ist noch zu früh, darauf Institutionen zu bauen. Aber es reicht bereits aus, zu sehen, dass diejenige Politikberatung, die mit der Hoffnung berät, dass ihr Ratschlag politisch umgesetzt wird, politisch naiv ist, weil sie selber nicht politisch argumentiert. Selbst wenn sie politisch argumentiert, ist sie deswegen noch nicht politisch, sondern eher eine Dienstleistungsbeziehung, die dafür bezahlt wird, dass sie ein paar Aussagesätze kreiiert.

Politisch wären Aussagen der Politikberatung dann, wenn sie machtvolle Sätze wären, d.h. machtvoll in diesem Sinne, dass ihre Nichtbefolgung Kosten verursacht, die man besser vermeidet. *Think tanks*, die gewichtige Meinungen öffentlich platzieren, sind Politikberater, die man in der Politik nicht umgehen kann. Solche Institutionen haben wir nicht in Deutschland. Sie sind notwendig: nicht, weil sie vernünftiger wären – ein Argument, das in einem Wettbewerbskontext (von Politikberatungen) sowieso eigentlich fremd klingt -, sondern weil sie höhere Kosten verursachen können, wenn ihre Konzepte nicht begutachtet und politisch verwertet werden. Über das Potenzial der Generierung von Kosten machen sie sich bedeutsam, relevant.

Das klingt für Ökonomen unangemessen; ihnen fehlt diese Rationalität. In der politischen Arena aber geht es um Macht, nicht um *reasons*. *Reasons* sind nur Argumente von Machtspielen, also austauschbar. Wie stellt Beratung Nichtaustauschbarkeit her? Wie berät man die Politik, dass sie sich nicht frei aussuchen kann, was sie will, sondern genötigt wird, aufgrund von Kostendrohungen, etwa zu akzeptieren. Politik reagiert auf Politik, nicht auf Vernunft.

Mein Vorschlag: Viele *think tanks* zu schaffen, um damit unabhängige Politikberatung zu betreiben. Damit soll im politischen Raum ein Wettbewerb erzeugt werden, nicht aber als ökonomischer, sondern als politischer. Es geht nicht um positive Politikalternativen im Sinne von *rational choice*, sondern um die Macht, *erfolgreich drohen zu können*.

Wir sind, zum Schluss, bei einer *political theory of political consultancy* angekommen. Die Form der Politik, die hier erörtert wird, ist nicht ökonomiefrei. Politikberatung als Drohung, notfalls die Sache selber politisch durchzusetzen, oder Konkurrenten zu beraten, ist schlicht wirksamer als schlichte Beratung.

Hier liegt die Illusion. Beratung ist immer bereits eine Form der Politik, d.h. affin zu der der Lobbyisten, die in die Gesetzesbildungsprozesse eingreifen etc. Beratung äußert ebenso ein Interesse oder fokussiert sich auf bestimmte Interessen, weshalb es in demokratischen Politikarenen angemessen sein kann, das Interesse als Interesse auftreten zu lassen, d.h. als Interventionsdrohung, die als politische Aussage ausgesprochen wird.

Literatur

Amariglio, Jack/Ruccio, David F. (1999): The transgressive knowledge of „ersatz" economics, S. 19 – 36, in: Garnett 1999

Apolte, Th./Wilke, Th. (1998): Größere Effizienz der Wirtschaftspolitik durch institutionalisierte wissenschaftliche Politikberatung?, S. 769 – 789, in: Cassel, D. (Hrsg.): 50 Jahre Sozial Marktwirtschaft, Stuttgart

Auerbach, A. (1992): Taxes and Spending in the Age of deficits: A View from Washington and Academe, S. 239 – 241, in: National Tax Journal, Sept. 1992

Bacherach, M.O.L. (1986): The Problem of Agent's Beliefs in Economic Theory, S. 175 ff., in: Baranzani, M./Scazzieri, R. (eds.): Foundations of Economics, Oxford

Barzel, Yoram (2000): The State and the Diversity of Third Party Enforcers. S. 211 ff., in: Menard, C. (ed.): Institutions, Contracts and Organizations, Cheltenham: Edward Elgar

Bechmann, G./Hronszky, I. (2003) (eds.): Expertise and Its Interface. The Tense Relationship of Science and Politics, Berlin: edition Sigma

Bichandani, S./Hirshliefer, D./Welch, I. (1992). A Theory of Fads, Fashion, Custom, and Cultutal Change as Informational Casacdes, S. 992 – 1026, in: Journal of Political Economy, 100

Blendon, Robert/Benson, John M./Brody, Mollyann/Morin, Richard/Altman, Drew E./Gitterman, Daniel/Brossard, Mario/James, Matt (1999): Bridging the gap between the public's and the economists" views of the economy, S. 86 - 100, in: Garnett 1999

Congleton, R. 1991): Ideological Conviction and Persuasion in the Rent-Seeking Society, S. 65 – 86, in: Journal of Public Economics 44

Denzau, A. T./North, D.C. (1994): Shared Mental Models: Ideologies and Institutions, S. 3 ff, in: Kyklos, Vol. 47

Eggertsson, Thrainn (1997): The Old Theory of Economic Policy and the New Institutionalism, Jean Lectures, Jena (Max-Planck-Institute for Research Into Economic Systems)

Eizenstat, S. (1992): Economists and White House Decisions, S. 65 - 72, in: Journal of Economic Perspectives 6 (3)

Elster, J. (1987) (ed.): The Multiple Self, Cambridge

Franz, W. (2000): Wirtschaftspolitische Beratung: Reminiszenzen und Reflektionen, S. 53 – 71, in: Perspektiven der Wirtschaftspolitik, H. 1

Frey, B.S. (2000): Was bewirkt die Volkswirtschaftslehre?, in: Perspektiven der Wirtschaftspolitik, H. 1, S. 5 – 33

Garnett Jr., Robert F. (1999) (ed.): What do Economists Know? New economics of knowledge, Routledge: London and New York

Gudeman, S. (1986): Economics as Culture: Models and Metaphors of Livelihood, Boston: Routledge and Kegan Paul

Henderson, D. (1998): The Charging Fortunes of Economic Liberalism, London: Institute of Economic Affairs

Kirchgässner, G. (1988): Politik und Politikberatung aus der Sicht der Neueren politischen Ökonomie, S. 41 – 49, in: Liberal, vol. 2 Kirchgässner, G. (1996): Ideologie und Information in der Politikberatung: Einige Bemerkungen und ein Fallbeispiel, S. 9 - 41, in: Hamburger Jahrbuch für Wirtschafts- und Gesellschaftspolitik, Bd. 41

Kirchgässner, G./Pommerehne, W.W. (1993): Low-cost Decisions as a Challenge to Public Choice, S. 107 – 115, in: Public Choice 77

Klamer, Arjo/Meehan, Jennifer (1999): The crowding out of academic economics: the case of NAFTA, S. 65 – 85, in: Garnett 1999

Kriesi, H. (2001): Die Rolle der Öffentlichkeit im politischen Entscheidungsprozeß, Wissenschaftszentrum Berlin, Arbeitsgruppe „Politische Öffentlichkeit und Mobilisierung", März 2001

Krugman, Paul (1994): Peddling Prosperity, Norton: New York

Krupp, H.-J. (1995): Schwierigkeit neutraler Begutachtung, S. 31 - 34 in: Schlecht, O./Van Suntum, U. (Hrsg.): 30 Jahre Sachverständigenrat zur Begutachtung der gesamtwirtschaftlichen Entwicklung, Krefeld

Krupp, H.-J. (1999): Wissenschaftler und Politiker: Unterschiedliche Rollen, S. 139 – 143, in: Wirtschaftsdienst, Jg. 79, H. 3, 1999

McCloskey, D.N. (1990): If You"re So Smart: The Narrative of Economic Experise, Chicago: University of Chicago Press

McCloskey, D.N. (1994): The economy as a conversation, chap. 25, S. 367, in: derselbe: Knowledge and persuasion in economics, Cambridge

Mueller, D.C. (1989): Public Choice II, Cambridge: Cambridge University Press

Musgrave, R.A. (1987): Merit Goods, S. 452 f., in: J. Eatwell/M. Milgate/P. Newman (eds.): The New Palgrave, Vol. 3, London and Basingstoke

Pitlik, Hans (2001): Politikberatung der Öffentlichkeit? S. 61 – 74, in: Perspektiven der Wirtschaftspolitik, Bd. 2, H.1, 2001

Priddat, B.P. (1998): Nichtökonomische ökonomische Theorie. Vivienne Forresters Buch „Der Terror der Ökonomie" als anregende Lektüre zum Problem der Kontextspezifität von rational choices, in: Homo Oeconomicus 1998, Nr. XV (2)

Priddat, B.P. (1999): Ökonomik, Politik, Beratung – Einige Fragen, S. 151 - 154, in: Wirtschaftsdienst, Jg. 79, H.3

Priddat, Birger P. (2002): „Third party enforcement": governance im staatsfreien globalen Raum, S. 231 – 150 in: Priddat, B.P./Hegmann, H. (Hrsg.): Finanzpolitik in der Informationsgesellschaft, Marburg: Metropolis 2002

Priddat, Birger P./Schefczyk, Michael (2000): Effizienz und Gerechtigkeit – Eine Verhältnisbestimmung in sozialpolitischer Absicht, in: Politische Philosophie des Sozialstaats, hrsg. von W. Kersting, Weilerwist: Velbrück

Schatz, K.-W. (1999): Erfolge und Fehlschläge der wirtschaftswissenschaftlichen Beratung, S. 146 - 150, in: Wirtschaftsdienst, Jg. 79, H. 3, 1999

Voigt, Stefan (2002): Institutionenökonomik, München: Fink (UTB)

Weimann, Jochen (2003): Wege zur Reformfähigkeit, S. 15 – 18 in: Wirtschaftsdienst, H. 1, Jg. 83, Januar 2003

Weizsäcker, C. Ch. von (1999): Wissenschaftliche Beratung der Wirtschaftspolitik, S. 143 - 146, in: Wirtschaftsdienst, Jg. 79, H.3, 1999

Weizsäcker, C.Ch. von (2000): Über die Schlusspassage der General Theory – Gedanken zum Einfluß ökonomischer Theorie auf die Politik, S. 35 – 52, in: Perspektiven der Wirtschaftspolitik, H.1.

Wentzel, D. (1998): Politischer Wettbewerb in der Informationsgesellschaft: Medien als Einflussträger und Kontrollinstanz der Wirtschaftspolitik?, S. 711 – 740, in: Cassel, D. (Hrsg.): 50 Jahre Soziale Marktwirtschaft, Stuttgart: Lucius und Lucius

Wilke, Th. (1999): Der Einfluß ökonomischer Politikberatung: Das Beispiel der deutschen Pflegeversicherung, S. 231 - 244, in: List Forum für Wirtschafts- und Finanzpolitik, Jg. 25, H. 3, 1999

Witt, U. (1992): The Endogenous Public Choice-Theorist, S. 117 – 129, in: Public Choice

Wyplosz, C. (1999): The Culture of Economic Policy Advice: An International Comparison with Special Emphasis on Europe, S. 47 – 73, in: Mohr, E. (Hrsg.): The Transfer of Economic Knowledge, Cheltenham: Edward Elgar

Lobbyismus braucht demokratische Kontrolle

Ralf Fücks

Die Debatte über Lobbyismus bewegt sich zwischen zwei Polen. Auf dem einen Pol steht die Auffassung, Lobbying sei ein normales Element der Demokratie und stehe zu Unrecht im Verdacht unzulässiger Einflussnahme. Auf dem anderen Pol geht es vor allem um die Frage: Wann verwandelt sich Lobbyismus in eine Gefahr für die Demokratie?

Vorreiter der ersten Position war in der Bundesrepublik Ernst Fraenkel mit seiner Pluralismustheorie. Aus dieser Perspektive lebt eine Demokratie vom lebendigen Wechselspiel zwischen unterschiedlichen Interessengruppen, Verbänden, Organisationen und den politischen Akteuren und Entscheidern. Lobbyismus gilt als legitimes, konsensförderndes Element moderner Gesellschaften. Er bringt Gesichtspunkte, Interessen, Argumente in den politischen Entscheidungsprozess ein, die ansonsten im parlamentarisch-ministeriellen Verfahren nicht zu Wort kämen. Angesichts der wachsenden Komplexität der Gesellschaft, der internationalen Dimension politischer Entscheidungen und der schwer überschaubaren Folgewirkungen von Gesetzen sind Parlamente und Exekutive auf den Austausch mit „externer" Fachkompetenz angewiesen. Idealtypisch führt die Interaktion von Interessenverbänden und den Institutionen der parlamentarischen Demokratie zu einem höheren Grad an sachlicher Rationalität und politischer Konsensfähigkeit.

In der Tat ist organisierte Interessenvertretung ein konstitutives Element der Demokratie. Solange sie sich in aller Öffentlichkeit abspielt, stellt sie kein Problem dar. Fehlt aber das öffentliche Element, wird es prekär. Dann muss man fragen, unter welchen Voraussetzungen Lobbyismus zu einer Gefahr für die Demokratie wird und wie dieser Gefahr begegnet werden kann, ohne das Kind mit dem Bade auszuschütten.

1 Gefährdungen der Demokratie

Für die Verwandlung von organisierter Interessenvertretung in eine schleichende Erosion der Demokratie gibt es diverse Einfallstore:

Kritisch wird es immer, wenn das Prinzip Diskretion vorherrscht. Zwar verfügt beispielsweise der Deutschen Bundestag über eine Verbändeliste, doch bietet sie kaum eine Gewähr dafür, dass lobbyistische Aktivitäten für die Öffentlichkeit nachvollziehbar bleiben. Das Transparenzgebot erfordert, dass Lobbyisten gehalten sind, ihre Aktivitäten offen zu legen. Auch Parteispenden können gezielt als Instrument „politischer Landschaftspflege" eingesetzt werden, um ein günstiges Klima für die

Interessen der Spender zu schaffen. Der Flick-Skandal hat gezeigt, dass nicht nur die USA dafür anfällig sind. Umso wichtiger sind auch hier Transparenz und klare Regeln, z.B. eine Begrenzung der Höhe von Unternehmensspenden, um Abhängigkeiten zu vermeiden.

Außerdem ist auf eine strikte Rollentrennung zu achten: wer als Lobbyist für ein Unternehmen oder einen Interessenverband tätig ist, darf nicht gleichzeitig politischen Gremien angehören, deren Entscheidungen für seinen Auftraggeber relevant sind. Für Politiker sollte gelten, dass sie nach dem Ausscheiden aus der Politik für einen bestimmten Zeitraum ihr Insiderwissen nicht als Lobbyisten verwerten dürfen. Es stinkt zum Himmel, wenn z.B. eine Staatssekretärin aus dem Verteidigungsministerium im Anschluss an ihre Regierungszeit als Vertreterin eines Rüstungskonzerns tätig wird.

Eine Gefährdung der Demokratie liegt auch dann vor, wenn es eine faktische Aushöhlung der Parlamente als Legislative durch einen Kurzschluss von Lobbyisten und Ministerialbürokratie im Gesetzgebungs-Verfahren gibt. Das ist ein Phänomen, das insbesondere in Brüssel endemisch ist, weil die Entscheidungsverfahren der Europäische Union an einem Defizit von demokratischer Öffentlichkeit und Kontrolle leiden. Das Europäischen Parlament ist kaum in der Lage, die Brüsseler Kommission zu kontrollieren und auf die Gesetzgebung Einfluss zu nehmen, die zwischen den nationalen Regierungen und der Kommission ausgehandelt wird. Außerdem konnte sich in der Europäischen Union noch keine kritische politische Öffentlichkeit etablieren, sie ist als eine gesamteuropäische Öffentlichkeit erst im Entstehen.

Unter diesen Bedingungen ist ein spezifisches, für Außenstehende kafkaesk wirkendes bürokratisches System entstanden. In einer Vielzahl von Kommissionen und Ausschüssen werden rechtliche Normen, Richtlinien, Verordnungen und Förderprogramme zwischen EU-Beamten und Vertretern der nationalen Regierungen ausgeheckt. Der Beamtenkörper der Kommission wird permanent von Interessenverbänden (in der Regel finanzstarke Unternehmen und Wirtschaftsverbände) bearbeitet, die versuchen, ihre Anliegen in die Gesetzgebung einzubringen. Dieser Vorgang entzieht sich weitgehend der öffentlichen Wahrnehmung. Für Unternehmen und andere Interessengruppen ist es angesichts der Tragweite der Brüsseler Entscheidungen von großer Bedeutung zu wissen, wer für bestimmte Verordnungen, Richtlinien usw. federführend ist und wie Einfluss auf diese Beamten ausgeübt werden kann. In dieser Grauzone hat sich mittlerweile ein veritabler neuer Berufszweig des Informationsmaklers und Kontaktvermittlers herausgebildet. Wie einst bei Hofe gibt es heute die Türöffner, Kontaktbroker und Berater mit Insiderkenntnissen, die es verstehen, ihre Kenntnisse gewinnbringend zu verkaufen. Was über die Aktivitäten eines Moritz Hunzinger öffentlich bekannt wurde, lässt allerdings darauf schließen, dass diese halbseidene Profession längst auch in Berlin blüht und gedeiht.

Zu Recht ist die Öffentlichkeit besonders alarmiert, wenn Lobbyismus in Korruption umschlägt, sobald also Geld oder andere Vergünstigungen ins Spiel kommen. Dabei geht es nicht nur um die „klassische" Bestechung bei der Erteilung von lukrativen öffentlichen Aufträgen. Am Beispiel Hunzinger ist deutlich geworden, dass es ein subtiles System von Gefälligkeiten gibt, das nicht den plumpen Tatbestand von Korruption im Sinne des Kaufens von Entscheidungen erfüllt. Hier geht es um diskrete Vergünstigungen für Politiker oder Beamte, für die unausgesprochen Gegenleistungen erwartet werden. Kommerzieller Lobbyismus ist eine *Investition*, und diese Investition muss sich auf die Dauer rechnen, sonst findet sie nicht statt. Im Geschäftsleben gibt es auf Dauer keine Leistung ohne Gegenleistung.

Dieses System gefährdet die Unabhängigkeit von Parlamentariern und Mitgliedern der Exekutive. Dagegen brauchen wir eine Art *Abstandsgebot* von Politikern gegenüber Lobbyisten. Es geht um das feine Gespür für den Unterschied zwischen nützlichen Kontakten und abschüssiger Kumpanei. Geschäftsbeziehungen zwischen Entscheidungsträgern und Lobbyisten müssen gänzlich unterbleiben. Politiker, die dieses Abstandsgebot nicht achten, riskieren zu Recht ihre Karriere.

2 Korporatismus

Wir beobachten heute die Erosion des klassischen Verbändekorporatismus, der sich in der Bundesrepublik in einem weitverzweigten und tiefgestaffelten System von Gremien und Institutionen manifestiert, von den kassenärztlichen Vereinigungen über die Selbstverwaltungsgremien der Sozialversicherungen bis zum „Bündnis für Arbeit". Aber noch ist die Erosion nicht so weit fortgeschritten, dass wir sagen könnten, dieses System habe sich erledigt. Das Geflecht zwischen Interessenverbänden und Staat trägt noch immer wesentlich zu dem bei, was allgemein als Reformstau in der Republik beweint wird.

Dem Korporatismus entspricht ein Politikverständnis, das der Regierung eine moderierende Rolle zwischen den Interessengruppen zuschreibt. Das ist allerdings ein stark verkürztes Verständnis von Demokratie. Denn das Gemeinwohl, das Regierungen und Parlamente zu vertreten haben, ist nicht der kleinste gemeinsame Nenner der verschiedenen Partikularinteressen in der Gesellschaft. Der Staat muss mehr als ein Moderator sein. Regierung und Parlament müssen Politik gestalten, notfalls auch gegen mächtige Interessengruppen, dafür haben sie ein Mandat von der Wählerschaft erhalten. Sie können ihre politische Verantwortung nicht an das Kartell der Interessengruppen abgegeben. Die Sozialpolitik ist ein beredtes Beispiel, wohin uns die Kumpanei zwischen Big Capital und Big Labour zum Beispiel bei der Frühverrentung von Arbeitnehmern zu Lasten der Rentenversicherung gebracht hat.

Es gibt ein ganz grundsätzliches Argument gegen die Überantwortung politischer Entscheidungen an das Verbände-Kartell. Weil nicht alle Interessen die gleiche Organisationsmacht in unserer Gesellschaft haben, und schon gar nicht die Pressionsmacht transnationaler Konzerne oder der Gewerkschaften, besteht in der Verbände-Demokratie immer die Gefahr, dass diejenigen auf der Strecke bleiben, die nicht über große Finanzmittel, millionenfache Mitgliederzahlen und eine starke institutionelle Machtposition verfügen. Dazu gehören Kinder, sozial Marginalisierte,

Migranten, aber auch die Interessen der Entwicklungsländer, die in unserem Machtkartell nicht vertreten sind.

Die Verquickung von Staat und Interessenverbänden ist unter Rot-Grün eher noch verstärkt worden, vom Bündnis für Arbeit bis zu den diversen Reformkommissionen, die nach Verbände-Proporz zusammengesetzt waren. Die Tendenz, am Parlament vorbei den Konsens mit Arbeitgeberverbänden und Gewerkschaften zu suchen, gehört zum Regierungsstil Schröders. Wenn dann noch – wie im Fall der Hartz-Kommission zur Arbeitsmarktpolitik – vom Kanzler proklamiert wird, dass deren Ergebnisse „1:1" vom Bundestag übernommen werden sollen, wird das Grundgesetz auf den Kopf gestellt.

Die Verlagerung politischer Entscheidungen in außerparlamentarische Kommissionen untergräbt die Stellung des Parlaments. Inzwischen scheint diese Erkenntnis auch in Regierung und Parlament angekommen zu sein: so werden die Empfehlungen der „Rürup-Kommission" zur Renten- und Gesundheitsreform als das genommen, was sie sind: fachkundige Vorschläge, die im Gesetzgebungsverfahren erörtert und verändert werden. Gerade im Gesundheitswesen ist offenkundig, dass die dringend überfälligen strukturellen Reformen, die zu mehr Effizienz, Transparenz, Eigenverantwortung und Wettbewerb führen, nur gegen den Widerstand der hochorganisierten Interessenverbände möglich sind, die ihre Pfründe verteidigen.

Eine Umdeutung von Interessenvertretung in Politikberatung, wie wir sie vielfach wahrnehmen können, verschleiert nur das damit verbundene Problem. Oft ist dies nur eine geschickte rhetorische Transformation, eine gelungene Marketingstrategie. Unternehmen oder Berufsverbände sind keine „neutralen Berater" für Parlamente und Exekutive. Hier hilft auch der neue Terminus „corporate citizenship" nicht aus dem Dilemma. So begrüßenswert es ist, wenn Unternehmen Verantwortung für das Gemeinwesen übernehmen, in dem sie sich bewegen, bleiben Unternehmensinteressen und Gemeinwohl dennoch zwei Paar Schuhe. Wenn Unternehmen ihre Sicht zu Streitfragen wie der Ökosteuer vortragen, ist das legitim; solch interessengeleiteter Lobbyismus sollte aber nicht in den Deckmantel der „Politikberatung" gehüllt werden.

3 NGOs als neue lobbyistische Akteure

Im Lobbykonzert sind verstärkt auch neue Akteure, die Nichtregierungsorganisationen (NGOs) zu vernehmen. Sie unterscheiden sich unter anderem von den klassischen Interessenverbänden dadurch, dass sie fehlende Verbandsmacht durch öffentliche Sympathie und mediale Aufmerksamkeit kompensieren müssen. Das sind die originären Ressourcen, die sie einzusetzen haben. Ihre Druckmittel sind nicht die Zahl ihrer Mitglieder, nicht ihre Finanzkraft, nicht die Drohung, sie müssten ins Ausland abwandern, wenn die Investitionsbedingungen sich in Deutschland weiter verschlechtern. Es ist die öffentliche Sympathie, die sie ins Spiel bringen können, weil sie idealistische Interessen vertreten – und nur so lange sie idealistische Interessen vertreten. Dieser Typus von NGOs vertritt nicht die sozialen oder berufsständischen Interessen seiner Mitglieder, sondern setzt sich für Interessen ein, die sonst in der Gesellschaft nicht repräsentiert wären: die Interessen der kommenden Generationen, Menschenrechte, Minderheiten, Naturschutz. Sie verkörpern damit ein wichtiges Korrektiv gegenüber dem traditionellen Lobbyismus der Interessenverbände. Allerdings müssen sich auch NGOs dem Problem ihrer demokratischen Legitimation stellen, wenn sie sich nicht nur als Pressuregroups verstehen, die Druck auf Regierungskonferenzen und Parlamentsentscheidungen ausüben, sondern selbst politische Mitentscheidungsrechte reklamieren. Dafür haben sie kein Mandat. Institutionelle Entscheidungsrechte müssen in einer Demokratie durch Wahlen erworben oder von gewählten Körperschaften verliehen werden. Dabei sollte es auch bleiben.

Mehr Transparenz für die stillen Mächtigen

Thomas Hart

Einleitung: Herr und Diener? Der Staat im Dienste der Bürger

Nichts ist einfacher als die Forderung nach mehr Transparenz. Sie ist bewährt und ungefährlich, sie signalisiert gesellschaftliches Verantwortungsgefühl und die Fähigkeit, Opfer zu bringen. Transparenz schafft Durchblick, erlaubt Kontrolle und baut Vertrauen auf.

Transparenz in der Politik einzufordern, bedeutet, die Verantwortlichen an das Fundament ihrer Aufgabe zu erinnern: den Dienst am Bürger, seine Vertretung dort, wo individuelles Handeln aller Einzelnen nicht möglich oder nicht sinnvoll wäre. Bürger sollen in der repräsentativen Demokratie Verantwortung abtreten – sie sollen aber auch die Möglichkeit behalten, die Realisierung ihres Willens zu überprüfen und ggf. einzuschreiten, wenn sie mit der Art und Weise, in der in ihrem Namen (und auf ihre Rechnung) gehandelt wird, unzufrieden sind.

Der Forderung nach stärkerer Transparenz des politisch-administrativen Apparats fehlt allerdings zuweilen das theoretische Gerüst, auf dem Forderungen nach tatsächlichen gesellschaftlichen Veränderungen aufsetzen könnten. Dieses Gerüst kann nur aus normativen Überlegungen entstehen. Transparenz *sui generis*, ohne Kontext, ist nichts und bedeutet nichts. Ein transparenter Sonnenschirm ist ebenso sinnlos wie eine intransparente Fensterscheibe. Erst in dem Moment, in dem der Zweck formuliert wird, der mit der Schaffung von Transparenz erreicht werden soll, wird der Transparenzbegriff selbst vital.[1] Erst wenn das Objekt, der Sachverhalt benannt wird, dessen Transparenz zu loben oder dessen Intransparenz zu tadeln ist, kann der Prozess des „Transparenz-Schaffens" beginnen.

Was also ist Transparenz und wer braucht sie?

Erhellend ist, einen Blick auf die Hochzeit der politischen Verwendung des Begriffs zu werfen: „Glasnost" war Symbol für Veränderungen, die mit mehr als nur Durchsichtigkeit zu tun hatten. Nicht nur Durchschaubarkeit, auch Verstehbarkeit und Veränderbarkeit gehörten zu den Versprechungen, die mit „Transparenz" einher gingen. „Glasnost" zeigte, dass die Forderung nach Transparenz nur in einem Atemzug mit grundlegenderen Forderungen nach Demokratisierung verstanden werden

---

[1] Z.B. Finel and Lord (2000): „... Transparency in the political realm is a condition in which information about governmental preferences, intentions and capabilities is made available either to the public or other outsiders. It is a condition of openness that is enhanced by any mechanism that leads to public disclosure of information, such as a free press, open government hearings, the internet and reporting requirements in international regimes."

kann. „Alle Demokratie wird die Publizität für den an sich wünschenswerten Zustand halten, von der Grundvorstellung aus: dass jeder diejenigen Ereignisse und Verhältnisse, die ihn angehen, auch kennen solle – da dies die Bedingung davon ist, dass er über sie mit zu beschließen hat." Der Soziologe Georg Simmel erkannte das 1908 – vor Glasnost, und vor der Etablierung des Bürgergesellschafts-Begriffes, der heute mit seiner Forderung nach bürgerschaftlichem Engagement und der Schaffung entsprechender Handlungsmöglichkeiten die Transparenz-Debatte (mal explizit, mal implizit) verinnerlicht hat.

Dabei ist es wichtig, zu verstehen, dass nicht das Primat des Politischen eine Demokratie trägt, sondern das Primat des Individuellen. Staat und Bürger stehen in einem völlig unzweideutigen Verhältnis zueinander. Es ist ein klares Prinzipal-Agenten-Verhältnis, in dem allein das freie Individuum die einzig gültige finale Legitimationsquelle ist. Die Bürger als die Verfassung tragende Gemeinschaft stellen den obersten Prinzipal dar, dessen Agenten zur Durchführung ihrer Vorstellungen über die Art der Ausgestaltung des gemeinschaftlichen Zusammenlebens wiederum die gewählten Politiker sind. Diese verabschieden die dafür notwendige Gesetzgebung und delegieren deren Durchführung an Exekutivinstitutionen, die auch mit der für ihre Aufgabe notwendigen Durchsetzungsautorität ausgestattet werden. Die Letzt-Legitimation wie auch die Letzt-Kontrolle liegen beim Bürger.[2]

Dieses Beziehungsgeflecht – so klar es auch in der Theorie formuliert sein mag – ist anfällig für Verkrustungen, für eigennutzorientiertes Handeln der Akteure und damit letztlich für Amnesie hinsichtlich seines Ursprungszwecks. Principal-Agent-Probleme finden sich sowohl hinsichtlich der Exekutive, die nur den einen Zweck hat, den Bürgerwillen effizienter und effektiver umzusetzen als es die Individuen selbst könnten, als auch hinsichtlich des Verhältnisses zwischen Bürger und Legislative. Trotz der Freiheit der Entscheidung eines gewählten Repräsentanten ist dieser immer „im Auftrag" unterwegs. Der Auftraggeber ist der Bürger, der ein repräsentativ-demokratisches System zugelassen hat, dazu auf eigene Rechte verzichtet, und das alles mit dem Zweck, die Entscheidungsfindungsprozesse in der Gesellschaft zu verbessern. Nur das ist Recht und nur das ist effizient, worüber eine Vereinbarung geschlossen wurde (nicht hingegen exogene, aus evolutionären Prozessen oder religiös abgeleitete Werte). Die Ökonomische Theorie der Verfassung nimmt diese Logik zum Fundament: alles Gemeinwesen basiert auf der Einsicht in die Notwendigkeit freiwilliger Selbstbeschränkung der Bürger zum Nutzen aller. „Es ist offensichtlich, dass, wenn die Regierung gänzlich nutzlos wäre, sie niemals hätte bestehen können und dass die einzige Rechtfertigung für Untertanentreue der *Vorteil* ist, den sie der Gesellschaft bringt, indem Frieden und Ordnung unter den Menschen erhalten bleiben", schreibt Hume im Vorgriff darauf.[3]

Auf diese Grundprinzipien unserer Demokratie hinzuweisen, ist nur deshalb notwendig, weil Brüche in dieser Legitimations-Kette in ganz erheblichem Maße

---

[2] Zur Rolle des Politikers als Agenten des Wählers vgl. Andel (1992: 47); North (1992: 26f).
[3] Hume (1984:. 126). Zu den klassischen und politphilosophischen Wurzeln der Theorie vgl. Buchanan (1990: 10ff).

durch fehlende Transparenz verursacht werden. Der Zorn über „die da oben" (Politiker oder Bürokraten), die von den Problemen „derer da unten" (den einzelnen Bürgern) nichts verstehen, deutet an, dass die Bürger selbst durchaus der Meinung sind, dass sie über eine Art Gesellschaftsvertrag ein solches Principal-Agent-Verhältnis etabliert haben – und dass „der Staat" den Vertrag systematisch und fortlaufend breche.[4] Sie sind der Meinung, dass sie ein Recht darauf hätten, einem sich stärker in ihren Dienst stellenden Staat zu begegnen.

Hier spielt die Transparenz in zweierlei Hinsicht eine entscheidende Rolle:

⇒ Oft ist die Unzufriedenheit des Bürger mit staatlichem Handeln nichts anderes als ein Missverständnis darüber, weshalb eine staatliche Stelle etwas bestimmtes tut oder unterlässt.

⇒ Nur ein transparentes Gesamtsystem vermag tatsächlichem Missbrauch der besonderen Stellung staatlicher Institutionen (die man grob unter dem Rent-Seeking-Begriff[5] subsumieren kann) entgegenzutreten.

Dieser „Missbrauch" kann mit einer ganzen Reihe von Modellen beschrieben werden, ist aber auch ohne dass man sich auf die akademische Betrachtung einlässt, allgegenwärtig. Wenn für Bürokraten ein steigendes Bereichsbudget einen Anstieg von Handlungsfreiheit und Reputation bedeutet, dann entsteht ein Anreiz, möglichst viel inkrementelles Budgetwachstum zu schaffen. Wenn zu viele diskretionäre Entscheidungsspielräume auf Seiten der Verwaltungsmitarbeiter existieren, so entstehen auf Seiten der von den Verwaltungsentscheidungen Betroffenen Anreize, Ressourcen aufzuwenden, um diese Entscheidungen zu ihren eigenen Gunsten zu beeinflussen. Dieses Beziehungsgeflecht zwischen Entscheidungsfähigen und Entscheidungs-Betroffenen stellt im politisch-administrativen System eine lange diskutierte Schwachstelle dar: Zwar ist die Einflussnahme derjenigen, die beispielsweise die Beibehaltung bestimmter Subventionsformen oder die Schaffung neuer Formen der Branchenförderung aus ihrem eigenen Interesse heraus unterstützen, ein notwendiger Prozess. Den Entscheidern werden nur so die in der Gesellschaft vorliegenden Positionen und die Relevanz der eigenen Entscheidung deutlich gemacht. Indem alle Betroffenen ihre (auch konträren) Partikularinteressen äußern, entsteht beim Entscheider erst ein authentisches Bild der gesellschaftlichen Realität.

Andererseits: Dieses authentische Realitätsabbild ist meist Utopie. Tatsächlich entstehen infolge ungleich verteilter Ressourcen, die auf diese Form des Lobbyismus verwendet werden können, verzerrte Realitäten, geht die Form der versuchten Einflussnahme oft wahrhaftig über die Darstellung der eigenen Positionen hinaus und nähert sich regelmäßig der permeablen Grenze, deren Überschreitung Korruption bedeuten würde. Politische und administrative Entscheider sehen sich dauerhaft

---

[4] Das Ansehen des Politikers als Berufsbild mag dafür näherungsweise als Beleg herangezogen werden. Die Reputation des Berufs ist traditionell mäßig, sank aber in den vergangenen Jahrzehnten noch einmal ab; vgl. Hradil (1999: 284).
[5] Ausführlich zur politischen Rent-Seeking-Theorie vgl. Hart (1997), Kapitel G.

einem Wettkampf der Partikularinteressen um ihre Nähe und Gunst ausgesetzt. In diesem, konfrontiert mit Argumenten und Schmeicheleien, mit vermeintlichen gesamtgesellschaftlichen Konsequenzen der einen oder der anderen Entscheidung, verdichtet sich ein Entscheidungssystem, das eine Stimme regelmäßig außer Acht lässt: die des Bürgers. Der erkennt zwar, dass über die Verwendung seiner Gelder bestimmt wurde, muss aber auch feststellen, dass niemand ihn dazu rechtzeitig befragt hat. In diesem Klima gedeiht Verdruss und Misstrauen dem Staat gegenüber.

Um staatliches Handeln aus dem pauschalen Missbrauchsverdacht zu befreien, müssen öffentliche Akteure stärker belegen, welche Interessen sie vor ihren Entscheidungen gehört und berücksichtigt haben. Die Durchsichtigkeit des Handelns der staatlichen Auftragnehmer in Verwaltung und Politik zu verbessern, ist Grundvoraussetzung, um erstens bei den Bürgern Verständnis dazu entstehen lassen zu können, dass auch manche unpopuläre Entscheidung durchaus in ihrem eigenen Interesse war. Zum zweiten werden die tatsächlichen Schwachstellen des Systems, insbesondere die Anfälligkeit für einen überproportionalen Einfluss einzelner Interessengruppen, erst aufgedeckt, wenn eine möglichst große Zahl an Bürgern die Gelegenheit hat, den kritischen Blick darauf zu richten. Dieser kritische Blick verhindert oder erschwert keine Entscheidungen – er verbessert sie: Die Transparenz des Entscheidungsfindungsprozesses und seines Verlaufs stärken die demokratische Struktur der staatlichen und das Vertrauen der Öffentlichkeit in die Verwaltung.

Staatliche Transparenz und qualifizierte Partizipation

Das Gleichgewicht zwischen Effizienz des demokratischen Systems und der Bewahrung der obersten Autorität der Individuen, der Bürger, ist nur zu erreichen, wenn diese Bürger in der Lage sind, die Qualität staatlichen Handelns zu beurteilen.

Man kann sich also annähern: der informierte und damit politische und gesellschaftlich handlungsfähige Bürger ist eine schon konkretere Zielvorstellung, die aber selbst nur im Dienste einer anderen Sache steht, nämlich der Forderung, dass die Bürger sich an Entscheidungen qualifiziert beteiligen können. Dies ist der zentrale Topos der Diskussion um eine „Bürgergesellschaft": Die Möglichkeit zur qualifizierten Beteiligung an der Gestaltung des Gemeinwesens bedeutet Freiheit. Diese Möglichkeit setzt erstens Wissen voraus (nämlich über die diskutierten Themen und die Partizipationsmöglichkeiten), zweitens setzt sie Mechanismen voraus, mit denen überhaupt erst Einfluss genommen werden kann.

Was heute unter dem Titel „Partizipation" als Innovation moderner bürgergesellschaftlicher Überlegungen formuliert wird, ist nichts weiter als das Urrecht jedes Mitglieds jeder Zivilisation, die sich über die Hobbes'sche Anarchie erhoben hat. Partizipation heißt entweder, dass ein Individuum die fehlerhafte Repräsentation durch einen Vertreter in Exekutive oder Legislative reklamiert und auf Korrektur drängt. Oder dass bestimmte Aufgaben (noch) nicht auf die „Volksvertreter" übertragen wurden und dies korrigiert werden soll.

Transparenz ist sowohl für direkte wie für indirekte Demokratieformen eine unabdingbare Prämisse. Im Bereich der repräsentativen Demokratie hat sie aber noch eine Dimension mehr: Das Abbild des Bürgerwillen im staatlichen Handeln wird durch qualifizierte Partizipation der Bürger permanent perfektioniert. „Qualifizierte" Partizipation aber bedeutet: Teilhabe auf Grundlage umfassender, authentischer Informationen darüber, was in den staatlichen Einrichtungen getan, was nicht getan, was geplant und was verhindert wird. Ohne Transparenz des Staates gibt es deshalb keine qualifizierte Partizipation. Ohne diese aber gibt es keine Legitimität staatlichen Handelns.

Transparenz ist damit „enabler" von Partizipation – und die Hypothese steht im Raum, dass wir es in den reifen westlichen Demokratien mit weniger Transparenz zu tun haben, als es wünschenswert wäre.[6] In einem System der Intransparenz, in dem den Bürgern verborgen bleibt, wonach Politiker und Regierungen streben, was ihre Interessen sind, was ihre Handlungen bestimmt, entsteht kein Vertrauen. Es entsteht auch keine Motivation, sich selbst einzuschalten in die Diskussionen und selbst an der Fortentwicklung und Verbesserung des Gemeinwesens teilzuhaben. Wer immer sich an einem „Masterplan Transparenz" versuchen wollte, der müsste zunächst im Detail herausfinden, wo die Bürgergesellschaft durch Intransparenzen Partizipation verhindert. Ein erster Versuch soll hier gemacht werden.

Quellen der Intransparenz

Sollen den Bürgern im Sinne einer neuen „Bürgergesellschaft" also neue und bessere Möglichkeiten an die Hand gegeben werden, sich an der Gestaltung des Gemeinwesens zu beteiligen, dann ist eine entscheidende Voraussetzung, dass die Bürger über Strukturen, Prozesse und Inhalte staatlichen Handelns informiert sind. Sie müssen sich der gerade virulenten gesamtgesellschaftlichen Probleme bewusst sein und wissen, in welcher Form sie ihre Meinung dazu in die gesellschaftliche Meinungs- und Entscheidungsfindung einbringen können. Damit ist „das Transparenzproblem" in zwei Dimensionen aufgeteilt:

⇒ Nur wenn der *öffentliche Sektor* transparent agieren kann und auch tatsächlich transparent agiert, können Bürger sich in die Diskussionen einbringen und an der Weiterentwicklung der Gesellschaft mitwirken. Insbesondere kann problematischen Entwicklungen, Vermachtung und asymmetrischer Einflussnahme, frühzeitig entgegen gesteuert werden. Institutionelle Anpassungen (die *„Transparenzfähigkeit"* schaffen) sind hierfür ebenso erforderlich wie ein Kulturwandel *(„Transparenzwilligkeit")*.

---

[6] Ein wünschenswertes Niveau an Transparenz für die verschiedenen Institutionen einer effektiven Demokratie zu formulieren, klingt dabei nach einer lohnenden Forschungsaufgabe. Bislang muss diese Forderung vage bleiben.

⇒ Nur wenn *Bürger* umfassend und akkurat informiert sind, können sie qualifiziert an gesellschaftlichen Entscheidungsprozessen partizipieren. Hier sind die gleichen Aspekte entscheidend wie beim öffentlichen Sektor: Den Bürgern müssen die notwendigen Informationen und Mechanismen zur Partizipation an die Hand gegeben werden *("Partizipationsfähigkeit")*; gleichzeitig gilt es sie aber auch zum tatsächlichen Handeln zu motivieren *("Partizipationswilligkeit")*.

Um das Gesamtziel eines „Masterplans Transparenz" zu realisieren, nämlich eine *„Kultur und Praxis der Transparenz"* bei allen Akteuren der Bürgergesellschaft zu fördern, gilt es zunächst zu verstehen, an welchen gesellschaftlichen Schnittstellen zwischen den Akteuren zu geringe (zuweilen auch übertriebene) Transparenz die Etablierung einer solchen Kultur verhindert. Diese Akteure sollen kurz benannt werden:

⇒ *Staatliche Institutionen:* Legislative und Exekutive sind durch lang etablierte und dadurch oft auch verwachsene Strukturen in den Entscheidungsprozessen gekennzeichnet. Der „schlanke Staat" und eine etablierte Kultur der partnerschaftlichen Zusammenarbeit mit den Bürgern und Bürgerverbänden existiert noch lange nicht und wäre doch notwendig, um sich auf die neuen Anforderungen der Bürgergesellschaft einzustellen. Zudem liegen sowohl bei der Exekutive als auch bei der Legislative Anreizstrukturen vor, die der Schaffung von Transparenz entgegen stehen, gesellschaftlich irrationales Entscheiden fördern und Reform verhindern. Mangelnde Überzeugung vom Sinn einer direkteren Kommunikation mit den Bürgern; mangelnde Ausbildung zur flexiblen Handhabung neuer Möglichkeiten der Konsultation; mangelnder Wille zu transparentem Handeln wegen drohendem Kontrollverlust infolge schwindenden Informationsvorsprungs oder fehlende Anreize, vor Entscheidungen ein über die unmittelbaren Interessenvertretungen hinaus gehendes Meinungsbild einzusammeln – derartige Phänomene behindern den Kulturwandel in Staat und Verwaltung. Demgegenüber ist ein transparentes staatliches System ein proaktives präventives Instrument gegen Unzufriedenheit, Ineffizienz und Korruption.
⇒ *Medien:* Nur gut informierte Bürger können qualifiziert partizipieren. Deshalb trägt das Mediensystem, über das die Bürger einen Großteil ihrer Informationen beziehen, eine ebenso überragende Verantwortung für die Qualität dieser Informationen (ihre Ausgewogenheit und Akkuratesse). Dieser Verantwortung gerecht zu werden, erfordert in Zeiten neuer Medien und neuer Marktdynamik auch ein neues Verantwortungsbewusstsein – möglicherweise eine Neudefinition der medialen Rechte und Pflichten.
⇒ *Wirtschaft:* Wie die Medien, so sind auch Wirtschaftsunternehmen ein bedeutender Lieferant von Informationen. Gleichzeitig sind Wirtschaftsinformationen für den Einzelnen nur schwer durchschaubar – die hohe Komplexität der In-

halte und aus kommerziellem Interesse gefilterte Unternehmenskommunikation machen die Einordnung der Informationen für den Einzelnen äußerst schwierig. Zudem profitieren Unternehmen von staatlichen Intransparenzen, wenn sie ihre Lobby-Arbeit sehr zielgenau auf Entscheider richten können, die übermäßige diskretionäre Handlungsspielräume zur Verfügung haben und deren Handeln von der Öffentlichkeit weitgehend unbemerkt bleibt.

⇒ *NGOs:* Nicht-Regierungs-Organisationen haben eine Doppelfunktion. Sie können Wächter staatlicher Transparenz sein, den öffentlichen Sektor kontrollieren und auf Missstände aufmerksam machen. Gleichzeitig können sie aber selbst Quelle von Intransparenz sein, wenn sie ihre Klientel über die Form ihrer Einflussnahme, ihre Finanzstrukturen oder Entscheidungsfindungsprozesse im Unklaren lassen. Ebenso wie Unternehmen fungieren auch NGOs als Lobbyisten in eigener Sache und profitieren von staatlicher Intransparenz bei der Verwirklichung ihrer Partikularinteressen, sofern sie die Mittel zu effektiver Interessenvertretung haben.

⇒ *Bürger:* Auch beste Informationen und eine Vielzahl von Partizipationsmöglichkeiten können nicht gewährleisten, dass sich die Bürger tatsächlich beteiligen. Die Informationsflut muss verarbeitet, gewertet und eingeordnet werden, eine Auswahl zwischen den Beteiligungswegen ist notwendig. Ohne Hilfestellung können sich die Bürger, die sich beteiligen wollen, überfordert fühlen. Die Bürger müssen die Fähigkeit entwickeln, zu erkennen, zu welchen Themen sich ein Engagement lohnt, und wie dieses Engagement aussehen könnte.

Potenzielle Transparenz-Defizite finden sich in allen Bereichen der Bürgergesellschaft. Allein an einer Stelle, einem Akteur anzusetzen, kann nicht helfen. Bei der Analyse von Intransparenz muss so lange wie möglich das Gesamtsystem aus Akteuren und den Beziehungen zwischen diesen Akteuren im Auge behalten werden. Zudem gilt es zu beachten, dass auch ein Übermaß an Transparenz den Anspruch der Bürger auf Privatheit und Sicherheit verletzen, oder auch effektives Handeln staatlicher Institutionen verhindern kann.[7] Es gilt, eine optimale Balance zwischen gehemmtem und unkontrolliertem Informationsfluss zu finden – einen „*Transparenz-Korridor*", innerhalb dessen sich die Bürgergesellschaft entfalten kann. Ziel ist es, die für die Meinungsbildung und politische Kontrolle notwendige Transparenz mit dem bürgerorientierten Schutz vor Missbrauch, Öffentlichkeit des Staates mit Privatheit der Bürger in Einklang zu bringen.

Ein gesellschaftliches Gesamtsystem, das durch bedeutende Transparenzdefizite gekennzeichnet ist, läuft Gefahr, die verfassungspolitisch geforderte Meinungsbildungs- und Informationsfreiheit zu gefährden. Den Bürgern wird ihr Recht auf Beteiligung erschwert oder verwehrt. Es ist zwar zunächst originäre Aufgabe des Staates, die Möglichkeit zur Ausübung dieser Rechte zu gewährleisten. Die Siche-

---

[7] Letzteres Argument (formuliert als drohende „Lähmung des Apparats") wird häufig im Zusammenhang mit der Diskussion um Informationsfreiheits- bzw. -zugangsgesetze angeführt; siehe z.B. Bertelsmann Stiftung (2003).

rung dieser für das Funktionieren des Staates selbst so elementaren Freiheiten kann aber nicht dem Staat allein überlassen werden. Angesichts der teils im öffentlichen Sektor selbst liegenden Defizite sowie weiterer Prozesse, die staatliche Einflussnahme zunehmend erschweren (z.B. Globalisierung, Spezialistentum, Verflechtung), wäre der Staat mit dieser Aufgabe auch überfordert.

Soll der Begriff „Bürgergesellschaft" ernst genommen werden, so müssen Staat, Dritter Sektor, Wirtschaft, Medien und die Individuen bei der Lösung dieser Aufgabe kooperieren. Voraussetzung ist ein Paradigmenwechsel im Selbstverständnis staatlicher Institutionen – weg von hierarchischem, hin zu kooperativem Staats- und Verwaltungshandeln. Für das erforderliche partnerschaftliche Handeln in einer Verantwortungsgemeinschaft sind Information und Transparenz als Voraussetzungen für die Zusammenarbeit nötig.

Um – an den Akteuren wie auch an den ihren Beziehungen untereinander ansetzend – Transparenzdefizite aufzuspüren und Ideen zu ihrer Beseitigung zu entwickeln, sollen im nächsten Schritt die elementaren Beziehungsgeflechte der Bürgergesellschaft betrachtet werden. Eine solche Darstellung bleibt immer schematisch und ein wenig mechanistisch. Um die wesentlichen Defizite herauszuarbeiten, an denen konkrete Maßnahmen zur Transparenz-Steigerung ansetzen können, ist sie aber ausreichend nützlich. Klar ist auch: Dieses Schema ist bei weitem nicht vollständig, und jeder benannte Aspekt kann nur in seiner Grundproblematik skizziert werden. Hier können nur Überschriften für die notwendigen Recherchen und Analysen der Zukunft formuliert werden.

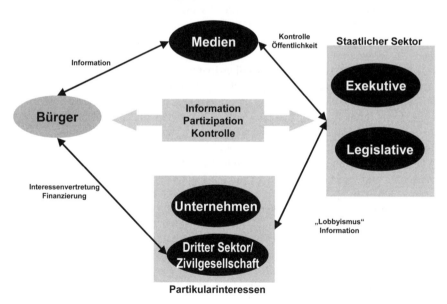

Der Bürger, die Medien, die Transparenz

Qualifizierte Partizipation setzt eines zuallererst voraus: den informierten Bürger. Ein überragender Teil der Informationen, die ein Mensch tagtäglich verarbeitet, erhält er durch die Medien. Diese Informationen sind im Idealfall von Redakteuren auf Relevanz geprüft worden, Wesentliches wurde von Irrelevantem getrennt. Schließlich wird soviel Information wie möglich gut aufbereitet in Nachrichtensendungen und Magazinen, auf Websites und in Print-Publikationen verbreitet. Die Bürger schließlich nutzen eine große Zahl heterogener Quellen, um sich ein umfassendes Bild selbst zu den kompliziertesten politischen Themen bilden zu können.

Natürlich ist dieses Ideal fern jeder Realität. Das ebenfalls übertriebene, aber vielleicht der Realität näher stehende Szenario lautet: Zeitungen bestreiten einen Großteil ihrer Inhalte mit abgewandelten Pressemitteilungen und Agentur-Meldungen, Fernsehsender zeigen allzu häufig veraltete Archivaufnahmen (oft ohne darauf hinzuweisen) und haben sehr eigene Regeln hinsichtlich dessen, was sie für berichtenswert erachten. TV-Reporter geraten so tief in die Maschinerien der Marketing-Abteilungen, über die sie kritisch berichten wollten, dass sie am Ende einfach das vorgefertigte Bildmaterial in ihren Reportagen übernehmen. Internet-Suchmaschinen bewerten Suchtreffer nach kaum nachvollziehbaren Kriterien, verschleiern „Werbeeinblendungen", halten dabei aber den Anschein eines unverfälschten, objektiven Zugangs zum gesamten Netz aufrecht. Für den Seher/Hörer/Leser bleibt im Dunkeln, wer die redaktionellen Entscheidungen nach welchen Kriterien getroffen hat, wie stark die Inhalte vereinfacht wurden und aus welchen Quellen sie ursprünglich stammten. Die Mediennutzer selbst wenden sich entrüstet ab, wenn ein Medium darauf verzichtet, einen politischen Konflikt auf die Persönlichkeiten der Akteure zu reduzieren, sind im Durchschnitt unterhaltungsorientiert und schätzen den Diskurs allenfalls, wenn er zum Medien-Event aufgeplustert daher kommt.

Niemandem steht die Forderung zu, dass „die Medien" ausgewogene und akkurat aufbereitete politische Information an die Haustür liefern müssen. Medien orientieren sich an ihren Nutzern und die Nutzer wünschen im Durchschnitt Anderes. Vielmehr sollte den Bürgern zuerst bewusst werden, was sie *nicht* bekommen, wenn sie ein beliebiges Medium nutzen: eine objektive und ungefilterte Darstellung der Welt. Diese „Medienbeurteilungskompetenz" ist eine Fähigkeit, deren Erwerb den Bürgern niemand wirklich abnehmen kann. „Bürgergesellschaft" bedeutet aber unter anderem auch, dass Bürger stärker verantwortlich für das sind, was sie tun oder lassen. Die Bürgergesellschaft fordert vom Bürger, sich gefälligst Mühe zu geben.

Verantwortung müssen aber auch die Bereitsteller der Informationen übernehmen. Die Qualität der Informations-Selektion und -Aufbereitung durch die Medien hängt davon ab, inwieweit diese ihre Rolle als Informationsmakler und als vierte gesellschaftliche Gewalt erfüllen. Medien haben in diesem Prozess des Informations-, Meinungs- und Entscheidungsflusses zwischen Bürger, Staat, Wirtschaft und Wissenschaft eine kritische Rolle. Sie können Garant für Transparenz und Kontrolle der Akteure sein, können „Macht unter Legitimationsdruck" setzen. Andererseits sind sie eigenen Mechanismen ausgesetzt, dem Druck der Märkte und dem Zwang zur Selektion. Nur unabhängige, vielfältige und professionell gestaltete Medien tragen zu einer informierten und kritischen Öffentlichkeit bei.

Conditio sine qua non dafür, dass die Medien ihre gesellschaftliche Rolle erfüllen können, ist die Freiheit der Medien und des Journalismus. Was die Medien mit dieser Freiheit, die die Gesellschaft für sie geschaffen hat, anfangen, ist eine andere Geschichte: Oft verschwimmen in der medialen Berichterstattung die Grenzen zwischen privater und öffentlicher Sphäre. Die Clinton-Lewinsky-Affäre verwechselte Politik und Voyeurismus und verdrängte wichtigere Themen nahezu völlig. Gleichzeitig präsentieren Politiker – oder deren Spin Doctors – ihr Privatleben bewusst in der Öffentlichkeit, um zu kommunizieren, dass auch sie echte Menschen seien – als nagte an ihnen der Verdacht, die Wähler seien ihnen auf die Schliche gekommen, dass das gar nicht stimmt. Die öffentliche Wahrnehmung von politischer Relevanz wird dabei ebenso verwischt wie die Trennung zwischen der Informations-, Kontroll- und Unterhaltungsaufgabe der Medien.[8]

Die Rolle der Wirtschaft

Soll der Einzelne in der Bürgergesellschaft mehr Verantwortung übernehmen, so ist er auf akkurate Informationen aus allen gesellschaftlichen Bereichen angewiesen. Dies bezieht sich nicht nur auf unmittelbar politische Informationen: Eine qualifizierte Meinung zu Themen von gesellschaftsweiter Relevanz (wie etwa Aktienmärkte, Pharmaindustrie oder die kommerzielle Nutzung von Gentechnologie) kann sich nur bilden, wer auch grundlegende Kenntnisse über Marktstrukturen, internationale Zusammenhänge und die anstehenden technischen Entwicklungen hat.

Die fortschreitende Globalisierung rückt dabei Wirtschaftsunternehmen immer mehr in den Fokus einer kritischen Öffentlichkeit. Unternehmen verfügen nicht nur über wirtschaftliche Macht, sondern auch über politische. Verkündungs-Rhetorik durch Unternehmenssprecher, die den kritischen Aspekten ihrer Tätigkeit ausweichen, führt zu einer schlecht informierten, gleichzeitig oft ablehnenden Öffentlichkeit. Eine qualifiziert kritische Öffentlichkeit verlangt Transparenz, Wahrhaftigkeit und Verständlichkeit in der Information. Transparenz und Offenheit sind deshalb auch Wettbewerbsfaktoren: Kunden und Gesellschaft messen Unternehmen zunehmend auch daran, inwieweit diese sich als verantwortliche gesellschaftliche Akteure verhalten.

Auf einer anderen Ebene ist der Grad der Verflechtung der industriellen Interessengruppen mit dem politischen Entscheidungssystem von unmittelbarer Bedeu-

---

[8] Ingo Nathusius, (Hessischer Rundfunk): „Wenn Fernsehbilder regelmäßig vordergründig und daher anti-intellektuell sind, bilden sie schlechte Voraussetzungen für guten Journalismus. Denn im Journalismus geht es darum, im Dienste der Öffentlichkeit Informationen kompetent, distanziert und nachvollziehbar zu sammeln, zu wichten, zusammenzufassen und zu vermitteln. Es geht nicht darum, vordergründiges Gerede zu vermitteln." Dokumentation zum Mainzer Mediendisput 2002, www.mediendisput.de

tung für die Bürger. Es muss für jedermann erkennbar sein, ob Industriegruppen sich darauf beschränken, die Politik über ihre Interessenlage zu informieren und von ihren Standpunkten zu überzeugen versuchen – oder ob sie durch das Lancieren verzerrter Informationen bzw. illegitime Einflussversuche (bis hin zu Korruption) gesellschaftsschädigend wirken. Die Kenntnis von Entscheidungs- und Finanzstrukturen von Verbänden spielt in diesem Zusammenhang ebenso eine Rolle wie die Frage, ob Mechanismen vorhanden sind, Käuflichkeit zu verhindern.

Die Rolle der NGOs

Nichtstaatliche oder dem Staat nahe stehende Gruppen wie NGOs im weitesten Sinne (auch Verbände, Kommissionen, Lobbyistengruppen[9]) sind zentrale Akteure im politischen Handlungsfeld. Sie bündeln Bürgerinteressen, kommunizieren unmittelbar mit dem öffentlichen Sektor und stellen in diesem Prozess eine Art zweite Repräsentationsebene im repräsentativ-politischen System dar. Ihre Bezugsgröße sind zunächst nicht „Wähler", sondern Bürger mit ähnlichen Interessen und Bedürfnissen. Diese meist rein inhaltliche Definition von NGOs als außerstaatliche Interessenbündelung und -vertretung führt dazu, dass NGOs eine sehr hohe Akzeptanz unter der Bevölkerung haben. Derzeit ist sogar ein Trend zu erkennen, dass sie zu Konkurrenten der Parteien im Wettstreit um Bürgerengagement werden. In jedem Fall dürften sie in einer Bürgergesellschaft, die die Rolle des Individuums stärkt und mehr Partizipation zulässt, eine entscheidende Funktion als Vermittler einnehmen.[10]

Zwei Aspekte sind in Bezug auf Transparenzdefizite relevant: Zum einen besteht ein Teil der Aufgabe von NGOs darin, Druck auf den öffentlichen Sektor aufzubauen, um transparentes Handeln einzufordern. Zum zweiten steht die Frage im Raum, ob NGOs aufgrund ihrer bedeutenden Stellung innerhalb der Bürgergesellschaft selbst besonderen Transparenzanforderungen genügen müssen.[11]

Zu immer mehr politischen Entscheidungen werden diese Institutionen herangezogen. So begrüßenswert dies in Hinblick auf eine Vertretung möglichst vieler Interessen im Vorfeld staatlicher Entscheidungsfindung ist – es bleibt die Frage, ob diese stärkere Verantwortung für gesellschaftliche Entwicklungen mit den (im Gegensatz etwa zu politischen Parteien) weitgehend fehlenden Anforderungen an demokratische und transparente Strukturen zu vereinbaren ist. Interessengruppen sind zweifellos nicht auf gleiche Weise legitimiert wie gewählte oder durch öffentlichen Auftrag eingesetzte Institutionen. Gegenüber der Bürgergesellschaft versuchen sie nicht selten, Legitimität zu erzeugen, indem sie auf ihre Kooperation mit staatlichen Stellen verweisen. Gegenüber dem Staat verweisen sie neben ihrer Sachkompetenz

---

[9] Politische Parteien nehmen in diesem Zusammenhang eine Sonderrolle ein und sind wegen ihrer Staatsnähe nur bedingt mit anderen NGOs zu vergleichen.
[10] Im Zusammenhang mit EU-Deliberationsprozessen schildert beispielsweise Curtin (1999) diese Rolle.
[11] Dazu z.B. DBResearch (2003).

auch auf die Zahl ihrer Anhänger und sehen diese als zusätzliches Legitimationsmerkmal.

NGOs befinden sich damit in einem Demokratisierungsparadoxon: Durch das Wirken von NGOs werden viele (auch globale) Probleme zwar transparent gemacht, doch NGOs selbst handeln oft intransparent. Innerhalb der NGOs ist diesbezüglich praktisch kein Problembewusstsein vorhanden, sieht man sich doch als private Initiative ohne Notwendigkeit zur verstärkten Offenlegung der Arbeitsweisen. Aber: Nachdem solche Institutionen oft nicht nur über operative Entscheidungsbefugnis (auch zur Verteilung staatlicher Mittel) verfügen, sondern auch durch direkte Mitarbeit an Entscheidungsvorlagen in Parlamenten und Kabinetten an der Politikformulierung beteiligt sind, kann aus Bürgersicht der Ruf nach mehr Transparenz geboten sein.

Bedeutender als diese institutionelle Binnentransparenz ist wahrscheinlich die Transparenz der Einflussnahme auf öffentliche Entscheidungsprozesse. Diese Einflussnahme ist im Grundsatz identisch zum industriellen Lobbyismus: Ein Tauschgeschäft mit Politik und Verwaltung, bei dem Informationen (ggf. auch die Aussicht auf Wählerstimmen) geliefert und mit der Umsetzung der vertretenen Partikularinteressen entlohnt werden. Diese gegenseitige Nützlichkeit ist ein Wesensmerkmal einer funktionsfähigen Arbeitsteilung in einem Gemeinwesen – sie birgt aber die Gefahr in sich, dass durch mangelnde Transparenz und Kontrolle Individualinteressen über die Interessen der Gemeinschaft dominieren.

Bürger und Exekutive

Die Verwaltung ist noch immer nicht bürgerfreundlich. Die Bürger sehen sich mit den Strukturen der öffentlichen Verwaltung nach wie vor überfordert. Dienstleistungen werden wahrgenommen, wenn sie wahrgenommen werden müssen (Ummelden, Steuererklärung, etc.) – darüber hinaus gibt es kaum Kontakte zwischen Verwaltung und Bürger, die zu einem Verständnis der Gesamtstrukturen öffentlicher Verwaltung oder als Versuch zu deren Beeinflussung/Verbesserung verstanden werden könnten.

Unzufriedenheit der Bürger mit Verwaltungsentscheidungen ist an der Tagesordnung: Neue Bauvorhaben, Steuerfestsetzungen oder Kulturförderung (bzw. deren Abbau) erhitzen die Gemüter. Dies betrifft alle Ebenen – von der Erschließung des Wohngebiets auf kommunaler Ebene, über die deutsche Bewerbung um olympische Spiele bis hin zur Agenda 2010. Der Unmut, die Stammtischdebatten deuten an: Die Bürger wollen gefragt werden, wenn es um ihr unmittelbares Lebensumfeld geht. Sie wollen sich äußern und die Entscheidungen mit beeinflussen. Verwaltungshandeln hat sehr viel stärker noch als parlamentarische Entscheidungen bei den Bürgern den Ruf des Obrigkeitsstaatlichen. Die Entscheider sind meist nicht gewählt, sie können infolgedessen auch nicht abgewählt, wie überhaupt nur sehr schwer für die Folgen ihres Handelns zur Verantwortung gezogen werden, dennoch entscheiden sie über große Geldsummen.

Verwaltungs-Entscheidungen wären akzeptierter, würden sie transparenter getroffen. Eine bessere Informationspolitik führt zu besseren Entscheidungen, denn kritische Stimmen können frühzeitig in den Planungsprozessen berücksichtigt werden. Abhilfe schaffen mancherorts bereits geeignete E-Government-Projekte, die den jeweiligen Stand von Entscheidungsverfahren zeitnah darstellen und Gelegenheit zu kritischem Feedback geben. Dies führt aber nur dann zu einer stärkeren Bürgerpartizipation und einer stärkeren Beteiligung, wenn sich die Bürger ernst genommen fühlen. Reine „Einbahnstraßen-Kommunikation", in der Verwaltungen lediglich die Ergebnisse der Beratungsprozesse verkünden, führt zu weiterem Verdruss und Skepsis gegenüber dem Staat als Partner der Bürger. Die Verwaltung muss auch aktiv *Mechanismen zur Einflussnahme* schaffen und ihre Nutzung bewerben.

Im Kern geht es bei allen Versuchen, Verwaltungshandeln transparenter zu machen, um einen Kulturwandel. Staatliche Institutionen müssen ihr Selbstverständnis in Richtung einer Beteiligungskultur verändern und den Bürger als Partner einbeziehen. Gelingt dies, so wird der *Bürger als Kooperationspartner und Kontrollinstanz* staatlichen Handelns (gegen Ineffizienz und Korruption) diese gestiegene Verantwortung auch wahrnehmen.

Wie ist dieser Kulturwandel zu schaffen? Bei allen Reformen, die die Effizienz und Effektivität der Exekutive betreffen, ist besonderes Augenmerk auf die existierenden Anreizstrukturen zu legen. Informationsmonopole in der Verwaltung bedeuten Macht, sind zusammen mit den Ressortbudgets die Hauptquelle von Leistungswahrnehmung und Unentbehrlichkeit.[12] Gleichzeitig wird diese Monopolisierung auch dadurch entlohnt, dass die Begehrlichkeit der von anstehenden Entscheidungen betroffenen Interessenvertretern den Bürokraten trifft und ihn in seiner Bedeutungs-Selbstwahrnehmung stärkt. Dies zurecht, denn das Horten entscheidungsrelevanter Informationen macht den öffentlich Bediensteten tatsächlich zunehmend zur entscheidenden Instanz: mindestens zum Vorbereiter von Entscheidungen, die zwar von anderen getroffen werden, deren Hintergründe aber nur noch einem oder wenigen zugänglich sind. Der Entscheidungsspielraum einzelner Mitglieder der Exekutive wächst dadurch auf ein Maß, das mit der Durchführung demokratisch legitimierter Entscheidungen oft nur noch wenig gemein hat. Für Vertreter von Partikularinteressen bedeutet das, dass Einflussnahme zu ihren Gunsten vereinfacht wird. Richtet sich der Einfluss etwa gegen marktregulierende Einflüsse, so muss nicht das parlamentarische System in seiner Gänze überzeugt werden, sondern der Einfluss kann sich auf die kleine Handvoll themenspezifischer Experten konzentrieren, die allein imstande und befugt sind, die entsprechenden Überlegungen in eine Entscheidungsvorlagen zu gießen.

---

[12] Die interessantesten Arbeiten zu den Anreizstrukturen von Bürokraten kommen aus den polit-ökonomischen Disziplinen, aufbauend insbesondere auf den Arbeiten Niskanens und Tullocks; vgl. dazu z.B. Hart (1997), Kapitel E. Dass Informationsmonopole eine günstige Gelegenheit sind, Inkompetenz zu verschleiern, sich der Evaluation zu entziehen und Rent-Seeking-Möglichkeiten auszubauen, zeigt Stiglitz (1998).

Der falsche Weg ist es, Transparenz-Forderungen gegenüber der Verwaltung gegen existierende Anreizsysteme durchsetzen zu wollen. Neue Anreize müssen statt dessen geschaffen werden – und dies beginnt bei der klaren Botschaft, dass transparentes Handeln als positiver Wert gesehen und dementsprechend honoriert wird.[13]

Bürger und Legislative

In der Parteiendemokratie ist die Beziehung zwischen Bürger und politischen Repräsentanten verzerrt. Die zunehmende Komplexität und Vielfalt der in den Parlamenten diskutierten Themen, aber auch das politische Denken in Legislaturperioden führen dazu, dass sich die Wähler zunehmend wenig repräsentiert fühlen. Die Interessen der Repräsentierten und der Repräsentanten stimmen nur noch zufällig überein, wenn Politiker angesichts bevorstehender Wahlen die Vertretung des Wählerinteresses zugunsten der Stimmenmaximierung vernachlässigen.[14]

Das schlechte Ansehen, das Politikern mittlerweile anhaftet, liegt zum Teil darin begründet, dass sie infolge fehlender inhaltlicher Kompetenz und fehlender Kommunikations-Fähigkeiten solche Inhalte, die außerhalb ihrer Kernkompetenz liegen (zu denen sie als allzuständige Volksvertreter aber dennoch allenthalben befragt werden), nur mangelhaft vermitteln. Zum anderen kann es tatsächliche Divergenzen zwischen Wählerinteresse und Politikerhandeln geben: Natürlich schafft es Unzufriedenheit, wenn ganz offensichtlich Wahlversprechen gebrochen wurden, oder wenn – abstrakter – ein Politiker die Erwartungen, die seine Wähler an ihn hatten, nicht erfüllt. Dabei mag die Frage, ob politische objektiv Entscheidungen „richtig" oder „falsch" getroffen werden (diese Bewertung ist ohnehin kurzfristig kaum möglich) aber möglicherweise weniger wichtig sein als die Feststellung, dass Wähler oft nicht nachvollziehen können, weshalb Entscheidungen auf eine bestimmte Art und Weise ausgefallen sind. Diese Intransparenz des politischen Systems führt – stärker noch als im oben genannten Fall der intransparenten Verwaltung – zu Ärger, Verdruss und schließlich zur politischen Apathie. Das Berufsbild des Politikers verliert dadurch immer weiter an Attraktivität, so dass die Klage über fehlende Eliten in den Parlamenten zur self-fulfilling prophecy wird.

Anreize zu transparentem Agieren gibt es wenige: Wähler, die mit den harten Realitäten und Notwendigkeiten von Gesundheitsreform, Verwaltungsreform oder Steuergesetzgebung konfrontiert werden, gewichten tendenziell die sie persönlich treffenden Belastungen stärker als den gesamtgesellschaftlichen Nutzen einer Maßnahme. Eine „vernünftige" politische Strategie lautet deshalb, Vergünstigungen an möglichst kleine, konzentrierte Gruppen mit großem gesellschaftlichem Einfluss zu

---

[13] Siehe dazu etwa Florini (1999: 166f).
[14] Auch hier lohnt eine Betrachtung der polit-ökonomischen Verhaltensmodelle, die v.a. von Downs und seinen Nachfolgern auf repräsentativ-politische Systeme angewandt wurden; vgl. Hart (1997), Kap. D für einen Überblick.

geben, die Kosten für diese Vergünstigungen aber auf maximal viele Schultern zu verteilen, damit sie für den Einzelnen möglichst nicht wahrnehmbar sind („concentrated benefits – diffused costs"[15]). Aus dieser Sicht wird klar, weshalb ein politischer Entscheider organisierten Interessenvertretern schon aus eigenem Interesse heraus sehr aufgeschlossen ist: sie versprechen eine homogene Wählergruppe, die mit Einzelmaßnahmen wohl gesonnnen gestimmt werden kann. Durch solche Maßnahmen belastet wird hingegen die amorphe Gruppe der Gesamtbevölkerung, für die die Zusatzlast (v.a. beim geltenden Nonaffektationsprinzip) unter der Merklichkeitsschwelle bleibt und von denen deshalb keine unmittelbaren Sanktionen drohen.

Auch hierbei sind die Wähler nicht aus der Verantwortung zu nehmen: Viele schätzen die akkurate Vermittlung komplexer Information weit geringer als andere Vorzüge, die ein Politiker mitbringen kann (sei es das rhetorische Geschick oder die Wahl der Krawatten). Das ist in mancher Hinsicht eine individuell durchaus vernünftige Entscheidung. Politische Präferenzen sind erstens über längere Zeiträume stabil und können nur durch dauerhafte und eklatante Divergenzen umgestoßen werden. Das Hinterfragen jeder inhaltlichen politischen Äußerung lohnt deshalb nicht, denn im Durchschnitt würde die Unzufriedenheit mit der Position des „eigenen" Kandidaten ohnehin nicht dazu führen, dass man ihm bei der nächsten Wahl dessen ganzer Partei die Unterstützung versagt. Zweitens konvergieren politische Programme in jedem Zwei-Parteien-System in Richtung auf eine Mitte (den „Median-Wähler")[16], den am Ende des Konvergenzprozesses beide politische Lager mit quasi identischen Programmen umwerben. Vor diesem modellhaften Hintergrund ist es auch für einen Wähler der realen Gegenwart eine virulente Frage, ob er Ressourcen (Zeit und Mühe) aufwenden möchte, um politische Unterschiede zu identifizieren, die aller Wahrscheinlichkeit nach marginal sind. Letztlich kann er tatsächlich nach Krawattenfarbe entscheiden oder die Partei wählen, „für die sein Vater immer gestimmt hat".[17]

Auch ist zu konstatieren, dass – unabhängig von dieser politischen Lager-Überlegung – jeder Einzelne im Zweifel eine Maßnahme, die ihn persönlich spürbar bevorzugt, einer solchen vorziehen würde, die die gesamte Gesellschaft ein wenig entlastet. Individuelle Rationalität führt auf allen Akteursebenen zu kollektiver Irrationalität, sofern die gesellschaftlichen Konsequenzen einzelner Entscheidungen nicht klar offen gelegt werden. Sobald die Öffentlichkeit wahrnimmt, welche Auswirkungen der Einfluss der Kassenärztlichen Vereinigungen oder der Agrarlobby für jedes einzelne Mitglied der Gesellschaft hat, gibt es sehr viel stärkeren politischen Rückhalt für reformwillige Akteure. Auch diese werden nur handeln, weil es in ihrem Interesse ist, weil sie sich z.B. politisch damit profilieren können.[18] Die

---

[15] Auf diese politische Anreizsituation kann ein guter Teil der permanent steigenden öffentlichen Budgets und der Staatsverschuldung zurückgeführt werden: vgl. z.B. Frey (1988: 662) und Buchanan (1987: 588).
[16] Vgl. z.B. Kirsch (1993: 231ff).
[17] Downs (1968: 270).
[18] Dieses Ausnutzen politischen Eigennutzes im Dienste der Gesellschaft beschrieb zuerst Schumpeter. Tullock fasst es zusammen mit: „[Democracy] operates so that politicians who simply want to hold office

Transparenz eines Systems (und die Transparenz seiner Defizite) führt aber dazu, dass das Interesse einzelner Politiker zu Verbesserungen im Interesse Aller führen kann! Dies mag *der* Hebel sein, mit dem politischer Reformstau auch in unpopulären Bereichen aufgelöst werden kann!

Hier ist auch wieder die Anbindung an das Mediensystem relevant: Massenkommunikation hat zu einer politischen Aufmerksamkeit und einem Informationsstand in der Bevölkerung geführt, die historisch einzigartig sein dürften. Diese Verringerung der Distanz zwischen Politik und Bürger hat aber eine Kehrseite: Die vor allem via Live-Fernsehen genährte Illusion des leibhaftigen Dabeiseins im politischen Prozess. Das Resultat ist paradox: Je näher Politik den Massen ins Wohnzimmer gebracht wurde, desto lauter wurde die Klage über die Abgehobenheit und Bürgerferne von Politik, und desto geringer die Kenntnis über die diskutierten Inhalte.

Der Grund ist einfach darzulegen: Die vermeintliche Nähe ist keine. Die Unterwerfung unter die Regeln des Info- oder Politainment bringt keineswegs die erhoffte Bürgernähe und angestrebten Popularitätsgewinne. Vielmehr wandte sich das politisch weniger interessierte Publikum (das an der Politik konsequenterweise den Unterhaltungswert vermisst) ab. Der besonders beteiligungswillige, kritisch engagierte Teil der Bevölkerung hingegen vermisst in der Politainment-Darbietung den angebrachten Ernst und die notwendige Einsicht in die Komplexität der Materien. Hier liegen die Wurzeln der so genannten „Politikverdrossenheit", besser: der politischen Unzufriedenheit, und zwar nicht mit den Grundideen der pluralistischen Demokratien, sondern mit der konkreten Leistung der politischen Eliten in der Mediendemokratie.

Interessant ist die Frage, wie es zu diesem Missverständnis gekommen ist. Wenn Bürger deshalb politikverdrossen sind, weil sich Politiker mehr als Pausenclowns zwischen den Vorabendserien gerieren denn als Träger hochrelevanter Informationen und Entscheidungen, weshalb stürzen sich die Medien dann trotzdem auf genau diese personalisierten Darstellungsformen, mit denen politische Inhalte doch nur umgangen und die politischen Realitäten nur simuliert, aber nicht wiedergegeben werden?[19] Und wer gewährleistet, dass der ideenlosen Politainment-Wiedergabe und -Inszenierung Konzepte folgen, die sowohl denjenigen Mediennutzern, die an Hintergrundinformation interessiert sind, diese liefern, und auch den wenig politisch Interessierten darzulegen imstande sind, wie relevant Rentenpolitik, Gesundheitsreform oder demographischer Wandel *für sie persönlich* sind?

Intransparenz im Dienste des Lobbyismus

Nicht die einzige, aber einer der bedeutenderen Konsequenzen eines durch größere Transparenz geprägten Systems Staat-Bürger ist die Fähigkeit dieses Systems, sich

---

end up by doing things the people want"; zitiert in Reisman (1990: 9).
[19] Siehe z.B. Balkin (1999).

gegen Manipulationen und Verzerrungen infolge organisierter Interessenvertretung zu schützen. Wer die Anreize und Mechanismen eines intransparenten Systems kennt, für den ist es verhältnismäßig einfach, seine Mittel an genau den wenigen Stellen einzusetzen, an denen Entscheidungen zugunsten bestimmter Partikularinteressen getroffen werden können. Es lohnt deshalb ein genauerer und etwas akademischerer Blick auf die Wirkungszusammenhänge zwischen „Staat" (hier: Exekutive und Legislative) einerseits und den Vertretern organisierter Interessen andererseits, die durch Lobby- bzw. Rent-Seeking-Aktivitäten staatliche Entscheidungen zu ihren Gunsten zu beeinflussen versuchen.[20] Dies deshalb, weil solche Aktivitäten im Extrem zwei Effekte für eine Gesellschaft haben können: Ein Gleichgewicht der Einflusskräfte, in der jede Stimme entsprechend ihres gesellschaftlichen Rückhalts Einfluss auf staatliche Entscheidungen nimmt – oder ein staatliches Entscheidungssystem, das weniger selbst entscheidet, als vielmehr fest im Griff weniger potenter und gut organisierter Einflussgruppen ist („capture theory").

Letzteres ist nicht nur in Hinsicht auf die Frage relevant, inwieweit „Volksvertreter" tatsächlich das Volk vertreten. Es ist vor allem dann, wenn es eine größere Zahl an Märkten mit hoher Regulierungsdichte gibt, eminent wohlfahrtsmindernd. Gesellschaften mit dominanten Interessengruppen, wachsen wesentlich langsamer als Gesellschaften, in denen es solche Koalitionen nicht gibt. Verhärtete Interessengruppen-Strukturen können jegliche Reformprojekte blockieren und ganze Volkswirtschaften ausbremsen.[21] Rent-Seeking bedeutet sowohl direkte Ressourcenverschwendung, indem Unternehmen Mittel, die sie etwa für Forschung und Entwicklung oder das Erschließen neuer Märkte aufwenden könnten, statt dessen in den Wettbewerb mit anderen Gruppen um Einfluss einbringen, dessen Erfolg unsicher ist. Noch erheblicher sind die mittelbaren Wohlfahrtsverluste, die sich aus den gesamtgesellschaftlich „falschen" Entscheidungen des Staates infolge der Beeinflussung ergeben. Die wenigen Versuche, dies zu quantifizieren, ergaben bedrückende Zahlen: Krueger errechnet für Indien einen Wohlfahrtsverlust durch Rent Seeking von 7,3% des Volkseinkommens im Jahr 1964. In der Türkei kommt sie sogar auf einen Verlust von 15% des BSP allein durch Lobbyismus im Zusammenhang mit Importlizenzen.[22]

---

[20] Gordon Tullock beschäftigte sich 1967 als erster mit solchen „directly unproductive profit-seeking (DUP) activities". Grob vereinfacht wird darunter das Aufwenden von Ressourcen für Zwecke verstanden, die direkt nichts mit dem Kerngeschäft eines Unternehmens zu tun haben, sondern auf sonstige Weise ökonomische Renten erbringen sollen – Ausgaben für Lobbyismus beispielsweise. Zum Grundkonzept siehe z.B. Tullock (1988).
[21] Vgl. dazu übersichtsartig Olson (1985: 3f), sowie Reisman (1990: 230ff). Auf Anwendungen des Rent-Seeking-Modells vor allem in Entwicklungsländern, deren institutionelle Strukturen wesentlich anfälliger für Bestechung und Lobbyismus sind, kann hier nicht eingegangen werden, auch wenn diese Analyse sehr erhellend hinsichtlich der grundlegenden Wirkungsweisen der existierenden Anreize wäre. Die „best-known manifestation of the rent-seeking literature" (Eggertsson, 1990: 279) ist sicherlich Mancur Olsons „Aufstieg und Niedergang der Nationen" (1985).
[22] Krueger (1980: 55ff). Posner ermittelt in seinen Berechnungen für die USA einen Verlust von immerhin etwa 3% des BSP; vgl. Posner (1975), sowie Tollison (1982: 582). Diese Zahlen beziehen sich ausschließlich auf die durch die Ressourcen-Transfers *zusätzlich* entstandenen Wohlfahrtsverluste – der

Intransparente Systeme sind anfällig für Manipulationen: von innen v.a. durch kaum kontrollierbare Machtballung infolge von Informationsmonopolen; von außen durch die Möglichkeit zur ungestraften Manipulierbarkeit – zum Beispiel durch Vertreter von Partikularinteressen, die die Wirkungsmechanismen und Anreizstrukturen politischer und administrativer Entscheidungen verstanden haben. Interessengruppen haben im Grundsatz zwei (gesellschaftlich nützliche und gewollte) Funktionen: sie sind *Anbieter* von Interessenvertretung gegenüber ihren Mitgliedern (Innenfunktion), bündeln also Individualmeinungen, um die Chance auf Zielerreichung zu erhöhen. Zweitens treten sie als *Nachfrager* der politischen Vertretung ihrer Interessen auf (Außenfunktion), agieren also als Lobbyisten gegenüber den Entscheidungsträgern in Politik und Verwaltung. Es kommt zu einem Tauschgeschäft, bei dem die „political currency"[23] politische und wirtschaftliche Unterstützung heißt.

Der Staat bringt dabei einerseits gruppenindifferente Leistungen an (von denen also nicht nur, aber in der Regel auch die jeweilige Interessengruppe profitiert). Die wertvollere Währung sind dem gegenüber die gruppenbezogenen, insbesondere verbandsbezogenen Leistungen, die organisierte Sonderinteressen bedienen. Ein evidentes Ziel von Lobbyarbeit ist, dass verbandsbezogene Leistungen zu Lasten der indifferenten anwachsen. Nutzenmaximierende Politiker müssen die Wählerstimmen aufrechnen, die ihnen durch die Finanzierung der Zuwendungen an die Interessengruppen bei anderen Wählergruppen verloren gehen.[24]

Ein interessanter Effekt ist dabei (wie v.a. Gary Becker in seiner Arbeit zum Lobbyismus feststellt[25]), dass politische Instrumente gezielt dazu eingesetzt werden, einflussreichere Gruppen gegenüber weniger einflussreichen zu bevorzugen. Eines der wirkungsvollsten Instrumente ist die Verschleierung der Bevorzugung des Anderen. Das gesamte Wirkungsgefüge zwischen Staat und Lobbyisten (seien es Vertreter kommerzieller oder nicht-kommerzieller Interessen – auch NGOs sind in diesem Sinne Lobbyisten) fußt zu einem beachtlichen Teil auf der Steuerbarkeit der Informationsflüsse. Dies gilt besonders dann, wenn (wie unterstellt werden kann), bei Politikern tendenziell Unsicherheit bezüglich der vorhandenen Wählerpräferenzen herrscht.[26] Wie sich politische Maßnahmen in Stimmengewinne/-verluste auswirken, ist zu einem gewissen Grad ungewiss.

Auch Interessenorganisationen kennen die genauen Präferenzen ihrer Mitglieder nicht genau, haben aber auf jeden Fall einen Informationsvorsprung und eine daraus resultierende Machtstellung gegenüber den politischen Entscheidern. Vor allem auch bezüglich fachlicher Fragen der von einem Verband vertretenen Gruppe müssten Informationen von staatlicher Seite erst unter Kostenaufwand beschafft

---

Verlust der gesellschaftlichen Gesamteffizienz ist in ihnen noch nicht enthalten.
[23] Scully (1994: 194); vgl. dazu auch von Arnim (1977: 136f).
[24] Vgl. zum Beispiel Mueller/Murrell (1985: 18), sowie Liefmann-Keil (1979: 322f).
[25] Vgl. Becker (1983).
[26] Vgl. Bernholz (1969: 283). Die Überlegung bezieht sich im übrigen nicht allein auf die Beziehung zu „Politikern", sondern kann fast identisch hinsichtlich „Bürokraten" angestellt werden; vgl. Kirsch (1993: 308).

werden. Dieser Informationsvorsprung kann nur durch einen immer umfassenderen, sich selbst mit Informationen aus erster Hand versorgenden Regierungsapparat verringert werden – ein ebenfalls unerwünschter Effekt. Die Interessenverbände sind deshalb willkommene und wichtige Informationslieferanten, werden diese Situation aber vernünftigerweise in ihrem Interesse zu steuern wissen. Es kommt zu selektiver Information der Politik, wobei von Verbandsseite nur auf die Auswirkungen von Maßnahmen auf die *eigenen* vertretenen Interessen hingewiesen wird. Auf Seiten der Politiker entsteht eine Wahrnehmung der Realität, das sich aus den vertretenen – übertriebenen – Partikularinteressen ableitet. Aus diesem Bild muss durch die politischen Entscheidungsträger erst wieder der Lobby-Effekt „heraus gerechnet" werden.

Die Information in die Gegenrichtung wird entsprechend gehandhabt: Auch hier sind Verbände wichtige Informations-Schaltstelle, kommunizieren natürlich aber ebenfalls eine gefilterte Version der vorhandenen Informationen. Die Last der Interpretation liegt wiederum beim Empfänger, also beim Bürger.

Lobbyismus (oder besser: das Agieren von Interessengruppen in seinen zahlreichen Facetten) ist deshalb ein zentraler Aspekt im Verhältnis Staat/Bürger/NGOs/ Wirtschaft. Zielgerichtete Interessenvertretung ist unabdingbar, um den Staat (und die Bürger) mit relevanten Informationen zu versorgen, die andernfalls nur unter erheblichem Aufwand (oder gar nicht) verfügbar wären. Lobbyismus ist also zunächst ein wertvolles Instrument, um Transparenz zu schaffen und damit Partizipation zu erleichtern: Erstens weil die Bürger (im Ideal) besser über staatliches Handeln informiert sind (weil dies im Interesse der Lobby-Gruppen sein kann). Zweitens weil die Kenntnis der Präferenzen der gesellschaftlichen Interessengruppen und der Bürger wesentliche Voraussetzung dafür ist, überhaupt erst Entscheidungssituationen zu schaffen, an denen sich die Bürger beteiligen können.

Dem gegenüber steht die Gefahr, dass all diese von den Lobbyisten transportierte Information die Realität verzerrt und deshalb nicht zu Transparenz beiträgt, sondern im Gegenteil Intransparenz schafft. Und dass diese Intransparenz dazu führt, dass bestimmte Partikularinteressen bedient, andere hingegen aus Gründen vernachlässigt werden, die nichts mit ihrer Dringlichkeit oder gesellschaftlichen Relevanz zu tun haben.[27] Nur ein Gleichgewicht aller Interessen, das zu einer vollständigen und akkuraten Informationslage bei den politischen und administrativen Entscheidern führt, könnte dies verhindern.

Verschiedene Theorien beschäftigen sich mit Konstellationen, wie ein solches Gleichgewicht zustande kommen könnte.[28] Vielen teilen die Vermutung, dass sich in einer Gesellschaft alle Interessen organisieren und damit „politische Währung" beschaffen können. Deshalb würde ein Gleichgewicht entstehen, das auch die Mehrheiten der existierenden Interessen repräsentiert. Leider funktioniert das nicht. Die

---

[27] Interessant ist in diesem Zusammenhang auch das breit gefächerte Instrumenten-Portfolio, das Interessengruppen zur Durchsetzung ihrer Anliegen zur Verfügung haben; siehe dazu z.B. Hart (1997), Kap. F-3.1.2.
[28] Genannt werden können v.a. die Pluralismustheorie, die amerikanische Schule der Interessengruppentheorie, (Neo-)Korporatismustheorie oder die Theorie der „countervailing powers".

Menge Personen, die hinter einem bestimmten Interesse stehen, ist nicht der ausschlaggebende Faktor dafür, dass sich ein schlagkräftiger Verband bildet, der diesem Interesse zur Durchsetzung verhilft. Andere Aspekte (v.a. sog. „selektive Anreize") spielen eine erheblich größere Rolle.[29] Im Effekt werden relativ kleine Interessensgemeinschaften (z.B. ein Bankenverband) weniger Schwierigkeiten haben, eine effektive Interessenvertretung aufzubauen, wohingegen es sehr viel größeren Gruppen (z.b. den Arbeitslosen) oft nicht gelingen mag.

Zwar kann man aus diesen Überlegungen ableiten, dass ein wichtiger Schritt hin zu einem politischen System, das die Interessen möglichst vieler Bürger wahrnimmt und vertritt, die Förderung neuer, auch kleiner Verbände sein muss. Ihnen, die im Wettbewerb des Einflusses sonst unterliegen würden, gilt es fraglos unter die Arme zu greifen. Wichtiger aber dürften Überlegungen sein, wie in diesem sinnvollen und notwendigen System der Interessenvertretung Mechanismen etabliert werden können, um das Treffen qualifizierter politischer Entscheidungen auf Grundlage vernünftiger Informationen zu gewährleisten.

Für das konkrete Problem der verzerrten und verzerrenden Einflussnahme gibt es zumindest in der Theorie bereits Instrumente, die relativ einfach zu implementieren wären: „The task of reform is to design institutions that allow and encourage these forms of competition that create rents by creating additional consumer and citizen surpluses, and discourage competition designed to gain and retain existing rents."[30] Dies könnte etwa geschehen, indem man die Entscheidung über marktregulierende Maßnahmen grundsätzlich in die Hände größerer Gremien gibt – die Einflussnahme wird dadurch erschwert und verteuert. Illegitime Einflussnahme (Korruption) wird riskanter. Auch die Zuständigkeit solcher Gremien für mehrere Wirtschaftsbereiche gleichzeitig würde die Durchsetzung von Partikularinteressen erschweren. Von der Gesetzgebung könnten hohe Mehrheitsanforderungen und konsequenter Fraktionszwang bei der Verabschiedung von Regulierungsgesetzen gefordert werden.

Transparenz ist auch hier wiederum das Zauberwort: Findet Lobbyismus hinter verschlossenen Türen statt, so stellt sich bei der Bevölkerung berechtigte Skepsis ein, ob die Wirtschaft oder die NGOs lediglich informieren, oder vielmehr durch verzerrte Information illegitimer Einfluss genommen werden soll. Einige Maßnahmen hierzu liegen auf der Hand: Wer wird zu politischen Entscheidungen gehört? Welche Stimmen zum Thema waren in einer Debatte *nicht* vertreten? Eine stärkere Transparenz der Kommunikation zwischen Lobbyisten und Politik würde beiden Seiten stärkere Glaubwürdigkeit verleihen und Missbrauch verhindern (die Verbindung von Fiskalillusion und dem „concentrated benefits-diffused costs"-Prinzip würde dadurch an Wirksamkeit verlieren). Bessere Informationen über die Kosten von Monopolen und Rent Seeking würden für Politiker die Unterstützung von Rent-Seeking-Bemühungen verteuern – und diejenigen Akteure, deren Reformanstren-

---

[29] Siehe dazu z.B. Olson (1968: 130ff).
[30] Mueller (1989: 244ff).

gungen der Etablierung transparenterer Strukturen gelten, könnten sich des Rückhalts der Bevölkerung gewiss sein.[31]

Wege aus dem Stau: Transparenz-Agenda

Transparenz fördert Partizipation aller, weil sie die Beeinflussung durch wenige erschwert. Eine Handvoll der potenzielllen oder tatsächlichen Quellen von Intransparenz wurde aufgezeigt – es gibt wesentlich mehr. Passende Lösungen zu finden, ist naturgemäß schwieriger. Fasst man allerdings die Summe all der Möglichkeiten zusammen, die einem bei einem ersten Durchdenken der verschiedenen Problemlagen durch den Kopf schießen, so ergibt sich schon ein durchaus beachtlicher Katalog an Maßnahmen, die spontane Linderung bringen könnten. Einige solche Überlegungen wenigstens zum Zusammenhang „Bürger – Staat" (für die anderen Beziehungsgeflechte ist hier nicht der Ort) sollen kurz benannt werden – als Ansporn für die betroffenen Akteure der Bürgergesellschaft, sich das ein oder andere Element herauszugreifen und umzusetzen, gleichzeitig als Aufforderung, über weitere Maßnahmen nachzudenken und weitere Kapitel einer „Transparenz-Agenda" zu schreiben:

Bürgerinformation verbessern: Auf einer sehr grundsätzlichen Ebene ist es elementar, die Bürger besser als bisher über Inhalte und Verfahrensschritte von laufenden und künftigen Gesetzgebungsverfahren und Verwaltungsprozessen zu informieren, ihnen den Zugang zu relevanten Informations- und Gesetzestexten zu erleichtern und zu gewährleisten, dass diese Texte auch auf eine Art und Weise verfasst sind, dass der interessierte Laie sie verstehen kann.[32] Ein wichtiger Schritt in diese Richtung ist die Etablierung von Informationsfreiheitsgesetzen, die das Notwendigste festlegen – nämlich das Recht der Bürger auf diejenigen Informationen, die innerhalb des öffentlichen Sektors ohnehin vorhanden sind.[33] Die laufenden E-Government-Projekte fokussieren noch zu sehr auf die reinen Dienstleistungen der Verwaltung und vernachlässigen die politische Dokumentation – missachtend, dass der größte Dienst am Bürger seine Einbeziehung in die öffentlichen Entscheidungsfindungsprozesse ist.[34] Möglicherweise bedarf es einer unabhängigen Plattform, die

---

[31] Ein Mechanismus, um Lobby-Transparenz zu schaffen, existiert in den USA mit dem Foreign Agent Registration Act (FARA). Laut den FARA-Bestimmungen müssen ausländische Interessensgruppen bzw. ihre amerikanischen Agenten (wie PR-Agenturen oder Filmverleiher) jährliche Berichte über ihre Tätigkeit beim Justizministerium einreichen; vgl. Bussemer (2003).

[32] Die EU setzt sich beispielsweise in ihren „Leitlinien für die redaktionelle Qualität der gemeinschaftlichen Rechtsvorschriften" für die bessere Verständlichkeit ihrer Regelungen ein.

[33] Zum Hintergrund dieser Diskussion sei auf die entsprechende Projekt-Website der Bertelsmann Stiftung verwiesen: www.begix.de/informationsfreiheit.

[34] Mit dem Projekt „Balanced E-Government" möchte die Bertelsmann Stiftung auf die integrale Verschränkung der administrativen und partizipativen Potenziale hinweisen, die sich unter dem Schlagwort „E-Government" versammeln; siehe dazu die Dokumentation des Projektes unter www.begix.de.

diese politischen Bürgerinformationen bündelt und aufbereitet und sich dabei nicht an die Grenzen politischer Zuständigkeiten halten muss, sondern alleine themenorientiert vorgehen kann.

Partizipationsmechanismen schaffen: Auch ein politisch interessierter Bürger hat es heute schwer, sich direkt in die Entscheidungsverfahren einzuschalten. Beteiligungsmöglichkeiten (wie z.b. das Petitionsverfahren) existieren, sind aber nicht bürgerfreundlich ausgestaltet und auch zu wenigen Bürgern bekannt. Es müssen klar definierte Einflussmöglichkeiten geschaffen werden, die möglichst einfach zugänglich sind und aktiv beworben werden. Die neuen Technologien erlauben es, E-Democracy-Angebote zu entwickeln, mit denen die Beteiligungsschwelle deutlich gesenkt werden kann. Dies wird noch viel zu wenig genutzt. Auch eine Erweiterung der Möglichkeiten zur direkten Partizipation sind zumindest bedenkenswert, um bei den Bürgern die mit direkterer Beteiligung verbundene stärkere Motivation zu wecken.

Bürger zur Mitwirkung animieren: Die Bürgergesellschaft bringt für die Bürger Rechte und Pflichten mit sich. Die Möglichkeit zu stärkerem Einfluss bleibt fruchtlos ohne die stärkere Bereitschaft zu persönlichem Engagement. Dies bezieht sich sowohl auf die Beteiligung an öffentlichen Prozessen, aber auch auf die Selbstorganisation ohne direkten staatlichen Bezug. Die dazu nötigen Voraussetzungen (beispielsweise Qualifizierungsangebote, Anerkennungskultur und Bereitstellung von Engagement unterstützender Infrastruktur) sollten gefördert werden. Gleichzeitig müssen aber auch Anreize formuliert werden, beispielsweise durch Angebote, die auch Unterhaltungswert besitzen, oder indem Bürgern die Möglichkeit eingeräumt wird, sich über die Vertretung ihrer Meinungen besonders zu profilieren.

„Geheimsache Politik" aufbrechen: Während des Gesetzgebungsprozesses treffen die Partikularinteressen der Betroffenen mit den Stellungnahmen von Experten zusammen. Die Öffentlichkeit erfährt in der Regel erst spät von den Vorhaben – kaum jemals wird offengelegt, welche Positionen in die dann vorliegenden Texte eingeflossen sind. Bürger und Bürgerinnen brauchen aber klare Informationen, wer wo wie aus welchen Interessen handelt und mit welchen Interessen dies kollidiert. Insbesondere muss transparent werden, wie Lobbyismus mit Gemeinwohlinteressen (Gesundheitsinteressen, Verbraucherinteressen, Jugendschutz, etc.) in Einklang gebracht werden.

„Der gläserne Abgeordnete": Politik würde Glaubwürdigkeit und Akzeptanz zurück gewinnen, wenn den Wählern die Aufgaben und Tätigkeiten der Abgeordneten transparenter gemacht würden. Dazu gehören gebündelte, klar und einfach aufbereitete Informationen über Funktionen und Bezüge, Nebentätigkeiten (und dadurch drohende Interessenkonflikte) sowie Abstimmungsverhalten. Eine Schärfung des Berufsbilds von Politikern könnte der Kommunizierbarkeit der Politiker-Tätigkeit zuträglich sein. Wähler können bislang auch kaum überprüfen, inwieweit ihre politischen Vertreter im Wählersinne handeln – und damit ihre eigene Wahlentscheidung nachträglich überprüfen. Dokumentationsprojekte könnten hier Abhilfe schaffen und auch die Politiker selbst vor dem Vorwurf der Dienstleisterschaft in

Sachen Interessengruppen schützen. Die derzeit oft praktizierte Form des Enthüllungs- und Skandal-Journalismus (skurriler weise ebenfalls unter dem Begriff „gläserner Politiker" betrieben) wird diesem Informationsbedürfnis nicht gerecht.

Polit-ökonomische Reformblockade: Wie entscheiden Politiker? Die polit-ökonomischen Studien der vergangenen Jahrzehnte (v.a. Downs, Niskanen, Buchanan) haben belegt, dass Politiker unter Wiederwahldruck anders agieren als ohne diesen Druck. Die Notwendigkeit zur Wiederwahl (ohne die kein politischer Einfluss genommen werden könnte) führt zu „politischen Konjunkturzyklen", zu populistischen Ad-hoc-Entscheidungen und zur Vermeidung von Reformen, die für bestimmte Wählergruppen schmerzhaft, für die Gesellschaft insgesamt aber von Vorteil wären. Diese Reformblockade ließe sich auflösen, wenn den Wählern deutlicher kommuniziert würde, welche Reformen in ihrer aller Interesse sind und welche nur Partikularinteressen bedienen.

Demokratie- und Medienerziehung: Qualifizierungsprogramme für Politiker und Journalisten können die geschriebenen wie ungeschriebenen Gesetze in der öffentlichen Kommunikation begradigen helfen. Insbesondere an den Kommunikationsschnittstellen zwischen Öffentlichkeit, Politik und Wirtschaft scheint es einen erheblichen Qualifizierungsbedarf zu geben. Der konkrete Nutzen offener und ausgewogener Kommunikation muss benannt werden, denn nur damit kann die Vermutung aufgelöst werden, Geheimnisträger seien die mächtigeren und einflussreicheren Entscheider.

Derartige Ansätze sind keine Allheilmittel – jeder für sich genommen wird nichts bewirken. Entscheidend ist, dass ein gesamtgesellschaftlicher Bewusstseinswandel in die Wege geleitet wird. In ein Großprojekt „Transparenz Fördern" müssen sich viele Projekte unterschiedlichster Akteure einfügen; und exakt dies – die Beteiligung möglichst vieler gesellschaftlicher Gruppen – ist es, was letztlich der Erfolgsfaktor auf dem Weg zu qualifizierter Bürger-Partizipation sein wird.

Notwendig für das Anstoßen von Reformen ist zunächst, exakt zu benennen, was es für eine Institution, einen Akteur bedeutet, „transparent" zu sein bzw. zu agieren. Diese Aufgabe ist ebenso wenig trivial wie kurzfristig zu leisten. Soll das Transparenz-Gebaren einer bestimmten Institution entweder von außen evaluierbar oder im Sinne einer Selbstverpflichtung nach innen kommunizierbar sein, so bedarf es sehr konkreter Transparenz-Indikatoren, die den abstrakten Transparenz-Begriff in all seinen Facetten mit Leben füllen. Diese Mühe sollte aber nicht gescheut werden. Anhand solcher Indikatoren kann auch konkret gezeigt werden, welchen unmittelbaren Nutzen Transparenz für die Arbeit von politischen und administrativen Entscheidern haben kann. Nur wenn es gelingt, dergestalt die Vorteile der Transparenz zu formulieren, wird es einer Transparenz-Allianz aus Politik, Verwaltung, NGOs und Bürgern gelingen können, die systemimmanenten Reformhindernisse zu überwinden. Die Motivation hierfür müsste allen klar sein. Wie oben bereits geschrieben, gilt: Ohne Transparenz gibt es keine qualifizierte Partizipation. Ohne diese aber gibt es keine Legitimität staatlichen Handelns.

Literatur

Andel, Norbert, 1992: *Finanzwissenschaft*, 3. Auflage, Tübingen.
Arnim, Hans Herbert von, 1977: *Gemeinwohl und Gruppeninteressen*, Frankfurt/Main.
Balkin, Jack M., 1999: „How Mass Media Simulate Political Transparency", *Cultural Values*, 3 (4), S, 393-413.
Becker, Gary S., 1983: „A Theory of Competition among Pressure Groups for Political Influence", in: *The Quarterly Journal of Economics*, Vol. XCVII (3), S. 371 - 400.
Bernholz, Peter, 1969: „Einfluß der Verbände auf die politische Willensbildung in der Demokratie", in: *Kyklos*, Vol. 22, S. 276 - 287.
Bertelsmann Stiftung, 2003: *Informationsfreiheit und der transparente Staat*, Gütersloh [Download: www.begix.de]
DBResearch, 2003: *NGOs – Von Unruhestiftern zu akzeptierten Partnern?*, Frankfurt/Main [http://www.dbresearch.de/PROD/999/PROD0000000000054152.pdf; 08/03]
Buchanan, James M., 1987: „Constitutional Economics", in: Eatwell, J./Milgate, M./Newman, P. (Hrsg.), *The New Palgrave – A Dictionary of Economics*, Band I, London, S. 585 - 588.
Buchanan, James M., 1990: „The Domain of Constitutional Political Economics", in: *Constitutional Political Economy*, Vol. 1 (1), S. 1 - 18.
Bussemer, Thymian, 2003: Propagandaforschung. Politische Kommunikation und soziale Kontrolle im 20. Jahrhundert, unveröffentlichtes Manuskript, Berlin.
Downs, Anthony, 1968: Ökonomische Theorie der Demokratie, Tübingen.
Curtin, Deirdre M. (1999), „Transparency and Political Participation in EU Governance: A Role for Civil Society?", *Cultural Values*, 3 (4), S. 445-471.
Eggertsson, Thráinn, 1990: *Economic Behavior and Institutions*, Cambridge.
Finel, Bernard I. und Kristin M. Lord, 2000: *Power and Conflict in the Age of Transparency*, London.
Florini, Ann M., 1999: „Does the Invisible Hand Need a Transparent Glove? The Politics of Transparency", *Annual World Bank Conference on Development Economics*, Washington, S. 163-184.
Forndran, Erhard, 1983: „Interessenvermittlung und internationale Beziehungen. Zur Relevanz von Neokorporatismus in der internationalen Politik", in: Alemann, von/Forndran, *Interessenvermittlung und Politik*, Opladen, S. 143 - 176.
Frey, Bruno S., 1988: „Ökonomische Theorie der Politik", in: W. Albers (Hrsg.), *Handwörterbuch der Wirtschaftswissenschaften*, Band 5, Stuttgart/Tübingen/Göttingen, S. 658-667.
Hart, Thomas, 1997: *Neue Politische Ökonomie – Eine Systematisierung außermarktlicher Ökonomik*, 2. Aufl., Nürnberg: Verlag GFF.
Hradil, Stefan, 1999: *Soziale Ungleichheit in Deutschland*, Opladen.
Hume, David, 1984: *Eine Untersuchung über die Prinzipien der Moral*, Stuttgart.
Kirchgässner, Gebhard, 1991: *Homo Oeconomicus*, Tübingen.
Kirsch, Guy, 1993: *Neue Politische Ökonomie*, 3. Auflage, Düsseldorf.
Krueger, Anne Osborne, 1980: „The Political Economy of the Rent-Seeking Society", in: Buchanan, James M./Tollison, R.D./Tullock, Gordon (1980), *Toward a Theory of the Rent Seeking Society*, College Station, S. 51 - 70.
Liefmann-Keil, E., 1979: „Zur Aktivität der Interessenverbände", in: W. Pommerehne/B.S. Frey, *Ökonomische Theorie der Politik*, Berlin, S. 320 - 346.

Mueller, Dennis C./Murrell, Peter, 1985: „Interest Groups and the Political Economy of Government Size", in: F. Forte/A. Peacock, *Public Expenditure and Government Growth*, Oxford/New York, S. 13 - 36.
North, Douglass C., 1992: Institutionen, institutioneller Wandel und Wirtschaftsleistung, Tübingen.
Olson, Mancur, 1968: *Die Logik des kollektiven Handelns*, Tübingen.
Olson, Mancur,1985: *Aufstieg und Niedergang von Nationen*, Tübingen.
Posner, Richard A., 1975: „The Social Cost of Monopoly and Regulation", in: *Journal of Political Economy*, Vol. 83 (4), S. 807 - 827.
Reisman, David, 1990: *Theories of Collective Action*, Houndsmills/London.
Scully, Gerald W., 1994: „Rent-Seeking: A trivial or serious Problem? A reply", in: *Public Choice*, Vol. 78, S. 193 - 195.
Stiglitz, Joseph E., 1998: „Distinguished Lecture on Economics in Government: The Private Uses of Public Interest: Incentives and Institutions", *Journal of Economic Perspectives*, 12 (2), S. 3-32.
Tollison, Robert D., 1982: „Rent Seeking: a survey", in: *Kyklos*, Vol. 35, S. 575 - 602.
Tullock, Gordon, 1988: „Rents and Rent-Seeking", in: Ch.K. Rowley/R.D. Tollison/G. Tullock (Hrsg.), *The Political Economy of Rent-Seeking*, Boston, S. 51 - 62.

„Getrennt marschieren, vereint schlagen".
Lobbyismus in Berlin. Zwischen Mythos und Realität

Interview mit *Wolf-Dieter Zumpfort* (TUI und Vorsitzender der Lobbyvereinigung „Collegium" bis 2003)

Leif: Was kann ein sehr guter Lobbyist aus Ihrer Sicht bewirken?

Zumpfort: Der Lobbyist hat das Ziel, die Rahmenbedingungen, die die Politik setzt, für das eigene Unternehmen so zu verändern, dass die Unternehmensaktivitäten durch diese politische Einflussnahme am wenigsten berührt werden. Was man erreichen kann, hängt von dem Ziel und von den Möglichkeiten zur Durchsetzung ab. Ein Lobbyist kann in der Regel alleine kein einzelnes Gesetz durchgängig beeinflussen. Zur Lobbyarbeit gehört nicht nur ein Firmeninteresse. Das Ergebnis muss auch im gesamtwirtschaftlichen und gesamtverbandlichen Interesse sein. Das heißt, zu einer Firma kommt in der Regel immer auch ein Verband dazu. Vor diesem Hintergrund wird ein Lobbyist unter dem Motto „getrennt marschieren, vereint schlagen" nur im Verbund mit Verbänden erfolgreich sein. Zusammen mit Verbänden bilden die Lobbyisten eine wirkungsvolle Struktur, um politische Entscheidungsträger dazu zu bringen, bei ihren Entscheidungen das Interesse der Wirtschaft und einzelner Firmen nicht zu vergessen. Nur ganz große Firmen, wie Volkswagen, die agieren alleine als Firma und genießen dabei ganz spezielle politische Behandlung aufgrund des glücklichen Umstandes, dass der Bundeskanzler im Aufsichtsrat gesessen hat. Ganz allgemein gesprochen, bedarf es für einen Lobbyisten immer einer Vielzahl von Kontakten, einer ganzen Entscheidungskette, und einem großen Netzwerk und vielen Verbündeten, um etwas durchzusetzen.

Leif: Haben Sie bewusst defensiv formuliert, dass es darum geht Dinge zu verhindern, die vielleicht schädlich für den wirtschaftlichen Ablauf sind?

Zumpfort: In der Regel reagieren wir auf politische Entscheidungen, die getroffen werden sollen oder gefallen sind. Da geht es im Prinzip ums Verhindern von Auswirkungen, die negativ für eine Firma sein können.

Leif: Stimmt es, dass man als guter Lobbyist schon früh informiert sein muss, welche Entwürfe in den Ministerien kursieren, um bereits in der Vorphase agieren zu können?

Zumpfort: Natürlich, es beginnt damit, dass man sich die Programme der Parteien und die Koalitionsabsprache anschaut. Dann weiß man schon, in welche politische Richtung der Zug fährt und welche politischen Initiativen getroffen werden. Die

Akteure im politischen Spielfeld sind das Parlament, die Regierung, der Bundesrat und auch die Europäische Union. Wir haben als Lobbyisten mindestens diese vier Initiatoren zu beobachten. Da muss man einfach frühzeitig auf dem Markt sein und wissen, was da kommt. Und insofern arbeiten wir auch im Vorfeld, bevor etwas in der Öffentlichkeit bekannt ist. Deswegen schließen sich auch die Lobbyisten zusammen, um solche Vorfeldinformationen im kleinen Kreis vorher abzuklären, um sich gegenseitig den Informationshorizont zu erweitern, weil man natürlich allein selten alles mitbekommen kann.

Leif: Wie funktioniert das? Sind die einzelnen Unternehmensrepräsentanten Konkurrenten auf dem Markt?

Zumpfort: Die Firmen einer Branche sind Konkurrenten nur auf dem Markt beim Kunden. Aber beim Lobbying, zum Beispiel bei der Erhöhung der Dienstwagenbesteuerung, agieren die einzelnen Unternehmen gegenüber der Politik in Kooperation. Man spricht sich auch dafür untereinander ab. Das hat den Vorteil, dass man weiß, was der andere macht, um in den Punkten, wo der andere etwas nicht macht, sich zu ergänzen. Insofern entwickelt sich eine vereinte Strategie, werden aus Konkurrenten Mitspieler.

Leif: Was nutzt Ihnen die Kooperation mit den Kollegen?

Zumpfort: Ein Beispiel: Man weiß von einem Kollegen, welchen speziellen Zugang er zur Politik hat. In dem Fall, wo die eigenen Möglichkeiten eingeschränkt sind, kann man versuchen, über den Kollegen an den Zugang heranzukommen. Deswegen haben wir ja gerade das „Collegium" gegründet, um sich untereinander zu helfen, weil die Materie mittlerweile so kompliziert, so vielfältig und vielschichtig geworden ist.

Leif: Und dieser kooperative Austausch wird auch praktiziert, das funktioniert?

Zumpfort: Das funktioniert. Das beginnt schon mit der Selbstorganisation, dass wir uns als Collegium zusammenschließen. Wir stellen damit eine geballte Lobbymacht dar, der sich keiner, angefangen vom Minister über den parlamentarischen Staatssekretär, über den Abteilungsleiter, verweigern kann. Wen wir einladen vorzutragen, der kommt auch. Zuerst hält der Gast einen Vortrag und darauf folgt eine Diskussion ohne Block und Bleistift. Und wenn man hinterher am Ende dieser Veranstaltung auf den Gast zugeht, kann man Firmenanliegen vortragen. Der Gast wird schon sagen, wenden Sie sich an den oder den in meinem Hause und beziehen Sie sich auf die heutige Veranstaltung und damit hat man einen Einstieg für das Lobbying gefunden. Darin besteht der Charme des Collegiums.

Leif: Die einzelnen Lobbyisten, wenn Sie erfolgreich sind, sind doch Individualisten und Einzelkämpfer, weil sich ihre Leistungsqualität auf ihre Netzwerke bezieht, auf ihren eigenen Informationszugang. Welche Rolle spielen dann Lobby-Kreise?

Zumpfort: Die Lobbybüros sind unterschiedlich konstruiert. Wenn Sie sich große Unternehmen wie z. B. Daimler-Chrysler oder E.ON anschauen, haben die einen großen Apparat mit einem Cheflobbyisten an der Spitze, der nicht in Berlin sitzt und in der Regel nur „Di-Mi-Do" da ist. Unter ihm arbeiten fachverantwortliche Lobbyisten, die für bestimmte Bereiche oder Themen direkt zuständig sind: für eine bestimmte Partei, für Ausfuhrgenehmigungen und so weiter. Vor diesem Hintergrund gibt es bei den großen Unternehmen immer mehrere Akteure mit abgestimmtem Verhalten, also einen großen Apparat, wo viele Verbindungen von einzelnen Personen aufrecht gehalten werden. Als Einzelkämpfer agieren die wenigsten. Ich bin zwar alleine und ohne Assistent hier in Berlin, das ist schon richtig. Aber ich hole mir die Expertise aus dem Unternehmen und bringe die Fachleute aus meinem Unternehmen hier in die Hauptstadt, wenn es dann um Details geht. Ich kann deshalb hier vor Ort Einzelkämpfer sein, weil ich aus der Politik komme. Ich kenne die Entscheidungskanäle, die Entscheidungsträger und die Entscheidungsstufen in der Bundes- und Europapolitik und weiß direkt, wo ich mich hinwenden kann. Was konkret die Lobbytätigkeit eines Hauses, einer Firma angeht, die spielt sich nicht im Collegium ab, das ist ganz klar. Das Collegium bietet nur eine zusätzliche Chance, ein Netzwerk zu verfestigen, zu verbessern und zusätzlich Leute im Bereich der Politik kennenzulernen. Und es bietet die Chance, untereinander Informationen, die man nicht auf dem öffentlichen Markt bekommt, auszutauschen. Daneben gibt es natürlich noch andere Lobbyvereinigungen, in der Regel kleinere Kreise, wie die Frühstücksrunde oder den Adlerkreis. Da wird mehr im Detail gesprochen.

Leif: Was heißt das detaillierter?

Zumpfort: Da wird intensiver und offener diskutiert. Die Kreise sind auch so ausgewählt, dass man sich gegenseitig vertrauen kann. Das ist wie kommunizierende Röhren. Was der eine weiß, bekommt der andere mit.

Leif: Und spielt da die private Ebene eine große Rolle?

Zumpfort: Das entwickelt sich manchmal, das ist klar. Wie bei einer Zwiebel gibt es innere und äußere Ringe. Und so gibt es auch im Bereich des Lobbying zwischen den Politikern und den Ministerialbeamten und Lobbyisten so etwas wie Bekanntschaften und vielleicht bilden sich darüber auch persönliche Freundschaften.

Leif: Wie würden Sie Professionalität in Ihrem Gewerbe beschreiben, was sind für Sie die wichtigsten handwerklichen Fähigkeiten?

Zumpfort: Professionalität im Lobbying zeichnet sich durch Zuverlässigkeit und Werthaltigkeit der Information, absolute Vertraulichkeit oder Verschwiegenheit und Seriosität im Umgang mit den Partnern aus. Dazu gehört auch, dass man das Lobbying nicht diskreditiert durch ein zu großes Maß an Geschenken oder Zuwendungen. Ich würde nie mit einem Beamten ins „Margaux" gehen, aber ins „Borchardt" kann ich mit ihm jeder Zeit einkehren. Verstehen Sie, es gehört auch ein gewisser Stil und eine gewisse Seriosität dazu. Und das zeichnet gute Lobbyisten aus. Wir in unserem Collegium nehmen ganz bewusst darauf Bezug, in dem wir nur neue Kollegen aufnehmen, die man schon an anderen Orten kennengelernt und mit denen man schon vorher einmal gesprochen hat. Vor der Aufnahme in unsere Runde werden zudem zwei Mitglieder des Collegiums gebeten, sich mit dem oder der Kandidat/in zu unterhalten, um zu schauen, ob er oder sie zu uns passt. Da gehört auch eine menschliche Komponente dazu.

Leif: Das heißt einen sogenannten „Hau-Ruck-Typ" würden Sie eher nicht akzeptieren?

Zumpfort: Genau.

Leif: Gibt es die denn im Gewerbe?

Zumpfort: Ja.

Leif: Und sind diese Leute trotzdem erfolgreich?

Zumpfort: Langfristig nicht.

Leif: Kurzfristig ja?

Zumpfort: Wenn die, (zögert) wenn die Schaden anrichten, auch dann nicht.

Leif: Kann man aus Ihrer Beschreibung ablesen, dass ein guter Lobbyist ähnliche Tugenden hat wie ein guter Abteilungsleiter aus einem Ministerium? Ist da eine Seelenverwandschaft in der Denk- und Arbeitsweise festzustellen?

Zumpfort: Mit Sicherheit. Die Mehrzahl der Lobbyisten kommt ja aus der Hierarchie eines Unternehmens. Das heißt, das sind gestandene Leute, die in dem Unternehmen mindestens auf der Ebene Abteilungsleiter oder Direktor angesiedelt sind. Manchmal sind das auch Generalbevollmächtigte, mit Zugehörigkeit zum Vorstand. Viele Lobbyisten kommen aber auch aus der Verwaltung bzw. aus der Politik: also ehemalige Abgeordnete wie ich oder ehemalige Leiter von Landesvertretungen wie früher der Kollege Doppler von ABB, der Mecklenburg-Vorpommern geleitet hat oder wie früher der Kollege Neukirchen von BMW, der Rheinland-Pfalz geleitet hat. Also gestandene Ministerialbeamte.

Leif: Die Frage der Mentalitäten?

Zumpfort: Auch von der Mentalität her ist man verwandt. Man versteht sich, man kennt sich. Sonst ist man in dem Lobbybereich verloren. Also, ich würde niemandem raten, als Berufsanfänger in das Lobbying zu gehen. Das bringt überhaupt nichts.

Leif: Wie ist das mit der Akzeptanz in den Zentralen. Hat man dort Verständnis für die spezifischen Arbeitsbedingungen hier?

Zumpfort: Es gibt eine generelle Erfahrung, die Lobbyisten machen: In den Zentralen herrscht nicht selten Unverständnis über und Unzufriedenheit mit der großen Politik. Es gibt zuwenig Personen in den Vorständen, die Kenntnis darüber haben, wie die politischen Entscheidungsvorgänge überhaupt laufen und welchen Wert eine bestimmte Lobby-Information hat. Und vor diesem Hintergrund kann es manchmal vorkommen, dass man als Lobbyist erst mit einer Lobbyaktion beauftragt wird,

Interview: Lobbyismus in Berlin. Zwischen Mythos und Realität 89

wenn das Kind schon in den Brunnen gefallen ist, also eine politische Entscheidung, vor der man gewarnt hat, schon getroffen worden ist.

Leif: Wie wirkt Lobbying nach innen?

Zumpfort: Es macht aus dem eben Gesagten Sinn, Lobbying auch in der eigenen Firma zu betreiben. Es macht Sinn zu berichten. Allerdings halte ich nichts von regelmäßigen, z. B. monatlichen Berichten, das wird dann auf Wiedervorlage gelegt und später nicht mehr gelesen. Man muss thematisch vorgehen, die Inhalte verfolgen in einer Art Monitoring und dann in die Firma an den dortigen Entscheidungsträger herangehen, wenn es aktuell ist, z.b.: „Jetzt ist der Punkt, wo Sie wissen müssen, da passiert das und das und Sie müssen jetzt reagieren. Dazu würde ich Ihnen vorschlagen... etc." Das nenne ich Lobbying nach innen.

Leif: Es scheint ja eine gewisse Mode zu sein, ehemalige Minister oder Landesminister, sogar auch Bundesminister einzuführen. Halten Sie das für erfolgreich oder ist das eine Marotte?

Zumpfort: Die Frage suggeriert, dass es eigentlich nur auf das politische Standing, das man früher gehabt hat, ankommt, wenn man Erfolg haben will. Dabei vergisst man meist, dass Lobbying eine seriöse Tätigkeit ist, die kontinuierliches Arbeiten mit vernünftigen Arbeitsstrukturen, sowie Verlässlichkeit und Werthaltigkeit der Information erfordert. Das heißt, ein ehemaliger Minister oder ein ehemaliger Staatssekretär muss lernen, dass er als Lobbyist die ganze Hierarchie bedienen muss. Er muss den ganzen Weg über den Referenten, über den Referatsleiter, den Unterabteilungsleiter und den Abteilungsleiter gehen, wenn er Erfolg haben will. Er kann also nicht nur oben einsteigen und sagen „hoppla, jetzt komm ich für diese Firma, nun macht mal". Das sind irrige Vorstellungen.

Leif: Es klingt heraus, dass der Griff zu den Ex-Ministern nicht unbedingt die effizienteste Personalauswahl ist.

Zumpfort: Es kann effizient sein, wenn die betreffende Person weiß, wie man arbeiten muss.

Leif: Was halten Sie davon, für einzelne Parteiströmungen etwa in der Regierung, auch einzelne parteinahe Lobbyisten zu nehmen. Ist das sinnvoll?

Zumpfort: Es ist generell von Vorteil, wenn man den politischen Betrieb kennt oder aus diesem Feld kommt. Aber ein guter Lobbyist muss Kontakt zu allen Parteien haben, zu allen Fraktionen. Denn die Parteien, die jetzt in der Regierung sind, könnten ja wieder Opposition werden und umgekehrt, aus Oppositionsparteien wird die nächste Regierung gebildet. Aber es ist natürlich gut, wenn ein direkter Zugang zur Regierungspartei besteht. Langfristig spielt aber nicht die Zugehörigkeit zu einer Partei eine Rolle, sondern es kommt auf die Firma an, die man vertritt.

Leif: Wie schätzen Sie die Effizienz des Einflusses von Lobbypolitik hier in Berlin ein?

Zumpfort: Also, wie war das bei der Dienstwagenbesteuerung? Die stand ganz oben auf der Regierungsagenda. Und die vereinte Lobby von Verbänden sowie den Automobilherstellern und deren Lobbyisten haben dieses Projekt versenkt. Die Effizienz ist eigentlich gut.

Leif: Wenn Sie das mit der Wirkung von Ausschussarbeit, einem Fachausschuss vergleichen. Ist eine Lobbyorganisation effizienter und erfolgreicher als ein Ausschuss?

Zumpfort: Der Politiker muss immer verschiedene Interessen abwägen. Nicht nur das Firmen- und Verbandsinteresse, sondern er hat ja auch das Parteiinteresse, das Interesse seines Wahlkreises und das gesamtwirtschaftliche Interesse zu berücksichtigen. Und vor diesem Hintergrund hat der Lobbyist es einfacher, weil er mit einem einzelnen, polarisierenden Anliegen kommt und zu dem Politiker sagt „das will ich haben". Während der Politiker sagt, „Das ist ja ganz schön,... aber ich muss die Finanzierung beachten oder auch die Meinung des Koalitionspartners sehen". Der Politiker bekommt viele Wünsche vorgetragen und muss gewichten. Die Ausschussarbeit ist also differenzierter als die Lobbyarbeit zu sehen, in dem Sinne, dass der Bundestagsabgeordnete viel mehr Interessen unter einen Hut bringen muss.

Leif: Welche Typen begegnen Ihnen in den verschiedenen Lobbyzirkeln?

Zumpfort: Es gibt kein Berufsbild für den Lobbyisten, insofern kann man auch den Lobbyisten als Typ nicht festschreiben. Es hängt eigentlich von der Persönlichkeit eines Lobbyisten ab, ob und wie er in der Lage ist, in diesem vielfältigen Geflecht von Parteien, Fraktionen, Regierung und Ministerien Zugang zu finden. Die Seriosität spielt eine große Rolle. Es gibt besonders nach Regierungswechseln oder Wahlen immer wieder ehemalige Parlamentarier oder ehemalige Ministerialbeamte, die bestimmte Kenntnisse oder Beziehungen haben, die sie dann als freie Consultants oder direkt in Firmen oder Verbänden einzubringen versuchen.

Leif: Gibt es eine Abstufung, was besonders effizient ist und was nicht?

Zumpfort: Das kann ich nur im Einzelfall sagen, aber nicht generell. Ich würde sagen, Lobbying gehört zum politischen Betrieb und wenn es gut gemacht ist, ist es effizient.

Leif: Was ist Ihr Instrumentarium, welches Mittel halten Sie für das effizienteste?

Zumpfort: Die eigentliche Lobbyarbeit besteht aus Information und Kommunikation. Information heißt, regelmäßig die politischen Entscheidungsträger im Parlament, in den Ministerien und in der Regierung auf dem Laufenden zu halten, was die eigene Firma tut, und umgekehrt, die Firma informieren, was sich in der Politik tut. Kommunikation versteht sich von selbst.

Leif: Gespräche, Gespräche und wieder Gespräche?

Zumpfort: Das Wichtigste ist, Themen-Monitoring zu betreiben. Im übergeordneten Sinne bedeutet das, nachhaltigen Informationsservice zu leisten. Das zweite ist die Kommunikation. Zum einen betreibt man die Kommunikation um Informationen zu bekommen und zu sichern. Zum anderen bringt man verantwortliche Personen zusammen. Das heißt, ich vernetze die Entscheidungsebene aus meinem Unternehmen mit den Fachleuten und Entscheidungsträgern aus den Ministerien.

Leif: Können Sie den Befund bestätigen, dass die Ministerialbürokratie politisch sehr mächtig ist?

Zumpfort: Der Satz: „Politiker kommen und gehen, Beamte bleiben bestehen", gilt natürlich! Und für die Lobbyisten gilt das auch. Vor diesem Hintergrund gibt es langfristige Strukturen im Lobbying genauso wie langfristige Strukturen im Beamtenapparat. In einer Lobbyistenkarriere, ich mache das jetzt 14 Jahre, begegnet man denselben Leuten immer wieder. Die Beamten, die in Bonn waren, sind jetzt in Berlin. Insbesondere weil die Versetzungshäufigkeit in den Ministerien nicht sehr groß ist, trifft man seine Kollegen auf der anderen Seite an derselben Stelle immer wieder.

Leif: Wird die Macht der Ministerialbürokratie öffentlich ausreichend wahrgenommen?

Zumpfort: Deutschland ist mittlerweile zu einem sklerotischen Staat geworden. Zunehmend unklarere Kompetenzabgrenzungen zwischen Bund und Ländern führen zum Stillstand von Bewegung und zur Selbstblockade. Wir sind eigentlich ein Verhinderungsstaat. Die Bürokratie der Länder und die Bürokratie des Bundes arbeiten nach dem Motto „wir wollen beteiligt sein und wenn ihr uns nicht mitentscheiden lasst, können wir euch jederzeit blockieren". Von daher ist ein Teil der ungelösten Strukturprobleme auch mit einem zu großen Verwaltungsapparat auf allen Ebenen, der von seinen Rechten und seinen Kompetenzen nichts abgeben will, zu erklären.

Leif: Und wie sehen Sie die Möglichkeiten als Lobbygruppe, Einfluss gegen diese Tendenzen zu nehmen?

Zumpfort: Als Lobbyist habe ich praktisch keinen Einfluss darauf. Dazu müsste ich selber in die Politik gehen und parlamentarische Arbeit machen, müsste so versuchen, den Staat in seinen Aufgaben zu beschränken, die Schnittstellen zwischen Wirtschaft und Staat zu Gunsten der Wirtschaft zu verbessern; Subventionen und Bürokratie abbauen. Ich als Lobbyist gehe von den vorhandenen Rahmenbedingungen aus, versuche dann innerhalb dieser Bedingungen die Interessen meines Unternehmens zu vertreten.

Leif: Frau Yzer sagte, viele Lobbyisten würden sich überschätzen, viele würden sich als Politiker fühlen?

Zumpfort: Ich maße mir nicht an, als Einzelner ein Gesetz verändern zu können. Und ich maße mir auch nicht an, die Politik bestimmen zu können. Ich weiß, dass ich ein Teil im gesellschaftlichen Gefüge bin. Und nur in einem Netzwerk und auch in der Anbindung an einen Verband kann man als Firmenlobbyist eigentlich etwas bewirken.

Leif: Aber in der allgemeinen Literatur liest man doch, dass die Verbände immer schwächer werden. Sogar im Arbeitgeberlager gibt es ja beachtliche Spannungen.

Zumpfort: Verbände haben unter einem Nenner die Pflicht, für ihre Mitglieder eine gemeinsame Verbandsmeinung zu bilden, vielfältige Firmeninteressen zu strukturieren. Meistens ist das der kleinste gemeinsame Nenner. Während ich als Firmenlobbyist ja mein themenspezifisches Einzelinteresse direkt vortragen kann, muss der Verband das gewogene Interesse aller Mitglieder gegenüber der Politik vorbringen. Verbände haben auch etwas Beharrendes und manchmal schreitet die Veränderung der Struktur einer Gesellschaft, z.B. von der Industriegesellschaft hin zur Dienstleistungsgesellschaft, schneller voran, als die Verbände in ihrer Organisationsstruktur und mit ihrem Serviceangebot für die Mitglieder darauf reagieren. Der BDI, der Dachverband der Deutschen Wirtschaft, hat diesen Strukturwandel hervorragend gemeistert. Er ist dadurch noch stärker geworden.

Leif: Wie sehen Sie die umgekehrte Lage in der Politik? Wie offen ist die Politik gegenüber dem Lobbyismus. Gibt es da Ressentiments oder werden Sie als Partner akzeptiert?

Zumpfort: Dadurch, dass der Lobbyismus kein festes Berufsbild hat und auch sehr stark mit Vorurteilen zu kämpfen hat, muss er sich immer wieder neu positiv beweisen. Aber grundsätzlich ist im deutschen politischen System der Lobbyismus von Verbänden oder Firmen akzeptiert.

Leif: Sie sind zufrieden mit dem Level der Akzeptanz auf der Seite der Politik?

Zumpfort: Es gibt keine Ablehnung. Ich glaube, im System der Bundesrepublik Deutschland wird der Lobbyismus mittlerweile als eine vernünftige Informations- und Kommunikationseinrichtung zur Verbesserung der politischen Entscheidungsfindung akzeptiert.

Leif: Wird die Lobby-Macht in Deutschland realistisch wahrgenommen?

Zumpfort: Lobbyismus wird in der Presse meistens negativ überzeichnet.

Leif: Nicht überschätzt?

Zumpfort: Nicht überschätzt. Lobbyisten haben in der Bundesrepublik Deutschland ein entscheidendes Wort mitzureden.

Leif: Können Sie das noch präzisieren, was die Machtbasis, die Einflusschancen angeht?

Zumpfort: Ich glaube, die Lobbyismusaktivitäten haben in Berlin insgesamt zugenommen. Mit dem Umzug nach Berlin ist die Zahl der Firmen, die hier mit einem Lobbybüro tätig werden, sowie die Zahl der Verbände gestiegen. Die Verbände, die früher in Köln, Düsseldorf oder in Frankfurt gesessen haben, haben erkannt, dass man nicht mehr wie früher mal eben mit dem Auto nach Bonn reisen und nach zwei Stunden Tätigkeit wieder in die Zentrale zurückkehren kann. Berlin ist zu weit entfernt, um präsent sein zu können. Vor diesem Hintergrund hat die Zahl der Hauptverbände, der Firmenlobbyisten, der Consultants, die hier in Berlin ihren Sitz haben, zugenommen – und damit auch deren Aktivitäten. Außerdem hat sich ein Teil der Politik zunehmend in graue Entscheidungsbereiche verlagert, die nicht mehr so einsehbar sind. Die Entscheidungen, die im Bundestag gefällt werden, sind ja nur der letzte Rest dieses Prozesses. Aber die vorgelagerten Entscheidungsbereiche, wie z.B. der „Runde Tisch" des Kanzlers oder die Hartz-Kommission, sind die wichtigeren. Dort hat der Lobbyismus mehr Einfluss gewonnen.

Leif: Diese grauen Bereiche, was meinen Sie damit? Informelle Runden?

Zumpfort: In den Kommissionen oder vorparlamentarischen Runden werden schon im einzelnen Gesetzesvorschläge oder politische Inhalte erarbeitet. Da ist eine Regierungsfraktion dann plötzlich nicht mehr frei in ihrer Entscheidung, sondern festgelegt nach dem Motto „da hat sich der Runde Tisch, schon festgelegt" oder „das muss von der Hartz-Kommission" übernommen werden". Die Gesetzentwürfe heißen ja auch z.B. „Hartz II" usw.

Leif: Das heißt, der Trend zur Informalisierung der Politik nutzt Ihnen? Spielt auch Geld eine Rolle?

Zumpfort: Man kann einen Trend feststellen: Die Erwartungen an die Unternehmen und daher die Zahl der Anfragen an die Unternehmen etwas zu sponsern hat zugenommen. Ein Ministerium will ein Sommerfest veranstalten, ist aber nicht in der Lage, das aus eigenen Mitteln zu finanzieren. Dann sollen die Firmen oder Verbände diesen finanziellen Engpass ausbügeln. Daraus resultiert aber keine Abhängigkeit eines Ministeriums von der Wirtschaft, weil dass Sponsoring ja öffentlich und damit objektivierbar ist. Ich denke, dass so spektakuläre Fälle wie Flick nur ein Einzelfall sind und sich nicht wiederholen. Sie bestimmen nicht das generelle, tägliche Geschäft des Lobbyismus.

Leif: Informationen kaufen, etwa von der Ministerialbürokratie, ist durchaus möglich?

Zumpfort: Nein. Kann ich mir nicht vorstellen.

Leif: Man hört gelegentlich, dass es für Mitarbeiter in Parlamentarischen Ausschüssen Zuarbeiten gibt, wie Reden schreiben und Expertisen liefern. Ist das ein Mythos oder ist das Realität?

Zumpfort: Nein, Reden schreibe ich für andere nicht. Firmenexpertisen liefere ich gerne, wenn sie als Sachinformationen nachgefragt werden.

Leif: Auch nicht im Sinne eines Tauschgeschäftes?

Zumpfort: Das ist noch die alte Unterstellung, sozusagen ein Geben und Nehmen im Sinne von „du schreibst die Rede, und ich treffe eine positive Entscheidung". Das ist ja mittlerweile objektivierbar geworden. Fast jede Rede, die irgendwo gehalten wird, ist vervielfältigt oder ins Internet gesetzt. Und daraus kann man abkupfern. Außerdem gibt es Institutionen, die Reden anbieten wie professionelle Redenschreiber.

Der Markt ist offen und es sind nur schwache Leute, die sich so etwas anbieten lassen.

Leif: Es gibt also nur den professionellen Austausch.

Zumpfort: Ja, es gibt einen professionellen Austausch. Das heißt, wenn ich zu einem Thema einen Vortrag halten oder für meinen Chef eine Rede schreiben oder Informationen haben muss, dann frage ich zuerst bei den Verbänden nach. Die haben in der Regel große Archive. Und ich recherchiere im Internet, bei der Regierung, den Parteien und den Parlamentariern. Und ich kenne Leute in der Ministerialbürokratie, die mir sagen, was die Minister zu welchen Themen erklärt haben. Umgekehrt wenden sich Politiker oder Beamte ganz offen an uns, wenn sie Informationen aus dem Unternehmen brauchen.

Leif: Das heißt im Grunde 90 Prozent aller Informationen sind ganz konventionell zugänglich.

Zumpfort: Ganz konventionell. Es kommt auf das Know-how an bei der Informationsbeschaffung und Informationsvernetzung, beim Themenmonitoring und der Kommunikation. Das Verfahren ist objektivierbar, professionell.

Leif: Die besondere Qualifikation besteht also darin, die Informationen zu verdichten und sie vernünftig an die richtigen Leuten zu kommunizieren.

Zumpfort: Die besondere Qualifikation besteht darin, den politischen Instinkt für Informationsgewinnung zu haben, wann welche Entscheidung getroffen wird. Es kommt ebenso darauf an, die Kenntnis von politischen Prozessen zu haben, an welcher Stelle der Hierarchie man ansetzen muss, um diese Entscheidungen mit Informationen zu beeinflussen.

Leif: Das ist doch spezielles „Know-how", das Sie doch wohl ungern an andere Leute in Ihrem Kreis weitergeben wollen?

Zumpfort: Ich gebe das ja auch selten weiter.

Leif: Setzen Sie Medien auch schon mal ein, um bestimmte Informationen zu platzieren, um Druck zu machen?

Zumpfort: Ein Pressesprecher spricht laut, ein Lobbyist leise. Wir machen am liebsten Arbeit ohne die Öffentlichkeit. Pressearbeit ist im Unternehmen aber nicht bei mir angesiedelt. Also, ich bin im übrigen sehr skeptisch gegenüber Ihrer Druckthese, weil ich davon ausgehe, dass die Mehrzahl der Lobbyisten gestandene Mitarbeiter aus dem Unternehmen oder gestandene Ministerialbeamte oder gestandene Abgeordnete mit einem beruflichen Background und Erfahrung sind, die wissen, dass die Gegenseite nicht auf Druck, sondern eher auf Fakten reagiert. Zu den Medienvertretern habe ich eine spezielle Meinung. Vielfach haben sie keine Kenntnisse über das, was sie da schreiben, und Oberflächlichkeit ist festzustellen. Man sagt, wir hätten in Berlin über 3000 Journalisten, davon seien aber 800 nur fest angestellt, die anderen arbeiten freiberuflich. Daraus entspringt ein großer Wettbewerb um die allerletzte manchmal auch unseriöse oder falsche Information. Das führt zur Trendberichterstattung und manchmal zu Sensationsjournalismus. Und diese Neigung im Journalismus, Trends zu verstärken im Negativen wie im Positiven, wird begünstigt durch eine zu selten vorhandene Professionalität im journalistischen Bereich.

Leif: Sie sehen dort einen Niveauverfall?

Zumpfort: Das ist mir besonders in Berlin aufgefallen, wo der Wettbewerb unter zu vielen Tageszeitungen sehr stark ist. Und das hat jetzt auch die Journaile selber gemerkt, dass es so nicht weitergehen kann.

Leif: Sie beobachten also eine Verbesserung der Standards?

Zumpfort: Ja, wohl auch, weil einige der Betroffenen sich wehren. Der Kanzler hat ja geklagt. Und wir Lobbyisten geben den Journalisten auch nicht jede Auskunft.

Leif: Kooperieren Sie mit der Abteilung Öffentlichkeitsarbeit. Dass Sie sagen, man lanciert etwas?

Zumpfort: Vielleicht andere. Das mache ich als Lobbyist nicht. Ich will mich nicht verbrennen, will seriös bleiben.

Leif: Zur Rekrutierung neuer Lobbyisten, wie läuft das? Gibt es da die klassischen Personalbüros? Nach welchen Kriterien wird rekrutiert.

Zumpfort: Zum einen gibt es Headhunter, die hier vermitteln. In der Regel weiß man, wer auf dem Markt ist, wer aus dem politischen Betrieb aussteigen und als Lobbyist unterkommen will. Jedoch gilt wohl eher die Regel, der Nachschub für Firmenlobbyisten kommt erst mal aus dem eigenen Unternehmen. Wenn man dort merkt, das Potenzial reicht nicht, dann holt man sich jemanden von außen.

Leif: Gibt es in der Branche Rotation und Abwerbungen?

Zumpfort: Das ist eher selten. Ich würde als Lobbyist in meinem eigenen Interesse dafür sorgen, dass mein Nachfolger eine respektable Person ist. Um die Lobbyismustätigkeit auf das Niveau zu bringen, wo sie hingehört, baut man diese Personen in der Regel vorher selber auf und man wirbt nicht unter den Kollegen ab.

Leif: Wie schätzen Sie das Image von Lobbyismus in Deutschland ein?

Zumpfort: In der Hierarchie der Berufsgruppen stehen der Professor und der Pfarrer ganz oben und der Politiker, der Journalist und der Lobbyist ganz unten. Aber das stört mich nicht. Wo immer ein Vorurteil geäußert wird, versuche ich es klarzustellen. Und ich versuche durch mein eigenes Beispiel deutlich zu machen, dass Lobbyist etwas Seriöses ist, das zum politischen Betrieb gehört. Da es aber kein festes Berufsbild gibt, kann man von der „Seite" einsteigen, und es gibt immer solche Seiteneinsteiger, die nach dem Motto agieren, „hoppla jetzt komm ich". So wird es immer wieder Beschädigungen des Ansehens geben und dann hängt es von uns ab, wie wir diese Beschädigungen durch gutes Beispiel beseitigen.

Leif: Was halten Sie davon, ethische Standards für Ihre Branche festzulegen?

Zumpfort: Es gab immer wieder Versuche, aber die scheitern daran, dass das Lobbying nicht zu fassen ist, eben kein Berufsbild hat. Es gibt für Verbände die Pflicht, wenn sie im Parlament angehört werden wollen, sich in eine Liste des Bundestagspräsidenten einzutragen. Firmenlobbyisten brauchen sich nicht so registrieren zu lassen. Ein seriöser Firmenlobbyist, der neu anfängt, lädt die Kollegen und die Ministerialbeamten, auf die er in Zukunft angewiesen ist, daher zum Amtsantritt ein und stellt sich damit der Öffentlichkeit vor. Das heißt man versucht auch hier mit größtmöglicher Offenheit ranzugehen und vernünftig Etikette zu wahren.

Leif: Sie sprachen eben von hierarchiefreier Kommunikation der Lobby-Akteure. Man akzeptiert sich wechselseitig?

Zumpfort: Der Lobbyist muss in der Politik und im Unternehmen hierarchieunabhängig kommunizieren können. Er muss z.B. in der Lage sein, sowohl mit den einfachen Referenten wie mit den Ministern und dem Staatssekretär zu sprechen. Dazu ist es förderlich, wenn der Lobbyist beim Vorstand angesiedelt ist oder direkt berichtet. Das erklärt, warum die Lobbyisten „Direktor" oder „Bevollmächtigter des Vorstandes heißen". Der Titel macht deutlich, dass der Träger unmittelbares „backing" vom Vorstand hat. Auch ich berichte direkt meinem Vorstandsvorsitzenden und darauf legen meine Gesprächspartner auch Wert, auch wenn ich organisatorisch mit meinen Büros in Berlin und Brüssel in einer Hauptabteilung unter dem Vorstand angesiedelt bin.

Leif: Was machen Sie, wenn sie mit einem wichtigen Anliegen überhaupt nicht vorankommen, wenn Sie nichts erreichen können. Wie gehen Sie dann vor?

Zumpfort: Das darf es eigentlich nicht geben.

Leif: Aber es kann ja schon mal vorkommen.

Zumpfort: Erstens informiere ich meinen Auftraggeber im Unternehmen, den Vorstand, dass es Probleme gibt. Und zweitens gehe ich selten alleine vor, um so den Erfolg zu optimieren. Ich werde viele Anliegen parallel mit einem Verband machen.

Leif: Sie nutzen also eine Doppelstrategie mit dem Verband. Verbände gelten doch häufig als inflexibel.

Zumpfort: In den Verbänden sitzen in der Regel fachkundige Kollegen/innen, sitzt der geballte Sachverstand, der dem Sachverstand auf Ministerialebene ähnlich ist. Verbände bilden sozusagen die größte Schnittmenge an Information außerhalb der Ministerien, verfolgen jedes Gesetz, haben riesige Datenbanken. Warum soll ich das nicht nutzen?

Leif: Zum Schluss eine Trendanalyse. Was glauben Sie, wie wird sich Lobbyismus im parlamentarischen Raum weiterentwickeln? Wird das ein noch stärkerer Faktor werden? Wohin geht die Professionalisierungstendenz?

Zumpfort: Unsere moderne Welt wird immer globaler und zugleich komplizierter. Die Verflechtungen innerhalb Europas sowie zwischen Bund, Ländern und Gemeinden werden immer intensiver. Die Regeldichte wird immer größer, Vereinfachungen finden kaum statt. Vor diesem Hintergrund werden auch die Anforderungen an das Lobbying steigen und sich auch das Lobbying daran anpassen. Solange sich das politische System nicht grundsätzlich ändert, wird man immer auch politisches Lobbying brauchen.

Unternehmenslobbying
Studie zur politischen Kommunikation der BASF

Klaus Escher

1   Einleitung

Mit Ausnahme eines kleinen Intermezzos in den achtziger Jahren hat die BASF ihre bundespolitischen Kontakte zu Regierung und Parlament stets ohne ein eigenes Bonner Büro und direkt vom Sitz der Konzernzentrale in Ludwigshafen aus gepflegt oder aber diese Aufgabe der Verbindungsstelle des Verbandes der Chemischen Industrie e.V. (VCI) in der damaligen Bundeshauptstadt überlassen.

Anders in Berlin. Ende September 1999 entschied der Vorstand der BASF, in der neuen Bundeshauptstadt ein Büro für Politische Kommunikation einzurichten und mit der systematischen Entwicklung der politischen Kontakte zu beauftragen. Im Rahmen der Vorstandsentscheidung wurden dem Büro vier Kernfunktionen übertragen. Es sollte als Informationsdrehscheibe zwischen dem Unternehmen, wissenschaftlichen Institutionen und der Politik wirken, sich aktiv an den fachlich und politisch relevanten Netzwerken Berlins beteiligen, den Facheinheiten des Unternehmens ebenso wie dem Vorstand als Arbeitsplattform und Servicestelle zur Verfügung stehen und schließlich von Berlin aus eine fokussierte Presse- und Medienbetreuung gewährleisten bzw. vermitteln.

Die Entscheidung für eine eigene Präsenz in Berlin ist durch wichtige unternehmensstrategische Gründe, aber auch durch externe Faktoren motiviert. Als interner Beweggrund ist vor allem die schnelle Veränderung des Unternehmens und die ständige strategische und wertorientierte Fortentwicklung des Portfolios hervor zu heben. Je stärker sich dabei eine transnationale, oder doch zumindest eine europäische Identität des Unternehmens herausbildet, desto wichtiger wird die Verankerung in der deutschen Politik. Berlin liegt als politisches Basislager noch vor den Steilwänden, Geröllfeldern und Gewittern der Globalisierung. Doch viele politische Themen der Bundespolitik – wie etwa das Umwandlungsrecht oder die Übernahmegesetzgebung – sind erst im Lichte der weltweiten strategischen Konzernentwicklung so überragend und politisch prekär geworden. Das Relief der Weltwirtschaft bestimmt auch die Route der deutschen Politik.

Hinzu kommt, dass inzwischen viele neue politische Herausforderungen des Unternehmens nicht aus der Geschäftstätigkeit, sondern aus seiner inneren Verfassung herrühren. Themen wie die Zuwanderung, das Gleichstellungsgesetz von Mann und Frau in der Privatwirtschaft, die betriebliche Altersversorgung, die Interkulturalität im Bildungswesen oder das politische Konzept der Nachhaltigkeit berühren ein

Unternehmen wie die BASF relativ unabhängig davon, ob und inwieweit es sich um ein Chemieunternehmen handelt. Gefragt ist hier vielmehr das Unternehmen in seiner schieren Größe und gesellschaftlichen Dimension – als Corporate Citizen in seinen kulturellen, sozialen oder humanen Ausprägungen. Gerade diese sind für die Politik in vielen Sachfragen eine wichtige Referenz. Der Betriebsrat oder einzelne Personen wie etwa ausgewiesene Experten und exzellente Forscher werden somit – ohne dass sie für das Unternehmen als Ganzes sprechen könnten – indirekt zu einer wirtschaftspolitischen Bezugsgröße.

Auch der bei der Bundestagswahl 1998 vollzogene Regierungswechsel zu der neuen Rot-Grünen Bundesregierung (und zwar mehr noch als der im Jahre 1999 planmäßig geschehene Umzug von Regierung und Parlament an die Spree) sprach dafür, im Berliner Regierungsviertel von Beginn an mit einem eigenen Büro präsent zu sein. Jeder Regierungswechsel setzt neue Kräfte frei und löst nicht nur eine Beschleunigung von wirtschafts- und finanzpolitischen Reformvorhaben aus, sondern führt auch zu einer klärenden politischen Akzentverschiebung. In dem Zeitabschnitt seit Mitte 1999 bis heute lassen sich als beispielhaft hierfür die Ökosteuer, die betriebliche Altersversorgung, aber etwa auch die Umweltverträglichkeitsgesetzgebung oder die Einführung eines Rechtsanspruchs auf Teilzeit nennen. Diese politisch sehr strittigen Richtungswechsel sprachen ebenfalls dafür, mit der eigenen unternehmerischen Interessenvertretung näher an die Berliner Bühne und ihren Spielplan heranzurücken.

Im Unterschied zu Bonn erzeugt die Hauptstadt Berlin auch bereits im engeren Regierungsviertel ein politisch-geistiges Binnenklima. Zwischen den Landesvertretungen, den Verbänden, einzelnen Parlamentsredaktionen, aber eben auch zwischen den Unternehmensbüros ist durchaus ein gewisser Wettbewerb entstanden. In diesem Wettstreit geht es um Sympathie, Veranstaltungsbesuche und Aufmerksamkeit. Von vornherein war klar, dass das Büro sich auf den sehr spezifischen und konkreten Beitrag der BASF zur Politikgestaltung konzentrieren musste. Denn was die professionelle Politik-PR Berlins auf dem politischen Planquadrat zwischen Wilhelmstrasse und Schlossplatz, zwischen Gendarmenmarkt und der Oranienburger Strasse zündet, ist häufig nur ein eitler Jahrmarkt an Attraktionen und Luftnummern. Hingegen sollte das Unternehmensbüro der BASF in einem eher wirtschaftlichen Sinne konzipiert werden, d.h. auf einigen wenigen Kernkompetenzen basieren und in seinen kommunikativen Angeboten streng nachfrageorientiert sein.

Im Vorfeld der Büroeröffnung hat die BASF daher das renommierte Meinungsforschungsinstitut EMNID beauftragt, das genaue Anforderungsprofil an ein politisches Unternehmensbüro zu ermitteln. Ziel der gemeinsam erarbeiteten Studie sollte sein, die Ausrichtung des Büros verlässlich vorzunehmen und die Erfolgsfaktoren und kritischen Einflüsse zu markieren.

2 Allgemeine Ziele und Funktionen der Government Relations-Studie

Befragt wurden die wichtigsten Zielgruppen der politischen Kommunikation des Unternehmens, d.h. Abgeordnete, wissenschaftliche Mitarbeiter der Fraktionen, wirtschaftspolitische und politische Medien, die Mitarbeiterinnen und Mitarbeiter von fachlich relevanten Ministerien sowie eine ausgewählte Schar von Berliner Prominenz, die auf ihre Weise mit dem politischen Geschäft verbunden ist. Darüber hinaus wurde eine Repräsentativbefragung der Bevölkerung als Benchmark-Studie durchgeführt. Der Erhebungszeitraum für die Government Relations-Studie war zwischen dem 20. März und dem 14. April 2000, für die Bevölkerungsstudie im Sommer des gleichen Jahres. Die Ergebnisse beider Studien wurden am 5. September 2000 im Berliner Büro der BASF in einem Pressegespräch vorgestellt und stießen auf eine beachtliche Resonanz im Politikteil zahlreicher überregionaler deutscher Blätter sowie der englischen Ausgabe der Financial Times. Die Untersuchung wurde seitdem auch immer wieder bei der Unternehmenskommunikation der BASF oder bei EMNID selbst angefordert – und zwar vor allem von politischen Einrichtungen, anderen Wirtschaftsunternehmen und von Verbänden. Ferner hat der Geschäftsführer von TNS-EMNID, *Klaus Peter Schöppner*, die wesentlichen Ergebnisse der Studie im Rahmen einer regelmäßigen Sendung bei dem Nachrichtensender n-tv dargestellt.

Nach dem Erfolg der ersten Studie plant die BASF im Rahmen ihrer politischen Unternehmenskommunikation, den Begriff „Government Relations-Studie" fortzuführen und in den folgenden Jahren mit aktuellen Themen des Dialogs zwischen Wirtschaft und Politik zu füllen. Auch die Zusammenarbeit mit EMNID soll in diesem Rahmen fortgeführt werden.

Als nächstes folgt eine Untersuchung über die Akzeptanz und den Kenntnisstand der Bevölkerung und der politischen Elite über den Einsatz von sogenanntem Soft Law, den Chancen der Kontextsteuerung und damit insgesamt zu dem Spannungsbogen zwischen unternehmerischer oder gesellschaftlicher Selbstregulierung und staatlicher oder politischer Steuerung. Im Kern soll erforscht werden, wie stark eine moderne Steuerungstypologie oder private bzw. unternehmerische Normgebung bekannt und akzeptiert sind, kurz: wie es um die Akzeptanz von Selbstverpflichtungen der Wirtschaft steht. Um die wissenschaftliche Begleitung bei der Konzeption und Durchführung der Studie zu verstärken, wurde diesmal ein Hochschullehrer als externer Berater gewonnen und in die Konzeption des der Studie zugrunde liegenden Fragebogens einbezogen.

2.1 Funktionen der Studie

Die Government Relations-Studie der BASF[1] erfüllt vier Kernfunktionen. Erstens sollte die Erhebung die klassischen Funktionen einer Marktstudie abdecken, d.h.

---

[1] Die Studie einschließlich der Presseinformation und der Redemanuskripte des Verfassers und von

Auskunft darüber geben, welche Nachfragehaltung im politischen Berlin besteht und welche Erwartungen an das Veranstaltungs- und Informationsangebot einer politischen Unternehmensrepräsentanz gerichtet werden. Zweitens sollte die Studie zumindest indirekt Aufschluss geben, wie das Aufgabenportfolio der Verbände von dem den Unternehmen zugestandenen Rahmen der politischen Interessenvertretung abzugrenzen ist, d.h. was die echten und wertsteigernden Ziele der politischen Interessenvertretung eines Wirtschaftsunternehmens sein können. Drittens sollte ermittelt werden, was die Bevölkerung vom Dialog zwischen Wirtschaft und Politik in seinen verschiedenen Spielarten weiß, wie sie ihn einschätzt und wie stark sich die politische Elite in ihren diesbezüglichen Bewertungen von den Einschätzungen der Gesamtbevölkerung unterscheidet.

In ihrem unveröffentlichten Teil erfüllt die Studie eine vierte, allerdings interne Kernfunktion. Einige der in bezug auf die BASF erhobenen Umfragewerte – wie etwa die Häufigkeit und Ergiebigkeit von Kontakten oder die Qualität und Kompetenzfelder der Politikberatung – wurden auch bei einigen anderen großen Industrieunternehmen abgefragt. Theoretisch ließe sich etwas später also ermitteln, wie erfolgreich sich BASF auf dieser Vergleichsskala bewegt hat und wie stark sich die Dialogfähigkeit des Unternehmens gegenüber der Politik durch die Aktivitäten des Berliner Büros auch im Vergleich zu den „Mitbewerbern" verbessert hat.

2.2 Wesentliches materielles Erkenntnisinteresse und Methodologie

In den rund zehn Fragen des Fragebogens wurden drei zentrale Erkenntnisinteressen verfolgt. Zum einen wurde nach der Wertschätzung und Akzeptanz des Dialogs zwischen Wirtschaft und Politik gefragt, d.h. letztlich nach den Chancen und Grenzen sowie der Legitimation dieser direkten, nicht von Verbänden vermittelten politischen Beteiligung von Unternehmen. Hierzu wurden drei politische Themenfelder zur Auswahl gestellt – die Wirtschafts- und Ordnungspolitik, die Arbeits- und Sozial- sowie die Umweltpolitik. Zugleich wurde die Akzeptanz der politischen Beteiligung von Unternehmen indirekt dadurch adressiert, dass das Verhältnis von Verbänden, Unternehmen und der Politik untereinander zum Gegenstand einer separaten Frage gemacht wurde, aus der das Zusammenspiel und Kräfteverhältnis dieser drei Einflussgruppen erhellen sollte.

Der zweite Fragenkreis wollte Antworten auf den Erfolg und die Akzeptanz einzelner Aktivitäten. Die Fragen zielten daher auf den Zeitpunkt von einzelnen Lobbymaßnahmen, aber auch die Art ihrer konkreten Durchführung und Dosierung. Das dritte primäre Erkenntnisinteresse war auf die Nachfragehaltung bei Politikern und Medienvertretern gerichtet, d.h. es ging um die Nützlichkeit von einzelnen Angeboten und letztlich die Identifikation des Kunden mit den angebotenen Veranstal-

---

Schöppner während der Berliner Pressekonferenz kann über politik@basf-ag.de angefordert werden, detailliertere Ergebnisse und die Methodologie der Studie über Holger.Mahr-George@basf-ag.de.

tungen, Dienstleistungen oder Dialogformaten. Wo liegen die Probleme und Bedürfnisse der politischen Zielgruppen und welche Nischen und Marktlücken lassen sich im vielfältigen Programmtableau der Bundeshauptstadt aufspüren?

2.3 Art und Umfang der demoskopischen Stichprobe und ihrer Durchführung

Die Stichprobe der Government Relations-Umfrage setzte sich aus insgesamt 416 Personen zusammen. Befragt wurden 201 Mitglieder des Deutschen Bundestages, 100 persönliche Assistenten, wissenschaftliche Mitarbeiter und Fraktionsreferenten, 50 in Berlin tätige Vertreter von Presse und Medien, 75 Ministerialbeamte sowie 50 sog. Berliner „Capitals". In der Bevölkerungsumfrage wurden 1.005 Bürgerinnen und Bürger befragt, davon 801 aus Westdeutschland und 204 aus den neuen Ländern. Die Interviews mit den Befragten wurden telefonisch geführt.

3 Ergebnisse der Government Relations-Studie

Die Darstellung der Studienergebnisse gliedert sich im Folgenden nach den drei hauptsächlichen Fragenkreisen. Der Wiedergabe der empirischen Befunde sind sieben Thesen vorangestellt, in denen die Ergebnisse zusammengefasst und gewertet werden.

3.1 Akzeptanz der Beteiligung

Um die Akzeptanz der direkten Beteiligung von Unternehmen an der politischen Diskussion zu ermitteln, wurden den Befragten vier Antwortkategorien zur Auswahl gestellt. Die Mitwirkung am politischen Prozess konnte entweder als wünschenswert oder sogar als Pflichtaufgabe begrüßt oder aber als abseits der Aufgaben oder als nicht gefordert abgelehnt werden. Diese Abschattungen konnten die Befragten jeweils auf die Themenfelder Umwelt-, Sozial- und Gesellschaftspolitik sowie Wirtschafts- und Ordnungspolitik anwenden und damit ihre Nähe oder Distanz zum Engagement eines Unternehmens gegenüber der Politik ausdrücken (vgl. Grafik 1).

These 1: Die direkte Beteiligung von Unternehmen an politischen Diskussionen ist für die Umwelt- sowie für die Sozial- und Gesellschaftspolitik sehr wichtig, während bei den Themen der allgemeinen Wirtschafts- und Ordnungspolitik ein Mehrwert gegenüber den Wirtschaftsverbänden nicht vermutet wird.

Von der überwältigenden Mehrheit der Befragten aus Politik und Medien wird die Beteiligung von Unternehmen an der politischen Diskussion als Pflichtaufgabe oder als wünschenswert eingestuft. Am höchsten ist dieser Wert für das Feld der Umweltpolitik (94 Prozent), doch fast ebenso stark in der Sozial- und Gesellschaftspolitik (91 Prozent) und der Wirtschafts- und Ordnungspolitik (92 Prozent). Betrachtet man nur die Einschätzungen, wonach die politische Beteiligung von Unternehmen als Pflichtaufgabe bewertet wurde, fallen die Unterschiede deutlicher aus: Für die Umweltpolitik denken dies immerhin 58 Prozent und 46 Prozent für die Sozial- und Gesellschaftspolitik. Hingegen betrachten beim Thema Wirtschafts- und Ordnungspolitik nur 38 Prozent das politische Engagement des Unternehmens als Pflichtaufgabe.

Grafik 1: Beteiligung von Unternehmen an politischen Diskussionen

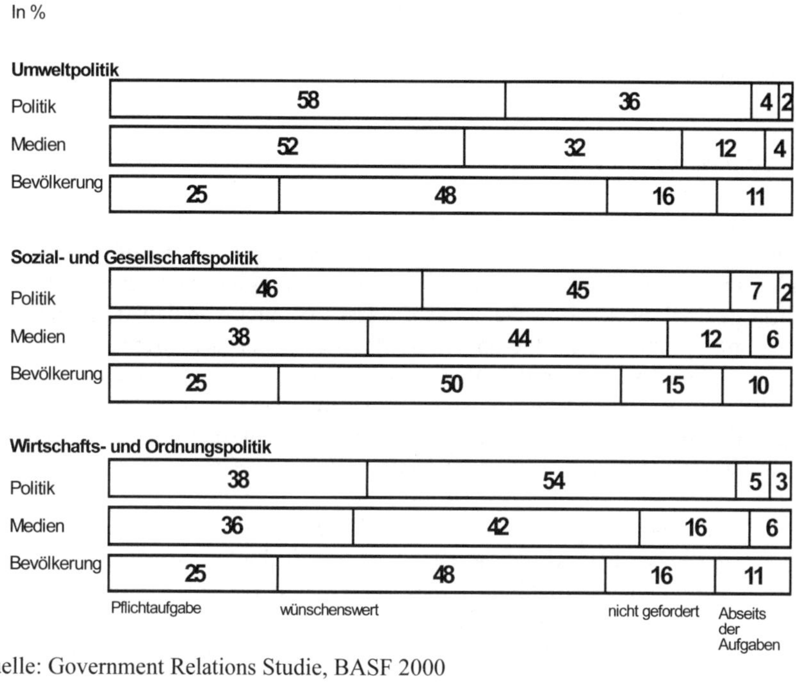

In %

Umweltpolitik

	Pflichtaufgabe	wünschenswert	nicht gefordert	Abseits der Aufgaben
Politik	58	36	4	2
Medien	52	32	12	4
Bevölkerung	25	48	16	11

Sozial- und Gesellschaftspolitik

Politik	46	45	7	2
Medien	38	44	12	6
Bevölkerung	25	50	15	10

Wirtschafts- und Ordnungspolitik

Politik	38	54	5	3
Medien	36	42	16	6
Bevölkerung	25	48	16	11

Quelle: Government Relations Studie, BASF 2000

Zwischen den Befragten aus der Politik einerseits und den Medien andererseits lassen sich praktisch keine Unterschiede feststellen. Dies gilt im übrigen auch für die eher negativen Antworten, d.h. für eine völlige Ablehnung der politischen Beteiligung. So schwankt der Wert für die Antwort „Abseits der Aufgaben" zwischen 2 und 6 Prozent, was in beiden Fällen zu vernachlässigen ist.

These 2: Die Bevölkerung ist gegenüber der Beteiligung von Unternehmen an der politischen Diskussion ebenfalls positiv eingestellt, aber deutlich skeptischer als die politische oder mediale Elite. Ferner ist die Bevölkerung in ihren Einschätzungen zur Wichtigkeit dieses Dialogs auf den unterschiedlichen Politikfeldern weit weniger differenziert.

Die Bevölkerung sieht bei der Beteiligung von Unternehmen an politischen Diskussionen keine thematischen Präferenzen, sondern schätzt in der Umwelt-, Sozial- und Ordnungspolitik den Beitrag der Unternehmen in etwa gleich ein. Der Zustimmungswert (Pflichtaufgabe und wünschenswert) liegt auf allen Feldern bei etwa 75 Prozent. Die Bevölkerung ist aber sehr zögerlich, die politischen Aktivitäten von Unternehmen als Pflichtaufgabe anzusehen. Hier liegt der Wert bei etwa 25 Prozent und damit zwischen dreizehn und 33 Prozentpunkten unter den diesbezüglichen Einschätzungen der institutionellen Politik. Die gleiche Skepsis führt bei der Bevölkerung auch zu klar ablehnenden Voten, so dass etwa zehn Prozent der Befragten den Unternehmen attestieren, sie bewegten sich abseits ihrer Aufgaben, wenn sie sich politisch einmischten.

3.2 Aktivitäten von Unternehmen

Im nächsten Fragenkreis wurden die Befragten gezielter auf einen bestimmten Zeitpunkt der unternehmerischen Beteiligung angesprochen – nämlich auf die Aktivitäten im Vorfeld von Gesetzesentwürfen. Die Aktivitäten in diesem wichtigen Verfahrensschritt des politischen Entscheidungsprozesses konnten von den Befragtengruppen – Politik, Medien, Bevölkerung – wiederum in vier Schattierungen als sehr nützlich, nützlich, weniger nützlich und überhaupt nicht nützlich charakterisiert werden. Als zu beurteilende Aktivitäten wurden die Bereitstellung von Fachinformationen, die Bewertung von gesetzgeberischen Auswirkungen und der Vortrag konkreter Unternehmensinteressen zur Auswahl gestellt.

These 3: Solange sich die Aktivitäten von Unternehmen im Vorfeld von Gesetzesentwürfen auf das Bereitstellen von Fachinformationen und das Bewerten der betrieblichen bzw. unternehmerischen Konsequenzen beschränken, decken sie sich mit hohen Akzeptanzwerten und Erwartungen bei der politischen Elite, aber auch unter Journalisten und der Bevölkerung.

Zumindest für zwei dieser Aktivitäten – das Bereitstellen von Fachinformationen sowie das Bewerten der Auswirkungen von Gesetzesentwürfen – findet sich die allgemeine Zustimmung gegenüber der politischen Mitwirkung von Unternehmen konkretisiert. Dass Unternehmen im Rahmen des politischen Entscheidungsverfahrens Fachinformationen zur Verfügung stellen, wird von 87 Prozent der Politiker erwartet und sogar von 90 Prozent der Bevölkerung. Ähnlich hoch fallen die Bewertungen aus, wenn man den Blick der Befragten auf die Beurteilung der Auswir-

Unternehmenslobbying: Zur politischen Kommunikation der BASF 105

kungen von Gesetzesvorhaben lenkt. Sowohl die Politik (89 Prozent) als auch die Medien (94 Prozent) werten dies als sehr nützlich und nützlich. Überraschenderweise ist allerdings die Bevölkerung hier sehr viel zurückhaltender, so dass immerhin 25 Prozent der Befragten das Bewerten von Auswirkungen als weniger nützlich einschätzen.

Grafik 2: Aktivitäten von Unternehmen im Vorfeld von Gesetzesentwürfen

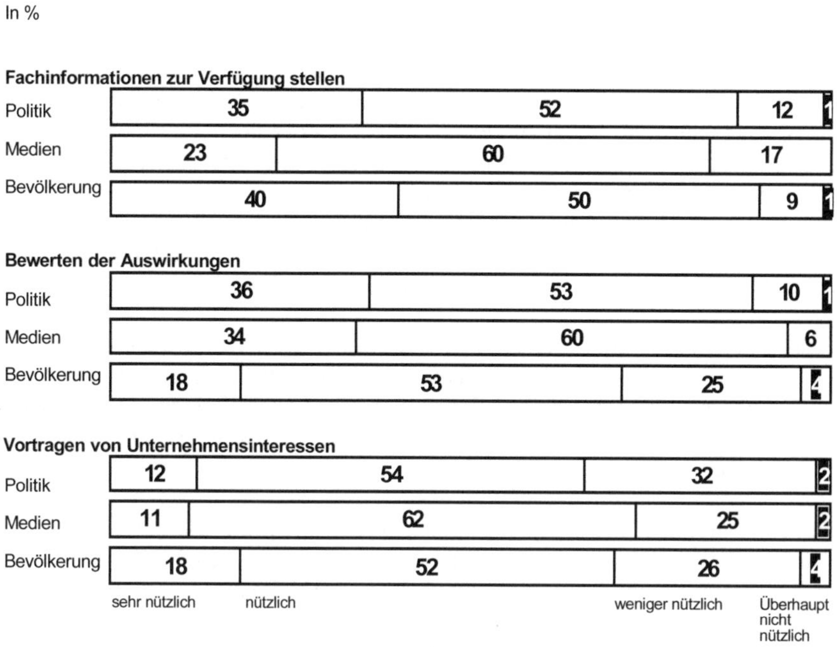

In %

Fachinformationen zur Verfügung stellen

	sehr nützlich	nützlich	weniger nützlich	Überhaupt nicht nützlich
Politik	35	52	12	1
Medien	23	60	17	
Bevölkerung	40	50	9	1

Bewerten der Auswirkungen

	sehr nützlich	nützlich	weniger nützlich	Überhaupt nicht nützlich
Politik	36	53	10	1
Medien	34	60	6	
Bevölkerung	18	53	25	4

Vortragen von Unternehmensinteressen

	sehr nützlich	nützlich	weniger nützlich	Überhaupt nicht nützlich
Politik	12	54	32	2
Medien	11	62	25	2
Bevölkerung	18	52	26	4

Quelle: Government Relations Studie, BASF 2000

These 4: Je näher die Aktivitäten von Unternehmen an den politischen Entscheidungskern der Gesetzgebung heranrücken, desto geringer fällt die Nützlichkeitsvermutung aus. Hier scheint eine Art domaine réservé der Verbände zu bestehen.

Sobald der konkrete Vortrag von Unternehmensinteressen in Rede steht – eine Aktivität, die der klassischen Lobby am nächsten kommt –, sinken die Zustimmungswerte deutlich. Aus dem Vortrag von Unternehmensinteressen erwarten nur noch 12 Prozent der politischen Elite sehr nützliche Ergebnisse, bei den Medien sind es sogar nur 11 Prozent. Gleichzeitig steigen die Werte in der ablehnenden Kategorie (weniger nützlich) auf 32 bzw. 25 Prozent deutlich an. Zwar bleibt der etwas moderatere

Zustimmungswert (nützlich) im Vergleich zum Bereitstellen von Fachinformationen und dem Bewerten von Auswirkungen in etwa gleich hoch und fällt mit Werten zwischen 54 Prozent (Politik), 62 Prozent (Medien) und 52 Prozent bei der Bevölkerung immer noch hervorragend aus; trotzdem verschiebt sich der Schwerpunkt, und – gemessen an den Nützlichkeitserwartungen – wird der Vortrag von Unternehmensinteressen in diesem Spektrum deutlich im Ungünstigen verortet.

3.3 Nützlichkeit für die eigene Arbeit

Nun wurde der Blickwinkel der Befragung weiter verengt und auf die mögliche Leistungspalette des Unternehmensbüros für die Berliner Nachfragegruppen gerichtet. Als sehr nützlich, nützlich, weniger nützlich oder überhaupt nicht nützlich konnten im einzelnen beurteilt werden: Kontakte und Gespräche mit Vorstandsmitgliedern von Unternehmen, mit Experten aus Fachbereichen und Forschungsabteilungen von Unternehmen sowie mit den Leitern der Berliner Verbindungsbüros. Daneben wurden Besuche an Produktionsstandorten oder dem Unternehmenssitz sowie die Bereitstellung von schriftlichem Informationsmaterial abgefragt.

These 5: In einer an Informationen und schriftlichen Dokumenten gesättigten Umgebung wie der Bundeshauptstadt hängt der Erfolg des Dialogs zwischen Unternehmen und Politik vor allem von direkten Begegnungen ab, und er verlangt nach kompakten und intelligenten Veranstaltungsformaten.

Fünfzig Prozent der befragten Abgeordneten bewerten die Bereitstellung von schriftlichem Informationsmaterial durch Unternehmen als weniger nützlich, immerhin 5 Prozent als überhaupt nicht nützlich. Der Ablehnungswert bei den Assistenten der Abgeordneten addiert sich ebenfalls auf ca. 48 Prozent. Und selbst die Ministerien sehen schriftlich zugesandtes Material zu ca. 41 Prozent als weniger und überhaupt nicht nützlich an. Doch immerhin begrüßen ca. 59 Prozent der Ministerialbeamten schriftliche Unterlagen von Unternehmen als wichtiges Informationsmedium bzw. als Erkenntnisquelle.

These 6: Besuche am Produktionsstandort sind vor allem für die Abgeordneten sehr wertvolle Informationsquellen.

Genau umgekehrt verhält es sich bei der Frage, wie gut sich Besuche an Produktionsstätten in das eigene Arbeitspensum einfügen. Denn dieses Angebot stößt bei den Abgeordneten auf breite Resonanz (sehr nützlich: 44 Prozent, nützlich: 37 Prozent), jedoch bei den Ministerialbeamten auf Zurückhaltung. Von ihnen werden diese zeitintensiven Ortstermine in Werken, Betrieben und Forschungsstätten zu 46 Prozent als weniger nützlich oder überhaupt nicht nützlich betrachtet.

These 7: Je näher ein Gesprächspartner an der unternehmerischen Realität ist, desto interessanter und wertvoller ist er für seine politischen Dialogpartner.

Um die Nützlichkeit von Kontakten und Gesprächen zu beurteilen, wurden den Befragten drei Personenkreise zur Auswahl angeboten: Experten aus Fachbereichen und Forschungsabteilungen von Unternehmen, Vorstandsmitglieder sowie die Leiter der Berliner Verbindungsbüros; die erste Gruppe gehört zu den Spezialisten, Vorstände können beides sein, aber Unternehmensrepräsentanten sind Generalisten. In diesem Vergleichsspektrum haben die Spezialisten für die Belange der politischen Kommunikation unstreitig einen höheren Marktwert.

96 Prozent der Bundestagsabgeordneten sehen in Kontakten zu Experten einzelner Forschungsabteilungen und Unternehmensbereichen eine sehr nützliche und nützliche Informations- und Erfahrungsquelle. Bei den Abgeordneten- und Fraktionsassistenten sind es immerhin noch 89 Prozent, doch immerhin auch schon 11 Prozent für die ein solches Gespräch weniger nützlich bis abwegig wäre. Es ist besonders bemerkenswert, dass auch von Seiten der Medien diese Gesprächspartner so hoch geschätzt werden: 89 Prozent wollen den direkten Kontakt zu Experten und Forschern.

In der Bewertung von Kontakten und Gesprächen mit Vorstandsmitgliedern ist das Bild uneinheitlicher. Unter den Medien überragt das Interesse an Vorstandsmitgliedern. Allein 49 Prozent der Befragten werten diese Kontakte und Gespräche als sehr nützlich, und zusätzlich 35 Prozent als nützlich. Auch überragt die Wertschätzung dieser Kontakte als sehr nützlich bei den Ministerialbeamten (35 Prozent) den Antwortwert bei den Bundestagsabgeordneten (27 Prozent), während in der Summe aus nützlich und sehr nützlich die Abgeordneten mit 83 Prozent wieder deutlich von den Ministerien liegen (72 Prozent) und ziemlich exakt bei dem Wert, der für die Medienvertreter erhoben wurde (84 Prozent).

Hingegen gehört es zur Natur ihrer Aufgabe und zu dem in der Umfrage ermittelten Nachfragebefund, dass die Leiter der Verbindungsbüros in Berlin vor allem als Gesprächsvermittler und Relationship Manager, aber nicht selbst als fachliche Gesprächspartner auftreten sollten. Zwar werden die Kontakte und Gespräche mit den Unternehmensrepräsentanten noch immer von allen wesentlichen Einflussgruppen ihrer Arbeit als sehr nützlich und nützlich gewürdigt: so etwa zu 78 Prozent von den Capitals, zu 76 Prozent von den Abgeordneten und immerhin noch zu 65 Prozent von den Ministerialbeamten. Doch gleichzeitig ist allen Einflussgruppen auch bewusst, dass ein Repräsentant immer für das Unternehmen als Ganzes steht, aber nicht zu den Einzelheiten und Schwerpunktgebieten gleichermaßen sicher Auskunft geben kann. Infolgedessen stößt der Leiter des Verbindungsbüros als Generalist auf eine deutliche Akzeptanzgrenze unter den Einflussgruppen: 24 Prozent der Abgeordneten, 19 Prozent des Assistenten, 35 Prozent der Ministerialbeamten und 34 Prozent der Medien sehen Gespräche und Kontakte mit ihnen als weniger nützlich oder sogar als überhaupt nicht nützlich an. Wie bereits angemerkt sähen die Befunde selbstverständlich weit positiver aus, wenn nach der angestammten Rolle der Berliner Büroleiter als Vermittler und interner wie externer Ratgeber gefragt würde.

3.4 Weitere Erkenntnisse aus der Umfrage

Über die beschriebenen vorrangigen Erkenntnisziele hinaus konnten aus der Studie zu drei weiteren Aspekten der unternehmerischen Interessenvertretung gegenüber der Politik wertvolle Hinweise gewonnen werden.

Grafik 3: Wichtige Aspekte der Zusammenarbeit mit Unternehmen*

* Mehrfachantworten möglich
Auf welche Aspekte legen Sie persönlich besonders großen Wert in Bezug auf eine Zusammenarbeit mit Unternehmen?

Art der gewünschten Information		Auftreten des Unternehmensvertreters	
27 %	Hoher Informationsgehalt	33 %	Glaubwürdigkeit
11 %	Unternehmensspezifisch	12 %	Beraterfunktion
9 %	Wirtschafts- und Sozialpolitik	8 %	Kompetenz/Professionalität
7 %	Zukunftsgerichtet	7 %	Schnelligkeit/Präsenz

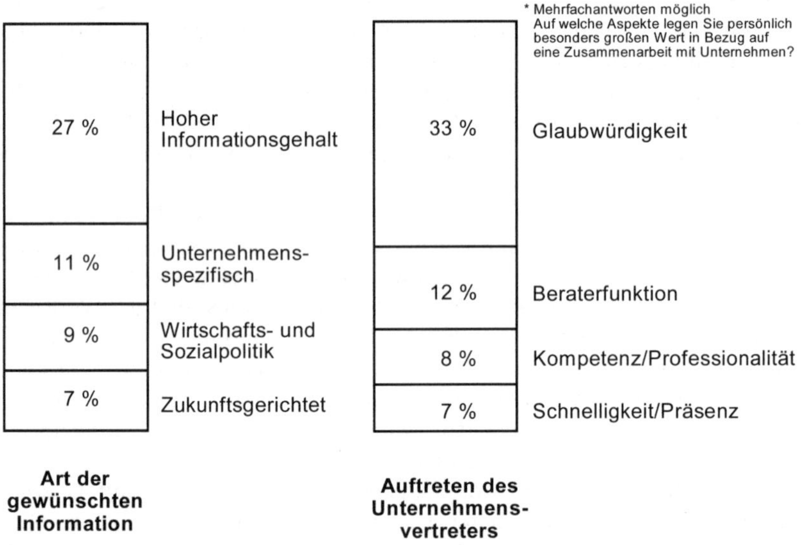

Quelle: Government Relations Studie, BASF 2000

3.4.1 Art der gewünschten Information und Auftreten des Repräsentanten

Zum einen wurde nach der Art der vom Unternehmen zur Verfügung gestellten Information und der Art des Auftretens des Unternehmensvertreters gefragt.

27 Prozent der Befragten legen bei den Unternehmensinformationen gegenüber der Politik vor allem Wert auf einen hohen Informationsgehalt, wobei dieser vor allem unternehmensspezifisch (11 Prozent) und zukunftsgerichtet (7 Prozent) sein sollte.

Im Hinblick auf das Auftreten der Unternehmensvertreter – wobei nicht allein die Berliner Repräsentanten, sondern auch alle Experten oder Mitglieder der Unternehmensführung gemeint sind, sobald sie sich im politischen Raum bewegen – überragt die Anforderung an deren Glaubwürdigkeit (33 Prozent) alle anderen Profilanforderungen. So interpretationsfähig und höchstpersönlich dieser Kernwert der politischen Beteiligung von Unternehmen auch sein mag, so deutet er doch an, wie stark es auf Authentizität, auf Praxisnähe und auf konkrete unternehmerische Einblicke ankommt.

Kompetenz im Sinne von Professionalität wird von 8 Prozent erwartet, Schnelligkeit im Sinne von Präsenz von 7 Prozent. Es ist ebenso bemerkenswert wie herausfordernd, dass rund 12 Prozent der Befragten den politischen Repräsentanten des Unternehmens gern als Berater – also weniger als Lobbyisten – sähen.

3.4.2 Das Verhältnis von Verbänden, Unternehmen und Politik

Eine weitere Frage zielte darauf, wie stark das Ausmaß der gegenseitigen Beeinflussung von Unternehmen, Wirtschaftsverbänden und der Politik aus der Vogelperspektive ist. Ausgewertet wurden nur jene Antworten, die zwischen den Einflussgruppen einen starken oder sehr starken Einfluss vermuten – denn auf diese Einschätzung kam es vor allem an.

Zum Binnenverhältnis von Unternehmen und Wirtschaftsverbänden vermuten ca. 70 Prozent, dass der Einfluss stark bzw. sehr stark sei, wobei dies im Grunde nur eine Quantifizierung des geltenden Demokratie- und Mehrheitsprinzips in den Verbänden ist, denn natürlich wird die Verbandsmeinung sehr stark durch die Mitgliedsunternehmen bzw. die Mitgliedsverbände geprägt. Umgekehrt sehen nur realistische 43 Prozent starke bzw. sehr starke Einwirkungen der Wirtschaftsverbände auf die Unternehmen.

Immerhin 34 Prozent schätzen den Einfluss der Politik auf die Wirtschaftsverbände als stark bzw. sehr stark ein. Doch 89 Prozent sehen den Einfluss der Wirtschaftsverbände auf die Politik als sehr hoch an, was die Verbände als Kompliment an ihre reale und politische Wirkungsmacht verstehen dürfen.

So einleuchtend die vorstehenden Wertungen sind, so erstaunlich sind die Befunde zu dem Kräfteverhältnis Politik auf Unternehmen und umgekehrt. Zwar wird den Unternehmen in ihrer direkten politischen Interessenvertretung ein fast ebenso hoher Erfolg bescheinigt wie den Verbänden – denn immerhin 71 Prozent werten den Einfluss von Unternehmen auf die Politik als stark und sehr stark. Doch seltsam ist, warum von den Befragten nur etwa 35 Prozent einen starken Einfluss der Politik auf die Unternehmen annehmen. Denn was tut die Ordnungs-, Steuer-, Sozial- oder Wirtschaftspolitik anderes, als den Rahmen der unternehmerischen Aktivitäten rechtlich abzustecken, das *level playing field* des Wettbewerbs zu markieren oder auf andere Weise die unternehmerischen Freiheiten gesellschaftlich und gesellschaftspolitisch zu ordnen?

Grafik 4: Ausmaß der gegenseitigen Beeinflussung – eher stark, sehr stark

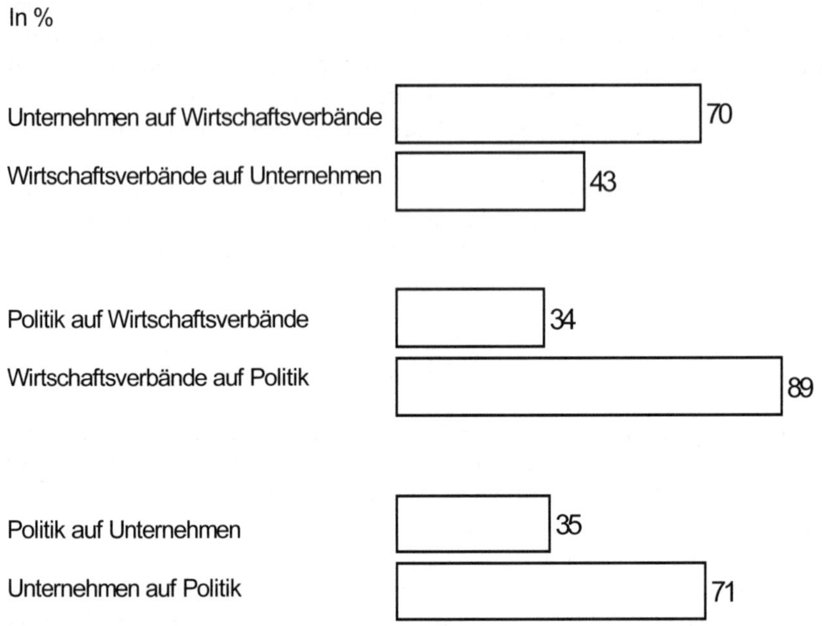

In %

Unternehmen auf Wirtschaftsverbände	70
Wirtschaftsverbände auf Unternehmen	43
Politik auf Wirtschaftsverbände	34
Wirtschaftsverbände auf Politik	89
Politik auf Unternehmen	35
Unternehmen auf Politik	71

Quelle: Government Relations Studie, BASF 2000

3.4.3 Einfluss der Europäischen Union

Die an der Gesetzgebung beteiligten Personengruppen – die Abgeordneten und die Minister und Ministerialbeamten – wurden auch danach befragt, wie sehr sie in ihrer legislativen Arbeit durch die Rechtsetzung der Europäischen Union beeinflusst sind. 42 Prozent der Ministerialbeamten und 32 Prozent der Abgeordneten werten sie als eine sehr starke Einflussnahme auf ihre Arbeit. Fasst man die etwas schwächere Kategorie (starker Einfluss) hierunter zusammen, so werden in ihrer Selbsteinschätzung ca. 87 Prozent der Abgeordneten von EU-Beschlüssen beeinflusst und 74 Prozent der Ministerialbeamten. Diese Befunde gehören zu den interessantesten der Studie, und die Schlussfolgerungen daraus sind schwierig.

Nach wie vor sind die Entscheidungsverfahren der EU supranational, aber auch zwischenstaatlich. Mitgliedsstaatliche Einflüsse und der institutionelle Rahmen der EU lassen sich daher nie von einander trennen. Auch aus Unternehmenssicht ist die EU ein filigranes Mehrebenensystem – und Brüssel nur eine Schicht.

Der Weg eines Unternehmens zu politischem Einfluss in Brüssel führt daher nicht zwangsläufig über Brüssel, sondern durchaus – mittels des Ministerrates und der nationalen parteipolitischen Gruppen des Europäischen Parlaments – auch über die Regierungen der Mitgliedstaaten bzw. die politischen Lager in den Mitgliedstaaten. Gelegentlich sitzen nationale Regierungen bzw. föderale Gliedstaaten einerseits und Wirtschaftsbranchen oder Unternehmen sogar in einem Boot – dann nämlich, wenn sich bestimmte politische Themen wie etwa die EU-Chemikalienpolitik nicht nur als unternehmerisches der BASF und branchenspezifisches der Chemie, sondern auch als ein regionalpolitisches – rheinland-pfälzisches – bzw. nationales Interesse der deutschen Wirtschaft darstellen.

Grafik 5: Einfluss der EU-Gesetzgebung auf die eigene Arbeit

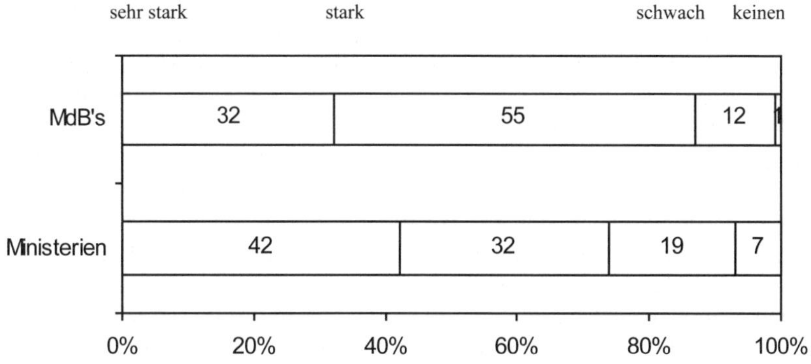

	sehr stark	stark	schwach	keinen
MdB's	32	55	12	
Ministerien	42	32	19	7

Quelle: Government Relations Studie, BASF 2000

Zweitens können die großen Unternehmen durch ihre transnationale Organisationsform im Rahmen des europäischen Binnenmarktes zunehmend auch wichtige Verbündete der Regierungen der Mitgliedstaaten werden, in dem sie nämlich die politische Kontaktaufnahme zu anderen Mitgliedstaaten bzw. Hauptstädten selbst durchführen und damit das regierungsamtliche Handeln gewissermaßen flankieren – auch wenn dies in einem engeren technischen Sinne nicht abgestimmt geschehen wird.

Die Vielfalt der europäischen Orchestrierung zu verstehen und im Unternehmensinteresse anzusprechen ist eine der größten Herausforderungen, mit der sich die politische Kommunikation von Unternehmen in den nächsten Jahren konfrontiert sieht.

4 Grundlage bei der Ausrichtung des Büros im ersten Jahr

Ohne sich in den Details zu verlieren, lässt sich die auf der Grundlage der Government Relations-Studie entwickelte Konzeption des BASF Büros in neun Punkten zusammenfassen.

1. Weder dient ein politisches Unternehmensbüro der allgemeinen Presse- und Öffentlichkeitsarbeit des Unternehmens, noch der Befassung mit der Allgemeinpolitik. Sein Beitrag kann nur darin bestehen, gerade unternehmensspezifisch, d.h. sehr fokussiert die unternehmerischen Strategien und die betrieblichen Realitäten in wirtschaftspolitische Interessen zu dolmetschen. Zu diesem Zweck führte das Berliner Büro der BASF zu Beginn regelmäßig Veranstaltungen unter der Bezeichnung *Economic Insight* durch, die sich mit spezifischen Sachverhalten des Unternehmens wie etwa der Ökoeffizienzanalyse von Produkten und Produktgruppen, der Implementierung der BASF-gruppenweiten Unternehmenswerte und Leitlinien oder aber der Bildungsevaluation bei Ausbildungsplatzbewerbern befassen.
2. Auch im Verhältnis zu der Verbandsarbeit etwa des VCI oder des VKE ist diese Konzentration, d.h. eine strenge Arbeitsteilung angezeigt. So wäre es gerade widersinnig, wenn sich das BASF-Büro vor allem mit spezifischen Themen der Chemie, der Chemikalienpolitik oder des Elektroschrotts befassen würde. Der Mehrwert gegenüber dem Chemie- oder Kunststoffverband wäre gering, der Aufwand enorm – und die Verärgerung der politischen Entscheidungsträger über die Verdoppelung der Anrufe täte ein übriges. Nur der Phantast denkt, dass die Parallelität von Aktivitäten auch den Erfolg verdoppelt.
3. Um das Informationsinteresse der politischen Entscheidungsträger optimal zu bedienen, sollten stattdessen möglichst viele der Investitionen und zukunftsgerichteten Aktivitäten des Unternehmens vorgestellt werden. Das Berliner Büro der BASF versucht dies durch einen Akzent auf dem Thema Pflanzenbiotechnologie, die zu den zukunftsträchtigsten Aktivitäten des Konzerns gehört. Aber etwa auch durch den gezielten Fokus auf einzelne Weltregionen wie etwa Asien oder China.
4. Zur Glaubwürdigkeit von erfolgreichen Unternehmensbüros gehört es, Partner zu finden und Partnerschaften zu pflegen. Dazu zählen die verschiedenen, stets sehr informationsträchtigen und anregenden Unternehmensgesprächskreise in Berlin wie etwa der sehr traditionsbewusste sog. Dienstagskreis, aber etwa auch die früh begründeten Kontakte mit der Staatsbibliothek Unter den Linden oder dem neu eröffneten Jüdischen Museum. Wichtige Partner sind aber auch die Botschaften von großen Investitionsländern wie etwa Chinas oder der USA oder auch die Landesvertretungen von Brandenburg und vor allem von Rheinland-Pfalz, in denen wichtige deutsche BASF-Standorte liegen.
5. Es gehört zu den Erfolgsrezepten der politischen Kommunikation von Unternehmen, dass sie zwar Bestandteil der Unternehmenskommunikation sind, aber

anders als etwa die Pressearbeit oder die Unternehmenswerbung gerade nicht auf öffentliche Wirkung zielen. Die Veranstaltungen im Berliner Büro der BASF finden daher stets ohne Medienberichterstattung statt. Wenn Journalisten anwesend sind, so als kompetente Teilnehmer und nicht als Chronisten oder Berichterstatter.

6. Wegen dieses Verzichts auf öffentliche Begleitmusik verzichtet die BASF auch – wie die meisten großen Unternehmen – auf die handwerkliche Unterstützung durch sog. Public Affairs Consultants, die sich im politischen Berlin derzeit irgendwo zwischen klassischem PR und rechtspolitischer Beratung etablieren wollen.

7. Es ist gewissermaßen das Salz in der Suppe einer jeden wichtigen Veranstaltung, einen kompetenten, zumeist auch hochrangigen Unternehmensvertreter aufzubieten. Wenn Vorstände sich auch im kleinen Kreis die Zeit zum Dialog nehmen, zeigt dies die besondere Wertschätzung, die das Unternehmen den Institutionen von Parlament und Regierung entgegen bringt – und dass es ein *good corporate citizen* ist.

8. Je fokussierter das Thema, desto gezielter der Dialog. Je stärker diese Themen einer eigenen Unternehmensagenda entstammen, desto besser. Für die Arbeit des Berliner Büros der BASF lassen sich – neben den einzelnen politischen Interessenfeldern – vor allem drei herausragende politische Themenfelder identifizieren. Es handelt sich um die Stichworte Nachhaltigkeit, Weltwirtschaft/Globalisierung sowie Innovation und Wissen – also Kontakte zu Forschung und Wissenschaft. Zwei Beispiele: Die Enquete-Kommission Globalisierung des Deutschen Bundestags war Gast der BASF in der Berliner Repräsentanz und auf gemeinsame Initiative des BDI und der BASF wurde ein regelmäßiges hochkarätiges Forschungsfrühstück etabliert.

Im Versuch, politische Entscheidungsträger auch langfristig mit einem Unternehmen und seiner Entwicklung vertraut zu machen, spielen auch Aktivitäten eine Rolle, durch die das Unternehmen etwas von seiner Kultur oder Vergangenheit preisgibt. Diese Offenheit zahlt sich aus. Etwa durch einen transatlantischen Dialog mit dem Friedenspreisträger des Deutschen Buchhandels von 1999 *Fritz Stern*, dessen Patenonkel und Namenspatron der für die Unternehmensgeschichte der BASF sehr einflussreiche Nobelpreisträger *Fritz Haber* ist.

9. Besonders erfolgreich ist politische Kommunikation, wenn politische Themen und wirtschaftspolitische Interessen organisch aus internen Kompetenzfeldern abgeleitet werden. So trafen BASF-Steuerexperten auf wichtige Finanzpolitiker oder BASF-Management aus Asien, den USA, Südamerika und Europa begegnete namhaften Bundespolitikern zu einem wahrhaft interkulturellen Wertedialog.

5 Resümee

Die von BASF und EMNID gemeinsam entwickelte und durchgeführte Government Relations-Studie ist ein innovativer Beitrag zum Verhältnis Unternehmen und Politik. Zugleich legt sie auch ein Stück der Berliner Realitäten offen und kann damit in das Mosaik der politischen Kultur der neuen Bundeshauptstadt einen kleinen Stein einfügen. Dass hier nicht wirklich Neues aufgedeckt, sondern die vielfach bestehenden Dialogfäden freigelegt und funktionierende Kontaktnetze strukturiert und beschrieben werden, lässt sich der Studie nicht wirklich als Schwäche vorhalten. Denn exakt dies empirisch und zugleich deskriptiv zu erfassen, war ihr Ziel.

Vielfach sind die Erkenntnisse so plausibel oder selbsterklärend, dass sie auch ohne die Erhebung der Befunde und ohne die Erstellung der Studie hätten vermutet werden können. Doch entspricht dies nicht gerade der schönen Weisheit, die vom irischen Dichter *George Bernhard Shaw* bereits ausgesprochen wurde: Dass nämlich alles Große bereits umfassend erforscht ist und dass es – wenn überhaupt – allein auf den Feldern der Banalität noch Neuland zu entdecken gibt.

Lobbyinteressen im Gesundheitssektor
Wo bleibt das Gemeinwohl?

Anke Martiny

I   Grundsätzliches

Als zur Bismarckzeit das Fundament für eine allgemeine Gesundheitsversorgung in Deutschland gelegt wurde, geschah damit etwas Wegweisendes: an die Stelle von (durchaus nicht immer) freundlich gewährter hoheitlicher Fürsorge für Untergebene trat der gesetzliche Anspruch, dass alle Menschen im deutschen Reich im Falle von Krankheit durch eine staatliche Leistung medizinisch versorgt werden sollten. Arbeitgeber und Arbeitnehmer zahlten zu gleichen Teilen in eine gesetzliche Krankenversicherung ein, die mit zusätzlicher staatlicher Hilfe aus dem Steueraufkommen – z. B. beim Betrieb von Krankenhäusern – nach dem Solidarprinzip tätig wurde. Das war damals im internationalen Vergleich eine fortschrittliche Tat. Sie begründete zusammen mit dem Altersrentensystem den Sozialstaat in Deutschland.

Die Weichenstellung erfolgte nicht uneigennützig. Sie war gespeist aus der politischen Erkenntnis, dass die materielle Not durch Krankheit innerhalb der Arbeiterschaft viel sozialen und politischen Sprengstoff mit sich brachte. Trotz des jahrelangen Verbots der Sozialdemokratischen Partei hatte der Zulauf zu den Sozialdemokraten deshalb damals nicht nachgelassen, er drohte das Kaiserreich zu erschüttern. Bismarck versuchte daher als politisch kluger Konservativer, dieses Problem zu entschärfen. Wie groß die Not gewesen ist, kann man beispielsweise in den Theaterstücken Gerhard Hauptmanns lesen oder auf den Bildern von Käthe Kollwitz erkennen. Viele Lebensberichte, etwa von August Bebel oder Lily Braun, aber auch von sozial engagierten Adligen der damaligen Zeit, schildern das allgemeine Elend.

Das System war bei weitem nicht so ausgefeilt, wie wir es heute kennen. Aber im Kern hat es bis heute Bestand. Vom Prinzip her war damals auch die Überlegung nicht abwegig, dieses Gesundheitssystem nicht der fachlich damit überforderten staatlichen Verwaltung anzuvertrauen, sondern öffentlich-rechtliche Körperschaften zu begründen, denen die Pflege der Volksgesundheit übertragen wurde. Der Staat sollte nur die Rechtsaufsicht führen, alles Fachliche sollte innerhalb der Körperschaften von deren Fachleuten geregelt werden. Sie sollten sich in ihren Tätigkeiten auch wechselseitig in der Balance halten, so dass jede für sich – genauso wie ihre Gesamtheit – dem gesundheitlichen Gemeinwohl verpflichtet war. Interessen- und Klientelpolitik war dem System zumindest in der Theorie wesensfremd. Lobbyismus der Interessenvertreter schien nicht angelegt.

Bei der Gründung der Bundesrepublik Deutschland war die solidarische staatliche Gesundheitsversorgung immer noch ein wichtiges Thema. Eine Klassenmedizin sollte es durch den für alle verbindlichen Rahmen der Gesetzlichen Krankenversicherung nicht geben, alle Menschen sollten den gleichen demokratisch kontrollierten Zugang zu den Gesundheitsleistungen haben. Auf dieser Grundlage finanziert die Solidargemeinschaft auch heute entsprechend dem Subsidiaritätsprinzip Leistungen, die „notwendig sind, um eine Krankheit zu erkennen, zu heilen, ihre Verschlimmerung zu verhüten oder Krankheitsbeschwerden zu lindern". Diesem Ziel dient die staatliche Gesetzgebung in Bund und Ländern mit den an die Körperschaften öffentlichen Rechtes delegierten hoheitlichen Aufgaben, die sie eigenverantwortlich wahrnehmen.

So arbeiten die gesetzlichen Krankenkassen, die Kassenärztlichen und Kassenzahnärztlichen Vereinigungen und die Kammern der Heilberufe (Ärzte, Zahnärzte, Apotheker, etc.) seither auf dieser Grundlage als Körperschaften öffentlichen Rechtes. Da Deutschland ein föderales Staatsgebilde war und ist, entstanden die Körperschaften ebenfalls föderal. Nach dem zweiten Weltkrieg also auf Länderbasis, wobei sich aber zahlreiche Vorkriegszustände erhalten haben; beispielsweise hat das Land Nordrhein-Westfalen zwei Ärztekammern, und es gibt insgesamt 23 Kassenärztliche und 21 Kassenzahnärztliche Vereinigungen. Bei den gesetzlichen Krankenkassen ist die Zahl erheblich größer – mehr als dreihundert, weil im Laufe der Jahrzehnte kommunale, berufsgruppen- und betriebsbezogene Kassen entstanden sind, neben denen außerdem eine Vielzahl privater Krankenkassen nach anderen Regularien tätig sind. Kennzeichen für eine „schlanke Verwaltung" ist dergleichen nicht im Jahre 2003. Aber niemand außer ein paar unverbesserlichen „Sozialrevoluzzern" rührt an den Grundfesten.

Die staatliche Gesetzgebung in diesem Sektor füllt inzwischen dicke Bücher. Die Vielzahl der Körperschaften und Organisationen auf Bundes- und Länderebene macht das System schwer durchschaubar und reformresistent, wie das Ringen um eine wirksame Veränderung seit den achtziger Jahren beweist. Denn immer sind der Bundesregierung, die den gesetzlichen Rahmen der Gesundheitsversorgung festlegt, die Landesregierungen für die Durchführung und Überwachung beigeordnet; diese sind umgeben von einer Vielzahl dieser Körperschaften, die allesamt ein reges Eigenleben führen und rechtlich nicht ohne erheblichen Personaleinsatz zu überwachen sind. Auch die Kontrolle, ob wirklich jeweils das gesundheitliche Gesamtinteresse in ihrer Arbeit gewahrt ist, liegt bei der Länderaufsicht.

Es ist ein offenes Geheimnis, dass die Körperschaften der Heilberufe eher als Ausnahme denn als Regel ihre Aufgaben auf der Höhe der Zeit erfüllen. Woher sollen die hochqualifizierten Spezialisten, die lieber verwalten als behandeln, schließlich auch kommen! Aber das gemeinsam von Regierung und Opposition im Juli 2003 vorgelegte Eckpunktepapier spricht zum ersten Mal einvernehmlich und offen von einer notwendigen Reform der Organisationsstrukturen, die flexibler und unbürokratischer werden müssen. Endlich wird es ausgesprochen und als änderungsbedürftig erkannt, dass Verwaltungsausgaben verringert, ein besseres Informationsmanagement betrieben, die Haushalte für die Mitglieder der Körperschaften transparent und einsehbar gemacht werden müssen. Ganz generell wird professionellere Arbeit verlangt. Bisher war selbst die Formulierung solcher Sätze zwischen den großen Parteien tabuisiert, weil die politisch Verantwortlichen ihrer jeweiligen Klientel nicht wehtun wollten.

Ob jetzt der Erkenntnis Taten folgen, erscheint als eher unwahrscheinlich, denn Papier ist bekanntlich geduldig, und ein über Jahrzehnte gewachsener Lobbyismus ist durch Erklärungen nicht abzuschaffen, sondern nur in zähen Verhandlungen und mit klaren gesetzlichen Vorgaben. Konkrete Verabredungen in dieser Richtung fehlen aber in dem Papier. Die deutsche Sektion von Transparency International[2] weist schon seit Jahren darauf hin, wie sehr die Intransparenz des Systems Betrug, Verschwendung und sogar Korruption als organisierte Wirtschaftskriminalität fördert und damit Milliarden von Versichertengeldern in die falschen Kanäle leitet. Dies vor allem deshalb, weil hinter den Körperschaften des Gesundheitssystems eine der mächtigsten Lobbys steht, die es in Deutschland gibt – die Pharma-Lobby.

Die Rahmenbedingungen für eine Steuerung des Krankenversicherungssystems über die Selbstverwaltung sind in den allgemeinen Vorschriften für die Sozialversicherung im Vierten Buch des Sozialgesetzbuches (SGB) geregelt. Dies gilt sowohl für die Normsetzungsbefugnis der Selbstverwaltung, die in SGB V konkretisiert wird, als auch für die Finanzhoheit (§220 ff. SGB V) und die Personalhoheit. Deren nähere Ausgestaltung ist wegen der Kompetenzprobleme zwischen Bund und Ländern nicht im SGB V erfolgt, sondern in den §§ 349 ff. Reichsversicherungsordnung (RVO) verblieben. Daraus kann man schon erkennen, dass es sich im Gesundheitswesen in den vergangenen Jahrzehnten um einen großen Verschiebebahnhof handelte, der mitnichten vornehmlich die Interessen der Versicherten im Auge hatte, sondern viel stärker die Partikularinteressen einzelner Körperschaften oder Landesregierungen. Kaum ein Feld der Politik ist wohl so stark von Lobbyisten durchsetzt, die besonders an der Bundesspitze sehr aktiv sind.

Zwei strukturelle Probleme des Gesundheitswesens sind systemimmanent:

1. Das Geld, das das System speist, wird von den Versicherten aufgebracht – je zur Hälfte vom Arbeitgeber und vom Arbeitnehmer (was gerade jetzt zu Lasten der Arbeitnehmer verändert werden soll). Es geht in Milliardenhöhe monatlich regelmäßig bei den Versicherungen ein. Ausgegeben wird dieses Geld aber nicht von den Versicherten selbst, sondern von den sogenannten „Leistungserbringern", also jenen Menschen aus Heilberufen, die die Versicherten wieder gesund machen oder ihre Krankheiten behandeln und lindern. Es ist ziemlich

---

[2] Transparency International wurde 1993 in Berlin gegründet. Der Verein ist eine Nichtregierungsorganisation, die sich den Kampf gegen Korruption zum Ziel gesetzt hat. Die Organisation arbeitet inzwischen in etwa 100 Ländern weltweit. Die deutsche Sektion wurde als eine der ersten nationalen Unterorganisationen gegründet. Seit etwa fünf Jahren arbeitet hier eine Gruppe von Freiwilligen aus unterschiedlichen Heilberufen zusammen mit spezialisierten Juristen an der Analyse des deutschen Gesundheitswesens, um als Nichtregierungsorganisation ohne Eigeninteresse eine Verbesserung des Systems zu erreichen.

logisch, dass sie bei dieser Tätigkeit auch ihr eigenes Wohlergehen im Auge haben und daher lieber mehr tun als weniger, wenn sie ihr Tun von den Krankenkassen anerkannt und erstattet bekommen. Letztere verhalten sich im Interesse ihrer Versicherten auch lieber großzügig als kleinlich und achten nur dann auf Sparsamkeit, wenn entsprechende politische Vorgaben gemacht werden. Gern gewähren sich die Kassenfunktionäre daher ebenso wie die Ärztefunktionäre gute Gehälter oder Aufwandsentschädigungen und sparen auch nicht bei der Verwaltung. Die Versicherten werden schon zahlen.

2. Bei den krankenversicherten Patienten handelt es sich, wenn sie einen Arzt aufsuchen, in der Regel um Menschen mit größeren oder kleineren Beschwernissen. Leiden sie ernsthaft, dann wollen sie, dass um jeden Preis getan wird, was geht, um sie von ihren Schmerzen zu befreien. Kranke Menschen handeln selten rational und daher auch weder kostenbewusst noch solidarisch: sie wollen gesund werden, das ist alles. Dieser Umstand macht sie erpresserisch dem System gegenüber und beeinflussbar für Einflüsterungen von Lobbyisten.

Es führt bei dieser Konstellation kein Weg daran vorbei, dass politische Führung ausgeübt werden muss, um Interessengegensätze auszubalancieren und Lobbyisteneinfluss zurückzudrängen. Zu lange ist dieses nicht geschehen, weil in Zeiten permanenten Wachstums eine Erhöhung der Kosten nicht weiter problematisch war und weil die Bundesregierung vor allem nach 1989 zu feige war, den Bürgerinnen und Bürgern reinen Wein einzuschenken. Jetzt aber müssen Kosten und Leistungen zurückgestutzt werden, vor allem deshalb, weil der Solidargemeinschaft Lasten aufgebürdet worden waren, die eigentlich die Steuerzahler hätten tragen müssen – zum Beispiel die Krankenversicherung der ehemaligen DDR-Bürger.

Leistungen zurückzufahren ist besonders schwierig deswegen, weil die Zahl der medizinischen Leistungserbringer auf Grund der guten Verdienstmöglichkeiten in diesen Berufen in den vergangenen Jahrzehnten sehr stark zugenommen hat. Kein Arzt, keine Zahnärztin oder Apothekerin, kein Physiotherapeut, Dentallabor, Optikermeister oder Pharmavertreter können einsehen, warum sie etwa jetzt finanzielle Einbußen hinnehmen sollten. Und auch in den nach 1989 neu hinzu gekommenen Bundesländern wollen die Medizinberufe auskömmlich leben und erreichen, dass sich die mit Schulden finanzierten Investitionen für ihre Praxen oder Geschäfte rasch rentieren. Deshalb nimmt der Druck der Standesorganisationen auf die Politik zu, das Leistungsvolumen zu erhalten und doch lieber die Solidargemeinschaft zur Kasse zu bitten. Diesem Druck hat die Politik im Sommer 2003 ein weiteres Mal nicht standgehalten.

2 Die Kammern der Heilberufe: Ärztekammern/Zahnärztekammern/Apothekerkammern etc.

Die Kammern der Heilberufe sind als Körperschaften öffentlichen Rechts verfasst. Als solche nehmen sie die Aufsicht über die Ärzte und ihnen verwandte Berufe als übertragene hoheitliche Aufgabe wahr. Die Aufgaben dieser Kammern sind landesrechtlich geregelt. Alle Ärzte/Zahnärzte/Apotheker etc. eines Landes sind Pflichtmitglieder einer solchen Kammer. Sie entrichten Pflichtbeiträge, deren Höhe in den Bundesländern verschieden ist und je nach Berufsstand des Arztes, Größe der Praxis, Höhe des Umsatzes oder vergleichbarer Kriterien bemessen wird. Die Vorstände erhalten eine Aufwandsentschädigung, die sich je nach Bundesland teilweise erheblich unterscheidet. In den Stadtstaaten sind die Vorstände der Kammer weiter in ihrem Beruf tätig und erhalten eher wenig zusätzliches Geld. In der Berliner Ärztekammer wird allerdings gerade um die hohen Bezüge des Kammerpräsidenten und seine Nebeneinkünfte gestritten. In einigen Flächenländern arbeiten die Vorstände der ärztlichen Selbstverwaltung hauptamtlich als Ärztefunktionäre, und ihre Aufwandsentschädigungen sind beträchtlich. Heutzutage ist es mitunter lukrativer, einer Ärzte- oder Zahnärztekammer vorzustehen, als eine eigne Praxis zu betreiben. Deshalb sind die, die an der Spitze stehen, den Interessen ihrer Delegierten und Mitglieder meist näher als dem Ziel der Volksgesundheit.

Den Kammern der Heilberufe obliegt die Wahrung der beruflichen Belange ihrer Mitglieder. Sie fördern die Aus- und Fortbildung, ordnen die Berufspflichten und wirken an der Gesetzgebung im Bereich des Gesundheitswesens mit. Zu den Aufgaben der Kammern gehört auch die Wahrung berufsethischer Grundsätze. Schwarze Schafe in ihren Reihen, die sich krimineller Verfehlungen oder Verletzungen berufsethischer Grundsätze schuldig gemacht haben, dürfen sie nicht dulden, sondern müssen sie standesrechtlich belangen. Bisher geschieht dies, wenn überhaupt, dann im Verborgenen. Jedenfalls hat die deutsche Sektion von Transparency International auf eine entsprechende Rundfrage bei allen Ärztekammern im Jahr 2002 von keiner einzigen die Auskunft bekommen, wann und unter welchen Umständen standesrechtlich gegen eines ihrer Mitglieder vorgegangen wurde. Selbst rechtskräftig verurteilte Mitglieder hatten kein Standesgerichtsverfahren zu befürchten, weil ein sogenannter „Überhang", nämlich ein vom Rechtsverfahren noch nicht erfasster Tatbestand, nach Ansicht der Kammern nicht gegeben war. Das ist ein schlechtes Zeichen für die Moral. Wenn offenbar nie die Berufsausübung gefährdet ist, was bleibt dann den schwarzen Schafen gegenüber für ein „Drohpotenzial"?

Ob dies bei Zahnärzte- oder Apothekerkammern ebenso ist, hat TI Deutschland bisher nicht untersucht. Nach gegenwärtigem Wissenstand existiert eine solche Untersuchung nicht.

In einem Vortrag aus Anlass des fünfzigsten Geburtstags der Bundesärztekammer[3] hat Prof. Dr. Taupitz im Hinblick auf die Ärztekammern Feststellungen getrof-

---

[3] Prof. Dr. jur. Jochen Taupitz, Ärztliche Selbstverwaltung auf der Schwelle zum 21. Jahrhundert, aktuali-

fen, die auch für die anderen Kammern der Heilberufe uneingeschränkt gelten. Er meinte nämlich, dass Selbstverwaltung Machtausübung bedeute und daher Kontrolle von innen und von außen verlange. Aus diesem Grund müssten wesentliche Entscheidungen doch vom Gesetzgeber selbst getroffen werden. Außerdem muss es die Möglichkeit der gerichtlichen Kontrolle von Kammerentscheidungen geben. Aber auch im Standesinneren müssen demokratische Strukturen gewährleistet sein. Da die Gesellschaft den Ärztekammern einen erheblichen Vertrauensvorschuss gewähre, seien die Gefahren enttäuschten Vertrauens um so größer. Aus diesen Gründen müsse die Ärzteschaft mehr als sensibel reagieren, wenn Missstände im eigenen Bereich sichtbar werden, oder auch nur der Verdacht entsteht, die ärztliche Selbstkontrolle habe nicht funktioniert. Es sei nämlich die Aufgabe der Selbstverwaltung, der Gesellschaft das Vertrauen zu geben und zu erhalten, dass die Selbstkontrolle, zu der man sich verpflichtet hat, tatsächlich im Interesse der Gesellschaft und nicht lediglich im Eigeninteresse des Standes funktioniere.

Allerdings stellt Taupitz auch die Frage, welchen Aufgabenkreis die Rechtsordnung einerseits der Selbstverwaltung zuweist und welche Freiräume sie andererseits der Selbstverwaltung zugesteht. Die Entwicklung hin zu mehr Einflussnahme durch den Staat zeige sich zum Beispiel daran, dass immer mehr Fragen des Berufsrechts dem parlamentarischen Gesetzgeber vorbehalten und damit den Kammern entzogen würden. Je stärker man aber einen Berufsstand darauf beschränkt, als verlängerter Arm des Staates zu fungieren, und je weniger Verantwortung man ihm für die Belange der Patienten überträgt, desto weniger kann man ihn anschließend dafür rügen, dass er sich nicht aktiv, gestalterisch und vorausschauend an der Fortentwicklung des Gesundheitswesens beteiligt habe. Dieser Zusammenhang ist nicht von der Hand zu weisen. Er gilt inhaltlich natürlich auch für die anderen öffentlich-rechtlichen Körperschaften im Gesundheitsbereich.

Auch wenn diese Überlegungen richtig sind, haben in den vergangenen Jahrzehnten die Kammern der gesundheitlichen Selbstverwaltung in der Wahrnehmung ethischer Standesinteressen und hinsichtlich der ärztlichen Weiterbildung weitgehend versagt. Sie sind allerdings von den die Aufsicht führenden Länderministerien nicht nachdrücklich und mit allen rechtsaufsichtlichen Mitteln auf ihre Pflichten hingewiesen worden. Und auch die Bundesregierung hat es jahrzehntelang versäumt, eindeutige Vorgaben zu machen, die den Ländern eine entsprechende Richtschnur wiesen. TI Deutschland hat in mehreren Ausarbeitungen seit dem Jahr 2000 deutlich auf die problematische Struktur und die fehlende Transparenz bei den Körperschaften des Gesundheitswesens hingewiesen und bei Verantwortlichen aus Bund und Ländern durchaus Verständnis gefunden. Die Funktionäre selbst zeigen sich aber wenig einsichtig, und auch die neueste „Gesundheitsreform" zeigt, dass ihre Lobbyisten ihr Handwerk verstehen.

Die Länderkammern sind auf Bundesebene in Dachorganisationen – der Bundesärztekammer, der Bundeszahnärztekammer, der ABDA (Bundesvereinigung

---

sierte Fassung vom Mai 2001 auf der Internetseite der Bundesärztekammer.

Deutscher Apothekerverbände) etc. – zusammengeschlossen. Diese sind nicht in allen Fällen ebenfalls Körperschaften öffentlichen Rechtes; beispielsweise handelt es sich bei der ABDA um einen Zusammenschluss höchst unterschiedlicher Mitglieder aus den Ländern. Die Aufgabe der Bundesorganisation ist vornehmlich der Austausch und die Vermittlung zwischen den einzelnen Länderkammern. Aus diesem Grund wird ein Anteil an den Beiträgen der Mitglieder der Länderorganisationen an die Bundesorganisation abgeführt. Nach der Kenntnis von TI Deutschland haben die Landesorganisationen keine Kenntnis darüber, was mit dem Mitgliederanteil ihrer „Landeskinder" im einzelnen geschieht. Die Haushalte der Dachorganisationen sind intransparent für die Länderaufsicht und teilweise sogar für die Mitglieder selbst. Transparency International hält dies für verfassungsrechtlich bedenklich. Inzwischen hat die Landesapothekerkammer Hessen in der ABDA eine gewisse Haushaltstransparenz durchgesetzt. In Bayern und im Saarland klagen Apotheker auf Entlassung ihrer Landesapothekerkammer aus der Mitgliedschaft in der ABDA, weil sie ihre Einflusslosigkeit auf deren Politik missbilligen. Bundesregierung und Opposition haben in ihrem Eckpunktepapier ebenfalls Haushaltstransparenz auf Bundes- und Länderebene für die öffentlich-rechtlichen Körperschaften eingefordert. Ob die Landesregierungen einer Vorgabe des Bundes wirklich Folge leisten werden, wäre eine erfreuliche neue Entwicklung im Interesse der Versicherten.

Die ärztliche Fortbildung ist für die niedergelassenen Ärzte in Deutschland in den Heilberufegesetzen der Länder und der jeweiligen Berufsordnung zur Pflicht erklärt, ihr Umfang und die Art des Nachweises sind allerdings nirgendwo eindeutig festgelegt: kein Arzt, keine Zahnärztin sind – im Unterschied beispielsweise zu den USA –, in die Pflicht zu nehmen, sich neue fachliche oder technische Kenntnisse anzueignen. Das soll sich jetzt ändern. Für die ärztliche Fortbildung erklären die Ärzte- oder Zahnärztekammern sich zuständig. Sie geben nach eigenen Angaben einen erheblichen Anteil aus den Pflichtbeiträgen der Ärzteschaft für „interessenfreie" Fortbildung aus. Nach Meinung der Arzneimittelkommission der Deutschen Ärzteschaft, einem Ausschuss der Bundesärztekammer, ist diese Angabe zu bezweifeln; sie kritisiert, dass ein zu großer Teil der Fortbildung der Industrie überlassen bleibe und damit vornehmlich deren Interesse diene.

Diese Einschätzung wird inzwischen auch von Bundesregierung und Opposition in ihrem Eckpunktepapier akzeptiert, denn auch dort wird eine interessenunabhängige Weiterbildung als Pflicht gefordert. Es soll also Schluss sein mit der Finanzierung der Fortbildung durch Wirtschaftsunternehmen, die neue Pharmaprodukte oder Medizingeräte, Abrechnungssysteme oder Praxisorganisationshilfen auf den Markt bringen wollen und deshalb verdeckt oder offen ziemlich zweifelhafte „Fortbildungsveranstaltungen" für die Ärzteschaft anbieten. Interessenkollisionen werden dort bis heute gewöhnlich nicht offengelegt, und so wird Herstellerwerbung immer wieder verbrämt als „Wissenschaft" angeboten. Alle wissen das, aber niemand hat es bis heute geändert.

Die Bundesorganisationen der Körperschaften der Heilberufe sind bemüht, eine möglichst einheitliche Regelung der Berufspflichten ihrer Mitglieder und der

Grundsätze ihrer Tätigkeit herbeizuführen. Deshalb halten sie enge Kontakte zur Bundesregierung, zum Bundesrat und zu den politischen Parteien. In dieser Hinsicht haben sie sich von dem gesetzlich bestimmten Rahmen ihrer Tätigkeit, nämlich der Wahrung des gesundheitlichen Gesamtinteresses, weitgehend gelöst. Dies wird von Professor Taupitz im Hinblick auf die Bundesärztekammer kritisch bewertet. Auch Transparency International kritisiert seit Jahren, dass die genannten Organisationen gegenüber der Gesundheitspolitik der Regierung überwiegend lobbyistisch tätig sind, dies aber mit dem Anspruch der Wahrnehmung übergeordneter gesundheitlicher Interessen tun.

Um eine wirkungsvolle Lobby-Arbeit leisten zu können, erwirtschaftet beispielsweise die ABDA zusätzliche Mittel aus eigenwirtschaftlicher Tätigkeit, über die sie öffentlich nicht Rechenschaft ablegt. Dies vermutet TI Deutschland auch für die Bundesärztekammer und die Bundeszahnärztekammer. Aber die Bundesländer, die dies wissen (und abstellen!) müssten, haben auf entsprechende Fragen durch TI keine oder nur ungenaue Auskunft gegeben.

3 Die kassenärztlichen/kassenzahnärztlichen Vereinigungen

Die Kassenärztlichen/Kassenzahnärztlichen Vereinigungen fungieren als eine Mittlerstelle zur Honorarabrechnung der Ärzte gegenüber den Krankenkassen. Sie haben die Rechte der Kassenärzte/Kassenzahnärzte gegenüber den Krankenkassen wahrzunehmen (§ 77 SGB V), sowie zugleich einen Überwachungsauftrag gegenüber den Kassenärzten (§ 75 Abs. 2 SGB V) zu erfüllen. Daneben stellen sie die vertragsärztliche Versorgung sicher, deren nähere Ausgestaltung aufgrund der Ermächtigung des § 82 Abs. 2 SGB V in Gesamtverträgen zwischen Kassenärztlichen/Kassenzahnärztlichen Vereinigungen und Krankenkassen erfolgt. Der Sachverständige Prof. Bert Rürup bezeichnete sie vor einiger Zeit als „Regionalkartelle", weil es den Ärzten und Zahnärzten bis zum heutigen Tag untersagt ist, außerhalb oder neben den KVen und KZVen selbst Verträge mit den Kassen abzuschließen. Die Krankenkassen täten dies gern, etliche Ärzte ebenso.

Aber die Macht dieser Verbände ist groß gegenüber der Politik. Das hat sich beispielsweise vor der letzten Bundestagswahl gezeigt, als plötzlich ein Flugblatt massenhaft verbreitet wurde, das die Behandlungskonzeption der Bundesgesundheitsministerin für einige chronische Krankheiten ablehnte, obwohl die Verbände diese Konzeption zuvor gemeinschaftlich mit dem Ministerium erarbeitet hatten. Nach der Wahl, als sich herausstellte, dass die neue Ministerin dieselbe war wie die alte, schwenkten die Kassenärztlichen Vereinigungen wieder um. Man hat nicht gelesen, dass die Länderministerien die KVen zur Rede gestellt hätten, ob sie etwa Versichertengelder für diese Aktion verwandt hatten oder woher das Geld sonst kam. So herrscht in der Öffentlichkeit der Eindruck vor, die Ärztelobby könne sich alles leisten, weil die Aufsicht nichts tut, selbst wenn dem Gesundheitswesen nachweisbarer Schaden entsteht.

In anderen europäischen Ländern gibt es diese Organisationen nicht; deshalb könnte es sein, dass sie bei einer weiteren Harmonisierung des Gesundheitswesens in der Europäischen Union als Hemmnis im Wettbewerb betrachtet und zur Auflösung empfohlen werden. Auch in den Vorstufen der Diskussion um die Gesundheitsreform war die Abschaffung der KVen/KZVen erwogen worden. Jetzt sitzen sie fester im Sattel denn je. Weder die Bundesregierung noch etwa gar die Opposition wagten sich mit konkreten Maßnahmen an den Einflussbereich dieser Verbände heran.

Jeder zugelassene Vertragsarzt, der zur Behandlung pflichtversicherter Patienten berechtigt ist, ist Pflichtmitglied der Kassen(zahn)ärztlichen Vereinigung. Organe der Kassen(zahn)ärztlichen Vereinigungen sind die Vertreterversammlung und der Vorstand, deren Mitglieder auf vier Jahre gewählt werden. Die Mitglieder der Vertreterversammlung und des Vorstands sind ehrenamtlich tätig. Ihre Bezüge sind von Land zu Land sehr unterschiedlich. Verschiedentlich haben gerichtliche Verfahren die Höhe der Vorstandsbezüge in einzelnen Bundesländern bemängelt. Bisher sind sie immer für rechtens erklärt worden. Jetzt allerdings problematisiert auch das Eckpunktepapier die Höhe dieser Bezüge und fordert von den Organisationen Neuregelungen im Zusammenhang mit einer größeren Haushaltstransparenz für die Zwangsmitglieder. Was daraus im Zuge des langen Gesetzgebungsverfahrens werden wird, kann niemand voraussagen.

Der organisatorische Zusammenschluss der dreiundzwanzig Kassenärztlichen Vereinigungen auf Bundesebene ist die kassenärztliche Bundesvereinigung; sie vertritt die politischen Interessen der Vertragsärzte gegenüber dem Bundesgesetzgeber, indem sie die ärztlichen Belange bei Gesetzgebungsverfahren einbringt. Gleiches gilt für die 21 Kassenzahnärztlichen Vereinigungen und die Kassenzahnärztliche Bundesvereinigung. Beide Dachorganisationen schließen die Verträge mit den Spitzenverbänden der gesetzlichen Krankenkassen und anderen Sozialversicherungsträgern. Die Organe der Kassen(zahn)ärztlichen Bundesvereinigung sind die Vertreterversammlung und der Vorstand, deren Mitglieder auf vier Jahre gewählt werden. Die Vertreterversammlung der Kassen(zahn)ärztlichen Bundesvereinigung setzt sich aus Delegierten der einzelnen Kassen(zahn)ärztlichen Vereinigungen zusammen und wählt den Vorstand. Drittes Organ der Kassen(zahn)ärztlichen Bundesvereinigung ist laut Satzung der Länderausschuss, der aus den Ersten Vorsitzenden der Kassen(zahn)ärztlichen Vereinigungen und zwei Vertretern der außerordentlichen Mitglieder besteht. Dieses Gremium wirkt bei der Beschlussfassung über Verträge und Richtlinien mit. Auch die Mitglieder und der Vorstand der Kassen(zahn)ärztlichen Bundesvereinigung sind ehrenamtlich tätig, erhalten jedoch ebenfalls beträchtliche Aufwandsentschädigungen.

Zu einzelnen Vorschriften gibt es verfassungsrechtliche Bedenken, denn untergesetzliche Rechtsnormen, die Grundrechte (hier z.B. das Grundrecht auf freie Berufswahl) einschränken, müssen Mindestanforderungen an Normtypik und die Art ihres Zustandekommens erfüllen. Das Vertragsarztrecht ist im wesentlichen in drei verschiedenen Regelungstypen niedergelegt, nämlich in Satzungen, in Normsetzungsverträgen und in Beschlüssen. Die Satzungen sind rechtlich unproblematisch, anders sieht es aber mit den Beschlüssen aus. So wird zum Beispiel der Einheitliche Bewertungsmaßstab (EBM), der den Versicherten die Leistungen der Krankenkassen erschließt, vom sogenannten „Bewertungsausschuss" beschlossen. Dieser Ausschuss besteht aus verschiedenen Vertretern, die von der Kassenärztlichen Bundesvereinigung, den Bundesverbänden der Krankenkassen, der Bundesknappschaft und den Verbänden der Ersatzkassen bestellt werden. Der Bewertungsausschuss ist eine eigene Behörde und keine Untergliederung der oben genannten Vereinigungen. Es fragt sich daher, ob der Bewertungsausschuss ausreichend demokratisch legitimiert ist, um untergesetzliches und höchst grundrechtsrelevantes Recht zu setzen.

Dies kann nur dann der Fall sein, wenn die Mitglieder dieses Gremiums ihre Bestellung in einer demokratischen Legitimationskette von den Mitgliedern der betreffenden Selbstverwaltungskörperschaften, also den Versicherten und den Vertragsärzten, ableiten können. Durch eine ständig fortschreitende Weiterwahl der ursprünglich Gewählten von den Landes- in die Bundesverbände kommt es aber zu einer „Verdünnung" der demokratischen Legitimation. An der Spitze der Bundesverbände ist letztendlich kein demokratischer roter Faden mehr zurückverfolgbar: denn die Spitzenverbände der jeweiligen Gruppe, öffentlich-rechtliche wie private, und hier möglicherweise nicht einmal mehr die Verwaltungsräte, sondern die Vorstände selbst, handeln untereinander aus, wer für den Bewertungsausschuss „bestellt" wird. Obwohl diese Personen vom SGB V „Vertreter" genannt werden, kann von einer nachvollziehbaren demokratischen Vertretung der Vertragsärzte und Versicherten nicht mehr gesprochen werden.

Den größten Teil des untergesetzlichen Krankenversicherungsrechts machen allerdings die in §§ 82, 83 SGB V beschriebenen Gesamtverträge aus. Die Gesamtverträge auf Bundesebene werden von den Kassenärztlichen Bundesvereinigungen mit den Spitzenverbänden der Krankenkassen in Bundesmantelverträgen vereinbart. Auch hier gibt es Bedenken gegen die demokratische Legitimation der vertragsschließenden Partner. Die Spitzenverbände rekrutieren sich nämlich zum Teil aus den Bundesverbänden, deren demokratische Legitimation, wie bereits geschildert, so dünn ist, dass sie zur untergesetzlichen Rechtsetzung für den Versicherten nicht ausreicht.

Fazit: Das SGB V regelt viele Fragen nicht, die die Grundrechte von Versicherten und Vertragsärzten bestimmen und einschränken. Weiterhin gibt es dem untergesetzlichen Normgeber keine hinreichenden Vorgaben, die Inhalt, Zweck und Ausmaß der Ermächtigung bestimmen. Die Partner der Gesamtverträge sind als autonome Rechtsnormgeber ungeeignet, wenn man von den Satzungsbefugnissen der Krankenkassen und Kassenärztlichen Vereinigungen absieht. Festzuhalten ist ferner, dass die Rechtssystematik unnötig kompliziert geregelt ist und dass die weite Legitimierungskette der kassenärztlichen Rechtsquellen die Einflussnahme der „Bürger/innen" erschwert.

4 Die Krankenkassen

Jeder legal in Deutschland lebende und als Arbeiter(in) oder Angestellte(r) tätige Mensch, der ein Arbeitseinkommen unterhalb einer vom Gesetzgeber jährlich neu festgelegten Versicherungspflichtgrenze erzielt, ist gesetzlich krankenversichert; für Landwirte, Bergleute und Künstler gibt es eigene Pflichtversicherungen. Personen ohne eigenes Einkommen sind entweder über ein Familienmitglied oder als Leistung der Sozialhilfe krankenversichert. Nicht versicherungspflichtige Personen, wie Angehörige freier Berufe oder Arbeiter und Angestellte oberhalb der Versicherungspflichtgrenze, können sich entweder privat oder bei Erfüllung bestimmter Voraussetzungen freiwillig in der gesetzlichen Krankenversicherung weiter versichern. Um diesen Personenkreis gibt es zwischen privater und gesetzlicher Krankenversicherung einen erheblichen Konkurrenzkampf; dieser hat auch negative Auswüchse, z.B. bei Risikogruppen.

Seit die Wahl der Krankenkasse auch für die Pflichtversicherten frei ist, gibt es einen erweiterten Risikostrukturausgleich zwischen allen gesetzlichen Krankenkassen. Hierdurch werden Unterschiede der Kassen hinsichtlich der Zusammensetzung des Versichertenbestandes bezüglich Alter, Geschlecht, mitversicherte Familienangehörige und Grundlohnsumme ausgeglichen. Eine darüber hinausgehende Berücksichtigung des Krankheitsrisikos erfolgt im Risikostrukturausgleich nicht. Deshalb versuchen die Krankenversicherungen, sich von „schlechten Risiken" (Patienten mit einem erhöhten Krankheitsrisiko wie z.B. chronisch Kranke oder Behinderte) zu befreien. Die gesetzlichen Krankenkassen in den neuen Bundesländern sind aufgrund der hohen Arbeitslosigkeit und des großen Anteils an Sozialhilfeempfängern in einer finanziell schwierigen Situation: bei niedrigem Beitragsaufkommen müssen sie hohe Ansprüche an Gesundheitsleistungen befriedigen, die zum Teil eine Folge der Anpassung an das höhere Versorgungs- und Leistungsniveau der Krankenkassen in den alten Bundesländern sind. Für diesen speziellen Fall sind zusätzlich zum Risikostrukturausgleich festgelegte Subventionierungen der Ostkassen durch die Westkassen festgelegt worden.

Auch die gesetzlichen Krankenkassen sind Körperschaften öffentlichen Rechtes. Sie erfüllen die vom Staat übertragenen Aufgaben in formeller Unabhängigkeit und materieller Eigenständigkeit, d.h. ohne direkte, unmittelbar bindende Weisungsbefugnis staatlicher Stellen, aber unter staatlicher Aufsicht. Arbeitgeber- und Arbeitnehmerorganisationen wählen im Rahmen der gesetzlich festgelegten Sozialwahlen einen Verwaltungsrat; dieser wählt auf sechs Jahre einen hauptamtlichen Vorstand als Exekutivorgan. Für die Sozialwahlen ist auf allen Seiten das Interesse schwach. Als Ergebnis der Wahlen werden die Positionen gewöhnlich innerhalb eines begrenzten Funktionärskreises vergeben.

Geschäfts- und Rechnungsführung, Tätigkeit des Vorstandes, Stellenpläne und Besoldungen, alle Untergliederungen unterliegen dem Prüfungsrecht der Aufsichtsbehörde, die nach dem Territorialprinzip, also auf Länderebene bzw. Bundesebene, tätig wird. Der Umfang des Aufsichtsrechts umfasst die gesamte Verwaltungstätigkeit. Auch die Beteiligung an öffentlichen Einrichtungen oder die Mitgliedschaft in privatrechtlich organisierten Vereinen und Verbänden unterliegt hinsichtlich der Tätigkeit und Mittelverwendung der Versicherungsträger der staatlichen Aufsicht. Der Versicherungsträger ist verpflichtet, alle Unterlagen vorzulegen und alle Auskünfte zu erteilen. Die gesetzlich festgelegten Eingriffsmöglichkeiten des Staates in die Verwaltung der gesetzlichen Krankenkassen geht damit erheblich über die Regelungen bei den Kammern und Kassen(zahn)ärztlichen Vereinigungen hinaus.

Die Kassen geben sich im Rahmen von Rechtsnormen eigene Satzungen. Sie handeln mit den Leistungserbringern in ihrem Zuständigkeitsbereich auf der Grundlage bundes- und landesgesetzlicher Vorschriften die Vergütungen aus. Der Aufsichtsbehörde kommt ein zweifacher Ermessensspielraum zu, nämlich ob sie in diese Regelungen eingreift (sogenanntes Entschließungsermessen) und wie sie eingreift. Im Rahmen des Prinzips der Verhältnismäßigkeit kann sie zwischen verschiedenen Aufsichtsmitteln wählen. Auch in dieser Hinsicht werden die Kassen von den Sozialministerien an einer erheblich kürzeren Leine geführt verglichen mit den Ärztekammern/Zahnärztekammern/Apothekerkammern und den Kassen(zahn)-ärztlichen Vereinigungen. Dort ist nur undeutlich festgelegt, welche Form von „Minimalaufsicht" geleistet werden muss.

Da die Struktur des Kassensystems so wenig durchsichtig ist und von den Versicherten nicht durchschaut, geschweige denn kontrolliert werden kann, und da es um erhebliche Summen Geldes geht, die relativ unkontrolliert und anonym, aber sehr regelmäßig eingehen, sind Möglichkeiten zu Verschwendung, Missbrauch und Korruption vielfältig gegeben. Der Harvard-Professor Malcolm Sparrow, der für das amerikanische Gesundheitssystem untersucht hat „how Fraud bleeds America's Health Care System", spricht im Titel seines Buches von der „License to Steal"[4]. Die Grundlagen in Deutschland sind im Vergleich zu seinen Beobachtungen nicht wesentlich anders. Natürlich weisen die Kassen solche Kritik heftig zurück und setzen durch ihre Lobby entgegen, dass ihnen von den KVen und KZVen die entsprechenden Kontrollmöglichkeiten datentechnisch nicht zur Verfügung gestellt würden. Das ist zum Teil richtig. Andererseits zeigen die in Niedersachen und später auch in anderen Ländern aufgebauten Task Forces, dass Kontrolle sehr erfolgreich arbeiten kann, wenn man es wirklich will – auch ohne diese spezielle Art der Datentechnik.

Die Verwaltungskosten einschließlich der Stellenpläne und Gehaltsstrukturen der gesetzlichen Krankenkassen unterliegen der Kontrolle durch Gebietskörperschaften und Bundesländer. Diese Kontrolle war aber in der Vergangenheit nicht immer ausreichend und genau genug. Natürlich werden die Haushalte in öffentlicher Sitzung vom Verwaltungsrat verabschiedet, so dass für die Versicherten theoretisch die Möglichkeit für kritische Fragen bestünde. Faktisch aber sind sie nicht öffent-

---

[4] Malcolm K. Sparrow, License to Steal. How Fraud Bleeds America's Health Care System, Westview Press, Boulder, Colorado, 2000

lich: niemand von den Betroffenen erfährt von den Sitzungen oder kann später in den Haushalt Einsicht nehmen und Mängel beanstanden.

Auf der lokalen und regionalen Ebene entsteht zwischen Kassenvorstand, Arbeitgebervertretern und Ärzteschaft außerdem oft leicht ein Interessengleichklang, weil sie an medizinischem Sachverstand und wirtschaftlicher Macht den Beitragszahlern erheblich überlegen sind. In der Vergangenheit haben sie, sicher oft auch wohlmeinend, mit dem Geld der Versicherten häufig eine zu kurzsichtige, unbedachte Politik betrieben. Ergebnis: teure Verwaltung, Überversorgung mit Krankenhausbetten und teuren Medizingeräten in der Ambulanz, unzureichende Kontrollen bei den ärztlichen Abrechnungen.

Die Kontrolle der Kassenleistungen durch deren Aufsichtsgremium geschieht oft ebenfalls nur halbherzig, denn in der Vergangenheit hat die Versichertengemeinschaft das Gesundheitssystem ja immer finanziert. Da es sich bei allen Beteiligten um Wähler handelt, denen man – insbesondere in Wahlzeiten, und auf irgendeiner Ebene ist immer eine Wahl – nicht zu nahe treten möchte, werden die Kassen von den politisch Verantwortlichen in Aufsichtsbehörden und/oder Vorständen gerne instrumentalisiert, um Erwartungen der Wähler auch hinsichtlich der Finanzierung modischer oder nicht bedarfsgerechter therapeutischer Maßnahmen zu erfüllen. Dem Eckpunktepapier zufolge soll sich dies nun ebenfalls ändern, um Kosten sparen und die Beiträge senken zu können. Aber ob die Lobbyisten in dieser Frage der Politik wirklich mehr Spielraum lassen und ob die Versicherten ihrerseits ihren Einfluss geltend machen können, ist äußerst fraglich. Hier wäre an ganz andere Arten der Versicherung zu denken, die die Patienten nicht nur als „Zuzahler" sehen, sondern ihnen echte Alternativen vorstellen, die sie mit unterschiedlicher Selbstbeteiligung wählen können. Zunächst einmal wurde jedenfalls beschlossen, den Versicherten wieder tiefer in die Tasche zu greifen; mit den nötigen „Reformen" lässt man sich mehr Zeit, da ist das Ergebnis auch noch offen.

In den letzten Jahrzehnten lag das Einkommen eines Arztes im staatlichen Gesundheitsdienst und bei den gesetzlichen Krankenkassen weit unter den Möglichkeiten, die niedergelassene Ärzte erzielen konnten. Deshalb hatten sich für ärztliche Tätigkeiten im Verwaltungsdienst nicht die besonders qualifizierten Mediziner interessiert; dadurch wurden die Möglichkeiten, auf lokaler oder regionaler Ebene kostenbewusste Qualitätskontrolle und Qualitätsmanagement bei der medizinischen Versorgung einzuführen, im Zusammenspiel der Kassen mit den Krankenhäusern und den niedergelassenen Ärzten nicht so entwickelt, wie dies in anderen Bereichen der Wirtschaft und in anderen Ländern längst üblich ist. Das Ergebnis sind häufig unwirtschaftliche Strukturen, mangelhafte Ausstattungen, zu lange Verweildauern, undurchsichtige Kostenstrukturen in den Krankenhäusern, teure Krankenhausbetreuung anstelle ambulanter Versorgung, kostentreibende Mehrfachuntersuchungen desselben Sachverhaltes, völlig nutzlose Datensammlungen am falschen Ort. Solche Missstände haben die Kassen nicht unterbunden, sondern tendenziell begünstigt; in Fällen, die gerichtsrelevant sind, konnten mit Deckung der Kassen bestimmte Mediziner von solchen Dunkelzonen profitieren – zum Schaden der Allgemeinheit. Dieser Missstand hätte längst abgestellt werden müssen. Regierung und Opposition haben ihn jetzt wenigstens einvernehmlich benannt – ein kleiner Hoffnungsschimmer.

Die im Wettbewerb stehenden Krankenkassen umwerben den Leistungserbringer und versuchen, ihn als Meinungsbildner für sich zu gewinnen. Deshalb dulden sie mitunter Missstände, die sie abstellen müssten. Dazu gehören beispielsweise kostenlose Lieferungen von Arzneimitteln an Krankenhäuser, um so einen Wettbewerbsvorteil für teure Nachfolgeverordnungen zu sichern. Alle großen Skandale der jüngsten Zeit – die Beschaffung übertreuerter Herzklappen, der betrügerische Handel mit Blutkonserven, das Aufblühen von fragwürdigen Großlabors – zeigen auch ein Versagen des Kassensystems.

Da unter den Kassen auch ein Wettbewerb um die „guten Risiken" herrscht, machen sie sich Konkurrenz auch im Begünstigen mancher Versicherten und werden mitunter sogar durch Patienten und jedenfalls durch Patientengruppen erpressbar, z.B. bei der Bewilligung von Kuren. Besonders bedenkliche Auswüchse des Wettbewerbs sind die Finanzierungen von modischen, hinsichtlich ihres Nutzens nicht belegten Therapien z. B. prophylaktische Knochendichtemessungen, um entsprechende Versichertengruppen zu binden. Dadurch wird jede Qualitätssicherung in der Therapie unterlaufen und „Hokuspokus-Medizin" in das solidarische Krankenversicherungssystem eingeführt. Hier sind auch die Leistungserbringer in die Pflicht zu nehmen. Die Finanzierung modischer, aber nutzloser Therapien geht unbestreitbar zu Lasten der Finanzierbarkeit therapeutisch erforderlicher Maßnahmen und gefährdet damit das Solidarsystem. Diese Kritik wurde auch gegenüber dem Eckpunktepapier vielfach laut.

5 Kampf dem Lobbyismus – doch wer soll kämpfen?

In die voranstehenden Überlegungen ist die pharmazeutische Industrie und sind die Zulieferer von Medizingeräten aller Art, von orthopädischen Schuhen, Brillen, Hörhilfen, Zahnersatz, Röntgengeräten, Kernspintomographen, Laserapparaten, Operationstischen etc. noch gar nicht einbezogen, und auch der Komplex Krankenhaus blieb bisher ausgespart. Aber auch ohne diese „Lieferanten" bestimmter Leistungen mit zusätzlichen Eigeninteressen und Lobby-Verflechtungen wird deutlich, wie ungeheuer kompliziert das Zusammenspiel der Kräfte im deutschen Gesundheitswesen funktioniert. Für den einzelnen Patienten und Versicherten ist es ziemlich unmöglich, seine Interessen wirkungsvoll zu vertreten. Sein Verbündeter sollte die Krankenkasse sein. Aber auch sie hat nur bedingt ein Interesse an ihm: selbst wenn er unzufrieden ist, wird sie sein Geld bekommen.

Also müsste eine Patientenlobby entstehen oder geschaffen werden. Die Voraussetzungen dafür sind schlecht, denn es gibt kein gemeinsames Interesse bei den Patienten außer jenem, bestens versorgt zu sein, aber niedrige Kassenbeiträge zu bezahlen. Die Patienten können jedoch die Qualität der Versorgung nicht bewerten, und auf die Höhe der Kassentarife haben sie keinerlei Einfluss. Alle anderen Patienteninteressen sind zu differenziert und unterschiedlich – jeder Kranke ist ein besonderer Fall –, als dass die Menschen sich bemüßigt fühlen könnten, sie in einem freiwilligen Zusammenschluss nach der Devise „Gemeinsam sind wir stark" als Gegenlobby zu artikulieren. Insofern sind Patienten nur eine besondere Gruppe der Verbraucher. Deren Interessenvertretung ist ebenfalls schwach.

Eine Ausnahme bilden allerdings jene Gruppen von Patienten, die in einer Selbsthilfegruppe oder „Liga" Unterstützung in ihren Leiden suchen: Rheumatiker, Bluthochdruckpatienten, Krebsnachsorge, Eltern von Kindern mit seltenen Krankheiten etc. Ähnlich wie die Autoindustrie beim ADAC hat sich hier die Pharmazeutische Industrie aus Eigeninteresse einen weiteren Einflussbereich für ihr Lobbying gesichert. Sie unterstützt diese Gruppen und die in ihnen als Meinungsbildner wirkenden Ärzte in vielfältiger, meist allerdings eher verborgener als offenkundiger Weise zugunsten des Absatzes von Spezialpräparaten. Ob damit eher Gutes oder eher Schlechtes bewirkt wird, muss im Einzelfall bewertet werden. Generell nährt aber jegliche verborgene Unterstützung durch die anbietende Wirtschaft den Verdacht, dass hier Absatzinteressen vor Gesundheitsinteressen rangieren. Mit nichts lässt sich nämlich so viel Geld verdienen wie mit chronisch Kranken, wenn man einen „Klassiker" unter den Behandlungs-Präparaten im Angebot hat. Im Zusammenspiel mit den Leistungserbringern und ihren Organisationen haben sich auf diesem Boden besonders effektive Lobbyistenzirkel etabliert.

Die Vertretung von Patientenrechten hat sich neben einer Reihe kleinerer Organisationen der Bundesverband der Verbraucherzentralen zum Ziel gesetzt. Er hat seine Anstrengungen in jüngster Zeit verstärkt, als Patientenlobby zu wirken. Seit es in der Bundesrepublik ein Verbraucherministerium gibt, hat dieser Verband an Einfluss gewonnen. Aber wenn man sich vergegenwärtigt, mit welchen Summen die Hersteller von Pharmazeutika und Medizingeräten ihre Produkte vermarkten, und welcher Betrag in all diesen Organisationen für interessenunabhängige Patienteninformation zur Verfügung steht, steht man bedrückt vor dem Zahlenverhältnis von 1000 zu 1.

Natürlich ist eine Ursache für die Schwäche von Patientenorganisationen auch darin zu sehen, dass die Patienten immer noch in einer Art Versorgungsmentalität verhaftet sind: sie sind gezwungen, einen hohen Pflichtbeitrag zu zahlen, dafür wollen sie dann eine Rundum-Versorgung, die sie weiteren Nachdenkens enthebt. Die Erziehung zu einer anderen Art des Umgangs mit der eigenen Gesundheit und der Verantwortung dafür wurde bisher weder angeboten noch eingefordert. Sie kann auch keinesfalls von einem Tag auf den anderen Erfolg haben, zumal die Medizin-Lobbyisten daran nicht das geringste Interesse zeigen: nur ein dumm gehaltener Patient bezahlt willig immer mehr. Allerdings weisen amerikanische Untersuchungen nach, dass informierte Patienten, die ihre Erkrankung und den Heilungsprozess aktiv begleiten, rascher gesunden.

Das Eckpunktepapier hätte hier wirklich Eckpunkte markieren müssen, um Leistungen zur Gesundheitsvorsorge zu honorieren und den Patienten Beurteilungskriterien für die Qualität von Gesundheitsleistungen und damit Wahlmöglichkeiten nahe zu bringen. Nichts davon ist geschehen, sondern das System ist für die Versicherten undurchsichtig wie eh und je. Sie haben so gut wie keinen Einfluss auf seine Ausgestaltung, sondern können und müssen lediglich zahlen. Das deutsche Gesundheitswesen ist nach dem amerikanischen das zweitteuerste der Welt, aber seine Leistungen sind, wie die vergleichende Untersuchung der Bertelsmann-Stiftung gezeigt hat, eher mittelmäßig. Doch kaum drohen die pharmazeutische Industrie und die Ärzte mit Einschnitten bei der Versorgung oder dem Abbau von Arbeitsplätzen in Deutschland, so malen die am meisten verbreiteten Medien eine drohende Katastrophe an die Wand. Sofort knickt die Politik ein, und die nächste Runde der Beitragssteigerungen ist eingeläutet.

Deshalb kann letzten Endes nur eine Durchleuchtung des Lobbyismus in Deutschland langsam Verhaltensänderungen bewirken. Wenn allen Wählerinnen und Wählern ihre Aufgabe bewusst ist, nur Menschen in die Parlamente zu wählen, die unabhängig sind und die sich nicht von Lobbyisten beeinflussen lassen, weil das in irgendeiner Weise für sie vorteilhaft ist, könnte sich etwas ändern. Lobbyisten stehen nicht zur Wahl, sondern sind bezahlte Angestellte; sie wechseln auch nicht, wenn Kanzler oder Parteien wechseln, sondern bleiben kontinuierlich am Platz. Deshalb müssen sie kurz gehalten und von einer starken Politik kontrolliert werden. Derzeit ist aber die Politik schwach und der Lobbyismus so stark wie nie. Im Bereich des staatlichen Gesundheitswesens ist dies besonders verhängnisvoll.

Transparency International fordert transparente Verhältnisse. Abgeordnete sollen Nebeneinkünfte und Nebenjobs offen legen. Genauso aber sollen die beim Bundestag zugelassenen Verbände transparente Verhaltenskodices vorlegen, damit jeder weiß, woran er ist und wie die Lobby arbeitet. Es muss einfach klar sein, dass das Absatzinteresse der Hersteller von Arzneimitteln und Medizingeräten nicht jedes Mittel und jede Marketingmethode rechtfertigt. Gesundheitsinteressen haben Vorrang.

Komplizen in der Politik
Politische Handlungsdefizite im Gesundheitssystem

Markus Jantzer

Der langjährige Präsident der Bundesärztekammer (1978 bis 1999), Karsten Vilmar, hat auf den jährlich stattfindenden Ärztetagen gerne auf Lenin zurückgegriffen. „Wenn du dir die Macht im Staate sichern willst, dann fange damit im Gesundheitswesen an", zitierte Vilmar sinngemäß das politische Genie des 20. Jahrhunderts und Gründer der Sowjetunion, Wladimir Iljitsch Uljanow. Vilmar, der 30 Jahre lang erfolgreich als Spitzenfunktionär für die Interessen seines Berufsstandes gestritten hat, war davon überzeugt, dass Lenin – mit dem ihn sonst freilich nicht viel verband – richtig lag.

Wer im Gesundheitswesen das Sagen hat, dort das Leistungsgeschehen und die Finanzströme mitbeeinflusst, sitzt im Zentrum der politischen Macht. Das gilt auf allen Ebenen: international, national und kommunal. Kein Geringerer als der damalige Vize-Präsident der USA, Al Gore, musste sich Ende der 90er Jahre gegen die Pharma-Konzerne stellen und sie massiv unter Druck setzen, damit sie den Staaten im Süden Afrikas Anti-Aids-Präparate zu Preisen anbieten, die diese auch bezahlen können. Die Aids-Epidemie, versuchte Gore den Wirtschaftskapitänen ins Gewissen zu reden, sei nicht nur eine Quelle des Profits, sie sei außerdem eine ernsthafte Bedrohung für die Menschheit. Die Wirtschaftsführer lenkten schließlich ein.

Auf nationaler Ebene erklärt der Bundeskanzler die Gesundheitspolitik kurzerhand zur Chefsache, wenn es darum ging, Unbill für die Pharma-Unternehmen zu verhindern. Helmut Kohl (CDU) zwang 1995 Bundesgesundheitsminister Horst Seehofer (CSU), die geplante Positivliste für Arzneimittel im Orkus zu versenken. Im Herbst 2001 untersagte Kohls Nachfolger im Amt, Gerhard Schröder (SPD), nach einem kurzen Gespräch mit Vertretern von Pharma-Multis und dem Vorsitzenden der Industriegewerkschaft IG Bergbau, Chemie und Energie, Hubertus Schmoldt (SPD), seiner Gesundheitsministerin Ulla Schmidt (SPD), die Preise für bestimmte Arzneimittelgruppen um 250 Millionen Euro abzusenken.

Für Kommunalpolitiker, regionale Gewerkschaftsgrößen und Kirchenvertreter halten die Einrichtungen des Sozial- und Gesundheitswesens eine Reihe von Pöstchen bereit, in denen diese so herrlich miteinander klüngeln können: in Krankenhäusern, Krankenkassen, Wohlfahrtsverbänden, Ausschüssen. Die Kliniken sind eine Macht. 1,1 Millionen Menschen sind bundesweit in den Krankenhäusern beschäftigt. In vielen Kommunen gehören sie zu den größten Arbeitgebern.

Das Gesundheitswesen ist mit über 250 Milliarden Euro Jahresumsatz – und damit einem etwas größeren Budget, als ihn Bundesfinanzminister Hans Eichel

(SPD) verwaltet – nicht nur ein bedeutender Wirtschaftsfaktor. In dieser Branche geben sich außerdem politische Funktionsträger aus den unterschiedlichsten Lagern und Gruppierungen ein Stelldichein, verdienen daran oder leben davon – und sind somit durch ein starkes Band gemeinsamer Interessen miteinander verbunden: Parteien, Gewerkschaften, Kirchen.

Auch die Medien darf man zum Club zählen, denn viele von ihnen, insbesondere yellow press, Fernsehen und Regionalzeitungen wissen, dass sie mit Gesundheitsthemen viele Leser und Zuschauer erreichen und binden. Das wiederum nutzen die Anbieter von Gesundheitsleistungen, allen voran die Pharma-Industrie, um mit viel Aufwand und Geld professionell aufbereitetes PR-Material großflächig in die (nicht immer durch Fachwissen behelligten) Redaktionen zu streuen. Von dort ist der Weg in die Hirne und Herzen der Leser und Zuschauer nicht mehr weit. Gesundheitsthemen bieten sich für Kampagnen geradezu an, sind sie doch häufig in höchstem Maße emotional besetzt: Ärzte entscheiden über Leben und Tod.

Reformen auf dem Rücken der Versicherten und Patienten

Auf diesem Acker gedeiht die Lobbyarbeit der Gesundheitsbranche prächtig. Das 21-seitige Konsenspapier der All-Parteien-Koalition in Berlin, mit dem die Gesundheitsreform 2004 vorbereitet wurde, legt davon eindrucksvoll Zeugnis ab. Stellvertretend für die Mächtigen im Gesundheitswesen hat die Runde der Spitzenpolitiker aus Bund und Ländern ein Bündnis gebildet für die Interessen der Branche und gegen die Interessen des Volkes. Im Kern bringt die nächste Reform nach dem Verhandlungsergebnis vom 21. Juli 2003 eine Lastenverschiebung zum Nachteil von Versicherten und Patienten; flankiert von Nebelkerzen, Absichtserklärungen, Worthülsen und in Einzelbereichen ein bisschen gesundheitspolitischen Fortschritt, den aber im Schneckentempo.

Die Verhandlungsführer der Runde wissen das. Zu deutlich ist der Widerspruch zwischen der in dem Eckpunktepapier schriftlich formulierten Kritik am aktuellen Zustand des Gesundheitswesens und den darin vorgebrachten Therapievorschlägen. Auffallend ist auch: Gleichsam verschämt kommen die „Reformer" erst auf Seite 17 zur Sache: Dort findet der Leser die Attacken gegen die Versicherten und Patienten in Form von Leistungsausgrenzungen, erhöhten Zuzahlungen, dem Ende der über ein Jahrhundert gültigen paritätischen Finanzierung. Der materielle Kern der Beschlüsse steht auf der allerletzten Seite: In den Jahren 2004 bis 2007 sollen die gesetzlichen Krankenversicherungen um insgesamt 66 Milliarden Euro entlastet werden. Dies soll mit neun Milliarden Euro (13,6 Prozent) zu einem relativ geringen Anteil durch einen Umbau der Strukturen des Gesundheitswesens gelingen; zu 57 Milliarden Euro (86,4 Prozent) geht der Verschiebebahnhof zu Lasten der Wähler. Das Versprechen, dass die Krankenkassen im Gegenzug ihre Beiträge senken werden, steht auf wackligen Füßen und wird nicht einmal annähernd die Größenordnung der zusätzlichen Belastungen für die Versicherten erreichen.

Wie hart die Gesundheitspolitiker die Zustände im deutschen Gesundheitswesen kritisieren, dazu seien einige Zitate aus der ersten Vorlage für die Gesundheitsreform 2004 angeführt. „Die Versicherten ... müssen von Betroffenen zu Beteiligten werden." Sie sind es derzeit also nicht. Unverzichtbar sei die „Herstellung von Transparenz über Angebote, Leistungen, Kosten und Qualität". (Erst) „auf dieser Grundlage können die Versicherten Entscheidungen über Versicherungs- und Versorgungsangebote treffen". Auf deutsch: Die Bürger sind so schlecht über die Gesundheitsleistungen informiert, die sie täglich konsumieren und finanzieren, dass sie als Verbraucher nicht in der Lage sind, souveräne Entscheidungen zu treffen.

Weiter im Text der Erkenntnisse und Absichtserklärungen der All-Parteien-Koalition (ohne die PDS): „Patienten- und Behindertenverbände einschließlich der Selbsthilfe erhalten für Fragen, die die Versorgung betreffen, ein qualifiziertes Antrags- und Mitberatungsrecht in den Steuerungs- und Entscheidungsgremien." Sie haben es also nicht. „Eine an den Patientenbedürfnissen orientierte Gestaltung der Versorgung muss das Sektorendenken überwinden." Die strikte Trennung der Sektoren ambulante und stationäre Versorgung, die für das deutsche Gesundheitswesen charakteristisch ist, ist also hinderlich für eine „an den Patientenbedürfnissen orientierte" Versorgung.

Noch eine Absichtserklärung: „In der ärztlichen Versorgung wird ein Wettbewerb um das beste Versorgungskonzept in Gang gesetzt." Der Wettbewerb muss – wohlgemerkt – nicht etwa beschleunigt werden; er muss überhaupt erst in Gang gesetzt werden.

Die Leistungsanbieter gehen nach Feststellung der Politiker missbräuchlich mit dem Geld der Versicherten um. Es gelingt nicht, sie zu wirtschaftlichem Verhalten zu zwingen, denn, so steht es im Eckpunktepapier, die Wirtschaftlichkeitsprüfungen der ärztlichen Behandlungen und Verordnungen sind „nicht ausreichend wirksam". Auch konstatieren die Gesundheitspolitiker von SPD, Union, Grüne und FDP, dass es im Gesundheitswesen zu „Falschabrechnungen und Korruption" kommt.

Keine Änderung der Strukturen

Was aber sind ihre Vorschläge, um diese von ihnen festgestellten strukturellen Defizite zu beseitigen? Was muss sich also ändern bei den Krankenhäusern, den Ärzten, den gesetzlichen Krankenkassen, den Apothekern, den Medikamentenherstellern, den Kassenärztlichen Vereinigungen, den Ärztekammern, den Berufsgerichten, den Organen der Selbstverwaltung des Gesundheitswesens sowie den Landes- und Bundesgesundheitsministerien als Aufsicht führenden Körperschaften; was muss sich dort ändern, damit Transparenz und Wettbewerb und damit Preissenkungen und Qualitätssteigerungen Wirklichkeit werden? Es lässt sich in einem Satz sagen: Das Maßnahmenbündel, auf das sich die Politik für den erforderlichen Strukturwandel geeinigt hat, ist kümmerlich. Die Gesundheitspolitiker springen zu kurz. Und weil sie das schon seit Jahrzehnten und wider besseres Wissen tun, drängt sich der Eindruck auf: Sie wollen gar nicht an die verschwenderischen Strukturen ran.

Obwohl der Anstieg der Ausgaben für Arzneimittel in den letzten fünf Jahren „überproportional" war und „nicht allein medizinisch begründet werden kann", wird sich in diesem Bereich wenig ändern. In Punkt 5 von 13 Unterpunkten zum Arzneimittelbereich fällt die SPD vor der Pharma-Industrie auf die Knie: „Positivliste und Negativliste sind entbehrlich", heißt es dort. Es klingt wie: ein für allemal. Es gibt im Detail Korrekturen, die zum Teil tendenziell preissenkend wirken dürften. Am Gesamttrend, der seit Jahren ungebrochen ist, wird sich aber nichts ändern: Die Ausgaben für Arzneimittel werden auch in Zukunft „überproportional" steigen. Das „Heer von Pharmalobbyisten in der deutschen Hauptstadt" und die Rechtsanwaltskanzleien, die in den vergangenen Monaten dem Gesundheitsministerium im Auftrag der Industrie nahezu täglich mit Klagen gedroht haben (Der Spiegel Nr. 31 vom 28. Juli 2003), haben ganze Arbeit geleistet.

Zur „Verbesserung der Qualität der Patientenversorgung" sollen die „Partner der gemeinsamen Selbstverwaltung", also wie gehabt Ärzte- und Kassenfunktionäre, ein „Institut für Qualität und Wirtschaftlichkeit im Gesundheitswesen" gründen. Dieser Apparat soll nach dem Beschluss der Politik „Fragen von grundsätzlicher Bedeutung" behandeln. Es handelt sich also offenkundig um einen vom Patientenalltag abgerückten Elfenbeinturm. Das Institut wird nicht mit dem Ziel gegründet, nutzlose oder schädliche Medikamente aufzuspüren oder umstrittene ärztliche Behandlungsmethoden zu begutachten, wie dies zum Schutz der Verbraucher seit Jahren gefordert wird.

Zur Verbesserung der Qualität der Patientenversorgung wird außerdem „in den ärztlichen Praxen ein internes Qualitätsmanagement eingeführt". Die Politiker sagen kein Wort, was sie sich darunter vorstellen oder was geschieht, wenn Ärzte kein internes Qualitätsmanagement einführen. Eine nichtssagende, unverbindliche Worthülse, die in oberflächlichen TV-Talkshows Eindruck macht, in der Praxis aber ohne Folgen bleiben wird.

Zur Verbesserung der Qualität der Patientenversorgung müssen Ärzte „kontinuierlich" an „interessenunabhängigen" Fortbildungen teilnehmen. Woher plötzlich die unabhängigen Anbieter von Fortbildungsveranstaltungen kommen sollen, darüber darf gerätselt werden. Dieser Bildungssektor wird von der Pharma-Industrie dominiert: Sie bestimmt die Inhalte und bietet Ärzten Veranstaltungen zu Niedrigpreisen an. Da würde der in Jahrzehnten systematisch verwöhnte Berufsstand den Aufstand proben, wenn er eines Tages Pharma-freien Fortbildern reale Preise zahlen müsste. Das weiß auch die Politik und will sich erst gar nicht die Finger schmutzig machen. Sie verpflichtet deshalb die Kassenärztlichen Vereinigungen, „ihre Mitglieder auf die Einhaltung ihrer Fortbildungspflichten zu überprüfen". Ausgerechnet die KVen, die es seit Jahren vortrefflich verstehen, Vorschriften des Gesetzgebers durch Nichtbeachtung zu unterlaufen!

Im Gesundheitswesen wird, darüber sind sich alle einig, eine Menge Geld – manche sagen eine halbe Milliarde Euro jährlich – verschwendet. Auf eine der Ursachen weist der Sachverständigenrat immer wieder hin: Es gibt in Deutschland zu viele niedergelassene Ärzte. Jeder dieser Ärzte erhält mit seiner Zulassung zur kassenärztlichen Versorgung auf Lebenszeit ein gesichertes und überdurchschnittliches Einkommen. Das ist so, ungeachtet des Gejammers und der Straßenproteste, mit denen die Ärztelobby Andrea Fischer (Grüne), Schröders erster Gesundheitsministerin eingeheizt hat. Dass es den Ärzten besser geht als fast allen anderen Berufsgruppen, zeigt die Insolvenzstatistik: Selbst in den Jahren des budgetierten Gesamthonorars ist fast keine der über 110.000 Arztpraxen pleite gegangen – dies, obwohl viele Ärzte von wirtschaftlicher Praxisführung nicht viel verstehen.

Zum Frohlocken der Ärzte und ihrer Funktionäre wollen Schmidt und Seehofer jetzt auch noch die Budgetierung des Gesamthonorars abschaffen. Der Honorardeckel, mit dem das Honorarwachstum begrenzt wird, soll im Jahr 2007 zu Gunsten von „arztgruppenspezifischen Regelleistungsvolumina" fallen. Ein bürokratisches Monster, das die Honorare und damit natürlich auch die Kassenbeiträge der Versicherten steigen lässt. Der „Grundsatz der Beitragsstabilität" ist dann nur noch „zu beachten".

An den Wirtschaftlichkeitsprüfungen soll sich, obwohl sie als „nicht ausreichend" kritisiert werden, nichts ändern. Festgehalten wird, dass sie „künftig durch darauf spezialisierte Personen durchgeführt werden". Als ob heute Maler und Lakkierer die ärztlichen Dokumente prüften! Das Problem ist nicht die Qualifikation des Prüfpersonals, sondern die mangelnde Ernsthaftigkeit, mit der die KVen diesen Job machen.

Völlig unzureichend reagieren wollen die Politiker auf die von ihnen selbst konstatierten „Falschabrechnungen und Korruption im Gesundheitswesen". Auf dem Papier verpflichten sie Kassen und KVen, „entsprechende Prüf- und Ermittlungseinheiten einzurichten". Als ob es die heute nicht gäbe! Aber vielleicht sind die ja nicht „entsprechend".

Ambulanten und stationären Sektor verbinden

Praktisch keine Konsequenzen ziehen die Gesundheitspolitiker aus der eigenen Erkenntnis, dass die mangelnde Kooperation und Koordination zwischen dem ambulanten und dem stationären Sektor teuer und der Qualität der Patientenversorgung abträglich ist. Zwar plädieren sie für so genannte medizinische Versorgungszentren, „die für die Patienten und Patientinnen Versorgung aus einer Hand anbieten", aber sie geben ihnen keine Existenzchance. Denn sie sind „wie niedergelassene Ärzte im Rahmen der vertragsärztlichen Bedarfsplanung zuzulassen". Der Punkt ist aber: Medizinische Versorgungszentren, in denen Ärzte und nichtärztliche Heilberufe zusammenarbeiten sollen, machen für diese aus betriebswirtschaftlichen Gründen vor allem in Ballungszentren Sinn. Und dort sind auf Grund der hohen Arztdichte die Fachgebiete in der Regel gesperrt. Die Versorgungszentren, so wünschenswert sie sein könnten, werden also eine Rarität bleiben.

Eine andere Möglichkeit, die Mauer zwischen dem ambulanten und dem stationären Sektor durchlässig zu machen, ist das Modell der „integrierten Versorgung". Deshalb erklärt die Politik auch, „juristische Barrieren und ökonomische Hemmnisse" zu beseitigen. Ihre Ansätze bleiben aber zaghaft: Denn für die integrierte Versorgung darf maximal ein Prozent der Gesamtvergütung zur Verfügung gestellt werden. Und das zunächst einmal nur probeweise in den Jahren 2004 bis 2006. Es ist kaum vorstellbar, dass sich unter diesen Umständen Ärzte und Krankenhäuser finden werden, die einen solchen Vertrag.

Bisher dürfen Krankenhausärzte ambulante Leistungen erbringen, wenn sie dazu „persönlich ermächtigt" sind. Die Politiker bekennen sich dazu, dass sie diese Teilöffnung um das Rechtsinstrument der „institutionellen Ermächtigung" der Krankenhäuser erweitern wollen. Auch hier gehen sie zaghaft vor: Die Kliniken werden nur dann und nur so lange als Institution für ein entsprechendes Fachgebiet geöffnet, bis sich ein Kassenarzt in der Region niederlässt, der in der Lage ist, die ambulante Versorgungslücke zu schließen. Die Klinik soll den Lückenbüßer auf Abruf machen.

Ulla Schmidt hat wenige Tage nach der Vorlage für die nächste Gesundheitsreform mit einem einzigen Satz erklärt, warum das Gesundheitswesen trotz seiner Verschwendung und seiner Qualitätsdefizite – über die Politiker aller Parteien klagen – in seiner Struktur unangetastet bleiben soll: „Mehr war politisch nicht durchsetzbar", hat sie gesagt. „Gegen die Lobby und die sie vertretenden Abgeordneten", hat sie nicht gesagt.

Auch die Debatte über die in Aussicht gestellte Bürgerversicherung, die als Ventil für den Ärger der Öffentlichkeit über die All-Parteien-Eckpunkte eröffnet wurde, spricht Bände: Sie lenkt vom Kern des Problems ab: Das sind die überhöhten Ausgaben im Gesundheitswesen. Freilich spricht vieles dafür, in einer Bürgerversicherung alle Einkommensbezieher zur Finanzierung der gesetzlichen Krankenversicherung heranzuziehen. Aber preiswerter wird dadurch das Gesundheitswesen nicht. Dazu müsste sich die Politik an die Angebotsbedingungen wagen – und sich gegen die Lobbyisten stemmen.

Die Pharma-Lobby
Der Mut zur Überdosis Macht

Kurt Langbein

Gruppen zur Interessensvertretung jenseits der Institutionen der demokratischen Republik gibt es in allen Schattierungen. Greenpeace etwa formiert eine Umweltlobby, die zu ihren besten Tagen Großkonzerne zum Erzittern brachte. Die Lobbies der Erdöl- und der Rüstungsindustrie dagegen bringen regelmäßig uns alle zum Erzittern, wenn sie wieder einmal am Steuerrad der Weltpolitik drehen, um ihre Rohstoffquellen abzusichern oder für Nachschubbedarf an ihren teuren Zerstörungsmaschinen zu sorgen. Allen ist gemeinsam, dass sie ihr Repertoire erweitert haben. Neben der intransparenten direkten Einflussnahme auf Politik und wirtschaftliche Rahmenbedingungen gehört die Steuerung der öffentlichen Meinung in der Informationsgesellschaft zu den zentralen Werkzeugen der großen Lobbies.

Die Pharma-Industrie hat diese Lektionen gut verarbeitet und führt den Krieg um die Köpfe mit der Schlagkraft einer modernen Armee und allen Tricks zur Manipulation der Öffentlichkeit, die Geheimdienste seit Jahrhunderten entwickelt haben. Auch noch nach dem Ende des Industriezeitalters mit seinem mechanistischen Weltbild von den Körperfunktionen, mitten in der Informationsgesellschaft mit ihrem gesicherten Wissen über die Komplexität des menschlichen Organismus gelingt es ihr scheinbar mühelos, den Menschen der reichen Staaten chemische Rezepturen – nun halt gentechnisch verfeinert – als Lösung ihrer Gesundheitsprobleme anzudrehen und dabei auch noch zu den profitabelsten Industriesparten zu gehören. Ein Kunststück, das zu näheren Betrachtungen herausfordert.

Der Preis des Fortschrittes

Mit der massiven Einflussnahme auf Denken und Handeln der Medizinerzunft hat die chemische Industrie in rund einem Jahrhundert fast alle anderen Forschungsrichtungen und Denkansätze in der medizinischen Forschung an den Rand gedrängt. Da mag die Psycho-Neuro-Immunologie noch so eindrucksvoll belegen, wie stark die psychische Verfassung das Immunsystem und damit die Prozesse der Erkrankung und Gesundung steuert, da mag die Epidemiologie noch so genau nachvollziehbar machen, wie sehr Lebensbedingungen über Gesundheit oder Krankheit entscheiden, der gesamte Medizinbetrieb bleibt in seinem röhrenförmigen Denken und den ritualisierten Handlungen verhaftet: Einer „Diagnose" genannten mechanischen

Zuordnung von Beschwerden zu ein, zwei Körperfunktionen folgt eine „Therapie" genannte Verabreichung von ebenso vielen Chemikalien.

Ein teures Ritual: In Deutschland sind die jährlichen Ausgaben der Krankenkassen für Arzneimittel heute mit 23 Milliarden Euro mehr als doppelt so hoch wie noch im Jahr 1990. Schon seit einigen Jahren wird für die Chemiecocktails gegen Krankheiten und Risikofaktoren mehr ausgegeben als für alle 120.000 niedergelassenen Ärzte zusammen – ein Missverhältnis, dass alleine schon als Impuls für eine Totalreform ausreichen müsste.

Schuld an den explosionsartig steigenden Arzneikosten sind nicht noch mehr ärztliche Verordnungen – die lassen sich angesichts der Tatsache, dass ein 65jähriger Bürger heute durchschnittlich täglich sechs Arzneimittel schluckt, kaum vermehren. Die enormen Kostensteigerungen – alleine von 2001 auf 2002 waren es 11,2 Prozent – entstehen ausschließlich durch den Ersatz vorhandener durch immer teurere neue Präparate, die von den Konzernen auf den Markt gepusht werden – angeblich zum Nutzen der Patienten. Arnold Relman und Marcia Angell, zwei ehemalige Chefredakteur des „New England Journal of Medicine", haben die Behauptung überprüft und die Neuerungen gründlich analysiert. Das ernüchternde Ergebnis: Nur 15 Prozent der seit 1990 neu zugelassenen 1000 Präparate enthalten Wirkstoffe, die den Patienten tatsächlich nachweisbar mehr nützen als ihre Vorgänger.

Der Fortschritt der überwiegend auf Arzneitherapie reduzierten Medizin ist in der Tat insgesamt bescheiden: bis heute ist gegen die großen Killer Herztod und Krebs ebenso kein Kraut gewachsen wie gegen den großen Quälgeist Rheuma, und das rasche Ansteigen der Allergien, Demenzen und Stoffwechselkrankheiten wird schlicht ratlos beobachtet und mit einer Fülle von wenig wirksamen Mitteln zur Symptomlinderung begleitet.

Und dennoch gelingt es der Arzneimittelindustrie, den gegenteiligen Eindruck nachhaltig zu erwecken. Mit einem gut ausgefeilten Repertoire an Steuerungsmaßnahmen hämmern die Marketingstrategen in den Konzernen erfolgreich das Bild vom wachsenden Segen der immer teureren Arzneien in die Köpfe der Ärzte und Bürger.

Medizin für Aktionäre

Es beginnt bei der Entscheidung, wonach überhaupt geforscht wird, und endet bei der Entscheidung, wer über die Veröffentlichung der Forschungsergebnisse entscheidet. Bei der Entscheidung nach der Forschungsrichtung spielt die Industrie die Hauptrolle – nur noch weniger als zehn Prozent der Forschungsmittel werden in den nach Rückgang des staatlichen Einflusses lechzenden OECD-Staaten öffentlich bereitgestellt. Ursachenforschung findet so praktisch nicht mehr statt. Und auch bei der Auswahl der Krankheiten, zu denen Arzneien gefunden werden sollen, ist der Handlungsspielraum der Pharma-Manager begrenzt: Nur „Blockbuster" – Top-Bestseller, die während der Patentzeit sündteuer einem möglichst breiten Publikum verkauft werden können – sorgen für die für die eigene Existenzsicherung nötigen Aktienkurse. Seltenere Erkrankungen scheiden da wegen der begrenzten Absatzmöglichkeiten ebenso aus wie solche, die überwiegend mittellose Menschen befallen – mit ein Grund, warum Malaria bis heute nicht wirksam behandelt werden kann.

Wenn der Wert eines Weltkonzern am Erfolg eines einzigen Produktes hängt – Bayers Absturz nach der „Lipobay"-Affäre zeigt das – dann ist jedes Forscherwort zu diesem Produkt bedeutsam. Deshalb wird es auf die Goldwaage gelegt. Die Top-Wissenschaftler aller Staaten in den Gebieten Biotechnologie, Pharmakologie und Medizin stehen fast ausnahmslos auf der Payroll der Pharma-Riesen. Ohne deren Forschungsgelder und Einfluss geht überhaupt nichts mehr in der Medizinforschung. Die Dimensionen hat Mitte September 2001 ein gemeinsames Editorial der Herausgeber von zwölf der weltweit angesehensten Medizinjournale deutlich gemacht. Darin wird in eindringlichen Worten ein Trend beschrieben, der die unabhängige Forschung an den Rand des Abgrunds zu bringen droht. Immer häufiger seien die Leiter von Studien nur noch bezahlte Strohmänner, heißt es hier sinngemäß, die sich einkaufen lassen, um einer von den Herstellern durchgeführten Untersuchung den Anschein wissenschaftlicher Seriosität und Unabhängigkeit zu verleihen. „Sie selbst haben dabei keinerlei Einfluss auf das Design der Studie, keinen Zugang zu den Rohdaten und nur geringe Möglichkeiten, die Ergebnisse selbst zu interpretieren", schreiben die versammelten Chefredakteure und Herausgeber. „Für Wissenschaftler, die sich selbst respektieren, sind diese Bedingungen ein Schlag ins Gesicht. Trotzdem machen sie es, weil sie wissen, dass der Sponsor der Studie spielend jemand anderen findet, der dazu bereit wäre."

Große Geschenke erhalten die Freundschaft

An der Angel der Pharmaindustrie hängen jedoch nicht nur die direkt von ihr beauftragten Forscher. In Wahrheit ist Marketing, die Erforschung der Märkte, das eigentliche Kerngeschäft der Pharmabranche. Gut ein Drittel aller Erlöse werden dafür eingesetzt, dem gesamten Medizinbetrieb einen prägenden Stempel aufzudrücken.

Nahezu jeder Mediziner wird vom Studium bis zum Ruhestand heftigst umworben. Ein Autor der Zeitschrift der Amerikanischen Ärztevereinigung hat berechnet, dass durchschnittlich für einen einzigen Arzt pro Jahr 10.000 Euro aufgewendet werden, um sein Verschreibungsverhalten zu beeinflussen.

15.000 Pharmareferenten sorgen alleine in Deutschland dafür, dass ein Durchschnittsmediziner 170mal pro Jahr besucht und mit Informationen über die Vorteile der tollsten Neuheiten bearbeitet wird – das ist weit mehr, als ein gewöhnlicher Vertriebsapparat in jeder andern Branche.

„Begleitforschung" nennt sich eine weitere subtile Form der Beeinflussung. Bayer etwa organisierte Zirkeltreffen für Ärzte, die „mündliche Berichte über fünf Therapiefälle" mit dem Anti-Diabetikum Glucobay abgeben sollten. 350 Euro Beraterhonorar für diese aufwändige Leistung sorgten für entsprechende Stimmung.

„Wir haben ein unkonventionelles Angebot für Sie: Sie behandeln zunächst 20 Patienten mit Teveten und teilen uns Ihre Erfahrungen auf diesen Fragebögen mit. Dann laden wir Sie zu einem Auswertungsseminar ein, mit Anreise, Theaterbesuch und Unterbringung im First-Class-Hotel zu unseren Kosten. Für zwei Personen. Dann sehen wir weiter." Solche Angebote wurden Deutschen Ärzten 1998 hundertfach gemacht. Um sein neues Mittel gegen Bluthochdruck auf dem Markt zu platzieren, war dem englischen Pharmakonzern SmithKlineBeecham nichts zu teuer. Er hatte Ärzte zum verlängerten Sommerwochenende nach Paris eingeladen.

Und solche Geschenke zeigen Wirkung. Wissenschaftler untersuchten, wie sich ein luxuriöses Symposium an einem tollen, exotischen Ort auf die Verschreibungslaune der eingeladenen Mediziner auswirkt. Dazu überprüften sie, wie häufig die Teilnehmer zwei Medikamente des Fernreiseanbieters ein Jahr vor und ein Jahr nach dem Luxustrip auf ihren Rezeptblöcken notierten. Es zeigte sich eine glatte Verdreifachung der Verschreibungen. Und das, obwohl alle befragten Ärzte der festen Meinung waren, dass solche Verlockungen auf ihre streng wissenschaftliche Therapieplanung nicht den geringsten Einfluss hätten.

Ähnlich die Zustände in der ärztlichen Fortbildung. Zwei von drei Veranstaltungen werden – oft ohne dass dies ersichtlich wäre – von Pharma-Firmen finanziert und inhaltlich prägend mit gestaltet.

Ähnlich geht es in vielen „Fachgesellschaften" zu. Im Leitungsgremium der „Deutschen Hochdruckliga" etwa sitzen Vertreter von zehn Pharma-Unternehmen.

„Habilitierte Pharma-Referenten" werden jene Vertreter der Mediziner-Zunft genannt, die allzeit bereit sind, aufkommende Kritik oder auch Studienergebnisse, die gegen den breiten Einsatz bestimmter Präparate sprechen, schön zu reden oder zu schreiben. Auch die Einführung überfälliger, von unabhängigen Forschungsergebnissen geleiteter Qualitätsstandards und damit von simpler Rationalität in der Therapie wird regelmäßig von der Pharma-Lobby und ihren Vasallen im Arztkittel als „Eingriff in die Therapiefreiheit" gebremst oder zu Fall gebracht. Der schleppende Verlauf der Einführung der „Disease Management Programme", mit denen die Regierung die Betreuung chronisch Kranker wie Diabetiker, Herz-Kreislaufpatienten und Asthmatiker auf eine wissenschaftliche Basis stellen will, zeigt den Einfluss der Lobbyisten: Mal schießt eine Fachgesellschaft, dann wieder eine der vielen von der Industrie ebenso großzügig gesponserten „Selbsthilfe"-Gruppen der Patienten quer, dann wieder die Kassenärztliche Vereinigung.

Die Therapie der öffentlichen Meinung

Dass die Medien der Mediziner – auch dank weit überzogener Anzeigentarife – fest in der Hand der Industrie sind, mag nicht überraschen. Die meisten Studien durchlaufen heute ein wohlgeöltes System der Nachrichtenaufbereitung. Und wegen des Werbeverbots für verschreibungspflichtige Medikamente hat das Medizinkartell hundert Wege gefunden, seine Inhalte getarnt an die Konsumenten zu bringen. Die

Journalisten spielen meist bereitwillig mit. So wurden in einem Versuch Wissenschaftsjournalisten mit zwei verschiedenen Informationen zu einem neu entwickelten Medikament beliefert. Eine war der reine lobhudelnde Pressetext über den Erfolg der letzten Studienreihe. Die zweite war eine kritische Darstellung möglicher Risiken des Medikaments. Exakt die Hälfte der Journalisten schrieb nur über die positive Seite. Die anderen 50 Prozent erwähnten zumindest auch die kritischen Fakten. Ausschließlich kritische Informationen bot kein einziger Journalist seinen Lesern.

Auch die Journalisten werden inzwischen ähnlich akribisch und aufwändig betreut wie die Meinungsbildner unter den Medizinern. Auch ihre Kongressreisen werden von stillen Gönnern der Herstellerfirmen finanziert. Und angesichts schwindender Werbeeinnahmen gehört bei Artikeln zum Thema Arzneimitteln der sorgenvolle Blick des Chefredakteurs auf die Liste der Inserenten des Heftes fast schon zum Alltag.

Noch intransparenter – und gewichtiger – ist die inzwischen auch in öffentlich-rechtlichen TV-Anstalten gängige Praxis, Sendungen mit gesundheitsbezogenem Inhalt von verdeckten Sponsoren finanzieren zu lassen. Dass es dann landauf landab ständig um „neue Arznei-Therapien bei..." geht, wenn über Gesundheit und Krankheit die Rede sein sollte, kann nur den verwundern, der diese intransparenten Praktiken nicht kennt.

Der Markt steuert die Politik

All diese Praktiken sind seit gut 25 Jahren bekannt und ebenso Thema öffentlicher Debatten, wie die permanente Hochpreispolitik der Konzerne, – was nichts daran ändert, dass ebenso lange all diese teuren Maßnahmen zur Beeinflussung der Ärzte und der Öffentlichkeit über den Arzneimittelpreis auch noch von der Allgemeinheit finanziert wurden und werden.

Die Politik hat daran nichts geändert – im Bezug auf die Pharmaindustrie ist evident, dass nicht die Politik den Markt reguliert, sondern umgekehrt die Industrie die Politik.

Dabei bedürfte der Arzneimittelmarkt in ganz besonderer Form der Regulierung – denn er weist Besonderheiten auf, die entscheidende Marktmechanismen außer Kraft setzen und die Gegenmacht der Konsumenten drastisch schwächen: Die Entscheidung über den Kauf fällt nicht der Konsument (der darf über den Kassenbeitrag nur bezahlen), sondern der verordnende Arzt, der selbst in keiner Form negativ an hohen Preisen zu leiden hat (gelegentlich profitiert er sogar über besondere Vergünstigungen der Hersteller). Nur ausgleichende Rahmenbedingungen könnten dieses Ungleichgewicht egalisieren. Dass nun schon deutlich mehr für Arzneimittel ausgegeben wird als für die Allgemeinärzte und Fachärzte gemeinsam, zeugt von einem krassen Missverhältnis und zeigt, dass die Pharma-Lobby dafür sorgen konnte, dass die Politik fast nichts davon zu Wege gebracht hat.

Ein Lehrbeispiel dafür zeigte die deutsche Pharmalobby im November 2001. Bundesgesundheitsministerin Ulla Schmidt wollte eine Preissenkung von vier Prozent bei den patentgeschützten Arzneimitteln durchsetzen. Damit hätten die Krankenkassen in den beiden Folgejahren ihre angespannten Budgets um fast 500 Millionen Euro entlasten können. Doch drei Vertreter großer Konzerne intervenierten bei Bundeskanzler Schröder, und dieser sorgte flugs für die Halbierung dieser Preissenkung.

Wenn es um die Rahmenbedingungen für die chemische Industrie geht, dann steht die deutsche Politik der US-Politik kaum nach. Dort sind es die Finanziers der Wahlkämpfe, die für entsprechende Blickwinkel bei den Gewählten sorgen, in der inzwischen auf der Verliererstraße trotzig dahinschleichenden ehemaligen „Apotheke der Welt" sind es Gewerkschaften ebenso wie Landespolitiker.

Ein Bericht der „Zeit" über die Lobby-Politik von BAYER & Co hat präzise nachgezeichnet, woran die Einführung der Positiv-Liste für Arzneien unter dem Gesundheitsminister Horst Seehofer (CSU) schon in den 90er Jahren des vergangenen Jahrhunderts gescheitert ist. Die Arznei-Industrie hatte sich vehement gegen diese Liste gewehrt, welche die Pillen-Flut eindämmen und nur noch für nachweislich wirksame Medikamente die Krankenkassen zur Kostenerstattung verpflichten wollte. Dabei setzte die Industrie darauf, das Gesetzes-Werk im Bundesrat zu Fall zu bringen und ging arbeitsteilig vor. BAYER setzte den damaligen NRW-Politiker Wolfgang Clement unter Druck, HOECHST den Hessen Hans Eichel und WELLCOME den damaligen niedersächsischen Ministerpräsident Gerhard Schröder. Alle drei stimmten schließlich gegen den Entwurf, was das Aus für die Positiv-Liste bedeutete.

Beim Geburtstag des Verbandspräsidenten der Pharmaindustrie, Hans-Rüdiger Vogel, kam es zu einer einmaligen Geste der Unterwerfung: Der Staatssekretär des Gesundheitsministers, Baldur Wagner, übergab dem Pharmapräsidenten die Positivliste in zerschreddertem Zustand. Papierschnipsel, das war von ihr übrig geblieben. Die Pharmaindustrie hatte einen triumphalen Sieg gegen die Bemühungen errungen, den von immer größeren Defiziten bedrohten Kassen wissenschaftlich fundierte Instrumente zur Qualitätssicherung und Kostendämpfung in die Hand zu geben.

Dem sollten weitere folgen. Zuletzt im Juli 2003 scheiterte der ohnehin schon minimalistisch verwässerte Versuch von Gesundheitsministerin Ulla Schmidt, die Zahl der verschreibungswürdigen Arzneien von 40.000 auf 20.000 zu reduzieren, am Einspruch des nunmehr CDU-dominierten Bundesrates. Dem waren vergleichbare Interventionen der deutschen Pharma-Konzerne vorangegangen. Für das Wohl der amerikanischen Konkurrenz Pfizer & Co intervenierte ohnehin schon seit einiger Zeit der US-Botschafter persönlich beim Kanzler.

Dass die derart zur Bewegungslosigkeit zusammengestauchte deutsche Politik an der eigentlichen Geldmaschine der Pillendreher, der Patentfrist, nichts ändert, verwundert da kaum. Die Zeit aufrechter Patente für einen „Blockbuster" gleicht einer Lizenz zum Gelddrucken. Die Preise für Produkte, deren Herstellung Bruchteile eines Cents kostet, werden fast beliebig auf 10, 30, ja 50 Euro pro Tagesdosis festgesetzt.

Es ist wohl der historisch gewachsenen Verquickung der Regionalpolitik mit den großen Chemiekonzernen zu verdanken, dass in Deutschland die Pharma-Lobby noch stärker ihre Interessen durchsetzen kann als im übrigen Europa – und auch dort diktiert sie die Struktur des Medizinbetriebes, die Ausgabenentwicklung und hat über ihre Schwester Biotech auch die Zukunft im Griff.

Noch einflussreicher sind die Lobbyisten der Arzneimittelhersteller nur in den USA.

Die Ausgaben der einzelnen Volkswirtschaften für das Gesundheitswesen demonstrieren die Konsequenzen des Lobbyismus: Die USA haben mit Abstand das teuerste Gesundheitswesen, gefolgt von Deutschland, wo bereits jeder zehnte verdiente Euro für den Medizinbetrieb draufgeht. Staaten mit Positivlisten und einer vernünftigen Regulierung des medizinischen Angebotes wie Finnland und die Niederlande kommen mit rund einem Drittel weniger Geld aus, ohne dass dies irgend einen messbaren Nachteil für die Versicherten und Patienten hätte, stellte unlängst die Bertelsmann Stiftung in einer Vergleichstudie fest.

„Lobbyismus ist Politikberatung"

Interview Karlheinz Maldaner (Deutsche Telekom bis Oktober 2003)

Leif: Welchen Status hat Lobbyarbeit hier am Sitz der Regierung in Berlin?

Maldaner: Für jede Bundesregierung ist das, was man heute Lobbytätigkeit nennt (ich liebe den Ausdruck nicht, weil Lobbying mit dem amerikanischen Ursprung, wo immer Geld mit im Spiel ist, in Deutschland wenig zu tun hat) eher unverzichtbar. Und zwar deshalb, weil die politische Arbeit, die Gesetzesarbeit, das Ins-Werk-Setzen von Rahmenbedingungen, für sämtliche Bereiche von Wirtschaft bis Kultur, heute so hoch komplex geworden ist, dass im Normalfall, von kleineren Vorhaben abgesehen, kein Ressort der Bundesregierung, keine Fraktion und keine Verwaltung ohne die Hilfe von beteiligten Unternehmen und Verbänden in der Lage ist, den Vorgang so komplett zu überschauen und vernünftige Formulierungen zu finden. Das heißt, es gibt ein Bedarf in der Politik für rationale, analytische, und meinetwegen auch interessierte Argumente aus der Wirtschaft, so lange sie Interesse bekundet im Rahmen dessen, was man unter Gemeinwohl abhandeln kann. Dazu gehört durchaus auch das Ertragsstreben.

Leif: Was wäre für Sie denn ein Gegenbegriff zu Lobbying, der Ihnen sympathischer wäre?

Maldaner: Begrifflich am treffendsten scheint mir immer noch „Politische Beratung", aber das wird sich nicht mehr durchsetzen. Mir liegt aber sehr daran zu betonen, dass das, was viele Leute, auch in den Medien, mit Lobbying assoziieren, nämlich das Durchsetzen von Interessen im Dunkeln, im Zweifel mithilfe von Geschenken oder auch mit Geld, nach meiner Berufserfahrung im Regelfall nicht zu dieser Tätigkeit gehört, im Übrigen auch nicht gehören darf.

Leif: Ihre Definition zielt auf Politikpartner.

Maldaner: Ja.

Leif: Geht es um die „Sache" oder um Interessen?

Maldaner: Ich kann doch als Firmenvertreter nicht so tun, als hätte ich keine Interessen, das glaubt mir keiner. Meine Erfahrung ist, dass in der Politik dann Offenheit für Unternehmensinteressen besteht, wenn ich Interessen gut begründen oder wenigstens plausibel machen kann. Es ist legitim, zu sagen, wir haben ein ökonomisches Interesse, das sich auch beziffern lässt. Ökonomisch relevante Probleme eines Unternehmens wie beispielsweise der Deutschen Telekom können für Fragen der wirtschaftlichen Zukunft und damit des Wohlstandes dieses Landes erheblich sein oder angesehen werden. Diese Art der politischen Interessensvertretung wird von der

Politik als legitim angesehen und ist oft sogar erwünscht. Was noch lange nicht heißt, dass Politik sich für diese Interessen stark macht oder sie gar übernimmt. Auch muss es nicht in jedem Fall heißen, dass dieses Interesse von der Politik genauso gewichtet wird, wie das Unternehmen es gewichtet.

Leif: Worin besteht des Unternehmens an einer Hauptstadtrepräsentanz? Was sind die Lobbyinteressen? Sind die ausformuliert?

Maldaner: Die sind nicht ausformuliert, in dem Sinne, dass es einen Masterplan oder eine Guide-Map gibt. Die Interessen sind auch nicht nur auf einer Ebene angesiedelt. Wir haben einmal das Interesse, das sagt der Name Hauptstadtrepräsentanz schon, als bedeutendes deutsches Unternehmen am Sitz von Parlament und Regierung repräsentativ vorhanden zu sein. Wir möchten auch ein Stück Aushängeschild und ein Stück „Gute Stube" repräsentieren. Zweitens braucht uns das Unternehmen als „kommunizierende Röhren", dass heißt, dass wir in die Zentrale nach Bonn von politischen Ereignissen berichten, die wir bewerten und deren Bewertung vielleicht so nicht in der Zeitung steht. Dies geht bis hin zu personellen Entwicklungen und Personalpolitik. Wir liefern als Organisationseinheit dem Vorstand einen „Mehrwert", insofern wir Politik dechiffrierbarer und bewertbarer machen, als das durch normale Zeitungslektüre, zu der auch nicht jedes Vorstandsmitglied immer ausreichend kommt, möglich ist. Und drittens: Soweit hier in Berlin, in Bundesregierung, Parlament und den Ressorts, Rahmenbedingungen für unsere wirtschaftliche Tätigkeit gesetzt werden oder Außenpolitik konzipiert wird, die uns tangiert, ob das GATT-Verhandlungen sind oder bilaterale im europäischen Zusammenhang, haben wir ein Interesse daran, wahrzunehmen und zu berichten, was da eigentlich passiert. Wir berichten also Sachverhalte nicht erst, wenn sie der Zeitung zu entnehmen sind. Umgekehrt hat die Politik die Erwartung, dass wir uns einbringen und dass wir „Aua" schreien, wenn wir der Ansicht sind, da geht etwas in die falsche Richtung. Und schließlich dass wir unterstützten, wo wir der Meinung sind, das nützt. Letztlich wollen wir zeigen, dass wir gute „Corporate Citizen" sind, das heißt, wir wollen als Unternehmen unseren Teil zur Gesellschaftspolitik beitragen.

Leif: Wirken Sie auch wie ein politisches Frühwarnsystem für die Konzernzentrale?

Maldaner: Ja, das ist heute dadurch komplizierter geworden, weil es viele Fragen gibt, bei denen die Frühwarnung mit Brüsseler Ereignissen zusammenhängt. Sicher gibt es immer noch manches in der Politik, was auch einfach zufällig passiert oder auch zufällig nicht passiert. Aber es wird schon von einem Büro, das ja auch nicht unerhebliche Kosten verursacht, erwartet, dass wir in der Lage sind zu beobachten, was von den Belangen, die das Unternehmen betrifft, angedacht wird, bevor es in den politischen oder parlamentarischen Gremien landet.

Leif: Wie viele Akteure sind in Ihrem Lobby-Bereich tätig?

Maldaner: In Berlin arbeiten für das politische Lobbying sechs Mitarbeiterinnen und Mitarbeiter. Das ist für das Portofolio, das die Deutsche Telekom hat, personell eher am unteren Rande besetzt. Allerdings gibt es zahlreiche kleinere Büros anderer Unternehmen in Berlin. Mit dieser Mitarbeiteranzahl kann aber nur ein geringer Teil des gesamten politischen Spektrums kontinuierlich beobachtet werden. Man macht sich die Arbeit dadurch ein Stück leichter, dass man durch kontinuierlich gepflegte Kontakte Partner in der Politik und in den Ressorts hat, mit denen die Kooperation so gut klappt, dass die sich mitunter auch selbständig melden bei Sachen, die „brennen", nach dem Motto „weißt du eigentlich schon, dass...".

Leif: Sind die Mitarbeiter auch nach Farben sortiert, um spezifische Zugänge zu organisieren?

Maldaner: Wir haben eine Sortierung nach Farben vorgenommen, weil anders nicht zu gewährleisten ist, dass für die großen Parteien, die im Bundestag vertreten sind, natürliche Ansprechpartner vorhanden sind, um nicht jeweils im Einzelfall die Zuständigkeit neu regeln zu müssen und um Kontinuität zu schaffen. Abgesehen davon kennen wir keine Zuständigkeiten. Im Zweifel ist jeder für jedes verantwortlich und wenn jemand Urlaub hat oder krank ist, gilt das ohnehin.

Leif: Die Zugänge sind wichtig.

Maldaner: Die Zugänge sind wichtig. Ich selber muss als Verantwortlicher Zugang zu allen haben und kann mich nicht nach bestimmten Fraktionen und Parteien sortieren.

Leif: Was sind für Sie Schlüsselqualifikationen für Lobbyisten?

Maldaner: Erstens muss ein guter Lobbyist Politik kennen – und zwar nicht aus Büchern oder aus dem Studium, sondern aus der Praxis. Er muss wissen, wie Abläufe in Fraktionen, Parteien und den Ressorts in der Exekutive funktionieren. Er sollte zudem ein Gefühl für die „politische Denke" unabhängig von Parteifarben haben. Auch nach 20 Jahren im politischen Geschäft sollte er noch eine „Lust" auf Politik haben und dieses zudem auch noch spannend finden. Gleichzeitig sollte er einen gewissen Respekt und eine gewisse Anerkennung für die Politik und die politischen Institutionen haben. Jemand der mit einem bestimmten Desinteresse oder Verächtlichkeit über politische Institutionen in der Demokratie oder über Politiker denkt, wird diese Arbeit nicht gut machen können. Und wer nicht in der Lage ist, im Wasser „Politik" zu schwimmen, hat es sehr schwer, weil er zu viel Zeit braucht, um sich das Umfeld zu organisieren.

Das zweite Hauptmerkmal eines guten Lobbyisten ist seine große intellektuelle und argumentative Redlichkeit. Wer versucht, Politiker und Politik, für welche Interessen auch immer, an der Nase herumzuführen oder über den Tisch zu ziehen, wird nicht weit kommen und ist auch relativ schnell aus dem Geschäft raus. Der Politiker muss erkennen, dass sein Gegenüber eine bestimmte intellektuelle, argumentative und auch moralische Kompetenz besitzt, dass er integer, verlässlich und authentisch ist, damit er ihn als Partner anerkennen kann.

Zudem sind für einen Lobbyisten möglichst profunde Kenntnisse der Branche bzw. seines Unternehmens notwendig. Zwar muss man nicht in jedes Portofolio oder jede Technologie, die das Unternehmen hat, im Detail einsteigen, aber man muss nach einer Weile zumindest in der Lage sein, zu wissen worum es geht, um welche Interessen bzw. um welche Geschäftsmodelle es sich handelt. Im Zweifelsfalle muss man den richtigen Ansprechpartner im Unternehmen aussuchen und ansprechen können.

Leif: Zusammengefasst: Sie präferieren eher ein rationales Model von Politik, mit Respekt vor den Institutionen.

Maldaner: Unbedingt.

Leif: Kann man sich als Lobbyist denn auch einen anderen Auftritt leisten?

Maldaner: Man wird es sich immer weniger leisten können. Es gibt, auch hier in Berlin noch, Repräsentanten des „alten Stils", also solche Repräsentanten, die von einem halben Dutzend Partys, die jeden Abend stattfinden, mindestens die Hälfte wahrnehmen und auch ansonsten tagsüber auf allen möglichen Veranstaltungen zu finden sind. Diese Repräsentanten nehmen aber sowohl von der Bedeutung als auch von der Zahl her rapide ab. Erstens, weil das aufgrund der Vielzahl Veranstaltungen in Berlin keiner mehr leisten kann. Zweitens, weil das nicht mehr gefragt ist.

Es gibt gleichwohl auch für mich noch repräsentative Aufgaben, die wahrgenommen werden müssen. Beispielsweise wenn der britische Botschafter wie kürzlich geschehen, seinen Dienstantritt gibt und in die britische Botschaft einlädt, dann ist es meine Pflicht und Schuldigkeit, mich sehen zu lassen, um bei der Botschaft für das Unternehmen wahrgenommen zu werden. Aber es gibt eine Vielzahl von repräsentativen Angelegenheiten, die in keinem Zusammenhang zum Unternehmen stehen. Bei solchen Veranstaltungen halte ich meine Anwesenheit für verzichtbar.

Leif: Wird die Branche also seriöser?

Maldaner: Die Branche wird zweifelsohne seriöser. Was mir ein bisschen Sorge macht ist, dass ich eigentlich von jemanden, der Lobbyist genannt wird, – wie vorhin schon bei den Kriterien erwähnt – erwarte, dass er Kenntnisse von politischen Abläufen hat und in der Politik heimisch ist. Mittlerweile gibt es die Tendenz in Unternehmen, aus Kostengründen, Leute für dieses Geschäft zu nehmen, die entweder frisch von der Uni kommen oder eine Runde im Vorstand des Unternehmens gedreht haben. Dieses Personal ist natürlich billiger als jemand, der 20 Jahre in der Politik war oder vielleicht sogar ein Mandat inne hatte, zu engagieren. Für solche Kollegen ohne Netzwerk und ohne Kenntnisse der internen politischen Abläufe kostet es aber viel Arbeitszeit und Aufwand, um beispielsweise mit den Ressorts ins Benehmen zu kommen. Oft müssen gar die Referenten in den Ressorts dem angehenden Lobbyisten noch beibringen, wie der Hase läuft, das kostet Zeit. Am Ende ist eine solche Personalpolitik für die Unternehmen eine Milchmädchenrechnung. Letztlich sind solche Kollegen teurer und werden auch definitiv von der Politik und den Ressorts weniger ernst genommen.

Leif: Das heißt: die Zentralen haben auch nicht den genauen Blick, was eigentlich effizient ist.

Maldaner: Ich glaube, dass das vielfach komplett ohne Blick auf politische Belange geschieht, sondern aus betriebswirtschaftlichen oder internen Kriterien heraus. Wir erleben häufig – ich kann Ihnen aus der letzten Zeit drei Fälle nennen – dass die Besetzung von Positionen in Berlin ansteht und die klare Richtlinie des Vorstandes kommt, „wir besetzen von innen". Von innen hat immer den Vorteil, dass derjenige, der kommt, das Unternehmen schon einigermaßen kennt. Meistens werden solche Entscheidungen aus Kostengründen getroffen. Jahresgehälter von 40.000 Euro verbunden mit einem entsprechenden Status in Berlin können unternehmensintern schon einen Karrieresprung bedeuten. Generell ist das Problem, ich kann es nur paradox formulieren: Uns Lobbyisten gibt es, weil die Unternehmen keinen tiefen Einblick in Politik haben oder überhaupt politikferne Veranstaltungen sind. Und gleichzeitig wird dieser Umstand durch uns nicht behoben. Ich kann noch 15 Jahre lang Politikberater spielen und werde die Politikferne des deutschen Managements trotzdem nicht verändern.

Leif: Warum?

Maldaner: Weil das nur dann ginge, wenn ich a) im normalen betrieblichen Ablauf des Managements selbst involviert wäre, was ich nicht bin, da ich als Repräsentant immer „aussenbords" bin. Und weil es b) eine viel größere Durchlässigkeit in Deutschland geben müsste zwischen Wirtschaft und Politik, die es aus zahlreichen Gründen im Unterschied zu angelsächsischen Ländern und den USA nicht gibt.

Leif: Die Deutsche Telekom ist ja ein relativ politiknahes Unternehmen. Alleine schon von ihrem Gründungsbackground her.

Maldaner: Dies halte ich für einen Irrtum, den ich auch häufig in der Zeitung lese.

Leif: Welchen Irrtum?

Maldaner: Nein, ich glaube, das ist ein Fehlschluss. Nur weil dieses Unternehmen früher staatlich war und eine behördliche Bürokratie hatte, ist es heute nicht regierungsnäher, selbst dann nicht, wenn ich einkalkuliere, dass die Mehrheit der Aktien immer noch beim Bund liegt.

Leif: Nicht regierungsnäher, aber politiknäher?

Maldaner: Aber das spielt keine große Rolle mehr. Es spielt dann noch eine Rolle, wenn die Frage aufkommt, „ist die Eröffnungsbilanz okay, sind falsche Bewertungen vorgenommen worden". Und auch wenn es um die Frage geht, wie kommt der Bund dazu, der das Unternehmen zur Gänze privatisieren möchte, weitere Aktienpakete in der derzeitigen Börsensituation zu verkaufen. Das sind aber alles Sonderbedingungen. Im Normalfall, in der ganz normalen unternehmerischen Führung, ist es nicht nur so, dass der Bund nicht reinregiert, sondern da gibt es auch keine besondere Nähe. Außer bei zwei Punkten, die in der Tat besondere Situationen darstellen: Erstens, dass die Telekommunikation als Infrastruktur für dieses Land von erheblicher Bedeutung ist. Und zweitens, weil wir in Deutschland, wahrgenommen durch eine nachgeordnete Bundesbehörde (die Regulierungsbehörde für Telekommunikation und Post), eine sektorspezifische Regulierung haben, die ursprünglich die Deutsche Telekom vom Monopol in den Wettbewerb führen sollte, und immer noch als ein spezifische Regulierung weiter agiert. Im normalen, sowohl strategischen, als auch taktischen Alltag des Unternehmens, ist von einer besonderen Nähe zur Politik nichts zu spüren.

Leif: Zur operativen Ebene: Was ist für Sie der effizienteste Weg, wenn Sie ein Anliegen haben? Wo können Sie am ehesten ansetzen. Ist das die Ministerialbürokratie? Ist die am einflussreichsten?

Maldaner: Das hängt vom Gang der Dinge ab. Ich nehme ein Beispiel: Gegenwärtig steht die Novellierung des Telekommunikationsgesetzes an. Solange die Novellierung dieses Gesetzes sich in dem Stadium befindet, in dem das zuständige Ressort und die beteiligten Ressorts das Gesetz ausarbeiten, ist die Beschäftigung mit Parlamentariern oder Bundesratsmitgliedern sekundär, von der Sache her gar nicht notwendig. Da rückt die Interaktion und das Gespräch mit den Ressorts und dem Bundeskanzleramt in den Vordergrund. In dem Augenblick, in dem sich der Gesetzentwurf in der parlamentarischen Phase befindet, das heißt in der Ausschuss-, Bundestags- oder Bundesratsberatung, steht die Legislative im Fokus, die Exekutive tritt dann in den Hintergrund. Generell tue ich aber andererseits gut daran, bei allen Vorgängen die Schlüsselpersonen und Institutionen in der Regierung, der Opposition, den Fraktionen des Deutschen Bundestages und den Ländern auf dem gleichen Informationsstand zu halten und die Kontakte regelmäßig zu pflegen. Das ist eine Frage des Stils, der Transparenz und der Fairness.

Leif: Sie bevorzugen also die gleichmäßige Information.

Maldaner: Ja, im Regelfall macht man immer dann einen Fehler, wenn man entweder verschiedene Informationen an verschiedene Stellen, oder gleiche Informationen, aber nicht zeitgleich an die wichtigsten Stellen gibt.

Leif: Wenn Sie die Ministerialbürokratie oder die Ministerialverwaltung als Einflussfaktor nehmen. Wird dieser Machtfaktor bei uns in Deutschland unterschätzt?

Maldaner: Es gibt den berühmten und immer noch gültigen Satz „wer schreibt, der bleibt". Die Referatsleiter und Referate, die an Gesetzen, Verordnungen oder anderen politischen Prozessen beteiligt sind, die sind schon sehr maßgebend für das, was am Ende dabei rauskommt. Die Vorstellung, die häufiger gepflegt wird, „große Männer machen Geschichte, und deshalb genügt nur ein Vieraugen-Gespräch mit einem Minister oder einem Staatssekretär", ist irrig. Bei der Komplexität, die in der Politik heute besteht, ist im Zweifel ein Minister weder zeitlich noch von der Kompetenz her in der Lage, einzelne Vorgänge der Gesetzgebung zu beobachten. D. h. wer sich mit der sogenannten Arbeitsebene nicht kontinuierlich ins Benehmen setzt, dem schwimmen irgendwann alle Felle weg. Auf der anderen Seite bleibt es beim Souverän des Parlamentes, und wenn dort die Mehrheitsverhältnisse so sind, dass eine bestimmte Richtung, die in Gesetzesform gegossen ist, partout nicht gefällt, dann wird sie, was immer vorher geschrieben worden ist, im Parlament gekippt, oder geändert. Derzeit kommen noch die Mehrheitsverhältnisse im Bundesrat dazu. Wie häufig in der Geschichte der Bundesrepublik, ist die Mehrheit im Bundestag eine andere als die im Bundesrat. Im Regelfall tut derjenige, der Einfluss nehmen oder auch nur gehört werden will und dabei seriös erscheinen mag, gut daran, von vornherein nicht nur das Ressort oder die Bundesregierung, sondern gleichzeitig auch das Parlament, die Opposition und zumindest bei allen zustimmungspflichtigen Vorhaben den Bundesrat mit ins Auge zu fassen.

Leif: Was ist aus Ihrer Sicht operativ das wirksamste Handwerkzeug? Ist es die Ausarbeitung von Papieren oder ist es nur das direkte Gespräch? Womit haben Sie positive Erfahrungen?

Maldaner: Das wirksamste Instrument ist nach wie vor das Gespräch, wenn die Voraussetzung gegeben ist, dass wechselseitiger Respekt und Vertrauen vorhanden ist. Ein Telefongespräch zwischen Leuten, die sich nicht kennen und nicht voneinander wissen, wie vertrauenswürdig und belastbar der andere ist, bewirkt relativ wenig. Aber ein Gespräch, das belastbar ist, weil die handelnden Personen sich kennen, auch von der wechselseitigen Integrität und Kompetenz wissen und sich respektieren, ist nach wie vor das beste Instrument. Solche Gespräche werden in sehr vielen Fällen durch die berühmten „Onepager" ergänzt, weil kaum einer, der im Ressort oder auch im Parlament arbeitet, heute aufgrund des hohen Zeitdruckes und der Komplexität der Themen in der Lage ist, ein Gespräch so zu speichern, dass er das in kurzer Zeit zu Papier bringen und im Ressort weiterverteilen kann.

Leif: Sie müssen Informationen auch bündeln und zuspitzen. Was ist dran an dem Klischee, dass Lobbyarbeit auch oft Dienstleistung für politische Akteure ist. Man also zuarbeitet mit Reden, mit Expertisen, mit Fachanalysen, die dann wiederum die Politik nutzen kann. Ist das ein Klischee oder ist da was dran?

Maldaner: Lobbytätigkeit ist generell Dienstleistung – und zwar sowohl für das Unternehmen als auch für die Politik. Wir begreifen uns hier als Dienstleister. Diese Vorstellung bedeutet auch, dass wir nicht mit der Vorstellung arbeiten „wir hätten die Zügel in der Hand". Wir sind allerdings nicht Dienstleister in dem Sinne, wie Sie es angesprochen haben. Die Ausarbeitung von ganzen Reden oder Gesetzentwürfen durch Unternehmensvertreter oder von Repräsentanten ist völlig ungewöhnlich. Aber sehr häufig bitten die Ressorts um Hilfestellung bei der Formulierung von Gesetzestexten oder spezifischen inhaltlichen Fragestellungen, weil sie mangels eigener Ressourcen darauf angewiesen sind. Die Industrievertreter helfen den Rechtsressorts und den Finanzressorts häufig Formulierungen zu finden, die sehr komplexe Fragestellungen wiedergeben und Bestand vor Gericht haben.

Leif: Und verfassungsfest sein müssen.

Maldaner: – und verfassungsfest sein müssen. Eine weitere häufige Dienstleistung ist die wechselseitige Information. Ich bekomme beispielsweise jede Woche zahlreiche Anrufe, nach der Frage „wie sieht die Deutsche Telekom dies und jenes". Derjenige, der mich anruft, hat eine Berichtspflicht gegenüber dem Vorgesetzten XY und ist nach der Sachlage gefragt worden. Bei solchen Fällen fragt er im Zweifelsfalle nicht nur die Position der Deutschen Telekom, sondern auch die des Wettbewerbers und des zuständigen Ressorts ab. Nur durch die Zusammenstellung von Informationen kann er ein Gesamtbild abgeben, das er von sich aus, aus seinem eigenen Wissen, gar nicht haben könnte.

Leif: Wo sehen Sie Grauzonen in dem „Gewerbe", wo Sie selbstkritisch sagen würden, dass ist noch nicht so professionell, wie Sie es sich wünschen würden? Wo sehen Sie problematische Aspekte in der politischen Praxis?

Maldaner: Problematisch sehe ich die Stellen, wo politische Beratung und Selbstdarstellung des Unternehmens in den Medien nicht voneinander getrennt werden. Jedes Unternehmen tut meiner Meinung nach gut daran, die Tätigkeit des Lobbyisten oder des politischen Beraters oder desjenigen, der die Rolle des wechselseitigen Informanten spielt, von der Selbstdarstellung in den Medien zu trennen. Die meisten Unternehmen, die ich kenne, handeln danach. Es gibt eine zweite Grauzone: Unternehmen tun gut daran, die Tätigkeit der politischen Beratung zu trennen von dem, was auch nötig ist, nämlich einen guten Eindruck in der Politik zu hinterlassen. Großes Sponsoring wie Sportsponsoring, oder ähnliches, würde ich von der Frage des politischen Lobbying immer fein säuberlich getrennt halten. Auch wenn sonst gar nichts passiert, die Gefahr der Missinterpretation ist zu groß. Wer sponsert, tut Gutes, aber er kommuniziert nicht mit und über Politik. Und wer „Goodies" verteilt, aber angeblich keine Interessen verfolgt, weckt Misstrauen, völlig zu Recht.

Leif: Arbeiten Sie schon mal mit den Medien als Instrument, wenn Sie etwas durchsetzen wollen, oder ist das für Sie kein Faktor?

Maldaner: Das ist für uns kein Faktor. Zu einem bestimmten Teil gehört zur politischen Kommunikation, die funktionieren soll, auch immer ein Mindestmass an Öffentlichkeit. Das ist aber was anderes, als Sie meinen. Was ich verstärkt bei der Deutschen Telekom sehen möchte, ist, dass wir uns politisch und auch gesellschaftspolitisch auf die Medien einlassen. Da bin ich auch guter Hoffnung, dass sich das besser entwickelt als bisher. Das ist aber etwas anderes, als geschäftliche Interessen per Medien zu befördern.

Leif: Wenn Sie zum Beispiel mit einem Telekom-Anliegen gar nicht mehr weiterkommen. Würden Sie dann mit dem Instrument Skandalisierung arbeiten?

Maldaner: Im Regelfall: Nein. Im Regelfall würde ich dadurch, dass ich es öffentlich mache, die ablehnenden Positionen eher zementieren. Aber es kann natürlich auch den Ausnahmefall geben. Mir fällt jetzt kein unmittelbares Beispiel ein, aber ich kann mir schon Situationen vorstellen, in denen das Öffentlichmachen eines Interesses, was dann aber im Regelfall nicht nur das Interesse der Deutschen Telekom sondern beispielsweise das der gesamten Branche oder der deutschen Wirtschaft auch berühren müsste, bisherige Blockaden auflösen kann, weil die Öffentlichkeit Situationen schafft, die vielleicht Nachdenklichkeit auslösen. Ich halte aber ansonsten relativ wenig davon, gegenüber der Politik Droh- und Druckkulissen aufzubauen. Es gibt Einzelfälle, wo das mal sinnvoll sein kann. Wer in der Regel so verfährt, macht deutlich, dass er die Politik nicht als Partner ansieht, sondern als Gegner, den man in Positionen bringen will, in die er eigentlich nicht will, oder den man sogar bekämpfen will.

Leif: Gibt es einen Trend mit den Medien zu arbeiten? Es gibt ja in vielen Konzernen durchaus Verschmelzungen zwischen den „Lobbyabteilung" und den Pressestellen.

Maldaner: Also, ich glaube nicht, dass der Trend dahin geht. Denn es bringt zuviel Missinterpretation von Außen. Unternehmensvorstände werden langfristig verstehen, dass sich solche Verschmelzungen weder aus Kostengründen noch aufgrund einer strategischen Absicht lohnen. Sie sind kontraproduktiv. Im Medienbereich gibt es oft Unternehmen, die die Notwendigkeit sehen, sich mit der Politik ins Benehmen zu setzen, und dadurch natürlich die „Versuchung", das mit einander zu verbinden viel näher ist. So sehr ich bereit bin, kritische Medienaufmerksamkeit zu unterstützten, die immer sehr genau den Fokus auf die Fragen legt, „Was passiert mit Lobbying, was passiert mit Medienarbeit, was passiert mit Sponsoring?"- das finde ich wichtig. Aber mein Eindruck ist, dass das Terrain weit weniger mafiotisch versumpft ist, als es häufig den Anschein hat.

Leif: Wie wichtig sind Kooperationskontakte zu anderen Lobbyvertretern oder Repräsentanzvertretern anderer Unternehmen für Sie?

Maldaner: Die sind im Alltagsgeschäft sehr wichtig. Einerseits wegen des Austauschs von Informationen. Der Informationsaufbau ist kompletter, wenn man die Kollegen befragen kann. Und ansonsten ist es als Abwechslung wichtig, um sich bei einer sehr beschränkten Berufsgattung nicht so alleine zu fühlen (lacht).

Leif: Das Klima ist gut, man arbeitet zusammen. Da gibt es keine Konkurrenz?

Maldaner: Das Klima ist gut. Es gibt im Regelfall keine Konkurrenzen, und wo welche auftauchen, wird besprochen, wie man das regelt. Das Collegium (Lobbyrunde bestehend aus dem ehemaligen Montags- und Dienstagskreis) ist auch eine vom Parlament geachtete Institution. Das Collegium betreibt selbst keine Politik, sondern lässt sich von Zeit zu Zeit informieren, was in den Ressorts und im politischen Umfeld läuft. Der überwiegende Teil der Lobbyisten sowohl auf Arbeits- wie auch auf Leitungsebene macht meiner Meinung nach eine sehr ordentliche Arbeit. Die Atmosphäre ist untereinander sehr kollegial.

Leif: Da gibt es keine Differenzen?

Maldaner: Nein.

Leif: Frau Yzer, vom Verband forschender Pharmazieunternehmen, hat vor kurzem gesagt, es sei der größte Fehler der Lobbyisten, selbst Politik machen zu wollen.

Maldaner: Da kann ich ihr nur Recht geben und würde den Satz noch ergänzen: in beiderlei Hinsicht. Es ist ein großer Fehler, wenn Unternehmen meinen, sie könnten bessere Politik machen als die Regierung oder das Parlament. Unternehmen, und damit die Lobbyisten, sollten immer wissen, dass das nicht ihr Terrain ist, auf dem sie spielen. Sie können, wie bereits gesagt, Dienstleistungen erbringen und auch Argumente zuliefern, aber sie sollten sich nicht in eine Rolle begeben, die den Anschein gibt, wenn ich dran wäre, könnte ich das vernünftiger und besser machen. Umgekehrt herrscht häufig in der Politik immer noch die Wahrnehmung, die Unternehmen und der Unternehmer hätten nur Profit und Ertrag im Kopf. Als gäbe es sonst keinerlei Belange, die mit dem Unternehmen zu tun hätten. Seitens der Politik wird dann auch oftmals der Eindruck erweckt, Politiker seien die besseren Unternehmer, denn ihnen ginge es ja nicht nur um Profit, sondern um anderes. Auch das ist völlige Verkennung dessen, was sich in der Wirtschaft abspielt, und ist auch ein Stück hybride, genau wie der umgekehrte Vorgang. Ich kenne allerdings nicht so fürchterlich viele Lobbykollegen, die diesen Eindruck vermitteln. Ich bekomme schon mal mit, dass sich der eine über die Regierung mehr ärgert als der andere. Das ist ja in Ordnung, denn Lobbyisten müssen ja nicht soweit den Interessen abschwören, dass sie keine eigene politische Meinung mehr haben. Schließlich sind politisch mündige Bürger erwünscht. Aber dass Kollegen jetzt den Eindruck machen, sie wären die besseren Politiker, ist relativ selten. Unternehmensvorstände allerdings, die neigen manchmal dazu, sozusagen die Losung auszugeben „erstürmt das Hauptquartier".

Leif: Wo sehen Sie künftig Trends in der Branche? Was wird sich verändern in den nächsten Jahren?

Maldaner: In den nächsten Jahren wird sich durch den erheblichen Kostendruck, den die Unternehmen haben, die Neigung, vernünftige politische Arbeit in der Hauptstadt, am Sitz von Parlament und Regierung oder auch in den Ländern zu leisten, leider etwas reduzieren. Es ist ein Trend, der am Ende den Unternehmen nicht zugute kommen wird, wird aber wahrscheinlich unter dem Gesichtspunkt Kostendruck eine Rolle spielen. Es ist immer, ganz gleich ob sie die Verantwortung für die politische Arbeit im Vorstand oder darunter etabliert haben, es ist immer das Problem, dass das Bereiche sind, die keine unmittelbare Ertragsrelevanz besitzen. Und selbst wenn ich ein variables Gehalt beziehe, bei dem ich jedes Jahr ausweisen soll, warum ich welchen Grad erreicht habe, ist es dennoch kaum zu quantifizieren, wie erfolgreich ich bin, wenn ich Kommunikation betreibe und politisch berate. Insofern werden diese Bereiche auch immer ein bisschen „scheel" angesehen, weil man nicht weiß, womit verdienen die eigentlich das Geld, das sie kosten. Und das macht dann natürlich in Zeiten, in denen es eng wird, die Reduzierung leichter. Aber ich hoffe, dass sich der Trend irgendwann wieder in die andere Richtung entwickelt. Es wird, das ist jetzt eine Hoffnung, aber auch eine zum Teil begründete Wahrnehmung, die Zahl derer, die in dem Sinne, wie ich es vorhin erläutert habe, ganz sachlich begründet eine fundierte und auch für den politischen Partner Verständnis zeigende Lobbytätigkeit machen, wieder zunehmen. Also alle Taschenspieler, Glamourkünstler und Ähnliches, welche es auf dem Terrain gibt und gegeben hat, werden sehr stark ins Hintertreffen geraten.

Leif: Gilt das auch für die sogenannten Consultants, die einzelnen Firmen ihre Beratungstätigkeit anbieten?

Maldaner: Das glaube ich nicht. Es sprießen ja fast inzwischen jeden Monat zwei oder drei Neue aus dem Boden. Ich glaube, das wird auch noch ein Weilchen anhalten. Sie leben im Wesentlichen von zwei Trends. Der eine ist, dass nicht jedes Unternehmen groß und kapitalkräftig genug ist, um sich eigene Bereiche vorzuhalten. Personal kostet schließlich Geld – das kann sich nicht jeder Mittelständler leisten. Nicht jeder Mittelständler ist aber gleichzeitig immer damit zufrieden, sich nur über den Verband bewegen zu können, was ja dann die Alternative ist. Also wird es immer welche geben, die von Projekt zu Projekt Agenturen beschäftigen.

Der andere Trend ist, dass auch große Firmen sich insbesondere für Public Affaires, für Eventmarketing und für einen Teil der Markenpolitik Agenturen einkaufen, weil diese, am Ende zumindest für die Unternehmensbilanzen, billiger erscheinen als interne eigene Experten.

Leif: Verbandslobbying unterscheidet sich von Konzernlobbying?

Maldaner: Ja, naturgemäß. Verbandslobbying kann ja nur den gemeinsamen Nenner treffen und nicht spezifisch auf die Interessen des einzelnen Unternehmens zugeschnitten sein. Was durchaus Sinn macht. Die Deutsche Telekom ist häufig sehr zufrieden mit der Verbandsarbeit. Die Vertretung bestimmter Positionen durch den BDI oder den Bitkom ist für unsere Lobbyarbeit oft sehr effizient. Es gibt aber auch viele Fälle, bei denen wir wissen, dass der Durchschnitt der Interessen, der sich im Verband bildet, für unsere speziellen Belange als großes Telekommunikationsunternehmen nicht ausreicht. Dann müssen wir als Unternehmen unsere Interessen selbst vertreten. Das läuft im Regelfall in völlig ungestresster, wechselseitiger Rücksprache mit den Verbänden ab.

Leif: Was sind für Sie die größten Fehleinschätzungen die zum Thema Lobbyismus öffentlich vermittelt werden?

Maldaner: Also, die größten Fehleinschätzung, das habe ich am Anfang schon benannt, ist, wenn Medien den Eindruck erwecken und Leute glauben, Lobbyismus wäre ein Rotlichtmilieugeschäft, wo mit rohen Interessen, mit Geld und sonstigen Goodies versucht wird, Politiker auf Unternehmensinteressen zu verpflichten oder zu lenken. Das ist, glaube ich, ein wirkliches Zerrbild. Und „zerrig" ist auch, zu glauben, Lobbyisten würden den lieben langen Tag Kanapees essen und Sekt trinken. Das sind meines Erachtens auch schon die größten Missverständnisse der Tätigkeit. Dann bleibt immer eines übrig: Ich vermute fast, das haben wir unserer unseligen Vergangenheit im „Dritten Reich" zu verdanken. Es wird in Deutschland immer viel mehr als in anderen Ländern ein Manko sein und ein, wie sagt der Schwabe, „Geschmäckle" haben, wenn man die Interaktion von Wirtschaft und Politik betrachtet. Weil man in Deutschland ohne Ansehen der tatsächlichen Beziehungen gerne von vornherein die Unterstellung macht, wenn Industrie und Politik miteinander reden, dann muss da was faul dran sein. Ich glaube nicht, dass man dieses, im wahrsten Sinne des Wortes Vorurteil, im Angesicht unserer Geschichte wirklich wird beiseite drängen können.

Leif: Sie vertreten ja eher ein rationales Modell des Lobbyings, mit der Maxime der politischen Beratung. Sind Sie da ein Exot im Kreise der großen Konzernrepräsentanten?

Maldaner: Ich habe den Eindruck, das ist jetzt eher Mainstream. Was vielleicht noch nicht Mainstream ist: Ich agiere nicht als „Dampframme" – völlig egal wie das politische Terrain aussieht, wie mein Gegenüber reagiert, welche Probleme der hat, welches Setting sozusagen politisch für ihn gegeben ist, in welchem Rahmen er sich bewegen kann. Sondern ich bin jemand, der ein politisches Terrain vorfindet und unter diesen Umständen das Beste für das Unternehmen in Respekt vor den politischen Institutionen zu erreichen sucht. Ich bin in einer „bargaining"-Position, aber nicht in der Position desjenigen, der im Geschützturm eines „tanks" sitzt und sich dann die Löcher frei schießt. Es gibt ein traditionelles Bild von Unternehmensvertretern, das eher in die Richtung geht „friss oder stirb". Das ist abnehmend, die gibt es aber noch. Und ich gehöre sicherlich zu der eher moderneren Generation, die klipp und klar sagt, das kann erstens nicht gut funktionieren und ist nicht die optimale Lösung. Und zweitens ist es auch nicht das Bild, das man sich in einer modernen Demokratie von dem Verhältnis von Wirtschaft und Politik macht.

Leif: Aber dieser Aspekt „Respekt vor der Politik" ist ja im Grunde aus Sicht der Unternehmensvorstände nicht gegeben. Wenn man offen und ehrlich mit ihnen im Hintergrund redet, kommt da eher ein zynisches Verhältnis zur Politik zum Vorschein. Lange Entscheidungsdauer, alle Zyklen, alle Prozesse, alle Aspekte der Politik unterscheiden sich von Unternehmensentscheidungen. Von daher müsste der Lobbyist schon fast Dolmetscherleistungen erbringen, um die Unternehmensvorstellungen der Politik zu vermitteln.

Maldaner: Es ist auch ein Stück Dolmetscherleistung dabei, tagtäglich. Wobei mein Eindruck ist, diese von Ihnen angesprochene Mentalität gegenüber der Politik, die zumindest Skepsis ist, aber wie häufig auch Zynismus oder sogar wirkliche Verachtung, bekommen Sie mit Dolmetscheranstrengungen nicht wirklich beseitigt. Ursprung dafür, wie Sie zu Recht sagen, ist sicherlich die Tatsache, dass das, was wir an praktischer Demokratie erleben, viel komplexer, zeitaufwendiger und schwieriger ist als bestimmte Unternehmensentscheidungen, die im Vorstand gefällt und dann exekutiert werden. Es ist aber ein großer Irrtum zu glauben, dass alle Unternehmensentscheidungen in einem großen Betrieb rational und stringent verlaufen und unmittelbar und in großer Zeitnähe umgesetzt werden. Da kann man auch anderes berichten.

Aber es wird bei einer generellen Entfremdung zwischen Wirtschaft und Politik in Deutschland, glaube ich, bleiben. Einerseits rechtfertigt das die Tatsache, dass wir da sind (lacht), andererseits ist es ein am Ende politisch wie wirtschaftlich eher hemmendes Phänomen. Ich will jetzt nicht übertreiben, aber manche Produktivität könnte sicherlich im Unternehmen gesteigert werden und manche Reibungsverluste, die man bei der politischen Gestaltung hat, könnten minimiert werden, wenn das anders wäre.

Leif: Zum Schluss das Portraitbuch von Peter Glotz über Ron Sommer. Ist das auch Lobbying?

Maldaner: Nein, es ist vielleicht gut für die Personen Glotz oder Sommer oder für beide. Aber mit Lobbying hat das nichts zu tun.

(Karlheinz Maldaner ist im Oktober 2003 ohne Angabe von Gründen als Leiter der Telekom-Repräsentanz in Berlin von seinen Aufgaben entbunden worden. Quelle: „Wirtschaftswoche", 5.11.2003)

Die Deutsche Telekom
Lobbyarbeit für den Börsengang

Gottlob Schober

1 Einleitung

„Die Vertretung von Unternehmensinteressen im politischen und gesellschaftlichen Raum gehört zu den kontinuierlichen Kommunikationsaufgaben jedes großen Unternehmens. Die Deutsche Telekom informiert regelmäßig Administrationen und Parlamente in Bund, Ländern und in Europa über ihre Unternehmenspolitik und nimmt Stellung zu gesetzgeberischen Vorhaben." Mit diesen zwei schlichten Sätzen beschreibt die Deutsche Telekom AG offiziell ihre „Lobbyarbeit". Ein echtes Understatement, wie wir sehen werden. Mit Hilfe von internen Telekom-Papieren, jahrelanger intensiver eigener Recherche und einer ausführlichen Presseanalyse wird dieser Text ein etwas anderes Bild der Telekom Lobbyarbeit zeichnen.

Doch der Reihe nach. Dem Telekom Börsengang ging eine der aufwendigsten Werbeaktionen der deutschen Geschichte voraus. Der Schauspieler Manfred Krug mutierte vom Tatortkommissar zum allgegenwärtigen, gütigen Telekomonkel, und sein Auftraggeber, der damalige Telekom Chef Ron Sommer, versprach, er würde ein ganzes Volk mit der T-Aktie reich machen – nun, er machte das Volk eher deutlich ärmer.

Die Deutsche Telekom AG, einst schwerfälliger Behördenapparat, wollte durch den Börsengang im November 1996 eines der Vorzeigeunternehmen der Telekommunikationsbranche und zum Star an der Börse werden. Nach Informationen des „Spiegel" investierte der Ableger der Deutschen Bundespost rund 50 Millionen Euro in eine gigantische Werbekampagne, um die T-Aktie bei den Kleinaktionären populär zu machen. Der Begriff der „Volksaktie" wurde geboren. Den Anlegern wurde suggeriert, das Papier sei so sicher wie eine „vererbbare Zusatzrente". Das war das große Versprechen des Ron Sommer.

Immerhin drei Jahre lang stieg der Kurs der T-Aktie. Einige wenige, die das Papier bis März 2000 verkauften, konnten sogar reich damit werden. Alle anderen, und das ist die große Mehrheit der Kleinanleger, träumen bis heute von den sagenhaften 104 Euro, die die T-Aktie einmal wert war. Sie sitzen heute auf hohen Verlusten, fühlen sich belogen und betrogen.

Ein finanzielles Desaster für viele kleine Sparer, Rentner, Angestellte und Beamte, die den großen Versprechungen der Telekom-Bosse vertrauten. Hier wurde so manche private Altersvorsorge verbrannt.

Es geht also um Geld, um viel Geld. Es geht um politische Einflussnahme, wirtschaftliche Interessen und natürlich geht es um Macht. „Die Einflussnahme kann über Geldzuwendungen, Informationen und Desinformationen, über politischen Druck ... erfolgen", definiert der ehrwürdige Brockhaus unter dem Stichwort Lobbyismus.

Ein Unternehmen wie die Telekom braucht also einen gut strukturierten Lobbyapparat, um ihre Interessen durchzusetzen. Der Leiter der Berliner Telekom Konzernrepräsentanz, Karlheinz Maldaner, war früher Mitarbeiter beim SPD Parteivorstand. Er definiert die Schlüsselqualifikationen eines guten Lobbyisten in einem Interview mit dem SWR Chefreporter Thomas Leif: „Erstens muss ein guter Lobbyist Politik kennen – und zwar nicht aus Büchern oder aus dem Studium, sondern aus der Praxis. Er muss wissen, wie Abläufe in Fraktionen, Parteien und den Ressorts in der Exekutive funktionieren. Er sollte zudem ein Gefühl für die „politische Denke" unabhängig von Parteifarben haben. Auch nach 20 Jahren im politischen Geschäft sollte er noch eine „Lust" auf Politik haben und dieses zudem auch noch spannend finden. Gleichzeitig sollte er einen gewissen Respekt und eine gewisse Anerkennung für die Politik und die politischen Institutionen haben. Jemand der mit einem bestimmten Desinteresse oder Verächtlichkeit über politische Institutionen in der Demokratie oder über Politiker denkt, wird diese Arbeit nicht gut machen können. Und wer nicht in der Lage ist, im Wasser „Politik" zu schwimmen, hat es sehr schwer, weil er zu viel Zeit braucht, um sich das Umfeld zu organisieren. Das zweite Hauptmerkmal eines guten Lobbyisten ist seine große intellektuelle und argumentative Redlichkeit. Wer versucht, Politiker und Politik, für welche Interessen auch immer, an der Nase herumzuführen oder über den Tisch zu ziehen, wird nicht weit kommen und ist auch relativ schnell aus dem Geschäft raus. ... Zudem sind für einen Lobbyisten möglichst profunde Kenntnisse der Branche bzw. seines Unternehmens notwendig. Zwar muss man nicht in jedes Portfolio oder jede Technologie, die das Unternehmen hat, im Detail einsteigen, aber man muss nach einer Weile zumindest in der Lage sein, zu wissen worum es geht, um welche Interessen bzw. um welche Geschäftsmodelle es sich handelt. Im Zweifelsfalle muss man den richtigen Ansprechpartner im Unternehmen aussuchen und ansprechen können", so Maldaner.

Und genau deshalb sind vor allem ehemalige Politiker als Lobbyisten gefragt. Sie beherrschen die politische Klaviatur spielerisch, haben allerbeste Kontakte in die Berliner Szene und haben häufig durch Aufsichtsratsmandate oder andere Aufgaben auch noch Insiderkenntnisse aus den Unternehmen.

Die Telekom beteuert, mit „keinem derzeit in Regierungen und Parlamenten der Bundesrepublik aktiven Politiker einen Beratervertrag" zu haben. Aber dafür stehen einige ehemalige hochrangige Volksvertreter auf der Telekom-Payroll.

So bestätigt die Telekom zum Beispiel, dass der ehemalige Bundesgeschäftsführer der SPD und langjährige Telekom Aufsichtsrat Prof. Dr. Peter Glotz die Telekom seit Mai 1999 berät. „Hier kommt dem Unternehmen, etwa im wissenschaftlichen Beirat der Telekom Business Academy, vor allem seine Erfahrung als international erfahrener Hochschullehrer auf dem Gebiet der Kommunikationswissenschaften, etwa als seinerzeitiger Gründungsdirektor der Universität Erfurt und als Lehrstuhlinhaber der Universität St. Gallen, zugute", schreibt die Telekom auf Anfrage.

Auch der ehemalige Vizekanzler, Außenminister und FDP Parteivorsitzende Dr. Klaus Kinkel berät, seit Mai 1999, die Telekom als Anwalt „u.a. in internationalen Projekten und Rechtsfragen". Über seine genaue Tätigkeit aber will Kinkel keine Auskunft geben. Als Anwalt dürfe er das gar nicht, so Kinkel in einem kurzen Telefonat. Wie praktisch.

Wolfgang Branoner (CDU), ehemaliger Berliner Wirtschaftssenator, war nach Auskunft der Telekom sogar mehrere Jahre bei der Konzerntochter T-Systems fest angestellt. Zwischenzeitlich soll er aber das Unternehmen verlassen haben.

Glotz. Kinkel. Branoner. Drei ehemalige hochrangige Politiker, drei verschiedene Parteien.

Die Deutsche Telekom AG versucht, ihre Lobbyarbeit auf viele Schultern zu verteilen, Vertreter nahezu aller relevanten politischen Parteien sollen ins Boot geholt werden. Glotz und Kinkel sehen sich zwar selbst nicht als Lobbyisten, Branoner ist wohl nicht mehr im Unternehmen, dennoch: Mit dieser Strategie können Unternehmensinteressen optimal kommuniziert werden.

Für die Telekom ist das besonders wichtig, denn sie ist ein Sonderfall. Der Staat selbst, also die Politik, steckt im Unternehmen und hat gewaltige finanzielle Interessen.

So hatte der Bund gerade in der Hochphase der Umwandlung der Telekom in eine Aktiengesellschaft, ab 1994, ein großes Interesse daran, das Unternehmen zu privatisieren und an die Börse zu bringen. Lobbyarbeit lief in dieser Zeit vorwiegend im Rahmen der kurzen Drähte oder per Brief – zwischen dem Vorstand der Telekom und dem Bundesministerium für Post und Telekommunikation. Diese Art des „Lobbying", also der Einflussnahme, war äußerst effektiv und effizient, was sich durch interne Papiere aus dieser Zeit belegen lässt.

Schon kurze Zeit später aber soll ein gigantischer, mächtiger Lobbyapparat mit viel Geld aufgebaut worden sein. Spätestens ab 1998 ging es um die Verhandlungen mit der „ungeliebten" Regulierungsbehörde, Unternehmenskäufe und natürlich um die Medien. Ein Indiz für die rege „Lobbytätigkeit" ist der gigantische Marketingetat der Deutschen Telekom AG. 1999 wurden 1,148 Milliarden Euro aufgewendet, 2002 waren es schon 2,204 Milliarden Euro – fast das Doppelte.

Schlüsselfiguren damals waren wohl der Ex-Telekom Chef Ron Sommer, sein Kommunikationschef Jürgen Kindervater und der ehemalige Leiter der sogenannten Ordnungs- und Wettbewerbspolitik, also der damalige Telekom Chef-Lobbyist, Hans-Willi Hefekäuser. Diese drei Personen sollen die Lobbypolitik des Unternehmens maßgeblich bestimmt haben. Nach Sommers Abgang im Juli 2002 wurde die Telekom Lobbyarbeit neu geordnet.

2 Die Privatisierung

Die Privatisierung des staatlichen Sondervermögens Telekom war eines der ehrgeizigsten Ziele der Regierung Kohl/Waigel. Das Großunternehmen sollte an die Börse gebracht werden – um fast jeden Preis. Hinter den Kulissen krachte es gewaltig, denn schnell war klar: Es war nach den geltenden Gesetzen so gut wie unmöglich, die schwerfällige, hochverschuldete Behörde „sexy" für die Börse zu machen. Die Telekom brauchte Geld für den Börsengang, der Staat war finanziell überfordert. Der damalige Finanzminister Theo Waigel (CSU) hatte Milliarden in den Aufbau Ost gesteckt und außerdem waren die Maastricht-Kriterien ein Menetekel für den Bundeshaushalt.

2.1 Ausgangslage der alten Bundespost Telekom

Man kann es wohl einen schonungslos offenen „Bettelbrief" nennen, der am 5. April 1994 an den damaligen Postminister Wolfgang Bötsch geschickt wurde. Absender waren die damaligen Telekom Vorstände Helmut Ricke, Vater des heutigen Chefs Kai-Uwe Ricke, und sein Kassenwart Dr. Joachim Kröske.

Die Manager schildern ein Katastrophenszenario. Die Situation der Telekom sei gekennzeichnet durch hohe Investitionen und außerordentliche Belastungen in den vergangenen vier Jahren seit der Postreform I.

Demnach habe der Aufbau der Telekommunikationsinfrastruktur in den neuen Bundesländern von 1990-94 jährlich rund fünf Milliarden Euro (zehn Milliarden Mark), die Modernisierung in den alten Bundesländern durchschnittlich zehn Milliarden Euro (20 Milliarden Mark) pro Jahr gekostet.

Ein weiteres Loch rissen die verlustreichen Schwesterunternehmen Post und Postbank, für die die alte Bundespost Telekom im selben Zeitraum Verluste in Höhe von durchschnittlich 750 Millionen Euro p.a. (1,5 Milliarden Mark) übernehmen musste, und auch die Ablieferungen an den Bund mit durchschnittlich 2,5 Milliarden Euro (fünf Milliarden Mark) jährlich belasteten das Unternehmen. Eine düstere Bestandsaufnahme der damaligen Telekom Chefs.

Zusätzlich hatte die alte Bundespost Telekom noch mit erheblichen „Altlasten" zu kämpfen. Jahrelang soll die Telekom u.a. „deutlich überhöhte Beschaffungspreise" für Vermittlungs-, Linien- und Übertragungstechnik bezahlt haben. Die seien „deutlich über dem Weltmarktniveau gelegen", berichtet der damalige Telekom Finanzvorstand Joachim Kröske auf Anfrage. Auch die „hohe Altersversorgung" für Beamte und Angestellte sorgte für Kopfzerbrechen bei den Managern.

Außerdem beklagten die Telekom Vorstände Ricke und Kröske, dass die Telekom nur eine „niedrige Eigenkapitalquote" habe.

„Unterstützende Maßnahmen unter Zustimmung des Eigentümers und des Regulierers sind notwendig", schreiben die Vorstände an den damaligen Postminister Wolfgang Bötsch. Sie fordern eine „Eigenkapitalerhöhung (notwendig ca. 30 Mrd.

DM (Anm. d. Red.: 15 Mrd. Euro) unter Einbeziehung stiller Reserven bzw. versteckter Verluste)".

Hätte es sich bei der Telekom damals um einen Privatbetrieb gehandelt, so wäre sie womöglich schon damals ein Fall für den Konkursrichter gewesen. Aber die Telekom war eben kein kleiner Privatbetrieb, sondern ein riesiger Staatsbetrieb, also griff der Staat hilfreich ein. Mit den Börsengängen sollte viel Geld in die Kasse der Telekom gespült, die riesigen Finanzlöcher damit gestopft werden.

Hier half der „kurze Draht", den die Telekom ins damalige Bundesministerium für Post- und Telekommunikation hatte. So war „Lobbyarbeit in eigener Sache" möglich.

Der Beleg dafür ist der Brief vom 5. April 1994. Darin ging es nicht nur um eine schonungslose Analyse, es ging auch um die Frage, wie das Eigenkapital der Telekom erhöht werden konnte, ohne dass der Bund Geld in bar einschießen musste.

Auf Seite drei des Schreibens an den damaligen Postminister Wolfgang Bötsch (CSU) steht ein entscheidender Wunsch der Telekom-Chefs. Dort heißt es: „Neubewertung des Anlagevermögens im Sinne des Wiederbeschaffungswertprinzips". Das ist Wirtschaftsprüfer-Latein, dahinter aber steht eine klare Botschaft: Die Telekom wollte ihre Immobilien höher bewerten als nur zu den bisherigen Buchwerten. Dem Unternehmen stünde durch eine Höherbewertung der Immobilien mehr Kapital zur Verfügung. Bislang aber fehlte dafür die gesetzliche Grundlage. Wenn nur die technischen Anlagen, vor allem durch die im „Bettelbrief" beschriebenen überteuerten Beschaffungspreise und durch den allgemeinen Preisverfall, abgewertet und die Immobilien nicht aufgewertet worden wären, dann hätte die Telekom bei ihrer Gründung beunruhigend wenig Eigenkapital gehabt. Dies hat der Würzburger Wirtschaftsprofessor Ekkehard Wenger schon lange kritisiert. Im März 2001 äußert er sich im Interview mit dem ARD Politikmagazin Report Mainz: „Die Eigenkapitalausstattung, die man ohne Hochbewertung hätte darstellen können, wäre so verheerend niedrig gewesen, dass irgendwo Eigenkapital her musste. Und wenn es der Bund nicht in bar einschießt, dann musste man sich eben überlegen, wie man es bilanztechnisch darstellen kann."

Der damalige Postminister Wolfgang Bötsch und der Bund erkannten die Notlage des Unternehmens. Der „Bettelbrief" der Telekom Manager verfehlte seine Wirkung nicht. Es wurde schnell gehandelt. Ein Gesetzesentwurf wurde im Eiltempo geändert, im Sinne der Telekom.

Am 27. Juni 1994 ging die Empfehlung an den Bundestag, zwei Tage später erfolgte der Beschluss des Bundestags. Dann dauerte es auch nur etwas mehr als eine Woche, bis der Beschluss am 8. Juli 1994 den Bundesrat passierte. Schon am 14. September 1994 stand eine nur für Insider verständliche Formel im Postumwandlungsgesetz. Im Wirtschaftsprüfer-Deutsch getarnt tauchte dort in Paragraph vier ein Wahlrecht auf, das die Neubewertung des Immobilienvermögens und der technischen Anlagen möglich machte. So schnell kann es gehen. Übrigens: Dieses Zeitraster wurde in der Zusammenfassung eines internen Telekom-Gutachtens der Professoren Karlheinz Küting und Claus-Peter Weber ausführlich dargestellt. Darauf werde ich später noch einmal bezug nehmen.

Die Deutsche Telekom bedankte sich herzlich. Eine Neubewertung des Immobilienvermögens zu Verkehrswerten stand an.

Hinter den Kulissen herrschte jetzt hektische Betriebsamkeit. In nur wenigen Wochen musste eines der größten deutschen Immobilienvermögen neu bewertet werden. Dafür wurden zwei Firmen engagiert, die Wirtschaftsprüferfirma C&L Treuarbeit Deutsche Revision und die Unternehmensberatungsgesellschaft Seebauer&Partner aus München. Viele Großprojekte wurden zwar einzeln bewertet, für den großen Rest wurde ein bis heute umstrittenes Gruppenbewertungsverfahren, die sogenannte Clustermethode, angewendet.

Die Staatsanwaltschaft Bonn hält dieses Gruppenbewertungsverfahren wohl für unzulässig. Aus internen Vermerken, die uns vorliegen, geht das hervor. Nach Meinung der Staatsanwaltschaft hätten die Liegenschaften einzeln bewertet werden müssen, so sieht es das Gesetz eigentlich vor.

Der ehemalige Finanzvorstand der Telekom, Joachim Kröske, rechtfertigte den von der Telekom eingeschlagenen Weg. Er hielt damals, nach eigenen Aussagen, „die Tageswerte für eine transparentere Information als die Buchwerte der Vergangenheit". Im April 1999 äußerte er sich in einem Interview mit der Tageszeitung „Die Welt": „Zeitgleich zur Umwandlung in eine Aktiengesellschaft zum 1. Januar 1995 haben wir das Anlagevermögen auf Tageswerte umgestellt. Wir haben die technischen Anlagen um 15 Mrd. DM (Anm. d. Red.: 7,5 Mrd. Euro) abgewertet und im Gegenzug die Immobilien um 12 Milliarden Mark (Anm. d. Red.: sechs Milliarden Euro) aufgewertet. Drei Milliarden Mark (Anm. d. Red.: 1,5 Mrd Euro) haben wir gegen das Eigenkapital verrechnet. Das ist ein ganz normaler Vorgang gewesen. Wir hatten jedoch 38.000 Liegenschaften, die gar nicht einzeln bewertet werden konnten. Da mussten wir ein besonderes Bewertungsverfahren, die Gruppenbewertung, anwenden", so Kröske.

2.2 Eine billige Ausrede?

Konnten die Immobilien tatsächlich nicht einzeln bewertet werden? Stehen die Telekom-Immobilien durch das Gruppenbewertungsverfahren zu hoch in den Büchern – sind sie überbewertet? Wurden die Anleger getäuscht? Diese Fragen beschäftigen die Bonner Staatsanwälte seit Jahren.

Mehr noch – die Ermittler müssen weitere Widersprüche klären. So hat Kröske im selben Interview auch behauptet, das Gruppenbewertungsverfahren sei mit dem Finanzministerium, dessen Berater, der Wirtschaftsprüfungsgesellschaft KPMG, und dem Bundesrechnungshof abgestimmt worden.

Der Bundesrechnungshof allerdings soll später massiv Kritik am Vorgehen der Telekom und der Bundesregierung geübt haben. Das berichtete das ZDF Politikmagazin FRONTAL 21 am 27. Mai 2003: „Sein Bericht (Anm. d. Red.: „Bundesrechnungshof") ist offenbar so brisant, dass die Regierung ihn unter Verschluss hält. Die offizielle Begründung: Man müsse Gefahr von Land und Bund abwenden. .... In dem Bericht stellt der Rechnungshof fest, dass die Telekom-Immobilien in Einzelfällen um bis zu 54 Prozent zu hoch bewertet sind und kritisiert das Verfahren zur Immobilienbewertung. Das Finanzministerium sei seiner gesetzlichen Aufsichtspflicht unzureichend nachgekommen und habe seine gesetzliche Informationspflicht verletzt".

Stimmen die Informationen des Magazins, dann droht neuer Ärger für Bund und Telekom.

Dennoch ging die Telekom mit den umstrittenen Zahlen am 18. November 1996 an die Börse. Ron Sommer sammelte vor allem von Kleinaktionären rund zehn Milliarden Euro ein.

Wenige Jahre später beginnt der Staatsanwalt in Bonn zu ermitteln. Auch Peter Glotz (SPD) hat sich mit der Telekom und der Immobilienaffäre auseinandergesetzt.

1996 schied er aus der aktiven Politik aus, war dann Gründungsdirektor der Universität Erfurt. Seit 2000 ist Glotz Professor für Medien- und Kommunikationsmanagement an der Universität St. Gallen. Der SPD-Politiker war zehn Jahre lang, bis 1999, im Aufsichtsrat der Deutschen Telekom. Er war mehrere Jahre Vorsitzender des Telekom Medienbeirats und engagierte sich als Autor für den Chef des Unternehmens, Ron Sommer.

„Lobbyarbeit für demokratische Entscheidungsprozesse" sei dringend notwendig, meint Glotz, und er vermöge „keinerlei unmoralisches Rüchlein" zu erkennen. Dennoch sei er kein „Lobbyist". „Es wäre aber absolut legitim gewesen, wenn ich mich dazu entschieden hätte, Lobbyarbeit zum Beispiel für die Telekom zu betreiben. Verboten ist Lobbyarbeit nur Regierungsmitgliedern; zum Beispiel durch das Bundesministergesetz. Selbst Abgeordneten ist sie nicht verboten. Insofern waren auch die Beratungstätigkeiten des Abgeordneten Dr. Helmut Kohl für das Unternehmen von Leo Kirch jedenfalls im Rahmen der Gesetze. Wie immer man die Beratungstätigkeit eines früheren Kanzlers vom Stil her beurteilen mag: Ich jedenfalls hatte 1999 schon drei Jahre mit Politik nichts mehr zu tun", so klingt die Rechtfertigung von Glotz.

Fällt dieses Statement schon unter die Rubrik Desinformation? Glotz streitet alle Vorwürfe ab, die ihn als „Lobbyisten" entlarven könnten. Die Recherchen aber zeigen, dass er womöglich doch einer ist. So gibt Glotz selber zu, dass er als Aufsichtsrat „in dem gesetzlich vorgeschriebenen Rahmen die Interessen des Unternehmens vertreten" habe.

Aber beschreibt nicht gerade die Interessenvertretung für ein Unternehmen die Tätigkeit des klassischen Lobbyisten? Dass der Aufsichtsrat aber auch eine Kontrollfunktion im Sinne der Aktionäre wahrzunehmen hat, schreibt Glotz in seiner Antwort übrigens nichts.

Sein 2001 veröffentlichtes Buch „Ron Sommer – Der Weg der Telekom" liest sich wie eine von Sommer persönlich redigierte Festschrift. Eine Lobhudelei, das Werk eher des „Lobbyisten" Peter Glotz und nicht des professoralen Buchautors.

Glotz glorifiziert den ins Wanken geratenen Manager. Telekom Insider bezeichnen das Buch als „nette Geste", auch wenn es vom Verlag in Auftrag gegeben und Glotz wohl auch von Hoffmann und Campe honoriert wurde. Pikant – die Telekom hat einen Teil der Auflage übernommen und ihren Mitarbeitern zum Kauf angeboten.

„Dies hing hauptsächlich damit zusammen, dass in einer ersten Auflage des Buches der Urlaubsort von Herrn Sommer genannt war, was das Unternehmen aus Sicherheitsgründen nicht bekannt werden lassen wollte", erklärt Glotz.

2.3 Eine echt originelle Erklärung.

Aber zurück zur Immobilienaffäre. Der Sommer Biograph Glotz beschreibt sie in seinem Buch verharmlosend, in nur wenigen Absätzen. Er schreibt wörtlich: „Nur ein einziges, nicht weiter kompliziertes Beispiel: Im sogenannten „Postumwandlungsgesetz" von 1994 war vorgesehen worden, dass für das jeweilige Anlagevermögen „höchstens der Verkehrswert" anzusetzen sei. Das bedeutete, dass das technische Anlagevermögen – das Netz – abgewertet, das Immobilienvermögen aufgewertet werden musste. Das geschah und wurde auch testiert. Die Aufwertung der Immobilien geriet aber rasch in den Streit; zuerst mit der Konzernrevision, später mit dem neuen Chef der Immobilienfirma der Telekom, Frerich Görts, einem früheren Staatssekretär Schwarz-Schillings, der seine Position als Personalvorstand auf Druck der Postgewerkschaft hatte räumen müssen. Der Streit schwelt noch heute. Auf der Hauptversammlung 2001 spielte er eine prominente Rolle. Görts hat 1998 die Aufwertung der Immobilien in Frage gestellt und war daraufhin gefeuert worden. Er prozessiert. Sein Argument lautet: Er habe die Prachtbauten nicht verkaufen können, weil sie zu hoch bewertet seien. Wer Recht hat, kann man nur entscheiden, wenn man Gutachter beschäftigt. Das können wir nicht. Gerichte werden entscheiden. Sommer wird immer wieder persönlich wegen dieser Affäre attackiert. ... Der Vorstandsvorsitzende lebt aber wohl in einer Etage, in die diese Fluten nicht hinaufschwappen werden".

Irgendwann aber waren die Fluten dann doch bei Ron Sommer angelangt. Negative Fakten häuften sich. Die Immobilienaffäre, dramatische Kursstürze an der Börse, Aktienoptionsprogramme, teure Firmenkäufe – wie One2One und VoiceStream – am 16. Juli 2002 muss Ron Sommer abtreten, trotz der „Lobbyarbeit" von Peter Glotz und vielen anderen, trotz großem Werbebudget.

Auch wenn Peter Glotz seinen Einsatz für die Telekom nicht als „Lobbyarbeit" bezeichnet, seine Ausführungen sprechen eine andere Sprache. Höchst umstritten ist zum Beispiel folgende schriftliche Äußerung zur Immobilienaffäre: „Für die Gesamtbeurteilung der Leistung von Ron Sommer, die in meinem Buch zur Debatte stand, kann diese „Affäre" keine Rolle spielen", meint Peter Glotz. Wer argumentiert hier, ein Lobbyist oder ein unabhängiger Autor?

„Die Immobilienaffäre kommt in dem Buch vor und zwar in dem Umfang, in dem ich sie für relevant halte. Als das Buch erschien, liefen Prozesse. Ich konnte nicht die Probleme lösen, die vor Gericht gelöst werden mussten. Im Übrigen war und ist meine Ansicht, dass die Immobilienbewertung im Verantwortungsbereich des damaligen Finanzvorstandes lag und nicht dem Vorstandsvorsitzenden „angelastet" werden konnte. In meiner Bewertung ist diese „Affäre" Ausfluss der Konflikte zwischen dem Unternehmen und einem seiner Manager, Herrn Görts", schreibt Peter Glotz wörtlich.

Hier aber dürfte sich der Sommer-Biograph irren, oder er will sich irren. Ron Sommer ist nämlich persönlich in die Immobilienaffäre verwickelt. Dafür gibt es Belege. Er kannte spätestens seit 1998 die gesamte Problematik. Außerdem ermittelt die Bonner Staatsanwaltschaft in der Immobilienaffäre auch gegen Ron Sommer persönlich.

Doch der Reihe nach. Der damalige Chef der Telekom Immobilienfirma, DeTe Immobilien, Frerich Görts, beteuerte, er habe als zuständiger Manager für das Immobilienvermögen große Teile der Telekom Liegenschaften verkaufen sollen. Der Manager äußerte sich 2001 gegenüber Report Mainz: „Wir haben eine große Anzahl von Grundstücken, ... die alle große Unterschiede zwischen Buchwert und Verkehrswert aufzeigen, und die sind nicht zu erwirtschaften." Görts ließ 1998 ausgewählte Liegenschaften untersuchen und stieß dabei auf extreme Schieflagen. Er erklärte seine Probleme konkret an einem Telekom Logistikzentrum in Düsseldorf. Dieses Objekt sei damals mit 30 Millionen Euro (Anm. d. Red. 60 Millionen Mark) in den Büchern gestanden, der Verkehrswert – also der Marktwert – sei aber nur 20 Millionen Euro (Anm. d. Red. 40 Millionen Mark) gewesen. Deshalb habe er so gut wie keine Immobilien verkaufen können. Und dieses Beispiel sei kein Einzelfall.

Görts warnte deshalb im Spätsommer 1998 den damaligen Vorstandsvorsitzenden Ron Sommer und den damaligen Aufsichtsratsvorsitzenden Helmut Sihler schriftlich. Kurze Zeit nachdem er seine Briefe abgeschickt hatte, wurde er gefeuert. In seinen Schreiben sprach Görts von der „Falschbewertung des Immobilieneigentums der Deutschen Telekom AG" und stützte seine Argumentation auch auf einen Bericht der Telekom Konzernrevision aus dem Jahre 1995. Dieses Papier liegt sowohl der Staatsanwaltschaft als auch dem Autor dieses Textes vor. Die internen Prüfer warnten schon damals vor der Gefahr einer massiven Überbewertung und damit verbundener Gesetzesverstöße. Die Wirtschaftsprüferfirma *C&L Treuarbeit Deutsche Revision* hatte an der Bewertung der Immobilien mitgewirkt, später dann prüfte dieselbe Firma die Bilanzen. Ein Umstand, der der Telekom-Konzernrevision schon damals sauer aufstieß. Zitat: „Erschwerend kommt hinzu, dass nach unseren Erkenntnissen die Vorschriften des Postneuordnungsgesetzes ... nicht beachtet wurden und die Neubewertung erhebliche Mängel in den ermittelten Verkehrswerten aufweist, die unsere späteren Jahresabschlussergebnisse belasten können. Da die Firma C&L bei der Neubewertung der Grundstücke und Gebäude maßgeblich beteiligt war, gehen wir davon aus, dass dieser Bereich bei der Jahresabschlussprüfung zum 31.12.1995 nicht oder nur sehr oberflächlich geprüft wird und der DTAG (Anm. d. Red.: Deutsche Telekom AG) das Testat trotz der o.g. Mängel erteilt wird."

Die Staatsanwaltschaft Bonn ermittelt in der Immobilienaffäre bis heute gegen Telekom Vorstand Ron Sommer, den damaligen Finanzvorstand Joachim Kröske, gegen Immobilienbewerter und Wirtschaftsprüfer. Der Vorwurf: Verdacht der Falschbilanzierung, Kapitalanlagebetrug und Verstoß gegen das Aktiengesetz.

Im Herbst 2000 muss die Telekom ihr Immobilienvermögen auf Verlangen der Staatsanwaltschaft Bonn begutachten lassen. Die schaltet die international anerkannte Immobilienfirma Jones Lang LaSalle ein. Sie sammelt und dokumentiert Bodenrichtwerte zum 31. Dezember 1995 für Grundstücke der Telekom. Schon kurz nachdem sie ihre Ergebnisse abliefert, wertet die Telekom ihr Immobilienvermögen um rund zwei Milliarden Euro ab – auch darüber schweigt Ron Sommer Biograph Peter Glotz in seinen Buchausführungen zur Immobilienaffäre. 2001 ist sie auf ihrem Höhepunkt. Sommer gerät trotz des „Lobby-Buches" weiter unter Druck ...

Wurde also bei der Telekom-Bilanz getrickst? Wurden die Anleger über den Tisch gezogen? Womöglich muss die Telekom für den Schaden haften. Doch das Unternehmen versucht heftig und mit großem Aufwand, die Anschuldigungen herunter zu spielen. Von der Telekom in Auftrag gegebene Gutachten sollen die Rechtmäßigkeit der Eröffnungsbilanz belegen. Auch bestreitet die Telekom, dass Görts damals Immobilien verkaufen sollte. Das sei erst viel später durch einen Strategiewechsel beschlossen worden.

Professor Karlheinz Küting von der Universität Saarbrücken gilt als der Kopf der Telekom-Verteidigungsstrategie. In der zwanzigseitigen Zusammenfassung seines Gutachtens, die dem Autor vorliegt, stellt der Bilanzexperte der Telekom quasi einen Persilschein aus.

Dieses Papier soll gezielt an einzelne Journalisten gestreut worden sein und erzeugte positive Berichte für die Telekom. Auch so kann „Lobbyarbeit" funktionieren. Karheinz Küting und sein Kollege Claus-Peter Weber beanstanden – wohl im Gegensatz zur Staatsanwaltschaft Bonn – auch das angewendete Gruppenbewertungsverfahren nicht.

3 Das Entgegenkommen bei den Postpensionen

Das Entgegenkommen bei den Postpensionen ist ein weiterer Aspekt aus dem „Bettelbrief" an Postminister Bötsch vom 5. April 1994. Auf Seite vier formulieren die damaligen Telekom-Vorstände Joachim Kröske und Helmut Ricke eine zweite, wichtige Forderung. Die Manager halten „eine weitere Entlastung von Altlasten hinsichtlich der Pensionen" für wünschenswert. Sie stärke die finanzielle Situation der Telekom.

Und auch hier griff der Staat hilfreich ein. Die „Lobby" zwischen Management und Politik funktionierte. Nicht die Unternehmen Post, Postbank und Telekom, sondern der Bund zahlt heute den größten Teil der Ruhestandsgehälter. So will es das Gesetz. Mit diesem Entgegenkommen bei den Pensionen hat der Staat den Börsengang der Deutschen Telekom AG 1996 erst möglich gemacht.

Diese Hilfe aber kostet den heutigen Bundesfinanzminister Hans Eichel viel Geld, womöglich zu viel Geld. Eichels Budget schrumpft, die Zahl der Pensionäre wächst. So hat der Bundesrechnungshof schon 2001 ganz genau hingesehen und ein Finanzdesaster astronomischer Größenordnung, allein durch die anstehenden Pensionen bei Post und Telekom, festgestellt. Der Sprecher des Bundesrechnungshofes, Joachim Romers, äußerte sich am 24. Juni 2002 im Interview mit dem ARD Politikmagazin Report Mainz: „Der Bundesrechnungshof hat bereits im Jahr 2001 darauf hingewiesen, dass auf den Bundeshaushalt Finanzierungsrisiken in einer Größenordnung eines dreistelligen Milliardenbetrages zukommen können."

Die Risiken verteilen sich vor allem auf die nächsten 30 Jahre. „Wir gehen davon aus, dass die Zahlungen an die Versorgungsempfänger bis zum Jahr 2034 ansteigen und dann wieder sinken werden. In der Spitze wird voraussichtlich ein Betrag von 26 Milliarden DM (Anm. d. Red.: 13 Milliarden Euro) für dieses eine Jahr erreicht werden", erklärt Romers im selben Interview weiter.

Das heißt: Für die Pensionäre von Post, Postbank und Telekom zahlt der Bund heute schon über fünf Milliarden Euro im Jahr, in der Spitze werden es im Jahr 2034 wohl rund 13 Milliarden Euro sein. In jedem Bundeshaushalt wird also ein Loch klaffen, von dem heute noch niemand weiß, wie es zu stopfen ist.

Die Pensionen der früheren Beamten sollte der Bund vor allem aus dem Erlös von Post- und Telekomaktien bezahlen. Doch mit dem Kurssturz der T-Aktie ist die Finanzierung der Beamtenpensionen nicht mehr gesichert. Bald muss wohl der Steuerzahler hierfür einstehen.

4 Die Lobby-Affäre Hunzinger

Die Affäre Hunzinger ist eine weitere Facette im Vorfeld der Umwandlung der damaligen Bundespost Telekom in eine Aktiengesellschaft, ein Lehrbeispiel für die Vernetzung von Lobby und Politik. Der Frankfurter PR-Unternehmer Moritz Hunzinger hat sich 1994 für die britische Investmentbank Kleinwort Benson eingesetzt. Es ging um Millionen Provisionen beim ersten Telekom Börsengang. Aber nicht nur er selbst wurde aktiv, auch die damalige Geschäftsführerin der CDU/CSU Fraktion im Bundestag, Brigitte Baumeister. Auch sie empfahl die Investment Bank, wie dem Autor vorliegende Kopien beweisen.

Schreiben von Hunzinger an Friedrich Bohl vom 25. Oktober 1994: Der CDU-Abgeordnete Michael Jung habe zunächst ein Gespräch zwischen Hunzinger und dem früheren Chef des Bundeskanzleramtes Friedrich Bohl vermittelt. Es ging um Hunzingers „Interessen bei der Telekom-Privatisierung". Bei dieser Gelegenheit soll Bohl auch Hendrik Borggreve, den damaligen Chef von Kleinwort Benson, kennen gelernt haben. Borggreve ist, laut Berliner Zeitung, der Ex-Ehemann von Gräfin Pilati, der derzeitigen Lebensgefährtin und Pool-Partnerin von Rudolf Scharping.

Im Brief geht es darum, Kleinwort Benson mit in das Privatisierungs-Konsortium zu bringen. Hunzinger rät Bohl: „Lassen Sie sich das Heft nicht aus der Hand nehmen".

Schreiben von Brigitte Baumeister an Friedrich Bohl vom 27. Oktober 1994: „Sehr geehrter Herr Minister, lieber Fritz, bezüglich des Privatisierungs-Konsortiums bei der Telekom möchte ich Ihnen das britische Unternehmen Kleinwort Benson empfehlen", so beginnt Baumeister ihren Brief an Friedrich Bohl, der nur drei Sätze lang ist. Das Unternehmen sei „als seriös bekannt" und verfüge „über eine große Erfahrung" bei der Privatisierung von Staatsfirmen. Deshalb bittet Baumeister Bohl, „die Firma Kleinwort Benson im Rahmen des Möglichen angemessen zu berücksichtigen".

Baumeister und Hunzinger standen damals, laut „Berliner Zeitung", in regem Kontakt. Durch die Kooperation des „Dream-Teams" war letztlich auch Hunzingers Einsatz für Kleinwort Benson erfolgreich. Die Investmentbank wurde sicherlich auch dadurch, dass sie 1995 von der Dresdner Bank übernommen wurde, faktisch Konsortialpartner bei der Börseneinführung der Telekom und konnte kassieren.

Übrigens: Die Online-Redaktion des „Manager-Magazin" schätzt, dass beim ersten Telekom Börsengang 700 Millionen Mark (Anm. d. Red. 350 Millionen Euro) als Provision für die beteiligten Banken abfielen. „Im ... Konsortium waren fast alle deutschen Finanzinstitute vertreten. Angenehmer Nebeneffekt: Im Vorfeld des Börsengangs gibt es kaum negative Analysten-Statements zur T-Aktie", so „Manager-Magazin online".

Auch das ist wohl Teil einer strategisch klar durchdachten Lobbyarbeit.

5 Der Telekom Medienbeirat

Nach dem ersten Börsengang hat die Telekom ein weiteres hochkarätiges Gremium institutionalisiert – den Medienbeirat der Deutschen Telekom AG.

Peter Glotz, der fleißige Autor und SPD-Intellektuelle, führte seit 1997 den Vorsitz. Dr. Leo Kirch, Dr. Otto Wiesheu (CSU), Klaus Rüter (SPD), Hans-Dieter Cleven, Wolfgang Clement (SPD), Dr. Michael Dornemann, August Fischer, Dr. Reiner Hochstein, Karl-Ulrich Kuhlo, Professor Dr. Udo Reiter, Helmut Stahl, Professor Dr. Dieter Stolte, Stefan Aust vom „Spiegel" und sein „Focus" Pendant Helmut Markwort gehörten zu den Gründungsmitgliedern des illustren Kreises – eine höchst interessante Vermischung von Politik- und Medienvertretern. Kompliment Telekom – besser kann man ein solches Gremium nicht besetzen.

Nach Auskunft der Telekom war der Medienbeirat „ein Diskussionsforum für eine Gruppe von Meinungsführern in der deutschen Medienlandschaft". „Er beriet den Vorstand der DTAG (Anm. d. Red.: Deutschen Telekom AG) in medienpolitischen Belangen. Er setzte sich in regelmäßigen Abständen zusammen, um aktuelle medienpolitische Fragestellungen zu diskutieren." Die Ergebnisse der Diskussionen seien „in die Meinungsbildung des Vorstands eingeflossen". Unmittelbarer Einfluss sei weder nach Innen noch nach Außen hin ausgeübt worden.

Im Medienbeirat wurde also über Vieles geredet, über Kabelpolitik, die Kooperationspolitik von T-Online und bestimmte technische Entwicklungen. Aber: „Im Medienbeirat wurde keinerlei Lobbyarbeit betrieben", beteuert der Vorsitzende Peter Glotz. Stimmt das wirklich?

In der Tat drangen nur wenige Forderungen des Medienbeirats an die Öffentlichkeit. Im Mai 1998 berichtete die Nachrichtenagentur „epd medien", der Telekom Medienbeirat fordere mehr Spielraum für Netzbetreiber. Wir erinnern uns, die Telekom selber ist Netzbetreiber.

Der Beirat unter Vorsitz von Professor Peter Glotz habe die Medienpolitik aufgefordert, „den Netzbetreibern mehr Möglichkeiten zur Wahrnehmung ihrer unternehmerischen und wirtschaftlichen Interessen einzuräumen", berichtete die Nachrichtenagentur am 16. Mai 1998 unter Bezugnahme auf eine Mitteilung der Telekom.

Folgt man „epd medien", dann hätte der illustre Medienbeirat tatsächlich „Lobbyarbeit" betrieben, dann wäre auch die Aussage von Peter Glotz, dass er kein Lobbyist sei, widerlegt.

Im Jahr 2003 allerdings wurde das Gremium vom neuen Telekom-Vorstandschef Kai-Uwe Ricke aufgelöst. Das deutet auf ein Umdenken in der „Lobbypolitik" hin.

Peter Glotz allerdings soll „Lobbypolitik" für die Telekom auch in seiner Eigenschaft als Vorsitzender des Arbeitskreises Medien und Politik der Friedrich-Ebert-Stiftung wahrgenommen und dort sehr häufig Fragen der Telekom auf die Tagesordnung gesetzt haben. Das berichtet ein Insider aus der SPD, der nicht genannt werden will. Auch das habe mit „Lobbyarbeit für die Telekom gar nichts zu tun", meint Glotz. Immerhin räumt er ein, dass „die Telekom als großes Unternehmen der (erweiterten) Medienbranche im Arbeitskreis Medien und Politik immer wieder" vorkomme. Das müsse auch so sein. Andere relevante Unternehmen, unter anderem auch die Konkurrenten der Telekom, kämen aber genau so vor.

Medienpolitik scheint, unserem Informanten folgend, für Glotz im Kern Kommunikationspolitik zu sein. „Im Feld der SPD schaffte er den Diskussionsraum für die Telekom mit dem Ziel, die Tagesordnung der Telekom zur Tagesordnung der SPD-Medienpolitik zu machen", so die Einschätzung unseres Experten.

Was Glotz genau unter Lobbypolitik versteht, ist in seinem Porträtbuch über Ron Sommer nachzulesen und man könnte meinen, er spreche über sich selbst: „Kein Unternehmen kann davon absehen, seine eigenen Interessen geschickt zu vertreten. Man nennt das Lobbying. Nur Dummköpfe glauben, das sei etwas Unmoralisches. Das wusste John F. Kennedy besser. Von ihm stammt der Satz „Die beste Möglichkeit für einen Politiker, sich eine Meinung zu einem Thema zu bilden, ist die, alle beteiligten Lobbyisten zu hören." Natürlich sind Lobbyisten Überredungskünstler, strategische Informationsmanager, also Leute, die ein ganz bestimmtes Interesse vertreten und von denen man nicht verlangen kann, dass sie ausgerechnet die Gegenargumente zu den eigenen Überlegungen besonders betonen. Aber jeder, der mit Lobbyisten umgeht, weiß das natürlich auch. Das, was für die Telekom spricht, hört man sich vom Lobbyisten der Telekom an. Das, was für die Wettbewerber spricht, holt man sich von den Wettbewerbern. Erst wenn man alle gehört hat, ergibt sich ein vollständiges Bild. Der Disput der Lobbys hört sich an wie Zank und Streit. Er transportiert gelegentlich Empörung, Entsetzen, Wut, aber er gehört zum Geschäft. Ende der Abschweifung. Sommer beschäftigt einen vorzüglichen Chef-Lobbyisten. .... Hans-Willi Hefekäuser ist keiner der grandseigneuralen Diplomaten, die in diesem Geschäft auch gelegentlich eine Rolle spielen. Er ist eher eines der Mitglieder aus dem Verein für deutliche Aussprache. So gibt er seinem Vorstandsvorsitzenden gelegentlich die Möglichkeit, staatsmännischer zu argumentieren als die Speerspitze."

Peter Glotz war also einerseits Aufsichtsrat, danach Berater der Telekom. Seine Äußerungen über das Unternehmen und Ron Sommer waren über Jahre hinweg fast ausschließlich positiv. Er ist wohl der Idealtypus eines Lobbyisten, der jenseits des Lobby-Klischees langfristig operieren kann – ein Intellektueller, ein linker Querdenker mit guten politischen Kontakten. So kann er die Anliegen der Telekom vehement und unverdächtig vertreten.

6 Telekom Kommunikationschef Jürgen Kindervater und die Medien

Er galt als Meister des Understatement. „Sieben kurze Zeilen füllt der Lebenslauf, den Jürgen Kindervater auf Anfrage verschicken lässt. Geboren 23.7.1945, Wernigerode, verheiratet, zwei Kinder; 1978-1988 Leiter Öffentlichkeitsarbeit Loewe Opta GmbH, 1988-1990 Chefredakteur Funkschau; seit 1.4.90 bei der Deutschen Telekom AG", berichtete die „Berliner Zeitung" am 29. Mai 2001. Jürgen Kindervater war lange Jahre Leiter der Telekom Konzernkommunikation, gegenüber Ron Sommer, sagt man, war er immer loyal. Kindervater soll einen großen Teil des gigantischen Telekom Marketingetats verwaltet haben. 1999 betrug der Etat 1,148 Milliarden Euro, 2000 schon 1,967 Milliarden Euro und 2002 astronomische 2,204 Milliarden Euro.

Die Herrschaft über das riesige Werbe- und Anzeigenbudget der Telekom machte ihn wohl zu einem der mächtigsten Männer der Republik. Kaum ein Verlagsleiter oder Fernseh-Boss konnte es sich leisten, es sich mit Kindervater zu verscherzen oder gar die Telekom als Werbekunden zu verlieren.

„Kindervater, so ein Vorwurf, nutze seine Position, um in den Medien eine gefällige Berichterstattung über die Telekom zu erzwingen. Sein enges Verhältnis zu Konzernchef Sommer mache Kindervater überdies zum heimlichen zweiten Herrscher der Telekom. „Selbst Vorstandsmitglieder müssen sich genau überlegen, ob sie sich mit ihm anlegen", sagt ein geschasster Manager. Kaum einer der Kritiker will sich zitiert sehen. Sie haben Angst, vor Gericht gezerrt zu werden. Manche fürchten gar, ihr Handy könnte abgehört werden", fasst die „Berliner Zeitung" zusammen.

Vor allem bei Journalisten sei der Telekom Pressechef für seine Strafaktionen bekannt gewesen. So konnten, Medienberichten zufolge, damals zum Teil kritische Berichte über die Telekom verhindert werden.

So berichtete die internationale Fachzeitschrift für Journalismus „message" im Oktober 2001 über den Fall von Eva-Maria Thoms. Die freie Journalistin sollte im April 2000 für ein Anlegermagazin den Anzeigenetat der Telekom recherchieren. Sie soll gewichtige Indizien zusammengetragen haben, „dass der Konzern mit dem größten Werbeetat Deutschlands seit Jahren unliebsame Medienberichte mit dem Entzug von Werbeaufträgen abstrafte."

„message" berichtete, dass damals das Anlegermagazin „Telebörse", das den Artikel bestellte, zwar das Honorar der Journalistin überwiesen, eine Veröffentlichung aber verweigert haben soll. Nach den „message" Recherchen soll die „Telebörse" damals ein halbes Dutzend Klagen der Telekom am Hals gehabt haben und wollte deshalb den Streit nicht „zu einem Privatkrieg" eskalieren lassen.

In den folgenden Wochen soll die Journalistin versucht haben, ihren Artikel in Tageszeitungen, Wochenzeitungen oder Magazinen unterzubringen. Die Wirtschaftswoche habe schließlich zugegriffen und sich den Erstabdruck für drei Wochen gesichert. Der Artikel sei aber nie gedruckt worden.

Stimmen diese Recherchen, dann gehört auch dieser Bereich wohl zur „speziellen Telekom Lobbyarbeit", Unterabteilung schmutzige Tricks. Die Verhinderung kritischer Berichte und die Unterdrückung negativer Informationen durch die schiere Macht der Werbegelder ist nicht gerade die feine Art, aber so erspart sich ein Großunternehmen negative Schlagzeilen. Ein Schelm, wer dabei an die Pressefreiheit denkt.

Auch die „Berliner Zeitung" soll unter den Strafaktionen Kindervaters gelitten haben. Der Redakteur Ewald B. Schulte von der „Berliner Zeitung" erklärt auf Nachfrage, dass es nach kritischen Berichten des Blattes eine Zeit lang „zappenduster" durch ausbleibende Anzeigen der Telekom ausgesehen habe. Die Situation habe sich aber „seit dem Abgang Sommers und Kindervaters" deutlich gebessert.

So soll ausgerechnet Kindervater einem Journalisten der „Berliner Zeitung" am 29. Mai 2001 gestanden haben, dass er es für „legitim" halte, Anzeigenaufträge für einzelne Medien „auf ein notwendiges Maß herunterzufahren". Es gebe aber kein Medium, wo die Telekom „wirklich einen Anzeigenboykott" habe. „Vielmehr gehe es um die Frage, ob er (Anm. d. Red.: Kindervater) durch ein „übergroßes" Werbevolumen jemandem dabei helfen solle, Prozesse mit der Telekom zu finanzieren", berichtete die „Berliner Zeitung".

7 Die Regulierungsbehörde

Klaus-Dieter Scheurle, der ehemalige Chef der Regulierungsbehörde, wurde berühmt durch eine Stoppuhr. Als er am 17. August 2000 in Mainz-Gonsenheim die Uhr zum letzten Mal anhielt, wurde Hans Eichels Ministerium um fast 50 Milliarden Euro reicher. Die UMTS-Lizenzen waren versteigert. Auch die Telekom hatte einen Zuschlag bekommen und musste rund acht Milliarden Euro an die Staatskasse überweisen – ein sündhaft teurer Coup.

Auktionator Scheurle war der Regulierer der Verbraucher. Die Telefontarife sanken in nie für möglich gehaltene Tiefen. Das bestätigt selbst Peter Glotz in seinem Ron Sommer Buch.

Aber er positioniert sich eher gegen Scheurle, womöglich weil dessen Entscheidungen als damaliger Chef der Regulierungsbehörde bei der Telekom und bei Ron Sommer nicht besonders gut ankamen. Glotz argumentiert wie ein Lobbyist: „Wir wollen uns hier nicht die Rolle des neutralen Schiedsrichters anmaßen. Kein Zweifel, dass Klaus-Dieter Scheurle sich eher als Regulierer der Telekom als als Regulierer des Marktes verstand. Die Lobby der Telekom hält ihm eine lange Liste von schmerzhaften („unfairen") Entscheidungen vor."

Wurde er deshalb von der Telekom bekämpft? Schon 1998 zitiert die „Wirtschaftswoche" den damaligen Telekom Chef-Lobbyisten Hans-Willi Hefekäuser: „Die Entscheidungen der Regulierungsbehörde sind inkonsistent und gehen fast alle zu unseren Lasten", soll er gejammert haben.

Weiter soll Hefekäuser verbreitet haben, „die Telekom werde von den Bonner Regulierern sturmreif geschossen für die Übernahme durch internationale Konzerne". Das Gegenteil aber sei der Fall, so die „Wirtschaftswoche". Nicht die Deutsche Telekom, sondern „die Regulierungsbehörde unter ihrem Präsidenten Klaus-Dieter Scheurle" solle sturmreif geschossen werden. „Strippenzieher in der SPD und der Telekom-Spitze planen einen Generalangriff auf den gerade liberalisierten Telekommunikationsmarkt: Wenn die SPD nach der Bundestagswahl (Anm. d. Red.: 1998) an die Macht kommt, soll Scheurle (CSU) gehen und das Telekommunikationsgesetz (TKG), auf das die Behörde ihre Arbeit stützt, zugunsten der Telekom geändert werden", berichtete die „Wirtschaftswoche".

Als Strippenzieher machte das Blatt eine sozialdemokratische Seilschaft in der Bonner Telekom Führungsriege aus. Dazu sollen gehört haben: Telekom Chef-Lobbyist Hefekäuser, der Telekom Netz-Vorstand Gerd Tenzer und dessen Intimus Franz Arnold.

Auch führende sozialdemokratische Politiker, wie der damalige NRW-Ministerpräsident und heutige „Superminister" Wolfgang Clement, der ehemalige niedersächsische Wirtschaftsminister Peter Fischer als Vorsitzender des Beirats der Regulierungsbehörde und der damalige post- und telekommunikationspolitische Sprecher der SPD-Bundestagsfraktion, Hans Martin Bury, seien bereits weitgehend auf die Linie der „Telekom-Frondeure" eingeschwenkt, berichtete die „Wirtschaftswoche".

Lobbyarbeit hat dann wohl auch zur Ablösung Scheurles geführt. Kurz nach der UMTS Versteigerung muss der CSU-Mann gehen. So berichtet das „Handelsblatt" am 24. November 2000: „Seit dem Wechsel der Bundesregierung im Oktober 1998 steht CSU-Mitglied Scheurle unter starkem politischen Druck. So hat er aus Sicht der Bundesregierung das falsche Parteibuch. Zudem soll insbesondere Bundesfinanzminister Hans Eichel (SPD) Scheurles Vorgehen gegen die Deutsche Telekom AG für zu hart halten."

8 Der VoiceStream Deal

Es war ein wichtiger Deal für Ron Sommer, für den Mann also, den heute viele den „Vernichter des Volksvermögens" nennen. Aber es war auch ein wichtiger Deal für seinen Biographen, Peter Glotz. Der „Spiegel" bringt den Zusammenhang zwischen dem Telekom Manager und dem Buchautor im Juli 2002 treffend auf den Punkt: „Der Kauf des US-Mobilfunkanbieters VoiceStream hatte den Manager (Anm. d. Red.: Sommer) so unter Druck gesetzt, dass das Buch erst im Herbst erschien, weil der Verleger glaubte, der Porträtierte überstehe den Sommer nicht."

Glotz musste nacharbeiten – ein P.S. zum Vorwort war nötig: „Seit Abschluss der Arbeit an diesem Manuskript ist die T-Aktie noch einmal heruntergesaust. Das liegt diesmal daran, dass der „Flow Back" aus der VoiceStream-Transaktion offenbar doch nicht so leicht kontrolliert werden kann, wie das Management der Telekom annahm", ergänzte Glotz. Weitere Erklärungen dazu fehlen. Ein „Flow Back"? Also: Ein Rückfluss? Interessant wäre zu wissen, wie viele seiner Leser diesen Begriff wirklich verstanden haben.

Ron Sommer wollte ein Global Player werden. Milliarden sammelte er bei den Börsengängen von Kleinaktionären ein und ging damit auf weltweite Einkaufstour. Viele Milliarden gab er für Mobilfunkunternehmen wie VoiceStream (heute: T-Mobile USA), One2One (heute: T-Mobile UK) und UMTS-Lizenzen in England oder Deutschland aus.

Sommer hat aber wohl beim Kauf der amerikanischen Mobilfunkfirma VoiceStream zu viel bezahlt, was die Abwertung kurze Zeit später belegt. Höchst umstritten ist auch, ob Sommer klug gehandelt hat, den relativ kleinen Mobilfunkbetreiber VoiceStream quasi im Alleingang, ohne US-Partner, zu kaufen.

Der Gesamtkaufpreis jedenfalls betrug 39,4 Milliarden Euro im Mai 2001. Schon im dritten Quartal 2002, also ein gutes Jahr später, ist eine außerplanmäßige Abschreibung von 18 Milliarden Euro fällig, also fast die Hälfte. Eine Katastrophe.

Die Lobbyarbeit vor dem VoiceStream Kauf war beeindruckend. So berichtet zum Beispiel die „Frankfurter Allgemeine Zeitung" am 27. September 2000 über den Einsatz des Bundes für die Telekom. So habe der Großaktionär Bund aktiv bei der Durchsetzung der VoiceStream Übernahme geholfen. „In einem Brief an Präsident Bill Clintons Sicherheitsberater Samuel Berger bekräftigt der außenpolitische Berater im Kanzleramt, Michael Steiner, abermals die Absicht des Bundes, seinen

Anteil an der Deutschen Telekom vollständig zu verkaufen", so die „Frankfurter Allgemeine Zeitung" über die Lobbyarbeit des Bundes.

Mit dieser Initiative habe der Bund auf eine im amerikanischen Kongress zu behandelnde Gesetzesinitiative reagiert, die vorschreiben sollte, dass ausländischen Telefongesellschaften, die sich zu mehr als 25 Prozent in Staatsbesitz befinden, der Eintritt in den amerikanischen Markt verwehrt werden soll.

Mit dieser Problematik hat sich auch das „Handelsblatt" im Juli 2000 beschäftigt. Der Bericht beschäftigt sich unter anderem mit einem US Top-Anwalt namens William Lake, damals Partner bei der Kanzlei *Wilmer, Cutler & Pickering*. Er sei einer der Leute, die den Senatoren erklären sollten, dass die Telekom kein Monopolist mehr sei und in Deutschland freier Wettbewerb herrsche. Seine Karriere sei typisch für die eines Lobbyisten. Unter Präsident Richard Nixon habe er im Weißen Haus gearbeitet und unter Jimmy Carter im Außenministerium. Dieser Wechsel zwischen Regierung und Lobby zeichne auch die Lebensläufe der anderen Top-Anwälte der Firma aus. So habe Lloyd Cutler, dessen Name die Kanzlei trägt, für die Präsidenten Carter und Clinton gearbeitet. „Und der Mann, der in Deutschland für *Wilmer, Cutler & Pickering* arbeitet, war früher Verkehrsminister und heißt Matthias Wissmann", berichtete das „Handelsblatt".

9 Lobbyismus zur Machtsicherung Sommers

Habe in der Gründungsphase noch das Interesse des Unternehmens im Vordergrund gestanden, so sei es in den letzten Jahren Sommers nur noch um dessen Machterhalt gegangen, erzählt ein hochrangiger Telekom-Insider bei den Recherchen zu diesem Aufsatz. Er möchte nicht genannt werden, weil er Sanktionen fürchtet. Seiner langjährigen Beobachtung nach sei die gesamte Lobbyarbeit ausschließlich von Ron Sommer und seinem Kommunikationschef Jürgen Kindervater initiiert worden. Kindervater bestreitet das auf Nachfrage.

„Sommer hat sich nach allen Seiten hin abgesichert, z.B. gegenüber dem Bund oder dem Aufsichtsrat, nur um andere Meinungen und kritische Informationen nicht hochkommen zu lassen", so unser Informant weiter.

Nur in seltenen Einzelfällen habe der Vorstand von den Telekom-Lobbyisten erfahren, die auf der „Payroll" standen. So sei zum Beispiel der Name des ehemaligen Bundesaußenministers Klaus Kinkel (FDP) erst gefallen, als dessen Name schon durch die Presse lief. Kinkel bestreitet auf Nachfrage, dass er „Telekom-Lobbyist" sei.

Aber: Kinkel soll, so die Telekom, das Unternehmen seit Mai 1999 „u.a. in internationalen Projekten und Rechtsfragen" als Anwalt beraten.

Kritisch beurteilt unser Informant auch die Sendezeit, die sich die Telekom zum Beispiel beim Fernsehsender „n-tv" gekauft habe. Das sei billige Lobbyarbeit für das Unternehmen, aber vor allem für den Chef des Unternehmens, Ron Sommer, gewesen.

Sommer und Kindervater hätten auch Lobbyarbeit nach Innen, also in die Telekom hinein, betrieben. So habe der ehemalige Aufsichtsratschef und spätere Sommer Nachfolger Helmut Sihler, in seiner Funktion als Vorsitzender des Aufsichtsrats, keine Einzelgespräche mit den Vorständen mehr geführt, wie das bei seinem Vorgänger Rolf Dieter Leister noch üblich gewesen sei.

Außer Sommer habe Sihler nur wenige Ansprechpartner innerhalb der Telekom gehabt. Einmal sei der damalige Aufsichtsratschef dann aber doch vom gesamten Aufsichtsrat aufgefordert worden, mit den Vorständen zu reden. Einer habe sich dann auch „sanft kritisch" über Sommers Führungsstil geäußert, was der Aufsichtsratschef gleich Sommer gepetzt haben soll. „Von da an hatte dieser Vorstand Probleme, er litt unter schlechteren Arbeitsbedingungen", so unser Informant.

Als Ron Sommer am 16. Juli 2002 vor die Presse trat und sein Amt mit sofortiger Wirkung zur Verfügung stellte, war seine Methode des „Lobbying in eigener Sache" gescheitert. Medienberichten zufolge hatte er viel Geld dafür ausgegeben, und musste dennoch gehen. Viele Indizien stützen diese These. Der „Spiegel" berichtete am 19. August 2002 über Vorwürfe, die der Staatsanwaltschaft Bonn vorliegen sollen. Ein Telekom Mitarbeiter werfe Ron Sommer vor, in den letzten Tagen seiner Amtszeit rund 20 Millionen Euro Aktionärsvermögen verschleudert zu haben, nur um seinen Chefsessel zu sichern.

„In der detaillierten Berechnung sind beispielsweise zwei bundesweite Anzeigenkampagnen aufgelistet, die von der Telekom bezahlt wurden, um die Ablösung des Chefs zu verhindern. Außerdem soll Sommer fünf Anwälte und die Investmentbank Goldman Sachs mit teuren „Analysen" beauftragt haben. Die Fragestellung lautete: Wie ist die Ablösung mit Rechtsmitteln zu verhindern?", berichtete der „Spiegel". Die Telekom habe diese Vorwürfe bestritten, Sommer, zitiert der „Spiegel" das Unternehmen, nur einen Anwalt beauftragt – und den auch noch aus eigener Tasche bezahlt.

„Eigenlobby" für Ron Sommer sei „vom Unternehmen und mit Mitteln des Unternehmens" nicht betrieben worden, beteuert die Telekom. Bei der bundesweiten Anzeigenkampagne handele es sich um einen offenen Brief von Mitarbeitern, der „aus Sorge um die Zukunft des Unternehmens initiiert worden" sei. „Damit wollten diese im Interesse der Gesellschaft, ihrer Mitarbeiter und ihrer Aktionäre einen Beitrag zur Beruhigung und Versachlichung der seinerzeit geführten heftigen öffentlichen Diskussion leisten. Die Mitarbeiter empfanden die andauernde Diskussion um die Deutsche Telekom AG als Belastung, und es war angemessen und im Interesse der Deutschen Telekom, dieses Anliegen auch mit Mitteln des Unternehmens zu unterstützen", so die offizielle Stellungnahme des Unternehmens.

Trotz dieser Antwort bleibt eine Frage offen: War diese Anzeigenkampagne auch im Sinne der Aktionäre – oder etwa doch „Lobbyarbeit" zum Machterhalt Sommers?

Auch die US-Investmentbank Goldman Sachs soll sich, kurz vor Ron Sommers Abgang, für den Telekom Manager stark gemacht haben. Am 12. Juli 2002 habe sie vor einem Managementwechsel bei der Deutschen Telekom gewarnt, da sie andernfalls mit entschieden negativen Konsequenzen für das Unternehmen rechne. Das berichtete die Nachrichtenagentur „Reuters". Dies gehe aus einem Brief hervor, den der Vorstandsvorsitzende von Goldman Sachs, Henry Paulsen, an den Aufsichtsratsvorsitzenden der Telekom, Hans-Dietrich Winkhaus, geschickt habe. „Der Goldman-Chef verweist darauf, dass „die Telekom einen strategischen und finanziellen Plan entwickelt hat, um die dringenden Probleme in Bezug auf die Bilanz des Unternehmens und (die US-Mobilfunktochter) VoiceStream anzugehen". Dieser Plan sei von Goldman „im Detail" mit der derzeitigen Telekom-Führung besprochen worden. Ohne nähere Einzelheiten zu nennen, schreibt Paulsen weiter, der Plan werde von Goldman Sachs „aktiv unterstützt". Auch sei sein Institut direkt in die Ausführung eingebunden". Wörtlich heißt es: Wir glauben, dass ein essenzielles Element der erfolgreichen Ausführung des Plans darin besteht, dass das Management der Deutschen Telekom unverändert bleibt", so die Nachrichtenagentur „Reuters" unter Bezugnahme auf den Paulsen Brief.

Übrigens auch Peter Glotz soll in dieser Zeit ebenfalls Treueschwüre für Ron Sommer verkündet haben. „Es ist doch naiv zu glauben, dass der Kurs der Telekom schon dadurch steigt, dass ein neuer Vorstandschef antritt", zitierte der „Spiegel" am 15. Juli 2002 den mutmaßlichen Telekom und Sommer-Lobbyisten Peter Glotz.

10 Lobbyarbeit nach Sommers Abschied

Als die Telekom am 10. März 2003 einen Rekordverlust von fast 25 Milliarden Euro präsentiert, will der neue Vorstandschef Kai-Uwe Ricke einen Schlussstrich unter die vielen Altlasten ziehen, die vorwiegend in der Sommer Ära entstanden. Milliardenabschreibungen auf VoiceStream, One2One u.a. verhagelten zwar die Bilanz, sind aber auch Chance für einen Neuanfang.

Wie die „Frankfurter Allgemeine Zeitung" am 22. März 2003 meldet, soll Dr. Peter Heinacher, ehemaliger Ressortleiter Wirtschaft, Politik und Weltwirtschaft beim „Handelsblatt", den Zentralbereich „Politische Interessenvertretung und Regulierungsgrundsätze" übernehmen. Auch Journalisten mit gutem politischem Background sind gefragt im Lobby-Geschäft.

Die Berufung Heinachers ist brisant. Seine Frau Jella Benner-Heinacher ist vielen Kleinaktionären noch bekannt als forsche Vertreterin der Deutschen Schutzvereinigung für Wertpapierbesitz (DSW). Die kritische Rednerin hat der Telekom auf der Hauptversammlung 2002 energisch Paroli geboten.

In der Telekom Hauptstadtrepräsentanz in Berlin seien sechs Mitarbeiterinnen und Mitarbeiter für das politische Lobbying zuständig, berichtet der Leiter der Berliner Telekom Konzernrepräsentanz, Karlheinz Maldaner, in einem Interview mit dem SWR-Chefreporter Thomas Leif. „Man macht sich die Arbeit dadurch ein Stück leichter, dass man durch kontinuierlich gepflegte Kontakte Partner in der Politik und in den Ressorts hat, mit denen die Kooperation so gut klappt, dass die sich mitunter auch selbständig melden bei Sachen, die „brennen", nach dem Motto „weißt du eigentlich schon, dass ..." so Maldaner.

Die einzelnen Telekom Lobbyisten seien den politischen Parteien zugeordnet und es gebe eine Sortierung nach Farben. Das solle Kontinuität schaffen. Maldaner sieht Lobbyarbeit generell als Dienstleistung – und zwar sowohl für das Unternehmen als auch für die Politik. „Aber sehr häufig bitten die Ressorts um Hilfestellung bei der Formulierung von Gesetzestexten oder spezifischen inhaltlichen Fragestellungen, weil sie mangels eigener Ressourcen darauf angewiesen sind. Die Industrievertreter helfen den Rechtsressorts und den Finanzressorts häufig Formulierungen zu finden, die sehr komplexe Fragestellungen wiedergeben und Bestand vor Gericht haben", so Maldaner.

Folgt man dieser Argumentation, so heißt das doch frei übersetzt: Die Fachressorts der Ministerien sind mit der Ausarbeitung von Gesetzesentwürfen sehr häufig überfordert und holen sich Formulierungshilfe bei der Industrie.
Ein Skandal.

Dieser Zusammenhang wurde so klar und offen noch nie geäußert. Maldaner analysiert hier ein Tabuthema. Wie schon am Anfang gesagt: Es geht um Geld, um viel Geld. Es geht um politische Einflussnahme, wirtschaftliche Interessen und natürlich geht es um Macht.

Dabei sei das Gespräch, so Maldaner, für den Lobbyisten das wirksamste Instrument, wechselseitiger Respekt und Vertrauen vorausgesetzt.

„Aber ein Gespräch, das belastbar ist, weil die handelnden Personen sich kennen, auch von der wechselseitigen Integrität und Kompetenz wissen und sich respektieren, ist nach wie vor das beste Instrument. Solche Gespräche werden in sehr vielen Fällen durch die berühmten „Onepager" ergänzt, weil kaum einer, der im Ressort oder auch im Parlament arbeitet, heute aufgrund des hohen Zeitdrucks und der Komplexität der Themen in der Lage ist, ein Gespräch so zu speichern, dass er das in kurzer Zeit zu Papier bringen und im Ressort weiterverteilen kann", erklärt der Leiter der Berliner Telekom Konzernrepräsentanz.

Die Telekom Lobbyarbeit heute ähnelt, vom Prinzip her, der von 1994. Persönliche, direkte Kontakte und „Onepager" sollen die guten Lobbyisten auszeichnen. 1994 allerdings war der „Bettelbrief" der ehemaligen Telekom Vorstände Helmut Ricke und Joachim Kröske noch fünf Seiten lang.

P.S. Im Rheinischen Merkur erschien am 7. November 2002, kurz nach Sommers Abgang, ein Bericht über den ehemaligen Telekom Chef Ron Sommer.

„Der Mann hatte drei fulminante Börsengänge hingelegt. Er hat lautlos und in gutem Kontakt mit der zuständigen Gewerkschaft 100.000 Leute abgebaut. Er hat aus der T-Aktie eine Volksaktie gemacht, die populärer war als jede Aktie davor. Er hat entscheidend dazu beigetragen, dass in Deutschland plötzlich auch Durchschnittsverdiener Aktien kauften. Der radikale Verfall der T-Aktie hat die gleichen Kleinaktionäre allerdings auch für lange Zeit verschreckt. Sommer war die Lichtgestalt, der Hoffnungsträger. Wer so viel Aufmerksamkeit auf sich zieht, provoziert auch Bestrafungsgelüste, Neid und Wut. Sommer war die Verkörperung der Telekom. Aber jeder Siegfried hat irgendwo sein Lindenblatt. Dort trifft der Speer."

Der Dichter dieser Zeilen – Sie ahnen es – heißt Peter Glotz. Dem ist nichts mehr hinzuzufügen.

„Der Lobbyist will politische Entscheidungen beeinflussen"
Fragen an Lobbyisten

Die folgenden Fragen wurden gleichlautend an 40 Berliner Spitzen-Lobbyisten gerichtet. Geantwortet haben Uwe Berlinghoff, Adam Opel-AG, Rolf Th. Ocken, Beauftragter der Geschäftsführung der Rolls-Royce Deutschland Ltd & Co. KG, Herrmann Lehning, Geschäftsführer des Verbandes der chemischen Industrie, Dr. Peter Jeutter, JEUTTER CONSULTING und Wolfgang Rosenbauer, General Manager Governmental Affairs Philips Beteiligungs-GmbH. Die jeweiligen Antworten sind synoptisch zusammengefasst.

1 Welches Lobby-Profil sehen Sie für einen erfolgreichen Lobbyisten in Berlin? Welche Kompetenzfelder und Fähigkeiten muss aus Ihrer Sicht ein Lobbyist mitbringen?

Berlinghoff: Das wichtigste ist, ein echtes Vertrauensverhältnis zu den vielfältigen Ansprechpartnern aufzubauen. Lobbyarbeit ist in erster Linie Kommunikation – und dafür bedarf es der Offenheit und des gegenseitigen Vertrauens. Dieses Vertrauen gewinnt man durch Glaubwürdigkeit, das heißt Verlässlichkeit und Transparenz im Umgang mit den Zielgruppen. Das ist, nebenbei bemerkt, keine Einbahnstraße, denn auch die Ansprechpartner sind an Informationen über das Unternehmen interessiert.

Um solche Informationen kompetent geben zu können, pflege ich einen intensiven und regelmäßigen Austausch mit der Unternehmenszentrale. Denn als Lobbyist muss man in der Lage sein, politische Entscheidungsträger mit gut aufbereiteten Informationen zu versorgen. Umfragen zeigen, dass die Entscheider vor allem Wert legen auf: Expertengespräche, schriftliche Unterlagen, aussagekräftiges Datenmaterial und Folgeberechnungen.

Ocken: Glaubwürdigkeit, Fachkompetenz, Zuverlässigkeit, Verschwiegenheit.

Lehning: Der Lobbyist ist ein Dienstleister für seinen Auftraggeber ebenso wie für die Zielgruppe. Sein Profil wird bestimmt von der Fähigkeit, die Anliegen des Auftragsgebers ideenreich umzusetzen und bei der Zielgruppe Akzeptanz und Glaubwürdigkeit anzustreben und Kontinuität auszuüben. Dazu benötigt er Sachkunde und die Fähigkeit, Anliegen in den Gesamtzusammenhang der politischen Agenda zu stellen.

Jeutter: Kenntnisse der politischen Abläufe, Kenntnisse der handelnden Personen, gutes Netzwerk, Glaubwürdigkeit, Seriosität. Er muss das „Anliegen" des Auftraggebers so vermitteln können, dass es für die Politik verständlich ist.

Rosenbauer: Im Rahmen der Substanz muss Sachkompetenz auf allen Arbeitsfeldern des Unternehmens einhergehen mit hoher Sozialkompetenz und der Fähigkeit, Standpunkte überzeugend zu vertreten.

2 Wie definieren Sie die Kernziele Ihrer Arbeit?

Berlinghoff: Ein Unternehmen wie die Adam Opel AG verfolgt mit seiner Lobby-Arbeit im Wesentlichen drei Ziele:
1. die Interessen, Ansprüche und Forderungen des Unternehmens im Zentrum des politischen Geschehens – in Berlin – wirksam zu artikulieren und zu vertreten,
2. zu einem möglichst frühen Zeitpunkt auf den Gesetzgebungsprozess Einfluss zu nehmen, die politischen Entscheidungsträger bei der Folgeabschätzung von Gesetzen und Verordnungen zu unterstützen und auf mögliche Fehlentwicklungen aufmerksam zu machen,
3. durch Interessenkoalitionen – sei es branchenintern oder Branchen übergreifend – die eigene Position zu stärken.

Ocken: Herbeiführen bzw. Mitwirkung an der Herbeiführung von Rahmenbedingungen, die mein Unternehmen bzw. bestimmte Produkte meines Unternehmens günstig positionieren.

Lehning: Der Lobbyist will politische Entscheidungen beeinflussen, die durch Gesetze bzw. durch Gesetzesänderungen getroffen werden. Er muss deshalb die Gesetzgebung von der Idee eines Entwurfs bis zur Unterschrift durch den Bundespräsidenten kompetent begleiten und Chancen für Änderungen ausbauen und nutzen.

Jeutter: Hängt von der jeweiligen Aufgabenstellung – und die ist wesentlich vielfältiger, als allgemein angenommen (und in der Politologie diskutiert wird). Beispiel: Als Kommunikator zwischen Politik und Wirtschaft der gesamte Bereich „Lobby nach innen" d. h. in die Firmen hinein: wie funktioniert Politik, welche Möglichkeiten gibt es überhaupt, auf Themen zu reagieren bzw. Themen zu besetzen usw. Generell gilt: Informationen zum richtigen Zeitpunkt an die richtigen Empfänger in geeigneter Aufbereitung.

Rosenbauer: Fortlaufende Beobachtung des Politikgeschehens und Einschätzung, welche Anknüpfungspunkte zu den Zielen des von mir vertretenen Unternehmens sich daraus ergeben. Frühzeitige Analyse unternehmensrelevanter Tendenzen und

Entwicklungen sowie gegebenenfalls die Initiierung und Begleitung eines Dialogs zwischen Politik/Verwaltung und Unternehmen bzw. vice versa.

3 Wie bewerten Sie die Akzeptanz von Lobbyisten am Standort Berlin? Wo sehen Sie Erfolge, wo Blockaden Ihrer Arbeit?

Berlinghoff: Grundsätzlich gibt es eine große Akzeptanz für die Arbeit der Lobbyisten in Berlin. Gerade mit den politischen Entscheidungsträgern funktioniert die Zusammenarbeit sehr gut. Wir sind als Teil der deutschen Automobil-Industrie gut aufgestellt und sind durchaus in der Lage, uns Gehör zu verschaffen und unsere Interessen zu artikulieren. Unsere Meinung ist gefragt und findet auch Eingang in die politischen Entscheidungsprozesse. Die erst kürzlich beendete Diskussion um eine Erhöhung der Dienstwagensteuer ist nur ein Beispiel dafür.

Ocken: Die Akzeptanz meiner Arbeit und meiner Person ist so, wie sie m. E. sein sollte. Denselben Eindruck habe ich von meinen Kolleginnen und Kollegen. Meine größten Erfolge sehe ich darin, dass Funktionsträger/Entscheidungsträger mir Zugang gewähren, meine Argumente anhören, selber Nachfragen stellen und auch von sich aus bisweilen meine Beratung erbitten. Echte Blockaden erkenne ich nicht. Natürlich ist es bisweilen mühsam, in den relevanten Sachfragen und den Randbereichen hinreichend gut informiert zu bleiben. Da sind oftmals Verbesserungen der Verfahrenswege möglich. Das sind dann aber keine Blockaden.

Lehning: Ein Lobbyist kann keine Gesetze verhindern. Er kann durch kompetente Sachinformation den Gang der Diskussion und Entscheidungsfindung begleiten und bereichern. Blockaden entstehen dort, wo Parteien und gesellschaftliche Gruppen durch ideologisch vorgefasste Meinungen Ziele anstreben, die Mittel erfordern, die unverhältnismäßig sind – wie bisher in der Sozial- und Umweltpolitik.

Jeutter: Gute Akzeptanz dann, wenn seitens der Lobbyisten bzw. deren Auftraggeber akzeptiert wird, dass die Politik letztendlich politisch entscheidet. Blockaden manchmal durch Verbände und Firmen selbst, die ihre Wirtschaftslogik 1:1 auf Politik übertragen wollen.

Rosenbauer: Aus persönlicher Erfahrung kenne ich keinerlei Akzeptanzprobleme als Lobbyist in Berlin. Nach meiner Einschätzung ist in Berlin wie an jedem anderen Standort das unter 1) geschilderte Profil ausschlaggebend. Erfolge sehe ich im Rückblick auf die vergangenen sechs Jahre in dieser Position in der Unterstützung unseres Auslandsgeschäftes und unserer zukunftsweisenden Entwicklungs- und Forschungsprojekte. Blockaden meine Arbeit konnte ich in dieser Zeit nicht feststellen.

4 Wo sehen Sie die größten Missverständnisse in der Öffentlichkeit, wenn über Lobbypolitik geredet und geschrieben wird?

Berlinghoff: In der Öffentlichkeit herrscht immer noch ein Bild von Lobbyisten als Geheimnistuer, Strippenzieher und Spin-Doctors vor. Affären, wie die um die Rolle von PR-Beratern und ihren Einfluss auf Politiker, tun ein Übriges, um dieses Bild zu festigen. Dabei ist Lobbyismus im Kern die legitime Vertretung von Interessen gegenüber Entscheidungsträgern und deshalb ein unverzichtbares Element jeder funktionierenden Demokratie. Dass es dabei auch den einen oder anderen gibt, der bei der Wahl seiner Mittel Fehler macht, schadet der großen Gruppe von seriös und korrekt arbeitenden Lobbyisten.

Das größte Missverständnis der Öffentlichkeit liegt darin begründet, dass sie annimmt, der professionelle Lobbyist säße direkt mit am Entscheidungstisch. Das ist selbstverständlich nicht der Fall, und das verdeutlich schon der Begriff Lobbyist selbst. Denn er weist darauf hin, dass der Lobbyist sich – im übertragenen Sinne – in der Wandelhalle, also im Vorraum des Saales aufhält, in dem schließlich die Entscheidungen getroffen werden. Lobbyisten arbeiten nicht im Parlamentsplenum, sondern artikulieren die Interessen, die sie vertreten, im vorparlamentarischen Raum.

Wirklich schädlich für die Demokratie ist es allerdings, wenn Parlamentarier zugleich Lobbyisten-Verträge abschließen. Hier müsste es gesetzliche Regelungen geben, die solchen Vermischungen von Partikularinteressen und der Ausübung eines Mandats einen Riegel vorschieben.

Ocken: Das größte Missverständnis sehe ich darin, dass die meisten Menschen meinen: „Lobbying vollzieht sich im Dunkeln". Ich arbeite aber niemals im Dunkeln und habe auch nicht den Eindruck, als wenn meine Gesprächspartner die Wahrnehmung haben, mit mir im Dunkeln zu operieren.

Lehning: Die „Öffentlichkeit" geht davon aus, dass es in der Politik absolut richtige Lösungen gibt. Sie verkennt, dass „Politik machen" bedeutet, immer einen Ausgleich zwischen unterschiedlichen Interessen herbeizuführen – deshalb der Wunderglaube an große Koalitionen bzw. starke Männer/starke Frauen. Lobby ist die berechtigte Artikulation von Interessen in der politischen Auseinandersetzung. Auch Parteien (das Wort stammt aus dem lateinischen pars, partis – der Teil) vertreten Interessen der sie tragenden gesellschaftlichen Schichten. Sie müssen um Mehrheiten in der Öffentlichkeit und im Parlament kämpfen.

Jeutter: Wie immer im Leben: Über Missstände wird intensiv berichtet, dadurch wird eine Verstärkung von Vorurteilen möglich. Aber die Professionalisierung von Public Affairs in Deutschland wird automatisch dazu beitragen, das Bild in der Öffentlichkeit zu differenzieren und zu korrigieren.

Rosenbauer: Darin, dass Lobbying überwiegend als ausschließlich an Unternehmensinteressen orientierte und das Gemeinwohl missachtende Tätigkeit dargestellt wird, weil einzelnes Fehlverhalten den Lobbyisten „gesamtschuldnerisch" angelastet wird. Der sachorientierte und sachdienliche Dialog zwischen Politik/Verwaltung und Unternehmen wird in zu geringem Maße wahrgenommen.

5 Wie bewerten Sie die Kooperationsbereitschaft der Politik und der Ministerialbürokratie gegenüber Lobbyisten?

Berlinghoff: Grundsätzlich gibt es eine gute und fruchtbare Zusammenarbeit mit der Ministerialbürokratie. Viele Politiker und Beamte wissen die Meinung der Lobbygruppen zu schätzen und nutzen die Kontakte, um die Folgen von neuen Gesetzen und Verordnungen möglichst schon im Vorfeld abwägen zu können. Es liegt aber in der Natur der Sache, dass es auch zu Meinungsverschiedenheiten und Konflikten kommt.

Ocken: Angemessen; bisweilen hoch.

Lehning: Die Kooperationsbereitschaft ist abhängig von der Politik- und der Berufserfahrung der anzusprechenden Zielgruppen. Die Bundesrepublik Deutschland mit ihrem föderalen Aufbau hat bis auf die Bundeswehrverwaltung und Teile der Finanzverwaltung keine zentrale Bürokratie und ähnliche Institutionen, die ihr zu den politischen Vorhaben die notwendigen Daten liefern und die richtigen Einschätzungen geben könnten. Verbände ersetzen die fehlenden Informationen. Die Kooperationsbereitschaft der Politiker nimmt in dem Maße zu, wie der Lobbyist in der Lage ist, Tatbestände zu schildern und Zahlenmaterial zu liefern und Abschätzungen über die Wirkungen von politischen Vorhaben zu geben; das gleiche gilt für die Ministerialbürokratie. Die Kooperationsbereitschaft nimmt rapide ab, wenn der Lobbyist manipuliert.

Jeutter: Ist durchaus unterschiedlich. Es kommt auf das Politikfeld in der jeweiligen konkreten politischen Interessenlage, die Historie der Interessenvertretung, die Art der Interessenvertretung usw. an.

Rosenbauer: Hier kann ich nur für mich sprechen: Ich konnte bisher überwiegend eine hohe Kooperationsbereitschaft der Politik und der Ministerialbürokratie gegenüber meinen Anliegen feststellen (was nicht zwangsläufig immer Zustimmung bedeutet). Voraussetzung ist die sachliche Begründung und eine klare Trennungslinie zwischen sachlicher Information und der Vertretung von Unternehmensinteressen.

6 Wo sehen Sie die drei wesentlichsten Trends der Lobbypolitik der Zukunft unter dem Gesichtspunkt der Veränderungen der politischen Prozesse in Berlin?

Berlinghoff: Der Umzug des Parlaments von Bonn nach Berlin war sicher nur das nach außen sichtbare Kennzeichen einer Reihe von wichtigen Veränderungen. Die wirtschaftliche Landschaft hat sich grundlegend gewandelt. Im Dienstleistungs- und Technologiesektor sind neue Unternehmenstypen entstanden, die sich von den klassischen Verbandsstrukturen nicht mehr vertreten fühlen. Demnach ist auch die Lobby-Arbeit partikularer und individueller geworden.

Dem stehen Veränderungen auf der politischen Seite gegenüber. Wir beobachten einen Bedeutungsverlust des Parlaments und eine Stärkung der Exekutive und der Ministerialbürokratie. Immer häufiger werden zudem Regierungs-Kommissionen eingesetzt, die politische Entscheidungen vorbereiten und Empfehlungen aussprechen. Hier liegt für den Lobbyisten auch eine Chance, seinen Einfluss schon früh im Gesetzgebungsprozess geltend zu machen.

Dazu kommt schließlich ein Trend, der über den nationalen Rahmen hinausgeht, für die Lobby-Arbeit eines großen Unternehmens wie der Adam Opel AG aber von entscheidender Bedeutung ist: Wir erleben eine zunehmende Europäisierung der politischen Entscheidungsprozesse. Schon heute werden Schätzungen zufolge rund 80 Prozent aller Gesetze und Verordnungen in Brüssel vorbereitet. Darauf muss sich ein Unternehmen mit seiner Lobby-Arbeit einstellen und das tun wir auch.

Ocken: Ich kann keine Veränderung der politischen Prozesse in Berlin erkennen: Entscheidungen in Deutschland vollziehen sich immer in quälenden Prozessen; sie fallen so spät wie irgend möglich. Das war immer so und wird wohl auch so bleiben. Beratungsbedarf war immer vorhanden und wird immer vorhanden bleiben. Daraus resultiert, dass auch die Arbeit des Lobbyisten sich nicht wesentlich ändern wird. Je mehr allerdings in der öffentlichen Wahrnehmung des Lobbyismus als einer Arbeit im Dunkeln geprägt ist, um so mehr müssen Lobbyisten darauf achten, dass alles was sie tun oder lassen, das Licht der Öffentlichkeit nicht zu scheuen braucht!

Lehning: Der politische Meinungsbildungsprozess in Berlin hat sich nicht grundlegend gegenüber Bonn verändert. Durch den Umzug haben sich nur Rahmenbedingungen verändert. Bonn lag unweit des Industrieviers an Rhein und Ruhr und der wirtschaftlichen Metropolen in Frankfurt und im Südwesten. Die notwendige Anschauung für die Ministerialbürokratie lieferte das wirtschaftliche und soziale Umfeld. Berlin ist keine Industriestadt mehr und auch keine wirtschaftliche Metropole. Es liegt von den Industrien in Hamburg, Hannover, Leipzig und Dresden 200 km entfernt. Der Ministerialbürokratie fehlen die entsprechenden Kontakte und Auseinandersetzungen. Dafür liefert Berlin soziale Spannungen einer dreieinhalb Millionenstadt, die am nachhaltigsten und unverdient die Folgen des letzten Weltkrieges zu tragen hat.

Die Politiker lebten in Bonn in überschaubaren Zirkeln, die in Berlin fortgeführt werden aber weniger transparent sind. Die Rolle der Medien ist stärker geworden; so genannte Talkshows tragen stärker zur Meinungsbildung der Menschen bei, als Parlamentsdebatten es heute vermögen. Alle drei Faktoren müssen von Lobbyisten bei ihrer Arbeit berücksichtigt werden.

Jeutter: 1. Professionalisierung. 2. Rückgang des Einflusses der Verbände. 3. Viel stärkere Ausdifferenzierung von Einzelinteressen und deren Vertretung.

Rosenbauer: Eine zukünftig noch stärkere Einbeziehung der EU in die Überlegungen. Eine noch ausgeprägtere Darstellung des Unternehmensengagements im sozialen Umfeld. Die umfassende Vermittlung der umwelttechnischen Anstrengungen des Unternehmens nach Außen.

7 Welche Unterschiede und welche Schnittmengen gibt es zwischen dem Unternehmens-Lobbying und den Lobbying-Aktivitäten der jeweiligen Unternehmens-Verbände?

Berlinghoff: Die deutsche Automobil-Industrie ist in der glücklichen Lage, mit dem VDA einen gut organisierten und starken Verband zu haben, von dem wir uns sehr gut vertreten fühlen. Das heißt selbstverständlich nicht, dass die einzelnen Hersteller nicht auch individuelle Interessen hätten, die auch individuell vertreten werden. Die Adam Opel AG spricht durchaus mit einer eigenen und starken Stimme. Aber wir nutzen gemeinsam mit den anderen Marktteilnehmern den Vorteil, unsere Interessen in vielen Punkten bündeln zu können und unseren Einfluss dadurch zu stärken.

Ocken: Diese Frage könnte ich nur theoretisch beantworten; das würde Ihnen aber nicht helfen, da Sie ja Antworten aus der Praxis erhalten wollen.

Lehning: Unternehmens-Lobbying stellt seine politischen und wirtschaftlichen Interessen in den Vordergrund – vor allem dann, wenn die öffentliche Hand Abnehmer von Produkten und Leistungen ist. Sofern das Unternehmen Verbesserungen von Rahmenbedingungen anstrebt, ergibt sich eine große Schnittmenge zu Lobbying-Aktivitäten eines Unternehmensverbandes der gleichen Branche. Unternehmen haben bei homogener Produktionspalette oft eindeutigere Interessen als Verbände, die ihre großen und kleinen Mitgliedsunternehmen unter einen Hut bringen müssen.

Rosenbauer: Das Lobbying der Unternehmensverbände konzentriert sich zwangsläufig auf die die angeschlossenen Unternehmen gemeinsam berührenden Punkte. Das Unternehmens-Lobbying vertritt die spezifischen Unternehmensziele und begleitet die Verbandsarbeit. Die Schnittmenge liegt dort, wo die Ziele des Verbands und des Unternehmens übereinstimmen, z.B. Lohn- und Sozialpolitik, Unternehmensbesteuerung etc.

8 Wie bewerten Sie das Spannungsverhältnis zwischen Kooperation und Konkurrenz der einzelnen Lobby-Vertreter am Standort Berlin?

Berlinghoff: Die Lobbyisten der Automobilhersteller betrachten sich grundsätzlich nicht als Wettbewerber, auch wenn es durchaus Nuancen in den Interessen geben kann. Dennoch gibt es einen fairen und oft partnerschaftlichen Umgang miteinander. Das gehört zur professionellen Lobby-Arbeit dazu!

Ocken: Das ist sehr vom Profil der handelnden Personen abhängig. Ich kenne Fälle, wo sich konkurrierende Lobbyisten „spinnefeind" sind, sich gegenseitig schlecht machen, kaum miteinander sprechen und Informationsaustausche eher vermeiden. Mir sind aber auch Verhältnisse bekannt, wo sachgerechte Kooperation deutlich die Überhand hat.

Lehning: Die Kooperation zwischen Lobby-Vertretern, die für Verbände arbeiten, erleichtert sich dadurch, dass in der Regel die Verbände unterschiedliche Zielgruppen haben. Konkurrenz entsteht bei gleichen Zielgruppen, insbesondere auch zwischen Lobby-Vertretern für Verbände und Lobby-Vertretern für Unternehmen. Kooperation bedeutet Offenheit im Umgang miteinander und Austausch über Fakten und Personen. Aus der Offenheit entsteht ein gesundes *do ut des*. Bei Konkurrenzverhältnissen nimmt die Bereitschaft dazu ab. Die Zielgruppe – Politiker wie Beamte – nutzen solche Spannungsverhältnisse zu Lasten der Lobby. Dort, wo Unterschiede vorhanden sind, sollte man sie nicht leugnen, daraus aber keine persönlichen Spannungen entstehen lassen.

Rosenbauer: Austariert.

Das Interessengeflecht des Agrobusiness

Eckehard Niemann

1 Einleitung

Im Mittelpunkt einer Betrachtung über die landwirtschaftliche Interessenvertretung in Deutschland muss selbstverständlich der Deutsche Bauernverband (DBV) stehen. Nach dem Ende des NS-Reichsnährstandes bewusst als „berufsständischer Einheitsverband" aufgebaut, zählt der DBV auch heute noch über 80 Prozent aller Bauern zu seinen Mitgliedern. Seinen beinahe schon legendären Ruf als Beispiel für eine „besonders starke Lobby-Organisation" mag der DBV seinem oftmals massiven Auftreten und der unveränderten Höhe der EU-Agrarmittel verdanken – zur Lage der allermeisten Bauernhöfe passt dieser Ruf allerdings kaum: Jeden Tag müssen allein in Deutschland 60 Höfe aufgeben. Unter dem Druck von steigenden Kosten und sinkenden Erzeugerpreisen verschärft sich der Druck auf Einkommen und Eigenkapital dramatisch, erhöht sich auch der Zwang zum „Wachsen oder Weichen". In Zeiten der Agrarindustrialisierung und der neoliberalen Globalisierung orientiert sich der Bauernverband immer deutlicher an den Interessen einer Minderheit von Großbetrieben und geht immer engere Bindungen mit Ernährungsindustrie und Agrobusiness ein, oft zu Lasten seiner Mitglieder. Trotzdem bleiben dem Bauernverband bisher die allermeisten Bauern als (zumeist unzufriedene) Mitglieder erhalten. Bringt die „Agrarwende" neue Perspektiven für bäuerliche Interessen und Interessenvertretung?

2 Bauern und ihre Interessen

Eine wirkliche landwirtschaftliche Interessenvertretung muss außerordentlich breit angelegt sein. Denn zu den Interessen von Bauern und bäuerlichen Familien gehören:

- ➢ Ein ausreichendes Einkommen, das nach bäuerlichem Selbstverständnis vor allem am Markt realisiert wird (allein schon wegen der Unsicherheit staatlicher Transferzahlungen).
- ➢ Die Erzielung befriedigender Preise für Produkte und Dienstleistungen,
- ➢ allenfalls als Ersatz dafür die Sicherung und Gestaltung staatlicher Transferzahlungen und Rahmenbedingungen des Wirtschaftens.
- ➢ Die nachhaltige Sicherung des bäuerlichen Eigentums als wesentlicher Existenzgrundlage.

- Die Begrenzung von unentgoltenen oder auch entgoltenen Einschränkungen, die z.B. aus der Sozialpflichtigkeit des Eigentums abgeleitet werden, z.B. im Naturschutz oder im Bauplanungsrecht.
- Eine befriedigende Ausgestaltung von Boden-, Erb- oder Familienrecht sowie von Bauplanungs-, Sozial- oder Steuerrecht und von kostenträchtigen bzw. gewinnmindernden Auflagen.
- Urlaub und Freizeit, zeitweilige Abkömmlichkeit vom Hof, Vertretung auch bei Krankheit, soziale Absicherung.
- Erhalt der Unabhängigkeit gegenüber bürokratischen Vorgaben, die den Charakter der bäuerlichen Selbständigkeit gefährden oder unterminieren.
- Eine unabhängige und neutrale Information – nicht nur über Preis- und Marktbedingungen, sondern auch über wirtschaftliche, technische und gesellschaftlich-politische Entwicklungen und Chancen.

Aber nicht nur diese klassisch-politischen Bereiche müssen zu den Feldern einer landwirtschaftlichen Interessenvertretung gehören. Denn der bäuerliche Hof ist – im Gegensatz zur Agrarfabrik – nicht bloße Kapitalanlage zur maximalen Verzinsung, auch nicht nur Vermögen und Quelle von Einkommen, sondern auch konkreter Arbeitsplatz der jetzigen Familie (und möglicherweise der Kinder). Deshalb gehört Freude an dieser Arbeit und deren Erhalt zu den elementaren Interessen: mit weitgehend selbstgestalteten Arbeitsabläufen, Vielseitigkeit, Arbeit im Freien, in/mit der Natur, mit Tieren, mit Technik, mit Gestaltungsräumen für eigene Ideen, mit enger Verbindung von Arbeit und Leben, mit gesunden Arbeitsbedingungen (auch in Bezug auf Agrarchemie).

Eine zunehmende Bedeutung im Selbstbewusstsein von Bauernfamilien gewinnen die Rolle und das Ansehen in den Dörfern und die Akzeptanz in der Gesellschaft. Diese ist angesichts umstrittener Produktionstechniken und einer dramatisch schrumpfenden Zahl von Höfen nicht mehr wie früher selbstverständlich, sondern um sie muss man intensiv werben und kämpfen: und das nicht nur zwecks besserer Absatzbedingungen der Agrarprodukte, sondern auch wegen stark anwachsender Befremdungen und Vorwürfe im eigenen dörflichen Umfeld. Und dieses Umfeld hat für Bauern eine ganz besondere Bedeutung, weil ihre Familien diese Heimat durch ihre Höfe wesentlich gestaltet haben und weil sie wegen der Ortsgebundenheit ihres Wirtschaftens und Lebens am allermeisten und am nachhaltigsten von Veränderungen betroffen sind.

Mit zunehmenden Verflechtungen und Abhängigkeiten der Landwirtschaft in Bezug auf die „vorgelagerten" Branchen (Betriebsmittel-Lieferanten des „Agrobusiness") und den der Landwirtschaft „nachgelagerten" Sektor (Agrarprodukt-Handel, Ernährungsgewerbe und -industrie sowie Lebensmittelhandel) gewinnt die Frage einer Positionierung der landwirtschaftlichen Interessenvertretung hierzu eine wachsende Bedeutung, ebenso zu globalen Fragen der Weltwirtschaft oder der ökosozialen Nachhaltigkeit.

Allerdings ist die große Zahl unterschiedlicher landwirtschaftlicher Betriebe (die sich ökonomisch nur als Mengenanpasser statt als Preisgestalter verhalten können) nur schwer zu koordinierten ökonomischen Durchsetzungs- oder gar Streikmaßnahmen zu bewegen. Daher rührt – im Vergleich etwa zu Gewerkschaften – eine starke Orientierung von Bauern auf die staatliche Politik und zu entsprechend öffentlichkeitswirksamen Demonstrations-Maßnahmen, ebenso die stete Suche nach Bündnispartnern.

3 Ab 1960: Neue technologische Grundlage der Landwirtschaft

Die Nachkriegsjahre waren von der „Ernährungssicherung" und der anschließenden „Fresswelle" gekennzeichnet, mit relativ günstigen Absatzverhältnissen für die deutsche Landwirtschaft, deren politischer Einfluss auch wegen der damals relativ hohen Zahl landwirtschaftlicher Wähler noch relativ stark war. So setzte der damalige Bauernverbandspräsident Rehwinkel z.B. im Landwirtschaftsgesetz die Zusage durch, dass den in der Landwirtschaft tätigen Menschen eine soziale Lage gemäß der vergleichbarer Berufsgruppen zustehe. Allerdings entwickelten sich die Struktur- und Machtverhältnisse unaufhaltsam zu ungunsten der Landwirtschaft.

In der Landwirtschaft begann sich ab 1960 eine neue technologische Grundstruktur durchzusetzen, mit gravierenden Folgen auch für die landwirtschaftliche Interessenvertretung:

1. Intensivierung: Der intensive Einsatz von industriell-synthetisch erzeugten Zukauf-Düngemitteln (und bald auch von synthetischen Unkraut- und Schädlings-Bekämpfungsmitteln) erlaubte – in Verbindung mit angepassten neuen Sorten – eine schnelle Steigerung der Hektar-Erträge. Züchtung und Zukauffutter führten zu ähnlichen Leistungssteigerungen in der tierischen Erzeugung.
2. Rationalisierung und Spezialisierung: Die abgewanderten Arbeitskräfte wurden ersetzt durch kostensenkende Maschinen wie Pflanzenschutzspritze, Mähdrescher oder Vollernter. Diese kapitalintensive Mechanisierung erzwang eine Spezialisierung auf wenige Kulturen (und damit engere Fruchtfolgen auf den Äckern) und eine Vergrößerung der Flächen (in Intensivregionen oft mit Ausräumung der Landschaft).
3. Agrarindustrialisierung: Auch in der „Tierproduktion" setzte sich die Mechanisierung ganzer Produktionszweige und eine entsprechende Spezialisierung durch: weg von der tiergerechten aber arbeitsintensiven Haltung der Tiere auf Stroh (Mist), hin zur Haltung der Legehennen in Käfigen und der Schweine und Bullen auf Spaltenböden. Beim Milchvieh ersetzte der Boxenlaufstall für größere Herden die Anbindehaltung in Kleinbeständen, allerdings oft mit reiner Stallfütterung ohne Weidegang.

Seit den sechziger Jahren stiegen landwirtschafts-externe Agrarindustrielle direkt in die Geflügel- und auch in die Schweinehaltung ein. Neue Ställe ballten sich in Südoldenburg, weil die *„flächenunabhängige Veredlung"* die hofeigene Futtergrundlage ersetzte – durch importierte Getreide-Ersatzstoffe, die regional zu massiven Gülle-Überschüssen und Umweltbelastungen führten.

Die meisten landwirtschaftlichen Betriebe beteiligten sich – gewollt oder gezwungenermaßen – an dieser agrarindustriell geprägten Entwicklung. Sie wurden immer abhängiger von der Macht, der Technik, der Beratung und oftmals auch der Ideologie der Düngemittel-, Zucht- und Pestizidkonzerne. Hinzu kam bald auch noch die zunehmende Abhängigkeit der landwirtschaftlichen Erzeuger von den Abnehmern und Weiterverarbeitern ihrer Produkte und von der Konzentration der Handelsketten. Deren Marktstellung stieg mit dem Erreichen der Sättigungsgrenze bei den Verbrauchern und dem allmählichen Einstieg in die Produktion von Agrarüberschüssen. Mit massiver staatlicher Förderung wurden vor allem die genossenschaftlichen Unternehmen im Landhandel, in der Schlacht-, Molkerei und Futtermittelwirtschaft zu Großunternehmen ausgebaut. Durch das *„Marktstrukturgesetz"* wurde eine immer engere Bindung (und damit auch Abhängigkeit) der landwirtschaftlichen Betriebe an diese Großgenossenschaften bewirkt, die immer weniger basisdemokratisch zu kontrollieren waren und bald ein unternehmerisches Eigeninteresse entfalteten.

4 „EU-Grundgeschäft": Heereman geht „mit dem Strom"

Mit dem Eintritt in den europäischen Markt und mit der stufenweisen Verlagerung vieler agrarpolitischer Kompetenzen nach Brüssel kam es zu einer Neuausrichtung auch der Agrarpolitik. Adenauer und de Gaulle vereinbarten das *„Grundgeschäft"*, wonach Deutschland in der EU vorrangig das „Industriegeschäft" machen würde und Frankreich dafür mit Vorteilen im „Agrargeschäft" zu entschädigen sei. Unter anderem zu diesem Zweck wurden die *EU-Marktordnungen* geschaffen, in deren Kassen Deutschland als „Nettozahler" überproportional einzahlte, damit vor allem die Agrarüberschüsse Frankreichs (und auch die der klassischen Agrarexporteure Hollands oder später Dänemarks) aufgekauft und verwertet werden konnten.

Gleichzeitig signalisierten Ende der 60er Jahre der „Mansholt-Plan" (des ersten EU-Agrarkommissars) bzw. die nationalen „Höcherl"- und „Ertl-Pläne" eine Wende der Agrarpolitik: Einerseits die Produktion von Agrarüberschüssen (und deren „Entsorgung" und Finanzierung aus dem „EU-Topf") sowie die Ausrichtung auf den EU- und Weltmarkt, andererseits eine *gezielte nationale Strukturpolitik* zur Minimierung der öffentlichen Subventionen und zur Rationalisierung der deutschen Landwirtschaft für den Konkurrenzkampf in der EU. Die Abkehr von der sogenannten „Gießkannen-Förderung" für alle Betriebe begann, das gezielte Sortieren von sogenannten „entwicklungsfähigen" und „nicht entwicklungsfähigen Betrieben" bei der „Einzelbetrieblichen Investitionsförderung" wurde zum Prinzip.

Auch der Deutsche Bauernverband stand vor einer Neuausrichtung seiner Politik, die zeitlich (1969) mit der Ablösung des alten „Bauernpräsidenten" Rehwinkel (der seine Biografie bezeichnend „Gegen den Strom" betitelt hatte) durch seinen Nachfolger, Constantin Freiherr Heereman, einherging. Heereman ließ den Kampf für kostendeckende Erzeugerpreise fallen und setzte darauf, dass sein Interessenverband nunmehr als normale Lobby unter vielen anderen innerhalb der „pluralistischen Interessengesellschaft" agieren müsse. Er betrachtete sich ohnehin als ein „Meister des Lobbyismus", der das Ziel verfolgte, möglichst gute Rahmenbedingungen für den unumgänglichen Strukturwandel herauszuhandeln. Er bezeichnete die von ihm Vertretenen deshalb auch nicht als „Grüne Front" oder als „Bauerntum", sondern eher als „Sozialgruppe Landwirtschaft". Der Bauernverband entschied sich so nach einem lange andauernden Klärungsprozess schließlich dafür, die Vertretung aller Bauern fallen zu lassen und stattdessen auf das Wachstum einer Minderheit von Wachstumsbetrieben zu setzen.

Die Widersprüche dieser Politik gegenüber den „weichenden Betrieben" sollten durch eine Sozialpolitik für ausscheidende Bauern abgefedert werden – was der neuen innenpolitischen Konstellation (der sozialliberalen Koalition) durchaus entgegen kam. So wurde auf Druck der süddeutschen Landesbauernverbände die Einbeziehung der landwirtschaftlichen Familien in die gesetzliche Krankenversicherung beschlossen (zunächst allerdings gegen das Votum der Bauernverbands-Spitze, welche die Bauern als Teil der „Unternehmerschaft" lieber in den privaten Krankenkassen belassen hätte).

Bei der inhaltlichen Suche nach Bündnispartnern im Inland verfiel der Bauernverband (mit Hinweis auf das gemeinsame „Bekenntnis zum Eigentum") zunächst ausgerechnet auf solche Verbände, die ökonomisch eher gegensätzliche Interessen zu denen der Bauern hatten: nämlich vor allem auf die großen Verbände der Industrie (BDI) und der Genossenschaften. Wie umstritten diese Richtung unter den Bauern war, zeigte sich u.a. an der lange anhaltenden Kritik an Heeremans zahlreichen Posten in Großunternehmen, vor allem im Aufsichtsrat des Dünger- und Pestizid-Herstellers Bayer AG.

Weniger Kritik gab es jedoch zunächst daran, dass der Bauernverband den immer engeren Zusammenschluss mit den Raiffeisen-Großgenossenschaften suchte und dass immer mehr Bauernverbands-Funktionäre darin zahlreiche Spitzenfunktionen bekleideten.

5   EU-Marktordnungen für Genossenschaften und Handel

Die industrielle Entwicklung der europäischen Staaten brachte diese zwangsläufig in eine verschärfte Konkurrenzbeziehung zur Industrie der USA. Die europäische Einigung sollte in diesem Zusammenhang ähnlich große und kostengünstige Produktions- und Absatzräume schaffen, wie sie in den USA gegeben waren. Damit das funktionierte, wurde – zeitlich lange vor der Integration fast aller anderen Wirtschafts-Sektoren – der *Wirtschaftsbereich Landwirtschaft „vereinheitlicht"*: d.h. die Zölle für Agrargüter wurden innerhalb der EWG/EU abgebaut, die Agrarwaren konnten frei gehandelt werden. Davon profitierten vor allem Frankreich und – nach deren EU-Beitritt – auch die traditionellen Agrarexportländer Niederlande und Dänemark. Damit diese Absatzchancen der EU-„Agrarländer" auch in Zeiten von Überschuss-Produktion gesichert blieben, wurden die sogenannten *EU-Marktordnungen* errichtet: Die EU schützte die europäische Agrarproduktion vor den niedrigen Dumping-Weltmarktpreisen durch den *„Außenschutz"* (Zölle auf Importe) und garantierte der EU-Ernährungsbranche für bestimmte Agrar-Produkte Mindestpreise (gestützt durch die Interventionskäufe von Überschüssen und deren massiv subventionierten Export bzw. Vernichtung und Lagerung).

Diese EU-Zahlungen galten nicht für die Produkte der Bauern, sondern für die wichtigsten Produkte der Großgenossenschaften und der Ernährungsindustrie: Also nicht für Milch der Bauern, sondern für Butter, Magermilchpulver und Käse der Milchindustrie bzw. der Molkereien. Nicht für die Mastbullen ab Hof, sondern für die Schlachthälften aus den Groß-Schlachtereien. Nicht für das Getreide auf der landwirtschaftlichen Erzeugerstufe, sondern für Getreide-Großpartien auf der Großhandelsstufe des Landhandels. Der Bauernverband, der zunächst den gesamten Landwirtschafts-Sektor gegenüber Politik und Agrobusiness vertreten wollte, wuchs immer mehr mit den Großgenossenschaften zusammen und vertrat zunehmend deren Interessen – die sich aber immer mehr von denen ihrer landwirtschaftlichen Mitglieder entfernten. Im verschärften Konkurrenzkampf und bei dem verselbständigten Eigeninteresse der Genossenschaftsunternehmen wurden die EU-Milliarden vor allem zum Nutzen/zum Wachstum des Agrobusiness eingesetzt.

Die Bauern finanzierten Wachstum, Verdrängungskämpfe und Fusionen der „nachgelagerten" Unternehmen aber nicht nur durch niedrige Erzeugerpreise. Sie mussten immer höhere Kapitalsummen als Anteile in die Genossenschaften einzahlen, die mittlerweile über die Hälfte des landwirtschaftlichen Getreides, der Milch oder des Viehs erfassten und über 50% des Mischfutters herstellten. Sie mussten sich beim Absatz ihrer Produkte immer enger an die Genossenschaften binden, die ihnen dennoch immer mehr aus ihren Händen glitten und deren Entscheidungen sie immer weniger beeinflussen konnten.

Begründet wird diese *Unterordnung bäuerlicher Interessen unter die ihrer „Marktpartner"* damit, dass man als „Agrar- und Ernährungswirtschaft gemeinsam gegenüber der Nachfragemacht des Lebensmitteleinzelhandels eine stärkere Position" schaffen müsse. Eine Politik für bessere Erzeugerpreise gegenüber den Genossenschaften (mit ihrer Quasi-Monopolstellung gegenüber den Bauern) erwartete man jedenfalls vom Bauernverband vergebens. Vielmehr sprachen sich die Präsidenten von Raiffeisen- und Bauernverband 1998 für eine „zeitgemäße Interpretation des genossenschaftlichen Förderauftrags" dahingehend aus, dass die von den Genossenschaften ausgezahlten Erzeugerpreise dafür nicht mehr das vorrangige Kriterium sein dürften, sondern gleichrangig „die Marktinvestitionen und die Kapitalausstattung der Genossenschaften".

Die prinzipielle Aufgabe einer eigenständigen Einkommens- und Preispolitik für Bauern zugunsten der „nachgelagerten Stufen" – dieser Ansatz bedeutete auch eine weitgehende Preisgabe einer selbständigen Politik für Bauern. Wie viele Posten die führenden *Funktionsträger des Bauernverbands mittlerweile in den Spitzengremien der Großgenossenschaften und des Agrobusiness* besetzen, das wurde vor einiger Zeit in der „Unabhängigen Bauernstimme", im „Kritischen Agrarbericht" und in einer Internet-Datei des Naturschutzbundes Deutschland (Nabu) dokumentiert (siehe Kasten).

Die Konstruktion *der „Centralen Marketinggesellschaft der deutschen Agrarwirtschaft" (CMA*) bestätigt diese Einschätzung: Laut Absatzfondsgesetz wird jedem Bauern bei jedem Verkauf von jedem Agrarprodukt eine Zwangsabgabe für die CMA vom eigentlichen Verkaufspreis abgezogen. Aus diesen Bauerngeldern (an die 100 Millionen Euro pro Jahr) wird dann die CMA-Werbung von Ernährungsindustrie und Handel für „deutsche Agrarprodukte" finanziert.

5 Überschüsse, Umweltschäden und der Zwang zum „Wachsen oder Weichen"

Es ist klar, dass die Konstruktion der EU-Marktordnungen, die ja zur lukrativen Beseitigung von Überschüssen geschaffen worden waren, nun ihrerseits eine weitere Überschuss-Produktion ankurbeln mussten. 1984 lagen 9 Mio. t Getreide, 400.000 t Rindfleisch, 1 Mrd. t Magermilchpulver und 855.000 t Butter auf Halde (Kluge, 2001). Deren Abbau wurde bald unfinanzierbar. Auf dem Weltmarkt stießen die heruntersubventionierten EU-Agrarexporte auf analog herunter-gedumpte US-Überschüsse, diese Agrar-Handelskonflikte beeinträchtigten die europäischen Industrie-Exportchancen in die USA. Das Agrarexport-Dumping ruinierte in vielen armen Ländern die Kleinbauern und machten diese Länder noch abhängiger.

Versuche des deutschen Agrarministers Kiechle, diese Überschüsse durch Milchquoten und durch Flächenstillegungen abzubauen, blieben halbherzig. Die Prämien für die Verringerung der Hektar-Erträge wurden von immer mehr alten und auch neuen Ökobetrieben mitgenommen. Weil aber parallel keine Absatzförderung erfolgte, wurden die Prämien von den Abnehmern der Ökoprodukte in die Abnahmepreise eingerechnet und zur drastischen Senkung der Öko-Erzeugerpreise genutzt. Dadurch kamen auch die Ökobetriebe an den Subventionstropf, wie schon vorher ihre konventionellen Berufskollegen.

Noch schneller als die Unternehmen der Ernährungsindustrie wuchsen seit Beginn der 70er Jahre die *Konzerne im Lebensmittel-Einzelhandel (LEH),* wobei die Agrar-Überschuss-Situation eine günstige Bedingung bildete. Die Handelsgruppen standen und stehen zwar untereinander in einem heftigen und ruinösen Preiswettbewerb, aber auf der Beschaffungsseite können sie ihren Lieferanten aus der Ernährungsindustrie weitgehend die Lieferpreise und -bedingungen diktieren. Das liegt weniger an der Konzentration dieser Handelsketten, sondern vor allem daran, dass in der Agrar- und Ernährungsbranche riesige Überschüsse und Überkapazitäten aufgebaut wurden (siehe oben: Subventionierung des Agrobusiness durch die EU-Marktordnungen). Diesen Preisdruck gaben Ernährungsindustrie und Genossenschaften weiter an die landwirtschaftlichen Betriebe.

All dies verschärfte die betriebswirtschaftliche Situation vieler Landwirtschaftsbetriebe dramatisch. In den 80er Jahren schien das Ende dieser „*Sackgasse*" erreicht: Betriebe konnten sich nun nicht mehr stetig vergrößern, denn sowohl das Pachtland wie auch außerlandwirtschaftliche Arbeitsplätze waren knapp. Die Konkurrenz unter den Landwirten verschärfte sich zu einem Verdrängungs-Wettbewerb und zu einem Preisdruck, bei dem sich die Wachstumsbetriebe in den Gunstregionen der EU ein Überleben auf Kosten von kleineren Betrieben in den benachteiligten Gebieten der EU ausrechneten. Lebensmittel-, Tierschutz- und Umweltskandale nahmen dramatisch zu.

7   Agraropposition

Dagegen und gegen die Politik des Bauernverbands bildete sich in den 70er Jahren eine „Agraropposition". Ihre Ursprünge hatte sie u.a. in regelmäßigen Treffen von alternativ-kritischen Agrarstudenten, Landjugendlichen und Bauern (im „Arbeitsfeld Landwirtschaft" und rund um den „plakat-Bauernverlag"), die thematisch zu Themen wie Agrarpolitik, Agrarindustrie, Ökolandbau und Welternährung arbeiteten. Mitte der 70er Jahre gründeten bauernverbandskritische Bauern die „*Arbeitsgemeinschaft Bauernblatt*", die in einer eigenen Agrarzeitung die Meinungen veröffentlichte, die in den Bauernverbandszeitungen unterdrückt bzw. nicht abgedruckt wurden.

Um die Zeitung „Bauernblatt" („Eine Zeitung von Bauern für Bauern") gruppierten sich rasch bundesweit weitere Gruppen von Landjugendlichen und Bauern, so dass es bald zur Gründung der bundesweiten AbL – Arbeitsgemeinschaft bäuerliche Landwirtschaft – kam. Deren Zeitung „Unabhängige Bauernstimme" ist auch heute wohl immer noch die wichtigste Bauernzeitung, die neben den Zeitungen im Einflussbereich des Bauernverbands existiert.

Die Politik des Bauernverbandes befand sich augenscheinlich in einer Sackgasse, die Kritik und die Opposition unter den Landjugendlichen und Bauern gegen diese Politik wurde immer stärker (s.u.). Innerhalb des Bauernverbands protestierten ganze Kreisverbände gegen die Politik der Bauernverbandsspitze, indem sie ihre Mitgliedsbeiträge bis zu einer angemahnten Politikänderung auf Sperrkonten parkten. Auch außerhalb der Landwirtschaft manifestierte sich eine generelle Kritik an dieser Agrarentwicklung in vielbeachteten Gutachten, Studien und Denkschriften von Umwelt-Sachverständigen, Umweltverbänden, Kirchen, Dritte-Welt-Verbänden und -hilfsorganisationen.

8 Deutsche Einigung, Strukturbrüche und Agrarindustrialisierung

Die Wende 1989 und die deutsche Einigung erbrachten völlig neue Rahmenbedingungen. Durch die „Öffnung nach Osten" ergab sich ein zeitlicher Aufschub für die Lösung der bereits klar zutage getretenen Probleme der alten Agrarpolitik. Die bisherige Agrar-Entwicklung konnte so noch eine Weile nach altem Muster fortgesetzt werden, sogar mit erheblich verschärftem Tempo. Als nach der Wende 1989 (infolge des Zustroms billiger West-Lebensmittel und durch das Landwirtschafts-Anpassungsgesetz) die alten Strukturen der „industriemäßigen Agrarproduktion" der DDR zerstört wurden, bildeten sich im Osten neue, zum erheblichen Teil agrarindustrielle Strukturen heraus: durch Eingliederung in westdeutsche Agrarunternehmen und Konzerne oder durch Umwandlung der alten LPG-„Produktionsgenossenschaften" in Lohnarbeitsbetriebe. Eine neue, ungeahnte Dimension von „Wachsen oder Weichen", ein regelrechter Strukturbruch in Ost- und auch Westdeutschland war die Folge, zu Lasten privater Bauern im Osten („Wiedereinrichter") und auch im Westen.

Eine fatale Rolle spielte in diesem Prozess der Deutsche Bauernverband: Aus Angst, die LPG-Nachfolgebetriebe könnten sich – als Konkurrenz zum Bauernverband – eigenständig organisieren, fuhr Präsident Heereman direkt nach der Wende nach Suhl zum „Bauerntag" der alten *DDR-„Vereinigung der gegenseitigen Bauernhilfe"*, einem bisher SED-gelenkten „Äquivalent" zum westdeutschen Bauernverband. Unter dem Eindruck der unsicheren Umbruchsituation gelang es ihm, den raschen *Zusammenschluss mit dem Bauernverband* einzufädeln und so das Monopol des Bauernverbands in der landwirtschaftlichen Interessenvertretung auch im Osten zu sichern.

Allerdings hatte dieser DBV-Erfolg einen hohen Preis: Die gut geschulten *Leiter der LPG-Nachfolgebetriebe* stellen heute die Präsidenten in vier von fünf der ostdeutschen Landesbauernverbände, sie dominieren oder blockieren seither in wesentlichen Fragen die Politik des Bauernverbands. Der Vizepräsident des Landesbauernverbands Sachsen-Anhalt, Dr. Nehring, zum Beispiel ist nicht nur Mitgesellschafter eines 1000-Hektar-Ackerbaubetriebs, sondern auch der drittgrößten Bullenmastanlage Deutschlands mit 13.000 Stallplätzen (UB 7/91). Dem Druck dieser Agrarindustrie- und Großbetriebe hat sich auch der bayerische Heereman-Nachfolger Gerd Sonnleitner (seit 1997 im Amt) gebeugt.

9. Weltmarkt-Handelskriege, neue Strömungen und EU-Agrarreformen

Um den zu erwartenden Sanktionen der Welthandelsorganisation *(WTO)* und den Gegenreaktionen der agrarexport-orientierten USA zuvorzukommen und um die EU-Ernährungsindustrie auch ohne die umstrittenen Exportsubventionen „weltmarktfähig" zu halten, führte die EU *1992 die erste Agrarreform* durch: Sie führte zu einer erheblichen Senkung der preisstützenden Interventionspreise bis hinunter auf Weltmarktniveau. Die freiwerdenden Milliarden wurden jetzt direkt an die Menge der landwirtschaftlichen Produktion (auf den landwirtschaftlichen Betrieben) gebunden: je mehr ein landwirtschaftlicher Betrieb produzierte, desto mehr *Flächen- und Tierprämien* bekam er. Obwohl der Bauernverband zunächst vehement gegen diese „Aushöhlung" der Intervention gekämpft hatte, konnte er sich mit dieser Lösung, die zwar zu Lasten der Genossenschaften ging, aber die großen Agrarbetriebe begünstigte, schließlich doch versöhnen. Allerdings kamen vor allem große, durchrationalisierte Ackerbaubetriebe, vorwiegend in Ostdeutschland, in den Genuss dieser Zahlungen (oft in Millionenhöhe pro Jahr), weil der Bauernverband neben den Acker- und Bullenprämien *keine „Grünlandprämie"* für Milchviehhalter gefordert hatte.

Unter dem Druck der anstehenden *Osterweiterung* und der *anhaltenden WTO-Forderungen nach Abbau produktionsgebundener Agrarsubventionen* kam es im Jahre 2000 zu einer weiteren Agrarreform: Die *„Agenda 2000"* behielt die obigen Prämien zwar weitgehend bei, senkte diese aber und verwandte 10% der EU-Agrarausgaben für die (neue) *„2. Säule der Agrarpolitik"*: zur Förderung von Agrarumweltprogrammen, Ökolandbau, regionaler und direkter Vermarktung und ländlicher Entwicklung – mit neuen Einkommenschancen auch für kleinere Höfe in „benachteiligten Gebieten".

Diese und auch die neuerliche EU-Agrarreform nach dem *„Midterm-Review" 2003* stieß auf den Widerstand des Bauernverbands: vor allem wegen der *Abkoppelung der Prämien von der Produktionsmenge*. Zukünftig soll die Prämienmenge je Betrieb nicht mehr davon abhängen, welche (Überschuss-) Mengen man produziert. Geplant sind Prämien, die einheitlich sind für alle Flächen, egal ob Acker oder Grünland. Verhindern konnte der Bauernverband auch nicht die Einführung der *„Modulation"*, die den Beziehern größerer Subventionssummen einige Prozente davon wegkürzt, zugunsten von Bauern, die an regionalen Qualitäts-, Tierschutz- oder Agrarumweltprogrammen teilnehmen.

Dieser *Entwicklung alternativer Einkommensquellen* hatte der Bauernverband lange verständnislos oder ablehnend gegenüber gestanden. Heereman verhöhnte noch in den achtziger Jahren die Ökobauern als „ideologische Petersilienjünger". Aber auf Ebene des Betriebs und der Vermarktung wandten sich immer mehr Bauern ab vom Kurs der zunehmenden Agrar-Industrialisierung bzw. von der Intensiv-Produktion von Überschüssen zu Niedrigpreisen. Diese immer relevantere Minderheit wollte anders produzieren und leben oder/und sich direkt an die Verbraucher wenden: über den *Ökologischen Landbau* und über *Direktvermarktung*.

10 BSE, Agrarwende und Gegenwind für den Bauernverband

Stellte schon diese Entwicklung die Ausrichtung des Bauernverbands politisch in Frage, so kam es im Jahre 2000 in Zusammenhang mit der *BSE-Krise* zur endgültigen Diskreditierung dieser Verbandspolitik. Entgegen allen beschönigenden Kommentaren von Fleisch- und Futtermittelbranche und von Minister Funke wurde die Rinderkrankheit BSE nun auch bei deutschen Rindern nachgewiesen. Jahrelang hatte auch der Bauernverband suggeriert, BSE sei ein rein „britisches Problem" – so auch Vizepräsident Niemeyer, zugleich Aufsichtsratsvorsitzender bei der Nordfleisch und in Futtermittelgenossenschaften.

Kanzler Schröder reagierte auf diese BSE-Krise, indem er die *„Agrarwende"* ausrief: mit einer „gläsernen Kette vom Hof bis zur Ladentheke" und einer „Abkehr von den Agrarfabriken", auch zum Nutzen der „redlichen Bauern", die „ordnungsgemäß" wirtschaften. Die neue *„Verbraucherministerin"* Künast propagierte Anfang 2001 vor allem das Ziel, „20% Öko binnen 10 Jahren" zu erreichen. Eine neue Aufbruchstimmung und Politik hätte damals bei vielen Bauern durchaus Unterstützung gefunden. Sie wurde aber u.a. dadurch zunichte gemacht, dass viele konventionelle Bauern nicht ohne Grund meinten, mit „Agrarfabriken" seien auch ihre Höfe gemeint und dass nur die Bioproduktion noch akzeptabel sein solle. Dies konnte die Bauernverbandsführung nutzen, um die verunsicherten Bauern wieder hinter sich zu bringen. *„Ist mein Hof eine Agrarfabrik, Herr Kanzler?"* – auf diese drängende Frage vieler Bauern gab Schröder lange keine Antwort.

Mit zunehmendem zeitlichem Abstand vom „BSE-GAU" wich die demonstrativ zur Schau gestellte Bußfertigkeit des – mit der agrarindustriellen Futtermittelwirtschaft verfilzten – Bauernverbands aber bald wieder einer immer aggressiveren und hämischeren Haltung gegen die Agrarwende und Ministerin Künast. Erst nach der Wiederwahl der rotgrünen Regierung 2002 entschlossen sich viele DBV-Funktionäre zu einem weniger destruktiven Umgang. In ihrem Buch „Klasse statt Masse" betonte Renate Künast jedoch eindeutig, der Deutsche Bauernverband sei beileibe nicht der einzige Verband deutscher Bauern: „Außer dem DBV gibt es noch 31 weitere Verbände für konventionelle Landwirtschaft, 13 Verbände für den Öko-Anbau, 27 Berufsverbände und 10 Gesellschaften. Ein Verband ist zum Beispiel die Arbeitsgemeinschaft bäuerliche Landwirtschaft (AbL), die die kleineren bäuerlichen Betriebe, ökologische wie konventionelle vertritt. Ihr gehören über 5000 Höfe an."

Seit der Agrarwende haben auch andere Verbände neben dem Bauernverband einen deutlich stärkeren Einfluss auf die Agrarpolitik und auf die Arbeit der Agrarverwaltungen bekommen. Das betrifft nicht nur die Umwelt- und Verbraucherverbände, sondern auch die bäuerlichen Interessenvertretungen neben dem Bauernverband.

Vor allem aber werden die „neuen" Agrarverbände – wie auch Verbände aus dem Umwelt-, Tier- und Verbraucherschutz – jetzt neben dem DBV zu Anhörungen und Beratungen gleichberechtigt eingeladen. Das erleichtert ihnen – trotz oftmals knapper Ressourcen – jetzt den Einstieg in die klassische Lobby-Arbeit, weil Informations-Kontakte zu Ministerialbeamten nicht mehr blockiert werden. *Das Alleinvertretungs-Monopol des Bauernverbands hat einen deutlichen Einbruch zu verzeichnen.*

Die Agrarwende bekam einen schweren Schlag durch den *Nitrofenskandal* im Sommer 2002, als in Futtermitteln und Öko-Produkten das längst verbotene Pestizid Nitrofen entdeckt wurde. Besonders schädlich wirkte sich die späte Veröffentlichung des Skandals durch die Bioverbände aus. Deutlich wurde auch, dass die großen agrarindustriellen Futtermittel- und Geflügel-Konzerne mittlerweile einen erheblichen Teil der Bioproduktion an sich gezogen hatten. In Zusammenhang mit der Nitrofenkrise wurde auch offenbar, dass viele der beteiligten Unternehmen aus der klassischen Agrarindustrie und aus den im Raiffeisenverband verbundenen Futtermittelwerken kamen. Bei der Generalversammlung der Raiffeisen-Centralgenossenschaft bekannte sich Sonnleitner dennoch „offen zu den Seilschaften und Netzwerken, die Frau Künast in der deutschen Landwirtschaft so kritisiert".

Die *Biobranche* kann sich derzeit nur langsam von einem massiven Einbruch der Nachfrage erholen. Es ist noch offen, welche endgültigen Schlussfolgerungen die einzelnen Bioverbände aus alledem im Hinblick auf ihre politische Interessenvertretung ziehen werden. Bisher vermeiden die meisten Bioverbände, die sich vor allem durch die Anbautechnik definieren, eine klare Positionierung zu vielen strukturpolitischen Fragen. Dahinter steht u.a. das Bestreben, sich auch die Umsatz- und Flächenbeiträge der großen Biobetriebe zu sichern, unter denen sich sogar etliche im Besitz von klassischen Agrarindustriellen befinden. Dies bedeutet jedoch eine Abkehr von den Ideen wichtiger Bio-Pioniere wie denen der Bioland-Gründer Müller oder Rusch, die die Bioproduktion eng mit den bäuerlichen Betrieben verbunden sahen. Auch die frühere kritische Haltung zum Bauernverband scheint abzunehmen, seit dieser seine offen-polemische Haltung zum Biosektor aufgegeben hat, zugunsten einer Einbeziehung des Ökosektors in seine Verbandspolitik. So ist der großbetrieblich strukturierte Biopark-Verband sogar Mitglied im Landesvorstand des Bauernverbands Mecklenburg-Vorpommern. Dies ist das vielleicht deutlichste Zeichen dafür, dass der Bauernverband bemüht ist, auch „*neue Strömungen*" wie die der Ökobauern, Direktvermarkter, Dienstleister oder Teilnehmer an Agrarumweltprogrammen zu integrieren – ohne diesen als „Nischenproduzenten" abqualifizierten Vertretern eine wirkliche Chance auf Einfluss zu geben.

11 Bauernverband, agroindustrieller Komplex und Interessengegensätze

Dem entspricht eine neue, noch festere Klammer zwischen Bauernverband und dem Agrobusiness: die „*Fördergemeinschaft Nachhaltige Landwirtschaft" (FNL)*, gegründet durch den Zusammenschluss der agrarchemie-dominierten „Fördergemeinschaft Integrierter Pflanzenbau" (FIP) und der „Aktionsgemeinschaft Deutsches Fleisch" (AGF). FNL-Mitglieder sind: alle Chemie-Konzerne des Industrieverbands Agrar (IVA) aus den Bereichen Pflanzenschutz, Düngemittel und Tierpharmazeutika, alle großen Mischfutter-, Futterzusatz- und Tiermehlhersteller, die großen Schlachtkonzerne, die Zentralverbände der Geflügel-, Rinder- und Schweinezucht, der Deutsche Raiffeisenverband sowie – in einer Minderheitsposition – der Bauernverband und der Verband der Landwirtschaftskammern. Als Vorstandsvorsitzender soll Bauernverbands-Präsident Sonnleitner diesem Verbund offenbar dennoch ein landwirtschaftliches Gepräge geben. Zum Geschäftsführer wurde Dr. Jürgen Fröhling bestellt, Leiter der Abteilung Öffentlichkeitsarbeit des Pflanzenschutzbereichs der Bayer AG. Laut Geschäftsbericht des Bauernverbands soll über diese FNL „die berufsständische Öffentlichkeitsarbeit gebündelt" werden. Was eigentlich bedeutet, dass die Bauernverbandsspitze der Öffentlichkeit nichts wesentlich anderes zu vermitteln gedenkt als die Chemie-, Futter- und Fleischkonzerne.

Eine solche Verbindung hat natürlich auch Folgen und Risiken: Zum Beispiel die Gefahr, dass man sich mit einer solchen chemie- und agrarindustriegeprägten Selbstdarstellung in der Gesellschaft immer mehr isoliert. So spricht die ZEIT denn sogar von einem „agroindustriellen Komplex" (von Saat- und Futterlieferanten, Chemieindustrie, marktbeherrschenden Molkerei- und Fleischgenossenschaften), der sich „um den Deutschen Bauernverband schart". Die Agroindustrie-Vertreter in der FNL verlangen immer energischer, es müsse endlich Schluss sein mit der öffentlichen Darstellung der Agrarbetriebe als „romantischen Streichelzoos" – die Realität des Chemieeinsatzes und der sogenannten „Kleingruppenhaltung" (Käfighaltung) müsse jetzt akzeptiert werden. Schon als Vorsitzender der „Aktionsgemeinschaft Fleisch" (AGF) als Zusammenschluss der „Verbände und Unternehmen der deutschen Land- und Fleischwirtschaft" hatte Bauernverbands-Vizepräsident Niemeyer gefordert, man müsse den Verbrauchern endlich erklären, „warum der Spaltenboden für Mensch und Tier besser sei" als die Haltung mit Stroh und Auslauf.

Wie weit eine solche Rücksichtnahme auf die Interessen des Agrobusiness gehen kann, dafür führte die „Unabhängige Bauernstimme" folgendes Beispiel an: „Die Abhängigkeit der Agrarzeitungen (des Bauernverbands) von Agrarchemie-Anzeigen tut ein übriges: wie uns ein Insider berichtete, soll es vor Jahren nach einem leicht-kritischen Bericht in einem führenden Landwirtschaftsmagazin (über Unwohlsein von Bauern nach Pflanzenschutzarbeiten) eine Drohung relevanter Agrarchemie-Inserenten gegeben haben, eine Weile keine Anzeigen mehr zu schalten – mit sichtbarem Erfolg bis heute" (UB 10/01).

Bei dieser Verbindung ist es auch kein Wunder, dass der Bauernverband mit den Pflanzenzüchtern eine Vereinbarung über die Erhebung von *„Nachbau-Gebühren"* für den Fall vereinbart hat, dass Bauern das von ihnen geerntete Getreide wieder als Saatgut verwenden wollen. Eine oppositionelle „Interessengemeinschaft gegen Nachbaugebühren" hat mittlerweile vor dem Europäischen Gerichtshof ein Urteil erstritten, wonach diese Ausforschung der landwirtschaftlichen Betriebe durch die Saatgutfirmen rechtswidrig ist. Eine offene Schlappe für den Bauernverband, besonders vor seinen empörten Mitgliedern.

Bei einer solchen Allianz mit Agrarchemie und Agrarindustrie kam es denn auch dazu, dass der Bayerische Bauernverband wegen seiner laxen Haltung zu Antibiotika-Skandalen in die Schlagzeilen geriet. So verwundert es auch nicht, dass der Bauernverband gemeinsam mit den Geflügel-Agrarkonzernen gegen ein Verbot der Käfighaltung und gegen die Kritik an der agrarindustriellen Putenmast zu Felde zieht. Und vor diesem Hintergrund ist es auch kein Wunder, wenn Bauern aus den Agrarzeitungen sehr viel mehr Positives als Kritisches über Agrarchemie und Gentechnik erfahren. Und da hat der Bauernverband mittlerweile fast ein *Medienmonopol*: Fast alle Landwirtschaftszeitungen werden direkt oder indirekt vom Bauernverband herausgegeben bzw. verlegt: die Marktführer „top agrar" und „dlz-magazin" ebenso wie alle regionalen Landwirtschafts-Wochenblätter (Auflage: 500.000), die wichtigsten Fachzeitungen, die „DLG-Mitteilungen", der Nachrichtendienst „agraeurope", die DLV-Informationen des Landfrauenverbands und die „Neue Landwirtschaft, das „Fachmagazin für den Agrarmanager von Großbetrieben."

Selbst die *Protest-Aktionen des Bauernverbands vor den Discountläden*, die sich gegen den Preisdruck der Handelsketten und das Verramschen von Milch und Fleisch richten, dienen vor allem dem Ziel, die Verhandlungsposition der Molkereien und Schlachtereien gegenüber den Handelskonzernen zu stärken. Ob und wie viel diese Genossenschaften dann in Form höherer Erzeugerpreise an die Bauern weitergeben, das wird nicht thematisiert. Vielmehr ruft der DBV in seiner Freiburger Erklärung „Lebensmittel sind mehr wert" dazu auf, die Allianz zwischen Bauern und Ernährungswirtschaft weiter zu festigen. Das niedersächsische Landvolk erklärt als Schwerpunkt seiner Politik sogar den „Schulterschluss mit dem der Landwirtschaft vor- und nachgelagerten Bereich, also mit den Vorlieferanten der Landwirte und vor allem auch mit den Abnehmern und der Ernährungsindustrie" und ehrte jüngst demonstrativ „vier erfolgreiche Persönlichkeiten" aus der Zucker-, Geflügel-, Kartoffelverarbeitungsindustrie und den Genossenschaftszentralen.

Überlegungen zu einer Preispolitik gegenüber den *direkten* Abnehmern bäuerlicher Produkte wird man deshalb vergebens erwarten. Schließlich gingen selbst die ersten Milchpreis-Vergleiche zwischen den Molkereien nicht vom Bauernverband aus, sondern wurden erst nach langem Zögern von ihm abgedruckt. Während die Schweinehalter in ihrem ISN-Verband gravierende Preisnachteile der Schweineerzeuger durch eine Monopolstellung der möglicherweise fusionierten West- und Nordfleisch-Gruppe befürchten, treibt der Bauernverbands-Vizepräsident und Nordfleisch-Aufsichtsratsvorsitzende Niemeyer diese Fusion voran und fordert sogar eine stärkere Zusammenarbeit aller genossenschaftlichen Fleischzentralen und eine engere genossenschaftliche Bindung der Bauern. Präsident Sonnleitner bemängelte sogar, den Genossenschaften fehle das Geld für die Erschließung neuer Märkte, weil sie „ihre Hauptkraft für den Ankauf der Schweine" verwenden müssten.

Die wichtigste Bewährungsprobe der FNL-Allianz steht erst noch bevor, nämlich bei der geplanten *Durchsetzung des Anbaus gentechnisch veränderter Pflanzen*. Umfragen zufolge lehnen 70% der deutschen Bauern den Anbau gentechnischer Pflanzen ab. Hier hat sich der Bauernverband bisher noch nicht offen auf die Linie der Chemie- und Saatgutkonzerne begeben und sich sogar gegen die „Patentierung von Leben" ausgesprochen. Heftige Konflikte werden aber allerorts die Regel sein, wenn auf einem Acker gentechnische Pflanzen wachsen und die Nachbarkulturen und Nachbaräcker durch den Pollenflug unwiderruflich belastet werden. Eine Koexistenz zwischen Gentechnik- und Nichtgentechnik-Landwirtschaft scheint unmöglich, die mit dem Anbau verbundenen Kontrollen, Anbauregeln und Schäden werden elementar in die Selbstbestimmung der Landwirte eingreifen, eventuelle Skandale werden vor allem die Bauern ausbaden müssen.

Aber: So sehr sich all diese Interessengegensätze auch zuspitzen mögen, die Existenz und Mitgliederbasis des Bauernverbandes werden dadurch aller Voraussicht nicht entscheidend in Frage gestellt werden. Zu sehr ist der Bauernverband mittlerweile zu einer „halbstaatlichen Institution" geworden, die in weiten Bereichen ein Monopol an Interessenwahrnehmung für sich in Anspruch nimmt. Woher kommt diese Machtstellung?

12 Halbstaatlicher Dienstleister mit Vertretungsmonopol

Zunächst zur *Organisation des Bauernverbands*: Der DBV ist ein „Verband der Verbände", mit 18 Landesbauernverbänden (mit gewichteter Stimmenzahl) als ordentlichen Mitgliedern, deren über 430.000 Mitglieder wiederum in rund 400 Kreisverbänden organisiert sind. Weitere ordentliche Mitglieder des DBV sind der Deutsche Raiffeisenverband und der Bund der Deutschen Landjugend. Darüber hinaus sind über 40 Verbände und Institutionen „assoziierte Mitglieder" des DBV, darunter der Landfrauenverband und die DLG, landwirtschaftliche Sparten- und Fachverbände, aber auch der Bundesverband Deutscher Pflanzenzüchter, Agrar-Versicherungen, der Zentralverband der Deutschen Geflügelwirtschaft, der Milchindustrie-Verband und der Bundesverband der privaten Milchwirtschaft oder die Deutsche Siedlungs- und Rentenbank.

Die *Geschäftsstelle* des DBV selbst (mit einer Dependance in Berlin) ist dabei personell weit weniger stark als die der starken Landesverbände, auch dies ein Zeichen für die Hausmacht einiger Landes-Präsidenten, die der Bauernverbands-Präsident stets berücksichtigen muss. Die *Willensbildung* von unten nach oben verläuft formal über die „Ortslandwirte", die Kreis- und Landesverbände sowie über die regelmäßigen Treffen der Ehren- und Hauptamtlichen, u.a. im Präsidium, im Verbandsrat oder im Treffen der Kreisgeschäftsführer. Der Forderung nach mehr innerverbandlicher Demokratie, von vielen Kritikern seit Jahrzehnten angemahnt, ist der DBV zumindest dadurch nachgekommen, dass der DBV-Präsident nicht mehr durch die Präsidenten der Landesbauernverbände, sondern durch die Versammlung der Kreisvorsitzenden gewählt wird. Beim letzten Bauerntag kam es bei der Wahl eines Vizepräsidenten sogar zu einer Kampfabstimmung.

Trotzdem wird durch die *Mehrstufigkeit bei der Willensbildung* eine effektive Willensbildung von unten erschwert: vor allem dadurch, „dass die Landesverbände oppositionellen Strömungen einzelner Unterverbände den Durchbruch zur Verbandsspitze verwehren, indem sie die Wortführer dieser Gruppen, etwa Vorsitzende von Orts- und Kreisverbänden, am Eindringen in die Organe der nächsthöheren Verbandsstufe hindern". Daraus folgen eventuell so uniforme Meinungsäußerungen, dass selbst die Auffassungen bedeutender Minderheiten auf Landesebene ignoriert werden (Bürger, 1966).

Entscheidend für die Rolle und die Bedeutung des Bauernverbandes bleibt die Einheit des Verbandes und damit die Erhaltung des Alleinvertretungs-Monopols: dies gilt für den Erhalt halbstaatlicher Aufgaben ebenso wie dafür, für seine Bündnispartner interessant zu bleiben. Dies ist auch bedeutsam für die damit verbundene finanzielle Absicherung der Organisation und ihres Apparates – vor allem in einer Zeit, da an die Lobby-Arbeit und ihre Professionalisierung immer höhere Anforderungen gestellt werden. „Wir sind mal Kampftruppe, mal Dienstleister, mal Expertenteam. Wir sind als kompetenter Partner und harter Gegner anerkannt oder gefürchtet. (...) Wir werden als Deutscher Bauernverband weiterhin die Kraft zum Konsens und Kompromiss in den eigenen Reihen finden – dies als Voraussetzung für einen hohen Durchsetzungsgrad in der Politik" (Sonnleitner, 1989).

Der Hauptgrund für die jahrzehntelange Behauptung des Vertretungsmonopols des Bauernverbands besteht darin, dass die Entstehung anderer, *konkurrierender bäuerlicher Interessenvertretungen* vom Bauernverband seit jeher systematisch verhindert wurde: so die „Deutsche Bauernschaft" des SPD-Agrarexperten Schmidt-Gellersen in den 50er Jahren, die „Notgemeinschaft" in den Sechzigern und die aufmüpfigen Landjugendverbände in den Siebzigern (Poppinga, 1975). Mangels Alternative ist vielen Bauern dann die DBV-Vertretung lieber als gar keine. Bei einer Umfrage im Jahre 1993 wünschten sich zwar 27% der Bauern eindeutig eine „andere Bauernvertretung" und bewerteten immerhin 51% bzw. 78% die Leistungen und den Einsatz des Bauernverbandes für seine Mitglieder als lediglich „befriedigend oder schlechter" – aber drei Viertel der Befragten meinten auch, „ohne den Deutschen Bauernverband könnte sich die Landwirtschaft kaum Gehör verschaffen" (Bauernblatt Schleswig-Holstein, 17.4.93).

Zudem machen es etliche Vertreter der Politik, der Medien, der Verbraucher, des Tier- oder des Naturschutzes mit ihren oftmals *pauschal-bauernfeindlichen Äußerungen* dem Bauernverband leicht, seine Mitglieder wieder fester an sich zu binden. Zwar hat der Bauernverband mittlerweile nicht nur das „Vokabular der Nachhaltigkeit" voll für sich entdeckt, sondern auch die Bedeutung von finanziellen Chancen der Agrarumweltprogramme für seine Mitglieder realisiert (Heinze, 1992). Trotzdem oder gerade deshalb pflegt er in seiner Verbandspresse liebevoll das Feindbild der „Umweltschützer". Dabei werden zwar nach wie vor in der Öffentlichkeit „markige Worte" erwartet, aber der Hauptakzent liegt auch beim Bauernverband in der „Realpolitik: die Vorschläge auf ihre Vor- und Nachteile für uns abklopfen, dann unsere Änderungswünsche konstruktiv, flexibel und kompromissbereit in die Diskussion und die entscheidenden Gremien hineintragen" (Vizepräsident Niemeyer).

Bedeutsam für die Bauern ist zweifellos der *Einsatz des DBV gegen ökonomisch nachteilige gesetzliche Rahmenbedingungen*: „Das Naturschutzgesetz, das Wasserhaushaltsgesetz, das Bundes-Immissionsschutzgesetz und neue Waldschäden stellten zusätzliche Anforderungen an die Produktionstechnik und drückten die Betriebsergebnisse. Durch die Förderung des integrierten Pflanzenschutzes und durch praxisnahe Gesetzgebungsvorschläge gelang es, extreme Forderungen erträglicher zu gestalten" (Schnieders, 1998). Die Debatte um den Umweltschutz konnte der Bauernverband sogar nutzen, um Vorschläge zur „energetische Nutzung des land- und forstwirtschaftlichen Produktionspotenzials" (nachwachsende Rohstoffe) in Form von Fördermaßnahmen zu verankern.

Zahlreiche Wissenschaftler sehen in der „Statusfurcht" der Landwirtschaft, die zu einer gesellschaftlichen Randgruppe wurde, den Grund für die starke Gruppenidentifikation und die Bindungskraft des Bauernverbands. Hinzu kommt aber, dass bisher allein der Bauernverband wichtige Elemente der Sorgen und der *Befindlichkeit der Landwirte* ansprach und nach außen darstellte: so die Arbeitsbelastung der Bauern, deren „60-Stunden-Woche" von DBV-Rednern regelmäßig pathetisch gegen „die Forderungen der Gewerkschaften nach einer 35-Stunden-Woche" gewendet wird. Ebenso der stete Kampf der Bauern gegen zunehmende Bürokratie und Auflagen, die den „Landwirt zum Schreibwirt" machen. Schließlich aber auch die deutliche Benennung von echten und vermeintlichen deutschen Wettbewerbsnachteilen bei Umwelt-, Tier-, Landschafts- und Verbraucherschutz innerhalb der EU und die Warnung vor „nationalen Alleingängen".

Auch über die *Dienstleistungen* seiner Kreisgeschäftsstellen und die Kompetenz vieler seiner Kreisvorsitzenden, vor allem bei Rechtsberatung und bei Hilfe in Behördenangelegenheiten, kann der Bauernverband seine Mitglieder an sich binden – zumal es bisher keine privat angebotenen praxisnahen Alternativen gibt. Schließlich hat der Bauernverband es sogar verstanden, sich ein faktisches *Monopol bei originär staatlichen Aufgaben* zu sichern. So ist die Antragstellung für die landwirtschaftlichen Alterskassen fast vollständig in der Hand des Bauernverbands. In Bayern hat der Bauernverband sogar den Status einer „Körperschaft des öffentlichen Rechts" erlangt und nimmt – gegen staatliche Kostenerstattung – öffentliche Aufgaben wahr, wie Sozialberatung, Abwicklung von Förderprogrammen usw. In Schleswig-Holstein gibt der DBV zusammen mit der Landwirtschaftskammer seine Zeitung „Bauernblatt" heraus. In Baden-Württemberg betreibt er die Vermittlungsstelle für Mutterkuhprämien.

Da sind viele Bauern geneigt, trotz ihres Unmuts im Verband zu bleiben, um im Notfall keine *Nachteile* zu haben. Das gilt auch nach Abgabe oder Verpachtung des Hofes, und selbst wenn der Altbauer dann austreten sollte – die Beiträge des Bauernverbandes übernimmt ohnehin der Pächter seiner Flächen. Die DBV-Beiträge richten sich nämlich hauptsächlich nach der bewirtschafteten Fläche der aktiven Mitglieder (etwa 5 Euro je Hektar, allerdings in etlichen Landesverbänden mit einer Vergünstigung für Großbetriebe: die Obergrenze des Jahresbeitrags liegt bei 500 Euro). Der Spruch, wonach der Bauernverband der einzige Verein sei, der zielgerichtet die Verringerung ihrer eigenen Mitgliedschaft betreibt, verliert so vielleicht seinen Schrecken.

Eine gewisse *Furcht vor dem Austritt* ergibt sich auch aus der *fast umfassenden Präsenz des Bauernverbands vor Ort*: Das bestehende Monopol des Bauernverbands führt z.B. bei den Wahlen zu den halbstaatlichen Landwirtschaftskammern dazu, dass die Vertreter des Bauernverbands auch dort automatisch Leitungsfunktionen innehaben. Bauernverbandsvertreter entscheiden in Kommissionen mit über Verkäufe und Verpachtungen von Land, über die Wirtschaftsberatung oder über die Vergabe von Investitionszuschüssen. Als „ungeschriebenes Gesetz", so der ehemalige Präsident Rehwinkel, galt z.b. in Niedersachsen: Wer beim Bauernverband „das Amt des Vorsitzenden eines Kreisverbandes annimmt, wird damit gleichzeitig Kreislandwirt der Landwirtschaftskammer und übernimmt auch alle weiteren Ämter, die damit zusammenhängen, z.B. Vorsitzender der Grundstücksverkehrskommission, Vorsitzender des Kuratoriums für Wirtschaftsberatung, der Kreisarbeitsgemeinschaft Milch usw." (Rehwinkel, 1974). Eine absolute Vormachtstellung und Kontrolle erkannte der Wissenschaftler Rolf G. Heinze nicht nur bei den Wahlen zu den Landwirtschaftskammern, vielmehr, so Heinze in einer Studie zum Deutschen Bauernverband, „unterstützen die Kammern indirekt die Infrastruktur des Bauernverbands" (Heinze, 1992).

13 Lobbyarbeit, CDU-Nähe und Verklammerung von Verbänden

Auch zwischen vielen *Agrarbehörden, CDU/CSU und Bauernverband* hat sich eine gegenseitige Partnerschaft und Hilfestellung herausgebildet. Jahrzehntelang kamen die für den Agrarsektor relevanten Gesetzesinitiativen „zumeist aus dem DBV oder aus einer seiner Komplementärorganisationen", das Bundesministerium brachte in der Regel Gesetzesentwürfe erst nach der Beratung mit dem Bauernverband ins Kabinett, Staatsekretäre kamen oft aus den Unter- und Nebenorganisationen des Bauernverbands. Die Staatsinstanzen bräuchten ohnehin den Rat der Verbandsexperten und eine faire Mitarbeit bei der Durchführung von Gesetzen (Heinze, 1992). „Die Hauptamtlichen des DBV, deren Zahl sich seit der Gründerzeit nicht geändert hat, bereiten die zahlreichen Gremiensitzungen des DBV vor, erarbeiten Unterlagen und Stellungnahmen und vertreten die DBV-Interessen in anderen Gremien. Sie dolmetschen und beeinflussen die Gesetzes- und Verordnungsentwürfe der EU, des Bundes und der Länder."(Kienle, 1998). Das klassische Lobby-Geschäft also, wenn auch über lange Jahre in besonders enger Verzahnung und mit einer besonders starken Stellung des DBV, „mit Leistung und Gegenleistung" und dem Bauernverband als „Frühwarnsystem" für Politik und Verwaltung. So ist es schon früh zu einer „Kolonisierung bestimmter Referate im Agrarressort durch landwirtschaftliche Fachverbände gekommen. Teile der Agraradministration treten gewissermaßen selbst als eine Art Lobby oder als institutionalisierte Interessengruppe auf. Zitiert wird der Hauptgeschäftsführer der „Wirtschaftlichen Vereinigung Zucker" mit den Worten: „Das Zuckerreferat ist personell so schwach besetzt, weil wir die Arbeit machen" (Sontowski, 1990).

Dabei kam dem Bauernverband sicherlich die überproportional hohe Zahl von *Bundes- und Landtagsabgeordneten* mit landwirtschaftlichem Hintergrund (vor allem in der CDU/CSU) zugute, vor allem deren Dominanz im Agrar- und Ernährungsausschuss. „Jahrzehntelang", so die Süddeutsche Zeitung, war vor allem „Bayerns Regierung in allen Fragen der Agrarpolitik an der Kandare des Bauernverbandes". Von 1983 bis 1990 war der CDU-Bundestags-Abgeordnete Heereman, der trotzdem sein Amt des Bauernverbandspräsidenten behielt, sogar offener Kandidat für das Amt des Landwirtschaftsministers. Der frühere CDU-Bundeslandwirtschaftsminister Borchert war vorher Bauernverbandsfunktionär in Westfalen-Lippe. Und umgekehrt: Als kürzlich der Staatssekretär Dr. Feiter wegen Pensionierung das Bundeslandwirtschafts-Ministerium verließ, wechselte er flugs auf den Posten des Generalsekretärs von COPA-COGECA, der gemeinsamen Vertretung der europäischen Bauernverbände und Genossenschaften. Dennoch ist nicht erst seit der Agrarwende die Einflussnahme auf Ministerien schwieriger geworden: wegen neuer politischer Konstellationen (z. B. in der rotgrünen Landesregierung in Nordrhein-Westfalen mit Ministerin Bärbel Höhn) oder wegen der Auflösung von Landwirtschaftsministerien (so in Schleswig-Holstein).

Da rächte es sich zuweilen, dass der Bauernverband seit jeher *besonders enge Beziehungen zu CDU und CSU* (und teilweise auch zur *FDP*) gepflegt hatte. Ein Zentrum dieser agrarpolitischen Abstimmung bildete – mit Förderung des Bundesministeriums – die „Deutsche Gesellschaft für Agrar- und Umweltpolitik" des CDU-Politikers Harry Carstensen mit seinen „Husumer Gesprächen". Die anderen Parteien, vor allem die SPD, erwarteten ohnehin kaum Wählerstimmen aus der Landwirtschaft. Erst seit der Wende hat auch die *SPD* ein gewisses landwirtschaftliches Wählerpotenzial erhalten: nämlich durch die Landarbeiter in den großen ostdeutschen Lohnarbeitsbetrieben. Von daher erklärt sich auch der Umstand, dass ostdeutsche Agrarpolitiker in der SPD (Staatssekretär Thalheim und die Ost-Agrarminister) eine wichtige Rolle spielen und auf eine Begünstigung oder zumindest Schonung dieser Großbetriebe drängen. Dies gilt in noch stärkerem Maße für die *PDS. Die Grünen* haben seit ihrer Gründung der Landwirtschaft, vor allem der ökologischen Landwirtschaft, eine besondere Rolle zugemessen und deshalb einen relativ festen Stamm von Agrarpolitikern (Graefe zu Baringdorf, Höfken, Höhn, Künast, Ostendorf) und von alternativen und wertkonservativen Wählern aus dem ländlichen Raum.

Trotzdem hat sich die *Bindung des Bauernverbands an die Union seit einiger Zeit gelockert*. War früher die Doppelmitgliedschaft bei vielen Landespräsidenten fast selbstverständlich, so bildet dies mittlerweile eher die Ausnahme. Auch hat der DBV nie versäumt, die Kontakte zu den Agrarpolitikern in SPD und FDP zu pflegen. Dennoch hat der DBV gerade nach der Agrarwende versucht, direkt in die politische Landschaft einzugreifen. So drängte der Bauernverbands-Vize Niemeyer den Kanzler öffentlich zu einer Koalition der SPD mit der FDP. Und vor der letzten Bundestagswahl mahnte Präsident Sonnleitner seine Mitglieder, sie wüssten schon, „wen wir jagen müssen". Entsprechend warnte der Bauernverband in Westfalen (wenn auch vergeblich) mit einer Plakataktion vor der Fortsetzung „grüner Politik". Und Ministerin Künast klagte, dass der DBV vor der Wahl eine „Politikblockade" veranstalte: Sonnleitner sitze nur noch „bei Stoiber auf dem Schoß und schreibt mir nur noch Briefe". Bei der Bundestagswahl gaben 66 der Landwirte ihre Zweitstimme der Union, 19 Prozent der SPD, 6 Prozent der FDP, 4 Prozent der PDS und 3 Prozent den Grünen (agrar.de, 2002). Nach der Bundestagswahl wurde die neue CDU-Regierung in Niedersachsen vom Bauernverband als „historische Chance" bewertet, die CDU-Vorsitzende Merkel von Sonnleitner bei der DBV-Mitgliederversammlung in Nürnberg als „unsere Politikerin der Herzen" begrüßt.

Auch über andere Organisationen setzt der Bauernverband seine Interessen durch. Der *„Zentralausschuss der deutschen Landwirtschaft"* verklammert den (geschäftsführenden) Bauernverband mit Raiffeisenverband, Verband der Landwirtschaftskammern und Deutscher Landwirtschaftsgesellschaft (DLG). Der Zentralausschuss hat die Aufgabe, „in gemeinsam interessierenden grundsätzlichen Angelegenheiten eine einheitliche Linie herbeizuführen" (Agrilexikon, 1996). Er besitzt in etlichen Bereichen ein *„Repräsentationsmonopol"* in Sachen Landwirtschaft, so bisher z.B. das alleinige Recht bei der Bestimmung der Agrar-Mitglieder in den CMA-Gremien. Enge Bindungen und Personalunionen bestehen zum Deutschen Jagdverband (dessen Präsident Heereman wird jetzt abgelöst durch Jochen Borchert), zum Landwirtschaftlichen Arbeitgeberverband oder zu den Waldbesitzerverbänden.

Zwischen dem Bauernverband (formal Vertreter aller Bauern) und der *DLG* (mit nur 15.000 Mitgliedern, davon 70% aus der Landwirtschaft, vor allem aus Großbetrieben) scheint sich zudem eine Arbeitsteilung dergestalt herauszubilden, dass die DLG, eigentlich zur Verbesserung des technischen Fortschritts in der Landwirtschaft gegründet, die Rolle als Speerspitze zur Förderung und Durchsetzung agrarindustrieller Strukturen übernommen hat. So meinte der DLG-Präsident auf die Frage nach der politischen Betätigung der DLG: „Vielleicht sollten wir uns auf ein neues Politikverständnis einigen. Je mehr der Sachverstand und die wissenschaftliche Analyse in der Politik vernachlässigt werden, umso wichtiger wird die Rolle von Organisationen, die nach diesen Prinzipien arbeiten... Allerdings wollen wir gerne bei der Arbeitsteilung bleiben, dass der Deutsche Bauernverband für die praktische Interessenvertretung der Landwirtschaft zuständig ist" (von dem Bussche, 2002). Als nach der Agrarwende der Bauernverband in der Defensive war, übernahm die DLG zum Teil seine Rolle: DLG-Präsident von dem Bussche ging als Agrarvertreter in den von der Bundesregierung einberufenen *Rat für nachhaltige Entwicklung*, trat dann aber aus Protest gegen die einseitige Bewertung des Ökolandbaus wieder aus.

14 Schwindender Einfluss

Trotz aller dieser Strukturen tragen Agrarentwicklung und Agrarpolitik dazu bei, dass die Macht des Bauernverbands bröckelt. Es gelingt ihm immer weniger, die widerstreitenden Interessen unter einem Deckel zu halten: die Interessen von Agrobusiness und Bauern, von bäuerlichen und agrarindustriellen Betrieben, die Widersprüche zwischen spezialisierten Schweinehaltern, Milchviehhaltern und Ackerbauern, zwischen Haupterwerbs- und Nebenerwerbsbauern, zwischen Pächtern und Verpächtern, zwischen LPG-Nachfolgebetrieben und privaten Wiedereinrichtern. Nur mühsam konnte die Gründung eines ostdeutschen „Verbands der Großlandwirte" verhindert werden. Tausende größerer Schweinehalter haben sich bereits gesondert in der ISN, der Interessengemeinschaft der Schweinehalter Nordwestdeutschlands, zusammengetan. In den neuen Bundesländern gibt es mehrere Organisationen wie den Deutschen Bauernbund, die die privaten Landwirte gegenüber den LPG-Nachfolgebetrieben vertreten und auf Gleichbehandlung bei der Verteilung der ostdeutschen Staatsflächen drängen. Der Verband der Nebenerwerbslandwirte vertritt beharrlich die vernachlässigten Interessen dieser zukunftsträchtigen Verbindung von landwirtschaftlicher und außerlandwirtschaftlicher Tätigkeit.

Angesichts ruinöser Erzeugerpreise für Milch haben sich bundesweit bäuerliche Zusammenschlüsse gebildet, die auf massivere Protestaktionen gegenüber den Handelsketten und auch den Molkereien drängen. Ihre Forderung nach einem bundesweiten Milch-Ablieferungsstreik konnte der Bauernverband bisher nur mühsam kanalisieren. Als im Herbst 2003 die Bio-Milchbauern selbstständig einen bundesweiten Milchstreik organisierten, geschah dies zunächst ohne Unterstützung des Bauernverbands, der sich schließlich jedoch an diese Aktion dranhängte.

Je mehr diese Spannungen und Widersprüche zunehmen, desto stärker wird der Bauernverband vermutlich versuchen, seine Einheit und Position zu wahren und Widersprüche in den eigenen Reihen zu unterdrücken. Aus dieser Vermutung folgt aber auch, dass Impulse für eine neue Agrarpolitik eher von außerhalb des DBV kommen werden und zunächst eher auf seine Ablehnung stoßen werden. Ein „halbstaatlicher" Verband wie der DBV kann – wie eine Behörde – neue Initiativen eher selten selber ins Leben rufen oder fördern, er neigt vielmehr eher dazu, diese Initiativen zu dominieren und seinen aktuellen Strukturen anzupassen. Bezeichnend ist in diesem Zusammenhang die *Wahrnehmung des Bauernverbands bei Journalisten*, die laut einer Expertenbefragung durch Stichworte wie diese charakterisiert wird: „Gralshüter alter, verfestigter, feudalistischer und verquickter Agrarstrukturen; Abwehr alles Neuen und Fremden; Stagnation und Verflachung, „Ja aber Typen" halten jeden Fortschritt auf; Strippenzieher unter Machtverlust, Drohungen beim Chefredakteur, zunehmende Ohnmacht im europäischen Kontext; Dickköpfigkeit und Eigensinn; Vakuum bei der Frage nach Entwicklungs-Perspektiven..." (Vierboom/Härlen, 2000).

Deshalb kommt anderen, auch kleineren, Interessenvertretungen in dieser Situation eine besondere Bedeutung zu. Eine ganz wesentliche Rolle können hierbei die Landfrauen spielen: Im *Deutschen Landfrauenverband* mit seinen zahlreichen Orts- und Kreisverbänden sind jeweils hälftig Frauen aus der Landwirtschaft und Frauen aus anderen Berufen (die aber bewusst auf dem Lande leben) vertreten. Das mag die relative Offenheit dieses Verbandes erklären, der zwar eng mit dem Bauernverband zusammen arbeitet, in vielen Fragen aber eine deutliche eigene Meinung vertritt. Die wichtigste landwirtschaftliche Interessenvertretung neben dem DBV ist die AbL, die *Arbeitsgemeinschaft bäuerliche Landwirtschaft*, eine Interessengemeinschaft, in der sich neben konventionellen und ökologisch wirtschaftenden Bäuerinnen und Bauern auch viele „agrarnahe" Menschen aus Umwelt-, Tier- und Verbraucherschutz, aus Beratung, Wissenschaft, Medien oder Behörden zusammengeschlossen haben. Viele AbL-Mitglieder sind gleichzeitig weiterhin Mitglieder im Bauernverband. „Neben Fragen der Qualitätserzeugung, der regionalen Vermarktung und der artgerechten Tierhaltung spielen bei der AbL auch Fragen der sozialen Lage auf dem Land eine wichtige Rolle. Ziel ist es zu vermeiden, dass einseitig ökonomische und ökologische Anschauungen die handelnden Menschen ausblenden und damit die sozialen Auswirkungen unberücksichtigt bleiben" (Börnecke/FR, 2002).

Die ursprünglich als „Agraropposition" zum Bauernverband gegründete AbL tritt deshalb ein für eine bäuerliche Landwirtschaft, für eine gemeinsame und solidarische Interessenvertretung von kleineren und größeren Höfen und für eine umweltverträgliche, tiergerechte und sozial verträgliche Landwirtschaft in lebensfähigen Dörfern und gesunden ländlichen Regionen. Sie bekämpft agrarindustrielle Strukturen und Verflechtungen und fordert die Unabhängigkeit der bäuerlichen Interessenvertreter von Agrobusiness, Genossenschaften und Parteien. Der Widerstand gegen eine bestimmte Agrarentwicklung wird ergänzt durch die Selbsthilfe in Form von Vermarktungsprojekten, z.B. im „Neuland"-Programm für eine umwelt- und artgerechte Tierhaltung in bäuerlichen Betrieben, mitgetragen und kontrolliert von Umwelt-, Verbraucher- und Tierschutzverbänden. Konkret nutzt die AbL seit nunmehr 25 Jahren ihren nicht zu unterschätzenden Einfluss in Politik und Medien, um soziale Gerechtigkeit in Form einer Entlohnung der bäuerlichen Arbeit auch in kleineren und mittleren Betrieben und in den arbeitsintensiven Grünland- und Milchviehbetriebe durchzusetzen. Die AbL ist somit die „wichtigste Herausforderung des Bauernverbands durch einen Gegenverband" (Heinze, 1992).

Die AbL hat auch das *„Agrarbündnis"* mitgegründet, das jährlich den „Kritischen Agrarbericht" herausgibt und das zahlreiche Verbände aus Umwelt-, Tier- und Naturschutz, aus Ökolandbau, Verbraucherschutz und Dritter Welt umfasst. Auf europäischer Ebene arbeitet die ABL mit in der *Europäischen Bauernkoordination* (CPE), weltweit in der Kleinbauernorganisation *„Via Campesina"*.

Neben der Allianz des Bauernverbands mit dem Agrobusiness steht somit ein weiteres Bündnis, das die Verbindung der Landwirtschaft mit ganz anderen und breiteren Teilen der ganzen Gesellschaft festigen will. Eine solche bäuerliche Interessenvertretung wird und will den Bauernverband nicht abschaffen, könnte aber sehr wohl dessen Meinungs- und Vertretungsmonopol weiter abbauen, so dass damit insgesamt (und dann wohl auch im Bauernverband) stärker und vielfältiger bäuerliche Interessen zur Geltung kommen könnten. Der AbL und ihrer Stärkung kommt hierbei sicherlich eine Schlüsselrolle zu, weil sich in ihr und durch sie – unabhängig vom Anpassungsdruck im Bauernverband – andere und neue Positionen entwickeln und durchsetzen lassen. Sie ist offener für die Signale und Forderungen aus der Gesellschaft, die der halbstaatliche und oligarchisch-erstarrte Bauernverband nicht aufnimmt oder nicht ausreichend aufnehmen kann. Sie ist andererseits genügend stark unter den Bäuerinnen und Bauern verankert, um deren Positionen und Anliegen auch gegenüber der Öffentlichkeit und den Bündnispartnern deutlich zu machen.

Darüber hinaus werden in letzter Zeit immer mehr Stimmen laut, die offene und unabhängige *„Think-Tanks"* (Gesprächsrunden) zum Austausch und zur Weiterentwicklung von agrarpolitischen Ansätzen und Meinungen fordern. An diesem Prozess wären Bäuerinnen und Bauern „in besonderer Weise zu beteiligen, um eine möglichst selbstbestimmte Entwicklung zu gewährleisten, von den gesellschaftlichen Instanzen ist dabei die Kenntnis und Achtung bäuerlicher Lebens- und Wirtschaftsformen zu erwarten" (Pongratz, 1990).

15 Weichenstellung: Wer macht mit?

Die Landwirtschaft steht vor einer Weichenstellung:
Entweder in die Richtung einer Industrialisierung der Produktion zur Erstellung billiger Rohstoffe für die Verarbeitungsindustrie und für den sogenannten „Weltmarkt", mit extremer Arbeitsteilung, mit Intensivproduktion in Gunstregionen und sterbenden Dörfern in den „benachteiligten Regionen", unter Zerstörung weiterer betrieblicher und regionaler Kreisläufe, unter Nutzung risikoträchtiger Hilfsmittel wie der Gentechnik.

Oder in Richtung einer naturnäheren, bäuerlichen und kostenbewussten Landwirtschaft mit artgerechter Tierhaltung, Verbraucherorientierung, Produktion von besonderer Qualität, Beachtung von Kreisläufen, mit multifunktionaler Ausrichtung auf Produktion von Lebensmitteln, Umwelt- und Landschaftspflege und Erlebnisse auf dem Lande, in lebendigen Dörfern und Regionen, mit internationaler Solidarität und einer Abkehr vom Weltmarkt und einer Orientierung auf den großen europäischen Binnenmarkt, der nach außen vor ökosozialem Dumping geschützt ist.

Der erste Weg wird die Landwirtschaft vermutlich in die gesellschaftliche Isolation führen (wie es das Beispiel des einstigen Vorzeigelands der Agrarindustrialisierung, der Niederlande, beweist). Der zweite Weg wird vermutlich bei weitem nicht so leicht sein wie oben dargestellt und ist vermutlich auch kein „Königsweg" – aber vermutlich der einzig sinnvolle für die meisten Bauern. Teile der neuen EU-Agrarreform können hierfür gut genutzt werden.

Wie und ob sich der Bauernverband hierzu entscheiden wird – diese Frage steht gegenwärtig leider eher nicht im Vordergrund. Die Frage ist eher, ob es genügend Kräfte unter den Bauern und in der Gesellschaft gibt, die den zweiten, den „bäuerlichen" Weg gemeinsam gehen und diese Agrarpolitik *selbstständig organisieren* wollen. Und wie viele bewusste Verbraucher es gibt, die letztlich durch angemessene Preise diese Art von Landwirtschaft ermöglichen müssen. Erst vor diesem Hintergrund lohnt es sich dann auch, darum zu werben, wo und inwieweit der Bauernverband oder Teile seiner Gliederungen sich anschließen werden oder einbezogen werden können. Ganz sicher aber ist: Viele Bauern, ob sie nun – aus gutem Grund – aus dem Bauernverband ausgetreten sind oder ob sie – ebenfalls aus guten Gründen – im Bauernverband bleiben mögen, warten auf eine solche neue Agrarpolitik und werden sich daran beteiligen.

Literatur:

AgrarBündnis e.V.: Der Kritische Agrarbericht, AbL-Verlag, Hamm, verschiedene Jahrgänge.
Agrilexikon, 1996: 10. Auflage, hrsg. von der information.medien.agrar e.V., Hannover.
Börnecke, Stephan, und Emundts, Corinna, 2002: Schatten auf Schröders Lichtgestalt, in: Kurswechsel an der Kasse, Edition Frankfurter Rundschau, Frankfurt a.M.
Bürger, H., 1966: Die ldw. Interessenvertretung in der Zeit von 1933 bis zur Gegenwart. Diss. Univ. Erlangen.
Heinze, Rolf G., 1992: Verbandspolitik zwischen Partikularinteressen und Gemeinwohl – Der Deutsche Bauernverband, Gütersloh.
Kienle, Adalbert, 1998: „Wo die Mittler fehlen, herrschen Diktatur oder Unordnung und Chaos...", in: Deutsche Bauern-Korrespondenz (dbk) Heft 3.
Kluge, Ulrich, 2001: Ökowende, Berlin.
Künast, Renate, 2002: Klasse statt Masse, München.
Mändle, E., 1972: Willensbildung in der Agrarpolitik, Fredeburg.
Niemann, Eckehard, 2003: Bauernhöfe statt Agrarfabriken – für eine Welt mit Zukunft, in: Ökologie & Landbau 2, hrsg. von der Stiftung Ökologie & Landbau, Bad Dürkheim.
Pongratz, Hans, 1992: Die Bauern und der ökologische Diskurs, München.
Pongratz, Hans, 1996: Die Lehre vom „rückständigen" Bewusstsein, in: Die Wissenschaft und die Bauern, Wissenschaftsreihe Bauernblatt-Verlag.
Poppinga, Onno, 1975: Bauern und Politik, Frankfurt/M..
Priebe, Hermann, 1985: Die subventionierte Unvernunft, Berlin.
Rehwinkel, Edmund, 1975: Zur Einführung, in: Existenzsicherung der Landwirtschaft im Wirtschaftswachstum, Hochschultagung 1969, Landwirtschaftskammer Hannover.
Rehwinkel, Edmund, ohne Jahresangabe (ca. 1974), Gegen den Strom, Dorheim.
Ribbe, Lutz/Hutter, Claus-Peter, 1993: Milliardengrab Europa, Euronatur, Rheinbach.
Schmidt, Götz/Jasper, Ulrich, 2001: Agrarwende, München.
Schnieders, Rudolf, 1998: Von der Ablieferungspflicht zur „Agenda 2000", in: Deutsche Bauern-Korrespondenz (dbk) 3
Sonnleitner, Gerd, 1998: Zum 50-jährigen Bestehen des Deutschen Bauernverbands, in: Deutsche Bauern-Korrespondenz 3.
Sontowski, Rainer, 1990: Der Bauernverband in der Krise, Frankfurt/M.
Von dem Bussche, Philipp Freiherr, 2002: Ein neues Politikverständnis, in: Landwirtschaft in der Ernährungswirtschaft, DLG-Verlag, Frankfurt/M.
Unabhängige Bauernstimme (UB), Zeitung der Arbeitsgemeinschaft bäuerliche Landwirtschaft, div. Ausgaben.
Vierboom, Carl/Härlen, Ingo, 2000: Die Bedeutung von Landwirtschaftsthemen für Journalisten und Redakteure, in: Verbraucherorientierung der Landwirtschaft, hrsg. von der Ldw. Rentenbank, Frankfurt/M.

Ämter und Funktionen

Gerd Sonnleitner

1. Absatzförderungsfonds der deutschen Land- und Ernährungswirtschaft, Vorsitzender des Verwaltungsrats
2. Bayerischer Bauernverband (BBV), Präsident
3. BayWa AG, Zentralgenossenschaft, Mitglied des genossenschaftlichen Beirats
4. bbv-service Versicherungsmakler, Vorsitzender des Aufsichtsrats
5. Bundesministerium für Wirtschaft und Technologie, Außenwirtschaftsbeirat (AWB), Mitglied des Ausschusses
6. Bundesvereinigung der Deutschen Arbeitsgeberverbände (BDA), Mitglied des Präsidiums
7. Centrale Marketing-Gesellschaft der deutschen Agrarwirtschaft (CMA), Aufsichtsrat
8. COPA Europäischer Bauernverband, Präsident
9. Deutsche Landwirtschafts-Gesellschaft (DLG) Mitglied im Gesamtausschuss
10. Deutscher Bauernverband (DBV), Präsident
11. Deutscher Landwirtschaftsverlag, Vorsitzender des Aufsichtsrats
12. Deutscher Raiffeisenverband (DRV), Mitglied des Präsidiums
13. Deutsches Milchkontor GmbH, stellv. Aufsichtsratsvorsitzender
14. Fördergemeinschaft nachhaltige Landwirtschaft (FNL), Vorstandsvorsitzender
15. Forum für Zukunftsenergien, Mitglied des Kuratoriums
16. Hans-Seidel-Stiftung, Mitglied des Beirats
17. information.medien.agrar (ima), Präsident
18. Isar-Amperwerke, Beirat
19. Kreditanstalt für Wiederaufbau, Mitglied des Verwaltungsrats
20. LAND-DATA, Gesellschaft für Verarbeitung ldw. Daten, Aufsichtsratsvorsitzender
21. Landwirtschaftliche Rentenbank, Vorsitzender des Verwaltungsrats
22. R+V Lebensversicherung AG, Aufsichtsrat
23. Wirtschaftsbeirat der Union, Mitglied des Präsidiums
24. Zentralausschuss der deutschen Landwirtschaft, Vorsitzender
25. Zentrale Markt- und Preisberichtsstelle (ZMP), Aufsichtsrat

Eigener Betrieb: 100 ha, 700 Schweinemastplätze, 250 Kälber

Wilhelm Niemeyer

1. Agra Europe GmbH, Nachrichtendienst, Vorsitzender des Aufsichtsrats
2. Akademie für Agrar-Marketing, Mitglied des Kuratorium
3. Beratender Ausschuss Schweinefleisch der EU-Kommission, Vorsitzender
4. Bundesmarktverband für Vieh und Fleisch, Vorsitzender
5. Centrale Marketing-Gesellschaft d. dt. Agrarwirtschaft GmbH, Aufsichtsrat
6. CG Nordfleisch AG, Aufsichtsratsvorsitzender, Vorsitzender des ldw. Beirats
7. Deutscher Bauernverband (DBV), Vizepräsident (bis 2002)
8. Deutscher Landwirtschaftsverlag, Aufsichtsrat
9. Europäische Warenterminbörse Beteiligungs AG, Aufsichtsratsvorsitzender

10. LAND-DATA, Mitglied des Aufsichtsrats
11. Landeszentralbank Bremen, Niedersachsen und Sachsen-Anhalt, Mitglied des Beirats
12. Landvolk Niedersachsen (so heißt der niedersächsische DBV-Landesverband), Präsident (bis 2002)
13. Landvolk Osnabrück, Kreisvorsitzender
14. Landwirtschaftliche Brandkasse Hannover (VGH-Versicherungsgruppe), beratendes Mitglied des Aufsichtsrats
15. Landwirtschaftliche Rentenbank, stellv. Vorsitzender des Verwaltungsrats
16. Marketinggesellschaft für niedersächsische Agrarprodukte, Vorsitzender des Vorstands
17. Raiffeisen Central Genossenschaft Nordwest e.G. RCG, Vorsitzender des Vorstands
18. Raiffeisen-Hauptgenossenschaft Nord, Mitglied des Beirats
19. Vereinigte Tierversicherung Gesellschaft a.G. (R+V Versicherungsgruppe), Aufsichtsrat
20. Zentralausschuss der deutschen Landwirtschaft, Mitglied
21. Zweites Deutsches Fernsehen (ZDF), Fernsehrat

Eigener Betrieb: 100 ha Ackerbau, 3.000 Mastschweine

Heinz Christian Bär

3. Deutscher Bauernverband, Vizepräsident, Ausschüsse Tierische Veredlung und Bildung
4. Hessischer Bauernverband, Präsident
5. Bauernverband- Kreisverband Wetterau, Vorsitzender
6. Fördergemeinschaft Nachhaltige Landwirtschaft (FNL), Vorstand
7. Europäischer Bauernverband COPA, Vizepräsident
8. Agrarsoziale Gesellschaft (ASG), Präsident des Kuratoriums
9. Ethik-Kommission der deutschen Landwirtschaft zur Nutztierhaltung, Vorsitzender
10. Genossenschaftsverband Hessen/Rheinland-Pfalz/Thüringen, Mitglied
11. Landesanstalt für Privaten Rundfunk (LPR Hessen), Mitglied
12. Marketinggesellschaft „Gutes aus Hessen", Vorsitzender
13. Raiffeisen- Waren-Zentrale Rhein-Main e.G., Vorstandsvorsitzender
14. Raiffeisen-Genossenschaft Vieh und Fleisch Hessen, Vorsitzender des Aufsichtsrats
15. Raiffeisen-Hauptgenossenschaft Frankfurt eG, Aufsichtsrat
16. Südzucker AG, Aufsichtsrat
17. Vereinigung der hessischen Unternehmerverbände, Mitglied des Präsidiums
18. Verein für Landvolkbildung e.V., Präsident
19. Vereinigte Hagelversicherung VVaG (AgroRisk-Gruppe), Aufsichtsrat
20. Verband Wetterauer Zuckerrübenanbauer, Vorstand
21. Weltbauernverband (Ifap), Vorstand
22. LBH Steuerberatungs GmbH, Aufsichtsrat

Eigener Betrieb: 70 ha Ackerbau, Schweinemast

Dr. Klaus Kliem

3. Thüringer Bauernverband e.V., Präsident
4. Bauernverband – Fachausschüsse Getreide und Nachwachsende Rohstoffe, Vorsitzender
5. Beratender Ausschuss Getreide der EU, Mitglied
6. Fachagentur Nachwachsende Rohstoffe, Vorstandsvorsitzender
7. Union zur Förderung von Öl- und Proteinpflanzen (UFOP), Vorstandsvorsitzender
8. R+V Allgemeine Versicherung AG, Beirat

Eigener Betrieb: Geschäftsführer und Hauptteilhaber der „Agrar-, Dienstleistungs-, Industrie- und Baugesellschaft mbH & Co. KG" Aschara, 4.500 ha, 1.800 Rinder, 600 Schweine, Fleischmarkt, ein Dutzend gewerbliche Tochterfirmen, Beteiligung an einem Agrar-Großbetrieb in der Ukraine

Quellen: Künast, 2002, Schmidt/Jasper, 2001, Agrarbündnis/Kritischer Agrarbericht 2002, Unabhängige Bauernstimme 7/2001.

Die Interessenwahrer des Straßenbaus

Alain Grenier

1 Einleitung

Gibt es überhaupt eine Straßenlobby in Deutschland? Man hört nichts von ihr – im Gegensatz sagen wir mal zur Biotech-Lobby. Und lesen? Lesen tut man auch nichts von ihr! Wenn man die einschlägige Literatur über Lobbyismus in Deutschland liest, dann könnte man sogar meinen, es gäbe keine Straßenbaulobby. Im Jahr 1999 zum Beispiel schreibt Friedhelm Schwarz ein ganzes Buch über „Das gekaufte Parlament", ohne die Straßenlobby mit einem einzigen Wort zu erwähnen. Und drei Jahre später, im Jahr 2002, schreibt der grüne Abgeordnete Christian Simmert auf 256 Seiten zwar nieder, was viele denken: „Die Lobby regiert das Land". Auch da ist über die Straßenbaulobby nichts zu finden. Existiert sie etwa nicht, die Lobby der Straßenbauer? Ich behaupte: sie existiert. Sie arbeitet still und effektiv. Und – sie ist so gut wie unbekannt. Ich frage weiter: Wer ist die Straßenbaulobby? Was will sie? Wie funktioniert sie? Wie setzt sie sich durch, mit welcher Strategie und vor allem mit welchem Erfolg? Fragen, denen ich nachgegangen bin.

Übrigens: Es gibt durchaus Menschen, die auf das Vorhandensein einer Straßenbaulobby hinweisen. Für den Trierer Geographen und Verkehrsforscher Prof. Dr. Heiner Monheim, der seit 35 Jahren die Verkehrsforschung und -planung aus der Arbeit in Ministerien kennt, ist klar: Diese Lobby ist allgegenwärtig. Zahlreiche Institutionen, Verbände, Stiftungen, Vereine, etc. werden von ihr beeinflusst und gesteuert, mit geschickter Arbeitsteilung und Regie, oft unter Vorspiegelung sog. wissenschaftlicher Objektivität und parteipolitischer Neutralität. Es gibt vielfältige Verflechtungen mit Entscheidungsträgern in Straßenbauverwaltungen, Behörden, Ministerien und Parteien.

Und für den Autoren, Journalisten und ehem. Bundestagabgeordneten Dr. Winfried Wolf (PDS), von 1994-2002 Mitglied im Verkehrsausschuss des Bundestages, ist die Existenz einer Straßenbaulobby unbestreitbar und der Einfluss auf die Verkehrspolitik in unserer Republik Realität: „Die Lobby, die für die Autogesellschaft eintritt, ist ebenso groß wie die Industrie, für die sie arbeitet. Rund die Hälfte des Umsatzes, der von den 50 größten Konzernen getätigt wird, entfällt auf die Autoindustrie, die ölfördernde und -weiterverarbeitende Industrie und die Reifenindustrie. Rechnet man die mit der Auto- und Bauindustrie verbundenen Banken und die Straßenbaubranchen hinzu: Ein derartig überwältigendes Gewicht eines einzelnen Industriezweigs schlägt sich in der bürgerlichen Demokratie in einer entsprechenden Lobby nieder" (Wolf 1992: 233).

Für die Herausgeber der im August 2001 veröffentlichten internationalen Studie „Mobility 2001 Overview" gibt es selbstverständlich keine Straßenbaulobby (alle Großen der Branche sind in dieser Studie mitbeteiligt: General Motors, DaimlerChrysler, Volkswagen AG, Ford, Shell, Michelin u. a.). Für sie ist Straßenbau nämlich Umweltschutz (vgl. www.wbcsdmobility. org). Sie leiden unter der chronischen Angst, dass nicht alle die Straßen, die immer mehr Autos brauchen, rechtzeitig gebaut werden können.

Für sie stellt sich nicht etwa die Frage, ob wir nicht bereits genügend Straßen oder zu viele Autos haben. Ob unser deutsches Mobilitätsmodell weltweit übertragbar ist oder ob über die Folgen einer globalen Motorisierung überhaupt nachzudenken sei.

Die Straßenlobby ist eine der erfolgreichsten Interessenvertretungen Deutschlands. Mächtig und bestens organisiert.

Schauen wir auf die Zahlen. Nach 50 Jahren intensiven Straßenbaus in Deutschland wird in diesem Jahr *mehr denn je* für den Straßenbau ausgegeben.[5] Zu den Milliarden, die der Bundesverkehrswegeplan für neue Autobahnen und Bundesstraßen vorsieht, muss man noch die weiteren Milliarden rechnen, die die Länder für ihre Landesstraßenausbaupläne ausgeben. Dazu kommen dann noch die Milliarden, die Kreise, Städte und Gemeinden für ihr lokales Straßennetz und vor allem für ihre vielen Parkplätze und Parkhäuser ausgeben. Nach Prof. Monheim gehen immer noch 90% aller Verkehrsinvestitionen aller Gebietskörperschaften in den Autoverkehr. Und so laufen auf immer mehr Straßen immer weniger Menschen, die dafür immer mehr Auto fahren: Lag 1989 der Pkw-Anteil auf allen Wegen, die im Alltagsverkehr zurückgelegt wurden, bei 49% (51% im Umweltverbund: Zu Fuß, Rad, ÖPNV und Bahn), so liegt er 2003 bei 60%. Eine Entwicklung, die mit der zunehmenden Pkw-Ausstattung der Haushalte zu sehen ist:[6] Der Anteil der Haushalte mit *mehr* als einem Pkw liegt mittlerweile bei 28%. Im Durchschnitt verfügt also jeder bundesdeutsche Haushalt über 1,1 Autos. Nur noch jeder fünfte Haushalt ist ohne Auto. (www.kontiv2002.de).

2 Straßenbaulobby in Deutschland – die Sachlage

Ein Insider aus der Baupolitik, Peter Conradi, Präsident der Bundesarchitektenkammer, fasst seine Charakterisierung der Straßen- und Autolobby so zusammen: „Lange – und ergebnislos – könnte man darüber streiten, welche Lobby in Bonn am erfolgreichsten wirkt... Meine besondere Bewunderung galt immer der Straßenbau-Lobby. Eine harmonische Großfamilie mit geradezu sizilianischem Zusammenhalt hat da Jahrzehnte lang gewirkt, ohne je auf ernsthaften Widerstand zu stoßen. Die Betonindustrie war dabei, Asphalt, Kies, Stahl natürlich, die Autohersteller, die

---

[5] Vgl. Pressemitteilung Nr. 283/03 des Bundesministeriums für Verkehr, Bau- und Wohnungswegen, kurz *BMVBW*.
[6] Der Pkw Bestand hat sich seit 1950 von 1 Mio. auf über 50 Mio. (= Faktor 50) erhöht.

Reifenproduzenten und Mineralölkonzerne, die Ingenieurbüros, die Hochschulprofessoren, die dem Treiben die wissenschaftlichen Gutachterweihen verliehen; nicht zu vergessen die Bürokratie vom Bundesverkehrsministerium in Bonn bis zum Straßenbauamt in der Provinz; und die Abgeordneten im Parlament, die jahrzehntelang die Volksbeglückung zielstrebig betrieben. CDU/CSU hin, SPD her und FDP immer dabei – beim Straßenbau kannten wir keine Parteien, da gab es nur noch deutsche Autofahrer" (Conradi 1982).

In den letzten zwanzig Jahren ist die „Großfamilie" der Straßenbaulobby weiter gewachsen und ist stärker denn je zuvor (siehe Kap. 3). Als Beleg für diese Stärke mag beispielhaft der geplante Straßenetat des Bundesministeriums für Verkehr, Bau und Wohnungswesen (BMVBW) gelten, der am 2. Juli 2003 mit dem Bundesverkehrswegeplan 2003 vom Bundeskabinett beschlossen wurde. Er erreicht ein neues Rekordniveau von 5,2 Milliarden Euro pro Jahr. Auf Anfrage in Berlin, ob Kürzungen bei den Straßenbauetats geplant sind, ob der Straßenbau in absehbarer Zukunft weniger wird oder Anzeichen für eine Verkehrswende hin zu mehr Umweltverbund und weniger motorisiertem Individualverkehr (MIV) irgendwo zu erkennen sind, antwortet der Verkehrsreferent der Rot-Grünen Regierung in Berlin, Herr Bruster: „Nein. Es gibt keine politische Mehrheit für eine Wende in der Verkehrspolitik in der Richtung, dass man jetzt den Straßenbau absenkt"[7]. Sein Kollege Joop aus dem Verkehrsministerium, Referat S 10 (Straßenbau), gibt ihm recht. Der mächtige Einfluss der Straßenbaulobby leugnet er auch nicht, sagt aber ganz klar: „Die Verkehrswende hängt natürlich vom Verhalten der Bürger ab. Ich glaube nicht, dass wir irgendwann mal dazu kommen werden, den Bürgern vorzuschreiben welches Verkehrsmittel sie benutzen sollen. Das muss der einzelne eigentlich immer für sich entscheiden".[8] Freie Wahl der Verkehrsmittel – kein Dirigismus also? Was ist staatliche Einflussnahme durch Investitionen aus den öffentlichen Haushalten denn anderes als Dirigismus? Prof. Dr. Petersen, Leiter der Abteilung Verkehr im Wuppertal Institut für Klima, Umwelt, Energie: „Politische Gestaltung ist Dirigismus, und sie ist selbstverständlich legitim. Die Entscheidung gegen einen weiteren Ausbau von Straßen und für eine Gestaltung von Nachfragepolitik anstelle der bisherigen Angebotspolitik (mit mehr Straßen) ist ein Gebot der ökologischen und ökonomischen Vernunft, da die Angebotspolitik ja offensichtlich in die Sackgasse immer längerer Staus geführt hat. Die Scheu vor dem Vorwurf des Dirigismus wird merkwürdigerweise nur dann geäußert, wenn es um neue Wege geht; eine Fortsetzung der bisherigen Fehlentwicklungen bleibt unberührt" (Petersen 1995: 207). Und wer profitiert davon, der Mensch, die Lobby?

Aber was ist eine Lobby, was ist Lobbyismus? Lobbyismus ist erst einmal der für legitim gehaltene Versuch von Interessenverbänden, sich über die politischen Projekte zu informieren und ihren Einfluss auf die politischen Entscheidungsträger geltend zu machen. Der Name leitet sich vom englischen Wort „Lobby" her, der so

---

[7] Telefongespräch vom 06.08.2003. Herr Bruster ist Verkehrsreferent im Büro von MdB Albert Schmidt (B'90/Die Grünen). Er war an den Beratungen um den Straßenbauetat 2003 beteiligt.
[8] Telefongespräch vom 06.08.2003.

genannten Wandelhalle im britischen und amerikanischen Parlament. Lobbyismus bedeutet also eine Tätigkeit im Vorfeld der eigentlichen politischen Entscheidungssphäre. Der Lobbyist ist also jemand, der im Vorfeld Abgeordnete für seine Interessen zu gewinnen sucht. An sich nichts Verwerfliches, wenn man an Lobby denkt, die für den Frieden, für die Umwelt oder für Menschenrechte eintreten. Nur das Verhältnis dieser Gruppen zu denen, die sich am Gewinn (Geld) orientieren, steht 1 zu 200 [9].

Straßenbaulobbyisten kommen nicht mit dem Geldkoffer. Oder fast nicht. Das geht sehr viel subtiler vonstatten. Herr Schrempp bittet den Verkehrsminister zu einer Autofahrt im allerletzten Luxusmodell. Der Staatsminister Müller wird zu einer Preisverleihung des ADAC als Ehrengast geladen, ein Pressesprecher der Bundesregierung erhält von der Autolobby einen Beratervertrag, wie seinerzeit Herr Boehnisch, der heute noch seine Kolumnen in der Autobild schreibt, die Auto- und Straßenbaulobby stiftet Professuren und alimentiert Professoren in der Verkehrswissenschaft, selbst Umweltverbände werden manchmal mit kleinen Aufträgen ruhig gestellt: Auf dem dritten Kongress „Wege zur Nachhaltigkeit" in Stuttgart formuliert es ein Teilnehmer an die Adresse der Umweltvertreter so: „Allein die Aussicht auf einen Zuschuss oder auf die Möglichkeit, vor wichtigen Leuten ein Referat halten zu dürfen oder auf eine Tasse Kaffee im Ministerium reicht bei manchem Umweltbewegten schon aus, die Interessen des eigenen Verbands zurückzustellen und die Kritik am Autoverkehr und Straßenbau zu mäßigen oder auf unwichtige Randthemen zu beschränken".[10]

Herr Simmert weiß als ehemaliger Bundestagabgeordneter: „Die Lobby pflegt ihre Kontakte und kann immer auf sie zurückgreifen, zum richtigen Zeitpunkt, und vor allem da, wo die Abgeordneten im Gesetzesverfahren oder vor Abstimmungen zu wichtigen Fragen sehr schnell handeln müssen".[11] Zum Beispiel bei der gesetzlichen Festlegung des Neu- und Ausbaubedarfs für Bundesfernstraßen. Denn, „ist eine Straße in einem Bedarfsplan enthalten, werden automatisch die weiteren Umsetzungschritte angeleiert. Die Straßenbauverwaltungen des Bundes und der Länder leben ja davon, immer neue Projekte zu erfinden und umzusetzen. Der Selbsterhaltungstrieb lässt sie nach immer neuen Projekten Ausschau halten. Von Sparwille keine Spur. Der verkehrliche Bedarf neuer Straßen darf in Deutschland politisch eben nicht infrage gestellt werden" so die kritische Angestellte einer großen Straßenbauverwaltung in Baden-Württemberg.

---

[9] Vgl. hierzu www.bundestag.de. Dort ist die öffentliche Liste über die Registrierung von Verbänden und deren Vertretern komplett einsehbar (oder vgl. die 400 Seiten der jährlichen Veröffentlichung im Bundesanzeiger. Auch in (Cairns et. al. 1998: 10) für die europäische Ebene dokumentiert
[10] Protokollbericht Kongress 2003: Wege zur Nachhaltigkeit, S. 2, www.bund.net/stuttgart
[11] www.3sat.de/kulturzeit/themen/35872/index.html

3 Straßenbau als Motor der Massenmotorisierung

Lange vor der so genannten Massenmotorisierung in den fünfziger Jahren haben nach dem zweiten Weltkrieg die Besatzungsmächte den Wiederaufbau Deutschlands vorangetrieben und setzten bei ihrer Verkehrsplanung auf das Auto und auf den Verkehrsträger Straße. Ähnlich wie in den USA, wo bis Anfang der 50er-Jahre der Staat 220 Mrd. $ in den Straßenbau und 1 Mrd. $ in die Schiene investierte, wurde in Deutschland Verkehrspolitik gemacht: Nicht der Markt, die freie Konkurrenz oder der mündige Bürger entschieden sich für den Straßenverkehr, sondern die Verkehrspolitik des Staates, die effiziente Arbeit der Straßenbaulobby und 500 Mrd. EUR Investitionen in das Straßennetz (Kosten für den öffentlichen und privaten Parkraum nicht einmal enthalten) mögen die autozentrierte Entwicklung der deutschen Verkehrslandschaft erklären (vgl. Wolf 1992: 162 ff.).

In den 70er-Jahren wurden in Deutschland doppelt so viele Autobahnen gebaut wie im Jahrzehnt zuvor. Alleine das Netz der Bundesautobahnen wurde von 2 100 Kilometer im Jahre 1950 auf 11 750 Kilometer (2000) ausgebaut (BMVBW 2002: 108). Nun will der Bund im BVWP 2003, der für den Zeitraum 2001 - 2015 gilt, ca. 1 730 Kilometer neue Autobahnen und 4 850 Kilometer neue Bundesstraßen bauen sowie 2 200 Kilometer Autobahn verbreitern. Über andere Wege (Gemeindeverkehrsfinanzierungsgesetz, GVFG, Europäischer Fonds für regionale Entwicklung, sog. EFRE-Projekte, usw.) kommen darüber hinaus mehr als 1 000 Kilometer Straße hinzu (BMVBW 2003: 41, 63ff.). Geld scheint keine Rolle zu spielen. Ein Autobahnkilometer kostet heute in Deutschland durchschnittlich 7 Millionen Euro. Vorfinanzierte Straßenbauprojekte sind mehr als doppelt so teuer und Tunnelstrecken kosten bis zu 50 Millionen Euro pro Kilometer (BMVBW 1994: 36). Trotz Zeiten knapper Kassen und gut ausgebautem Straßennetz erreichen Straßenbauetats Jahr für Jahr neue Rekordhöhe. Warum?

Für Herrn Joop von der Abteilung Straßenbau im BMVBW ist es kein Geheimnis: „Wir liegen mitten drin in Europa und sind Transitland in Europa. Die Verkehrsverhältnisse sind so, dass alle Prognosewerte immer noch darauf hinweisen, dass wir eine Zunahme des Verkehrs haben werden. Deswegen müssen Straßen aus- und neu gebaut werden. Das kostet Geld".[12] Die Wissenschaftler Cairus, Hass-Klau und Goodwin beweisen in ihrer internationalen Studie „Traffic Impact of Highway Capacity Reductions: Assessment of the Evidence" im Auftrag des englischem Ministeriums, London Transport, Department of Environement Transport and the Regions jedoch das Gegenteil. Sie vergleichen Städte mit Straßenausbau und mit Straßenrückbau und stellen fest, dass der weitere Ausbau oder Neubau des Straßennetzes schnell zu mehr Verkehr und weiterem Stau führt. Der Straßenbaustopp, Straßenrückbau oder eine durch äußere Ereignisse bedingte Straßensperrung (Tunnel- oder Brückeneinsturz, Baumaßnahme) dagegen, wenn dies in einem Gesamtkonzept

---

[12] Funktioniert das?: Die Stadt Los Angeles hat zum Beispiel das meiste Geld pro Einwohner in ihr Straßennetz investiert, hat heute weltweit das dichteste Straßennetz und den meisten Parkraum. Und es hat weltweit die meisten Staus. Vgl. hierzu GEO-Wissen (1991: 44 ff.).

integriert (mehr ÖPNV, höherer Takt, bessere/mehr Fußwege und Radspuren, usw.) ist, führt zu positiven Einflüssen auf die örtlichen Verkehrsverhältnisse (Staus verschwinden, Autoverkehr nimmt ab, Umweltverbund gewinnt Anteile) (vgl. Goodwin 1998). Das Umweltbundsamt (UBA) hat ebenfalls in seiner Studie „Dauerhaft umweltgerechter Verkehr" andere Wege als die des üblichen Straßenbaus zur Lösung von Straßenproblemen aufgezeigt und stellt fest „Während die Infrastruktur für den Transport von Personen und Güter mit der Bahn und dem ÖPNV zu erweitern und effizienter zu gestalten ist, kann sich der Bau von Autobahnen auf die Beseitigung von kurzen Engpässen beschränken. Beim Straßenbau reicht die Instandsetzung des Vorhandenen aus" (Umweltbundesamt 2001: 33). Das UBA-Szenario beweist auch, dass ein Rückgang des Kfz-Verkehrs das Brutto-Inlandseinkommen nicht negativ beeinflusst: Es kommt also nicht zum Zusammenbruch der Volkswirtschaft, wenn massive Maßnahmen für weniger Autoverkehr ergriffen werden.

Dennoch geht der Straßenbau ungebremst weiter. Die nachfolgende Grafik 1 zeigt den Zuwachs der Bundesautobahnen durch Neubau in den letzten 40 Jahren. Während sich der jährliche Zuwachs der Autobahnen in den 90er-Jahren auf circa 100 Kilometer Neubaustrecke pro Jahr eingependelt hatte, steigt er in den letzten Jahren wieder deutlich an. **Im Jahr 2001 liegt der Autobahn-Zubau mit über 200 Kilometer so hoch wie seit 20 Jahren nicht mehr.** Die Asphaltierung der Landschaft erreicht interessanterweise jeweils zu den Zeiten Höhepunkte, wenn die SPD Bundeskanzler und Bundesverkehrsminister stellt. Warum?

Grafik 1

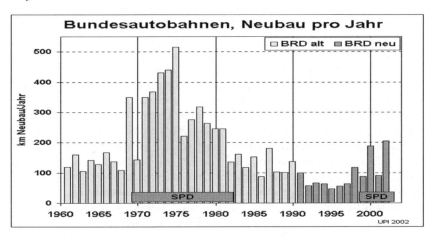

Vielleicht, weil der Besitz des eigenen PKW für kleine Leute seit langem als politisches Programm von SPD und Gewerkschaften gilt. Das Leitbild fast aller Politiker beschrieb 1965 der damalige Verkehrsexperte der SPD, Helmut Schmidt: „Jeder Deutsche soll den Anspruch haben, sich einen eigenen Wagen zu kaufen. Deshalb wollen wir ihm die Straßen dafür bauen" (Der Spiegel, Heft 11/1991). Heute sieht zwar die SPD den Ausbau des Straßennetzes im wesentlichen als abgeschlossen an (SPD-Bundestagsfraktion 1998: 21). Und die Bundesregierung behauptet eine Verkehrsträger übergreifende Planung zu betreiben und begründet: „Zwischen den einzelnen Verkehrszweigen bestehen vielfältige Wechselbeziehungen. Schienen-, Straßen-, Luftverkehr und Schifffahrt können sich gegenseitig ergänzen und in Grenzen auch ersetzen. Große Investitionsprojekte konkurrieren insofern untereinander um knappe Haushaltsmittel ... Die zentrale Herausforderung für den Verkehrssektor und die Verkehrspolitik sind ein durch Wirtschaftswachstum und vielfältige gesellschaftliche Veränderungen ausgelöstes nach wie vor ungebrochenes Wachstum im Güter- und Personenverkehr mit hohen Steigerungsraten. Die daraus erwachsenden Ansprüche an die Verkehrsinfrastruktur und an eine umweltverträgliche Gestaltung der Verkehrsabläufe sind beträchtlich. Der Komplexität der sich damit stellenden Aufgaben mit all ihren Wechselwirkungen kann nicht eindimensional begegnet werden. Die Bundesregierung setzt daher auf eine integrierte Verkehrspolitik, die auf ein verbessertes Gesamtverkehrssystem ausgerichtet ist und die verschiedenen Maßnahmen und Instrumente, deren Wechselwirkungen, Ursachen- und Folgezusammenhänge, die unterschiedlichen beteiligten Verwaltungen und räumlichen Ebenen sowie unterschiedliche Zeithorizonte in ein Gesamtkonzept einbindet" (BMVBW 2003: 3f.).

Das sind schöne Worte, deren Umsetzung in der Praxis kaum fassbar bzw. zu erkennen ist. Viel konkreter dagegen: Die Länge der öffentlichen Straßen in Deutschland beträgt rund 700 000 Kilometer. Deutschland verfügt somit nach den USA über das längste Autobahnnetz der Welt. 51% des gesamten Straßenverkehrs wird auf ca. nur 8% des Straßennetzes abgewickelt, nämlich auf Autobahnen und Bundesstraßen. Mit 629 Pkw (648 Kfz) je 1 000 Einwohner weist Deutschland einen der höchsten Motorisierungsgrade der Welt auf (Siehe Straßenbaubericht 2002, S. 9). Folge: Von den im Jahr 2000 mit allen Verkehrsträgern zurückgelegten 935 Mrd. Personenkilometer war die Verkehrsmittelbenutzung wie folgt aufgeteilt (Modal Split): 79,1% motorisierter Individualverkehr (MIV), 8,0% ÖPNV, 8,3% Eisenbahn, 4,6% Luftverkehr und sonstige Verkehrsmittel (Umweltbundesamt 2002: 17; s. u. Grafik 2).

Der hier überragende Anteil des motorisierten Individualverkehrs an der gesamten Verkehrsleistung ist im wesentlichen auf den Ausbau der Straßenverbindungen und den Rückgang der Kraftstoffkosten, bezogen auf das Durchschnittseinkommen, zurückzuführen. Durch das immer besser ausgebaute Straßennetz ist es möglich, immer entferntere Ziele (sprich mehr Kilometerleistung) in gleicher Zeit zu erreichen. Dabei stellt, auf die Anzahl der Wege bezogen (3 bis 4 Wege/Tag), die Spezies Autofahrer (Kilometerkonsument) nur eine knappe Mehrheit unter den mobilen Menschen dar: Im Schnitt werden fast über die Hälfte aller Wege mit dem Umweltverbund zurückgelegt. Aus einem anderen Blickwinkel: Nach über 100 Jahren Automobilisierung in Deutschland ist (noch) für den Einzelnen das Zu-Fuß-Gehen die zeitlich bedeutendste Form der Fortbewegung: Durchschnittliche tägliche

Unterwegszeit von 22 Minuten zu Fuß gegen 20 Minuten als Pkw-Fahrer (Socialdata 2000: 16). Dennoch, auch wenn 40% der Bevölkerung keinen Autoführerschein hat: (BMVBW 2002: 126) Verkehrsplanung ist fast immer Straßenverkehrsplanung.

Grafik 2: Modal Split in Deutschland 2000

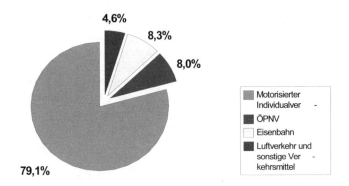

Auf Bundesebene: Der neue BVWP 2003 zum Beispiel enthält 2000 Straßenneubauprojekte (hinzu kommen ca. 20 000 weitere Straßenprojekte der Länder und Kreise) gegen 40 Neu- und Ausbauprojekte im Schienenbereich (vgl. Bundesverkehrswegeplan 2003: 69 ff.). Auf lokaler Ebene: Im Jahr 2000 wurden in Stuttgart 0.60 Euro pro Einwohner für die Radverkehrsplanung ausgegeben. Für den motorisierten Individualverkehr dagegen über 180 Euro (vgl. ICLEI 2001). Wird die heutige Verkehrsplanung von der Straßenbaulobby (mit-)bestimmt? Einige Beispiele sprechen für sich:

- Das „Anti-Stau-Programm". Auf die zur IAA im September 1999 vom ADAC gestartete Kampagne „Weniger Stau – mehr Mobilität" reagierte der damalige Bundesverkehrsminister Klimmt schnell und verkündete bereits im Februar 2000 das „Anti-Stau-Programm" für 7,4 Mrd. DM.
- Die neuen Länder. Damit keine Zeit hinsichtlich Erstellung der Planunterlagen und Bauvorbereitung verloren geht, hatte das Bundeskabinett, nach Beratungsgesprächen mit der Bauindustrie, für den BVWP"92 mit Hilfe des Verkehrswegeplanungsbeschleunigungsgesetzes beschlossen, ohne Bürgerbeteiligung 23 Milliarden DM in den Straßenbau in diesem Gebiet zu investieren.

- Tempolimit. Was für Schröder 1992 noch ein „Gebot der Vernunft" war – das Tempolimit auf Autobahnen – ist heute unter rot-grüner Regierungsverantwortung Tabu.
- BVWP 2003. Der Umweltminister nimmt billigend in Kauf: 10 000 weitere Straßenkilometer, einen weiteren Anstieg der CO_2-Emissionen im Verkehrsbereich um 11% bis 2015 sowie wachsenden Verkehr, Lärm und Flächenverbrauch. Er stimmt dem BVWP 2003 zu.
- Ozonalarm in Deutschland. Der Kraftfahrzeugverkehr ist einer der Hauptverursacher von Ozon. Gesundheitlich schädliche Ozonbelastungen können nur wirksam bekämpft werden, wenn in einem abgestuften Verfahren mit mehreren Warnstufen wirksame Maßnahmen (neben Fahrverboten Tempolimits, autofreie Tage, Straßensperrungen, usw.) schon vor dem Erreichen der Ozonspitzen eingeleitet werden. Die Bundesregierung sieht keinen Handlungsbedarf.

4 Wer genau ist die Straßenlobby?

Auch wenn Fußgänger Gehwege, Zebrastreifen, verkehrsberuhigte Bereiche oder Radfahrer Radwege, Ampelanlagen und andere Nebenprodukte der Straße in Anspruch nehmen, gehören sie nicht zu den Mächtigen der Straßenbaulobby. Unter diesem Begriff „Straßenbaulobby" sind sowohl diejenigen zu verstehen, die von der Straße leben, also die mit ihr ihren Lebensunterhalt verdienen (Teile der Bauindustrie, Ingenieurbüros, Lehrstühle, Autohersteller, deren Zulieferer, Ölfirmen, Banken, usw.), als auch diejenigen, die die Straße als Verkehrsträger brauchen und/oder stark in Anspruch nehmen (Pkw- und Lkw-Fahrer, Transportunternehmen) und deren Organisationen (ADAC, VDA, usw.).

Es ist bekannt, die Autofirmen in Deutschland stehen national und international in Verbindung mit gleich gesinnten Verbänden mit denselben Interessen: Straßenbau, Erdöl, Transport, Straßenverkehr. Diese Gruppen arbeiten offiziell oder inoffiziell in Koalitionen und quer durch alle sozialen Schichten. Eine genaue Analyse der Weltwirtschaft lässt schnell erkennen, dass die internationalen Autokonzerne – zusammen mit den Ölmultis und der ölverarbeitenden Industrie – die alles entscheidenden Machtzentren der Weltökonomie darstellen: Sie erwirtschaften mit über 2200 Milliarden US-Dollar mehr als 54% des Umsatzes der 100 größten Industriekonzerne der Welt (die sieben Größten davon sind allesamt Öl- und Autokonzerne) (Kotteder 2000).

Das umsatzstärkste Unternehmen der Welt gehört der Automobilindustrie an: General Motors (GM) ist in 173 Ländern mit Produktionsanlagen vertreten, mit einem Umsatz von 170 Milliarden EUR und 388 000 Beschäftigten und verkauft weltweit pro Jahr fast 9 Millionen Autos. Zu GM gehört auch Opel in Deutschland mit 46 000 Beschäftigten und einem hiesigen Marktanteil von 14,3% bei Neuzulassungen (bezogen auf den Marktanteil, an zweiter Stelle nach VW).

Das umsatzstärkste Unternehmen Deutschlands ist DaimlerChrysler (Nr. 5 in der Welt. Stand: Juli 2003). Mit einem Umsatz von 153 Milliarden EUR, 467 000 Beschäftigte (240 000 in Deutschland) und weltweit 4,9 Millionen verkauften Fahrzeugen gehört DaimlerChrysler zu den führenden Automobil-, Transport- und Dienstleistungsunternehmen der Welt (an zweiter Stelle in Deutschland bezogen auf den Umsatz folgt der Fahrzeughersteller Volkswagen (VW) mit 89 Milliarden EUR und 320.000 Mitarbeitern). Der größte Aktionär des Unternehmens ist mit 12,85% Aktienanteil die Deutsche Bank – sicherlich das mächtigste und einflussreichste Unternehmen in Deutschland. Die Vorstandsmannschaft und das höhere Management der Deutschen Bank verwalten über 200 Aufsichtsratsmandate, haben also Schlüsselstellungen innerhalb der deutschen Wirtschaft inne. Über die Konten der Deutschen Bank z. B. läuft mehr als ein Viertel des gesamten deutschen Außenhandels und ein rundes Drittel aller Geschäfte mit Osteuropa. Die starke Exportabhängigkeit der Autoindustrie (Überkapazität in der Produktion und sinkende Nachfrage im Inland) lässt ahnen, in welche Richtung (weltweite Massenmotorisierung) Unternehmen und Kapitalinhaber gehen wollen.

Die LKW-Wirtschaft hat mit 2,7 Mio. Lkw auf deutschen Straßen und im Sektor Güterverkehr einen Anteil von 65% an der Verkehrsleistung (353 Mrd. tkm, Tendenz steigend) ein gewaltiges Gewicht in Sachen Straßenpolitik. So mag es kein Zufall sein, wie das Umwelt und Prognose Institut (UPI) aus Heidelberg errechnet hat, dass der LKW-Verkehr in Deutschland nur einen Kostendeckungsgrad von ca. 10% seiner verursachten Kosten aufweist (UPI 1989: 54). Auch die viel zu niedrige Lkw-Maut wird nicht viel daran ändern. Denn die Lkw-Lobby hat es geschafft, sich Steuererleichterungen auszuhandeln, die das Ganze nicht zu einer Verteuerung des Transports, sondern zu einem Nullsummen-Spiel werden lässt (IDV 2002: 10 ff.). Verzerrte Wettbewerbsbedingungen zwischen den Verkehrsträgern Straße, Schiene, Wasser und Luft werden weiterhin dafür sorgen, dass diese Lobby nicht an Gewicht verliert und noch mehr Güter auf die Straße kommen. Binnen 10 Jahren – von 1991 bis 2001 – hat der Straßengüterverkehr in Deutschland um 50% zugenommen. Bis 2015 rechnen Experten im Auftrag des BMVBW, je nach Szenario, mit bis zu einer Verdoppelung des Güterverkehrs! (Internationales Verkehrswesen 2001: 587).

Der Verband der deutschen Automobilindustrie (VDA) gibt sich im Namen seiner Mitglieder als einer der größten Arbeitgeber Deutschlands, spricht von einem Umsatz seiner Mitglieder (Kfz-Herstellung, -Teile und -Zubehör) in Höhe von 220 Milliarden Euro und somit ein Sechstel des gesamten industriellen Umsatzes, ein Fünftel des Sozialproduktes, ein Viertel des gesamten Steueraufkommens und behauptet weiter: „Jeder 7. Arbeitsplatz hängt vom Automobil ab" (siehe: www.vda. de). In einer Untersuchung aus dem Jahr 1998 dagegen gehen die Wissenschaftler des Öko-Instituts von jedem 23. Arbeitsplatz aus, der von der Produktion und Nutzung von Pkw abhängt (VCD/Öko-Institut 1998: 5). Außerdem wird diese Art der Darstellung des VDA (mit Umsatz und Sozialprodukt) von zahlreichen Instituten kritisiert, denn viele unberücksichtigte externe Kosten und wirtschaftsrelevante Sachverhalte (wie zum Beispiel die jährliche Abschreibung und Zinsen für die Nutzung von Straßen und Parkplätzen) werden einfach ignoriert (immerhin Kosten zwischen 100 und 300 Mrd. Euro im Jahr, je nach Berechnungsansatz) (Vgl. Vester 1995: 152).

Unternehmen der *Ölindustrie* wie Exxon Mobil, Shell, BP, Texaco, TotalFinal-Elf, usw. gehören zu den größten Konzernen dieser Welt. Ihr Geschäft, das Öl, ist für viele Kriege (Bsp.: Nigeria, Kuwait, Afghanistan, Irak), Umweltkatastrophen und Terror verantwortlich (vgl. GEO 1999). Wenn man weiß, dass die Hälfte des geförderten Erdöls – weltweit betrachtet – in den Verkehr fließt, gibt dies eine kleine Vorstellung von dem Gewicht der „Argumente" dieser Lobby im Verkehrssektor. Immer wieder gibt die Ölindustrie teuere Studien mit einer klaren Botschaft heraus: Das Öl ist reichlich vorhanden und sauber, wir brauchen es weiter sowie den Verkehr, der mehr wird, und die Straßen, die auch mehr werden müssen (siehe: www.wbcsdmobility.org).

Die Deutsche *Bauindustrie* hat mit immer mehr Straßen und Verkehr ebenfalls keine Probleme. Im Gegenteil, Dr. Heiko Stiepelmann vom Hauptverband der Deutschen Bauindustrie, sieht keine hohe Straßendichte im Land. Er beruft sich auf die im BVWP enthaltenen Straßenbauprojekte mit gutem Nutzen-Kosten-Verhältnis (NKV)[13] und will diese bauen. Dass sie dabei genau so davon profitieren würde, „freie Wohnen für freie Bürger" zu fordern, Straßen rückzubauen und autofreie Siedlungen zu planen, sieht sie nicht: Straßenbau ist sehr kapitalintensiv und hat einen geringen Beschäftigungseffekt. Von allen Wirtschaftsbranchen ist das Verhältnis des in den Straßenbau investierten Geldes zu den damit geschaffenen Arbeitsplätzen am schlechtesten (Baum 1982: 56 ff). Der alte Mythos, neue Straßen würden Arbeitsplätze und Wohlstand schaffen, wurde nie nachgewiesen. Einige Studien belegen sogar das Gegenteil (vgl. Lutter 1980; Gather et. al.1999). Denn mehr Belastungen durch Kfz-Verkehr, weniger Arbeitsplätze durch billige Transporte (Verlagerung von Arbeitsplätzen ins billige Ausland), Folgen der Massenmotorisierung, Autoabhängigkeit und ähnliches führen zu immer weniger Wohlstand (Petersen/Schallaböck 1995).

Die *Verwaltungsindustrie* (Straßenbauverwaltungen, Bundesverkehrsministerium, Verkehrsministerien der Länder, Regierungspräsidien, Tiefbauämter, usw.) ist der verlängerte Arm der Straßenbaulobby. Ein ehemaliger Mitarbeiter der Stuttgarter Straßenbauverwaltung, der nicht genannt werden möchte, berichtet: „Es ist in der Öffentlichkeit kaum bekannt, wie groß die Macht der Straßenbauverwaltung ist: Sie arbeitet mit Regelwerken, Verordnungen und Gesetzen, die für die Belange des Straßenbaus geschaffen wurden. So kann sie unter dem massiven Druck von Bürgermeistern und Wahlkreisabgeordneten, die ihr Projekt so schnell wie möglich realisiert haben wollen, gut arbeiten und argumentieren, zum Beispiel mit dem NKV: Die Straßenbauverwaltung hat sich die Nutzen-Kosten-Bewertungen, die nur

---

[13] Das nach der BVWP-Methode ermittelte NKV zur Rechtfertigung von Straßenbauvorhaben ist höchst umstritten und gilt als wissenschaftlich nicht haltbar.

von wenigen Insidern verstanden werden, als Instrument des Herrschaftswissens geschaffen und nutzt es seit 30 Jahren, um Projekte durchzusetzen".

Der ADAC

Der Allgemeine Deutsche Automobil-Club (ADAC) hat am 24. Mai 2003 an seinem Geburtsort mit einem großen Fest in der Stuttgarter Innenstadt sein 100-jähriges Bestehen gefeiert. Geboten wurde ein buntes Programm aus Show, Musik, Kunst und Sport – alles bei freiem Eintritt. Das kann sich der ADAC leisten. Mit rund 14,7 Millionen Mitgliedern ist er derzeit der größte Automobil-Club Europas. Fast jeder fünfte Bundesbürger ist ADAC-Mitglied. Mit inzwischen rund 7000 fest angestellten Mitarbeitern, 1700 Gelben Engeln auf den Straßen, die bei drei bis vier Millionen Pannen im Jahr helfen und mit der meistgelesenen Zeitschrift in Deutschland, der ADAC-Motorwelt (18 Mio. Leser pro Ausgabe), versteht es der ADAC seit Jahrzehnten die verkehrspolitische Diskussion zu beherrschen.

Der Verein konnte sich an „seinem" 24. Mai 2003 in Stuttgart mit aller Deutlichkeit an die Adresse der politischen Parteien unwidersprochen wie folgt äußern: „Deutschland steckt in einem lähmenden Stau. Verkehrspolitisch, wirtschaftspolitisch – wie auch mental ... im Klartext heißt das: Unser Straßen- und Autobahnnetz muss konsequent ausgebaut und auf die Zukunft ausgerichtet werden. Straßenbau, meine sehr verehrten Damen und Herren, ist für den ADAC kein Selbstzweck, sondern aktiver Umweltschutz, weil in überflüssigen Staus Milliarden Liter Treibstoff unnötig vergeudet werden und damit die Umwelt belasten... Die staatlichen Investitionen für die Verkehrsinfrastruktur sind dramatisch zurückgeschraubt worden. Und das, obwohl in diesem Bereich die größten positiven Arbeitsplatzeffekte von allen staatlichen Fördermaßnahmen greifen würden. Immerhin kassiert der Fiskus vom Straßenverkehr über 51 Milliarden Euro pro Jahr, während insgesamt nur etwa 16 Milliarden Euro für den Ausbau des Straßennetzes eingesetzt werden... Der Staat muss seine Verantwortung für eine ausreichende Mobilitätsvorsorge wahrnehmen! Es gibt ein Grundrecht auf Mobilität!".[14]

So setzt sich der ADAC mit entsprechenden Stellungnahmen, Überzeugungsarbeit und Parolen für die Asphaltierung des Landes ein: „Neue Straßen nützen der Umwelt – wer Wachstum und Wohlstand will, muss auch Straßen bauen – nur mit dem Auto sind wir jeden Tag mobil – Solange das Bedürfnis nach individueller Mobilität besteht, ist das Auto durch nichts zu ersetzen – Straßen und Kraftfahrzeuge schaffen Wachstum und Wohlstand – 1000 km Stau jeden Tag und immer weniger Geld für Straßenbau – Ohne neue Straßen droht ein gigantisches Chaos" (Verlagsbeilage zur ADAC Motorwelt 3/2000).

---

[14] Unter www.adac.de abrufbar, ADAC-Präsident Peter Meyer: Rede anlässlich des Festaktes 100 Jahre ADAC am Samstag 24 Mai 2003.

Die IHKs

Ein weiterer treuer Partner der Straßenbaulobby ist in der jeweiligen Region immer die örtliche Industrie- und Handelskammer (IHK). Hier am Beispiel Region Stuttgart: „IHK fordert Fernstraßenring um Stuttgart – Verkehrsstau kostet die Region 318 Millionen Euro pro Jahr – Bund soll regionale Verkehrswege bevorzugt ausbauen – LKW-Maut muss für Straßenprojekte eingesetzt werden – IHK gegen Sperrungen in der Stuttgarter Innenstadt zur Luftverbesserung – Politik muss ausreichend Mittel für den Straßenbau bereitstellen..." Mit solchen Stellungnahmen nimmt die IHK Region Stuttgart Einfluss auf die Gestaltung der Verkehrspolitik, zu Gesetzesentwürfen im Verkehrsbereich und gibt Anregungen. Diese Argumentation mag nachvollziehbar sein, wenn man weiß, dass der Präsident der IHK Region Stuttgart, Günter Baumann, auch Vorstandschef des Esslinger Autozulieferers Eberspächer ist und dass die Mehrheit der IHK-Mitglieder der Auto- und Bauindustrie angehören.

Dr. Hans-Jürgen Reichardt, für die IHK Stuttgart zuständig in Fragen der Verkehrspolitik, zählt die IHK nicht zur Straßenbaulobby: „Der Vorwurf ist polemisch und falsch. Denn wir setzen uns auch für die Binnenschifffahrt ein, wir stehen voll hinter einem gut ausgebauten ÖPNV. Nur, die Idee, wir müssen den Straßenverkehr unattraktiv machen, damit Leute in den ÖPNV umsteigen, ist ein völlig falscher Ansatz – genau so falsch wie die Straße zu verteuern, damit die Güter auf die Bahn kommen. Wir müssen akzeptieren, dass jeder Verkehrsträger seine Schwächen und seine Stärken hat. Wir müssen diese Stärken ausbauen. Dafür brauchen wir auch dringend mehr Straßen."[15]

Den Glauben, Verkehrsprobleme mit mehr Straßenbau lösen zu können, pflegt die IHK sehr intensiv. Fast jährlich werden in neuen IHK-Studien (IHK 2002) immer wieder zwei Behauptungen aufgestellt: „Weil wir zu wenig Straßen haben, haben wir Staus, die uns viel Zeit und Geld kosten. Und wenn es so weiter geht, werden Unternehmen die Region verlassen". Was einleuchtend klingt, entspricht weder dem aktuellen Stand verkehrswissenschaftlicher Erkenntnisse noch der Wahrheit: Hätten wir mehr Straßen, hätten wir kaum weniger Stau. Wie das Wuppertal-Institut ermittelt hat, die Hauptursachen für Stauungen sind Unfälle, an zweiter Stelle Baustellen und erst an dritter Stelle hohes Verkehrsaufkommen (Petersen/Schallaböck 1998). Dass mehr Straßen den Einfluss von einem dieser drei Faktoren auf die Bildung von Stauungen im Straßennetz reduzieren könnte, ist höchst unwahrscheinlich. Was die fiktiven Zeitverluste angeht: 1 Mrd. Stunden im Jahr, heruntergerechnet auf 82 Mio. Deutschen, entsprechen rund 12 Stunden pro Bundesbürger und Jahr, das sind circa zwei Minuten pro Tag. Es ist durchaus plausibel, anzunehmen, dass derartige Stauzeiten von jedem Fußgänger, der an Ampeln oder auf eine Zeitlücke zum Überqueren einer Straße wartet, erreicht werden. Deswegen wird kein Unternehmen die Region verlassen. Dies hat eine Studie dokumentiert, die

---

[15] Telefonische Auskünfte, die ich vom Herrn Dr. Reichardt am 15.08.03 erhalten habe. Siehe auch entsprechende Stellungnahmen unter www.bauindustrie.de

die IHK selbst gemeinsam mit dem ADAC herausgegeben hat: Die Studie ergab, dass sich nur 3% der Unternehmen der Region Stuttgart über Staus und Verkehrsprobleme beklagen! (IHK 1997).

Die FGSV

„Die Forschungsgesellschaft für Straßen- und Verkehrswesen e. V. (FGSV) ist ein weiterer zuverlässiger Partner der Straßenbaulobby und zugleich die maßgebende Institution für praktische Verkehrsplanung. Die FGSV kann als der pseudoverkehrswissenschaftliche Arm der Straßenbaulobby bezeichnet werden" sagt Dipl.-Ing. Rudolf Pfleiderer, der mehrere Jahre Gastmitglied in einem wichtigen FGSV-Arbeitsausschuss war. Die FGSV erarbeitet die Regelwerke (Empfehlungen und Richtlinien), die Grundlage des Straßenbaus in Deutschland sind. Die FGSV hat etwa 2500 Mitglieder, die aus Planungsbüros, aus dem Straßenbaugewerbe, aus der Wissenschaft (Verkehrslehrstühle) und aus der Verwaltung (z. B. Verkehrsministerien, Stadtplanungsämter usw.) kommen; sie hat ungefähr 250 Gremien, in denen die Regelwerke erarbeitet werden. Die Mitarbeit in den Gremien ist ehrenamtlich. Das heißt, sie wird finanziert von den Organisationen, aus denen die Mitarbeiter stammen.

Peter Conradi (SPD), Stadtplaner, der 30 Jahre lang im Bundestag war, wiederholte auf dem Jahresempfang 2003 der SPD im Stuttgarter Rathaus seine Worte von 1982 über die FGSV: „In diesem Verein ziehen alle an einem Strick – mehr Straßenbau –, deswegen sind im Laufe der Jahre die FGSV-Richtlinien immer üppiger ausgefallen. In keinem anderen Land Europas ist das Straßennetz so opulent ausgebaut, so überdimensioniert wie bei uns: Die Auto-, Reifen- und Benzinleute wollen Straßen, um ihre Produkte abzusetzen; die Tiefbauer und ihr Anhang wollen Geld verdienen; Ingenieurbüros und Professoren suchen Aufträge; und die Verkehrsbürokratie wollen Macht. So ist allen gedient, zumal die Bundes- und Landesminister die Richtlinien dieser „Selbstbedienungsgesellschaft" für alle nachgeordneten Behörden verbindlich vorschreiben". „Inzwischen sind einige Straßenquerschnitte ein bisschen verschlankt worden", kommentiert Pfleiderer, „und es gibt auch FGSV-Empfehlungen, die als progressiv bezeichnet werden können. Die neuen Erkenntnisse haben sich aber noch nicht bei allen Verkehrsplanern herum gesprochen".

Der FGSV werden für umfangreichere Arbeiten Forschungsmittel des BMVBW zur Verfügung gestellt. Die Inhaber vieler wichtiger Verkehrslehrstühle (FGSV-Mitglieder) betreiben auch Planungsbüros, die von Aufträgen des BMVBW und der Straßenbauverwaltungen abhängen. Es gibt daher im Verkehrswesen eine enge Verknüpfung zwischen Wissenschaft und Anwendung. Eigentlich müssten sich die von der Verkehrswissenschaft erarbeiteten Erkenntnisse in der Verkehrsplanung und im Straßenbau widerspiegeln. Tatsächlich ist es umgekehrt, erzählt Pfleiderer: „die verkehrspolitischen Vorgaben beeinflussen die Wissenschaft und die Lehre. So hat sich eine Pseudoverkehrswissenschaft entwickelt, die so falsch ist wie eine Astronomie, die davon ausgeht, dass die Erde eine Scheibe ist. Diese „klassische"

Verkehrswissenschaft nimmt nicht zur Kenntnis, dass mehr gefahren wird, wenn das Autofahren durch Straßenbau attraktiver wird. Die wichtigste verkehrliche Wirkung des Straßenbaus, der induzierten Verkehr wird ignoriert bzw. im BVWP erst seit diesem Jahr (2003) nur zu 7,7% anerkannt. Da es politisch vorgegeben ist, dass Straßenbau ein Beitrag zum Umweltschutz ist und Verkehrszeit einspart, sind Prognosemethoden und Bewertungsverfahren entstanden, bei denen heraus kommt, dass Treibstoffverbrauch und Emissionen durch Straßenbau sinken. Das Gegenteil ist der Fall" (Pfleiderer/Braun 1993: 414 ff. und 1995:226f.).

„Auch in Sachen Verkehrssicherheit wird getrickst und getäuscht", so Pfleiderer, „Laut RAS-Q (FGSV-Richtlinien für die Anlage von Straßen, Teil Querschnitte) ist die Verkehrssicherheit einer Straße um so größer je breiter sie ist. Denn man will möglichst breite Straßen bauen. Tatsächlich gilt dies weder für einbahnige Landstraßen noch für Autobahnen. Sehr breite Landstraßen verleiten zu schnellem Fahren. Deswegen sind solche breiten Straßen gefährlich. Auch die Verbreiterung einer Autobahn von vier auf sechs Streifen führt nicht zu weniger, sondern zu mehr Unfällen. Das hat das Büro von Professor Schächterle, Ulm, bereits 1986 für die A8 im Raum Stuttgart ermittelt. Hoch belastete Straßen sind besonders sichere Straßen, weil langsam gefahren wird. Auch dieser Tatbestand wird von den RAS-Q ignoriert, weil es ja ein Argument gegen den Straßenbau wäre".

Die GSV

Aus ihrem 257 Seiten dicken Bericht „20 Jahre GSV – Bürgeraktionen für den umweltgerechten Straßenbau" ist klar zu erkennen: Die Gesellschaft zur Förderung umweltgerechter Straßen- und Verkehrsplanung e. V. (GSV) ist nichts anderes als eine Fassade der Beton- und Asphaltlobby für die eigene Unterstützerszene. Seit 1980 mobilisiert sie bundesweit Unterstützung für den Straßenbau. Über organisierte Begeisterung, gut geschulte Claqueure und inszenierte Demonstrationen wird für mehr Straßen mobil gemacht (GSV 2000).

Die Mitglieder der ehrenwerten Gesellschaft sind ehemalige Baubeamte und Vertreter der deutschen Straßenbauindustrie. Deutscher Asphalt, Heidelberger Zement, Strabag AG – sie alle investieren gern in einen Verein, der bei umstrittenen Straßenbauprojekten Schützenhilfe leistet: Eine halbe Million Mark pro Jahr. Ein Sprecher des Bundesverbandes der Deutschen Zementindustrie dazu: „Firmen haben natürlich auch ein finanzielles Interesse daran, Straßen zu bauen, und das ist deren Aufgabe. Und deswegen finde ich es richtig und in Ordnung, dass diese Firmen auch diesen Verein unterstützen."

Für die Lobbyarbeit nimmt der Verein nur die Besten. Karl-Heinz Engelmann leitete 23 Jahre lang das Straßenneubauamt in Schleswig-Holstein. Jetzt ist er dort der GSV-Landesbeauftragte. Sein Büro in Neumünster ist die Schaltzentrale der A20-Unterstützerszene. Karl-Heinz Engelmann spricht mit wankelmütigen Abgeordneten, nennt den Befürwortern die richtigen Ansprechpartner, hilft den Bürgerinitiativen mit kleinen Spenden. Seine Erfahrung als ehemaliger Autobahnbauer ist ideal. Er beherrscht wie seine GSV-Kollegen die Kunst der Planungsdurchsetzung, kennt alle Planungsabläufe und die gesetzlichen Grundlagen der Planung.

Was wie eine Bürgerinitiative wirkt, ist in Wirklichkeit eine von der Straßenbaulobby finanzierte Gruppe, die sozusagen in deren Auftrag handelt. Der Verlauf einer Veranstaltung „pro Straße" ist einfach, zum Beispiel Ostseeautobahn: Die Gegner müssen draußen bleiben, sie wohnen zwar direkt an der Strecke, erhalten aber keine Einladung von der jeweiligen Landesregierung. Im abgesperrten Bereich gibt es nur Zustimmung. Die Befürworter mit den Schildern (A20 Ja! von der GSV kostenlos verteilt) werden fast allesamt von der GSV eingeschleust. Der Spatenstich wird zum ungestörten Medienereignis. Eine Fernsehdiskussion zur umstrittenen Ostsee-Autobahn ergänzt das Ganze. Für den Zuschauer sind die Schilder eine normale Willensbekundung durch Bürger, in Wahrheit aber das Ergebnis geschickter Platzierung. Ein GSV-Sprecher: „Die Befürworter sind gut positioniert und bringen ihre Meinung klar zum Ausdruck. Auch die Presse hat das entsprechend gewürdigt und hat in der Zeitung klar in der Überschrift zum Ausdruck gebracht, dass die Mehrheit ja sagt zur Autobahn A20". Bei so viel Zuspruch fällt der Politik das Eintreten für die umstrittene Thüringerwald-Autobahn gleich viel leichter. Bernhard Vogel (Ex-Ministerpräsident Thüringen): „Die überwältigende Mehrheit in Thüringen steht hinter dem Projekt. Ich habe noch nie für eine Aktion so viel Pro-Initiativen gehabt und so viele Unterschriften bekommen." Fazit: Die Straßenbauindustrie finanziert eigene Bürgerinitiativen. Diese helfen die Projekte durchzusetzen, und die Milliarden fließen – natürlich alles im Interesse des Bürgers (www.ndrtv.de/panorama/archiv/ 19981119.html).

Bei Gegenwind – Reorganisation der Truppe: Pro Mobilität

Im Juli 2002 hat sich die Straßenbaulobby neu aufgestellt. Hinter dem Schild „Pro Mobilität" versammelt sich die ganze Straßenliga: Auto- und Mineralölkonzerne, Bau-, Asphalt- und Zementindustrie, nicht zuletzt der Bundesverband der Deutschen Industrie (BDI) und ADAC. Diese Initiative haben Verbände des Straßenverkehrs und der Wirtschaft für die sog. Modernisierung der deutschen Infrastruktur gegründet. Unter diesem Namen will diese Initiative angesichts der geplanten EU-Osterweiterung und des „Besorgnis erregenden" Zustandes des Straßennetzes in Deutschland eine Infrastrukturoffensive erreichen, wie ihr Präsident Peter Fischer (früherer Verkehrsminister Niedersachsens) betont: mehr Geld für mehr Straßen.

Für die Straßenbaulobby ist es Tradition, sich Leute aus der Politik zu holen, um Regierungsbeziehungen zu pflegen. Beispiele: Bevor er Kanzler wurde, war Gerhard Schröder als Ministerpräsident Niedersachsens jahrelang Aufsichtsrat bei VW. Opel holt sich gerade die SPD-Politikerin Klaudia Martini, bisherige Umweltministerin in Rheinland-Pfalz, in den Vorstand. BMW hat vor einigen Jahren Horst Teltschik, den Berater von Helmut Kohl, auf einen ähnlichen Posten gesetzt. Ein Geschäftsführer des VDA war vorher Wirtschaftsminister von Baden-Württemberg. Matthias Kleinert, heute Pressesprecher bei DaimlerChrysler und Vorsitzender der

Initiative Forum Region Stuttgart, war früher Sprecher der Landesregierung und Staatssekretär im Staatsministerium. Peter Fischer, heute Präsident von Pro Mobilität war von 1990 bis 2000 Niedersächsischer Minister für Wirtschaft, Technologie und Verkehr und in dieser Zeit u. a. Aufsichtsratsmitglied der Volkswagen AG. Umgekehrt geht es auch (von der Wirtschaft in die Politik): Kurt Lauk, heute Präsident des Wirtschaftsrates der CDU (fordert mehr Geld für mehr Straßen) war früher Manager bei DaimlerChrysler. Diese Menschen haben den direkten Draht zu wichtigen Entscheidungsträgern, können ihre alten Bekanntschaften pflegen, sie haben in ihren Notizbüchlein die Durchwahlnummern zu Gerd, Manfred, usw.

Das WMF

Ein gutes Beispiel für Veränderungen in der Praxis des Lobbying ist das World Mobility Forum. Das World Mobility Forum (*WMF*) wurde 1999 von Ministerpräsident Teufel und Stuttgarts Oberbürgermeister Wolfgang Schuster (CDU) initiiert. Diese wollen das WMF als jährlich stattfindenden Kongress in Stuttgart etablieren. Land, Region und Stadt firmieren dabei unter der „Mobilitätsregion Stuttgart GmbH" und finanzieren mit öffentlichen Steuergeldern die Exklusivveranstaltung. Bei Eintrittspreisen von 2000 € wird dann auch schnell klar, dass man lieber unter sich bleiben will. Als weltweite Zusammenkunft von Mobilitätsspezialisten, die sich um nachhaltige Verkehrsperspektiven bemühen, trafen sich zum ersten WMF im Februar 2003 in Stuttgart höchste Repräsentanten der Verkehrslobby mit Politikern: DaimlerChrysler, Motor-Presse Stuttgart, VDA, ADAC, Opel, Audi, Bosch, Siemens, Renault, usw. Dabei waren auch wenige Alibi-Referenten, wie MdB Prof. Ernst Ulrich von Weizsäcker (SPD).

Ein immer größerer Teil unserer Wirtschaftskraft fließt in den Verkehr und das WMF scheint dem Zweck zu dienen noch mehr davon hinein zu lenken: Mit einer Fondslösung (zum Beispiel aus einer Kfz-Maut oder einem festen Prozentsatz der Mineralölsteuer), so der Vorschlag, werden die Gelder dem Bundeshaushalt entzogen und damit auch der Schuldenbremse. Während in der Forschungs- und Bildungspolitik dringend benötigte Gelder fehlen und in der Umwelt-, Sozial- und Gesundheitspolitik wichtige Aufgaben der Schuldenbremse unterliegen und nicht oder erst mit Verzögerung realisiert werden, will sich die Straßenbaulobby also praktisch unbegrenzte Mitteln sichern.

Ob das WMF ein Zukunftsforum oder ein Forum des Weitermachens, ein Verteilungsforum, eine neue öffentlichkeitswirksame Plattform für alle, die laut nach mehr finanziellen Mitteln schreien wollen, ist, wird sich noch zeigen. Manche WMF-Teilnehmer haben dort auf jeden Fall starke Verbündete: Ministerpräsident Teufel auf dem WMF: „Ein chronisch unterfinanzierter Straßenbau bei gleichzeitiger Rekordbelastung der Autofahrer. Das Land hätte für zweieinhalb Milliarden Mark planfestgestellte Trassen, die morgen früh begonnen werden könnten, wenn wir die Mittel dazu hätten". OB Schuster sagte auch: „Wir brauchen aber auch neue Straßen, nicht nur einen Autobahnausbau, sondern vor allem Umfahrungs-, Umgehungsstraßen, um Verkehr bündeln zu können, um Verkehr aus Wohngegenden herausnehmen zu können. Da nützt es nichts, wenn man schlicht einfach Straßen sperrt oder Realität nicht zur Kenntnis nimmt" (www.worldmobilityforum.com).

Die Verkehrswacht

Eine weitere wichtige Institution und Helferin sollte nicht unerwähnt bleiben: Die *Verkehrswacht*. Sie nennt sich eine der ältesten Bürgerinitiativen für mehr Sicherheit im Straßenverkehr. Deutschlandweit sind in über 650 gemeinnützigen Verkehrswachten mehr als 90.000 Mitglieder engagiert. Ausgerechnet dieser Verein, der Behörden in Fragen Verkehrserziehung, Verkehrsaufklärung und Verkehrssicherheit berät – u. a. mit dem Ziel die berechtigten Interessen aller Verkehrsteilnehmer auf ausreichende Sicherheit im Straßenverkehr zu vertreten – hat sich viele Jahre in Stuttgart für höhere Geschwindigkeiten im Stadtgebiet eingesetzt, sprich statt Tempo 50/30 Tempo 40/60.

Wirbt nicht die Verkehrswacht für die Zwecke der Straßenbaulobby mit dem, was uns am wichtigsten ist, dem Leben unserer Kinder? Was so neutral klingt (Acht auf die Kinder, vorschulische Verkehrserziehung, Verkehrspuppentheater, Schulweghelferdienst, usw.) hat nichts anderes im Sinn als die Aufrechterhaltung der Straßenverkehrsordnung und ihre Weiterentwicklung im Sinne der Straßenbaulobby. Ihre Arbeit fängt schon im Kindergarten an (mit der grünen Mütze) und im Kinderverkehrsclubs, die von DaimlerChrysler unterstützt werden. Da wird Stimmung und Akzeptanz für das Auto geschaffen. Ähnlich der von gewerblichen Fahrzeughaltern und Ingenieuren vor 78 Jahren gegründete deutsche Kraftfahrzeug-Überwachungsverein (*Dekra*), der eine neutrale unabhängige sachverständige Institution sein soll. Seit dessen Anerkennung als Überwachungs-Organisation im Jahr 1960 führt er Hauptuntersuchungen und Gutachten in mehr als 33 000 Partner-Werkstätten und in rund 200 eigenen Niederlassungen und Außenstellen durch. In allen technischen und wirtschaftlichen Fragen rund um das Fahrzeug nimmt DEKRA Stellung. So setzte sich damals auch DEKRA für höhere Geschwindigkeiten (40/60) und gegen Verkehrsberuhigung in der Stadt ein, eine andere Verkehrsordnung.

6   Wie arbeitet das Netzwerk der Straßenbaulobby?

Image ist alles

Zur Zeit gibt allein die Kfz-Industrie über 2 Milliarden EUR für Werbung aus, in den letzen 20 Jahren waren es über 35 Milliarden EUR. Dies zeigt natürlich Wirkung. In keiner anderen Branche wird für Werbezwecke so viel Geld ausgegeben (Marte 1994: 140). Die Werbung verfolgt den Zweck, ein Produkt zu verkaufen. Dafür muss das Image stimmen, das Produkt mit einer positiven Aura versehen sein.¹⁶ So wirbt die Straßenbaulobby mit Arbeitsplätzen, Wohlstand, Wachstum, Freiheit, Unabhängigkeit, sogar mit der Umwelt, kurz mit Sehnsüchten, die mit Verkehr und Straßen im Alltag wenig zu tun haben. Gratis bekommt die Branche dazu alle halbe Stunde Sendezeiten, wo Radiosender im ganzen Land Staumeldungen bringen. „Diese Meldungen dienen in Kombination mit den Staukampagnen des ADAC und anderen dazu, die Schädlichkeit der Staus und die Notwendigkeit weiteren Straßenbaus in das Bewusstsein der Gesellschaft einzuhämmern und vermitteln den Autofahrern ein Gefühl der Zusammengehörigkeit und der gesellschaftlichen Akzeptanz", meint Radiosprecher (und Autofahrer) Herr Kohler vom SWR: „Jeder erfahrene Autofahrer weiß, dass die Staumeldungen kaum einen praktischen Nutzen haben. Dennoch wird damit beim Autovolk den Eindruck erweckt, dass weitere Straßen gegen Staus etwas nutzen könnten. Dabei helfen nur andere Rahmenbedingungen, andere Verhaltensweisen. Aber wer macht schon Werbung für's Radfahren oder Zu-Fuß-Gehen? Niemand, welches Unternehmen verdient Geld damit? Es ist ein Problem. Ohne entsprechendes Image läuft nichts".

Straßen über Straßen

Die rechtliche Grundlage der Straßenplanung ist zwar per Gesetz geregelt, bietet dennoch in der Auslegung genügend Spielraum für allerlei „legale Straßenbauvorhaben". Im Prinzip kann sich jeder überall eine neue Straße wünschen. In der Praxis muss diesem Wunsch ein Antrag folgen, damit die neue Straße auch gebaut wird. Verfahrensabläufe, Zuständigkeiten und Finanzierung sind vom Verkehrswegetyp und anderen Faktoren (Stadtgröße, Lage, Verträglichkeit, Rechtsfragen) abhängig. Natürlich ist die Straßenbaulobby über jeden einzelnen Verfahrensschritt bestens informiert und weiß genau, wie und wann am besten einzugreifen ist.

Verkehrsexperte Mohnheim nennt vier Durchsetzungsstrategien bzw. Taktiken, die den Straßenbau seit Jahrzehnten voran bringen (Monheim/Monheim-Dandorfer 1990):

Salamitaktik: Eine an sich in ihrer Gesamtheit konzipierte Planung wird in kleinen Schritten realisiert. Die einzelnen Schritte erscheinen dann nicht so dramatisch und noch vertretbar. Erst die sich nach längeren Zeiträumen ergebende Gesamtwirkung führt dann deren volle Tragweite vor Augen. Dann aber ist es für Proteste und Widerstände zu spät.
Sachzwangtaktik: Mit der Vorgabe eines Straßenstücks mit angestrebten maximalen Ausbaustandards werden „Fakten" geschaffen. Diese Fakten geben dann rechts und links den Maßstab für die anschließende Stücke vor. Ist ein Straßenstück einmal vierspurig, dann ist es leichter begründbar, dass die ganze Straße vierspurig sein muss.

---
[16] Dazu passt z. B. nicht, dass die häufigste Todesart junger Menschen in den meisten europäischen Ländern der motorisierte Individualverkehr ist, der auch in Deutschland – pro Zeiteinheit gerechnet – die höchste Gefährdung für Leib und Leben darstellt. Vgl. Frankfurter Rundschau vom 23.08.03.

Hilfstruppentaktik: Die verwaltungsinternen Planungsverfahren von der Generalverkehrsplanung bis zur Objektplanung werden so angelegt, dass alle diejenigen Institutionen und Gruppen besondere Mitsprache erhalten, die von ihrem Grundverständnis oder ihrer Interessenlage her autoorientiert sind (Polizei, Feuerwehr, ADAC, IHK, usw.). Die eher autokritischen Ämter und Organisation (Denkmalpflege, Umweltschutz, Schulamt, Jugendamt, Bürgerinitiativen, ADFC, Fuß e. V. usw.) versucht man dagegen deutlich auf Distanz zu halten.

Immunisierungstaktik: Die Planung und Investitionsprozesse ziehen sich bei größeren Maßnahmen im Verkehrswegebau stets langwierig und unflexibel dahin. Oft vergehen zwischen der eigentlichen Planung, ihrer politischen Absegnung und der tatsächlichen Investition viele Jahre. Bei dieser Langwierigkeit hat kaum jemand in den Ämtern oder Parteien Lust zu prüfen, ob denn alle Voraussetzungen noch stimmen und ob es nicht neue Erkenntnisse gibt, die Änderungen im Planungskonzept nahe legen. Dies würde das Verfahren noch weiter verzögern und am Ende vielleicht ganz gefährden. So erhalten großspurige Konzepte mit hohem Planungsaufwand die nötige Eigendynamik (Immunität). Sie können bis zum bitteren Ende durchgezogen werden, auch wenn die Bedarfsberechnungen oder Planungsziele längst ihre Gültigkeit verloren haben.

Die Bundesrepublik Deutschland ist dicht von Straßen überzogen. Seit 1991 sind weitere 5000 Kilometer dazu gekommen. Unzerschnittene, verkehrsarme Landschaften werden immer mehr zerstört. Der Zuwachs an Siedlungs- und Verkehrsfläche in Deutschland hat sich in den letzten Jahren sogar noch beschleunigt: Wurden von 1993 bis 1997 im Schnitt 120 Hektar am Tag verbaut, stieg der Landverbrauch im Zeitraum von 1997 bis 2002 auf 130 Hektar am Tag.

Stufen-Taktik der Straßenbaulobby

Herr Volker Eckhardt, Verfahrensexperte im Stuttgarter Stadtplanungsamt, erklärt sich die Mechanismen, die dazu führen, dass immer mehr Straßen gebaut werden wie folgt: „Es sind drei Schienen: Politik, Planungsrecht und Finanzierung. Zunächst für das Straßennetz haben Gemeinderäte, Stadtplaner, Bürger oder Wirtschaftsvertreter Vorschläge, Ideen, die sie vorbringen und zur Diskussion stellen. Alles wird zu Papier gebracht und politisch beraten. Bereits in dieser Phase kann massiv auf die Entscheidungsträger Druck ausgeübt werden, aber vieles läuft im Hintergrund".

Ist das einmal erreicht, ist das zugleich meistens der erste Lobbyerfolg. „Dann wird das Projekt auch politisch abgesichert, eine Mehrheit dafür gefunden", erklärt Eckhardt. „Manchmal steht hinter einem Projekt der Erschließungsgedanke (schwache Region, neues Bebauungsgebiet, usw.) aber heutzutage liegt der Ursprung der meisten Projekte im Entlastungsgedanken. Man möchte die Menschen vom Verkehr entlasten". Die Kritiker des Straßenbaus nennen dies das Entlastungsmärchen (s. o.). Straßenbauprojekte werden dadurch politisch abgesichert, dass eine positive Stimmung in der Bevölkerung für das Projekt vorgefunden oder geschaffen wird. Auch hier sind „die vielen Helfer" im Einsatz mit Pressemitteilungen, Veranstaltungen, Aktionen (GSV), Pressekonferenzen, eigene Gutachten, usw. „Diese erste Phase dauert bis zur Verwirklichung des Projekts an" so Eckhardt. Nun kommt die zweite Phase, das Planungsrecht (nach welchen Standards bauen, mit Bebauung- oder Planfeststellungsverfahren, mit oder ohne Bürgerbeteiligung, sind Enteignungen nötig, usw.). In seltenen Fällen scheitern Projekte an planungsrechtlichen Gründen (z. B. weil Umweltbelange wie Lärmschutzbestimmungen ungenügend berücksichtigt wären). Meistens handelt es sich nur um eine formelle Notwendigkeit, da die Gesetze in der Auslegung genügend Spielraum zugunsten der Straße geben. Eine typische Projektbeurteilung, wie in offiziellen Projektdossiers vorzufinden ist, lautet: „Trotz aller erkennbarer erheblicher Umweltprobleme wird nach Abwägung aller Belange dem verkehrspolitischem Ziel der Vorrang eingeräumt" (vgl. Rehn 1998: 8; siehe auch: Planunterlagen für die A 20). Die dritte und entscheidende Phase ist die Finanzierung, da die meisten Projekte unter Haushaltvorbehalt beschlossen werden. Erst wenn das Geld dafür in einem Haushalt eingestellt ist, kann nach Freigabe der Mitteln gebaut werden. „Wenn ein Projekt gewollt ist, fließt dann auch das Geld", kommentiert noch Eckhardt aus Erfahrung.

6 Zusammenfassung

Es sind nicht Politiker, die an 50 Millionen Autos hier zu Lande den Zündschlüssel drehen, es sind nicht Autobosse, die anschließend den Gang einlegen und es ist nicht die Öllobby, die dann aufs Gaspedal tritt. Einer der wichtigsten Gründe, der den Straßenbauern zur Durchsetzung ihrer Projekte verhilft, ist die instrumentalisierte Ambivalenz der Menschen, der Autofahrer, die auf der einen Seite die Straßenverkehrsbelastungen nicht wollen (Verkehr vermeiden) und auf der anderen Seite bequem und schnell im Straßenverkehr vorankommen möchten (Verkehr verursachen). Der bis heute feste Glaube vieler Menschen, dass Straßenbau als Lösung für Verkehrsprobleme dienen kann, zeigt, wie erfolgreich die Lobby arbeitet. Die Straßenbaulobby setzt ihre Interessen durch, indem sie eine effiziente Medienmaschinerie zur Aufrechterhaltung des richtigen Image nutzt und somit Akzeptanz für ihre Forderung schafft. Sie setzt auf den Selbsterhaltungstrieb der vielen Helfer (und die o. g. Ambivalenz der Menschen) und sorgt dafür, dass diese in Verbänden, Vereinigungen und Gruppen zusammenhalten und an Schlagkraft nicht verlieren (s. o.). Sie setzt Entscheidungsträger unter Druck, sie kennt sie, „berät" und überzeugt sie, wenn nötig. So entstehen Gesetze, Programme, Haushaltposten und neue Straßenbaubeschlüsse, die den Teufelskreis immer weiter drehen. Auf den Ausbau der Straßenverbindungen folgt weitere Zersiedlung und eine größere „Kilometerfresserei" mit dem Auto. Dadurch wachsen die Staus. Das motiviert die Straßenbau- und Autolobby zu neuen Straßenbauforderungen. Dem folgt die Politik willig, baut neue Straßen und erreicht damit das Gegenteil, nämlich noch mehr Stau. Dafür müssen neue Straßen herhalten.

Gegen diese Straßenbau- und Autoverkehrslobby sind Verkehrs- und umweltbezogenen Verbände „Zwerge". Es gibt zwar zahlreiche Vereine und Verbände und zahlreiche Bürgerinitiativen, die gegen weiteren Straßenbau und gegen eine einseitige Bevorzugung des Autoverkehrs sind. Aber ihnen fehlt die adäquate Power, um in Politik und Verwaltungen viel zu erreichen. Fuß e.V. kümmert sich um die Fußgänger, der ADFC um die Radfahrer. Die Interessen von Bussen und Bahnen und deren Verkehrswegen und Industrien vertreten u.a. „pro Bahn" oder der „Verband Deutscher Verkehrsunternehmen" VDV. Gegen Stadt- und Landschaftszerstörung durch Straßen, Parkplätze und Autochaos kämpft das „Forum Mensch und Verkehr" in der Vereinigung für Stadt-, Regional- und Landesplanung und das „Deutsche Nationalkomitee für Denkmalschutz". Die Umwelt vor zu viel Straßen und Autoverkehr schützen wollen z.B. BUND oder Robin Wood. Und alle diese Ziele gleichzeitig verfolgt der umweltorientierte Verkehrsclub Deutschland (VCD). Zwar schaffen sie alle es auch, gelegentlich in den Medien präsent zu sein, zwar haben auch sie Kontakte in die Parlamente und Verwaltungen, aber nach Geld, Mitgliederzahl, Mitarbeiterzahl, publizistischer und politischer Power stehen sie eben doch (noch) auf „verlorenem Posten".

„Warum in Deutschland immer Straßen gebaut werden", sagt der rot-grüne Verkehrsreferent Bruster, „kann man sich dadurch erklären, dass wir im Prinzip eine Auto- und Straßenlobby haben, die die gesamte Gesellschaft durchdringt. Es ist für einen lokalen Abgeordneten wichtig, wenn er eine neue Straße verkünden kann. Das haben wir gemerkt, bei den BVWP-Verhandlungen. Es wird zwar mehr für die Schiene gemacht, aber nicht weniger für die Straße. Die meisten wollen zwar keine neue Straße vor ihrer Haustür, keinen Verkehr haben, aber sie wollen in ihrer Mehrheit trotzdem schnell und komfortabel auf Straßen unterwegs sein."

Klaus-Peter Gussfeld, seit 1984 Verkehrsreferent für den BUND: „Politiker werden gewählt. Die Frage ist, werden sie gewählt, wenn sie sich gegen Straßen aussprechen und das ist eben das Problem. Straßenbau ist ein Wahlen entscheidendes Thema. Die Leute wollen fahren, aber vor der eigenen Haustür einen verkehrsberuhigten Bereich haben, nach dem Motto – Mein Auto, mein Freund. Dein Auto, mein Feind."

Annette Schade-Michl von der Schutzgemeinschaft Krailenshalde, auch beim Landesnaturschutzverband Baden-Württemberg e. V. tätig, führt den ungebremsten Straßenbau auf Folgendes zurück: „Es ist eine Glaubenssache: Stau ist das Problem Nr. 1, den muss man beseitigen und das kann man nur mit Straßen (Staumärchen). Dann wird den Bürgern eingeredet, nur noch die eine Straße, dann habt ihr eine Entlastung in eurem Wohngebiet (Entlastungsmärchen). Die Politiker glauben, dass sie das Richtige machen. Sie meinen, Stau ist das Problem – man will schnell überall hinkommen und das verhindert der Stau – und die Menschen muss man vom Verkehr entlasten". Schade-Michl vergleicht dies mit der Hexenverbrennung im Mittelalter: „Die Menschen waren nicht böse. Die haben wirklich geglaubt, dass es Hexen gibt, Frauen, die Böses wollen, und diese Hexen muss man finden und verbrennen. Innerhalb von diesem System war das völlig in Ordnung". Heute lassen Politiker

Straßen bauen, weil sie glauben, Staus seien etwas Schlimmes, das man nur mit neuen Straßen bekämpfen kann. Das wird in unserer Gesellschaft von der Mehrheit akzeptiert. Die Leute werden nicht richtig informiert, auch die Politiker nicht. Und wenn du versuchst sie aufzuklären, blocken sie ab. Sie glauben es dir nicht, egal wie du das sagst oder belegst. Wie früher, als die ersten kamen und sagten, die Erde ist eine Kugel, es dreht sich alles um die Sonne. Dann kam das Argument: Es kann nicht sein, es wäre uns allen schwindelig, wenn es so wäre. Das subjektive Empfinden widerspricht dem, dass die Erde eine Kugel wäre und dass die Erde sich um die Sonne dreht und nicht die Sonne um die Erde. Du siehst es ja tagtäglich, die Sonne dreht sich um die Erde, und jetzt soll das plötzlich anders sein. – Es ist ähnlich mit neuen Straßen. Straßenprobleme hat man immer mit neuen Straßen bekämpft, und jetzt soll das nicht funktionieren."

Der Ansatz eines Ausweges aus dem Teufelskreis von „für mehr Verkehr mehr Straßen – mit mehr Straßen mehr Verkehr" ist im Schlussbericht der Enquête-Kommission Globalisierung der Weltwirtschaft – Herausforderungen und Antworten (Drucksache 14/9200 vom 12.06.2002) nachzulesen: „Eine nachhaltige Verkehrspolitik erfordert die vollständige Internalisierung der sozialen und ökologischen Kosten der Leistungserstellung. Dies wirkt bei den gegenwärtigen Preisen dem Anstieg des Verkehrsaufkommens, der Verkehrsüberlastung, dem Lärm und der Umweltverschmutzung entgegen und fördert die Verwendung umweltfreundlicher Verkehrsmittel. Es sind Maßnahmen erforderlich, die den Anstieg des Verkehrsaufkommens reduzieren, die eine schrittweise Verlagerung des Verkehrs von der Straße auf die Schiene und Wasserwege ermöglichen und den öffentlichen Personenverkehr fördern. Umweltschädliche Subventionen im Verkehrssektor müssen vollständig eingestellt werden". Weder das Häuschen im Grünen (Eigenheimzulage) noch der dadurch längere Arbeitsweg (Entfernungspauschale) ist zu fördern. Auch nicht die kommunale Subventionierung der städtischen Parkplätze: Der Autoparkplatz muss mindestens so weit sein wie die nächste Haltestelle, nie kostenlos und der Parkplatz beim Autokauf (wie in Japan und Singapur) nachzuweisen. Keine neue Straßen.

Verschiedene Meinungsforschungsinstitute stellen bei Repräsentativbefragungen fest, dass sich, wenn ein verkehrsplanerischer Konflikt zwischen Verkehrsmitteln des Umweltverbundes und dem Autoverkehr auftreten, 85% der Befragten für einen Vorrang für den Umweltverbund entscheiden. Die Menschen wollen die Verkehrswende. Aber eine Verkehrspolitik, die weiterhin primär auf freiwillige und „vernünftige" Verhaltensänderungen setzt, ist zum Scheitern verurteilt. Sie kann dem einzelnen Umsteiger, der sich umweltfreundlich verhält, keine Vorteile bieten. Nur durch ordnungsrechtliche Maßnahmen für alle und durch eine Politik der relativen Besserstellung der Benutzer des Umweltverbundes gegenüber dem Autoverkehr kann ein Umsteigen und damit Vorteile für den einzelnen und die Allgemeinheit erreicht werden. Anders ist keine echte Verkehrsmittelwahl möglich. Ein erster wichtiger Schritt, ein Anfang ist in der Alltagsmobilität zu verwirklichen: ein absolutes Vorrecht für Fußgänger, Fahrrad und Öffentlichen Verkehr in der Stadt (UPI 1993), den Interessenwahrern des Straßenbaus zum Trotz.

Literatur – Quellenangaben

Baum, H., 1982: Beschäftigungswirkungen von Staßenbauinvestitionen, Hamburg.
BMVBW (Bundesministeriums für Verkehr, Bau und Wohnungswesen), 1994: Straßen in Deutschland, Bonn.
BMVBW (Bundesministeriums für Verkehr, Bau und Wohnungswesen) (Hrsg.), 2002, Verkehr in Zahlen 2002/2003, Berlin.
BMVBW (Bundesministeriums für Verkehr, Bau und Wohnungswesen), 2003: Bundesverkehrswegeplan 2003 – Grundlagen für die Zukunft der Mobilität in Deutschland – Entwurf (am 2. Juli 2003 beschlossen), Berlin.
BMVBW (Bundesministeriums für Verkehr, Bau und Wohnungswesen) (Hrsg.), 2002: Verkehr in Zahlen 2002/2003.
BMVBW (Bundesministeriums für Verkehr, Bau und Wohnungswesen) (Hrsg.), 2003: Bundesverkehrswegeplan 2003, Beschluss der Bundesregierung vom 02. Juli 2003, Berlin Siehe: www.bmvbw.de/frameset/ixnavitext.jsp?url=/Bundesverkehrswegeplan-.806.htm.
Cairns, S./Hass-Klau, C./Goodwin, P., 1998: Traffic Impact of Highway Capacity Reductions: Assessment of the Evidence, Landor Publishing, London.
Conradi, Peter, 1982: Sand im Getriebe der Straßenbau-Lobby, in: Bauwelt Nr. 42, S. 1751-1752.
Gather, M. et al., 1999: Regionale Effekte des Fernstraßenbaus in den neuen Bundesländern – Abschlußbericht, Erfurt.
GEO-Wissen 1991: Verkehr – Mobilität.
Grenier, A., 1999: Der Einsatz umweltökonomischer Bewertungsverfahren im Straßenwesen, Diplomarbeit, Fachbereich Wirtschaftswissenschaft, Fernuniversität Hagen.
Grenier, A., 2003: Bewertungsverfahren beim Straßenbau – Nutzen und Kosten neuer Straßen, in der Schriftenreihe zur Verkehrspolitik, Verkehr Kompakt Nr. 8, Verlag GVE.
Gesellschaft zur Förderung umweltgerechter Straßen- und Verkehrsplanung e. V.(GSV) (Hrsg.), 2000: 20 Jahre GSV – Bürgeraktionen für umweltgerechter Straßenbau, Bonn.
The International Concil for Local Environmental Inititives (ICLEI),2001: Wieviel zahlt unsere Kommune für den Autoverkehr?, Freiburg. www.iclei.org/europe/ccp.
IDV (Informations-Dienst Verkehr), 2002: Heft 71, www.umkehr.de.
Internationales Verkehrswesen, 2001: Verkehrsprognose 2015, Jg. 53 Heft 12. GEO, 1999: Öl-Report.
Industrie und Handelskammer (IHK) (Hrsg.), 1997: Auswirkungen von kommunalen Verkehrsrestriktionen auf den Wirtschafts- und Geschäftsverkehr am Beispiel der Region Stuttgart, Stuttgart.
Baum, H./Geißler T,/Schulz, W. H., (2002), Kapazitätsanalyse der Straßeninfrastruktur in der Region, Studie vom Institut für Verkehrswissenschaft an der Universität zu Köln im Auftrag der Industrie- und Handelskammer Region Stuttgart, herausgegeben von der IHK, Köln.
Kotteder, F., 2000: Das Who is Who der internationalen Großkonzerne, München.

Lay, Maxell G., 1994: Die Geschichte der Straße: vom Trampelpfad zur Autobahn, in: Die Geschichte der Straße: vom Trampelpfad zur Autobahn, Frankfurt.
Lutter, H., 1980: Raumwirksamkeit von Fernstraßen, in: Forschungen zur Raumentwicklung, Bd. 8, Bonn.
Marte, G./Haefener, K.,1994: Der schlanke Verkehr, Berlin.
Monheim, H., Monheim-Dandorfer, R.,1990: Straßen für alle: Analysen und Konzepte zum Stadtverkehr der Zukunft, Hamburg
Petersen, R./Schallaböck, K.O., 1998: Verkehrsstauungen in Europa, Wuppertal Institut für Klima Umwelt Energie GmbH (Hrsg.), Wuppertal.
Petersen, R./Schallaböck, K.O., 1995: Mobilität für morgen: Chancen einer zukunftsfähigen Verkehrspolitik, Berlin
Pfleiderer, R./Braun, L., 1995: Nutzen/Kosten-Rechnung beim Bundesfernstraßenbau – Kritik an der Bundesverkehrswegeplanung. Internationales Verkehrswesen 47, S. 609-614.
Pfleiderer, R./Braun, L., 1993: Kritik konservativer Verkehrswissenschaft – Fachbeiträge – in: Internationales Verkehrswesen 45, 7/8.
Schmidt, M., 2001: Eingebaute Vorfahrt: Das Erfolgsgeheimnis des Autos und der Schlüssel zur Verkehrswende, Frankfurt.
SPD-Bundestagfraktion (Hrsg.), 1998: Mobilität gestalten statt Staus verwalten, Bonn.
Socialdata, 2000: Der nicht motorisierte Verkehr und seine Einbindung in ganzheitliche Mobilitätskonzepte, München.
Umweltbundesamt (Hrsg.), 2002: Umweltdaten Deutschland 2002, Berlin.
Umweltbundesamt (Hrsg.), 2001: Dauerhaft umweltgerechter Verkehr. Deutsche Fallstudie zum OECD Projekt Environemental Sustainable Transport (EST), Berlin.
UPI (Umwelt- und Prognose-Institut Heidelberg), 1989: Gesellschaftliche Kosten des Straßen-Güterverkehrs, in: UPI-Bericht 14, Heidelberg.
UPI (Umwelt und Prognose-Institut Heidelberg e. V.) 1993: Scheinlösungen im Verkehrsbereich, UPI-Bericht 23, Heidelberg.
VCD/Öko-Institut (Hrsg), 1998: Hauptgewinn Zukunft. Neue Arbeitsplätze durch umweltverträglichen Verkehr, Kurzfassung, Freiburg.
Verkehrsbereich, UPI-Bericht 23, Heidelberg.
Vester, F. ,1995: Crashtest Mobilität. Die Zukunft des Verkehrs, München.
Wolf, W.,1992: Eisenbahn und Autowahn, Hamburg.

Lobbying für die „gute Sache"
Umweltinteressen und die Macht der NGOs

Jochen Roose

1 Einleitung

Vor etwa 30 Jahren hatte sich Claus Offe Gedanken gemacht, welche Interessen in Demokratien besondere Schwierigkeiten hätten, ihre Ansichten zu vertreten. Umweltschutz gehörte nach seinen Überlegungen zweifellos zu diesen Interessen, die besonders schwach sind.[1] Gleich zwei Schwierigkeiten kommen beim Schutz der Umwelt zusammen. Die Organisationsfähigkeit ist – nach den damaligen Überlegungen von Offe – gering, weil es keine „deutlich abgrenzbare Gruppe von (...) Personen gibt, die aufgrund ihrer besonderen sozialen Position an der politischen Vertretung *spezifischer* Bedürfnisse interessiert sind" (Offe 1972: 145, Herv. i. Original). Von Umweltschutz profitieren alle, nicht nur eine abgrenzbare Gruppe. Daher werden alle abwarten, bis sich „die anderen" um dieses Problem gekümmert haben und man dennoch von den Erfolgen profitiert. Hinzu kommt beim Umweltschutz, dass auch die Konfliktfähigkeit gering ist. „Konfliktfähigkeit beruht auf der Fähigkeit einer Organisation bzw. der ihr entsprechenden Funktionsgruppe, kollektiv die Leistung zu verweigern bzw. eine systemrelevante Leistungsverweigerung glaubhaft anzudrohen" (Offe 1972: 146). Sollte es also tatsächlich zur Gründung von Organisationen kommen, die sich für Umweltschutz einsetzen, so hätten diese Organisationen kaum Durchsetzungschancen. Sie hätten nicht die Möglichkeit beispielsweise zu streiken. Welche Leistung sollten sie verweigern?

Heute, 30 Jahre später, sind an diesen Überlegungen Zweifel angebracht. Entlang der angenommenen Probleme Organisationsfähigkeit, Konfliktfähigkeit und global der Durchsetzungsfähigkeit sollen drei Fragen gestellt werden: Wie steht es mit der Organisation einer Interessenvertretung im Umweltbereich? Wie versuchen diese Organisationen ihre Forderungen durchzusetzen? Und welche Aussichten auf Erfolg haben sie bei diesem Versuch? Die Frage, ob es sich beim Umweltschutz um ein schwaches Interesse handelt, soll hier neu gestellt werden. Dazu gehe ich zunächst auf die Stärke der Interessenorganisationen im Umweltbereich ein (1.), kläre dann ihre Arbeitsweise der Interessenvertretung (2.), um schließlich das Einflusspotenzial der „Umweltlobby" (3.) und die Hindernisse bei der Interessenvertretung (4.) einzuschätzen.

---

[1] Vgl. zur Diskussion um „schwache Interessen", auch mit Bezug auf Offe, Willems/von Winter (2000).

2 Umweltorganisationen in Deutschland

Umweltprobleme werden von einer ganzen Reihe von Organisationen in Deutschland thematisiert. Sie haben ihre Wurzeln überwiegend in der Umweltbewegung, die in Westdeutschland ab den späten 1960er Jahren entstanden ist (Rucht 1994: 235ff., 405ff.).[2] Zum Teil sind die Organisationen auch älter und bereits in der Natur- und Denkmalschutzbewegung des frühen 20. Jahrhunderts verwurzelt. Lokale, landesweite und nationale Organisationen zusammengenommen gehen Rucht und Roose in einer vorsichtigen Schätzung von zur Zeit etwa 9.200 Umweltorganisationen in Deutschland aus (2001a: 63). Darunter befinden sich kleine, informelle Bürgerinitiativen, die sich mit Problemen in ihrer unmittelbaren Nachbarschaft auseinandersetzen, genauso wie die großen mitgliederstarken Verbände, wie der Bund für Umwelt und Naturschutz Deutschland (BUND), der Naturschutzbund (NABU) oder Greenpeace. Die Außenwahrnehmung der Umweltbewegung wird stark geprägt durch die großen Verbände. Greenpeace prägt mit seinen medienwirksam inszenierten, spektakulären Aktionen die öffentliche Präsenz der Umweltorganisationen. Aber auch die großen Verbände, etwa der BUND, der World Wide Fund for Nature (WWF) oder der NABU, treten immer wieder mit ihren Forderungen öffentlich in Erscheinung. Ihre Größe und die zahlreichen von ihnen bearbeiteten Themen im Bereich Umwelt- und Naturschutz dürften in diesen Fällen mit ausschlaggebend sein für die Medienwahrnehmung.

Neben diesen prominenten Organisationen arbeiten eine ganze Reihe von kleineren Organisationen und Netzwerken. Sie sind zum Teil thematisch umfassend wie etwa Robin Wood oder das in Ostdeutschland etablierte Netzwerk Grüne Liga. Hinzu kommen eine ganze Reihe von thematisch spezialisierten Organisationen. So bringt etwa der Deutsche Arbeitsring für Lärmbekämpfung kleinere Organisationen und Einzelpersonen zusammen und arbeitet zu Lärmproblemen. Der Verkehrsclub Deutschland (VCD) und der Allgemeine Deutsche Fahrradclub haben sich in der Verkehrspolitik einen Namen gemacht. Die Organisationen sind jeweils selbständig in ihrer politischen Arbeit. Der Deutsche Naturschutzring bringt zwar über 100 deutsche Umwelt- und Naturschutzorganisationen unter einem Dach zusammen, hat aber keine Stellvertreterfunktion. Vielmehr ist er als Informationsverteiler, lockere Koordinationsinstanz und selbst als politischer Akteur in Sachen Natur tätig. Die Umweltbewegung, verstanden als das Netzwerk von Gruppen und Organisationen im Bereich des Umweltschutzes, zeichnet sich durch dezentrale Strukturen aus. Keine einzelne Organisation kann für sich in Anspruch nehmen, für die Umweltbewegung insgesamt zu sprechen. Hier zeigt sich deutlich der Bewegungscharakter der Umweltbewegung.

Die Umweltorganisationen in Deutschland haben einen erstaunlichen Wachstumsprozess hinter sich. In den letzten knapp 20 Jahren konnten die vier größten deutschen Umweltorganisationen ihre Mitgliederzahl in der Summe mehr als ver-

---

[2] In der DDR wurden ebenfalls ab Anfang der 1970er Jahre Umweltprobleme thematisiert, allerdings aufgrund der staatlichen Repression weit verhaltener und ohne dass eine Protestbewegung größeren Ausmaßes entstehen konnte (Nölting 2002: 75ff.).

dreifachen. Während 1985 Greenpeace, BUND, WWF und NABU zusammen ca. 412.000 Mitglieder hatten, waren es im Jahr 2003 knapp 1,4 Millionen (vgl. Grafik).³ Insbesondere Greenpeace hatte in den ersten zehn Jahren nach der Gründung einen enormen Zulauf.

Grafik 1: Mitgliederzahl großer Umweltverbände

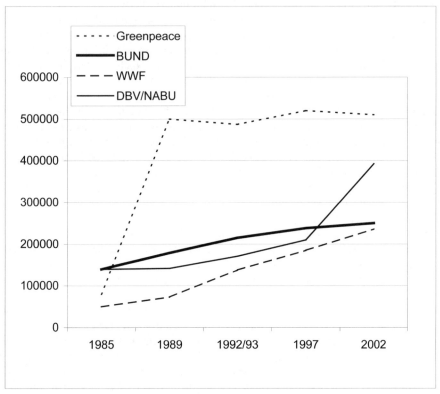

Quelle: Rucht (1991), TEA-Befragung, eigene Recherchen

Nicht nur die großen Verbände haben an Mitgliedern gewonnen. Auch mittelgroße und kleine Umweltorganisationen konnten in den 1990er Jahren deutlich mehr Mitglieder anwerben (Rucht/Roose 2001a). Dies gilt nicht für ausnahmslos alle und im Zeitverlauf aufgelöste Organisationen sind aus methodischen Gründen nicht in diese

---

[3] Der Mitgliederanstieg beim NABU von 1997 zu 2002 entsteht zum Teil durch die Aufnahme des Landesbundes für Vogelschutz Bayern (LBV) im Jahr 2000. Mit seinen ca. 65.000 Mitgliedern macht allerdings der LBV weniger als die Hälfte des Anstiegs aus. Bei NABU (ehemals Deutscher Bund für Vogelschutz) und BUND handelt es sich um (überwiegend passive) Mitglieder, bei Greenpeace und WWF um regelmäßige Spender. Quelle, auch für Abb. 1: Rucht (1991), TEA, eigene Recherchen.

Erhebung eingegangen. Dennoch dürfte der Gesamtbefund einer erheblichen und in den letzten 20 Jahren gestiegenen Unterstützung der Umweltbewegung eindeutig sein.

Die Umweltorganisationen können auf große Mitgliederzahlen verweisen und haben damit zusammenhängend auch erhebliche finanzielle Mittel zur Verfügung. Diese waren Grundlage einer Professionalisierung der Organisationsarbeit. Die meisten nationalen Umweltorganisationen betreiben ihre Verbandsarbeit mit bezahlten Mitarbeitern. Genauso haben die lokalen Organisationen einen beträchtlichen Professionalisierungsschub erlebt (Rucht/Roose 2001c, Rucht et al. 1997).

Auch nach dem Wachstumsprozess der letzten Jahre erreichen die Umweltorganisationen aber nicht die Stärke anderer Interessenverbände. Die großen Gewerkschaften ver.di und IG Metall haben rund drei bzw. rund 2,6 Millionen Mitglieder und sind damit weit größer als die größte deutsche Umweltorganisation. Die großen Industrieverbände sind erhebliche ressourcenstärker. Der Bundesverband der deutschen Industrie (BDI) hat in Bundes- und Landesvertretungen deutlich mehr Mitarbeiter als Greenpeace. Die Überlegenheit der Wirtschaftslobby in Hinblick auf Ressourcen entsteht aber vor allem dadurch, dass auch spezialisiertere Verbände oft gut ausgestattet sind. Der Verband der Chemischen Industrie (VCI) beispielsweise verfügt in seiner Bundesgeschäftsstelle über deutlich mehr bezahlte Mitarbeiter als der BUND oder der NABU. Hinzu kommt eine große Zahl kleiner, sehr spezieller Verbände und Interessenvertreter bis hin zu Lobbyisten, die jenseits verbandlicher Strukturen von großen Unternehmen finanziert werden (Mayer/Naji 2000). Mit dieser gut finanzierten Tiefe der Interessenvertretung in den verschiedensten wirtschaftlichen Sparten kann das Feld der Umweltorganisationen nicht mithalten.

Es wäre daher verfehlt, angesichts der Größe der Umweltorganisationen bereits von einer starken Interessenvertretung zu sprechen. Dem Umweltschutz-Interesse aber grundsätzlich die Organisationsfähigkeit abzusprechen, verfehlt die Wirklichkeit.

3 Lobbyisten oder Protestorganisatoren

Neben der Organisationsfähigkeit war oben die Konfliktfähigkeit angesprochen worden. Wenn es keine Möglichkeit von Leistungsverweigerung gibt, wie sie etwa Gewerkschaften mit dem Streik haben, wie können die Umweltorganisationen dann versuchen, ihre Interessen durchzusetzen?

Die Umweltbewegung nutzt sehr verbreitet Protest als Form der Interessenvertretung. Als sich in den späten 1960er Jahren erste Bürgerinitiativen mit lokalen Umweltproblemen beschäftigten, war das Thema in der Politik nicht vollkommen neu. Es gab erste umweltpolitische Maßnahmen, allerdings mit einem symptomorientierten Ansatz und ohne damit langfristig ein neues Thema auf die politische Tagesordnung zu setzen (Feindt 2002: 21). Die sich formierende politische Umweltbewegung war aufgerüttelt von dem Bericht des Club of Rome (Meadows et al.

1972). Sie forderte ein grundsätzliches Umsteuern der Gesellschaft. Mit diesen Ideen stieß sie auf weitgehendes Unverständnis und Desinteresse bei den politischen Entscheidungsträgern. Das Gleiche galt für die Diskussion um Gefahren der Atomenergie. Im Fortschrittsglauben der frühen 1970er Jahre schien die Atomenergie die billige Lösung des Energieproblems zu sein und damit Garant für andauerndes Wachstum und Wohlstand für alle. Angesichts dieser Perspektiven erschien Kritik an dieser zukunftsweisenden Technik geradezu absurd.

Aus dieser völlig widersprüchlichen Einschätzung der Situation entstand eine Frontstellung zwischen Staat und Wirtschaft auf der einen und Umweltbewegung auf der anderen Seite, welche die Auseinandersetzung um Umweltprobleme für die nächsten 20 Jahre prägte (vgl. auch Roose 2002: 63ff.). Anstelle von politischer Diskussion und dem Austausch von Argumenten war die Auseinandersetzung geprägt durch unversöhnliche Standpunkte und gegenseitige Diffamierung. Öffentlicher Protest schien der einzige Weg zu sein, auf die Probleme zumindest aufmerksam zu machen, wenn auch entsprechende politische Entscheidungen oftmals ausblieben.

Diese Situation änderte sich im Laufe der späten 1980er Jahre. Der Unfall von Tschernobyl 1986 markiert einen Wendepunkt der Atomkraft-Diskussion, weil die möglichen katastrophalen Folgen der Kernenergie plastisch sichtbar wurden (Joppke 1990). Parallel kamen in der Umweltdebatte mit der Idee der ökologischen Modernisierung und nachhaltigen Entwicklung Konzepte auf, die nicht mehr Wirtschaftsinteressen gegen Umweltinteressen ausspielen, sondern beide zu verbinden suchen. Auf diese Weise schwächte sich die Gegensätzlichkeit ab und ein politischer Dialog wurde möglich (Feindt 2002, Roose 2002: 75ff.). Kooperative Herangehensweisen haben für die politische Arbeit der Umweltorganisationen, wenn auch nur allmählich, an Bedeutung zugenommen (Brand et al. 1997). Die normative Frage, wieviel Kooperation mit staatlichen Stellen oder auch Wirtschaftsunternehmen ethisch vertretbar sei, überlagerte rein strategische Überlegungen. Im Laufe der 1990er Jahre fand aber Lobbying und die Teilnahme an politischen Gesprächsrunden mit der Bereitschaft zum Kompromiss zunehmend Akzeptanz und etablierte sich als wichtiger Teil der politischen Arbeit.

Bei einer Umfrage unter 56 nationalen Umweltorganisationen[4] gaben 1999 lediglich zwei (4,5% von allen, die eine Angabe machten) an, kein Lobbying zu betreiben. Ein knappes Drittel antwortete dagegen, sie würden häufig (öfter als 15mal im Jahr) Lobbying-Gespräche führen. Damit ist Lobbying die Art politischer Aktivitäten, die unter den befragten Organisationen am weitesten verbreitet ist. Die Bedeutung des Lobbyismus hat in den 1990er Jahren laut Angaben der Organisationen zugenommen. Unter den 41 Organisationen, die sich zu dieser Frage äußerten, gaben 16 (39,0%) an, die Bedeutung des Lobbying habe seit 1995 zugenommen.

---

[4] Im Rahmen des Projekts „Transformation of Environmental Activism" (TEA) wurden 96 nationale Umweltorganisationen schriftlich befragt. Mit 56 beantworteten Fragebögen lag die Rücklaufquote bei 58,3%, wobei für einzelne Fragen das N etwas niedriger liegen kann. Zu weiteren methodischen Aspekten und Auswertungen vgl. Rucht/Roose (2001a, 2001c).

Lediglich 8 (19,5%) waren der Ansicht, das Lobbying der Organisation sei 1995 umfangreicher gewesen als zum Befragungszeitpunkt im Jahr 1999.

Protest ist im selben Zeitraum etwas seltener geworden, bleibt allerdings ein integraler Bestandteil der politischen Aktivitäten (Rucht/Roose 2001c, Roose/Rucht 2002). Drei Viertel der nationalen Umweltorganisationen machen mit Unterschriftenaktionen und Petitionen auf ihre Anliegen aufmerksam. Öffentlichen Demonstrationen, Mahnwachen und ähnliches kommen zwar aus naheliegenden Gründen seltener vor, sind aber ebenfalls verbreitet. Keine der befragten Organisationen, die Angaben zur Art ihrer politischen Arbeit machten, verzichtete vollständig auf öffentliche Skandalisierungen.

Bei den Umweltorganisationen können Lobbying und Protestaktivitäten ein sehr unterschiedliches Gewicht haben. Für Robin Wood beispielsweise steht öffentlicher Protest, getragen von den Mitgliedern, klar im Vordergrund. „Wir sind ein Aktionsverein. Also, wir machen Umweltschutz umgemünzt auf direkten Straßenprotest und direkte Aktionen vor Ort", erklärt eine Mitarbeiterin die Arbeit von Robin Wood. Lobbying spielt dagegen nur eine untergeordnete Rolle. Die politischen Forderungen werden zwar ausführlich argumentativ gestützt und wissenschaftlich abgesichert, zentral ist aber der öffentliche Protest.

Den entgegen gesetzten Fall repräsentiert der WWF. Der WWF sucht das Gespräch mit Entscheidungsträgern in Wirtschaft und Politik. Die politische Arbeit fußt auf langfristig gepflegten Kontakten zu Entscheidern, die im Sinne des Naturschutzes beeinflusst werden sollen. Protest ist dem WWF dagegen suspekt. Nur in seltenen Fällen tritt er als Protestakteur öffentlich in Erscheinung und auch dann nur mit sehr gemäßigten Aktionen.

Nur bei einem kleinen Teil der Umweltorganisationen dominiert Lobbying oder Protest so deutlich. Die große Mehrheit kombiniert beides mit unterschiedlichen Schwerpunkten. Bei Greenpeace beispielsweise steht der öffentliche, medienwirksame Protest im Vordergrund. Der öffentliche Druck wird als wirksamste Waffe im „Kampf" für den Umweltschutz angesehen. Dazu führen die hauptamtlichen Mitarbeiter Protest-„Stunts" durch, die auf ihre mediale Wirkung hin geplant sind. Bei den Lobby-Gesprächen handelt es sich eher um flankierende Aktivitäten. Der NABU dagegen legt den Schwerpunkt auf Gespräche mit Politikern über konkrete Vorhaben. Lobbying und die Präsenz in beratenden Ausschüssen und Kommissionen ist für die NABU-Mitarbeiter der Weg, um politische Forderungen zu verwirklichen. Protest kommt hinzu, hat aber ein geringeres Gewicht und wird überwiegend von den aktiven Mitgliedern in Orts- und Jugendgruppen getragen.

Nachdem die Umweltbewegung in ihren jungen Jahren weit überwiegend auf Protest gesetzt hat, ist nun auch Lobbying ein wichtiger Bestandteil. Insbesondere in den 1990er Jahren sind Gespräche mit Politikern und die Teilnahme an Beratungsrunden und Kommissionen wichtiger geworden. Protest und Lobbyismus verschränken sich in der Umweltbewegung. Teils setzen einzelne Organisationen Protest und Lobbying zu einem Thema ein, teils werden beide Strategien – mehr oder minder koordiniert – von unterschiedlichen Gruppen verfolgt. Aus der dominanten Protestorientierung der Bewegung ist eine Strategie der Kombination von Lobbying und Protest geworden.

4 Durchsetzungschancen der Umweltlobby

Mitgliederstarke Umweltorganisationen, die Protest und Lobbying für ihre Ziele einsetzen, garantieren noch keine starke Vertretung ihres Interesses. Entscheidend für die Frage, ob es sich um ein schwaches Interesse handelt, sind die Durchsetzungschancen der Umweltlobby. Drei Erfolgsbedingungen sind dafür zentral: erstens die Fähigkeit zur Mobilisierung von Unterstützung in der öffentlichen Meinung, zweitens das Fachwissen für konkrete, politisch umsetzbare Lösungen sowie drittens Zugangsmöglichkeiten und Allianzpartner, um mit den Vorschlägen in den politischen Institutionen Gehör finden zu können.

4.1 Mobilisierung öffentlicher Unterstützung

Für die Schlagkraft von Interessengruppen ist eine breite Unterstützung entscheidend. Nur wenn Interessengruppen offensichtlich Anliegen vertreten, die von weiten Teilen der Bevölkerung geteilt werden, sind sie als Repräsentanten dieser Anliegen für die politischen Entscheidungsträger relevant.

Die Umweltorganisationen haben in dieser Hinsicht einen recht guten Stand. Sie können bei ihrer Lobbyarbeit auf viele Mitglieder verweisen, welche die umweltpolitischen Forderungen unterstützen (vgl. 1.). Die Mitglieder bringen nicht nur Ressourcen wie Geld und aktive Mitarbeiter ein. Die Umweltorganisationen können durch ihre hohen Mitgliederzahlen im Namen vieler sprechen und so ihren Forderungen im Lobbybereich Nachdruck verleihen.

Die Unterstützung von Umweltpolitik beschränkt sich aber nicht auf die Mitglieder. Die Hälfte der Deutschen ist der Ansicht, wirksamer Umweltschutz sei eine sehr wichtige politische Aufgabe und sogar 93% der Bevölkerung waren im Jahr 2002 der Ansicht, Umweltschutz sei eine eher wichtige oder sehr wichtige Aufgabe (Kuckartz 2002: 19-22). Diese Ansicht ist seit geraumer Zeit verbreitet, wenn auch mit einigen Schwankungen. Der Anteil der Personen, die Umweltschutz für sehr wichtig halten, schwankte in der Zeit von 1993 bis 2002 zwischen knapp 40% und knapp 60%.

Die Frage, ob die Bearbeitung eines politischen Problems sehr wichtig (oder überhaupt nicht wichtig) sei, ist aber ein schwacher Indikator für die tatsächliche Relevanz des Themas. Nichts hält die Befragten davon ab, alle politischen Themen gleichermaßen als „sehr wichtig" einzustufen.[5] Die Frage, welche beiden Probleme

---

[5] Tatsächlich scheint es einen Trend zu geben, immer mehr politische Themen als „sehr wichtig" zu betrachten, solange keine Prioritätensetzung erforderlich ist.

die derzeit wichtigsten sind, ist ein deutlicheres Anzeichen für die Relevanz des Umweltthemas. Hier zeigt sich, dass Umweltschutz zwar als wichtig, aber eben nicht als das wichtigste angesehen wird. Seit 1988 geben kontinuierlich immer weniger Menschen in Deutschland an, Umweltschutz sei das wichtigste Problem. Arbeitslosigkeit ist durchweg das Problem, das die Menschen am meisten bewegt. Ab 1997 rangieren auch weitere Themen wie Schutz vor Verbrechen, Gesundheitsvorsorge und die Sicherung der Rente durchweg vor dem Umweltschutz. Dennoch bleibt der Befund bestehen, dass Umweltschutz als Ziel von vielen unterstützt wird. Auch in ökonomisch weniger günstigen Zeiten hat es sich auf der politischen Agenda etabliert und ist damit längst mehr als ein Schön-Wetter-Thema.

Die Etablierung von Umweltschutz auf der öffentlichen Agenda dürfte nicht zuletzt ein Erfolg der Umweltbewegung sein.[6] In ihrer Frühphase hat sie mit ihren Protesten auf Umweltprobleme aufmerksam gemacht und so überhaupt den Gedanken etabliert, dass Umweltverschmutzung ein erhebliches Problem darstellt. Doch auch seitdem sich diese Einsicht etabliert hat, bleiben die Umweltorganisationen wichtig. Sie waren immer wieder in der Lage, auf konkrete Gefahren hinzuweisen und so das Problem im öffentlichen Bewusstsein zu halten. Hierbei zahlt sich ihre traditionelle Kompetenz in der Mobilisierung von Protest aus. Immer wieder gelingt es, die Medienaufmerksamkeit auf Probleme zu lenken und so Druck zu erzeugen. Am Beispiel der Öl-Plattform Brent Spar wurde diese Kompetenz, die wohl keine Umweltorganisation so perfekt beherrscht wie Greenpeace, offensichtlich (Lahusen 1997). Doch auch auf breite Problembereiche, etwa die Klimaproblematik, wird immer wieder erfolgreich hingewiesen.

Bei der Skandalisierung von Umweltproblemen können die Umweltorganisationen mit einem Pfund wuchern, das erst den entscheidenden Rückhalt für ihre Arbeit darstellt: sie genießen größtes Vertrauen in der Bevölkerung. Die Erarbeitung sinnvoller Lösungen für Probleme im Bereich des Umweltschutzes wird in erster Linie den Umweltschutzorganisationen und -verbänden zugetraut. Die eigentlich zuständigen Umweltschutzbehörden oder Parteien sind im Vergleich deutlich abgeschlagen. 20% der Bevölkerung haben volles Vertrauen in die Problemlösungskompetenz von Umweltverbänden, weitgehendes Vertrauen haben 64% (Kuckartz 2002: 61).[7] Den Umweltschutzbehörden trauen dagegen 12% voll zu, Lösungen zu erarbeiten, 49% haben weitgehendes Vertrauen in die Behörden. Unter den Parteien rangiert Bündnis 90/Die Grünen mit 10% vollem und 40% weitgehendem Vertrauen bei den Parteien vorn. In Kirchen, Gewerkschaften, Industrie sowie in alle übrigen Parteien haben lediglich 5% und weniger volles Vertrauen, wenn es um die Lösung von Umweltproblemen geht. Dieser Vertrauensvorsprung der Umweltverbände ist

---

[6] Diese Behauptung scheint plausibel, auch wenn sich das Ursache-Wirkungs-Verhältnis nicht letztlich nachweisen lässt.
[7] Als Antwortmöglichkeit stand eine siebenstufige Skala zur Verfügung, dessen Außenpunkte mit „volles Vertrauen" und „kein Vertrauen" bezeichnet waren, die Zwischenstufen blieben ohne Bezeichnung. Mit weitgehendem Vertrauen sind hier die beiden Kategorien zusammengefasst, die jenseits der Mitte zu stärkerem Vertrauen tendieren.

die Grundlage, um glaubhaft und damit erfolgreich Umweltprobleme auf die politische Tagesordnung setzen zu können.

Die Umweltorganisationen verfügen damit über günstige Bedingungen, um die öffentliche Meinung mobilisieren zu können und so als relevanter Lobbyist in Frage zu kommen. Langfristig ist es der Umweltbewegung gelungen, den Umweltschutz als relevantes Thema zu etablieren. Die Umweltorganisationen verfügen dazu über die Kompetenz und die Mittel mit Protesten auf konkrete Umweltprobleme hinzuweisen. Dabei sind sie unterschiedlich erfolgreich, es gelingt ihnen aber immer wieder bei einzelnen Problemen öffentlich Druck zu erzeugen. Unterstützend ist dabei das verbreitete Vertrauen. Die Problemeinschätzung der Umweltverbände gilt in hohem Maße als glaubwürdig. Damit haben die Umweltorganisationen grundsätzlich gute Bedingungen, die öffentliche Meinung für ihre Anliegen zu mobilisieren.

4.2 Umweltwissenschaftliche Expertise

Um als Lobbyist Einfluss gewinnen zu können, reicht die Mobilisierung der öffentlichen Meinung allein nicht aus. Die Mobilsierung von Problembewusstsein kann allenfalls die Behandlung eines Themas in der Politik herbeiführen. *Wie* das Thema dann behandelt wird, ob man weitgehende Maßnahmen ergreift oder eher symbolische Politik betreibt, ist damit noch offen. Bei der Beeinflussung der konkreten Problemlösung ist dagegen fachliche Kompetenz gefragt. Die Lobbyisten müssen konkrete Lösungsvorschläge haben, die technisch und politisch durchsetzbar sind. Um hier erfolgreich agieren zu können, ist technischer, juristischer und nicht zuletzt politischer Sachverstand unabdingbar.

In den Umweltorganisationen gibt es zwar hauptamtliche Mitarbeiter, die in ihren jeweiligen Fachgebieten über erhebliche Kompetenzen verfügen. Doch angesichts der breiten Themenpalette und der begrenzten Zahl von Mitarbeitern können die Verbände nicht in allen relevanten Bereichen ausreichend kompetent sein.

Die Bedeutung von wissenschaftlich abgesicherten Erkenntnissen als Hintergrund für die Arbeit der Umweltbewegung wurde früh erkannt. In zahlreichen Bürgerinitiativen haben sich mit der Zeit Laien im Selbststudium zu technischen Experten entwickelt. Solange dies ehrenamtlich geschieht, sind allerdings dem Erlernen der technisch-wissenschaftlichen Zusammenhänge von Umweltproblemen Grenzen gesetzt. Um langfristig Expertenwissen für die und in der Umweltbewegung verfügbar zu machen, war daher die Gründung von ökologisch ausgerichteten Forschungsinstituten entscheidend. Das 1977 gegründete Öko-Institut war in mehrerer Hinsicht ein Modell für eine ganze Reihe ähnlich ausgerichteter Institute (Roose 2002). Die ökologischen Forschungsinstitute sorgten zunächst für die Verfügbarkeit von wissenschaftlich abgesicherten Argumenten in der Auseinandersetzung um Umweltprobleme. Mit ihnen wurde Gegenexpertise institutionalisiert (Rucht 1988).

Heute haben sich eine ganze Reihe von ökologischen Forschungsinstituten etabliert. Sie produzieren in Auftragsforschung Einschätzungen von Umweltproblemen, wobei eine explizit ökologische Ausrichtung Teil des Profils ist. Insbesondere in den 1990er Jahren wurden die Institute zunehmend wichtig bei der Erarbeitung konkreter Vorschläge zur Lösung von Umweltproblemen. Diese spezielle Kompetenz ist zum Markenzeichen ihrer Arbeit geworden (Luhmann 1999, Roose 2002: 94ff.).

Die ökologischen Forschungsinstitute sind auf zwei Weisen entscheidend für das Umweltlobbying. Zum einen stellen sie Umweltverbänden wissenschaftlich abgesicherte Expertise zur Verfügung. Wenn die Experten in den Verbänden selbst an ihre Grenzen stoßen, finden sie in den ökologischen Forschungsinstituten kompetente Partner, deren politische Ausrichtung ähnlich ist. Allerdings sind die ökologischen Institute meist auftragsfinanziert. Daher muss ihre Arbeit auch von Umweltverbänden bezahlt werden. Nur die großen Verbände sind in der Lage, solche Aufträge gelegentlich zu erteilen. Daher kommt den Instituten auf andere Weise noch größere Bedeutung zu. Sie werden für ihre Beratungsleistung direkt von Regierungen finanziert. Bundes- und Landesministerien haben erheblichen Beratungsbedarf bei der Lösung von Umweltproblemen in verschiedensten Kontexten. Die ökologischen Forschungsinstitute bieten die Expertise an. Ihre ökologische Ausrichtung wird von den Auftraggebern meist bewusst gewählt, um entsprechende Sichtweisen in ihre Erwägungen einzubeziehen. Mitarbeiter des Öko-Instituts, dem Marktführer unter den unabhängig finanzierten Instituten, sind heute in einer ganzen Reihe von Beiräten und Kommissionen (Öko-Institut 2003: 46f.). Dazu gehört die Strahlenschutzkommission und die Reaktorsicherheitskommission des Bundesumweltministeriums, die Enquete-Kommission zu nachhaltiger Energieversorgung des Deutschen Bundestages und die deutsche Delegation auf der 8. Vertragsstaatenkonferenz der Klimarahmenkonvention. Durch diese Mitgliedschaften haben die Mitarbeiter des Instituts die Möglichkeit, ihre Argumente direkt in den politischen Entscheidungsprozess einzubringen. Die Teilnahme an den Beratungen in der Frühphase von Maßnahmen ist für die Effektivität der Interessenvertretung ein entscheidender Vorteil. Die Mitarbeiter der Institute sprechen dabei nicht im Auftrag von Interessenorganisationen und sind daher nicht als Lobbyisten im engeren Sinne anzusehen. Wohl aber vertreten sie explizit und erkennbar das Interesse Umwelt.

Die ökologischen Forschungsinstitute sind für die Vertretung von Umweltinteressen durch ihre Beratung der Umweltverbände und durch die Politikberatung von erheblicher Bedeutung. Die Durchschlagskraft der Argumente hängt, jenseits der Mobilisierung von öffentlichem Druck, auch von der wissenschaftlichen Fundierung und politischen Umsetzbarkeit ab. Um dies zu erreichen, spielen die Institute eine wichtige Rolle.

4.3 Politische Gelegenheiten für Umweltlobbyisten

Die Auftragsabhängigkeit der Institute macht sie in starkem Maße abhängig vom Interesse der Politik an ihrer Beratung; und auch der Erfolg der Interessenvertretung durch die Umweltverbände hängt entscheidend davon ab, in welchem Maße politische Entscheidungsträger offen sind für ihre Argumente. Kontextfaktoren, insbesondere die politischen Konstellationen, sind mit ausschlaggebend bei der Frage, ob Interessenvertreter die Chance haben, ihre Anliegen effektiv zu vertreten (von Winter/Willems 2000: 23, Tarrow 1991).

Auf institutioneller Ebene sind die Chancen für Umweltinteressen günstiger geworden. Mit der Einrichtung des Bundesumweltministeriums haben die Umweltverbände einen direkten Ansprechpartner in der Bundesregierung bekommen. Auch wenn das Ministerium innerhalb der Regierung – vermutlich nach wie vor – nur eine Nebenrolle spielt (Pehle 1993), so führte doch seine Institutionalisierung zu einer Verbesserung der Chancen der Interessenvertretung. Schon in der konservativ-liberalen Regierung unter Kohl wurden der Umweltminister und die Umweltministerin immer wieder zu engagierten Fürsprechern von Umweltthemen.

Mit der Regierungsbeteiligung der Grünen haben sich die Durchsetzungschancen für Umweltbelange nochmals deutlich verbessert. Einige lange diskutierte und von der Umweltbewegung geforderte Maßnahmen, wie der Ausstieg aus der Atomenergie oder eine ökologische Steuerreform, wurden in Angriff genommen. Angesichts der umweltpolitischen Bilanz zumindest der ersten Legislaturperiode von Rot-Grün (1998 bis 2002) lässt sich konstatieren, dass Umweltbelange in der Bundespolitik stärker berücksichtigt wurden (Jänicke et al. 2002). Allerdings ist damit nicht gesagt, dass die Maßnahmen direkt auf Lobbyarbeit der Umweltverbände zurück gehen oder dass sie den Erwartungen der Umweltbewegung entsprachen. Gerade der Atomkonsens, der einen schrittweisen Ausstieg aus der Atomenergie über 30 Jahre vorsieht, wurde von den Umweltverbänden heftig kritisiert (vgl. etwa BUND o.J.).

Über die Frage, in welcher Weise sich die informellen Zugangsmöglichkeiten für die Umweltverbände mit der rot-grünen Regierung verändert haben, gibt es bisher keine systematischen Ergebnisse. Zumindest die großen Verbände scheinen allerdings nach vereinzelten Ergebnissen recht guten Zugang zum Bundesumweltministerium zu haben, in einzelnen Fällen können Umweltverbände auch Allianzpartner der staatlichen Behörden in der Auseinandersetzung mit Wirtschaftsinteressen sein (Lahusen 2003: 145). Fraglos hat die Beteiligung von Umweltverbänden in Beratungsgremien und -kommissionen zugenommen (vgl. 3.2).

Mit der Gründung eines Verbraucherministeriums und der Besetzung mit einer grünen Ministerin ist neben dem Umweltministerium ein weiteres hinzugekommen, das für die Umweltlobby interessant ist. Andere Ministerien, etwa das Wirtschaftsministerium, bleiben dagegen praktisch unzugänglich. Auch auf Landesebene kann sich die Situation deutlich anders darstellen. Eine Fallstudie zu Konflikten über Verkehrsplanung in Berlin machte deutlich, dass dort die Argumente der Umweltorganisationen praktisch ungehört verhallten (Rucht/Roose 2001b).[8]

---

[8] Für dieses Ergebnis sind natürlich nicht allein die Zugangschancen in die Berliner Entscheidungsgremien, insbesondere den Berliner Senat, verantwortlich. Eine solche monokausale Erklärung würde zu kurz greifen.

Insgesamt dürfte die Umweltlobby bei der Bundesregierung aus SPD und Bündnis 90/Die Grünen deutlich besser Gehör finden. Das bedeutet allerdings keineswegs, dass sie bei allen relevanten Politikinitiativen ihre Sichtweisen effektiv einbringen kann. Davon ist sie weit entfernt.

5 Hindernisse für die Umweltlobby

Die Betrachtung allein von Veränderungen kann leicht den Blick verstellen für eine absolute Einschätzung. Eine Reihe von Hindernissen steht einer erfolgreichen Interessenvertretung entgegen. Das größte und offensichtlichste Hindernis ist die Konkurrenz zu anderen Interessen, insbesondere den Wirtschaftsinteressen. Dies schlägt sich in praktisch allen relevanten Bereichen nieder.

Zunächst ist die Wirtschaftslobby finanziell stärker. Ihre Lobbyverbände verfügen über mehr Mittel und Mitarbeiter (vgl. 2.), was sich nicht zuletzt in einem besseren Zugang zu Expertise niederschlägt. Die Finanzierung von Gutachten, oft auch die Einstellung von Experten als Mitarbeiter in den Verbänden, ist bei der Wirtschaftslobby ein wesentlich kleineres Problem als bei den Umweltverbänden.

Die Zugangschancen der Wirtschaftsverbände zu den Regierungen dürften ebenfalls deutlich überlegen sein. Insbesondere das Wirtschaftsministerium ist ein wichtiger und mächtiger Ansprechpartner für die Wirtschaft.

In der Mobilisierung von öffentlicher Meinung im Sinne einer Skandalisierung spezifischer Probleme ist zwar die Umweltbewegung punktuell durchaus schlagkräftig. Grundsätzlich ist sie aber auch hier einer Themenkonkurrenz ausgesetzt. Die Gefährdung von Arbeitsplätzen ist ein wesentliches Argument, das in der öffentlichen Diskussion überzeugt. Schließlich steht nicht die Umweltproblematik in der öffentlichen Wahrnehmung an erster Stelle, sondern die Arbeitsmarktlage (vgl. 3.1). Diese Themenkonkurrenz hat sich mit der wirtschaftlichen Stagnation der letzten Jahre nochmals verschärft.[9]

Die Hindernisse für Lobbyarbeit liegen aber nicht allein in der Konkurrenz zu anderen, stärkeren Interessen. In zahlreichen basisdemokratisch orientierten Organisationen hat Lobbying keinen guten Ruf. Die Umweltorganisationen entstammen einer Bewegung, die stark auf Protest und – angesichts der Situation zunächst weitgehend notgedrungen – wenig auf Lobbying und Dialog gesetzt haben (vgl. 2.). Diese Geschichte schlägt sich noch heute zum Teil in Skepsis gegenüber dieser Art von politischer Arbeit nieder.[10] Die Protestkomponente ist nach wie vor ein integraler, für das Selbstverständnis vieler Organisationen wichtiger Bestandteil der politischen Arbeit. Die Kombination von Protest und Lobbyismus macht die Umweltorganisationen vergleichsweise schlagkräftig, die Konzentration auf Protest bei weitgehendem Verzicht auf Lobbyismus aufgrund normativer Grundsatzentscheidungen

---

[9] Für Ostdeutschland war dieser Effekt bereits früher deutlich (Nölting 2002, insbes. 251f.).
[10] Besonders deutlich wird dies in dem Buch von Bergstedt (1998), der ausführlich (und recht verbittert) die stärkere Kooperationsneigung der Umweltverbände kritisiert.

kann dagegen die konkreten Einflusschancen zumindest kurzfristig schmälern. Dies gilt in besonderem Maße für die politische Arbeit auf europäischer Ebene, da die Protestmobilisierung in Hinblick auf die Institutionen in Brüssel kaum zu bewerkstelligen ist (Rucht 2000). Hier wäre Lobbying auch ohne parallele Protestmobilisierung die weit einfachere Möglichkeit, vor der allerdings noch viele Organisationen zurückschrecken (Roose 2003).[11]

6 Erstarken eines schwachen Interesses?

Ausgangspunkt der Überlegungen war die Frage, ob es sich beim Umweltschutz um ein schwaches Interesse handelt. Im Ergebnis unserer Betrachtung lässt sich Umweltschutz nicht vorbehaltlos als schwach einordnen.[12] Die Geschichte der Umweltbewegung lässt sich lesen als das „Erstarken" eines schwachen Interesses.

Umweltschutz ist als wichtiges politisches Ziel in unserer Gesellschaft breit etabliert. Den Umweltorganisationen ist es dadurch möglich, Mitglieder und Spenden einzuwerben. Es ist aber auch die Grundlage, um Umweltverschmutzung in Protesten skandalisieren zu können. Immer wieder gelingt es, durch Protest die öffentliche Empörung hervorzurufen und so politische Akteure oder auch Wirtschaftsunternehmen an den Pranger zu stellen. Protest ist das Drohpotenzial, das die Umweltorganisationen einsetzen können.

Protest allein begründet aber noch nicht die Einflusschancen der Umweltorganisationen. Hinzu kommt ein weiterer Faktor: das Lobbying. In der Umweltbewegung ist eine Umweltlobby entstanden, die in Kommissionen und Gesprächen ihre Positionen in den politischen Entscheidungsprozess einbringt. Diese erhält ihren Einfluss einerseits durch die öffentliche Unterstützung und andererseits durch die Expertise, die sie einbringen kann. Die unabhängigen ökologischen Forschungsinstitute sind dabei eine wichtige Unterstützung. Hier entsteht wissenschaftlich abgesichertes und anwendungsnahes Wissen, das den Grundideen der Umweltbewegung verbunden ist. Auch durch diese Unterstützung ist die Bewegung in der Lage, in den Detaildiskussionen zu politischen Entscheidungen mitzumischen.

Das schwache Interesse Umweltschutz hat vor allem in dem letzten Jahrzehnt eine deutliche Stärkung erfahren. Durch die Kombination von Protest und Lobbyarbeit kann die Umweltbewegung unter den derzeitigen Bedingungen nennenswerten Einfluss ausüben. Die Stärkung der Lobbyarbeit, aber auch die günstigen Gelegenheiten in den politischen Institutionen waren entscheidend für die besseren Durchsetzungschancen.

---

[11] Ob allerdings langfristig eine kompromisslose Haltung erfolgreicher wäre oder ob tatsächlich aus normativer Sicht eine kooperative Haltung abzulehnen ist, kann aus wissenschaftlicher Perspektive nicht beantwortet werden und ist letztlich von den jeweiligen Akteuren selbst zu entscheiden.
[12] Eine solche Einschätzung deckt sich mit den theoretischen Überlegungen bei von Winter und Willems (2000).

Die tatsächlichen Möglichkeiten, die Politik im Sinne der Umweltbewegung zu beeinflussen, hängt von vielen Faktoren ab. Die Regierungsparteien und die Konkurrenz zu Wirtschaftsfragen sind nur zwei. Entsprechend lässt sich über den Einfluss der Umweltbewegung in den nächsten Jahren nur schwer spekulieren. Die Entwicklung der Umweltorganisationen lässt aber erwarten, dass für die absehbare Zukunft Interessenvertreter verfügbar sein werden, die durch Protest und vermutlich noch zunehmend durch Lobbyarbeit ihre Ansichten in die Politik einbringen. Ob dieser Einfluss angesichts der Umweltprobleme ausreicht, wird sich zeigen müssen.

Literatur

Bergstedt, Jörg 1998: Agenda, Expo, Sponsoring – Recherche im Naturschutzfilz. Band 1: Daten, Fakten, historische und aktuelle Hintergründe. Frankfurt/M.: Verlag für Interkulturelle Kommunikation.
Brand, Karl-Werner u.a., 1997: Ökologische Kommunikation in Deutschland. Opladen: Westdeutscher Verlag.
BUND, o.J.: Ausstieg aus der Atomenergie? www.bund.net/lab/reddot2/pdf/atom.pdf.
Feindt, Peter Henning, 2002: Gemeinsam gegen Niemanden. Nachhaltigkeitsdiskurs in Deutschland. In: Forschungsjournal Neue Soziale Bewegungen, Jg. 15, Heft 4, 20-28.
Jänicke, Martin u.a., 2002: Rückkehr zur Vorreiterrolle? Umweltpolitik unter Rot-Grün. In: Vorgänge, Jg. 41, Heft 1, 50-61.
Joppke, Christian, 1990: Nuclear Power Struggles after Chernobyl: The Case of West Germany. In: West European Politics, Jg. 13, Heft 2, 178-191.
Kuckartz, Udo, 2002: Umweltbewusstsein in Deutschland 2002. Ergebnisse einer repräsentativen Bevölkerungsumfrage. Berlin: Umweltbundesministerium. www.umweltbewusstsein.de.
Lahusen, Christian, 1997: Die Organisation kollektiven Handelns – Formen und Möglichkeiten internationaler Kampagnen. In: Altvater, Elmar u.a. (Hg.): Vernetzt und Verstrickt. Nicht-Regierungs-Organisationen als gesellschaftliche Produktivkraft. Münster: Westfälisches Dampfboot, 175-194.
Lahusen, Christian, 2003: Kontraktuelle Politik. Politische Vergesellschaftung am Beispiel der Luftreinhaltung in Deutschland, Frankreich, Großbritannien und den USA. Göttingen: Velbrück Wissenschaft.
Luhmann, Hans-Jochen, 1999: Umweltpolitikberatung in Deutschland. Warum waren die „Umweltinstitute" erfolgreich? In: Forschungsjournal Neue Soziale Bewegungen, Jg. 12, Heft 3, 49-53.
Mayer, Klaus/Naji, Natalie, 2000: Die Lobbyingaktivitäten der deutschen Wirtschaft. In: Recht und Politik. Vierteljahreshefte für Rechts- und Verwaltungspolitik, Jg. 36, Heft 1, 31-43.
Meadows, Donella H. u.a., 1972: Limits of Growth. A report for the Club of Rome's project on the predicament of mankind. New York: Universe Books.
Nölting, Benjamin, 2002: Strategien und Handlungsspielräume lokaler Umweltgruppen in Brandenburg und Ostberlin, 1980-2000. Frankfurt/M. u.a.: Peter Lang.
Offe, Claus, 1972: Politische Herrschaft und Klassenstruktur. Zur Analyse spätkapitalistischer Einführung in ihre Probleme. In: Kress, Gisela/Senghaas, Dieter (Hg.): Politikwissenschaft. Eine Einführung in ihre Probleme. Frankfurt/M.: Fischer, 135-164.

Öko-Institut, 2003: Jahresbericht 2002. Freiburg im Breisgau: Öko-Institut.
Pehle, Heinrich, 1993: Das Bundesministerium für Umwelt, Naturschutz und Reaktorsicherheit: Ausgegrenzt statt integriert? Wiesbaden: Deutscher Universitätsverlag.
Roose, Jochen, 2002: Made by Öko-Institut. Wissenschaft in einer bewegten Umwelt. Freiburg/Breisgau: Öko-Institut Verlag.
Roose, Jochen, 2003: Die Europäisierung von Umweltorganisationen. Die Umweltbewegung auf dem langen Weg nach Brüssel. Wiesbaden: Westdeutscher Verlag.
Roose, Jochen/Rucht, Dieter, 2002: Unterstützung der Umweltbewegung. Rückblick und Perspektiven. In: Forschungsjournal Neue Soziale Bewegungen, Jg. 15, Heft 4, 29-39.
Rucht, Dieter, 1988: Gegenöffentlichkeit und Gegenexperten. Zur Institutionalisierung des Widerspruchs in Politik und Recht. In: Zeitschrift für Rechtssoziologie, Jg. 9, Heft 2, 290-305.
Rucht, Dieter, 1991: Von der Bewegung zur Institution? Organisationsstrukturen der Ökologiebewegung. In: Roth, Roland/Rucht, Dieter (Hg.): Neue soziale Bewegungen in der Bundesrepublik Deutschland. Frankfurt/M.: Campus, 334-358.
Rucht, Dieter, 1994: Modernisierung und neue soziale Bewegungen. Deutschland, Frankreich und USA im Vergleich. Frankfurt/M., New York: Campus.
Rucht, Dieter, 2000: Zur Europäisierung politischer Mobilisierung. In: Berliner Journal für Soziologie, Jg. 10, Heft 2, 185-202.
Rucht, Dieter u.a,. 1997: Soziale Bewegungen auf dem Weg zur Institutionalisierung. Zum Strukturwandel „alternativer" Gruppen in beiden Teilen Deutschlands. Frankfurt/M., New York: Campus.
Rucht, Dieter/Roose, Jochen, 2001a: Neither Decline nor Sclerosis. The Organisational Structure of the German Environmental Movement. In: West European Politics, Jg. 24, Heft 4, 55-81.
Rucht, Dieter/Roose, Jochen, 2001b: The Transformation of Environmental Activism in Berlin. Vortragspapier für die ECPR Joint Sessions in Grenoble, 6.-11. April.
Rucht, Dieter/Roose, Jochen, 2001c: Zur Institutionalisierung von Bewegungen: Umweltverbände und Umweltproteste in der Bundesrepublik. In: Weßels, Bernhard/Zimmer, Annette (Hg.): Verbände und Demokratie in Deutschland. Opladen: Leske+Budrich, 261-290.
Tarrow, Sidney, 1991: Kollektives Handeln und politische Gelegenheitsstrukturen in Mobilisierungswellen. Theoretische Perspektiven. In: Kölner Zeitschrift für Soziologie und Soziapsychologie, Jg. 43, Heft 4, 647-670.
Willems, Herbert/Winter, Thomas von, 2000: Politische Repräsentation schwacher Interessen. Opladen: Leske+Budrich.
Winter, Thomas von/Willems, Herbert, 2000: Die politische Repräsentation schwacher Interessen: Anmerkungen zum Stand und zu den Perspektiven der Forschung. In: Willems, Herbert/Winter, Thomas von (Hg.): Politische Repräsentation schwacher Interessen. Opladen: Leske+Budrich, 9-36.

Die Städte als Lobbyorganisationen

Franz-Reinhard Habbel

1 Herausforderung

Deutschland steht tief greifenden Weichenstellungen. Der Arbeitsmarkt, die sozialen Sicherungssysteme, das Gesundheitswesen, das Bildungssystem, die Finanzen und der föderale Aufbau des Staates und der Verwaltung müssen angesichts der demografischen, wirtschaftlichen und technologischen Veränderungen neu ausgerichtet werden. Staat und Kommunen stehen vor einem gewaltigen Prozess der Modernisierung. Strukturen und Aufgaben des öffentlichen Sektors müssen überprüft und an die neuen Bedingungen angepasst, das Verhältnis zwischen Staat, Wirtschaft und Drittem Sektor muss neu ausbalanciert werden. Die damit verbundene Modernisierung Deutschland wird in den Städten, Gemeinden und Kreisen einen Schub der Entwicklung auslösen. Behördenstrukturen und Aufgaben werden sich grundlegend verändern. Noch stehen wir erst am Anfang einer weltweiten Kommunikation und Vernetzung von Wirtschaft, Gesellschaft, Politik und Verwaltung. Die Kommunen werden durch die damit verbundene, weiter fortschreitende Dezentralisierung gestärkt. Experten sprechen am Beginn des 21. Jahrhunderts schon von einem Jahrhundert der Kommunen. Diese Veränderungsdynamik verlangt nach einer kraftvollen und zukunftsorientierten Interessenvertretung der Kommunen in Deutschland und Europa. Denn der Erneuerungsprozess des öffentlichen Sektors in Deutschland wird weitgehend von den Städten, Kreisen und Gemeinden getragen werden. Ein Europa mit mehr als 520 Millionen Menschen wird mehr Lebensqualität und Wirtschaftswachstum nur mit starken und leistungsfähigen Städten und Gemeinden erreichen. Grenzüberschreitende Dienstleistungen und neue Formen internationaler Kooperationen benötigen qualitativ hochwertige Infrastrukturen. In der künftigen Europäische Verfassung wird die kommunale Ebene und der Grundsatz der Subsidiarität ausdrücklich erwähnt – im übrigen ein Erfolg jahrelanger Arbeit des Deutschen Städte- und Gemeindebundes gemeinsam mit anderen kommunalen Spitzenverbänden in Europa.

Diesen neuen Herausforderungen stellen sich auch die drei kommunalen Spitzenverbände in Deutschland (Deutscher Städte- und Gemeindebund, Deutscher Städtetag und Deutscher Landkreistag). Ihre Aufgaben und Funktionen werden am Beispiel des Deutschen Städte- und Gemeindebundes näher erläutert.

1.1 Ständiger Kampf gegen den Staat – für mehr Freiheit der Kommunen

Die kommunalen Spitzenverbände wurden 1905 bzw. 1910 gegründet. Damit wurde eine Entwicklung auf Reichsebene abgeschlossen, die seit den vierziger Jahren des 19. Jahrhunderts durch spontane Schaffung von losen Städteverbindungen auf Provinzial- und Landesebene vorbereitet worden war. Damals galt es, die mit den Stein'schen Reformen gewachsene Idee der kommunalen Selbstverwaltung in das Staatsgefüge hineinzutragen und zu festigen – eine Aufgabe, die bis in die heutigen Tage aktuell geblieben ist. Die insbesondere in der Zeit nach dem zweiten Weltkrieg gewachsene Leistungsfähigkeit der Städte und Gemeinden in Deutschland ist nicht zuletzt das Ergebnis selbstbewusster und engagierter Ratsmitglieder, Bürgermeister und einer gut funktionierenden Verwaltung.

Die im Grundgesetz verbriefte Garantie der kommunalen Selbstverwaltung ist allerdings in den letzten Jahrzehnten durch staatliche Maßnahmen immer weiter ausgehöhlt worden. Staatliche Eingriffe in die Rechte der Kommunen haben eine lange Tradition. Seit dem Mittelalter hat es einen ständigen Kampf um die Verbesserung der Rechte der Städte und Gemeinden gegeben. Die Lobbyarbeit der Kommunen ist somit traditionell ein Kampf um mehr Freiheit, Eigenständigkeit und Selbstverwaltung. Kommunaler Lobbyismus ist notwendig, weil die Interessen der Kommunen durch die Politik des Bundes und der Länder gerade heute immer mehr verletzt werden. Immer neue Lasten von Bund und Ländern saugen die Kommunen systematisch aus. Die eigenverantwortlichen Steuereinnahmen, wie die Gewerbesteuer, werden demontiert. Viele Städte und Gemeinden sind inzwischen handlungsunfähig geworden und können ihre Leistungen gegenüber Bürgern und Wirtschaft nicht mehr erbringen. Immer mehr Kommunen müssen bereits ihre Personalkosten durch Kredite finanzieren. Ein unhaltbarer Zustand!

Die Ursachen liegen auf der Hand: Drastische Einbrüche bei den Steuereinnahmen und explodierende Ausgaben insbesondere im Sozialbereich führen zu einer beispiellosen Talfahrt kommunaler Investitionen. Der Absturz der Investitionen hat fatale Auswirkungen auf die Arbeitsplätze vor Ort und damit auf die Lage der Wirtschaft.

In dieser Situation stellt sich nicht nur die Frage nach der Zukunft der kommunalen Selbstverwaltung, sondern auch die Frage nach der Zukunft unseres Gesellschaftsmodells. Denn immer neue Aufgaben sowie eine Flut neuer Vorschriften reduzieren die Handlungsspielräume gegen null. Bund und Länder versprechen immer neue Wohltaten, die die Kommunen am Ende bezahlen müssen. Eine Gesellschaft, die sich nur entmündigte Städte und Gemeinden leistet, zerstört das Engagement der Bürger für das Gemeinwesen.

Die von der Bundesregierung im Jahr 2001 zur Reform der Gemeindefinanzen eingesetzte Kommission – an der auch die kommunalen Spitzenverbände mitgewirkt haben – ist Mitte des Jahres 2003 gescheitert. Zwar wurde von der Kommission mehrheitlich ein von den Kommunen entwickeltes Kommunalmodell verabschiedet; die Regierung hat in ihrem Gesetzentwurf dieses Modell aber nicht aufgegriffen.

Die Städte als Lobbyorganisationen 255

Hier gegen laufen die Städte, Gemeinden und Kreise im Interesse ihrer Bürger Sturm. Das Klima in fast allen Gesprächsrunden zwischen den kommunalen Spitzenverbänden und dem Bund, sei es auf den Gebieten der Familien-, Städtebau- oder Umweltpolitik, ist inzwischen viel rauer geworden.

Die Spitzenverbände werfen der Bundesregierung einen verantwortungslosen Umgang mit Zahlen bei der Berechnung zur künftigen Entwicklung der Gewerbesteuer und Wortbruch des Finanzministers vor. Sie drohen damit, alle Konsultationsrunden zu verlassen. Für den Herbst 2003 wird eine bundesweite Kampagne angekündigt, die die Proteste der Kommunen und der Bürger nach Berlin vor den Reichstag tragen wird.

Dass die Lobbyarbeit der Kommunen Wirkung zeigt, verdeutlicht folgendes Beispiel. Der Deutsche Städte- und Gemeindbund warf jüngst vor der Bundespressekonferenz der Bundesregierung vor, dass es in der gesamten Legislaturperiode nicht einmal zu einem Spitzengespräch mit dem Bundeskanzler gekommen sei. Der Verband forderte einen „Kommunalgipfel" zwischen der Regierung, der Opposition und den Kommunen, um zu einer schnellen und für alle Beteiligten sinnvollen Lösung bei der Frage der künftigen Finanzierung der Städte und Gemeinden zu kommen. Nur eine Stunde nach dieser Forderung signalisierte der stellvertretende Regierungssprecher Gesprächsbereitschaft und kündigte an, dass die Bundesregierung sich offen für einen solchen Gipfel unter Leitung des Bundeskanzlers zeige.

Längst verstehen sich die kommunalen Spitzenverbände nicht mehr nur als Interessenvertreter der Städte, Kreise und Gemeinden, sondern als Vertreter der Bürger und der örtlichen Wirtschaft. Es geht um die Zukunft von mehr als 80 Millionen Menschen in Deutschland, denen ohne lebenswerte Städte und Gemeinden und neuen Diensten der Zugang zur Bildung und zum Arbeitsmarkt erschwert wird. Es geht um die Zukunft von mehr als 3 Millionen Betrieben, damit diese moderne Infrastrukturen in den Städten und Gemeinden für ihre Produktion nutzen können.

Den Zerfall der Städte und Gemeinden und damit die Zerstörung des Gemeinwesens zu verhindern und die Neuausrichtung auf die Zukunftsaufgaben, sind die zentralen Aufgaben der kommunalen Spitzenverbände in Deutschland zu Beginn des 21. Jahrhunderts. Dies wird nur gelingen, wenn die Verbände nicht das Bestehende kritiklos verteidigen, sondern zum Motor für Reformen werden und sich in die öffentliche Debatte über die Zukunft einmischen. Durch ihre Nähe zu den Bürgern, zu ihren 1,5 Millionen Mitarbeiterinnen und Mitarbeitern und zu den mehr als 150.000 Kommunalpolitikern verfügen die Kommunen über ein gewaltiges Potenzial an Ideen und Kreativität, den Prozess der Erneuerung von unten nach oben voran zu treiben. Die damit verbunden Chancen werden sie konsequent nutzen. Die neuen Informations- und Kommunikationstechnologien machen es möglich, durch die kommunalen Spitzenverbände eine Wissens- und Aktionsplattform aufzubauen, die Bund und Ländern Alternativen ihrer Politik aus den Erkenntnissen des Lokalen aufzeigt. Die heutige Mediengesellschaft mit ihren Nachrichten in Echtzeit und einer weltweiten Präsenz verstärkt die Lobbyarbeit der kommunalen Spitzenverbände in besonderer Weise.

1.2 Lobbyismus und Mediengesellschaft

Aufmerksamkeit und Zuspitzung sind in der Mediengesellschaft das Gebot der Stunde. Nur wer eine klare Botschaft hat, dringt durch. Neben der klassischen Lobbyarbeit im Parlament, in der Regierung und im vorparlamentarischen Raum spielen die Medien einer immer bedeutsamere Rolle. Sie transportieren die Botschaften in die Experten- und Alltagswelt und wirken damit auf die politischen Prozesse in immer stärkerem Ausmaß als zum Beispiel Debatten in den parlamentarischen Gremien. Mancher sieht in der politischen Sonntagabend Talkshow von Sabine Christiansen bereits ein „Ersatzparlament".

Auch der Deutsche Städte- und Gemeindebund (DStGB) hat seine Medienarbeit stetig verstärkt. Das zeigt Wirkung. Die dramatische finanzielle Lage in der sich die deutschen Städte und Gemeinden derzeit befinden – das kommunale Defizit wird im Jahr 2003 mehr als 10 Milliarden Euro bei fast 90 Milliarden Euro Schulden betragen – zeigt in der deutschen Medienlandschaft eine stark zunehmende Aufmerksamkeit bezüglich kommunaler Probleme und Themen. Kein Tag vergeht, in der nicht in Features, Nachrichten und Analysen über die Krise der Städte und Gemeinden ausführlich berichtet wird. Die Roadmap kommunaler Probleme in den Medien wird immer dichter.

Hinzukommen die Auswirkungen des Regierungsumzuges vom Rhein an die Spree. Die steigende Zahl von Journalisten und Agenturen, auch aus dem Ausland, die damit verbundene Verschärfung des Wettbewerbs der Medien und die Konzentration der politischen Akteure auf der Berliner Bühne fordern den kommunalen Spitzenverbänden mehr Professionalität und Einsatz ab. Non-stop-Nachrichtenprogramme und das Internet verschärfen den Kampf um Aufmerksamkeit. Die Reaktionszeit wird immer kürzer. Agenturmeldungen erzeugen neue Agenturmeldungen, ohne das die Nachricht eine breite Öffentlichkeit erreicht hat. Ziel ist es, so oft wie möglich auf die Agenda der Medien zu kommen.

2 Die Arbeit des Deutschen Städte- und Gemeindebundes

Der Deutsche Städte- und Gemeindebund ist neben dem Deutschen Städtetag und dem Deutschen Landkreistag einer der drei kommunalen Spitzenverbände in Deutschland. Sie vertreten öffentliche Anliegen. Von anderen Verbandsorganisationen, vor allem von berufs- und fachbezogenen Körperschaften und Interessenverbänden, unterscheiden sie sich dadurch, dass ihre unmittelbaren und mittelbaren Mitglieder nicht anders als Bund und Länder Gebietskörperschaften sind, deren Organe für ihr Gebiet eine politische Gesamtverantwortung tragen. Damit sind die kommunalen Spitzenverbände weit mehr als reine Lobbyverbände. Vielmehr vertreten sie Gemeinwohlinteressen der Städte und Gemeinden.

Die Städte als Lobbyorganisationen 257

Die kommunalen Spitzenverbände wirken zum Teil auf Grund ausdrücklicher gesetzlicher Regelung in einer Vielzahl von Gremien und Einrichtungen des Bundes und der Länder beschließend oder beratend mit.

Der Deutsche Städtetag repräsentiert die kreisfreien Städte, der Deutsche Städte- und Gemeindebund die kreisangehörigen Städte und Gemeinden. In den neuen Bundesländern gibt es nur noch einen zentralen Verband für alle Städte und Gemeinden. Der Deutsche Landkreistag vertritt alle 323 Landkreise in Deutschland.

Zur Erleichterung und Koordinierung der verbandlichen Zusammenarbeit schlossen sich die kommunalen Spitzenverbände auf Bundesebene unter Federführung des Deutschen Städtetages zu einer Arbeitsgemeinschaft zusammen: der Bundesvereinigung der kommunalen Spitzenverbände, um sich zu übergreifenden kommunalen Problemen gemeinsam zu äußern.

Die kommunalen Spitzenverbände finanzieren sich frei von Staatszuschüssen ausschließlich durch Mitgliedsbeiträge, die nach einen bestimmten Schlüssel auf der Grundlage der Einwohnerzahlen von Städten und Gemeinden erhoben werden.

2.1 Aufgaben

Als kommunaler Spitzenverband vertritt der Deutsche Städte- und Gemeindebund die Interessen der kommunalen Selbstverwaltung kreisangehöriger Städte und Gemeinden in Deutschland und Europa. Seine 16 Mitgliedsverbände repräsentieren über 13.000 Städte und Gemeinden in Deutschland mit mehr als 47 Millionen Einwohnern. Er ist föderal organisiert und parteipolitisch unabhängig. Die Besetzung der Organe orientiert sich an dem Votum der Wähler bei den Kommunalwahlen.

Der Deutsche Städte- und Gemeindebund ist tätig als

1. kommunale Interessenvertretung: kontinuierliche Kontaktpflege zu den Verantwortlichen in Bundestag, Bundesregierung, Bundesrat, Europäischer Union und anderen Organisationen; gezielte Einbindung kommunalpolitischer Stellungnahmen in politische Entscheidungsfindungsprozesse und Beschlussvorlagen der Ausschüsse; sowie effizientes Mitwirken in den bundesstaatlichen Beratungsorganen, dem Konjunkturrat sowie dem Finanzplanungsrat;
2. kommunales Informationsnetzwerk: Sensibilisierung und Mobilisierung der Öffentlichkeit und der Medien für aktuelle kommunalpolitische Themen und Probleme;
3. kommunale Koordinierungsstelle: permanenter Erfahrungs- und Informationsustausch unter den 16 Mitgliedsverbänden;
4. kommunales Vertretungsorgan: Repräsentation in zentralen Organisationen, die kommunalen Interessen dienen oder sie fördern (u.a. Deutscher Sparkassen- und Giroverband, Deutsche Krankenhausgesellschaft).

Das zweimal jährlich tagende Präsidium und die verschiedenen Fachausschüsse wie u.a. Städtebau und Umwelt, Finanzen und Kommunalwirtschaft, Wirtschaft, Verkehr und Tourismus oder Soziales, Jugend- und Gesundheit erarbeiten Stellungnahmen zu zentralen kommunalpolitischen Themen. Der Hauptausschuss, bestehend aus 120 (Ober)Bürgermeistern und Ratsmitgliedern von Städten und Gemeinden aus allen Teilen Deutschlands, befasst sich mit grundlegenden Fragen der Kommunalpolitik. So rückte der Hauptausschuss des DStGB im Jahre 2000 erstmals das Thema Demografie auf die Agenda der Kommunalpolitik in Deutschland. Präsident und Hauptgeschäftsführer vertreten den kommunalen Spitzenverband nach außen. Alle drei Jahre findet ein zentraler Gemeindekongress statt.

2.2 Europa als neue Aufgabe

Die wachsende Einflussnahme des europäischen Rechts wird sich auch nachhaltig auf die kommunalen Aufgaben auswirken. Um die kommunalen Interessen auch auf EU-Ebene zu vertreten, kooperiert der Deutsche Städte- und Gemeindebund mit internationalen Organisationen, wie dem Rat der Gemeinden und Regionen Europas, dem Internationalen Gemeindeverband sowie dem Ausschuss der Regionen. Auch in Zukunft beteiligt sich der DStGB aktiv an diesen internationalen Vernetzungen, um die Interessen der kommunalen Selbstverwaltung in einem geeinten Europa zu stärken.

Kommunalpolitik und Europapolitik sind unmittelbar miteinander verwoben. Über 60% aller kommunalrelevanten Gesetze und Verordnungen werden von der EU verursacht. In Brüssel werden auch kommunalpolitische Fragen stark beeinflusst: Anlass genug für den Deutschen Städte- und Gemeindebund, die Interessen der deutschen Städte und Gemeinden wirkungsvoll in Europa zu vertreten.

Im Jahre 2002 hat der Deutsche Städte- und Gemeindebund sein Europabüro in Brüssel ausgebaut. Die Mitarbeiter halten dort Kontakt zu Vertretern der Europäischen Kommission und informieren u.a. über einen Newsletter den DStGB und seine Mitglieder über kommunalrelevante Themen der europäischen Politik. Zusätzlich werden Gespräche mit Mitgliedern der Kommission vorbereitet, zum Beispiel zu den Themen Daseinsvorsorge, Energieliberalisierung, Verkehrspolitik und Tourismus. Bereits mehrfach hat der DStGB in Brüssel Pressekonferenzen durchgeführt.

Besonderes Augenmerk gilt der Europäischen Kommission. Von ihr geht in der Regel die Initiative zur Gesetzgebung aus. Um auch hier Einfluss zu nehmen, veranstaltet der DStGB in Brüssel u.a. „Round-Table-Gespräche". Diese fachpolitischen Gespräche (u.a. zur Agenda 2000, zur Reform der Strukturfonds und zu den Perspektiven der ländlichen Entwicklung in Europa) stoßen bei der Kommission auf große Resonanz. Zahlreiche schriftlichen Stellungnahmen ergänzen die Gespräche.

Parallel zur Arbeit mit der Europäischen Kommission führt der DStGB unmittelbar fachpolitische Dialoge mit den Abgeordneten des Europäischen Parlaments. Ziel ist es, im Parlament Sensibilität für die Auswirkungen der Brüsseler Entscheidungen auf die Städte und Gemeinden zu erzeugen. Wichtig ist vor allem, dass geplante Regelungsakte im Hinblick auf ihre Umsetzbarkeit in den Städten und Gemeinden überprüft werden.

Der Deutsche Städte- und Gemeindebund forciert seine Europaaktivitäten auch im Inland. 1999 wurde eigens ein Fachausschuss für Europafragen eingerichtet. Damit ist der DStGB der einzige kommunale Spitzenverband in Deutschland, der über ein fachpolitisches Gremium verfügt, das sich direkt mit europäischen Fragen befasst.

Der Kongress der Gemeinden und Regionen Europas beim Europarat (KGRE) dokumentiert die unmittelbare regionale und kommunale Mitwirkungsmöglichkeit bei den Arbeiten des Europarates. Bisher wichtigstes völkerrechtliches Dokument des KGRE aus kommunaler Sicht ist die Europäische Charta der kommunalen Selbstverwaltung (ECKS). Die Charta wurde von fast allen EU-Mitgliedsstaaten – auch von Deutschland – völkerrechtlich verbindlich ratifziert. Sie ist damit auch eine wichtige Grundlage für die Stärkung der lokalen Demokratie im Integrationsprozess der Europäischen Union und für die Staaten in Mittel- und Osteuropa.

Der Deutsche Städte- und Gemeindebund ist unmittelbares Mitglied im Europäischen kommunalen Spitzenverband Council of European Municipalities and Regions (CEMR/Europäischer RGRE). Der Verband repräsentiert aus 29 Staaten in Europa mehr als 100.000 Kommunen. Verschiedene Arbeitsgruppen vertreten die Interessen der Kommunen in der Europapolitik. Der DStGB engagiert sich besonders in der Arbeitsgruppe „Lokale Beschäftigungsinitiativen".

Gute Verbindungen unterhält der Deutsche Städte- und Gemeindebund mit dem Schwedischen Gemeindeverband, dem Österreichischen Gemeindebund und dem Österreichischen Städtebund. Mit dem Österreichischen Gemeindebund geht der Deutsche Städte- und Gemeindebund im Herbst 2003 eine partnerschaftliche Verbindung ein. Ziel ist es, die Interessenvertretung der Kommunen in Europa zu stärken, aber auch bei nationalen Aufgaben intensiver zusammen zu arbeiten. Die Europaausschüsse der beiden Verbände haben bereits mehrfach zusammen getagt und gemeinsame Initiativen gestartet.

Für den europäischen Einigungsprozess sind die über 5.000 Städtepartnerschaften in Europa ein wichtiger Baustein. Sie fördern das gegenseitige Kennenlernen der Menschen und stärken das Zusammenwachsen Europas. Im Bereich der Städtepartnerschaften kooperieren der Deutsche Städte- und Gemeindebund unmittelbar mit dem Rat der Gemeinden und Regionen Europas – Deutsche Sektion, die zentrale Kompetenzen bei der Partnerschaftspflege hat. Der RGRE bietet rund um dieses Thema Informationen und auch eine umfangreiche Partnerschaftsbörse.

2.3 Besondere Merkmale der Verbandsarbeit

Die kommunalen Spitzenverbände haben in Deutschland eine herausgehobene Funktion: Nach den Geschäftsordnungen des Deutschen Bundestages und der Bundesministerien haben sie ein Anhörungsrecht bei kommunalrelevanten Gesetzesvorhaben in den Ausschüssen des Deutschen Bundestages und bei entsprechenden Vorhaben der Bundesregierung. Mit dieser herausgehobenen Stellung wird den besonderen Merkmalen der Interessenvertretung der Städte, Gemeinden und Kreise Rechnung getragen. Verfassungsrechtlich sind die Kommunen zwar Teil der Länder; ihre ständig steigende Bedeutung für ein funktionsfähiges Gemeinwesen gibt ihnen jedoch eine herausgehobene Position im Staatswesen. Aus diesem Grund sind die kommunalen Spitzenverbände auch nicht mit allgemeinen Lobbyverbänden zu vergleichen. Die herausgehobene Stellung der kommunalen Spitzenverbände kommt auch durch die Mitgliedschaft im Finanzplanungsrat, im Konjunkturrat und in der Zuwanderungskommission zum Ausdruck. Vertreter der kommunalen Spitzenverbände arbeiten darüber hinaus im Vorstand des Deutschen Sparkassen- und Giroverbandes mit.

2.4 Instrumente

Durch die in den Geschäftsordnungen des Deutschen Bundestages und der Bundesministerien verbrieften Beteiligungsrechte am Gesetzgebungsverfahren erhält der Deutsche Städte- und Gemeindebund Referentenentwürfe kommunalrelevanter Gesetze zur Stellungnahme. Die Hauptgeschäftstelle erarbeitet in Abstimmung mit den Gremien des Verbandes entsprechende Stellungnahmen, leitet diese an den Bund weiter und erläutert diese in den Anhörungen. Diese formalisierte Beteiligung wird ergänzt durch informelle Instrumente wie persönliche Gespräche mit Abgeordneten, Ministern, Staatssekretären und leitenden Mitarbeitern aus den Ministerien. Die Bundesregierung nutzt aktiv das Wissen und die Problemlösungskompetenz der kommunalen Spitzenverbände. In der Regel finden vierteljährlich Ministergespräche mit den Vertretern der Kommunen statt. Auf den Tagesordnungen befinden sich neben konkreten Gesetzesvorhaben auch erste Überlegungen zu Reformvorhaben, neue Maßnahmen oder Anregungen zur Politik des Bundes. Besonders wertvoll für die Arbeit der kommunalen Spitzenverbände ist der frühzeitige informelle Austausch mit leitenden Mitarbeitern aus den Ministerien und den Fraktionen des Deutschen Bundestages. In diesen Gesprächen werden oftmals Grundlagen für gesetzgeberische Maßnahmen gelegt. Die Vertreter der Spitzenverbände sind mit ihrem Wissen aus den Städten und Gemeinden und mit ihrer Problemlösungskompetenz geschätzte Diskussionspartner.

In den letzten Jahren hat sich die Mitarbeit von Vertretern des Deutschen Städte- und Gemeindebundes in Reformkommissionen auf Bundesebene verstärkt. Mitgliedschaften des Hauptgeschäftsführers des DStGB in der Zuwanderungskommission, des Zuwanderungsrates und der Gemeindefinanzreformkommission zeugen von der zunehmenden Bedeutung der Städte und Gemeinden bei der Lösung zentraler politischer Probleme und von der Kompetenz der Verbandes. Unterhalb dieser Leitkommissionen arbeiten Mitarbeiter des DStGB in weiteren Gremien so zum

Die Städte als Lobbyorganisationen 261

Beispiel im Deutschen Verein für private und öffentliche Fürsorge und im Kulturrat mit.

Die Medienarbeit hat für die Verbandsarbeit des Deutschen Städte- und Gemeindebundes höchste Priorität. Wer Ideen umsetzen will, braucht Verbündete und die Öffentlichkeit. Gezielte Presseaktionen des Deutschen Städte- und Gemeindebundes führen immer wieder zu einer breiten Berichterstattung in den Print- und elektronischen Medien. Ihre Wirkungen auf die Politik und auf die politischen Entscheidungsträger sind unverkennbar. Die insbesondere durch den Wettbewerb der Medien ausgelöste verstärkte Zuspitzung und Popularisierung der Themen in den Zeitungen und Magazinen führt zu klaren und verständlichen Botschaften die häufig die Expertensprache „durchbrechen" und damit auch zu einer stärkeren Verbreitung in der Öffentlichkeit beitragen. Der Deutsche Städte- und Gemeindebund setzt in seiner Medienstrategie verstärkt auf die deutliche Herausarbeitung der Probleme der Städte und Gemeinden aus dem Blickfeld der Bürger und Unternehmen. Die erfolgreiche Medienarbeit des DStGB verstärkt somit die Wirkungen der Stellungnahmen in den formalen Politikprozessen (Anhörungen).

Die klassische Pressearbeit in Form von Pressemitteilungen, Bundespressekonferenzen, Interviews und Hintergrundgesprächen wird durch die sich ständig ausweitende Internetpräsentation des Deutschen Städte- und Gemeindebundes (www.dstgb. de) ergänzt. Mit mehr als 1,5 Millionen Zugriffen im Jahr liegt der DStGB weit vor anderen kommunalen Spitzenverbänden in Deutschland. Zielgruppen des Internetauftritts sind die interessierte Fachöffentlichkeit, die Städte und Gemeinden sowie Politiker. Brennpunktthemen wie die Reform der Gemeindefinanzen, Sicherheit in den Städten und eGovernment fokussieren die Arbeit des DStGB. Ein modernes Content-Management-System erlaubt höchste Aktualität.

Die Verbandskommunikation wird ergänzt durch die Zeitschrift *Stadt und Gemeinde*, DStGB-Dokumentationen, *DStGB-Aktuell* und den Newsletter *Bericht aus Berlin*. Die monatlich erscheinende Zeitschrift (www.stadt-und-gemeinde.de) berichtet über grundlegende Themen der aktuellen Kommunalpolitik. Die DStGB-Dokumentationen werden aus aktuellen Anlässen herausgegeben. Diese Handreichungen und Kurzdarstellungen, in einer Gesamtauflage von mittlerweile über 120.000 Exemplaren erschienen, sind praxisorientiert und bieten den Städten und Gemeinden in konzentrierter Form kompaktes Lösungswissen an. Das *DStGB-Aktuell* ist ein Wochendienst der die Mitgliedsverbände umfassend über wichtige kommunalpolitische Themen und die Bundespolitik informiert. Monatlich erscheint der *Bericht aus Berlin* – ein Newsletter mit Kurzinformationen.

2.5 Beispiele erfolgreicher Arbeit des DStGB

Neben der Verankerung der Kommunen im Entwurf der Verfassung der Europäischen Union – die fundamentale Bedeutung dieser Maßnahme für die Sicherung der Selbstverwaltung der Städte und Gemeinden wird erst in den nächsten Jahren richtig abzuschätzen sein – gibt es zahlreiche Erfolge der Arbeit des DStGB, die zur unmittelbaren Stärkung der Städte und Gemeinden in Deutschland geführt haben. Dies trifft besonders für die Finanzen zu. Durch die Einigung über die sogenannte Gewerbesteuersteuerzerlegung der Deutschen Telekom AG im Jahr 1999 erhalten nicht nur die vornehmlich in den Großstädten angesiedelten Niederlassungsorte Steuereinnahmen, sondern auch die kreisangehörigen Gemeinden. Milliarden Euro an Gewerbesteuer fließen durch diese neue Berechnungsform in die Kassen der Mitgliedsstädte des DStGB. Vorausgegangen waren langwierige Verhandlungen des DStGB mit Bund und Ländern. Auch die Rückbereitstellung der Mittel im Rahmen der Fluthilfezahlungen in Höhe von 890 Millionen Euro ist auf das besondere Engagement des Deutschen Städte- und Gemeindebundes zurückzuführen.

Die im Rahmen der Reform des Arbeitsmarktes vorgesehene Zusammenlegung der Arbeitslosenhilfe und der Sozialhilfe geht auf Vorschläge und Forderungen des Deutschen Städte- und Gemeindebundes zurück. Bereits Anfang der neunziger Jahre hatte der DStGB diesen Vorschlag auf einer Pressekonferenz in Bonn gemacht. Damals wurde der Vorschlag als nicht sinnvoll und organisatorisch als nicht machbar gewertet. Jetzt im Jahre 2003 zählt dieses Vorhaben zu den Kernelementen der Arbeitsmarktreformen in Deutschland.

Auf Einwand des Deutschen Städte- und Gemeindebundes wurden in die Kommission zur Reform des Föderalismus in Deutschland auch drei Vertreter der kommunalen Spitzenverbände berufen. Die Regierungsvorschläge sahen dies erst nicht vor.

Darüber hinaus ist der Verband an Maßnahmen zur Entbürokratisierung und zum Abbau von überzogenen Standards maßgeblich beteiligt.

3 Wandel der Verbandsarbeit

3.1 Neue Formen spezieller Interessenvertretungen

Die zunehmende Komplexität der Aufgaben auch im öffentlichen Sektor und die sich daraus ableitende stärkere Spezialisierung führt auf der Ebene der Kommunen dazu, spezielle Interessen in Fachverbänden zu bündeln und gesondert zu organisieren. Derartige Fachverbände wie der Verband kommunaler Unternehmen, die Abwassertechnische Vereinigung oder die KGSt haben spezielle Aufgaben. So ist die KGSt ein von Städten, Gemeinden und Kreisen gemeinsam getragener Fachverband für kommunales Management unterhalb der Ebene der kommunalen Spitzenverbände. Derartige Einrichtungen sind weder Wettbewerber noch originäre, von den Städten und Gemeinden legitimierte Einrichtungen für die Vertretung politischer Interessen. Angesichts der katastrophalen Finanzlage der Städte und Gemeinden organisieren sich in jüngster Zeit informell regionale Aktionsbündnisse wie zum Beispiel der gemeinsame Auftritt von Oberbürgermeistern aus den Ruhrgebietsstädten, um öffentlich gegen die Finanzmisere der Kommunen zu protestieren. Vereinzelt haben große Städte eigene Interessenbüros zur Vertretung ihrer spezifischen Interessen bei der Europäischen Union eingerichtet.

Neben dem privaten und öffentlichen Sektor gewinnt der dritte Sektor in den nächsten Jahren an Bedeutung. Dezentralisierung und Subsidiarität führen dazu, dass bisher staatliche oder kommunale Aufgaben von Bürgern in eigener Verantwortung wahrgenommen werden. Neue Technologien wie das Internet beschleunigen diesen Prozess der Vernetzung von Akteuren. Immer mehr Bürger werden sich in bestimmten Bereichen selbst verwalten und zum Beispiel Kindergärten in einem Netzwerk mit anderen Eltern eigenverantwortlich führen. Vertragliche Vereinbarungen mit der Kommune regeln finanzielle, rechtliche und organisatorische Fragen. Beispielsweise in einer Gemeinde in Niedersachsen organisieren Jugendliche mittels einer Homepage die Angebote und Nachfrage nach Zeitkontingenten von jungen Menschen, die älteren Mitbürgern, die nicht mehr lesen können, aus Büchern oder Zeitschriften vorlesen. Soziale Dienste werden künftig vermehrt von der Zivilgesellschaft übernommen. Darüber hinaus etablieren sich heute nicht nur zu ökologischen Fragen immer mehr NGOs (Non Government Organizations) auf regionaler und lokaler Ebene. Sie arbeiten weitgehend themen- und problemorientiert, ihre Organisationsformen sind flexibel. Kommunale Spitzenverbände werden künftig auch derartige Bürgerschaftsnetzwerke oder NGOs mit in ihre Arbeit einbeziehen müssen, wollen sie die gesamte Breite des politischen Lebens in den Städten und Gemeinden abbilden, um daraus ihre Politik einer umfassenden Interessenvertretung der kommunalen Selbstverwaltung zu legitimieren.

3.2 Reformfähigkeit der Verbände

Mangelnde Veränderungsbereitschaft und die fehlende Neuausrichtung auf die Aufgaben der Zukunft können dazu führen, dass sich die Mitglieder in einer Organisation nicht mehr vertreten fühlen. Im Bereich der Wirtschaft führt dies dazu, dass einzelne große Unternehmen aus den Verbänden aussteigen und sich selbst durch Politikberatungsagenturen vertreten lassen. Ihnen geht es zu aller erst um den konkreten Nutzen für das Unternehmen selbst. Die Situation auf der kommunalen Ebene ist eine andere. Alle Kommunen in Deutschland gehören einem kommunalen Spitzenverband an. Die Kosten-Nutzen-Relation bezieht sich nicht auf konkrete Leistungen für die einzelne Kommune, sondern auf das politische Gewicht der Repräsentation der Kommunen gegenüber Bund und Ländern. Diese Aufgabewahrnehmung ist unbestritten. Darüber hinaus werden die kommunalen Spitzenverbände künftig ihren Mitgliedern konkrete Dienstleistungen anbieten. Gute Erfahrungen macht der DStGB mit der Herausgabe praktischer Handreichungen und Checklisten zum Beispiel für die elektronische Vergabe von Aufträgen oder zur Städtebauentwicklung. Rahmenverträge mit der Industrie ermöglichen es den Kommunen, Produkte und Leistungen zu besseren Konditionen zu beziehen. Angesichts der zunehmenden Bereitstellung elektronischer Services im Internet (Webservices) und vor dem Hintergrund zunehmenden Kooperationen zwischen den Verwaltungen steigt die Nachfrage nach derartigen zentralen Diensten ständig. Mittelfristig werden die damit verbundenen Skaleneffekte für die Kommunen von großer Bedeutung sein.

4 Neue Anforderungen

4.1 Neue Aufgaben der kommunalen Spitzenverbände

Deutschland befindet sich in einem Jahrzehnt der Reformen. In den nächsten Jahren müssen entscheidende Weichen neu gestellt und grundlegende Reformen umgesetzt werden. Die Neuausrichtung der sozialen Sicherungssysteme angesichts der wirtschaftlichen und demografischen Veränderungen wird auch die Städte und Gemeinden vor gewaltige Herausforderungen stellen. So benötigt die rapide zunehmende alternde Gesellschaft ab den Jahren 2015 bis 2025 andere Infrastrukturen in den Kommunen, die heute konzipiert, geplant und in den nächsten Jahren umgesetzt werden müssen. Die Modernisierung des Föderalismus und die anstehenden Verwaltungsreformen führen angesichts zunehmender Kooperationen zwischen Verwaltungen und mit Dritten zu einem neuen Management des Public Sektors. Flexible, auf bestimmte Themen ausgerichtete Taskforces ergänzen und lösen langfristig starre Verwaltungsstrukturen ab. Die Städte und Gemeinden spielen bei dem Prozess der grundlegenden Neuausrichtung eine besondere Rolle. Sie brauchen ein starkes Sprachrohr in der Politik, um die Kommunen als Fundament des Staates zukunftsfest zu machen. Für die kommunalen Spitzenverbände bedeutet dies eine starke Focusierung auf solche Reformenthemen, die unmittelbar und mittelbar die Städte und Gemeinden berühren. Verlangt werden strategische Konzepte und Umsetzungspläne zu den zentralen Fragen der Politik. Um die Qualität der Vorschläge und Empfehlungen zu verbessern, müssten im verstärktem Maße Experten anderer Einrichtungen in die Gremienarbeit der Spitzenverbände mit eingebunden werden.

In Zukunft wird es immer schwieriger, kommunale Themen klar herauszuarbeiten. Fast alle Politikbereiche berühren letztendlich die Städte und Gemeinden. Dies trifft für die Gesundheitspolitik genauso zu wie für Fragen der Bildung. Dies bedeutet, dass sich die kommunalen Spitzenverbände auch in diese Politikbereiche einbringen und zum Beispiel zu Fragen der wirtschaftlichen Rahmenbedingungen, Regelungen des Arbeitsmarktes oder Grundfragen der sozialen Sicherungssysteme Stellung beziehen müssen.

Neben dem neuen Aufgabenfeld der politischen Analyse werden angesichts der zunehmenden Bedeutung der Medienarbeit verstärkt Redaktionsteams Stellungnahmen und Vorschläge in neuen Medienformaten präsentieren und kommunizieren müssen. Nachrichtenservices werden nicht nur die Mitglieder der Verbände informieren, sondern künftig auch die politischen Entscheidungsträger in Bund und Länder. Notwendig sind entsprechende Kommunikationskonzepte, die die Strategien des Politikmarketing der Verbände im Einzelnen festlegen.

Zur grundlegenden Neuordnung des Verhältnisses zwischen Bund, Länder und Gemeinden gehört auch die Einführung des Konsultationsmechanismus beispielsweise nach österreichischem Vorbild. In Österreich kann der Bund die kommunale Ebene nur belasten, wenn eine einvernehmliche Regelung über die Kosten getroffen wurde. Kommt keine Vereinbarung zustande, trägt die Ebene die Kosten, die die Regelung veranlasst hat. Dies hat dazu geführt, dass im vergangenen Jahr die Anzahl der vorgelegten Gesetzentwürfe halbiert wurde. Die Einführung eines solchen Konsultationsverfahrens erfordert eine Ausweitung und weitere Qualifizierung der Verbandsarbeit, um den anfallenden Prüfaufträgen im Rahmen eines solchen Mechanismus auch Rechnung tragen zu können.

4.2 Spitzenverbände als Netzwerke

Zusätzliche Ressourcen zur Optimierung der Verbandsarbeit liegen in der umfassenden Zusammenarbeit auf der Basis elektronischer Netzwerke zwischen den Mitgliedsverbänden, zu anderen Verbänden und zu den Städten und Gemeinden. Es gilt, diese Zusammenarbeit in den kommenden Jahren weiter zu verbessern und durch ein Wissensmanagement einen kontinuierlichen Austausch von Informationen und Wissen sicher zu stellen und zu fördern.

Darüber hinaus verstärken gezielte Aktionen mit Partnerverbänden die politische Einflussnahme. So hat der Deutsche Städte- und Gemeindebund bereits vor einigen Jahren erfolgreich ein Zehn-Punkte-Papier zur Förderung der Sicherheit in Städten und Gemeinden gemeinsam mit der Gewerkschaft der Polizei erarbeitet und in einer gemeinsamen Pressekonferenz der Öffentlichkeit vorgestellt. Solche themenorientierte Allianzen mit anderen Verbänden oder Einrichtungen erhöhen die Schlagkraft der Arbeit der Verbände und sind auszubauen.

4.3 Neue Instrumente

In Zukunft müssen kommunale Spitzenverbände noch stärker mobilisieren und kampagnenfähig werden. Mit Beginn des Jahres 2003 hat der Deutsche Städte- und Gemeindebund eine bundesweite Kampagne unter dem Motto „Rettet die Kommunen!" gestartet. Über 30.000 Informationsflyer wurden an die Städte und Gemeinden verteilt. Eine in der Politikkommunikation versierte PR-Agentur hatte nach Vorgaben des DStGB eine Plakatkampagne mit verschiedenen provokanten Motiven (so unter anderem der Bürgermeister als Vampir: Ausgesaugt von Bund und Ländern...), Logos, T-Shirts, Flaggen und Banner entwickelt. Mehr als 10.000 Plakate wurden bis Ende Juli 2003 eingesetzt. Protestveranstaltung in vielen Teilen Deutschlands so in Schwerin und Berching in der Oberpfalz ergänzten gemeindliche Aktionen wie zum Beispiel Protestveranstaltungen in Freibädern unter dem Motto „Das Wasser steht uns bis zum Hals". Aufmerksam gemacht wurde auf die durch die katastrophale Finanzlage ausgelöste Handlungsunfähigkeit der Städte und Gemeinden, die ihre Leistungen für Bürger und Wirtschaft nicht mehr erfüllen können. Die Proteste richteten sich gegen Bund und Länder, die den Kommunen immer weitere Lasten aufbürden, ohne die Finanzierung der Maßnahmen sicherzustellen. In der Landeshauptstadt Schwerin gingen mehr als 800 (Ober)Bürgermeister, Ratsvertreter und Mitarbeiter kommunaler Verwaltungen auf die Straße, um gegen den Bund und das Land zu protestieren. In Berching in der Oberpfalz fand im Mai 2003 die größte Protestaktion von (Ober)Bürgermeistern, Landräten, Rats- und Kreistagsmitgliedern seit Gründung der Bundesrepublik statt. Mehr als 7.000 Menschen versammelten sich auf dem beschaulichen Marktplatz und protestierten mit individuellen Transparenten und Plakaten gegen die Finanzmisere. Der bayerische Innenminister Beckstein und der Hauptgeschäftsführer des Deutsche Städte- und Gemeindebundes, Landsberg, sprachen zu den Demonstranten. Begleitet wurde die Protestveranstaltung durch ein umfangreiches Medienaufgebot, wie es sonst nur bei Parteitagen der Fall ist. Die regionale und überregionale Berichterstattung war äußerst umfassend. Aus Anlass dieser Veranstaltung verkündete der bayerischen Innenminister eigens ein Hilfsprogramm des Landes Bayern, sollte auf Bundesebene keine für die Städte und Gemeinden ausreichende Lösung der Finanzprobleme gefunden werden.

Die Großveranstaltungen in Mecklenburg-Vorpommern und Bayern wurden ergänzt durch viele kleine Protestkundgebungen. Ratsversammlungen verabschiedeten Resolutionen und schickten diese an die Bundesregierung und an die jeweilige Landesregierung. In Sachsen wurde vom Sächsischen Gemeindetag ein Protesttag ausgerufen. Am 26. Juni 2003 wurden in vielen Städten und Gemeinden Sachsens für einen bestimmten Zeitraum öffentliche Einrichtungen wie Schwimmbäder und Rathäuser geschlossen. Am Tag danach trat der gesamte Landesverstand des Sächsischen Gemeindetages vor die Presse und informierte über die Protestaktion „Rettet die Kommunen!" Im Herbst hat eine weitere Protestveranstaltung vor dem Bundesrat in Berlin stattgefunden.

Die zentral vom Deutschen Städte- und Gemeindebund entwickelte und dezentral in den Städten und Gemeinden durchgeführte Kampagne macht deutlich, welch großes Mobilisierungspotenzial für Proteste in den Städten und Gemeinden in Deutschlands zur Verfügung steht. Stellt man das geringe Budget dem Millionenaufwand zum Beispiel von Gewerkschaftskampagnen gegenüber, so wurde dieser Testlauf glänzend bestanden. Bisher hatte es in der Verbandsgeschichte noch keinen Fall gegeben, bei dem Bürgermeister als Repräsentanten des Gemeinwesens gegen Bund und Länder aktiv auf die Straße gingen.

Der inzwischen hohe Grad der elektronischen Vernetzung der Verwaltungen lässt neue Formen der Mitwirkung an Vorhaben der kommunalen Spitzenverbände zu. Mehr als 75% der deutschen Städte und Gemeinden haben eine eigene Homepage und informieren über ihre Kommunen und ihre Aufgaben bzw. ermöglichen die elektronische Abwicklung von Verwaltungsverfahren. Fast 90% aller Mitarbeiter an bildschirmrelevanten Arbeitsplätzen (knapp 1 Millionen) verfügen über eine eigene

Mailadresse. Künftig können Mitarbeiter ebenfalls für bestimmte Aktionen mobilisiert werden.

Zu den neuen Instrumenten der Verbandsarbeit zählt auch eine stärkere Ausrichtung auf Projektarbeit und Projektmanagement. Das Internet macht es möglich, virtuelle Projekträume einzurichten und den Zugang hierzu auf Mitarbeitern aus Mitgliedsverbänden, Mitglieder von Ausschüssen oder auf Experten zu erweitern. Denkbar ist auch, in Einzelfragen ad hoc den Sachverstand durch E-Mailumfragen bei den Fachexperten der Städte und Gemeinden einzuholen. Eine schnelle und qualifizierte Vernetzung mit Experten der Basis macht es möglich, umfassendes Wissen der Regierung mit ihrer Ministerialbürokratie entgegen zu setzen. Erste Webkonferenzen mit Mitarbeitern der Verwaltungen wurden durchgeführt. Geplant ist der Aufbau eines Wissenssystems.

Hinzu kommen neue Anforderungen wie die Aufarbeitung statistischer Informationen unter kommunalen Gesichtspunkten und deren grafische Umsetzung und Kommunikation sowie die Erarbeitung besonderer Publikationsformate für unterschiedliche Zielgruppen wie zum Beispiel Entscheidungsträger des Bundes und der Länder, die Medien und die Städte und Gemeinden. Denkbar ist auch, dass mittels SMS zentrale Botschaften direkt auf die Handys der (Ober)bürgermeister gesendet werden, um Aktionen vor Ort mit bundespolitischen Aussagen oder Daten zu untermauern. Die Mehrfachbereitstellung von Content im Internet durch Zuordnungen zu Brennpunktthemen, Newsdiensten und Reports erhöhen die Wirkungsweise der erarbeiteten Stellungnahmen und Konzepte. Der journalistische Anspruch an die Pressearbeit der Verbände wird stark zunehmen. So wird es notwendig, Gesetzesvorhaben ständig zu verfolgen, durch Zeitschienen und fortlaufende Ergänzung der zentralen Dokumente den Sachverhalt ständig aktuell zu halten und zusätzlich zu kommentieren. Derartige Darstellungen sind um die konkreten Auswirkungen der Maßnahmen an Beispielen vor Ort zu ergänzen. Diese medialen Dossiers werden künftig die zentralen Botschaften der kommunalen Spitzenverbände widerspiegeln und auf hohe Aufmerksamkeit stoßen.

Die in den USA bereits u.a. durch das Broken-Institute in Washington praktizierte ICT-unterstützte Simulation von Gesetzentwürfen wird in den kommenden Jahren auch iEuropa und Deutschland erreichen und die bisher schon in Teilbereichen angewandte Gesetzesfolgenabschätzung zu ergänzen. Mit diesem softwaregesteuerten Verfahren kann die Wirkungsweise von Gesetzen simuliert werden, bevor diese im Parlament überhaupt beschlossen werden. Für die kommunalen Spitzenverbände könnte die Gesetzessimulation besonders interessant sein, um Wirkungen von Gesetzen des Bundes oder der Länder auf die Kommunen vorab festzustellen.

Das Verbandswesen im Informationszeitalter wird zunehmend durch das Internet geprägt sein. Die gesamte Außenkommunikation zu den Adressaten der kommunalen Politik, der Medien und der Fachöffentlichkeit sowie die Binnenkommunikation zu den Mitgliedsverbänden und zu den Städten und Gemeinden sowie ein Großteil der Verbandsorganisation wird künftig über das Internet abgewickelt werden. Der jederzeitige mobile Zugriff auf die Informationen des Verbandes erhöht die

Flexibilität und macht es möglich, im Wege des rapid response auf aktuelle politische Ereignisse oder Verhandlungen sofort zu reagieren und die Öffentlichkeit zu informieren. Verbände, die derartige moderne Informations- und Kommunikationssysteme einsetzen, werden einen Wettbewerbsvorteil haben.

Mittels eines Innovations-Channel im Internet ist es möglich, neue Dienstleistungen, insbesondere von kleinen und mittleren Unternehmen, bei den Städten und Gemeinden auf einfache und schnelle Weise bekannt zu machen. Der Deutsche Städte- und Gemeindebund hat dieses e-Learining Format bereits mehrfach erfolgreich eingesetzt und derartige 60 Minuten-Sendungen im Internet durchgeführt.

5 Fazit und Ausblick

Die Europäisierung und Internationalisierung der Politik gibt den Städten und Gemeinden neue Chancen zur Entwicklung. Neue Formen elektronischer Kommunikation und die schnelle Vernetzung von Akteuren verbessern die Möglichkeiten der kommunalen Spitzenverbände, Hand in Hand mit den Städten und Gemeinden, auf der politischen Bühne mehr Gehör zu finden. Für die künftige Verbandsarbeit kristallisieren sich folgende Trends heraus:

1. Eine stärker am Bürger und der Wirtschaft ausgerichtete Politik macht es notwendig, neben der Vertretung der politischen Interessen die vielen Alltagsprobleme der Kommunen frühzeitig zu identifizieren, zu analysieren, daraus Lösungsvorschläge zu entwickeln und diese an Bund und Länder heranzutragen. Ein solches Frühwarnsystem eröffnet auch Bund und Ländern neue Chancen zur Ausrichtung ihrer Politik.
2. Neben den Interessen der Kommunen rücken die Interessen der Bürger stärker in den Mittelpunkt der Verbandsarbeit (aktive Bürgergesellschaft). Kommunale Spitzenverbände müssen in der Politik Impulse zur Verbesserung des bürgerschaftlichen Engagements setzen, Allianzen und Netzwerke mit anderen Verbänden fördern und die Rahmenbedingungen des Bürgerengagements mit verbessern helfen. Zum Beispiel die Bereitstellung von Partizipationssoftware für Kommunen stärkt darüber hinaus die Mitwirkungsmöglichkeiten der Bürger und fördert den Gemeinsinn.
3. Die wirtschaftliche Macht der Kommunen muss in politische Macht umgesetzt werden. Die Kommunen sind mit zwei Dritteln des gesamten Investitionsvolumens der öffentlichen Hand der weitaus größte Investor, mit 1,5 Millionen Mitarbeitern der größte Arbeitgeber in Deutschland und der Gewährsträger der Sparkassen, die in Deutschland insbesondere das Handwerk und den Mittelstand mit Krediten versorgen. Um den Kommunen in der Politik einen höheren Stellenwert einzuräumen, muss die Arbeit der kommunalen Spitzenverbände gestärkt werden. Die Mitwirkungs- und Beteiligungsrechte müssen ausgebaut werden, zum Beispiel durch die Einführung des Konsultationsmechanis-

mus. In grundlegende Reformmaßnahmen müssen die Kommunen stärker eingebunden werden. Im Deutschen Bundestag muss wieder ein Kommunalausschuss eingerichtet werden. Bis zum Jahr 1994 gab es einen solchen Ausschuss für die Belange der Kommunen.

4. Die Zukunft der Vertretung kommunaler Interessen liegt verstärkt in Europa und damit in Brüssel.
5. Die Fokussierung auf zentrale Politikfelder wie Arbeit und Wirtschaft, Soziale Sicherung, Gesundheit, Bildung, Finanzen und Sicherheit verlangt eine stärkere Ausrichtung auf Strategien und Konzeptionen und weniger auf das Reagieren auf staatliche Gesetzentwürfe.
6. Die Kommunalpolitik wird sich immer stärker mit anderen Politikfeldern verbinden. Notwendig ist daher eine breitere Ausrichtung der Verbandsarbeit zum Beispiel auf die Wirtschaft, den Arbeitsmarkt und die Bildung.
7. Kampagnen ergänzen die formalen Mitwirkungsmöglichkeiten der kommunalen Spitzenverbände an der Gestaltung der Politik.
8. Die Medienarbeit und insbesondere das Internet wird an Bedeutung gewinnen.
9. Gezielte Partnerschaften mit anderen Verbänden zu bestimmten ad hoc-Themen werden die Vertretung kommunaler Interessen verstärken.
10. Das Wissensmanagement und die Bereitstellung von Wissen für die Städte und Gemeinden erlangen eine große Bedeutung und müssen ausgebaut werden. Das gilt besonders für Strategien und Konzepte zur Entwicklung und Umsetzung von Leitbildern in den Kommunen. Gleichzeitig bilden solche Systeme eine unerschöpfliche Quelle von Basisinformationen für die Arbeit der kommunalen Spitzenverbände.
11. Netzwerke über Innovationen, Probleme und Lösungen der Kommunen untereinander, mit anderen Behörden und privaten sowie wissenschaftlichen Einrichtungen gewinnen an Bedeutung. Sie verbessern und verbreitern den Austausch von Erfahrungen und Best Practice-Beispielen auf regionaler, nationaler und internationaler Ebene. Die kommunalen Spitzenverbände bilden künftig einen wichtigen Knoten in derartigen Netzwerken. Das gigantische Wissen der mehr als 13.000 Städte und Gemeinden in Deutschland wird – durch elektronische Medien richtig aufbereitet – zu einer unerschöpflichen Quelle von Innovation, Stärke und Wachstum.
12. Die kommunalen Spitzenverbände im Europa der 25 werden stärker zusammenarbeiten. Dies gilt angesichts der Erweiterung der Europäischen Union besonders mit osteuropäischen kommunalen Verbänden. Sie werden Strategien zum Aufbau moderner Politik- und Verwaltungsstrukturen und Problemlösungen untereinander austauschen.
13. Die kommunalen Spitzenverbände werden neben ihrer politischen Arbeit zu Dienstleistern der Städte, Gemeinden und Kreise. Als virtuelle Serviceprovider stellen sie den Kommunen künftig zentrale Dienste wie Einkaufsplattformen für Energie oder Telekommunikation und Dienste Dritter über Rahmenverträge zur Verfügung.

Der Deutsche Städte- und Gemeindebund stellt sich diesen Herausforderungen im Interesse einer zielgerichteten Vertretung der deutschen Städte und Gemeinden auf der nationalen und europäischen Ebene.

Dagegen sein ist nicht alles
Gewerkschaftliche Interessenvertretung in Berlins neuer Unübersichtlichkeit

Konrad Klingenburg

1 Einleitung

Im Sommer 2003 einen Text über gewerkschaftliche Lobbyarbeit zu schreiben ist keine vergnügungssteuerpflichtige Angelegenheit. Wöchentlich erscheinen neue Umfragen, in denen den Gewerkschaften nachgewiesen wird, dass sie keinen Rückhalt mehr in der Bevölkerung haben. Beinahe täglich lassen sich Kommentare in den überregionalen Blättern finden, in denen die Gewerkschaften als ewig gestrige Blockierer und Reform-Behinderer dargestellt werden.

Zweifellos stimmt, dass die Gewerkschaften in der Defensive sind. Richtig ist auch, dass sie dafür in Teilen selbst verantwortlich sind. Aber die Gründe für das inzwischen immer gewerkschaftsfeindlichere Klima im Land liegen nicht nur bei den Organisationen selbst. Sie haben viel mit grundsätzlich unterschiedlichen Wertemodellen und Politikansätzen zu tun. Ist es am Ende vielleicht so, dass die Gewerkschaften deswegen so in der Kritik stehen, weil sie unverändert skeptisch und ablehnend auf die Reformvorhaben der Bundesregierung reagieren?

Doch immer nur dagegen zu sein ist zu wenig. Das haben viele in den Gewerkschaften verstanden, und vor allem wollen das auch die Mitglieder nicht. Sie erwarten eine lösungsorientierte Arbeit, wie sie sie von ihren Betriebsräten in aller Regel kennen. Zu einem solchen Ansatz gehört aber auch deutlich zu sagen, was nicht gewollt ist und welche Ansätze man aus welchen Gründen für falsch hält.

Ziel des DGB und der Gewerkschaften ist es, und das mag manchen Kritiker überraschen, die sozial gerechte Modernisierung der Bundesrepublik mitzugestalten. Modernisierung setzt Reformen voraus, das haben die Gewerkschaften ganz genau verstanden. Aber eben keine Reformen, die Probleme nicht lösen und nur die Arbeitnehmerinnen und Arbeitnehmer belasten.

Unstrittig ist aber: Erfolgreich konnten die Gewerkschafts-Kritiker nur sein, weil der DGB und die Gewerkschaften in der Tat viele Angriffspunkte bieten. Es gibt da nichts zu beschönigen. Als Beleg muss man gar nicht den gescheiterten Streik und die Führungsquerelen der IG Metall im Frühjahr 2003 anführen.

Probleme gibt es schon viel länger. Dafür ist der Mitgliederverlust nur ein, aber ein ganz wichtiges, Indiz. Er resultiert aus dem Strukturwandel (Stichworte Stahl, Textil oder Bau) und der aus ihm folgenden hohen Arbeitslosigkeit, es wird dann auch an Beiträgen gespart. Zweiter wichtiger Faktor ist die Zunahme atypischer

Beschäftigungsverhältnisse. Und: Wer Mitglied einer Gewerkschaft wird, muss ein Prozent seines Bruttolohnes an Beitrag leisten. Da entscheidet eben ein nüchternes Kosten-Nutzen-Kalkül, das konkrete Angebot im Betrieb, am Arbeitsplatz, ob jemand eintritt oder nicht.

Gerade bei gut ausgebildeten jungen Menschen und insbesondere bei Frauen haben die Gewerkschaften Rekrutierungs-Probleme. Sie sind, wenn, dann noch in der „alten Ökonomie" stark. Frauen und Angestellte sind in den Gewerkschaften weniger repräsentiert, als es ihrem Anteil an allen Beschäftigten entspräche. Vor allem „die mit den weißen Kragen", die Wissensarbeiter, anzusprechen, das funktioniert trotz vieler Modellprojekte (zum Beispiel „connex.av." oder „students at work") der Gewerkschaften noch nicht gut genug. Weder der Ton noch das Angebot sind offenbar angemessen. Allerdings trifft das nicht nur die Gewerkschaften, sondern steht für den großen kulturellen Wandel der Gesellschaft. Auch Kirchen und Parteien verlieren nicht ohne Grund seit vielen Jahren Mitglieder. Klassische Milieus sind verschwunden, in denen auch die Mitgliedschaft in einer Gewerkschaft qua Geburt vorgegeben war.

Für die Gewerkschaften ist es ein Teufelskreis: mit schwindenden Mitgliederzahlen werden auch die finanziellen Möglichkeiten knapper. Eine denkbar schlechte Voraussetzung, um die vielen „weißen Flecken" zu beseitigen, also Betriebe, in denen Gewerkschaften gar nicht vertreten sind. Ohne Ansprache vor Ort lassen sich aber keine neuen Mitglieder werben. Ein Problem, das sich wegen des Strukturwandels und der Abnahme von Betriebsgrößen noch verschärft und auch mit neuen Medien nur sehr begrenzt auffangen lässt.

Aus diesen Schwierigkeiten heraus gibt es keinen Königsweg. Klare politische Ziele, klare Botschaften und ein gutes Angebot sind jedoch unverzichtbar. Themen wie Weiterbildung, lebensbegleitendes Lernen, eine flexible Arbeitszeitpolitik oder die bessere Vereinbarkeit von Familie und Beruf sind es, die in Zukunft das gewerkschaftliche Angebot noch stärker prägen müssen. Zeit wird zum Beispiel gerade für gut ausgebildete Beschäftigte zu einem knappen Gut. Das in einer qualitativ ausgerichteten Tarifpolitik aufzugreifen, die Zeitwohlstand neben materiellen stellt, ist eine der wichtigsten aktuellen Herausforderungen.

Auch wenn es nicht modern klingen mag: Was gut ist für die Arbeitnehmerinnen und Arbeitnehmer, ist auch gut für das Land und seine Wirtschaft. Es geht also um eine Verbindung der Interessen der Unternehmen und der Beschäftigten. Denn natürlich haben Gewerkschaften und konkret die Betriebsräte ein hohes Interesse am Erfolg „ihrer" Unternehmen. Eine den Interessen beider Sozialpartner gerecht werdende Verbindung von Flexibilität und Sicherheit, eine Gestaltung von Arbeitsbedingungen, die Innovationen fördern, und ein Ausbau der Mitbestimmung auch in global tätigen Konzernen sind Ansätze für moderne industrielle Beziehungen.

Die Gewerkschaften vertreten die Interessen der abhängig beschäftigten Menschen und nicht nur ihrer immer noch weit über sieben Millionen Mitglieder. Ziel ihres Handelns ist es, die Arbeits- und Lebensbedingungen so positiv wie möglich zu gestalten. Dazu gehört es auch, sie vor den Risiken der globalisierten Wirtschaft zu schützen. Und dafür zu sorgen, dass sie die Chancen nutzen können, die diese Wirtschaft ohne Frage auch bietet.

2 Deutschland einig „Verbändeland" – ein Abschied?

Verbände galten über Jahrzehnte als Erfolgsgaranten für das Modell Deutschland. Gerade Arbeitgeber und Gewerkschaften haben entscheidend zum sozialen Frieden in Deutschland beigetragen. Z.B. beförderten die im internationalen Vergleich wenigen Streiktage entscheidend die Entwicklung der Bundesrepublik zu einer der stärksten Wirtschaftsnationen der Welt. Sie ist das übrigens heute immer noch, auch wenn man den Eindruck bei der täglichen Zeitungslektüre nicht mehr haben muss.

Heute werden Verbände nicht mehr als Vertreter des Allgemeinwohls, sondern von Partikularinteressen, als „Alarmanlagen zur Sicherung egoistischer Interessen" (Hans-Ulrich Jörges), wahrgenommen. Egal ob es um das Dosenpfand oder die Arbeitsmarktpolitik geht, Verbände gelten gemeinhin als Störfaktoren, die die Arbeit der Regierenden, gleich welcher Couleur, behindern und blockieren.

Die Debatte über die Rolle und die Einflussmöglichkeiten von Verbänden ist grundsätzlich nicht unwichtig, wird jedoch in der Regel auf einem viel zu platten Niveau geführt. Alles wird in einen Topf geworfen, Verband mit Verband gleichgesetzt. Dass es aber erhebliche Unterschiede zwischen Verbraucherschutzverbänden und dem Verband forschender Arzneimittelhersteller gibt, und zwar mit Blick auf ihre Ziele und vor allem auf ihre Ressourcen, wird dann gerne übersehen.

Auch die Arbeitgeberverbände stehen immer wieder in der Kritik, besonders aus den eigenen Reihen (*Die Zeit*, 28.11.02). Mehr und mehr Unternehmen sind mit eigenen Büros in Berlin und Brüssel präsent. Die Vorstandsvorsitzenden großer Konzerne suchen den direkten Draht zum Kanzler, seinen Zigarren- und Rotwein-Runden.

Das Lobbying der Wirtschaft wird durch PR-Maßnahmen und -Ansätze ergänzt. Vor allem mit der „Initiative neue soziale Marktwirtschaft", die mit dem griffigen Slogan „Chancen für Alle" wirbt, sind die Arbeitgeber und ihnen nahestehende Kreise sehr erfolgreich gewesen. Mit einem Etat von 100 Millionen DM für fünf Jahre, gestützt auf die Expertise des arbeitgebernahen Instituts der deutschen Wirtschaft (IW) in Köln und unterstützt von namhaften „Botschaftern" quer durch alle Parteien, Sport und Unterhaltung, hat diese Initiative entscheidend dazu beigetragen, die Politik in unserem Land grundlegend zu verändern.

Nun ist Geld allein nicht alles, aber es hilft schon, mediale Aufmerksamkeit und publizistische Wahrnehmung zu finden. Ein anderes Beispiel dafür ist der im Frühjahr 2003 präsentierte „Bürger-Konvent". Mit ihm wird zum Aufstand des Bürgertums gegen die angeblich handlungsunfähige Politik aufgerufen – die das natürlich wegen der vaterlandslosen Gesellen aus den Gewerkschaftszentralen ist. Auch hinter diesem Aufruf steckt viel Geld, sonst ließen sich große Anzeigen in den überregionalen Zeitungen nicht finanzieren. Es entbehrt dabei nicht einer gewissen Tragikomik, wenn greise Professoren wie Arnulf Baring vom Talk Show-Sessel bei Christiansen zum Barrikadenkampf aufrufen.

Der DGB und die Gewerkschaften haben einen weitergehenden Anspruch an sich selbst als klassische „Sparten-Verbände" oder professorale „Widerstandsnester". Als „Stimme für Arbeit und soziale Gerechtigkeit" nimmt der DGB immer noch für sich in Anspruch, eine gesellschaftliche Gestaltungskraft zu sein. Gewerkschaften sind wichtige Akteure der Zivilgesellschaft, und zwar da, wo die Menschen viel Zeit verbringen, nämlich an ihren Arbeitsplätzen.

3   Der DGB und seine Lobbyarbeit – einer für alle, alle gegen einen?

Das gesellschaftlich gestaltende Engagement des DGB und der Gewerkschaften vollzieht sich in drei Bereichen: in der Tarifpolitik, also in den Branchen und Unternehmen, in der Selbstverwaltung der Sozialversicherung sowie in der Politik auf Bundes-, Landes- und Kommunalebene. Letzterer ist hier von besonderem Interesse.

Der DGB will Politik gestalten, seine Interessen deutlich machen und wo immer möglich auch durchsetzen. Das ist sein Auftrag, und das ist auch die Erwartung, die seine acht Mitgliedsgewerkschaften bzw. die 7,7 Millionen Gewerkschaftsmitglieder an ihn haben. Allerdings ist das Verhältnis zwischen dem Dachverband und seinen Mitgliedsgewerkschaften in der jüngeren Vergangenheit eher schwieriger geworden. Und auch die acht DGB-Gewerkschaften untereinander reiben sich erheblich, wie der Streit über das Vorgehen gegenüber der „Agenda 2010" gezeigt hat.

Die Fusionen der vergangenen Jahre haben den DGB als Dachverstand eher noch geschwächt. Das wirkt sich unmittelbar auf die politische Positionierung und Arbeit aus. Denn wie bei allen Großverbänden wird sie dadurch erschwert, dass in der Regel Verständigung nur auf dem kleinsten gemeinsamen Nenner erfolgen kann. Wer aber kein gemeinsames Ziel formulieren kann und wer nicht geschlossen auf seine Umsetzung hinarbeiten kann – der kann sich jede Debatte über Strategien und Kampagnen sparen. Was die Zukunftsdebatte der IG Metall zum Stillstand gebracht hat, das belastet den DGB insgesamt: die Uneinigkeit und die unterschiedlichen Politikansätze in der Organisation.

Berliner Besonderheiten

Erhebliche Veränderungen in der Lobbyarbeit haben sich nach dem Umzug der Bundesregierung von Bonn nach Berlin ergeben. So hat sich die Zahl der beim Bundestag registrierten Verbände und Lobbyisten massiv erhöht. Über 1.780 registrierte Verbände sind auf seiner Lobbyliste zu finden, das ist immerhin eine Verdreifachung in den letzten 20 Jahren. Hinter jedem Abgeordneten stehen demnach heute 20 Lobbyisten und Verbandsfunktionäre (*Handelsblatt*, 20.11.02). Um einen Überblick darüber zu bekommen, wer denn so alles den Abgeordneten das Leben schwer macht, ist ein Besuch von www.bundestag.de durchaus interessant.

Nicht nur die Zahl der Lobbyisten ist größer geworden, sie sind in Berlin auch präsenter. Das gilt nicht nur für das Auftreten des Einzelnen. In über 80 Salons und Netzwerken finden Austausch und Veranstaltungen statt. Früher in Bonn war es beschaulicher, denn es waren nur sehr wenige Verbände und Unternehmen direkt vor Ort. Die Wirtschaft residierte überwiegend in Köln, der DGB hatte seine Zentrale in Düsseldorf und unterhielt nur ein kleines Verbindungsbüro in Bonn. Heute ist das Getümmel durchaus unübersichtlich.

Unter den 1.780 Registrierten sind die Gewerkschaften mit ihren neuen Verbindungsbüros numerisch relativ schwach vertreten. Übrigens entbehrt auch vor diesem Hintergrund die Debatte um den Gewerkschaftsstaat jeder realen Grundlage. Das Bild, das in vielen Artikeln nach der Bundestagswahl 2002 vermittelt wurde, ist falsch. Das, was am Hackeschen Markt getippt wird, läuft weder im Kanzleramt noch in einem Ministerium 1:1 als Gesetzentwurf aus den Druckern. Über Geschmack lässt sich bekanntlich nicht streiten, aber was beginnend mit einem Artikel im *Spiegel* so alles publiziert wurde, war zumindest fragwürdig. Eben jener Spiegel veröffentlichte z.B. Fotos von Staatssekretären und Abteilungsleitern in Ministerien sowie im Kanzleramt, die an Fahndungsfotos erinnerten. Gemeinsam ist ihnen, dass sie Mitglieder einer Gewerkschaft sind oder für eine Gewerkschaft gearbeitet haben.

Allerdings täuscht die geringe Zahl der gewerkschaftlichen Verbindungsbüros etwas, denn seit dem Umzug der Bundesvorstände des DGB und von ver.di nach Berlin sind große Gewerkschafts-Zentralen in der Hauptstadt präsent. Die Vorstandsmitglieder und viele der politischen Sekretäre pflegen ihre eigenen Kontakte, da ist eine Anlaufstelle gar nicht mehr so wichtig.

Ansonsten gilt: die Fachabteilungen sitzen in den Mutterhäusern, die politische Lobbyarbeit wird mit ihrer Unterstützung von den Berliner Kopfstellen geleistet. Dass sich hier gravierende Unterschiede ergeben, liegt auf der Hand. Wer mit einem kompletten Vorstand vertreten ist, braucht weniger „das eine Gesicht", die Ansprechperson, als die, die nur mit einer Kopfstelle präsent sind. Wie üblich ist das mit Vor- und Nachteilen verbunden. Positiv ist die Vielzahl der vor Ort befindlichen Expertinnen und Experten, ein Problem entsteht dann, wenn Absprachen unterbleiben oder im *worst case* unterschiedliche Personen unterschiedliche Positionen vertreten.

Auch wegen dieser Probleme machen die einzelnen Gewerkschaften heute viel allein. So ist eine ähnliche Entwicklung wie auf Seiten „der Wirtschaft" auch bei den Gewerkschaften zu beobachten. Bis auf eine – die NGG – haben inzwischen alle eine eigene Kopf- oder Verbindungsstelle in Berlin. Zwar ist eine gewisse Koordinierung der Lobby-Aktivitäten über die vom DGB organisierte Runde der Verbindungsbüros gegeben, aber im alltäglichen Geschäft agiert dann doch eher jeder für sich. Dabei wären kommunikative Doppelstrategien hilfreich: der Dachverband kümmert sich in Abstimmung mit seinen Mitgliedern um die Generallinie, die Gewerkschaften fokussieren ihre Bemühungen auf die Branchen, die sie repräsentieren.

Beides muss, um erfolgreich zu sein, dem Ansatz des „sowohl-als auch" und nicht dem „entweder-oder" folgen.

Lobbyarbeit im allgemeinen...

Politik wird insgesamt komplexer, insbesondere das legislative Umfeld. Einfach formuliert lautet die These: je komplexer die (Gesetzgebungs)Materie, um so größer der Beratungsbedarf. Dass die Fachabteilungen der Ministerien, geschweige denn die Ministerinnen und Minister selbst, nicht jedes Gesetzesvorhaben und seine Auswirkungen in jedem Detail überblicken können, ruft die Lobbyisten auf den Plan.

Auch wenn ein anderer Eindruck vorherrscht oder zumindest doch gepflegt wird: Lobbyarbeit ist weder schmuddelig noch ehrenrührig. Die grauen Männer mit den dunklen Koffern sind es jedenfalls nicht, die in Berlin die Szene der Lobbyisten, der politischen Berater und Kommunikatoren, neudeutsch: der Public affairs-Berater prägen. Klar ist, dass nur erfolgreich sein und bleiben kann, wer seriös arbeitet.

Lobbyisten im Dienst der Gewerkschaften machen dieselbe Arbeit wie die manchmal etwas mythenumrankten Public affairs-Berater großer Agenturen und Beratungsfirmen – vermutlich aber etwas schlechter bezahlt. Manche kommen aus der Politik, haben in Fraktionen oder der Administration das Geschäft und Handwerk gelernt. Andere kommen aus der Organisation, waren z.B. gestandene Betriebsräte.

Lobbyisten sind zugleich Bindeglied, Frühwarninstanz, Informationsmakler, Kontakter und Gesprächsanbahner, Türöffner und Ideengeber, auch ein Flaschenhals. Sie beobachten (auch den politischen Gegner, was zuweilen ein zu wenig beachteter Teil der Arbeit ist), beraten, informieren und planen. Sie müssen sich nicht in den Spiegelstrichen und Details jedes Gesetzes auskennen, aber auf Anhieb einen Experten oder eine Expertin nennen können, der oder die in allen Fachfragen kompetent ist. Sie haben dann Erfolg, wenn die Mischung aus Persönlichkeit und Professionalität stimmt. Glaubwürdigkeit, Verbindlichkeit und Vertraulichkeit sind Grundlagen des Lobbyisten-Geschäftes. Förderlich sind zudem ein gesunder Pragmatismus und ein realistischer Sinn für das Machbare. Weniger hilfreich sind dagegen ideologische Verbohrtheit und die Unfähigkeit neu zu denken.

Lobbyarbeit ist ein Tauschgeschäft: Informationen besorgen und geben, Papiere organisieren und verteilen, aber auch Dialogbereitschaft signalisieren und Kompromissbildung ermöglichen. Bei aller Konkurrenz, die natürlich auch dem Lobbyisten-Geschäft innewohnt, funktioniert der Austausch dann, wenn persönliche Kontakte intakt sind. „Gibst du mir den Gesetzentwurf A, dann geb" ich dir den Zeitplan B" – so funktioniert tatsächlich häufig das Geschäft. Hier geht es weder um Hexenwerk noch um andere dunkle Machenschaften. Wichtig ist neben persönlicher Verbindlichkeit natürlich ein erhebliches Maß an know how, insbesondere was den Umgang mit neuen Medien angeht.

Denn auch das Lobbying folgt heute den Regeln und Anforderungen der Wissensgesellschaft. Es geht darum, Informationen schnell zu beschaffen und schnell zu streuen. Angesichts des ebenso schnelllebigen wie komplexen Politikbetriebes ist es auch für einen großen Verband wie den DGB mit seinen Ressourcen unmöglich, überall selbst und direkt am Ball zu sein. Deswegen ist die Vernetzung mit anderen Kolleginnen und Kollegen so wichtig.

Allerdings dürfen bei allem Informations- und Aufklärungsdrang die „Zielpersonen" der Lobbyarbeit nicht überfordert oder gar mit Informationen „zugemüllt" werden. Schließlich gilt folgende Binsenweisheit: egal ob newsletter, Pressemitteilung oder auch Gespräch – die Qualität und nicht die Quantität von Informationen entscheidet über den Erfolg der Lobbyarbeit. Das ist um so wichtiger, als die Schwemme an Informationen, unabhängig ob in Schriftform oder elektronisch verteilt, enorm zugenommen hat.

Persönliche Kontakte, Netzwerke, sind das „wichtigste Kapital" und die entscheidende Voraussetzungen für den Erfolg von Lobbyarbeit. Sie müssen gepflegt werden – allerdings nicht, indem die berühmt-berüchtigten Annehmlichkeiten verteilt werden. Dafür haben zumindest die Gewerkschaften auch überhaupt keine Mittel. Ihr Druckpotenzial sind allenfalls Wählerstimmen, was allerdings nicht zu unterschätzen ist und gewisse Verhaltensmuster im Vorfeld wichtiger Wahlen erklärt.

Optimal ist es natürlich, auf Dinge Einfluss zu nehmen, die noch gar nicht im Mittelpunkt des öffentlichen Interesses stehen, bevor Eckpunkte und Gesetzestexte oder auch wichtige Anträge formuliert sind. Lobbyisten sollen auch das berühmte Gras wachsen hören. Das erfordert eine sorgfältige politisch-strategische Planung. Eine solide Planung wird jedoch immer schwieriger, weil politische Entscheidungen häufig sprunghaft sind und die Halbwertzeit von Entscheidungen oder Gesetzesentwürfen immer kürzer wird. Trotzdem ist es in der Regel erfolgversprechender, Entscheidungen zu beeinflussen, bevor sie endgültig zu Papier gebracht sind. So kann dann „stille Diplomatie" durchaus wirksamer sein als lautstarke Massen-Proteste. Kooperationsbereitschaft sollte dabei die Regel sein und Konflikt nur die Ausnahme. Der zwanglose Zwang des besseren Arguments ist allemal überzeugender als Polemik.

Angesichts der immensen Zahl an Verbänden und ihren Vertretern wird es schwieriger, sich vom Über-Angebot abzugrenzen, mit eigenen Angeboten Nischen zu finden und sich somit positiv bemerkbar und damit auch interessant zu machen. Im DGB werden deswegen zum Beispiel verschiedene Dialog-Foren angeboten. Wichtig ist, dass diese Angebote vom Inhalt, Ambiente und Ablauf her gesehen auch zum Veranstalter passen. Plumpe Versuche der Beeinflussung sind genauso wenig zielführend wie Drohungen. Gefragt ist vielmehr die Organisation von Dialogen, des berühmten herrschaftsfreien Diskurses unter der Voraussetzung, dass eigene Interessen so klar wie möglich und so zurückhaltend wie nötig vorgetragen werden. Auch im Lobby-Geschäft gilt, dass der Ton die Musik macht. Es muss nicht immer die Agitation für eigene Überzeugungen und Positionen im Mittelpunkt stehen, es reicht auch, „nur" einen Ort und ein Ambiente für einen fruchtbaren Austausch unter den Gästen zu bieten.

Und: Dass bei Veranstaltungen auch einmal andere Meinungen gehört werden müssen, ist unerlässlich. Nichts ist langweiliger als immer im eigenen Saft zu schmoren. Die Reibung an grundlegend anderen Meinungen dient der Schärfung der eigenen Argumentation und damit letztendlich der Klärung eigener Positionen. Lobbyarbeit sollte ohne Berührungsängste, was Farbe der Parteien oder Herkunft anderer Lobbyisten angeht, auskommen. Für Vertreter der Gewerkschaften ist es normal, auch mit Kolleginnen und Kollegen von Arbeitgeberverbänden und Unternehmen zu sprechen, und das gilt umgekehrt genauso. Nur so lassen sich die Politik manchmal überraschende Allianzen bilden wie unlängst mit einer gemeinsamen Presserklärung von DGB und BDA, in der mehr Wettbewerb im Gesundheitswesen gefordert wurde.

... und im Besonderen

08.00 Uhr Café Einstein, Unter den Linden, Frühstück mit Arbeitsebene von CDU und CDA
10.00 Uhr Sichtung der neu eingetroffenen Post aus dem Reichstag
13.00 Uhr Mittagessen mit Arbeitsebene der SPD-Fraktion
14.00 Uhr Gespräch mit dem Mitarbeiter einer grünen Abgeordneten
15.00 Uhr Koordinierungstreffen der gewerkschaftlichen Verbindungsbüros
19.00 Uhr Treffen mit Arbeitsebene aus Landesvertretungen der A-Länder...

... und die Frisur sitzt immer noch genauso tadellos wie die Krawatte. So oder doch so ähnlich gestalten sich immer wieder Arbeitstage in der parlamentarischen Verbindungsstelle des DGB-Bundesvorstandes. Zwischen den Terminen werden Vermerke geschrieben oder es finden interne Sitzungen statt. Aber unter dem Strich sind es Gespräche, vom Frühstück bis zum Abendessen, die den Kern der Lobbytätigkeit ausmachen.

Im wesentlichen lassen sich zwei Ebenen unterscheiden, auf denen der DGB und die Gewerkschaften sich in politische Arbeit einmischen: die Tagespolitik und Begleitung von Gesetzgebungsverfahren sowie langfristig angelegte, programmatische Debatten der Parteien. Es ist kein Geheimnis, dass der überwiegende Teil der Arbeit auf der ersten Ebene stattfindet, nicht zuletzt auch weil große programmatische Debatten kaum noch stattfinden.

In der Tagespolitik stehen wiederum verschiedene Möglichkeiten der Einflussnahme zur Verfügung. So werden DGB und Gewerkschaften wie viele andere zu den turnusgemäß stattfindenden Anhörungen der Ausschüsse der Parlamente eingeladen. Sie werden gehört und können ihre schriftlichen Stellungnahmen zu den jeweiligen Gesetzen abgeben. Flankierend dazu gibt es eine Vielzahl von Gesprächen auf der Spitzen- und natürlich auch der Arbeitsebene.

Gespräche auf der Arbeitsebene sind logischer Weise häufiger als Spitzentreffen, vieles lässt sich auf der berühmten Arbeitsebene auf den Weg bringen. Die überwiegende Mehrheit dieser Kontakte findet unter Ausschluss der Öffentlichkeit statt. Dennoch ist natürlich politische Kommunikation nach außen ein wichtiges Instrument zur Interessendurchsetzung, insbesondere wenn es als Notwendigkeit angesehen wird, Druck auf die Entscheidungsträger auszuüben.

Außerdem haben die Gewerkschaften in vielen der von der rot-grünen Bundesregierung eingesetzten Kommissionen mitgearbeitet, jüngst in der sogenannten Rürup-Kommission, die gerade ihre Vorschläge für die Reform der sozialen Sicherungssystemen vorgestellt hat. Man kann lange darüber diskutieren, ob diese Verlagerung von Debatten und Entscheidungsfindung aus dem Parlament in Kommissionen unter demokratietheoretischen Aspekten nun begrüßenswert oder doch eher verdammungswürdig ist. Wichtiger aber als die Theorie ist auch an dieser Stelle allemal, was hinten rauskommt. Und da bleibt doch der Eindruck, dass die Kommissionen zwar viele Entscheidungen getroffen haben, deren Implementierung aber entweder blockiert (Zuwanderung) oder entstellt (Hartz) wurde.

Für das Lobbying bringt die Neigung zur Entscheidungsfindung in Kommissionen eine weitere Schwierigkeit mit sich: der Einfluss der Abgeordneten auf wichtige Gesetzgebungsprozesse sinkt. Sie bekommen mühsam ausgehandelte Kompromisspakete vorgelegte, mit dem Hinweis, dass diese aber bitte schön möglichst 1:1 durch das Parlament zu laufen hätten. Zugespitzt gesagt: in allen brisanten politischen Fragen der jüngeren Vergangenheit waren mehr die Hände als die Hirne der Parlamentarier gefragt, waren sie nur noch dazu da, Mehrheiten darzustellen. Und sei es außerhalb des Parlamentes auf laut Satzung gar nicht vorgesehen Veranstaltungen wie der „Parteikonferenz" der SPD im Sommer 2002, die das Hartz-Paket per Akklamation absegnen durfte.

Wichtigstes Ziel der Lobby-Arbeit ist – natürlich – die Bundesregierung: das Kanzleramt, die Ministerien, Parteivorstände, Regierungsfraktionen sowie die Abgeordneten und ihre Mitarbeiterinnen und Mitarbeiter. Als Einheitsgewerkschaften sind die Arbeitnehmerorganisationen aber parteipolitisch unabhängig – ohne politisch neutral zu sein. Dass es zur amtierenden Bundesregierung und den sie tragenden Parteien mehr Kontakte gibt als zur Opposition ist weder ein Geheimnis noch etwas Ehrenrühriges. Trotzdem hat es dem DGB gerade nach dem Wahlkampf 2002 viel Kritik eingetragen. Aber natürlich gibt es auch mit der Opposition regelmäßige Kontakte, alles andere wäre sträflich unprofessionell und der eigenen Mitgliedschaft gegenüber verantwortungslos. Genauso gibt es übrigens Kontakte zu den Länderregierungen und ihren Vertretungen in Berlin. Und in Wiesbaden unterhält der DGB ein parlamentarisches Verbindungsbüro zu Landesregierung und Landtag.

Ein konkretes Beispiel für die politische Kommunikation und Lobbyarbeit des DGB ist seine Kampagne zur Tarifautonomie, die in diesen Tagen stattfindet. Der DGB hat sich auf die Auseinandersetzung über den Flächentarifvertrag besonders intensiv vorbereitet, weil es hier um das Herzstück, die elementare Grundlage gewerkschaftlicher Arbeit geht. Und weil das Tarifsystem unter massivem Druck durch die Opposition steht.

Zunächst einmal wird die Kampagne zur Tarifautonomie für die Öffentlichkeit produziert. Es wird wie üblich eine Stellungnahme für die Anhörung im zuständigen Ausschuss des Bundestages vorbereitet, ergänzt um Anzeigenschaltungen am Tag der Anhörung in überregionalen Zeitungen. Natürlich werden auch Informations-Materialien zur Verfügung gestellt, außerdem werden relativ flächendeckend Flugblätter verteilt. Um weitere Überzeugungsarbeit für das Ansinnen des DGB zu leisten, werden Journalisten und Abgeordnete zu Betriebsbesichtigungen eingeladen. Sie können dann mit Betriebsräten vor Ort über die Flexibilität des Tarifsystems diskutieren. Und ohne Öffentlichkeit gibt es bereits seit vielen Monaten Gespräche auf allen Ebenen der politischen Landschaft Berlins, unter vier Augen bis hin zu größeren Runden, auf Arbeits- genauso wie auf Spitzenebene. Höhepunkt ist eine Konferenz mit ca. 500 Betriebs- und Personalräten in Berlin, auf der die Fraktionsvorsitzenden aller im Bundestag vertretenen Parteien auftreten. Das Beispiel zeigt: Die Aktivitäten und auch Angebote des DGB unterscheiden sich nicht oder nur wenig von denen anderer Player auf der politischen Bühne Berlins. Aber es geht auch darum, Treffen zu organisieren, die sich abheben – etwa wenn sich der DGB-Vorsitzende mit dem Bevollmächtigten der Länder trifft.

Immer stärker rücken aber auch Brüssel und Straßburg ins Visier der gewerkschaftlichen Lobbyarbeit. Da immer mehr – es heißt bis zu 80 Prozent – nationale Gesetzgebungsverfahren von der europäischen Ebene aus „angeschoben" werden, wird eine enge Kooperation von nationaler und europäischer Lobbyarbeit immer wichtiger. Deswegen ist ein enger Draht zwischen den Lobby-Büros in Berlin und Brüssel schon lange selbstverständlich geworden. Die Aufgaben und Anforderungen unterscheiden sich dabei nicht grundsätzlich. Egal ob in Brüssel oder Berlin: *information matters*.

Unter dem Strich bleibt festzuhalten: In einer Zeit, in der das Ansehen der Gewerkschaften – eher unbegründet denn begründet – im Keller ist, ist politische Arbeit, Kommunikation, ist Lobbyismus nicht leichter geworden. Häufig geht es darum, durch vertrauensbildende Maßnahmen Klischees aufzubrechen und Überzeugungsarbeit für die Vielfalt und Aktualität gewerkschaftlicher Positionen zu leisten. Sie sind viel besser als ihr Ruf – basta!

Lobby pur
Unternehmerverbände als klassische Interessenvertreter

Wolfgang Schroeder

1 Einleitung

Die Frage nach dem politischen Einfluss der Unternehmerverbände lässt sich nicht generalisierend beantworten. Ein jüngeres Beispiel dafür, dass es den Unternehmerverbänden auch öffentlich nachvollziehbar gelungen ist, eine eigene Interessenlage direkt in Regierungspolitik umzusetzen, war die Einführung der „Green Card". Aus dem geplanten Gleichstellungsgesetz, das die Unternehmen auf frauen- und familienfreundliche Regelungen verpflichten sollte, wurden auf Druck des BDI „Empfehlungen". Auch wenn sie sich nicht immer durchsetzen, so schaffen es die Verbände doch häufig, die Konditionen für Gesetze, die sie direkt betreffen, zu ihren Gunsten zu beeinflussen, wie dies bspw. bei der Einführung der Ökosteuer (u.a. unterschiedliche Besteuerung des Energieverbrauchs nach Produktionsbereichen) der Fall war.

Unternehmerverbände gelten im Vergleich zu anderen organisierten Interessengruppen als besonders einflussreich. Deshalb kann es auch nicht verwundern, dass die in der Geschichte der Bundesrepublik immer wieder neu diskutierte Frage nach der „Herrschaft der Verbände?" (Eschenburg 1955) besonders auf diese Gruppe fokussiert wird. Im Zentrum der öffentlichen Wahrnehmung steht dabei ihr Einfluss auf staatliche Ressourcen und politische Parteien. Befürchtet wird, dass sich durch diese Agenturen der Macht, partikulare Interessen durchsetzen, die eine nachhaltige Gefährdung demokratischer Prozesse und wohlfahrtsstaatlicher Strukturen bewirken können. Es wäre zu einfach, wenn wir unter Lobbyismus nur die Tätigkeit der Lobbyisten im Vorraum des Parlaments verstehen würden. Eine solche Reduktion ist irreführend. Einflusspolitik vollzieht sich in einem umfassenden Netzwerk vielfältiger Aktivitäten, die sich auf personeller, finanzieller und medienpolitischer Ebene abspielen. Deshalb wird dieses Thema hier auch in umfassenderem Sinne verstanden und angegangen. Dabei ist die Frage des Kontextes maßgeblich dafür, welches Verständnis wir vom Gegenstand und den Adressaten von Lobbying haben. Am deutlichsten wird dies, wenn wir die europäische und die nationale Ebene vergleichen. Da in den europäischen Politikprozessen die Öffentlichkeit bislang kaum eine Rolle spielt, ist dort die personalisierte, intransparente Einflusspolitik sogar noch bedeutender als auf nationaler Ebene.

Da Unternehmen zuweilen direkt als Lobbyisten in eigener Sache auftreten, ist es wichtig herauszuarbeiten, was für einen Akteursstatus überhaupt Unternehmerverbände haben, welche zentralen Funktionen sie ausüben und welche Interessen sie vertreten. Die Verbände werden häufig als interessenpolitische „Türwächter" verstanden, die aus der Fülle der vorhandenen Interessen und Bedürfnisse, spezifische auswählen, artikulieren und verfolgen, weshalb auch von einer selektiven Interessenpolitik gesprochen werden kann (Weber 1977). In diesem Text werden die Unternehmerverbände als historisch gewachsene Akteure verstanden, die auf spezifische Strukturen und Interaktionsformen rekurrieren, um ihre Aktivitäten zwischen Mitglieder- und Einflusslogik auszubalancieren. Da Unternehmerverbände auch konkurrierende Interessen in ihren Reihen versammeln, geht es immer auch um die Bruchlinien innerhalb der Verbände, alternative Interessenvermittlungsformen sowie um die Instrumente und Felder der Einflussnahme respektive ihrer verbandspolitischen Rückwirkungen.

2 Zum Organisationstyp

Unternehmerverbände ist ein Sammelbegriff und zugleich eine Teilmenge der Interessenverbände (vgl. zum folgenden: Schroeder 2000 und Traxler 1986). Angetreten sind Unternehmerverbände, um kollektives Handeln von wirtschaftlichen Konkurrenten zu organisieren, indem sie versuchen gemeinsame Interessen gegenüber dem politischen System, den Gewerkschaften und der „Wirtschaft" selbst zu artikulieren, zu repräsentieren und durchzusetzen. Intendiert ist in vielen Feldern auch eine verbändegetragene, staatsfreie Selbstregulation der Wirtschaft.

Die Erscheinungsformen der Unternehmerverbände zeichnen sich durch eine große Vielfalt aus. In Bezug auf die verschiedenen Märkte, auf denen Unternehmen agieren, ist es zu einer organisatorischen Ausdifferenzierung in eine güter- und eine arbeitsmarktbezogene Verbändelandschaft gekommen. Weitere Differenzen ergeben sich aus der Rechtsform (privatrechtlich, öffentlich-rechtlich), der Art der Mitglieder (natürliche Personen, Organisationen), der Anzahl der Ebenen (einfacher Verband, Verbände-Verband, Dachverband) und der Eintrittsmöglichkeiten (freiwillig, zwangsweise). Nach den unterschiedlichen Märkten und Arenen lassen sich folgende Verbände differenzieren: a.) Arbeitgeberverbände: Schließen mit den Gewerkschaften bindende Regelungen (Tarifverträge) ab; vertreten die sozialpolitischen Interessen der Mitgliedsunternehmen gegenüber staatlichen und halbstaatlichen Organisationen und beteiligen sich an staatlichen Gremien sowie an der Selbstverwaltung der Sozialversicherungen. b.) Wirtschaftsverbände: Vertreten die wirtschaftspolitischen Interessen gegenüber dem politischen System (sog. Lobbyismus) und betreiben auf der Ebene der Branchen eine koordinierende Politik. c.) Industrie- und Handelskammern (IHK): Wirtschaftliche Selbstregulation auf der regionalen Ebene mit partiell staatlichen Funktionen.

Aus Sicht der Unternehmen ist die Verbandsmitgliedschaft, in Abhängigkeit von den branchenspezifischen Marktbedingungen und den zur Verfügung stehenden eigenen Ressourcen, eine von mehreren Optionen zur Interessendurchsetzung: In erster Linie erfolgt diese über den Markt und auf der Basis eigener individueller Ressourcen, manchmal auch über Kartelle, Trusts oder andere informelle Absprachen sowie über direkte persönliche Einflussnahme auf die Entscheidungsträger der Legislative und der Exekutive.

Lange Zeit wurden die Unternehmerverbände primär als einflussnehmende „Pressure-group" gesehen; dies entspricht dem pluralismustheoretischen Ansatz. Im Zuge der Neokorporatismusforschung und neueren Netzwerkanalysen wurde der Akzent verlagert und die Wechselbeziehungen zwischen Unternehmerverbänden, Staat und Gesellschaft einbezogen. Danach üben Unternehmerverbände nicht nur Pressure-Funktionen aus, sondern auch staatsentlastende und selbstregulative Funktionen. Angesichts eines marktdefinierten Unternehmensinteresses, dem Vorhandensein alternativer Ressourcen und Durchsetzungswege ergibt sich folgendes theoretisches Dilemma: Einerseits ist es relativ leicht, Unternehmerverbände zu gründen, wofür auch ihre große Zahl spricht; es ist zugleich allerdings schwierig für die Unternehmerverbände die Loyalität der Mitglieder zu erhalten und noch schwieriger eine Verpflichtungsfähigkeit ihnen gegenüber zu erreichen. Darin besteht eines der zentralen Probleme hinsichtlich der Beteiligung von Unternehmerverbänden in tripartistischen Arrangements.

3 Die historische Entwicklung

Bereits in der mittelalterlichen Gesellschaft bestanden Zusammenschlüsse von wirtschaftlichen Konkurrenten, bspw. den Gilden und Zünften. Historischer Ausgangspunkt für Unternehmerverbände in der Industrialisierung waren Standesvereinigungen sowie lose Zusammenschlüsse einzelner Unternehmen. Die ältesten Organisationen der Wirtschaft sind die IHKs, die sich bereits in der ersten Hälfte des 19. Jahrhunderts nach französischem Vorbild entwickelten. 1861 wurde der Deutsche Industrie- und Handelstag (DIHT) als Dachorganisation aller Kammern gegründet. Die Entstehung von Wirtschaftsverbänden war eng mit der Entstehung des Nationalstaates verbunden. Verkehrs- und Zollverbände machten den Anfang. Als erster großer industrieller Spitzenverband wurde 1876 der „Centralverband Deutscher Industrieller" (CVDI) als Kampfverband gegen die Freihandelspolitik gegründet, dem 1895, mit dem „Bund der Industriellen" (BDI) eine handfeste Konkurrenz erwuchs. 1919 kam es zur Vereinigung der beiden sich zuvor heftig bekämpfenden Gruppen im „Reichsverband der deutschen Industrie" (RDI).

Die Entstehung der Arbeitgeberverbände ist einerseits auf die Gewerkschaften zurückzuführen, andererseits handelt es sich dabei um einen Ausdifferenzierungsprozess im Arbeitgeberlager, der häufig von den Wirtschaftsverbänden initiiert wurde. Meist bildeten sich Arbeitgeberverbände während oder nach einem Streik. Als spontan gegründeten Anti-Streikvereinen war ihnen jedoch meist nur eine kurze Lebensdauer beschieden. Da das Antistreik-Motiv für eine dauerhaftere Institutionenbildung unzureichend war, bedurfte es weiterer Motive und Einflüsse. Dazu gehörten die Sozialversicherungen, das Arbeitsrecht sowie Versuche, staatliche Aufträge nur noch an Unternehmen zu vergeben, die bereit waren, Tarifverträge abzuschließen. Durch die Übertragung quasi staatlicher Hoheitskompetenzen im ersten Weltkrieg (Hilfsdienstgesetz 1916), durch eine tripartistische Verhandlungsstruktur (Zentralarbeitsgemeinschaft: 1918-1922) und durch das kollektive Arbeitsrecht wurden gegenüber den Unternehmen aufgewertet. In der Zeit zwischen 1870 und 1933 schufen die Unternehmerverbände ein Verbandsnetzwerk, das sowohl auf ehrenamtlicher wie auch auf professionell-bürokratischer Grundlage beruhte. Kennzeichnend für diese Mischung ist die formale Trennung zwischen ehrenamtlichen Repräsentanten, die in der Regel Eigentümerunternehmer waren sowie einer mehrheitlich aus akademisch ausgebildeten Juristen und Volkswirten bestehenden Geschäftsleitung, die die laufenden Kontakte zu den Mitgliedern wahrnahm. Als 1933 Gewerkschaften und Arbeitgeberverbände durch die NSDAP aufgelöst wurden, blieben die wirtschaftlichen Unternehmerverbände, die vielfach bloß organisatorische und nominelle Umstellungen bei ihrer Integration in das neue institutionelle Netzwerk des NS-Staates hinnehmen mussten, in modifizierter Form bestehen. Die Kammern wurden in Gauwirtschaftskammern umgenannt und der RDI in die „Reichsgruppe Industrie".

4 Unternehmerverbände in der Bundesrepublik

Zwischen 1945 und 1950 wurde die bis heute bestehende arbeitsteilige Struktur von Arbeitgeber- und Wirtschaftsverband sowie Industrie- und Handelskammer in den meisten Branchen wieder aufgebaut. Im Idealfall vertreten die Wirtschaftsverbände primär die wirtschaftspolitischen Interessen ihrer Mitglieder gegenüber dem politischen System und die Arbeitgeberverbände bestellen mit den Gewerkschaften das Feld der Tarifpolitik. Doch wie die Verbändestruktur in der Textil- und Holzindustrie zeigt, ist diese Arbeitsteilung nicht in allen Branchen anzutreffen. Dort, wo ein Verband sowohl Arbeitgeber- wie auch Tariffunktionen unter einem Dach vereint, spricht man auch von einem *integrierten Verband*; dort wo eine Trennung vorliegt, von sogenannten *reinen Arbeitgeberverbänden*. Mit einiger Verzögerung, die durch die Lizenzierungspolitik der Dachverbände bedingt war, kam es zwischen 1949 und 1951 zur offiziellen Wiedergründung der Dachverbände unter neuem Namen: Als Dachorganisation der Wirtschaftsverbände wirkt nun der „Bundesverband der Deutschen Industrie" (BDI), der sich am 19.10.1949 gründete; als Spitzenorganisation der Arbeitgeber gründete sich die „Bundesvereinigung der deutschen Arbeitgerrerbände" (BDA) am 28.01.1949. Der DIHT wurde ebenfalls 1949 gegründet. Hinzu kommen noch der Zentralverband des deutschen Handwerks (ZDH), die öffentlichen Arbeitgeberverbände und eine Vielzahl von Branchen, die nicht in der BDA oder dem BDI vertreten sind.

Die zerklüftete deutsche Verbändelandschaft im Bereich der Unternehmerverbände ist kaum überschaubar. Auch wenn sich die etablierten Verbände durch ein überaus großes Maß an Kontinuität auszeichnen, wobei nicht selten eine Strukturkontinuität bis ins 19. Jahrhundert vorliegt, kann analog zu den Mitglieder-, Markt- und Branchenveränderungen ein permanenter Wandlungsprozess festgestellt werden. Auf der binnenorganisatorischen Ebene bezieht sich dieser auf Differenzierungs- und Reorganisationsprozesse; extern auf das Entstehen neuer Verbände. Den Spitzenverbänden ist eigen, dass sie alle Betriebsgrößen gleichermaßen zu ihren Mitgliedern zählen und funktional (Branchen) und regional (Landesverbände) differenzierte Mitgliedschaften haben.

Der größte und einflussreichste Unternehmerverband ist der BDI, der als Spitzenverband der Dachverbände keine Mitgliedschaft einzelner Unternehmen kennt. Direktmitglieder sind neben den Landesverbänden die 35 nationalen Branchenspitzenverbände, denen insgesamt etwa 600 Verbände angehören. Obwohl mit BITKOM, dem 2000 neu gegründeten Dachverband der Informationswirtschaft, Telekommunikation und neue Medien, die Integration dieser Zukunftsfelder in den BDI gelang, besteht nach wie vor eine „industrielastige" Struktur, so dass durch die Mitgliedsverbände nur ca. ein Drittel der nationalen Bruttowertschöpfung und etwa 11 Millionen Beschäftigte repräsentiert werden. Dies ändert aber nichts daran, dass er unter allen Verbänden, der angesehenste und politisch einflussreichste ist.

Im Zentrum der Arbeit des BDI steht seine Funktion als Lobbyist und Dolmetscher zwischen wirtschaftlichem und politischem System. Geht es um allgemeine Fragen der Steuer-, Außenhandels- und Wirtschaftspolitik, dann wirkt der BDI als Sprachrohr und Vermittlungsinstanz, geht es direkt um die Belange einzelner Branchen, dann sind in der Regel die dortigen Verbände gefordert. Unter den Branchenverbänden sind von herausragender Bedeutung der „Verband Deutscher Maschinen- und Anlagenbau" (VDMA), der „Verband der Chemischen Industrie" (VCI), der „Verband der Automobilindustrie" (VDA) und der „Zentralverband Elektrotechnik und Elektronikindustrie" (ZVEI). Alleine der VDMA und der ZVEI bringen etwa zwei Drittel der BDI-Mitgliedsbeiträge auf. Die Branchenverbände sind wiederum in Fachverbände oder Fachgruppen untergliedert, um homogene Domänen zu bilden, die eine besonders effiziente Interessenpolitik erlauben. Der VDMA besitzt bspw. 33 Fachgemeinschaften und 17 Arbeitsgemeinschaften. Domänenüberlappung ist durch die hochkomplexe Organisationslandschaft nicht auszuschließen, da bspw. die Veränderung technischer Grundlagen wie die Verzahnung von Informationswirtschaft und industrieller Automatisierung zu vielen Überschneidungen führen kann, was in den 90er Jahren zu intensiven Fusionsgesprächen zwischen dem ZVEI und dem VDMA führte, die letztlich jedoch scheiterten.

Die zweite Säule der Unternehmerverbände sind die Arbeitgeberverbände. Ihr Spitzenverband BDA umfasst nicht nur die Arbeitgeberverbände der Industrie (einschließlich Bergbau), sondern auch zahlreiche andere Wirtschaftszweige: U.a. das verarbeitende Gewerbe/Handwerk, die Landwirtschaft, den Groß- und Außen- sowie den Einzelhandel, das private Bankgewerbe, die privaten Versicherungsunternehmen und das Verkehrsgewerbe. Über die 54 auf Bundesebene organisierten Branchenverbände (50 Fachspitzenverbände und 4 Gäste) und 14 Landesvereinigungen werden über 1.000 Arbeitgeberverbände erreicht. Unternehmen können keine Direktmitglieder sein, sondern lediglich die Fachverbände innerhalb der Sektoren und die Landesvereinigungen. Traditionell ist Gesamtmetall, der Dachverband der Metall- und Elektroindustrie, tonangebend, stellt meistens den Vorsitzenden (z.Zt. Dieter Hundt – vorher Präsident des Baden-Württembergischen Arbeitgeberverband der Metall- und Elektroindustrie) und ist zugleich wichtigster Finanzier. Da die Kompetenz der Tarifpolitik bei den regionalen Arbeitgeberverbänden (Unternehmensdirektmitgliedschaft) liegt, sind auf der Ebene des Dachverbandes vor allem folgende Aufgabenfelder relevant: Mitgestaltung der Arbeits- und Sozialpolitik, Vertretung der unternehmerischen Sozial- und Gesellschaftspolitik gegenüber dem politischen System, den Gewerkschaften und der Öffentlichkeit, Informations- und Beratungsarbeit und schließlich die Koordination der Lohn- und Tarifpolitik. Da branchenübergreifende, einheitliche Tarifverträge abgelehnt werden, beinhaltet die Koordinationsfunktion die Schaffung eines einheitlichen Meinungsbildes, sowie die Sanktionierung eines sogenannten „Tabukataloges", womit Themen und Niveaus gemeint sind, die auf keinen Fall tarifvertraglich fixiert werden dürfen.

Die dritte Säule unternehmerischer Interessenvertretung sind die 83 IHKs, die öffentlich-rechtliche Körperschaften sind. Ihr Dachverband, der DIHT, ist ein privatrechtlicher Verein. Die IHKs sind zwar eigenverantwortliche öffentlich-rechtliche Körperschaften, aber dennoch keine Behörden, sondern Interessenvertreter der gewerbetreibenden Unternehmen gegenüber den Kommunen, Landesregierungen und den regionalen staatlichen Einrichtungen. Der DIHT vertritt die Unternehmen gegenüber der Bundesebene und der Europäischen Kommission. In der IHK müssen alle inländischen Unternehmen mit Ausnahme der freien Berufe, der Handwerks- und landwirtschaftlichen Betriebe Mitglieder sein. Über diese Zwangsmitgliedschaft findet seit einigen Jahren ein heftiger Streit statt, der vom Bundesverfassungsgericht so entschieden wurde, dass es auch zukünftig keine freiwillige Mitgliedschaft in der IHK geben kann, weil die IHKs öffentliche Aufgaben wahrnehmen (berufliches Prüfungswesen, Bestellung von Sachverständigen, Registrierung von Öko-Standorten, gutachterliche Tätigkeiten für die staatlichen Verwaltungen und für die Gerichte, Handelsregistereintragungen etc.), die auf dem Wege der freien Mitgliedschaft nicht so effektiv erfüllt werden können.

Der „Gemeinschaftsausschuss der Deutschen Gewerblichen Wirtschaft", 1950 als nicht weisungsgebundenes Koordinierungsgremium gegründet, umfasst mittlerweile 15 Wirtschaftsverbände, die sich in den wichtigen wirtschafts- und sozialpolitischen Angelegenheiten abstimmen.

Neben Verbänden, in denen Branchenverbände und Unternehmen Mitglieder sind, gibt es auch Unternehmerverbände, in denen Personen Mitglieder sind: Dazu gehören mittelständische, konfessionelle und geschlechtsspezifische Organisationen. Die Arbeitsgemeinschaft Selbstständiger Unternehmer (ASU) versteht sich als Sprachrohr der Kleinen gegen die Großen. Phasenweise gelingt es dieser Plattform sogar eine hohe publizistische Aufmerksamkeit für ihre Positionen zu erreichen (vor allem in der Frage der Tarifpolitik). Ein Beispiel für eine konfessionelle Standesorganisation ist der Bundesverband Katholischer Unternehmer, der vor allem für die Interessen der Unternehmen innerhalb des Katholizismus wirbt. Aus ihren Reihen ist 1957 das Konzept der bruttolohnbezogenen Rente entwickelt worden (Schreiber Plan). Die Vereinigung der Unternehmerinnen ist ein Beispiel für einen geschlechtsspezifischen Verband.

5 Die handelnden Akteure in den Verbänden

Zwischen Unternehmen und Verbandsführungen kann eine strukturelle Misstrauenssituation unterstellt werden. Um diese zu minimieren und Mitgliederlogik und Einflusslogik auszubalancieren, haben die Unternehmerverbände einen Dualismus zwischen politisch verantwortlichen ehrenamtlichen Vorstandsmitgliedern und weisungsgebundenen hauptamtlichen Geschäftsführern eingeführt. Die Geschäftsleitung soll von einer nichtparteiischen Persönlichkeit (meist Juristen), die von den konkurrierenden Mitgliedern akzeptiert wird, ausgeübt werden. Die strenge Weisungsgebundenheit der Geschäftsführer soll sicherstellen, dass sich nicht private Karriereinteressen, sondern der politisch rückgebundene Mitgliederwille durchsetzt. Die ehrenamtlichen Vorstandsmitglieder, die einem verbandspolitischen Proporz (Betriebsgrößenklassen, regionale Herkunft etc.) entsprechen sollen, müssen die getroffenen Entscheidungen selbst in ihren Betrieben umsetzen bzw. akzeptieren. Durch das dualisierte Vertretungskonzept soll ein hohes Maß an Deckungsgleichheit mit den Interessen der Mitglieder erreicht werden. Faktisch kann sich insbesondere aus der unterschiedlichen Präsenz von haupt- und ehrenamtlichen Repräsentanten eine latente bis manifeste Konfliktkonstellation entwickeln, wenn die Geschäftsführer ihre größere Präsenz und Steuerungsmöglichkeiten für eigene machtpolitische Ambitionen nutzen.

Während die Spitzen- (Mitglieder: Dachverbände) und Dachverbände (Mitglieder: Verbände) nur Verbände zweiten oder dritten Grades sind, bestehen bei den regionalen Unternehmerverbänden und den IHKs betriebsbezogene Direktmitgliedschaften, womit sie Verbände 1. Grades sind. Der formal-demokratische Aufbau der Verbände kennt in der Regel die Gremien: Mitgliederversammlung, Vorstand, Präsidium, Ausschüsse und Geschäftsführung. Die Mitgliederversammlungen von BDI/BDA (IHKS: ein Unternehmen eine Stimme), demokratische Legitimationsinstanz, setzen sich nach der gewichteten Unternehmens- bzw. Verbandsgröße zusammen, sie haben aber letztlich keinen großen Einfluss, da die dort zu fällenden Entscheidungen bereits im Vorfeld zwischen den wichtigsten Einflussakteuren geregelt sind. Bei den zu treffenden Personalentscheidungen gibt es in aller Regel keine Gegenkandidaten. In allen Verbänden dominieren die Großunternehmen, die auch die Majorität der finanziellen und personellen Mittel aufbringen, sich aber in der Verbandsführung in der Regel im Hintergrund halten. Die Vorsitzenden der deutschen Unternehmerverbände kommen in aller Regel aus dem Mittelstand und sind meist fungierende Eigentümerunternehmer. Seit einigen Jahren lässt sich allerdings beobachten, dass die Verbände zunehmend Probleme haben, solche ehrenamtlichen Vorstandsmitglieder zu rekrutieren.

6 Wandel und Transformation der Verbände

Ökonomischer und technischer Wandel, aber auch politische Veränderungen und nicht zuletzt der Individualisierungstrend verlangen von den Verbänden neue Anpassungsleistungen. Unter den Bedingungen einer exportorientierten, großbetrieblich, industriell dominierten Wirtschaftsstruktur, deren Wachstum auch durch nationale Regulation beeinflussbar war, entwickelten sich die Unternehmerverbände zu stabilen und dynamischen Akteuren. Indem sich die Branchenstrukturen, die Märkte und Unternehmen durch Outsourcing, Börsenkapitalisierung, Profitcenter und Fusionen neuen Bedingungen anpassten, wurde auch die Fortführung bestehender Verbandsmitgliedschaften problematischer. Eine neue Generation von Managern stellte das Verhältnis zu den Verbänden viel stärker als ihre Vorgänger unter kurzfristige Kosten-Nutzen-Gesichtspunkte. Gerade der Übergang von Familienunternehmen in professionelle Managerunternehmen, die oft zu Zweigniederlassungen großer Unternehmen geworden sind, hat die Bereitschaft für eine verantwortliche Mitarbeit in den Verbänden stark sinken lassen. Die Auswirkungen der neuen ökonomischen und sozialen Konstellation werden von den verschiedenen Verbänden sehr unterschiedlich bewältigt. In den 90er Jahren kamen im Schatten der deutschen Einheit, des Maastricht-Prozesses und der tiefsten Krise der deutschen Industrie seit 1945, die zwischen 1992 und 1996 die Szenerie beherrschte, viele bereits seit längerem virulente Konflikte zum Ausbruch. Dazu zählen nicht nur die Interessensunterschiede zwischen kleinen und großen Unternehmen oder zwischen Zulieferunternehmen und Endherstellern (Völkl 2002).

Der Wandel der Rahmenbedingungen führte dazu, dass sich Verbände spalteten, wie dies 1993 beim Bundesverband der Pharmazeutischen Industrie der Fall war. Oder es werden neue Verbände gegründet werden, wie bei BITKOM oder bei den Arbeitgeberverbänden der industrienahen Dienstleistungen. Mehr oder weniger umfangreiche Reorganisationsprozesse, die mit Kosteneinsparungen, Personalabbau, neuer Öffentlichkeitsarbeit bis hin zu Fusionen und neuen zwischenverbandlichen Kooperationen reichen, sind allgegenwärtig. Während die Fusion von BDA und BDI sowie von VDMA und ZVEI scheiterten, kam es zu einer Vielzahl von Fusionen auf Landesebene. Bei den Wirtschaftsverbänden geht es unter dem Druck der Mitgliederkritik darum, dass sie ihre Kostenstruktur, ihre Service- und Lobbyarbeit verbessern. Dagegen sehen sich die Arbeitgeberverbände durch einen starken Mitgliederrückgang herausgefordert, der ihre Funktionsfähigkeit als Tarifträgerpartei in Frage stellen kann.

Das Leistungsprofil der Unternehmerverbände ist aufgrund des Trittbrettfahrerproblems, das mit den kollektiven Gütern (bspw. politisches Lobbying gegenüber der Regierung) gegeben ist, so ausgerichtet, dass auch selektive (Serviceleistungen wie Rechtsberatung), solidarische (Geselligkeit, Partizipation) und autoritative Güter (Tarifverträge) angeboten werden. Die Spitzenverbände bieten in der Regel Kollektivgüter an; andere Güter dominieren in den Verbänden, wo die Unternehmen Direktmitglieder sind. Ein besonderes Problem besteht mit den autoritativen Gütern, wie dem Tarifvertrag, der die Mitglieder zu einer verbindlichen Normenimplementierung anhält, womit die Arbeitgeberverbände in den letzten Jahren besonders herausgefordert sind.

Seit Ende des 20. Jahrhunderts scheinen sich Verbands- und Tarifvermeidung bzw. -flucht als individuelle Formen des globalisierungstauglichen Personalmanagements zu entwickeln (Schroeder/Ruppert 1996). So ist der Mitgliederorganisationsgrad der westdeutschen Arbeitgeberverbände seit etwa zwei Jahrzehnten rückläufig. In der westdeutschen Metallbranche lag der Organisationsgrad 1964 bei etwa 65 Prozent, 1984 bei 56 Prozent, 1994 bei 43 Prozent und 2002 bei 31 Prozent. Auch der Beschäftigtenorganisationsgrad verringert sich, wenngleich deutlich langsamer. Im Jahre 1984 erreichte der Beschäftigtenorganisationsgrad der Metallverbände mit ca. 77 Prozent den höchsten Stand. Zehn Jahre später lag er bei 68 Prozent und 2002 bei 63 Prozent.

Mehrheitlich sind es kleinere Unternehmen, die sich den Arbeitgeberverbänden fern halten. Dagegen sind Traditionsunternehmen mit einer entsprechenden Belegschaftsgröße, starker gewerkschaftlicher Präsenz und Betriebsrat nach wie vor in hohem Maße verbandlich organisiert. Die drei wichtigsten Faktoren für eine Verbandsbindung waren bisher: Gewerkschaftlicher Organisationsgrad im Betrieb, Betriebsgröße und Alter der Firma. Umgekehrt bedeutet dies: Dort, wo der gewerkschaftliche Organisationsgrad gering ist, die Firma relativ klein und ihr Alter vergleichsweise jung, ist die Wahrscheinlichkeit einer Verbandsmitgliedschaft gering.

Neu gegründete Unternehmen werden immer seltener Verbandsmitglieder. Das ist übrigens ein wichtiger Punkt, der die schwach ausgeprägte Organisationsneigung der ostdeutschen Betriebe mit erklärt, wo es sich nicht nur mehrheitlich um kleine, sondern auch um neugegründete Unternehmen handelt. Bei den großen Betrieben mit über 500 Beschäftigten liegen die Organisationsgrade in Ost- und Westdeutschland nicht weit auseinander. Der entscheidende Unterschied liegt bei der Organisationsneigung der kleinen Betriebe. Die Unterschiede zwischen Ost und West sind auf zwei zentrale Merkmale zurückzuführen: Erstens auf die geringe Zahl der größeren Betriebe und zweitens auf eine fehlende verbandspolitische Tradition der kleinen ostdeutschen Betriebe.

Die Arbeitgeberverbände verfolgen seit Anfang der 90er Jahre eine Doppelstrategie: Einerseits versuchen sie den Flächentarifvertrag grundlegend zu verändern, um eine Dezentralisierung, Differenzierung und Flexibilisierung der tariflichen Regelungsmuster zu erreichen. Andererseits setzen sie auf eine Flexibilisierung der Verbandsmitgliedschaft. Mit der Errichtung von sogenannten Mitgliedschaften ohne

Tarifbindung (OT) versucht man sich eine zahlungskräftige Mitgliederzahl zu erhalten, andererseits ist diesen eine gewissermaßen menüartige Auswahl zwischen verschiedenen Formen der Verbandsmitgliedschaft und ihren Leistungsangeboten möglich. Zugleich ist es in einigen Regionen/Branchen auch zur Bildung von selbstständigen OT-Verbänden gekommen, die nur noch sozial- und tarifpolitische Beratungsarbeit anbieten: In einzelnen Regionen haben diese mittlerweile fast so viele Mitglieder wie der Tarifträgerverband. Mit dieser Entwicklung kann eine Neudefinition der deutschen Verbände- und Tariflandschaft einhergehen. Damit wäre die tarifpolitische Selbstregulation, also die Tarifautonomie beendet.

7 Die Schnittstellen zum politischen System

Die Schnittstellen zwischen den Unternehmerverbänden und dem politischen System sind vielfältig. Dabei geht es keinesfalls nur um Einflussnahme der Verbände auf das politische System, sondern ebenso darum, dass Parteien, Legislative und Exekutive sich darum kümmern, die Ressourcen der Verbände zu nutzen, um ihre Sach- und Durchsetzungskompetenz zu stärken. Schmölders (1965) kommt im Rahmen einer Verbändeumfrage für die 60er Jahre zu dem Ergebnis, dass etwa 60% der befragten Verbände angaben, ihre Zusammenarbeit mit der Exekutive beruhe in etwa zu gleichen Teilen auf eigener Initiative wie solcher der politischen Akteure. Da jüngere Analysen nicht vorliegen, soll mit dieser Zahl auch nur unterstrichen werden, dass es sich um einen durchaus wechselseitigen Prozess der Inanspruchnahme handelt.

In der Regel sind es die Akteure der Dachverbandsebene (BDI, BDA, DIHT), die sich für die direkte Einflussnahme auf das politische System verantwortlich zeigen, wenn es um außerordentliche Ereignisse und grundsätzliche Entscheidungen geht. Anders sieht es bei branchenspezifischen Aktivitäten aus, die in der Regel durchaus von den diesbezüglichen Verbänden vorgebracht und verfolgt werden. Auf der Ebene der Politikformulierung, also wenn es in den Ministerien um die Gesetzesentwürfe geht, handelt es sich um gewissermaßen „normalisierte" Direktkontakte zwischen Ministerial- und Verbandsbürokratie. Unter systematischen Gesichtspunkten können folgende Einflussakteure und -aktivitäten unterschieden werden, wobei wir grundsätzlich zwei Ebenen herausstellen können. Einerseits die Ebene der formalisierten und in Maßen transparenten Einflussaktivitäten und dann die informellen und intransparenten Formen.

Beginnen wir mit den formalisierten Einflussmöglichkeiten, die den Verbänden zugänglich sind: Dazu zählt in erster Linie die verbandliche Öffentlichkeitsarbeit, von der BDA-Präsident Paulsen einst sagte, sie sei die „stärkste Waffe für die Meinungsbildung in allen Bevölkerungsschichten" (zit. nach: Schulz 1999: 28). Auf diesem Wege wird durch regelmäßige Informationen, politische Kommentierungen, Gutachten und Denkschriften auf die aktuellen Prozesse in Regierung, Bundesrat, Parteien, Verbänden und Öffentlichkeit Einfluss genommen (Mann 1994: 194).

Diese Arbeit wird nicht nur von den Pressestellen der Verbände geleistet, vielmehr können die Verbände dabei auf die tätige Mithilfe von externen Werbeagenturen und speziellen Arbeitskreisen zurückgreifen. Eine besondere Rolle bei der regelmäßigen Beeinflussung der öffentlichen Meinung durch die deutschen Unternehmerverbände spielt das „Institut der deutschen Wirtschaft" in Köln. Besonders prominent hinsichtlich ihrer Breitenwirkung sind dabei die verschiedenen Denkschriften, die von den Unternehmerverbänden mehr oder weniger regelmäßig herausgegeben werden. Vom BDA zählen hierzu sicherlich die Konzepte zur „Zur sozialen Ordnung" (1953) und zur Rentenreform (1956), oder in den letzten Jahren das Konzept: „Sozialpolitik für mehr Wettbewerbsfähigkeit und Beschäftigung" (1998).

Im Gesetzgebungsprozess liegt die transparenteste Ebene der Einflussnahme bei den sogenannten „Parlamentarischen Anhörungen", wo die Unternehmerverbände ihre offiziellen Stellungnahmen abgeben und damit einerseits beraten und andererseits ihre Interessen öffentlich darstellen. Auch wenn dies in der Regel auf einer relativ späten Stufe des Gesetzgebungsprozesses stattfindet, so ist eine Beteiligung auf dieser Ebene nach den Erfahrungen des ehemaligen BDI-Hauptgeschäftsführers Mann auch dann noch sinnvoll, wenn sich ein Gesetzentwurf als nicht mehr verhinderbar erweist, es aber noch möglich ist „gewisse Schärfen" wegzunehmen (Mann 1994: 183).

Entscheidend ist für die Verbände jedoch, dass der Prozess der politischen Formierung bereits viel früher einsetzen muss; weshalb die Fachreferenten und Lobbyisten mit ihrem kurzen Draht zu Parlamentariern und zur Ministerialbürokratie eine zentrale Rolle spielen. Dabei hat der Kontakt zu letzterer für die Verbände auch deshalb eine wichtige Bedeutung, weil die Ministerialbeamten zum einen langfristige Gesprächspartner sind, die über eine viel längere Verweildauer in der jeweiligen Stelle verfügen als die meisten Bundestagsabgeordneten, und weil zum anderen durch sie ein unmittelbarer Zugang zum Gesetzgebungsprozess gegeben ist. Für die Bonner Republik lässt sich empirisch eine enge personelle Dauerverflechtung zwischen der Führungsschicht der Bundesministerien und den Akteuren der wirtschaftlichen Interessengruppen nachweisen (Benzer 1989: 328). In der noch jungen Berliner Republik dürfte es nicht viel anders aussehen.

Für den direkten Draht zwischen Unternehmerverbänden und Regierung sind natürlich deren jeweilige Präsidenten von besonderer Bedeutung. Aus der frühen Geschichte der Bundesrepublik wissen wir, dass der seinerzeitige BDI-Vorsitzende Fritz Berg für sich einen exklusiven Einfluss auf Bundeskanzler Adenauer auch öffentlich beanspruchte, ohne dass ihm dabei auf dieser Ebene heftig widersprochen wurde. Als sich 1960 eine Aufwertung der DM andeutete, stieß dies auf die entschiedene Ablehnung des BDI, der dies als eine „Katastrophe" bezeichnete. Daraufhin verkündete Berg in der Presse, „ich brauche nur einmal zum Kanzler zu gehen, und die ganze Aufwertung ist endgültig vom Tableau" (zit. nach: Eschenburg 1989: 115). So geschah es auch; zumindest vorübergehend. Ein wesentliches Druckmittel, das Berg damals einsetzen konnte, bestand darin, die monatliche 100.000 DM-Zahlung an die CDU-Hauptgeschäftsstelle einzustellen (Jaeggi 1973: 116). Eschenburg wertet denn auch das Verhältnis zwischen Unternehmerverbänden und Adenauer mit den Worten: „Kanzlerkotau vor Industrieverbänden" (Eschenburg 1989: 114).

Tatsächlich sind die Macht- und Einflussambitionen der Unternehmerverbände seit den 70er Jahren nicht mehr so offensiv artikuliert worden. Gleichwohl blieb der direkte Kontakt zwischen den Präsidenten der Unternehmerverbände und dem Bundeskanzler „unverzichtbar" (Mann 1994: 185). Auch wenn die interessenpolitischen Erfolge solcher Kontakte meist kaum mess- und nachweisbar sind, haben sie für die beteiligten Präsidenten der Unternehmerverbände eine große binnenpolitische Wirkung, weil sie damit ihre Rolle als politische Repräsentanten der gesamten deutschen Wirtschaft oder einer Branche eindrucksvoll unterstreichen können. Ein politisch einflussreicher Präsident der BDI oder des BDA kann nicht nur versuchen, geplante Entscheidungen oder gar Gesetze zu verhindern oder zu modifizieren; er kann damit also immer auch die Kräfteverhältnisse im eigenen Lager zu seinen Gunsten bestimmen. Es sind aber unter den Präsidenten der Unternehmerverbände nicht nur „erfolgreiche" Lobbyisten zu identifizieren, sondern auch mehr oder weniger „glücklose". Zu ihnen zählen sicherlich in den letzten zehn Jahren die beiden BDI-Präsidenten Heinrich Weiss und Hans Olaf Henkel, die beide mit ihrem Auftreten im Kanzleramt und den Ministerien wenig Anklang fanden. Während der Rücktritt von Weiss nicht zuletzt auch auf diese politische Einflussschwäche zurückgeführt werden kann, gelang es Henkel seine diesbezüglichen Defizite durch eine aggressive öffentliche Rhetorik zu kompensieren.

Eine besonders enge Verzahnung zwischen Unternehmerverbänden und politischem System liegt in solchen Fällen vor, wo ihre führenden Vertreter zugleich politische Funktionen innehaben (Mann 1994: 181). Der Hauptgeschäftsführer des Verbandes der keramischen Industrie (1964-1982) war von 1969-1982 Mitglied des Bundestages für die CSU; seit 1982-1987 Bundesminister für wirtschaftliche Zusammenarbeit und zwischen 1987 und 1990 Bundesverkehrsminister. Es ist auch immer wieder einmal darüber spekuliert worden, wie weit der „lebhafte Lobbyismus" der Verbände geht; also inwieweit es ihnen direkt gelingt, „ihre Vertrauensleute" in Ministerposten zu bringen bzw. ihnen missliebig gewordene Minister aus dem Amt zu drängen. Dass dies immer wieder versucht wird, ist offensichtlich. Ob es allerdings erfolgreich im Sinne der eigenen Interessen ist, muss dahingestellt bleiben. Jedenfalls gibt es ein vitales Interesse in den Positionen, die für die Interessenlage der deutschen Wirtschaft als besonders bedeutsam eingeschätzt werden, veritable Gesprächspartner zu haben; dazu gehört sicherlich nicht nur das Wirtschaftsministerium, sondern ebenso auch das Gesundheits-, Verkehrs-, Verteidigungsministerium. Zudem haben sie teilweise eine zusätzliche, formale Möglichkeit, auf die Politik des Ministeriums Einfluss zu nehmen, nämlich über die dort offiziell verankerten Beiräte und Sachverständigenkommissionen. So hat der BDI bspw. ein Vorschlagsrecht für den Mittelstandsbeirat, den Außenwirtschaftsbeirat und den Wirtschafts- und Sozialausschuss der EU.

Direktkontakte der Wirtschaftsverbände ins Parlament sind eher selten anzutreffen. Der BDI-Hauptgeschäftsführer Ludolf von Wartenberg gab sein CDU-Bundestagsmandat ab, als er diese Position 1990 antrat. Viel wichtiger waren sicherlich seine Kontakte, die er als Staatssekretär im Wirtschaftsministerium sammeln konnte. Eine Personalunion besteht derzeit bei Reinhard Göhner, der nicht nur BDA-Hauptgeschäftsführer ist, sondern zugleich CDU-Bundestagsabgeordneter. Hinzu kommen Politiker, die in ihrem „früheren" Leben als Funktionär eines Unternehmerverbandes gewirkt haben und dann hauptamtlich in die Politik gegangen sind. Das ist bei Friedrich Merz, dem stellvertretenden Fraktionsvorsitzenden der CDU-Bundestagsfraktion der Fall. Siegfried Mann, ehemaliger BDI-Hauptgeschäftsführer, vertritt in seiner Studie zum BDI die These, dass aufgrund der geringen Zahl von personellen Verflechtungen zwischen Verbänden und Parlament keine wirklich wirksame Einflussnahme auf dieser Ebene stattfinden können (Mann 1994: 182). Bezieht man dies auf parlamentarische Abstimmungsentscheidungen im engeren Sinne ist dies wohl zutreffend, begreift man diese personellen Verflechtungen eher als einen Baustein in einem umfassenderen Netzwerk, so kann man durchaus zu anderen Schlüssen kommen, die sich eher auf die Qualität konzentrieren. Jedenfalls ist die zahlenmäßig schwache Präsenz von Verbandsfunktionären sicherlich eher ein Vor-, denn ein Nachteil; schließlich lässt sich dadurch der Malus direkter Einflussnahme und Abhängigkeit vermeiden.

Ähnlich wie es zwischen SPD und Gewerkschaften traditionell eine enge Beziehung gibt, so sticht doch die Nähe der wirtschaftlichen Führungselite zur CDU, CSU und FDP ins Auge. Von den Führungskräften der Wirtschaftsverbände neigten nach einer 1981 durchgeführten Umfrage knapp 80% zur CDU/CSU und 20% zur FDP (Schiller 2001: 454). Offensichtlich ist auch, dass die deutschen Wirtschaftsverbände zu den wichtigsten „Großspendern" der deutschen Parteien zählen. 1998 waren unter den 10 größten Spendern an die Bundestagsparteien vier Verbände: Der führende Verbandsspender war der „Verband der Bayerischen Metall- und Elektroindustrie e.V" mit einer Spende von 650.000 DM an die CSU, es folgten die Großspenden an die CDU durch den „Verband der Chemischen Industrie e.V." (400.000), den „Verband der Metallindustrie Baden-Württemberg e.V." (300.000) und den „Verband der Metall- und Elektroindustrie NRW e.V." (300.000) (vgl. Alemann 2000: 92). Schon in den 50er Jahren, bevor es ein Parteienfinanzierungsgesetz gab, finanzierten die deutschen Unternehmerverbände mit ihren Mitteln maßgeblich die politische Infrastruktur von CDU/CSU und FDP. Anfangs lief diese Finanzierung über so genannte staatsbürgerliche Vereinigungen; später mussten die eingesetzten Mittel öffentlich ausgewiesen werden. Insbesondere 1972 setzten die Unternehmerverbände außerordentliche Mittel ein, um die Chancen der SPD bei den Bundestagswahlen 1972 zu verschlechtern. Unter der Überschrift: „Wir können nicht länger schweigen", initiierte der damals gerade frisch gewählte BDI-Vorsitzende Sohl eine Anzeigenkampagne gegen die amtierende SPD/FDP-Regierung. Neben der Anzeigenkampagne haben die Unternehmerverbände seinerzeit weitere finanzielle Mittel eingesetzt, um ihre Ziele zu erreichen. (Berghahn 1985: 319).

8 Lobbying auf europäischer Ebene

Lobbying findet natürlich längst nicht mehr nur auf der Ebene der deutschen Landes- und Bundespolitik statt; auch die europäische Ebene hat auf diesem Feld mittlerweile einen festen Platz erobert. Das europäische Lobbying definiert Michael Nollert auf vier Ebenen: „1. Versuch der Beeinflussung, 2. Adressaten sind politische Entscheidungsträger im weiteren Sinne, d.h. Politiker und Beamte, 3. Informalität der Einflussnahme und 4. Intransparenz" (Nollert 1997: 108). Im Gegensatz zur nationalen Ebene spielt die formalisierte, öffentliche Einflussnahme eine deutlich geringere Rolle, das gleiche gilt für Prozesse korporatistischer Politikformulierung.

Die deutschen Unternehmerverbände sind Mitglieder in den europäischen Verbandsföderationen (BDI und BDA in UNICE, der DIHT in Eurochambres, Gesamtmetall in WEM etc.). Zugleich haben viele von ihnen auch direkte Vertretungen in Brüssel, um Einfluss auf Kommission, Parlament und Ministerrat zu nehmen (Kohler-Koch 2000: 139). Mit der seit den 80er Jahren forcierten Binnenmarktintegration und der damit einhergehenden Kompetenzzunahme der europäischen Regulierungsebene drohte der Einfluss der deutschen Unternehmerverbände zurückzugehen. Darauf reagierten sie im Konzert mit den wichtigsten Unternehmen: Erstens indem sie ihre europapolitische Kompetenz auf nationaler Ebene ausbauen, zweitens indem sie ihren Einfluss in den EU-Verbänden verstärken; drittens durch Koordination und Kooperation zwischen den Verbänden und viertens durch ein effektiveres Euro-Lobbying. Die Europäisierung hat nicht dazu geführt, dass die Brüsseler Ebene einseitig aufgewertet wurde; vielmehr erfolgte ein paralleles Wachstum in der Zusammenarbeit zwischen Verbänden und staatlichen Stellen auf nationaler und europäischer Ebene.

Kohler-Koch hat in einer Studie über die Besonderheiten des deutschen Unternehmerlobbyismus gegenüber den anderen Ländern folgende Beobachtung festgehalten: „Offensichtlich genießen sie einen Wettbewerbsvorsprung, wenn es um die frühzeitige und umfassende Information der Politikadressaten geht. Sie schalten sich sehr viel früher als ihre Kollegen aus Frankreich oder Großbritannien in den politischen Entscheidungsprozess ein. Die Phase der Politikformulierung ist ihre Domäne; sie intervenieren bereits, wenn ein Vorschlag in den zuständigen Abteilungen der Kommission bearbeitet wird" (Kohler-Koch 2000: 140). Dagegen sei die lobbyistische Praxis anderer Länder, wie der Franzosen, viel stärker darauf gerichtet durch direkte Kontakte mit dem Kommissionspräsidenten oder nationaler Minister auf die Entscheidung Einfluss zu nehmen. Wenn auf diesem Weg nicht schon eine erfolgreiche Einflussnahme möglich ist, so lassen sich so häufig zumindest Ausnahmeregelungen im Sinne eines „Lobbying for exemption" erreichen.

Auffallend sind die Auswirkungen der forcierten ökonomischen Integration der EU auf das Verhältnis zwischen verbandlichen und eigenunternehmerischen Lobbyaktivitäten. Zwar haben einzelne Unternehmen immer schon eigenständig ihre Interessen im politischen Raum vertreten; gleichwohl ließen sie sich im Zweifelsfall meist in die Verbandsdisziplin einbinden. Mittlerweile sei auf europäischer Ebene ein Prozess der „Verselbstständigung zu beobachten"; der dazu führe, dass deutsche Unternehmen ähnlich wie ihre europäischen und US-amerikanischen Konkurrenten ihr privates Lobbying betreiben. Empirisch sei dies auch daran zu erkennen, dass die Zahl der Brüsseler Lobbyisten, die die Interessen einzelner Unternehmen vertreten, ständig zunimmt. (Kohler-Koch 2000: 141). Dazu gehört auch, dass die Zahl der Beratungsunternehmen und Rechtsanwaltskanzleien in der EU in den letzten Jahren stark gewachsen ist. Dahinter steht die Tendenz hin zum sogenannten „Partikularlobbying" (Burgmer 1999: 109), worunter verstanden wird, dass insbesondere kleine und mittlere Unternehmen bei Interessenlagen, die von den für sie zuständigen Verbänden unzureichend wahrgenommen werden, Beratungsfirmen und Rechtsanwaltskanzleien beauftragen, sich darum zu kümmern. Teilweise werden auch von den großen Verbänden und Unternehmen Teilgebiete des Lobbying an solche Unternehmen ausgelagert, um Personal einzusparen oder einfach um zusätzliche Ressourcen mobilisieren zu können.

Zur abnehmenden Bedeutung des klassischen Verbändelobbying auf europäischer Ebene trägt sicherlich auch bei, dass der finanzielle und personelle Einfluss einzelner großer Unternehmen auf die Verbände gestiegen ist; nicht zuletzt durch eine wachsende Zahl von Unternehmensdirektmitgliedschaften in sogenannten Verbände-Verbänden. Dieses Phänomen können wir exemplarisch bei UNICE in Gestalt des sogenannten Beraterkreises (Unice advisory and support group: UASG) studieren, der eine verdeckte Unternehmensdirektmitgliedschaft darstellt (Burgmer 1999: 100). Hinzu kommen sogenannte „Runde Tische", die seit den 80er Jahren in Brüssel an Bedeutung gewonnen haben, um direkt auf politische Entscheidungen Einfluss zu nehmen. Dazu gehören bspw. der „European Round Table of Industrialists" oder der „European Information Technology Industry Round Table" (Burgmer 1999: 105). Mit diesen neuen Einflusskanälen, insbesondere der spezifischen Unternehmensaktivitäten sind die verbandlichen Möglichkeiten jedoch nicht erloschen, sie müssen sich vielmehr darauf einstellen, dass sie sich in einzelnen Bereichen auf eine zunehmende Konkurrenz einzustellen haben und der Bereich monopolartiger Interessenpolitik abnimmt.

9 Konkurrenz zwischen Verbänden und großen Unternehmen

Eigentlich ist das Verhältnis klar, zumindest wenn man der Argumentation von BDI-Funktionären folgt: Den Untenehmen „fehlt aber jede Legitimation zur Vertretung industrieller Gesamtinteressen. Überdies werden in aller Regel von Unternehmen ganz konkrete, nicht selten auf Subventionen gerichtete Einzelinteressen verfolgt, die industriellen Gesamtinteressen sogar abträglich sein können" (Mann 1994: 190). Obwohl nun schon mehrfach darauf hingewiesen worden ist, dass die Unternehmen in unterschiedlicher Weise auf die politischen Einflussaktivitäten der Unternehmerverbände angewiesen sind, ist diese Abhängigkeit unterschiedlich verteilt und die Bereitschaft sich den Verbänden anzuvertrauen unterschiedlich motiviert.

Die Unternehmen kleiner und mittlerer Größe können es sich meist nicht leisten eigene lobbyistische Aktivitäten gegenüber dem politischen System zu entfalten und zudem können sie kaum davon ausgehen, dort Gehör für ihre Aktivitäten zu finden. Daran ändert auch die zunehmende Bedeutung des „Partikular-Lobbyismus" nichts substantiell. Anders sieht dies bei den Konzernen aus. Sie haben in der Regel sowohl in Brüssel wie auch in Berlin eigenständige Vertretungen, die teilweise größer sind als jene der Verbände. Warum begnügen sie sich nicht mit ihren Einflussmöglichkeiten? Der BDI Hauptgeschäftsführer Ludolf von Wartenberg begründet das Interesse der großen Konzerne an der Lobbyarbeit seines Verbandes so: „Es ist häufig schwieriger, eigene wirtschaftliche Interessen zu vertreten und gleichsam auf das eigene Konto zu legen, als sich hinter dem Gesamtinteresse der Industrie oder einer Branche zu verstecken. Insoweit kehrt immer mehr die Einsicht ein, dass man zwar in den großen Konzernen Stabsabteilungen hat, aber sich doch sehr genau abstimmt mit dem, was in der großen Stabsabteilung BDI oder fachbezogen in den Branchenverbänden geleistet wird. (...) Gerade für die großen Unternehmen haben die Verbände, anders als für die mittleren und kleinen Unternehmen, eine besondere Funktion, nämlich abzulenken von spezifischeren Unternehmensinteressen, die sich nicht in das Gesamtinteresse einer Branche oder das Gesamtinteresse der deutschen Industrie einfügen lassen. Insoweit sehe ich hier eine Möglichkeit, getrennt zu marschieren und vereint zu schlagen" (zit. nach: Bührer/Grande 2000: 167). Tatsächlich ist wohl davon auszugehen, dass die Handlungslogik großer Unternehmen es ratsam erscheinen lässt, sich auf beiden Ebenen zu tummeln. Während die hauseigenen Lobbyisten spezifische Interessen kommunizieren und deren Durchsetzung vorbereiten können, bilden die im wirtschaftlichen Gesamtinteresse auftretenden Branchen- und Dachverbände so etwas wie ein Schutzschild, um die partikulare Interessensdimension nicht so offen präsentieren zu müssen.

10 Glückloses Lobbying: Die Spaltung eines Wirtschaftsverbandes

Wir unterscheiden nicht nur mehr oder weniger geglückte Formen des Lobbying, sondern wir sollten uns auch für solche Fälle interessieren, in denen die negativen verbandlichen Rückwirkungen von Lobbying so umfassend sind, dass seine Existenz dadurch gefährdet oder zumindest modifiziert wird. Der Bundesverband der Pharmazeutischen Industrie (BPI) ist ein seltenes Beispiel dafür, wie ein über 40 Jahre eingespieltes Regelsystem durch eine Gesetzesänderung kapitulieren kann. Von den etwa 1.100 deutschen Arzneimittelherstellern waren bis Mitte 1993 etwa 460 beim BPI organisiert, der damit etwa 95 Prozent des Umsatzes der deutschen Arzneimittelproduktion repräsentierte. Ein besonderes Merkmal des BPI bestand bisher darin, dass er eine sehr heterogene Mitgliederstruktur besaß, die von den kleinen, über die mittelständischen bis hin zu den großen Pharma Multis reichte. Die kleinen mittelständischen Unternehmen, von denen 200 so klein waren, dass sie gerade den Mindestbeitrag bezahlen konnten, dominierten den Verband, dessen Satzung jedem

Unternehmen unabhängig von Beitragshöhe und Umsatz nur eine Stimme zubilligte. Dass es den Lobbyisten des BPI nicht gelungen war, den Gesetzesprozess so zu beeinflussen, dass die prekäre Balance zwischen den heterogenen Verbandsteilen gewahrt werden konnte, kam es angesichts des 1993 verabschiedeten Gesundheitsstrukturgesetzes zu einem Aufstand der forschungsintensiven Großunternehmen der Pharmaindustrie.

Stein des Anstoßes war die zum 1. Januar 1993 eingeführte zweite Stufe des Gesundheitsstrukturgesetzes, die unter anderem Festpreise sowie eine Präferenz für billige Arzneimittel vorsah. Daran knüpfte sich ein heftiger Konflikt zwischen forschungsintensiven Arzneimittelherstellern und den sogenannten Generika-Herstellern. Während die Nachahmer infolge des neuen Gesundheitsstrukturgesetzes starke Zuwachsraten erreichten und damit ihren Marktanteil ausdehnen konnten, mussten die großen forschungsintensiven Arzneimittelhersteller Umsatzeinbußen von bis zu 25 Prozent hinnehmen. Die sieben großen Unternehmen in der Branche (Bayer, Höchst, Böhringer-Mannheim, Böhringer-Ingelheim, Merck, Knoll und Schering), die bis zu diesem Zeitpunkt den BPI zu etwa 70 Prozent finanzierten, reagierten auf diese Entwicklung mit der Forderung nach einer grundlegenden Strukturreform des Verbands, die ihnen wesentlich mehr Stimmrechte und Einfluss bringen sollte: Der Mitgliedsbeitrag sollte zukünftig über die Stimmenmacht entscheiden, der Vorstand drastisch verkleinert und die Entscheidungswege verkürzt werden. Da sich die Mehrheit der Mitglieder diesem Anliegen widersetzte, verließen die forschungsintensiven Unternehmen den BPI und gründeten einen eigenen Verband. So besteht heute neben dem BPI der Verband forschender Arzneimittel-Hersteller (VFA) während die Mehrheit der Unternehmen weiterhin im BPI organisiert ist, vertritt der VFA die großen Unternehmen, deren Umsatz sich auf über 60 Prozent des Deutschen Marktes beläuft.

Die Spaltung des BPI ist das Ergebnis drastisch zurückgehender Verteilungsspielräume in der gesetzlichen Krankenversicherung, quasi antagonistischer Interessen zwischen den Unternehmen sowie der Unfähigkeit der Verbandsspitze eine Brücke zwischen den konkurrierenden Interessengruppen zu bauen. Dabei erstreckte sich die Konfliktlage auch auf die Dachverbände BDA und BDI. Während der BDA die mit der Gesetzesinitiative verfolgte Senkung der Lohnkosten begrüßte und deshalb dem Gesetz gegenüber sich aufgeschlossen verhielt, wertete der BDI die wirtschaftlichen Nachteile stärker und sprach sich deshalb entsprechend skeptisch gegen das Gesetz aus.

11 Politische Bedeutung: Lobbying und neokorporatistische Einbindung

Unternehmerverbände sind mitunter sehr erfolgreiche Organisationen bei der Durchsetzung partikularer Interessen, sie praktizieren jedoch auch staatsentlastende und selbstregulative Funktionen. Aufgrund der Dominanz der Mitgliederlogik (Unternehmerautonomie) ist es ihnen nur unter besonderen Bedingungen möglich, ihre

Mitglieder zugunsten eines übergeordneten gesamtwirtschaftlichen Zieles zu verpflichten (Einflusslogik). Dies hat zur Folge, dass die Unternehmerverbände im Rahmen von korporatistischen Arrangements nur wenig Handlungsspielraum haben. Es sei denn es gelingt, eine feste Allianz von Staat und Gewerkschaften zu entwickeln, die zugleich mit einer gespaltenen Haltung im Unternehmerverband korrespondiert. Häufig sind es gar nicht die Unternehmerverbände selbst, sondern mächtige Unternehmen oder Unternehmergruppen, die ihren Einfluss geltend machen und durchsetzen.

Lobbying und die Einbindung in korporatistische Arrangements können zwei ähnlich strukturierte Formen der Einflussnahme sein. Wir können sie allerdings auch als divergente Modi wahrnehmen. Geht es bei der korporatistischen Einbindung darum, über Tauschgeschäfte einen unmittelbar übergeordneten Nutzen für das Gesamtsystem anzustreben, so kann dies mitunter dem insbesondere intransparenten Lobbying entgegenstehen, weil damit eine durchaus öffentliche Arena gebildet ist, innerhalb derer eher partikulare Interessenvertretung abgewehrt werden kann.

Lobbying ist ein zentrales Moment des Alltagsgeschäftes von Unternehmerverbänden. Diese Funktion ist in den letzten Jahren einem größeren Wettbewerbsdruck ausgesetzt, womit auch eine Herausforderung für die Verbände verbunden ist, auf diese reagieren zu müssen, um ihre Mitgliederbasis nicht in Frage zu stellen. Vermutlich können die Aktivitäten auf europäischer Ebene durchaus richtungsweisenden Charakter gewinnen: Also weniger Transparenz, mehr Akteure auf dem Gebiet des Lobbying, mehr Mischformen und somit insgesamt ein größerer Wettbewerb, der durchaus auch dazu führen kann, dass es zu einer weiteren Transformation der Verbände kommt.

Literatur:

Abromeit, Heidrun (1993): Interessenvermittlung zwischen Konkurrenz und Konkordanz. Studienbuch zur vergleichenden Lehre politischer Systeme, Opladen.
Berghahn, Volker (1985): Unternehmer und Politik in der Bundesrepublik, Frankfurt.
Benzer, Bodo (1989): Ministerialbürokratie und Interessengruppen. Eine empirische Analyse der personellen Verflechtung zwischen bundesstaatlicher Ministerialorganisation und gesellschaftlichen Gruppeninteressen in der Bundesrepublik Deutschalnd im Zeitraum 1949-1984, Baden-Baden.
Braunthal, Gerard (1965): The Federation of German Industry in Politics, Ithaca, NY: Cornell University.
Bührer, Werner/Grande, Edgar (2000): Unternehmerverbände und Staat in Deutschland, Baden-Baden.
Burgmer, Inge Maria (1999): Die Zukunft der Wirtschaftsverbände, Bonn.
Erdmann, Gerhard (1966): Die deutschen Arbeitgeberverbände im sozialgeschichtlichen Wandel der Zeit, Neuwied/Berlin.
Eschenburg, Theodor (1955): Herrschaft der Verbände?, Stuttgart.
Eschenburg, Theodor (1989): Das Jahrhundert der Verbände. Lust und Leid organisierter Interessen in der deutschen Politik, Berlin.

Jaeggi, Urs (1973): Kapital und Arbeit in der BRD, Frankfurt/Main.
Kohler-Koch, Beate (2000): Unternehmerverbände im Spannungsfeld von Europäisierung und Globalisierung, in: Bührer, Werner/Grande, Edgar: Unternehmerverbände und Staat in Deutschland, Baden-Baden, S. 132-148.
Mann, Siegfried (1994): Macht der Verbände. Das Beispiel des Bundesverbandes der Deutschen Industrie e.V. (BDI) aus empirisch-analytischer Sicht, Baden-Baden.
Nollert, Michael (1997): Verbändelobbying in der Europäischen Union – Europäische Dachverbände im Vergleich. In: Alemann, Ulrich, von/Wessels, Bernhard (Hrsg.), Verbände in vergleichender Perspektive, S. 107-136.
Schiller, Theo (2001): Parteien und Interessenverbände. In: Gabriel, Oscar W./Niedermayer, Oskar/Stöss, Richard (Hrsg.), Parteiendemokratie in Deutschland (2. aktualisierte Auflage), Berlin, S. 447-466..
Schroeder, Wolfgang (1994): Die Unternehmerverbände: Programmatik, Politik, Organisation. In: Kittner, Michael (Hrsg.), Gewerkschaften heute, Marburg, S. 623-643.
Schroeder, Wolfgang/Ruppert, Burkard (1996): Austritte aus Arbeitgeberverbänden: Eine Gefahr für das deutsche Modell? Marburg.
Schroeder, Wolfgang (2000): Das Modell Deutschland auf dem Prüfstand. Zur Entwicklung der industriellen Beziehungen in Ostdeutschland, Opladen.
Schmölders, Günter (1965): Das Selbstbildnis der Verbände. Empirische Erhebung über die Verhaltensweisen der Verbände in ihrer Bedeutung für die wirtschaftspolitische Willensbildung in der Bundesrepublik Deutschland, Berlin.
Schulz, Günther (1999): Sozialpolitik in der Bundesrepublik und die Mitwirkung der BDA. In: Göhner, Reinhard (Hrsg.), 50 Jahre BDA – 50 Jahre Politik für die Wirtschaft, Berlin, S. 7-32.
Simon, Walter (1976): Macht und Herrschaft der Unternehmerverbände BDI, BDA und DIHT, Köln.
Traxler, Franz (1986): Interessenverbände der Unternehmer. Konstitutionsbedingungen und Steuerungskapazitäten, Frankfurt.
Völkl, Martin (2002): Der Mittelstand und die Tarifautonomie. Arbeitgeberverbände zwischen Sozialpartnerschaft und Dienstleistung, München/Mering.
Weber, Jürgen (1977): Die Interessengruppen im politischen System der Bundesrepublik Deutschland, Stuttgart/Mainz.

Brussels: The premier league of lobbying

Rinus van Schendelen

Lobbying is of all times and places. It also takes place at the level of the European Union (EU), where thousands of lobby groups are active all days. In this chapter the concept of lobbying is used in a technical way, free from emotional connotations. It refers to more unorthodox efforts of both public and private interest groups to influence officials in the desired direction. The EU system appears to be very open and irresistible to lobby groups. Due to the decline of national co-ordination the lobby groups, acting more self-reliantly now and thus showing their idiosyncrasies, get their more European patterns of behaviour by the rise of both collective action and professional lobbying. All groups take part in collective action. But only a few do the lobbying more professional by defining their ambitions carefully, by doing a lot of studious work before and by lobbying prudently. To the many amateurish groups they set the trend. Finally EU lobbying is discussed for four dependent variables: effectiveness, quality of outcomes, democracy and integration.

EU lobbying: an old practice in a new system[1]

To many ordinary people the word of *lobbying* has an emotional and mainly negative meaning. Originally, the term refers to the special practices of interest group representatives in the US Congress in the late 19th century[2]. Waiting in the lobbies of the Congress buildings, these 'lobbyists' urged the Congressmen passing by to vote 'yea' or 'nay'. In the course of time, their lobbying developed from merely corridor behaviour to a broader and more sophisticated set of activities, ranging from providing information to organising mass publicity and giving political and even financial support. The last-mentioned activity, sometimes developing into bribery, has given lobbying its bad name among many ordinary people. In spite of an increasingly stricter regulation of lobbying in the USA since the mid-1920s, through both codes of conduct and registration, the bad name never fully disappeared and blew over to Europe. Ironically, the old French word of 'anti-chambre' has in fact the same background (a quiet corner of the building), refers to the same sort of political

---

[1] This chapter is largely based on parts of the author's new *Machiavelli in Brussels: The Art of Lobbying the EU,* Amsterdam University Press, Amsterdam, 2002, to which we also refer for more details and references regarding observations made in this chapter.
[2] L. Milbrath, *The Washington Lobbyists,* Rand McNally, Chicago, 1963 and United States Government, *Federal* Lobbying*: Differences in Lobbying Definitions and their Impacts*, General Accounting Office, Washington, 1999.

activity (pleading for a yes or no), but has remained free from any emotion. In Anglo-Saxon countries the broader label of *public affairs management*, referring to the management of one's public agenda ('res publica'), more-and-more replaces the word of lobbying now. Here we shall make use of both words, but only in their neutral or technical meaning.

Although the word of lobbying is only 150 years new, the essence of it is of all times and places. It refers to *the use of unorthodox means by interest groups, in order to get a desired outcome from government*. The definition deserves a short elaboration here. The 'government' stands for every public official, unit or institution entitled to make a formally binding decision. It may be even a mid-level civil servant or a committee of experts empowered to make such a decision. The term can, of course, be used for other targets than government as well, for example at home ('internal lobby') and in society ('social lobby'). An 'interest group' is a group interested in the outcome. Private interest groups like companies, trade associations and non-governmental organisations (NGOs) like citizens groups or Amnesty have the old reputation of lobbying. But parts of government, so-called public interest groups, are frequently not less lobbying a piece of government having binding decision power. At the level of the European Union (EU) local or regional governments, domestic agencies and ministries, national governments and even parts of the EU institutions have gathered the new reputation of lobbying. If an interest group tries to get a desired outcome by unorthodox means, it is a lobby group. The 'unorthodox means' fall outside the standard patterns of permitted or invited behaviour, such as voting, taking seat in a body or Court procedure. It is characterised by subtleties as informal, silent, indirect and supplying behaviour and comes close to classical diplomacy[3]. By the way of well-intended 'wait and see' behaviour it may even be invisible. A 'desired outcome' may be anything as desired by the lobby group, for example a law, subsidy, procurement, procedure or position benefiting the group and at least not the competitor. As such it is selfish behaviour.

The concept of lobbying has its place in three chapters of political science. One is *influence*. Lobbying is only an effort and not sufficient for making a difference or becoming influential. Many factors may intervene between the effort and the result, such as the quality of lobbying, the competition by others and the accessibility of the officials. Lobbying is even not necessary, as long as more orthodox means remain available as well, for example a formal petition, a hearing or the ballot box. But lobbying is frequently most helpful to increase the chance of getting a desired outcome from government, as it helps to build-up a relationship of trust. Lobbying falls, secondly, under political *participation*. It is different from conventional (or orthodox) participation through the electoral process and from protest behaviour ('exit, voice and loyalty')[4]. It can best be seen as a matter of 'entry, support and loyalty': one enters an interesting arena, negotiates about support and pays loyalty to those

---

[3] M. de Callières, *On the Manner of Negotiating with Princes*, edition University Press of America, Washington, 1963 (originally 1716).
[4] A. Hirschman, *Exit, Voice and Loyalty*, Harvard University Press, Cambridge (Mass.), 1970.

who support. The participation is seldom a single activity, but usually an interactive process, full of shuttling messages. Regarding both participation and influence the question of decisive resources remains relevant. We will return to this below, but jump already now to the observation that, especially at the EU level, the quality of preparatory homework is the single most decisive factor of success. Finally there is the chapter of *democracy*. On this too we anticipate here the conclusion at the end: a few lobby groups can be dangerous, but one thousand and more can be most beneficial to democracy.

As said, lobbying is of all times and places. One can find it in all political systems of the past, but frequently without a special name for it. The main reason for this namelessness may be that, essentially, lobbying can be seen as the crux of politics from the past to the present, which does not need its own name. It is about getting from government (the holder of formal power) a desired outcome and about trying to achieve this by more unorthodox means, which potentially give a lead over competitors. One can find it at all places of governance, from the family, street, city and work to whatever form of association in the private or public domains of society. But the well-intended lobbying is, of course, a *variable*. Paradoxically, it is relatively widespread in both highly and lowly formalised political systems. Highly formalised systems tend to be rather closed to new values, demands and interests from society. If the people having these new interests organise themselves into an interest group and if they feel to be dependent on a government, they have to find new ways and backdoors to get their demand satisfied, in short to use unorthodox ways. Lowly formalised systems are rather open to new interest groups and set a premium on the use of unorthodox means providing the edge over others in the game of getting a desired outcome. Germany may be seen as an example of a highly formalised system, where lobbying gets rapidly growing attention now. The EU is a lowly formalised system attracting manifold initiatives of lobbying.

The EU as an irresistible field for lobbying

In comparison to other Western political systems, the EU is, indeed, a very open one. It receives its basic formal *skeleton* (powers and institutions) from its component parts, being the member-state governments. Almost all people working inside are recruited from the member countries, either by election (members of the European Parliament, MEPs), selection (the members of the College of Commissioners, the Economic and Social Committee, the Committee of the Regions and the Court), open competition (civil servants) or dual roles (Council of Ministers). They transport demands and interests from their various countries, regions, sectors and groups into the system and make this different by *flesh and blood*. In these respects the EU or, as metaphor, 'Brussels' is as open as the national systems. But particularly two characteristics make it even more open.

One is the heterogeneous *composition* of all the people inside the institutions. They hold very different values, norms, interests, loyalties and more, related to their different backgrounds. They have to accommodate with each other, but in their mutual competition they try to get support from others inside and outside. They open their windows and doors for information and support from all sorts of public and private interests groups, ranging from national ministries to city officials and from companies to NGOs. From their side they also distribute information and support to them, thus building up a coalition in favour of their particular policy position. For example, the Commission frequently launches a 'call for interests', by which it invites interested groups to participate in the process, and the Parliament does so by the means of hearings and intergroups. By the early publication of agendas, minutes, drafts and 'what is in the pipeline' the Commission, Parliament and even the Council are more transparent than their equivalents in the member countries.

The other special factor of openness is the *small size* of the EU engine, the Commission, holding the 'exclusive monopoly' of drafting legislative proposals and thus possessing veto power. It has about 11.500 civil servants for policy-related activities, plus about 8.500 people for translating, secretarial and technical work. The policy staff is smaller than that of many a single ministry in one member state. At average, its about 20 Directorate-Generals (DGs, being mini-ministries) have a size of less than 600 people and the about 25 policy-units inside every DG have each about 25 people. They work on, for example, maritime safety, social security schemes or animal nutrition. They can't do this on their own. Their solution is to insource experts from outside, representing larger interest groups and brought together in expert committees[5]. At the moment there are, at estimate, about 1.800 of such committees with 80.000 experts at all, coming fifty-fifty from domestic governments (roughly two-thirds national and one-third decentralised layers) and private organisations (two-thirds profit-oriented and one-third NGO). They all together help the 'chef de dossier' of a policy unit to draft green papers (defining 'the problem'), white papers (holding 'the solution' for the problem) and the final proposals for legislation. A small part of the proposals (15%, so-called secondary legislation) has to be adopted by the Council and the Parliament, under codecision being the legislators here; the Council does so mainly through its about 300 working groups and the Parliament through its rapporteur and shadow-rapporteurs it assigns for every dossier. The largest part (85%) is legislation delegated by previous secondary laws to the Commission, which mainly acts through about another 450 special committees ('comitology'). In short, all sorts of interest groups can sit in the EU drivers-seats, from the beginnings to the end.

Not surprisingly, many interest groups consider the EU to be an *irresistible* playing field. It is relatively open and permeable. It is also highly relevant for its 'honey and money': the honey to be gained from EU legislation overruling domestic legislation and the money from subsidies and procurements. As the costs of influ-

---

[5] M. van Schendelen (ed.), *EU Committees as Influential Policymakers*, Aldershot, Ashgate, 1998.

encing are frequently less than the costs of passive adaptation to an outcome, the acting on the playing field is considered efficient as well. Here the interest group can also easily find allies for sharing costs and building up a coalition. Not the least, 'Brussels' is an open city. Nobody can stop an interest group on its way to 'Brussels'. Most groups travel now and then to the EU locations and act through intermediaries like European federations (EuroFeds). About 3.000 interest groups have also a permanent office downtown Brussels, all together employing more than 10.000 people, with the following distribution: 32% EuroFeds, 20% commercial consultants, 13% companies, 11% NGOs, 10% national associations, 6% regional offices, 5% international organisations and 1% think-tanks[6]. In addition there are the permanent representations (PRs) of the member-state governments and the more than 150 delegations from foreign governments. The variable costs (location and facilities) of a modest office are about one hundred thousand euro a year[7]. In the past the Brussels office was mainly an affair of national governments (the PRs) and multinational organisations, both companies and NGOs like Greenpeace. Runners-up have become the offices of smaller-sized NGOs, regions, associations of small-and-medium-sized enterprises (SMEs), national agencies, and foreign interest groups. Even single ministries sometimes open their own office outside the national PR and keep this as an 'apartment' under low profile.

Patterns of EU lobbying

There exists, of course, a wide *variety* of EU lobbying activities, styles and results. Is there some pattern of behaviour? Until the end of the 1980s most domestic interest groups, except the multinationals, took the route to Brussels via their national or regional capital. Here they had to mix up their interests and to follow so-called national co-ordination. That made some sense as well: the EU looked far away and complex and at that time most proposals of the Commission had to be adopted by the Council, acting by unanimity. The national capital could provide effective protection against undesired outcomes. During these decades the domestic interest groups behaved more or less 'typically' national[8]. That time is over. The Council, now largely acting under codecision with the Parliament and voting by (qualified) majority, is no longer the national shield. Most proposals are substantially made and largely adopted under the management of the Commission. Interest groups had to find their own and early ways to Brussels. *Self-reliance* has replaced national co-ordination. Member states have, in fact, become member countries. Only very weakly organised groups and those with interests still falling under national veto power (like in EU Pillar II and III, for foreign and defence policy, respectively jus-

---

[6] A. Fallik, *The European Public Affairs Directory 2003*, Landmarks, Brussels, 2003.
[7] J. Greenwood, *Representing Interests in the EU*, Macmillan, London, 1997, p. 103.
[8] A. Spinelli, *The Eurocrats*, Hopkins University Press, Baltimore, 1965.

tice and home affairs policies) still visit the national capital as the platform for Brussels.

By consequence, something like a 'national style' of lobbying has become less visible. Of course, the Dutch, Westphalian and Northern French travelling lobbyists frequently arrive in the morning, thus missing the informal evening before, but this has to do with (a wrong use of short) distance, not with national character. Belgian groups are usually well-informed and great in networking, but this is mainly thanks to the sociology of Brussels: the EU officials live nearby and 23% of the Commission civil servants is Belgian, with an overrepresentation for all functions. Popular reputations as the 'loudly Italians', 'formalistic Germans', 'tough Polish' and 'sneaky French' have, in fact, become fairy tale. Also the belief that groups from a big country have an edge over those from a small one has become largely invalid, as most (around 90%) Commission civil servants, MEPs and Council votes do not 'belong' to one single country. The more interest groups behave self-reliantly, the more they show their own *idiosyncrasies* by consequence. For example, groups with multinational roots frequently behave different from those without, as the former can more easily organise a concerted action. Associations and governmental groups are usually sensitive for interventions from their members and publics. Some ministries, like Industry or Environment, tend to feel more at home in Brussels than Justice or Education. Companies in concentrated sectors (like chemicals, car industry, and electronics) behave different from those in more fragmented sectors (like construction, services, and agriculture). Every interest group has, however, its own profile of such (and many more) idiosyncrasies. In short, no general patters of behaviour based on traditional background characteristics can be found. But two new factors give rise to new patterns of EU lobbying.

One has to do with the rise of self-reliant interest group behaviour, now causing an overcrowding at the entrances of the EU. At the receiving side the Commission civil servants, MEPs and Council people have become reluctant to receive the one after the other interest group with regard to the same dossier. They require an aggregation of interests and, in fact, set the different groups at the work of integrating Europe. Its feedback effect results in more *collective action*[9]. Groups with a more or less common interest establish or join a EuroFed or one of its variants, ranging from a more heterogeneous standing umbrella like UNICE (the platform of national employers' organisations) to a more homogeneous ad-hoc formation like the European Campaign on Biotechnology Patents (ECOBP) fighting against biotechnology. A collective action can also crosscut domains, sectors and regions. Trade unions and employers' groups together make deals for legislation under the Social Chapter, big airlines and consumer groups have made their common EACF and authorities, companies and unions in steel regions have established their RETI, to give a few examples. Many interest groups are members of a number of collective actions. By these they lose some of their idiosyncrasies, get more common values and interests and

---

[9] J. Greenwood and M. Aspinwall (eds.), *Collective Action in the EU*, Routledge, London, 1998.

produce more patterned behaviour. Common structures (like secretariat, board and committees) stabilise the pattern.

The second main factor of more patterned behaviour is, increasingly, the interest at stake. The selfishness drives the action. Of course, many groups are merely political tourists or adventurers searching for a fast piece of honey and money. By sheer luck they can sometimes get that. Especially among the travelling groups there are many amateurish ones, which go poorly prepared to Brussels, open doors at the wrong time and place, behave arrogant and demanding, and do many more things that irritate those from whom they hope to get a desired outcome. Particularly, but not only among those having a Brussels office one can find most groups with a reputation of more *professionalism*, resulting in a better balance of EU profits and losses. Their characteristic is not their full-time job in influencing the EU process, let alone their maybe-commercial status, but only the more thoughtful management of their public affairs, which quality is not necessarily inherent to full-time or commercial people. They are pushed by the need to meet expectations at home and to account for the investments made, and they are pulled by the logic of playing on a most relevant, complex and dynamic field full of competitive arenas. This is disciplining their behaviour. The groups with a professional reputation are small by number, as the premier league is in every sport. Their composition is also variable, as a reputation can be won and lost. The one time the German company of Siemens, the French ministry of Finance, Greenpeace, the region of Lombardia and the American Chamber of Commerce may be part of it, but the other time they can be out. Interestingly, on the EU playing field the more amateurish groups frequently take the professional ones as an example to follow. This cue taking makes their behaviour more patterned too. For this reason we shall elaborate the professional working methods now.

Professional lobbying[10]

Interest groups wanting to get a desired outcome of EU decision-making can, of course, rely on the institutional procedures and platforms. Groups from central government and party politics can do so, if they have position there inside. But most groups do not have that and can only hope for a good outcome. Semi-institutional vehicles, like expert committees and working groups, can bring them already closer to the playing field. The unorthodox ways and means of lobbying bring them the closest possible to those being finally in charge of making the decision. Starting with the latter is usually also the *best order*, as it gives the best result. Especially the lobby element of informality can create a relationship of trust, necessary for mutual listening and agreeing. The informal outcome can subsequently be made part of a semi-formal text, for example a white paper or a proposal. If an interest group only

---

[10] For more at length and detailed elaboration see note 1 (chapters 4, 5, 6 and 7).

wants to block an undesired outcome (negative lobbying) and if it has got its viewpoint in such a text, it can stop its lobby actions here, but has to remain watchful whether the final text will remain in line. If it wants to push its desire (positive lobbying), however, it needs formal signatures of the Commission, Parliament and/or Council at the end. Lobby groups want to make the substantial text and to leave only the signatures to the authorities.

The day-to-day lobbying is full of *dilemmas* to an interest group wanting to apply unorthodox ways and means. Its leading question every day anew is: to whom must it direct its lobby actions, where, on what particular issue, when and how? It cannot do everything at the same time and therefore always has to be selective. For example, it cannot approach both the 'chef de dossier' and the head of unit, belonging to the Commission's policy unit in charge of a dossier of interest, at the same time, as this might destroy at least one relationship. Neither it can remain silent and make noise on the same issue at the same time. In short, every detail of lobbying is full of dilemmas and for each there is a menu of choices. For example, if one wants to approach some Commission official more indirectly, one has the menu of going through his/her staff or friends, a colleague or the superior, another unit or even DG, a EuroFed, an ad-hoc formation, a befriended interest group or another U-turn out of many more. Such dilemmas and menus exist for every question in detail.

The *type of answer* makes the big difference between amateurish and professional groups. The former just do something, at random. In reality they are going to make unforced errors or blunders. Slightly better are the semi-amateurish groups and people, who rely on rules of thumb and hear-say wisdom, like 'keep it low-key', 'be early' or 'be short and clear', or who only do what officials prefer, for example 'come to me (not to another)', 'give support' and 'provide more information'. From the professionals they can learn that there are many specific circumstances under which they can better do the opposite of what is generally recommended. These professionals have only one answer to the aforementioned leading question: 'we don't know yet, as it depends on the situation'. For them the situation is the fighting *arena* around a dossier, which may start with discussions for a green paper, be formalised as a EU law and be continued by a review procedure. The arena is a collection of interrelated interests, in Europe always contested and thus being at issue, with interested groups (so-called stakeholders) behind them. Time can always change the composition of an arena and bring in new (or remove old) stakeholders and interests. All these components of an arena the professionals want to make subject to closer scrutiny and study, before they feel safe what is best to do. Being stakeholders themselves, they also have to define in advance their desired outcomes precisely.

The professional lobbyist is thus a rational lobbyist. Before he can solve dilemmas of behaviour prudently, he has to study the dossier-related arena and to define the specific ambitions of his interest group[11]. All together this is much more than the old-fashioned corridor lobbying and better covered by the new label of *public affairs management*. In theory the professional may prefer to set the ambitions first, to make the arena study subsequently and to do what is best to do hereafter. Some most professional groups try to follow this theoretically best order, particularly by developing scenarios based on different ambitions and arenas, which makes them better prepared for a possible future. But in practice most of the professional lobby groups make their conclusions regarding their ambitions, the arena and the best actions in a more-or-less simultaneous way. The reason is that they may prefer to change the arena and even their own ambitions before the action goes, thus reversibly adapting these two variables to the at least best possible actions. Indeed, many prefer the higher chance of a satisfying outcome by a low effort (high efficiency) rather than the small chance of full wins after strenuous lobbying. This balancing between effectiveness and efficiency is part of rationality too. The three main ingredients of professional lobbying we shall elaborate briefly now.

Ambitions

If one does not know what must be achieved, one cannot act. Setting the targets is however a complex and painful process. It starts with the preceding question whether EU has relevant challenges in its pipeline at all. If not, one can best remain passive. The definition of a *challenge* is always subjective, as it depends on perceptions of reality, one's own values and norms and the differences between the two, being either positive (opportunity, daydream) or negative (threat, nightmare). Regarding their definition of EU challenges interest groups can be very different from each other. In hierarchically led groups the chairman, CEO or minister defines them simply by decree and leaves subsequently the solving of the threat or the saving of the opportunity to his servants. In more horizontally run groups all that is soon a matter of home politics or the internal arena. Some establish working groups or a procedure for coming to an orderly assessment. In professional ones a specialised Public Affairs (PA) unit invites rank and file people to tell what they fear or desire from EU and then it tries to draft a sort of common agenda.

In most groups a long list of daydreams and nightmares is the result. But at the EU level every group is too small for playing self on more than a handful of chessboards. One has to be selective, by downsizing the long list to a manageable *short list*. All variants can be found again, from a top-down decision to a bottom-up outcome. Professional groups select through a number of rational criterions used negatively, such as (not) damaging the internal cohesion, having a poor cost-benefit ratio, solvable by free ride and promising a good chance. Here they feed forward to the arena study and the prudent action. The difference between the long and the short

---

[11] The three catchwords of ambition, study and prudence are symbolised by the name of Machiavelli as part of the main title of the book mentioned in note 1, as explained in its third printing (2003).

list they will try to entrust to befriended stakeholders. Subsequently they translate every dossier on the short list into a number of specific *ambitions*, either positive or negative, ranging from a desired line in a proposal of legislation to a feared subsidy to a competitor. Their leadership approves the short list and gives its PA unit a time-bound mandate for realising it. Amateurish groups keep it all mixed-up. They chase their long list, without clear targets, and in fact go out for shopping at random, usually returning with only souvenirs. Selection, in short, is complex because it is about assessing oneself, and painful because it is about giving-up most.

Not the least, every group has also to fulfil internal *requisites* for the EU action. It must possess realistic knowledge of EU processes, backdoors and people, particularly regarding the specific arena at stake. It must have some basic resources or, if absent, skills to get them, such as networks, specialised people and a basic budget. The internal cohesion must remain stable and supportive. Because it can't make itself interesting to other stakeholders with only a demand side (its 'position paper'), it must prepare at home a supply side, full of items interesting to others. Always it must keep its nerves under control, even if the daydream fades away and the nightmare comes nearby. All this and more is strenuous. According to experienced lobbyists in the field the 'homefront' usually takes 60% of their energy. If they would neglect it, they can hardly return with a serious prize, as is the fate of their amateurish colleagues. Groups that score high on homogeneity and wealth, for example multinationals like Hoechst AG and Greenpeace, can easier meet these requisites than those scoring low can. Especially domestic governments and associations often have difficulty with all above. They usually hold a very long list of challenges, can hardly select due to pressures from their publics and fall short of sufficient internal cohesion, expertise and resources, supply side and control of emotions.

Study

In the pluralistic area of Europe every interest is always contested by others and thus being at issue. An interest group never has a one-to-one relationship with the official empowered to sign a binding decision. In-between are always standing many other stakeholders with very different backgrounds and interests. For example, the Postal Services Directive, adopted under codecision in 2002, has been challenged by, among others, private post companies, state-run post organisations, US-led and European couriers, mail-order firms, consumer groups and trade unions, all acting both individually and through their associations and domestic ministries, coming from both inside Europe and abroad, and all having both friends and enemies inside any of the decision-making institutions. Every interest group seriously wanting to win and at least not to lose its interest has to study the arena to which it belongs both before and, again and again, during the fight. A lobby campaign is, in this respect, not different from a military one; only the weapons and the manners have become civilised. It requires a lot of scouting and spying or, in civilised language, monitoring and going *window-out*[12]. In this phase one has to lobby for information about the stakeholders, their own interests, the time schedules, and the possibly changing composition of the arena, because present stakeholders can leave and new ones enter, while taking their interests along with them.

The purpose of the preparatory work is to find promising ways to realise one's ambitioned targets, by identifying friends, enemies and their potential coalitions, based on more-or-less common interests and specified for a particular moment and arena composition. The insight delivers the summary information whether the aforementioned situation, 'on which the best lobbying always depends', is mainly friendly, unfriendly or indeterminate for oneself as part of the arena. From here the interest group can start to go *window-in*, which stands for lobbying for support to its interest, by making coalitions, negotiations and satisfying deals with others. The best practices of lobbying are dependent on the type of situation and regard the management of stakeholders, issues, time schedule, and arena composition. For example, if the situation is substantially friendly, one should try to take more friends on board, keep the issues high, speed up the process and play silence; if unfriendly, one should try to approach wavering stakeholders, reframe the issues at stake, delay and mobilise more stakeholders, for example by indirectly making sound; if indeterminate, one can best wait and see for the moment, and invest more in preparatory scenarios for when the situation turns to either friendly or unfriendly.

All this is difficult, indeed, and requires skilled people. Collecting useful information is already a lobby expertise. Of course, there is a lot of free publicity, including websites, but more detailed information usually comes from relationships and networks. Consultancy firms sell lots of information, even regarding internal and private affairs of groups and people. A potential gold mine is the corporate memory (including archives), but only a few professionals take care of this source. Of course, no group can get a complete, reliable and valid overview of any arena. Some degree of *uncertainty* always remains, thus urging to continued study. Amateurish groups neglect the window-out work, march unprepared into the ambush and can only survive by sheer luck. Most groups fall short of a good arena study. A frequent mistake is the overlooking of different stakeholders or interests involved. In the Postal Services case, the private post companies of Britain and The Netherlands, after having successfully influenced the proposal of DG Internal Market, had introvertedly neglected the very different interests (of employment and public service) of their state-run competitors in France and Germany, and finally they got much less than desired. Professional groups study the arena carefully not only for their short list, but by a quick scan also for their long list in order to eliminate such cases as 'dead horse' and 'free ride', on which it isn't rational to lobby oneself.

---

[12] The concept and its counterpart of 'going window-in' are derived from PARG, *Public Affairs Offices and Their Functions*, Public Affairs Research Group, Boston University, Boston, 1981.

Prudence

Lobbying the EU clearly requires a lot of preparation. On this very competitive playing field, full of dilemmas, there is no serious alternative for it. Ambition and study are necessary for getting a good chance of success, but not sufficient. They give at the best a reasoned direction to the choosing of the best ways and means of lobbying in a particular situation, in short a sort of educated guess. Many factors can make the guess false, for example a poorly defined ambition, mistakes of arena study, lack of information, better prepared opponents, an unforeseen event changing the arena or a surprising reaction from an important stakeholder. For this reason *prudence* is the third main ingredient of professional EU lobbying. It implies not only continual scrutiny of the chosen ambition and previous study, but also critical concern about the potential effects of real lobbying. The formally intended effect remains, of course, to make a difference in the desired direction. But effectiveness is seldom acceptable at any price. Particularly boomerangs and scandals must be avoided. A boomerang is a counter-productive effect of a previous act (or non-act) of lobbying, which augments the costs of influencing a current arena. A scandal is (rightly or wrongly) a very negative and publicly launched assessment of one's behaviour by others, impairing one's title of an acceptable group and increasing the costs of lobbying in the near future. Such costs one can better prevent.

Before a lobby group starts its real lobbying of an arena, it can play a special game before. Every arena has some structure, determined by specific procedures, positions and people, in short *Triple P*. They may be formal, as laid down in treaty text or regulations, but also semi-formal like internal rules and even informal by unwritten acceptance in practice. They prescribe the ways a single issue or a full dossier should be decided upon, which sorts of interests should have positions in that procedure, and which people are entitled to sit in these positions. In fact, they are to compare with the pickets on a playing field. They always offer some room for interpretation, thus for fighting or lobbying and for re-arranging the pickets. Even a small change of the pickets can make much difference for the outcome. For example, under effective German pressure unto the Court of Justice the Commission had to revise in 2000 the legal basis of its Tobacco Ban Directive; the transfer of the dossier on Genetically Modified Organisms (GMO) from DG Environment to DG Consumer Affairs in 2001 provided industrial and consumer groups a much stronger position; and the inclusion of people from private interest groups in the Management Board of the European Food Safety Authority in 2002 gave them a driver's seat. A lobby group can play Triple P not only reactively, by challenging current procedures, positions and people, but also proactively, far before an issue or dossier is rising on the official agenda. Successfully changing the pickets helps to score the ball subsequently.

Always a lobby group has, sooner or later, to solve the aforementioned leading question 'to whom, where, on what, when and how' it must lobby today. To the amateurish group this may remain the first question, but to the professional one it is, after all preparatory work, also the last question. By this time it may have solved most or all dilemmas and now knows what is best to do and not to do, but still it has to choose its best activities from the many rich menus or from its own kitchen. Lobbying in real life requires *fine-tuning*, as good as possible. When a lobby group knows to whom it should address its activities, in order to get the other (a policy unit of the Commission, a EP rapporteur or another stakeholder) more at its side, it must precisely know which interests should be raised when, where and how. A good lobby is tailor-made, never ready-made. The preparatory work can yield its second pay-off here, as it informs about the interests of the other, the time schedule, the networks and maybe even the idiosyncrasies of the other. For example, a phone call, a lunch and a private letter are all informal techniques, but their effects can be very different on the same person. A EuroFed and a scientific panel are both an indirect way to submit supportive evidence, but these channels have a different quality, power and linkage, possibly resulting in a different effect. A supply side must have not only elements of substantial interest, but also personalised warmth and trust. Menus representing collected experiences are most useful as checklists for finding the better fine-tuning. Prudent creativity and some good luck are indispensable for the last finishing touch. Successful lobbying is like playing chess: maybe for 40% it can be learnt, for 50% it depends on applied method and for the last 10% it is an art.

Very different from popular views, good lobbying is not just 'going around in the corridors', but requires a lot of professional activities: thoughtful ambitions, careful study of the arena and most prudent behaviour. The two first-mentioned ingredients are a precondition for the third one. The corridor can, of course, remain a tool of lobbying for information and support, but it is only one out of many. Successful lobbying is, in short, particularly dependent on intelligent behaviour or *brains* and, again different from popular views, much less on characteristics like wealth, size or legal status. All the lobbying itself is, as well, only one way to make oneself influential, as the more orthodox ways (semi-formal layers and formal institutions) remain optional too. Experience at the EU level tells that building-up a mixture of ways usually gives the best results[13]. For positive lobbying one anyhow has to get the formal signatures. Professional lobbying at the EU level is still exceptional by quantity of interest groups, but by its quality it functions as dominant example followed by the many, thus giving pattern to their behaviour at the EU level.

---

[13] See in addition to note 9 the other available case-studies, such as J. Greenwood and others (eds.), *Organised Interests and the EC*, Sage, London, 1992; S. Mazey and J. Richardson (eds.), *Lobbying in the EC*, Oxford University Press, Oxford, 1993; R. Pedler and M. van Schendelen (eds.), *Lobbying the EU*, Dartmouth, Aldershot, 1994; J. Greenwood (ed.), *European Casebook on Business Alliances*, Prentice Hall, Englewood Cliffs, 1995; H. Wallace and A. Young (eds.), *Participation and Policy-making in the EU*, Clarendon, Oxford, 1997; P. Claeys and others (eds.), *Lobbying, Pluralism and European Integration*, EIP, Brussels, 1998; and R. Pedler (ed.), *European Union Lobbying: Changes in the Arena*, Palgrave, London, 2002.

Four dependent variables of EU lobbying

EU lobbying has not only many causes as outlined before (multi-causality), but also many effects (multi-finality). Here we focus on the latter. One relevant dependent variable is the assumed effectiveness or influence. Is there evidence for it? A second potentially relevant effect regards the quality of decision-making. Does lobbying contribute to better and more legitimate EU policies? A third and critically debated dependent variable is EU democracy. Do lobby groups have positive, negative or maybe neutral effects on this? Finally we shall discuss European integration as a variable depending also on lobbying. These four possible effects are, of course, a *choice* out of many more potentially relevant ones. Others are, for example, the effects of lobbying on the efficiency of EU decision-making, the growth of welfare, the distribution of public goods, the europeanisation of member countries, and the change of domestic state structures, to mention only these[14].

Effectiveness

The best criterion of effectiveness is, of course, the realisation of a desired outcome. An excellent indicator of this is the inclusion of one's proposed line in a draft text. There are many examples of such an event, for example happening formally through the Parliament, semi-formally through an expert committee or informally through lobbying[15]. But the substantial question always is whether the effect has to be contributed to the effort. Regarding social life strict causality can, by the lack of a control situation, of course never be fully proven[16]. Every conclusion is at the best *plausible*. There is, indeed, a lot of plausible evidence. Case studies of lobbying reveal a lot of success stories, but also disappointments and failures, for the one or the other group[17]. The same holds true for the special case of lobbying around and through expert committees and comitology ones, the former lacking formal powers and the latter having them: both can have either high or low influence and the paradox is partially explained by the lobbying of their members[18]. The few existing reputation studies among both senders (lobbyists) and receivers (officials) too ascribe influence to particularly groups lobbying by the means of excellent timing, supply of information or aggregation of broader interests[19]. Journalists and mass publics tend to as-

---

[14] See note 1, chapters 1 and 8.
[15] M. van Schendelen and R. Scully (eds.), *The Unseen Hand: Unelected EU Legislators*, Cass, London, forthcoming.
[16] D. Hume, *An Enquiry Concerning Human Understanding*, Cadell, London, 1748 (and later).
[17] See note 13.
[18] See note 5.
[19] See B. Kohler-Koch, 'Organised Interests in the EU and the EP', in Claeys and others (note 13 above), pp. 126-158; B. Wessels, 'European Parliament and Interest Groups', in R. Katz and B. Wessels (eds.), *The EP, the National Parliaments and European Integration*, Oxford University Press, Oxford, 1999, pp. 105-128; P. Koeppl, 'The Acceptance, relevance and dominance of lobbying the European Commission', in *Journal of Public Affairs*, volume 1, 1, 2001, pp. 69-80.

cribe influence to lobby groups as well, but their evidence is frequently only an impression or hearsay. An indirect indicator is the rise of lobbying and lobby offices. Apparently many more interest groups believe or experience that their lobby efforts and investments can make a good difference in the outcomes, are less than the costs of non-influence (merely adaptation) and thus are worthwhile.

Many interest groups also apply two next-best criterions of effectiveness. One is the strengthening of their position in an arena, the other the improvement of their organisation at home. Apparently they sometimes suffer a loss on the first criterion and then have to be satisfied or to justify themselves with a next-best one. In fact they add the time perspective. Having lost a specific interest, they may yet believe to have gained a better chance for the near future, thanks to for example their earned respect and trust from important stakeholders or their new support and mandate from their home organisation. They have compensated their primary loss. This also indicates that wins and losses can be very *volatile*. Only for a short time an interest group or coalition can usually be a winner in a limited policy arena, as happened to the 'green coalition' in the late 1980s (environmental policies), the exporting companies in the early 1990s (open market) and the British government in the late 1990s (priority to enlargement). But their glorious years have past, since environment has to compete with values of consumers and industry, open market is confronted with proposals for the protection of 'public services', and enlargement is followed by a strengthening of the institutions. There is no evidence, in short, that the distribution of wins and losses is cumulative among the lobbying interest groups.

This volatile distribution of influence can be explained theoretically. Lobbying, now seen as a process of communication between a sender and a receiver, making use of channels coming together in an arena and cautiously watched by an environment, is *full of limits*. Its main elements are constantly in a variable condition. The sender can have its human and organisational shortcomings, like mythical beliefs regarding the EU playing field or lack of leadership inside the home organisation. The receiver can be fed up for new information or disorganised by internal problems. The channels can have a distorting power or simply a dead end. The arena can be highly divided or constantly changing by composition and thus remain indeterminate. And there is usually some intervention from the environment, for example by mass media scandalising an event and outside groups interfering in the process. Professional lobby groups are, however, more capable to cope with these limits than amateurish groups are. Firstly, by their prudence they take them more into account. Secondly, thanks to their preparatory work, they can sometimes move them. Thirdly, they can use the limits to influence competitors and opponents.

Quality of outcomes

Do the many pressures from lobby groups result in better and more legitimate EU policy comes? The problem is with the popular word of 'better'. Of course, a lobby group having to give in to an opponent will probably complain that the resulting policy outcome is inferior to what could have been without opposition. Being the sole winner always gives the best policy, according to the winner. But there is no objective criterion enabling to conclude that the one policy value, for example green environment, is better or worse than another like industrial activity or traffic mobility. The word of 'better' can only be translated into the ways of policy-making (procedure or process), not into substantial contents. Here we replace it for the *fairness* of decision-making regarding the contents of policy. In the extremely pluralistic Europe, where every interest is always contested and standing at issue, fairness implies that all different interest groups have a good chance to get their interest taken into account. By consequence the EU mechanism of decision-making must be open and competitive. If so, then any policy outcome represents the best possible quality, to compare with the 'best possible price' on a perfectly open and competitive market. Of course, the EU, like any market, is not fully perfect in practice, but it has become very open and competitive in comparison to most member countries. In the past it has had at least a different reputation, for example that the field of agricultural policies was run as by a policy cartel and that, according to some MEPs in the early 1990s, industrial groups more than other ones lobbied them[20]. But reputations frequently have their own imperfection. Agriculture has been a rather closed domain, but also an internally highly competitive one[21] and industrial groups may have had to lobby MEPs because they had already lost inside the Commission.

A good measure of fairness is the *discursiveness* of the policy debates for decision-making. The concept refers to debates fully open for new information, argumentation and persuasion among participants from inside and outside[22]. The many different officials and interest groups at the EU level make the debates highly discursive indeed. The various formal bodies and parts inside usually make their own contribution of facts, arguments and persuasions. The many semi-formal expert committees, having their competitions mutually and internally, make similar contributions. In addition there are the thousands of lobby groups circulating around and through these committees and bodies. All together they permanently influence the framing of a dossier, from green paper to final act. The GMO-dossier, for example, has been reframed from issues of industrial policy initially to environment policy subsequently and consumer policy now, resulting in much different outcomes. For the debates of the Parliament a very high level of discursiveness, with some variation for different dossiers, has recently been observed[23]. Almost every stakeholder can get its interests taken into account somehow.

---

[20] A. Metten, *The Ghost of Brussels*, Socialist Party, European Parliament (internal memo), 1991.
[21] E. Rieger, 'The Common Agricultural Policy', in H. Wallace and W. Wallace (eds.), *Policy-making in the EU*, Oxford University Press, Oxford, 2000 (4th edition), pp 179-210.
[22] J. Besette, *The Mild Voice of Reason*, University of Chicago Press, Chicago, 1994.
[23] H. D'Hollander, *De democratische legitimiteit van de Europese besluitvorming* (in Dutch, meaning 'Democratic Legitimacy of European decision-making'), Ph.D., published by Belgische Kamer van Afgevaardigden (Belgian Chamber of Representatives), Brussels, 2003. The extensively studied cases regard among others the dossiers on Biotechnology, Consultation in Companies, Animal Welfare, Chocolate, and HD Television.

The wide participation of stakeholders and the discursiveness of the discussions also create an indicator of perceived fairness, namely *legitimacy*. In comparison to many a domestic government there is surprisingly little protest from interest groups at the outcome-side of EU, once a decision has been taken. The explanation gives probably the difference of openness. At EU level the interest groups are openly invited to bring in their interest through experts and lobbying and to become part of the system. At domestic levels they find the doors more closed by civil servants and usually get at the best a selective invitation to come along for a short moment. To keep their ticket inside the EU system the lobby groups are normally most prepared to take an eventual loss as 'all in the game and next time better', which attitude is supported by the volatile distribution of wins and losses. The professional groups more than the amateurish ones take fairness as the criterion and behave, if inevitable, as good losers. The officials and the MEPs too consider lobbying as legitimate, as long as it is well prepared and attuned to their needs. Especially the MEPs from the Northern areas and the (largest) parties in the middle of the ideological spectre praise it for its provision of information, aggregation of interests and support to some grass roots activities[24]. Journalists and mass publics are usually positive about the wide inclusion of different interests and negative if a few are neglected. They want to hear a discursive story.

Democracy

Do lobby groups have positive, negative or maybe neutral effects on democracy at the EU level? The difficult word here is, of course, 'democracy'. Every member country has its own set of notions and practices of so-called democracy, usually contested and changing over time. All countries together have created at the EU level a *long list of notions*, each being pushed or contested by the one or the other country or parts of it like sectors and regions. One example is the following. For some the Parliament is the cause of democracy, for others it is only one in addition to interest group democracy, as is the current mixture in most countries. As to the Parliament itself some people believe in formal powers for it, others in primarily representation or something else. Taking their national parliament as the yardstick for the European Parliament some conclude to a 'democratic deficit', others to a 'democratic surplus'. All this regards only one notion, parliamentary democracy, for only a few issues. In addition, there are such different notions of democracy as pluralistic competition, transparency, elected authority, limited government, citizenship and freedoms, to mention only a very few here[25]. Many notions are even not easily consistent with each other and have to find a mixed balance. Examples are the notions of competition by either elections or interest groups, decision-making by either

---

[24] See Kohler-Koch under note 19.
[25] See note 1, chapter 8.

majority or consensus and legitimacy by either authorised officials or fairness of process.

Somewhere in the EU all notions have their support groups and somehow all have already been put into practice at the EU level, now getting its own sort of democracy *sui generis*. The treaties may codify this europeanisation of democracy formally, but unwritten practices and a lot of lobbying contribute to it substantially. Sometimes lobby groups try to influence it specifically, like recently for the Convention, the presumed forerunner of the next treaty, for which even the Vatican acted as a lobby group. But usually their impacts on EU democracy are only a side effect of their selfish lobbying. These impacts can be negative indeed, for example when they effectively make the system closed for new competitors, create a policy cartel with a few others, prevent accountability or limit freedoms of citizens. Many (but never all) people may consider the resulting imperfections of openness, competition, accountability and freedom as negative for the value of democracy. Of course, lobby groups frequently also create opposite side effects, for example when they effectively mobilise new entrants, break a cartel, enhance discursiveness or promote citizenship. Their selfishness has, in short, many side effects, including highly appreciated ones[26]. More important than such incidental side effects are, however, the correction mechanisms belonging to the EU system itself and shown by the following examples. Civil servants, MEPs and other officials have a selfish interest to keep the doors open, in order to collect broader information and support. Lobby competition brings them also more onto the driver's seat. In their mutual competition many lobby groups exert strong social control over each other. The smoke from lobby fights attracts mass media and new interest groups. The ultimate correction comes from scandalisation.

The negative side effects on democracy are frequently caused more by the interest groups that are passive, incidental and amateurish than by the active, established and professional ones. The former leave the arenas to others, go out for all or nothing and are poorly prepared, while the latter enhance democracy by their participation, longer-term perspective and prepared prudence. As stated by the *Federalist Papers* before[27], democracy benefits the more as the number of active, established and professional interest groups increases to the maximum having the highest variety. A few lobby groups endanger democracy, but thousands of them strengthen it. The preconditions for a democratic system are thus external openness and internal competition. They are already stimulated by the correction mechanisms belonging to the current system. In addition, amateurish groups are now following the example of the professionals, incidental groups are establishing themselves better and formerly passive groups are becoming more active. The remainder consists of interests not yet being organised as a serious interest group at the EU level, such as immigrants and

---

[26] B. Mandeville, *The Fable of the Bees: Private Vices, Public Benefits*, Garman, London, 1934 (originally 1705).
[27] Particularly paper 10 (J. Madison) of *The Federalist Papers*, 1788.

retired people nowadays. Sooner or later they will be pushed or pulled to the playing field too.

Integration

'Bringing parts together into a larger whole' can be taken as the most general definition of integration. In the early 1950s six central governments of European states concluded the Coal and Steel Treaty, the forerunner of the current EU treaties. Its objective was to speed up the reconstruction of their areas devastated by the war, for which raw materials as coal and steel were necessary then, by pooling their domestic productions into a larger framework. This was given a common High Authority (now the Commission), an Assembly (now the Parliament) and a Court, as new bodies empowered by the member states. For themselves the central governments kept the final say as Council of Ministers. This new *transnational* framework is still the basic skeleton of the current EU. But its 'flesh and blood' has become much different since those early days. The Commission is now the main engine of the making of decisions and policies, the Parliament has become an influential body, the Court has got expanded powers and the Council together with the Parliament is now the formal co-legislator for 'only' the 15 percent of secondary laws. Their size, composition, workings and impacts have much changed. From only coal and steel, now most domestic policy fields fall more-or-less under EU governance. Numerous semi-formal committees and working groups have been established, with people from also decentralised governments and private interest groups sitting around the tables. The corridors inside the buildings and the places around are full of lobby groups. In short, integration has moved from the level of member state governments to that of the organised groups of the member countries.

Willy-nilly the lobby groups contribute much to European integration. They aggregate their interests by entering a collective action. They have to, as said before, because otherwise they will hardly be heard. They also inform each other and the officials about what they, acting close to the citizens, are doing, experiencing, fearing and desiring. By their social control they make this information more complete and reliable. Besides, they give support to the one or the other proposal, thus also binding oneself and providing more legitimacy to the outcomes. By their selfish competition they permanently search for new allies by entering new coalitions with incumbent groups and stimulating outside groups to participate as well, thus crossing and widening the arenas. Not the least, they make side products of integration, such as mixing-up domestic cultures, getting a better understanding of different people, making non-political deals and engaging social networks.

The missing link in European integration can be said to be the hundreds of millions of European *citizens*. Given the problem of size[28], these millions can only become more integrated by representation and acculturation. Regarding both

---

[28] Compare with R. Dahl and E. Tufte, *Size and Democracy*, Stanford University Press, Stanford, 1973.

mechanisms lobby groups play important roles. At the EU input side they claim to be representative for a segment of European society and at its output side they have to explain their people why an outcome is inevitably a compromise among different cultures. Professional groups usually play these roles much better than amateurish ones. They know that their claim to act in behalf of others needs substance before it may become challenged and that any compromise can reasonably be justified as a clash of cultures, thus saving their own face in both situations. Amateurish groups tend to be nonchalant about their title of representation and their explanation in terms of acculturation, in short about making citizens better integrated in Europe. Because amateurish groups outnumber the professionals ones, there is still a lot of room for improvement here too.

Is that the way we like it?
Lobbying in den USA

Martin Thunert

1 Einleitung

Lobbying ist in den Vereinigten Staaten von Amerika eine verfassungsrechtlich geschützte Aktivität, die keineswegs nur von negativen Konnotationen begleitet wird (vgl. Alemann 2000). Der erste Verfassungszusatzartikel – das sog. „First Amendment" schützt ausdrücklich die Rede-, Vereinigungs- und die Petitionsfreiheit (vgl. zusammenfassend Eastman 1977). Gleichwohl war man sich in den USA des einflussverzerrenden Potenzials des professionellen Lobbyismus auf den Gesetzgebungs- und Verwaltungsprozess schon früh bewusst. Bereits 1853 warnte der Oberste Gerichtshof der USA in einem Urteil, bezahlter Lobbyismus „tends to corrupt or contaminate, by improper influences, the integrity of our ... political institutions."[1] Zu praktischen Konsequenzen führte diese Erkenntnis erst ein knappes Jahrhundert später. Das erste Lobbyismusgesetz auf Bundesebene (Federal Regulation of Lobbying Act) stammt aus dem Jahr 1946 und galt bis zum Inkrafttreten des weiter unten ausführlich dokumentierten Nachfolgegesetzes bis 1995. Heute sind die Regularien umfangreicher: neben bundes- und landesgesetzlicher Rahmensetzung, die sowohl das Verhalten der Lobbyisten als auch das der Lobbyierten regeln will, existieren eine Vielzahl von Verwaltungsvorschriften und nicht-gesetzlichen Verhaltens- und Ethikkodizes. Der folgende Beitrag stellt die wichtigsten Regularien vor, skizziert die amerikanischen Erfahrungen mit dem Regulationsinstrumentarium und bilanziert mögliche Schlussfolgerungen, die sich aus dem amerikanischen Fall ziehen lassen. Für das Verständnis der Wirkung, aber auch der möglichen Wirkungslosigkeit der in den USA gebräuchlichen Regularien ist es vonnöten, sich zunächst ein Bild der Rahmenbedingungen des Lobbying und dessen Erscheinungsformen in den USA zu machen.

2 Rahmenbedingungen des Lobbyismus in den USA

Die Funktionslogik des Präsidialsystemsystems der USA bestimmt in hohem Maße die Struktur und die Arbeitsweise des dortigen Lobbyismus. Das amerikanische

---

[1] Vgl. den Fall *Marshall v. Baltimore&Ohio Railroad*, 57 U.S. 314, 333-334 (1853).

Regierungssystem bietet dem Lobbyismus mindestens vier starke institutionelle Anreize.

Erstens: Ein gewaltenteiliges politisches System wie das der amerikanischen Präsidialdemokratie mit einem stark fragmentierten Entscheidungsprozess im Kongress und geringem Fraktionszwang bietet höhere Anreize für Lobbying als ein parlamentarisches System mit Gewaltenfusion und Fraktionszwang im Bundestag. In einer Legislative mit geringem Fraktionszwang, großen Mitarbeiterstäben der einzelnen Abgeordneten und hoher legislativer Aktivität wie der amerikanischen kann die von den Lobbyisten zur Verfügung gestellte „Information" (technisches Wissen über die politischen Auswirkungen eines Gesetzes, Wahlkreismobilisierung usw.) dazu beitragen, die Geschlossenheit einer Abstimmungskoalition aufzubrechen. In einem parlamentarischen System wird das Aufbrechen der Abstimmungskoalition spätestens durch das Stellen der Vertrauensfrage von Regierungsseite verhindert (vgl. Bennedsen/Feldmann 2002). In den USA ist somit institutionell der Anreiz gegeben, neben der Exekutive auch die Legislative – und dort einzelne Abgeordnete und Ausschussmitglieder – zum mindestens gleichberechtigten Adressaten, wenn nicht gar zum Hauptziel der Lobbybemühungen zu machen. Einen zweiten starken institutionellen Anreiz für Mehrebenenlobbyismus bietet der amerikanische Wettbewerbsföderalismus. US-Bundesstaaten nehmen zwar weniger Einfluss auf die nationale Gesetzgebung als die deutschen Landesregierungen, jedoch besitzen sie erheblich größeren politischen Gestaltungsspielraum – insbesondere in der Wirtschafts-, Sozial- und Bildungspolitik, da in diesen Politikfeldern liegende Kompetenzen zurückverlagert wurden und in den Einzelstaaten wichtige innenpolitische Experimente stattfinden. Die institutionellen Bedingungen der Politik in den Einzelstaaten (selten und kurz tagende Landtage, schwache Beratungsinfrastruktur der Exekutive und Amtszeitbegrenzungen) bilden ein besonders guten Nährboden für lobbyistische Arbeit und machen die Detailkenntnis und das institutionelle Gedächtnis der professionellen Lobbyisten nahezu unentbehrlich. Ein dritter institutioneller Anreiz prägt die Strategien des amerikanischen Lobbyismus. Sämtliche Abgeordnete in den USA – egal ob auf Bundes- oder Landesebene – werden direkt nach relativem Mehrheitswahlrecht gewählt. Der Einzug in ein Parlament über die Landesliste ist einem solchen Wahlsystem nicht möglich. Dies führt zu einer engen Wahlkreisbindung der amerikanischen Volksvertreter. Verstärkt wird die enge Wahlkreisbindung durch die Praxis der namentlichen Abstimmung in Kongress und Legislaturen. Der interessierte Wähler kann das Abstimmungsverhalten seines Abgeordneten genau nachvollziehen und bewerten. Daher besteht für Lobbyisten der Anreiz, auch die „Stimmung" in den Wahlkreisen zu beeinflussen und die Abgeordneten mit ihrem Abstimmungsverhalten zu konfrontieren. Zudem werden in den USA auch die wichtigsten Exekutivämter (Präsident, Gouverneure) durch Volkswahl bestellt. In einigen Bundesstaaten – insbesondere im Westen der USA – gilt dies auch für wichtige Ministerposten und für einige Richterstellen. Ein vierter institutioneller Anreiz für bestimmte Erscheinungsformen des Lobbyismus sind die vielfältigen – zumeist populistischen – Formen der direkten Demokratie, die in den

USA auf Einzelstaatsebene – erneut mehr im Westen des Landes als im Osten – praktiziert werden. In den westlichen Bundesstaaten der USA wird ein erheblicher Anteil der nicht-haushaltsrelevanten Gesetzgebung auf direkt-demokratischem Weg entschieden.

2 Erscheinungsformen und Strategien des amerikanischen Lobbyismus

2.1 Spielarten des Lobbyismus

Zunächst kann man mindestens zwei Arten des Lobbying unterscheiden (vgl. Kollman 1998, Baumgartner et al. 1998):

Unter *Inside-Lobbying* versteht man das direkte Lobbying der politischen Entscheidungsträger und ihrer Mitarbeiterstäbe – sowohl in beiden Kammern des Kongresses als auch in der Exekutive. Die gesetzlichen Regulierungsmaßnahmen des Lobbying, von denen weiter unten zu sprechen sein wird, beziehen sich in der Regel ausschließlich auf diese Art des Lobbying. Indirektes oder *Outside-Lobbying* zielt dagegen auf das Umfeld der politischen Entscheidungsträger oder auf relevante Meinungsführer aus anderen politikrelevanten Sektoren wie Wissenschaft, *Think Tanks* und Journalismus, aber auch auf Gerichte. Beim indirekten Lobbying handelt es sich häufig um eine Abstimmung von Interessen und Aktivitäten unterschiedlicher, zumeist nicht-staatlicher Akteure, bei denen der Kontakt zum politischen Entscheider nur noch ein Element einer breiteren Strategie ist. In Deutschland hat sich für das Metier des Outside-Lobbying der Begriff „Public Affairs" eingebürgert. (Vgl. Althaus 2002) Eine immer häufiger genutzte Variante des Outside-Lobbying ist das sog. *Grass-roots-Lobbying*. Zunächst eine Domäne von Public Interest Groups (nicht auf private materielle Interessen gerichtete Interessen) und sozialen Bewegungen, entdeckten in den 1990er Jahren kommerzielle Lobbyisten die Nutzung dieser Lobby-Strategie für ihre ökonomisch motivierte Klientel. Insofern die organisierten Basis-Kampagnen den Anschein von spontanem Bürger-Engagement und naturwüchsiger intellektueller Diskussionsfreude erwecken sollen, ohne tatsächlich von einer sozialen Bewegung oder einem authentischen Meinungsbild gestützt zu werden, spricht man in der Fachsprache von *„astro-turf"-Lobbying*.

Eine Sonderform des indirekten Lobbying ist die Politik-, Wahlkampf- und Kandidatenfinanzierung etwa durch die Einrichtung und Förderung von sog. *Political Action Committees*. Lobbyisten und ihre Klienten erhoffen sich, dadurch die spätere Berücksichtigung des eigenen Anliegens zu erkaufen (vgl. Graziano 2001: 50-84).

Für das gesetzlich registrierte Lobbying wurden in den USA Ende der 1990er Jahre zwischen $ 1,25 und $ 1,45 Milliarden pro Jahr ausgegeben.[2] In dieser Summe sind die meisten Formen des indirekten Lobbying noch nicht enthalten. Zu den am

---

[2] Die folgenden Zahlen stammen aus CRP 2000.

besten zahlenden Kunden der Lobbyisten gehörten zu einem Drittel große Verbände wie die US-Handelskammer und die Ärzte- und Krankenhausverbände sowie zu zwei Dritteln Großkonzerne wie Philip Morris, Exxon-Mobil, SBC, Ford, Schering-Plough usw., die etwa 10-20 Mio. Dollar pro Jahr für Lobbying ausgeben.

2.2 Direktvertretung und Fremdvertretung

Zahlreiche Großunternehmen vertreten ihre Interessen nicht über Verbände, sondern direkt und beauftragen zu diesem Zweck entweder hauseigene Lobbyisten mit Sitz in der Washingtoner Lobbyistenmeile *K-Street* oder große Anwaltskanzleien mit spezialisierten Beratern für Regierungsbeziehungen sowie für Kommunikationsberatung. Nicht selten beschäftigen Großunternehmen und die für sie tätigen Lobbyfirmen ehemalige Kongressabgeordnete, Senatoren, Minister und ehemalige hohe Regierungsbeamte als Lobbyisten. Ende der 1990er Jahre waren pro Jahr durchschnittlich 130, zum Teil sehr prominente ehemalige Kongressmitglieder als Lobbyisten tätig. Die Konzerne unterhalten zum Teil Lobbyisten mit Kontakten zum gesamten politischen Spektrum, um gegen Regierungswechsel und für die Konstellation des *Divided Government*, also die Besetzung des Präsidentenamtes durch die Partei, die in einem oder beiden Häusern des Kongresses nicht die Mehrheit hat, gewappnet zu sein. Insgesamt dürften allein auf Bundesebene, d.h. in Washington D.C. 11.000 - 13.000 Lobbyisten tätig sein. Die Rangliste der umsatzstärksten externen Lobbyfirmen variiert von Jahr zu Jahr. Zwischen 1998 und 2000 gab es durchschnittlich 5 Firmen, die mehr als $ 20 Mio. Honorar einnahmen und weitere 15 Firmen, die mehr als $ 5 Mio. umsetzten. Bei weiteren 100 Firmen beläuft sich der Umsatz dagegen eher auf $ 1 - 3 Mio. (vgl. CRP 2000). Die amerikanischen Lobbyisten selbst sind verbandlich organisiert – z.B. in der *American League of Lobbyists* -, geben Branchenzeitschriften heraus und fungieren nicht zuletzt als Lobbyisten in eigener Sache.

2.3 Ressourcenungleichheit

Die Überrepräsentation von Wirtschaftsverbänden und Großunternehmen in der amerikanischen Interessengruppenlandschaft ist ein breit dokumentiertes Phänomen. Das Ungleichgewicht in der Interessengruppenlandschaft spiegelt sich im Bereich des Lobbyismus wider. Durch die „advocacy explosion" seit den 1970er Jahren hat sich zwar die Konkurrenz zwischen den Verbänden verschärft, dies hat aber bislang nicht zu einer Machtbalance zwischen den verschiedenen Gruppen geführt. Großunternehmen, diverse Handelsorganisationen und Wirtschaftsverbände (amerikanische und ausländische) stehen in Washington D.C. am Ressourcenaufwand gemessen hinter etwa 70 bis 80% aller Lobby- und Spendenaktivitäten. Auf gewerkschaftliche Gruppen, Bürgerinitiativen und schwache Interessen fallen ca. 10 bis 15% der aufgewendeten Lobbying-Ressourcen. Daraus indes abzuleiten, Wirtschaftsinteressen gewännen jede politische Auseinandersetzung in Washington, ist falsch. Interessengruppenaktivitäten unterscheiden sich nach der Art des Politikfelds. In den Bereichen der distributiven und regulativen Politik scheinen die Entscheidungsnetzwerke geschlossener als im Bereich der redistributiven und emotional-symbolischen Politik. Da die Struktur der Entscheidungsnetzwerke, insbesondere bei stark emotional besetzten sowie bei ideologisierten Themen zunehmend lockerer wurden, ließen sich schwächer ausgestattete nicht-ökonomische Interessen weniger leicht aus den Issue Netzwerken ausschließen als in den geschlossenen Entscheidungszirkeln (siehe Libby 1998 and Baumgartner et al. 1998).

3 Regulierung und Begrenzung

Der öffentliche Anspruch auf Mitwissen im Bereich von Lobbyismus und Public Affairs-Kommunikation wird in den USA durch ein Potpourri aus gesetzlicher Regulierung, Geschäftsordnungen, Ethik-Regeln und Verhaltenskodices sowie durch sog. Watchdog-Gruppen und institutionelle Vorkehrungen zumindest im Ansatz zu befriedigen versucht.

3.1 Gesetzliche Regelungen

Neben den Geschäftsordnungen von Repräsentantenhaus und Senat, die u.a. Anhörungsrechte und -prozeduren festlegen, gehören Bundesgesetze zu den wichtigsten Instrumenten der Regulierung des amerikanischen Lobbyismus. Bereits 1946 verabschiedete der Kongress das erste Lobbyistengesetz. Lobbyisten mussten sich registrieren lassen sowie ihre Auftraggeber und die bezahlten Honorare offen legen. Außerdem waren sie angehalten, vierteljährliche Finanzberichte beim Kongress zu hinterlegen. Das Gesetz aus der Nachkriegszeit wies jedoch so viele Lücken auf, dass Anfang der 1990er Jahre nur ein geringer Teil der Washingtoner Lobyisten das Gesetz nach Buchstaben und Geist befolgte. Das Gesetz von 1946 enthielt keine präzise Definition, welche Aktivitäten und Organisationen unter die Begriffe „Lobbying" und „Lobbyisten" fielen und es mangelte an Handhabungen, das Gesetz durchzusetzen. Versuche, die einzelne Gesetzeslücken zu schließen, schlugen fehl. Erst 1995 zwangen eine Serie von Skandalen, in die Lobbyisten verwickelt waren, den Kongress zum Handeln.

3.2 Lobbying Disclosure Act of 1995[3]

Das Ende 1995 verabschiedete „Lobbyismusoffenlegungsgesetz" (*Lobbying Disclosure Act*) regelt die auf den U.S. Congress (Abgeordnete und ihre Mitarbeiter) und die Bundesexekutive bezogenen Lobbyaktivitäten, kann aber als Standard für die gesetzlichen Regelungen allgemein betrachtet werden. Wie bereits im Namen des Gesetzes angedeutet, möchte es Lobbyismus nicht unterbinden, sondern in erster Linie Transparenz herstellen: wer lobbyiert wen in wessen Auftrag, welche Summen fließen von wo nach wo usw. Das Gesetz liefert zunächst eine präzise Definition der Tätigkeitsmerkmale des Lobbyismus, um zu erfassen, wer der Registrierungs- und Offenlegungspflicht unterliegt. Unter Lobbying fallen alle von einem Kunden bezahlten oder in Auftrag gegebenen telefonischen, brieflichen oder elektronischen Kontakte zu einem Abgeordnetenbüro oder Regierungsstellen, bei denen – salopp ausgedrückt – nicht nur über Sport oder das Wetter gesprochen wird, sondern Einfluss auf die Gesetzgebung oder auf Verwaltungsvorschriften usw. genommen werden soll. Es spielt keine Rolle, ob diese Kontakte von einem angestellten Mitarbeiter oder einem professionellen Lobbyisten hergestellt werden. Gleichzeitig impliziert das Gesetz, dass Lobbyisten, die sich ausschließlich der Methoden des Outside-Lobbying bzw. des grass-roots-Lobbying bedienen, nicht registrierungspflichtig sind. Wer allerdings grass-roots-Lobbying als Hintergrundkulisse für direktes Lobbying betreibt, muss beide Aktivitäten offen legen.

In einem zweiten Teil legt das Gesetz Mindestschwellen fest, oberhalb derer eine Lobbyaktivität deklarierungspflichtig wird. Das alte Lobbygesetz von 1946 war an dieser Stelle sehr lückenhaft und konnte nicht verhindern, dass sich insbesondere Anwälte und Public Affairs-Experten, bei denen das klassische Lobbying nur einen Teil ihrer beruflichen Tätigkeit ausmacht, der Registrierung und den Offenlegungspflichten entzogen. Nach dem Gesetz von 1995 gilt als Lobbyist, wer einen bestimmten Einkommensanteil[4] durch Lobbyaktivitäten bezieht und/oder wer mehr als einen bestimmten Prozentsatz seiner durchschnittlichen Arbeitszeit[5] innerhalb eines halben Jahres für präzise definierte Lobbyaktivitäten aufwendet.

Die Informationen, die ein Lobbyist bei der Kongressverwaltung offen legen muss, um seinem Geschäft offiziell nachgehen zu dürfen, wurden ebenfalls präzisiert. Kunden müssen dann offengelegt werden, wenn der Auftrag eine bestimmte Honorarschwelle – $ 10,000 in sechs Monaten – überschritten hat oder wenn sich

---

[3] Offizieller Name des Gesetzes ist Public Law 104-65, verabschiedet am 19.12.1995. Das Gesetz wurde am 6. April 1998 durch Public Law 105-166, *den Lobbying Disclosure Technical Amendments Act of 1998* überarbeitet und ergänzt. Alle im Gesetz genannten Geldsummen wurden seit 1997 in vierjährigem Turnus an die offizielle Preissteigerungsrate angepasst.
[4] Offizieller Name des Gesetzes ist *Public Law 104-65*, verabschiedet am 19.12.1995. Das Gesetz wurde am 6. April 1998 durch *Public Law 105-166*, den *Lobbying Disclosure Technical Amendments Act of 1998* überarbeitet und ergänzt. Alle im Gesetz genannten Geldsummen wurden seit 1997 in vierjährigem Turnus an die offizielle Preissteigerungsrate angepasst.
[5] Die Schwelle liegt hier bei 20% der durchschnittlichen Arbeitszeit innerhalb von 6 Monaten, die interne oder externe Lobbyisten für Lobbying aufbringen.

der Auftraggeber zu mehr als 20% in ausländischem Besitz befindet. Auf Wunsch des lobbyierten Kongressabgeordneten oder seines Stabes muss der Lobbyist diese Information auch dann offen legen, wenn die Schwellen unterschritten werden. Bei einer Beteiligung von mehr als 20% eines ausländischen Eigners beim Auftraggeber muss der Lobbyist diese Information dem Lobbyierten unaufgefordert unterbreiten. Damit soll sichergestellt werden, dass der Lobbyierte jederzeit Klarheit über den Auftraggeber des Lobbyisten besitzt.

Verpflichtend ist seit 1995 ein halbjährlicher Bericht, der sowohl über Kunden und Honorare als auch über die gesetzgeberischen und exekutiven Gegenstandsbereiche sowie die Adressaten des Lobbyismus detailliert Auskunft geben muss. Die für die öffentliche Transparenz des amerikanischen Lobbyismus vielleicht wichtigste Bestimmung des Gesetzes schreibt vor, dass sämtliche schriftlichen Niederlegungen der Lobbyisten (Registrierungsangaben und Halbjahresberichte) öffentlich zugänglich sind, seit dem Jahr 2000 z.T. auch über Internet (http://sopr.senate.gov). Allein diese Bestimmung ermöglicht es den zahlreichen Watchdog-Gruppen, eine interessierte Öffentlichkeit über die Arbeitsweise und die Lobbyaktivitäten am Kongress detailliert zu informieren.

3.3 Lobbying im Auftrag eines ausländischen Kunden

Die in Washington und z.T. auch in den Einzelstaaten der USA getroffenen politischen Entscheidungen betreffen weitaus mehr Menschen als nur die Amerikaner. Dies gilt in höchstem Maße für außen-, sicherheits- und handelspolitischen Entscheidungen, zunehmend aber auch für den Bereich der „inneren" Angelegenheiten. Staatliche und private Kräfte aus dem Ausland wollen daher auf den Entscheidungsprozess in Washington und in den Einzelstaaten Einfluss nehmen. Der Foreign Agents Registration Act von 1938 (FARA) wurde an das Lobbyistengesetz von 1995 angepasst. Beide Gesetze legen nunmehr gemeinsam die Regeln für Lobbying im Auftrag von ausländischen Kunden fest. Für private ausländische Auftraggeber gelten die Bestimmungen des Lobbyistengesetztes, während sich Lobbyisten, die im Auftrag ausländischer Regierungen, politischer Parteien oder anderer Organe der öffentlichen Hand tätig werden, FARA unterwerfen müssen. Der Unterschied zwischen beiden Registrierungs- und Offenlegungsverfahren besteht darin, dass die unter FARA fallenden Lobbyaktivitäten nicht von der Kongressverwaltung, sondern vom Justizministerium der Vereinigten Staaten erfasst werden. Außerdem stellt das Justizministerium höhere Anforderungen an die offen zu legenden Aktivitäten und Dokumente. Allerdings kennt FARA eine Reihe von Ausnahmeregelungen. So werden etwa die Kongresskontakte von und durch diplomatisches Personal fremder Staaten, höhere Regierungsangestellte fremder Staaten und Funktionsträger fremder Staaten sowie in bestimmten Handels- oder Rechtsangelegenheiten nicht von den FARA-Bestimmungen tangiert (vgl. Maskell 2001: 5).

3.4 Finanzieller Rahmen des Lobbying

Weitere Bestimmungen betreffen die Regulierung erfolgsabhängiger Zahlungen an Lobbyisten (contigency fees) sowie das Verbot der Verwendung öffentlicher Gelder zur Bezahlung von Lobbyaktivitäten oder die Begrenzung der Lobbyaktivitäten für steuerbegünstigte Non-Profit-Organisationen.

Erfolgsabhängige Honorierung von Lobbyisten ist in den USA zwar nicht generell verboten, wird in der Praxis durch Ausnahmeregelungen und gängige Rechtsprechung stark eingeschränkt. Außerdem verbieten 40 von 50 Bundesstaaten erfolgsabhängige Bezahlungen.

Öffentlichen Bediensteten oder Einrichtungen, die öffentliche Gelder empfangen, ist es zwar nicht untersagt, direkten oder indirekten Kontakt zum Kongress oder der Regierung zu unterhalten, es ist ihnen aber verboten, für Lobbyaktivitäten öffentliche Mittel – im konkreten Fall Bundesmittel – aufzuwenden.

Äußerst kompliziert sind die Lobbyrestriktionen für gemeinnützige, nicht auf Gewinn abzielende und nach § 501©4 des Steuergesetzes begünstigte Organisationen. Zwar ist diesen Organisationen das Lobbying untersagt, sobald sie Bundesmittel erhalten, andererseits lässt sich dieses Verbot durch eine organisatorische und steuerrechtliche Trennung desjenigen Geschäftsbereichs, der Bundesmittel erhält, von demjenigen, der lobbyiert, leicht umgehen. Außerdem steht den gemeinnützigen Organisationen das Grass-roots-Lobbying offen.

3.5 Lobbyverbote für ehemalige Bundesbedienstete und Mandatsträger

Eine weitere Form der gesetzlichen Regelung sind die im *Ethics in Government Act* von 1978, Folgegesetzen und in einzelstaatlichen Ethikgesetzen enthaltenen Regeln für die Lobbyaktivitäten ehemaliger Bundesangestellter, Politiker und ihrer Mitarbeiter. Zu unterscheiden sind hier generelle Verbote des „Seitenwechsels" einerseits und sog. „Abkühlungsfristen", innerhalb derer ausscheidende Politiker und Regierungsmitarbeiter nicht als Lobbyisten tätig sein dürfen, andererseits.

Das Ethik-Gesetz (18 U.S.C. §207(a)(1)) untersagt ehemaligen Bundesbediensten zeitlich unbefristet das Lobbying gegenüber Organen des Bundes, das direkt die Arbeits- und Themenbereichen ihrer früheren Tätigkeit tangiert.

Abkühlungs- und Kontaktsperrefristen umfassen dagegen sämtliche Tätigkeitsbereiche des früheren Bundesarbeitgebers, sind aber zeitlich befristet. Für ehemalige Kongressabgeordnete dauert die Kontaktsperrfrist zu ihrem alten Arbeitsplatz ein Jahr. Sie dürfen innerhalb einer Lobby- oder Public Affairs anheuern, aber nicht selbst die Bundesinstitutionen lobbyieren. Für Regierungsmitglieder wurde die Abkühlungsfrist 1999 von fünf Jahren auf ebenfalls ein Jahr reduziert.[6] In einigen Bun-

---

[6] Clinton hatte die 5-Jahresregel 1993 per Dekret eingeführt sowie Lobbyismus für ausländische Regierungen den 1.100 höchsten Regierungsmitarbeitern gänzlich untersagt. Ein Jahr vor dem Ende seiner zweiten Amtszeit zog Clinton die 5-Jahresregel zurück und verkürzte die Abkühlungsfrist auf ein Jahr.

desstaaten wie New York gelten 2-Jahresfristen oder ein Lobbyverbot für die Dauer der Legislaturperiode (vgl. New York Times vom 22.10.2002, A1,B2).

4. Kontrolle der Lobbygruppen

Neben den justiziablen gesetzlichen Regelungen beeinflussen die Ethik-Regeln des Kongresses, aber auch die freiwilligen Ethik-Kodices der berufsständischen Organisationen der Lobbyisten und Public Affairs-Spezialisten indirekt die Praxis des Lobbyismus in den USA.

4.1 Ethik-Regeln

Ethik-Regeln definieren den „grauen" Bereich des Lobbyismus, z.B. die Annahme von Geschenken durch Lobbyisten, die Zulässigkeit von Vergnügungen und Geschäftsessen, die der Lobbyist bezahlt, bis hin zur Art zulässiger Mahlzeiten und der Wahl des gastronomischen Ortes. Die Ethik-Regeln des Kongresses dienen der Umsetzung und der Präzisierung von gesetzlichen Regelungen der Geschenkannahme durch Bundesbediensteten wie sie im *Ethics Reform Act* von 1989 niedergelegt sind.

Die Annahme von größeren Geschenken sowie Wochenend- und Urlaubsreisen ist Abgeordneten, Mitarbeitern und Regierungsangestellten generell untersagt. Das Verbot der Geschenkannahme gilt nicht nur für die Kongressabgeordneten und ihre Mitarbeiter, sondern in den meisten Fällen auch für enge Familienangehörige, sofern das Geschenk in Zusammenhang mit der Kongresstätigkeit steht. Als Geschenke gelten Gegenstände oder Mahlzeiten im Wert von mehr als US $ 50. Kleinere Geschenke und Mahlzeiten dürfen die Gesamtsumme von US $ 100 pro Jahr nicht übertreffen. Kleinere Geschenke wie Grußkarten oder T-Shirts sind dagegen erlaubt. Ausgenommen vom Geschenkverbot sind ferner Geschenke von Verwandten und engen Freunden. Bei letzteren werden allerdings strenge Maßstäbe angelegt. So muss der „Freund" das Geschenk selbst bezahlt haben, darf es nicht von der Steuer absetzen und muss vor der Anstellung des Beschenkten am Kongress mit diesem in einer engen persönlichen Beziehung gestanden haben. Für Geschenke von mehr als US $ 250 muss der Beschenkte eine gesonderte Erlaubnis einholen.

Sehr detailliert fallen auch die Bewirtungsregeln für Regierungs- und Parlamentspersonal aus. Mahlzeiten fallen unter die Geschenkverbotsregeln, sobald sie die Beträge von US $ 50 pro Mahlzeit (Getränke sowie Mahlzeiten für Angehörige des Beschenkten nicht inbegriffen) oder US $ 100 pro Jahr übertreffen. Doch auch hier existiert eine breite Palette von Ausnahmeregelungen. Mahlzeiten, die einem Kongressangehörigen von politischen Organisationen während eines Fund-Raising-Dinners, von Verwandten und Freunden, während eines Bewerbungsgesprächs oder einer privatwirtschaftlichen Tätigkeit, während einer privaten Einladung (mit Ausnahme durch registrierte Lobbyisten) oder einer Fortbildung kostenlos verabreicht werden, fallen nicht unter das Geschenkverbot. Ähnliches gilt für die Bewirtung im Rahmen von Veranstaltungen wohltätiger und nicht auf Gewinn ausgerichteter Vereinigungen. Sind der Lobbyist und der Lobbyierte persönlich befreundet oder gar liiert, muss der Lobbyierte zumindest auf eigene Rechnung speisen.[7] Auch persönliche Einladungen zur kostenlosen Übernachtung in Privathäusern von Personen, die nicht als Lobbyisten oder Vertreter einer ausländischen Einrichtung auftreten, sind ebenso erlaubt wie die kostenfreie Teilnahme an größeren Tagungen, Symposien, Empfängen, Vortragsveranstaltung usw., nicht aber die kostenfreie Bewirtung bei dieser Veranstaltung.

Die Erstattung von Reise- und Übernachtungskosten für Kongressangehörige ist dann erlaubt, wenn es sich nicht um eine von Lobbyisten oder der Vertretung einer ausländischen Einrichtung getragene Veranstaltung handelt. Wird die Veranstaltung von einer gemeinnützigen Einrichtung getragen oder gilt sie als „fact-finding trip", sind die Maßstäbe weniger streng als im Falle eines kommerziellen Veranstalters. Erlaubt sind ebenfalls die Erstattung von Reisekosten, die nicht dem Kongressangehörigen persönlich, sondern der Reisekasse des Kongresses zugute kommen. Für die Dauer der fremd finanzierten Reisen gilt eine Höchstdauer von 4 Tagen im Inland und 7 Tagen im Ausland.

Weitere Ausnahmen vom Geschenkverbot sind im *Foreign Gifts and Decorations Act* oder im *Mutual Educational and Cultural Exchange Act* festgelegt und betreffen Geschenke von Staatsgästen, die Annahme von internationalen Preisen, Trophäen und Orden, Erbmassen, kostenfreie Bücher- und Zeitschriftenabonnements usw.

Kongressmitglieder und ihren leitenden Mitarbeitern ist die Annahme von Vortrags- oder Buchhonoraren generell untersagt, nicht aber die Annahme von Reisekosten für den Sprecher und eine Begleitperson. Anstelle eines Honorars darf der Veranstalter einer gemeinnützigen Organisation einen Betrag von bis zu US $ 2000 spenden. Generell sind den Nebeneinkünften von Kongressmitgliedern und leitenden Mitarbeitern enge Grenzen gesetzt.

4.2 Freiwillige Selbstverpflichtungen und Verhaltenskodices

Die Lobbyisten und Public-Affairs-Szene in den USA ist hoch professionalisiert. Ein Zeichen für Professionalisierung ist die Verabschiedung von Ethik-Kodices und Verhaltensregeln für Lobbyisten und Public Affairs-Berater, wie sie zum Beispiel die *American League of Lobbyists* oder die *American Association of Political Consultants (AAPC)* in Gestalt ihrer *Codes of Professional Ethics* herausgegeben hat. Ethik- und Verhaltenkodices zum Umgang mit Behörden- und Kongressangehörigen

---

[7] Im Bezug auf den Kontakt zwischen Abgeordneten, ihren Mitarbeitern und Lobbyisten wurden die Ethik-Regeln Anfang Januar 2003 gelockert. So ist es Lobbyisten mittlerweile wieder erlaubt, den Kongressmitarbeitern an langen Abenden während der Sitzungswochen Pizza und Hamburger liefern zu lassen und sie zum Essen einzuladen.

sind Teil der Selbstregulierungen eines Berufsstandes. Sie sollen den fairen Wettbewerb innerhalb der Lobbyistenszene garantieren und das öffentliche Image der Branche verbessern helfen. Sie dienen ferner dazu, gesetzgeberische Eingriffe in die Berufsausübung der Lobbyisten zu begrenzen oder zu verhindern. So fordern die o.g. Standeseinrichtungen ihre Mitglieder explizit auf, die Ethik-Regeln des Kongresses zu beachten und den Lobbyierten nicht zu kompromittieren.

4.3 Sonstige Regelungen

Einige US-Bundesstaaten (z.B. Wisconsin) nutzen strikte Ethikregeln in Verbindung mit dem Internet zu Transparenzzwecken, so dass ein Einblick in Lobbyakteure, Lobbyadressaten und Lobbyaufwendungen online jederzeit für jede Stufe des Entscheidungsprozesses des Bundesstaates möglich wird (siehe http://ethics.state. wi.us).

Die gesetzlichen Offenlegungspflichten ermöglichen und erleichtern die Arbeit von mehreren Dutzend gemeinnütziger Watchdog-Organisationen, zu deren Aufgaben die Beobachtung und öffentliche Darstellung von Entwicklungen in Politikfinanzierung und Lobbying- und Interessengruppenszene der USA gehört. Zu den wichtigsten dieser um saubere Politik kämpfenden Einrichtungen gehören das *Center for Public Integrity*, *Common Cause* oder das *Center for Responsive Politics*, das neben seiner Washingtoner Zentrale Filialen in nahezu allen US-Bundesstaaten besitzt.

5 Bewertung der gesetzlichen und freiwilligen Regularien

Die in den Vereinigten Staaten zur Anwendung kommenden gesetzlichen und freiwilligen Regularien setzen weniger auf Einschränkung des Lobbyismus als auf Verfahrenstransparenz, Verhinderung von Vetternwirtschaft und Korruption sowie der Offenlegung von Abhängigkeitsverhältnissen. Ziel ist nicht das interessengruppenfreie, an einem wie immer definierten Gemeinwohl orientierte Regieren durch überparteiliche Beamte, sondern das „saubere Regieren" von auf Zeit bestellten Mandatsträgern und ihren Mitarbeiterstäben. Wer im Mutterland des Lobbyismus restriktive Maßnahmen zur Unterbindung von Interessenpolitik sucht, wird nicht fündig werden. Lobbyisten werden als legitime Interessenvertreter und oft auch als fachkundige Experten geschätzt – weniger von der Öffentlichkeit als von einigen der Lobbyierten selbst. Die gesetzlichen Regularien tragen wenig zur Herstellung von Ressourcengleichheit unterschiedlicher Interessen bei, sondern versuchen, Einflusskanäle offen zu legen und überprüfbar zu machen. Daher macht es nur Sinn, die amerikanischen Regularien an ihren eigenen Maßstäben und weniger an externen Normen eines gemeinwohlorientierten Regierens zu messen.

An den eigenen Maßstäben gemessen, weist das amerikanische Regulariengefüge eine Reihe von Schwächen auf, von denen einige im folgenden anhand von Beispielen illustriert werden:

Eine Schwäche der oft nur mühsam und über lange Zeiträume zustande kommenden gesetzlichen Regelungen liegt darin, dass sie den Praxisentwicklungen im Bereich Lobbyismus/Public Affairs oft um Jahre hinterherhinken. In dieser Hinsicht zeigt die gesetzliche Regelung des Lobbyismus enge Bezüge zur gesetzlichen Regelung der Politik- und Wahlkampffinanzierung. So trägt das Gesetz von 1995 kaum zur Offenlegung des indirekten Lobbying bei, da etwa die Aufforderung einer Interessengruppe oder eines Verbandes an seine Mitglieder, oder – wie im Falle Microsoft geschehen – eines Unternehmensvorstands an die Mitarbeiter, Briefe an Abgeordnete und Richter zu schreiben sowie ähnliche Kommunikationsstrategien so lange nicht als offenlegungspflichtiges Lobbying angesehen werden, so lange kein direkter Kontakt zu den Entscheidungsträgern hergestellt wird. Die Rolle der für einen „sauberen" Lobbying-Prozess notwendigen Kontrollinstanz geht in diesem Fall auf die Watchdog-Gruppen und die investigativen Medien über.

Zweitens ist es mit etwas Kreativität leicht möglich, dem Buchstaben des Gesetzes, aber nicht dessen Geist zu entsprechen. So werden z.B. die Namen von Auftraggebern der Lobbyisten immer häufiger dadurch verschleiert, dass als Kunde eine namentlich nicht identifizierbare Koalition von Auftraggebern in einem Politikfeld angegeben wird wie z.B. *Section 877 Coalition* (vgl. Roanoke Times vom 8.7.2002, A6). Nur Eingeweihte können dann anhand des Namens der Koalition, die häufig bezogen auf einen bestimmten Abschnitt eines Gesetzentwurfes handelt, wissen, wer hinter den Lobbyisten steckt.

Gesetzliche Regelungen und Ethik-Regeln tragen sicher dazu bei, die direkte Begünstigung von Politikern und ihren engsten Mitarbeitern sowie von Beamten durch Lobbyisten zu unterbinden und zu de-legitimieren. Der Austausch von politischen Gefälligkeiten gegen die korrumpierende Annahme von Geschenken und Vergünstigungen kann auf direktem Wege nur noch schwer vollzogen werden. Daher verläuft ein Teil des Kontaktes zwischen Politikern/Mitarbeitern sowie Beamten einerseits und Lobbyisten andererseits über zwischengeschaltete Instanzen. Neben den *Political Action Committees (PACs)* verläuft die Einflussnahme zunehmend über gemeinnützige und daher unverdächtige Einrichtungen wie *Think Tanks* oder philanthropische Stiftungen[8].

Ein solcher Kontakt könnte folgendermaßen aussehen: Ein Lobbyist verspricht beispielsweise einem *Think Tank* eine große Spende seines Auftraggebers, die dieser in der Regel noch von der Steuer absetzen kann, da es sich bei dem Think Tank um eine gemeinnützige Einrichtungen handelt. Im Gegenzug konzipiert der Think Tank eine „Bildungsveranstaltung", ein Galadinner mit prominentem Festredner, ein Wo-

---

[8] Ein Beispiel, wie die Veranstaltungen gemeinnütziger Stiftungen von Lobbyisten, in diesem Fall von dem in Washington D.C. für die Deutsche Post AG tätigen Lobbyisten Wolfgang Pordzik, zur Kontaktaufnahme mit einflussreichen Politikern genutzt wird, liefert der Bericht von Michael Streck „Profi im Manipulationsgeflecht" aus der TAZ Nr. 6837 vom 27.8.2002, Seite 4.

chenendseminar an einem attraktiven Ort oder ähnliche Veranstaltungen, zu der neben den üblichen Gästen aus der Beratungs- und Lobbywelt gezielt solche Politiker, Beamte und Mitarbeiter eingeladen werden, auf die der Klient des Lobbyisten besonderen Wert legt. Da es Politikern, Beamten und Kongressmitarbeitern nicht verwehrt ist, sich zu Veranstaltungen von gemeinnützigen Einrichtungen einladen zu lassen, aber andererseits dort genügend Zeit für „Vernetzung" bleibt, findet Lobbying auf diese Weise sehr effizient in verdeckter Form statt.

Auch die Verbote direkter Bewirtung der Entscheider durch Lobbyisten haben zu teilweise skurrilen Auswegformen geführt. Um einen möglichen Konflikt mit dem Gesetz zu umgehen, lädt der Lobbyist nicht mehr zu Mittag- oder Abendessen in ein Restaurant ein, bei dem die Mahlzeit am Tisch und mit Besteck serviert wird, sondern findet andere Bewirtungsmethoden, die seinem Anliegen zuträglich sind. Von den Verbotsbestimmungen nicht tangiert sind Einladungen zu Stehempfängen, bei denen sog. *finger food* gereicht wird. Hinter dieser merkwürdig anmutenden Regelung steckt der durchaus plausible Gedanke, dass der Lobbyist nur bei einer echten Mahlzeit in der Lage ist, die Zeit und die Aufmerksamkeit des Abgeordneten oder Beamten zu monopolisieren, während bei Empfängen es unwahrscheinlich ist, dass eine einzige Person einer anderen Person ihre ungeteilte Aufmerksamkeit über einen längeren Zeitraum zuteil werden lässt.

Die Abkühlungsfristen haben nicht zu einem Rückgang des Anteils ehemaliger Politiker und Staatsbediensteter in der Lobbyistenbranche geführt. In der Regel „sichern" sich die Lobbyfirmen wichtige ausscheidende Kongress- und Regierungsmitglieder bereits deutlich vor Ablauf der Abkühlungsfrist, damit sie ihr Wissen bereits im Hintergrund wirken lassen können. Untersagt ist auch hier nur das direkte Lobbying. Von den Hundert höchstrangigen Angehörigen der Clinton-Administration einschließlich der Minister, die bis zum letzten Tag im Amt geblieben waren, arbeiteten mehr als die Hälfte ein Jahr nach ihrem Ausscheiden für Unternehmen oder Lobbyisten, zu deren Geschäftsbereich die frühere Tätigkeit des Regierungsmitarbeiters zählt. Nach Aussage von Fachleuten ist die Rate von ca. 55% der Clinton-Regierung im Vergleich zu anderen Administrationen eher als niedrig einzustufen. Für einige der Clinton-Mitarbeiter war Lobbyismus die Rückkehr in einen bereits vorher ausgeübten Beruf (siehe Ismail 2001).

6 Schlussfolgerungen: Institutionelle Vorkehrungen und Anreize

Mit Offenlegungsgesetzen allein, soviel steht fest, lässt sich die Schieflage im Kräfteverhältnis zwischen ökonomischen und nicht-ökonomischen Interessen kaum mildern.

Jüngere Forschungen deuten darauf hin, dass eine Milderung der Schieflage eher mit institutionellen Anreizen zu erreichen sein könnte, als durch größere Transparenz allein. Diese Forschungen haben gezeigt, dass in solchen amerikanischen Bundesstaaten, in denen die Möglichkeit besteht, Gesetzes- und/oder Verfassungsinitiativen auf direktdemokratischem Wege einzubringen und somit den dortigen Landtag zu umgehen, die Zahl der als Lobbyisten registrierten Interessengruppen größer ist als in Bundesstaaten ohne oder mit sehr restriktiven direktdemokratischen Möglichkeiten. Dies deutet zunächst auf die Verstärkung des Lobbyismus durch Direktdemokratie hin und birgt die Gefahr der Korrumpierung von Referendumskampagnen in sich. Interessant wird diese Beobachtung jedoch durch einen zweiten Befund: in Einzelstaaten mit Volksinitiativen ist der Anteil von nicht-ökonomischen Interessengruppen im Vergleich zu ökonomischen Interessengruppen deutlich höher als in den übrigen Bundesstaaten(siehe Boehnke 2002). Die aus diesem Befund abgeleitete Hypothese, die der weiteren empirischen Überprüfung bedarf, postuliert daher, dass direkte Demokratie zumindest zu einem Ausgleich der Schieflage innerhalb der Interessengruppen und Lobbylandschaft beitragen kann. Ob dadurch der politische Prozess demokratischer und repräsentativer wird, bleibt dahingestellt. Bereits James Madision hat in seinem berühmten 10. Federalist-Artikel festgestellt, dass man dem Übel der Interessengruppen nur durch zwei Mittel beikommen könnte: entweder durch massive Freiheitseinschränkungen, was das Übel noch vergrößere, oder durch die Ausbalancierung der unterschiedlichen Interessen. Amerika hat sich für den zweiten Weg entschieden. Trotz der Ressourcenungleichheit von wirtschaftlichen Interessengruppen und gesellschaftlich-politischen Bürgerbewegungen bedeutet *to lobby* in den USA heute ganz allgemein: „politischen Einfluss nehmen, Druck machen, für die eigene Klientel etwas herausholen" (Alemann 2000:142)

Anhang: Informationen zum Lobbyismus in den USA

Publikationen

Political Finance, Hedgesville WV, Amward Publications Ic. *Monatlich erscheinender Informationsdienst.*
The Capital Source, Washington, National Journal Group.
Halbjährlich aktualisiertes Verzeichnis der wichtigsten Namen und Adressen in Regierung, Kongress, Medien, Interessengruppen usw.
Encyclopedia of Associations, Farmington Hills, MI, Gale Group. *Erscheint jährlich.*
Government Affairs Yellow Book: Who's Who in Government Affairs, Washington, Leadership Directories, *halbjährlich.*
Legal Times: Law and Lobbying in the Nation's Capital, Washington, Legal Times/American Lawyer Media. *Erscheint wöchentlich.*
National Trade and Professional Associations of the United States, Washington, Columbia Books, *jährlich.*
Public Interest Profiles, Washington, Congressional Quarterly, *erscheint alle zwei Jahre.*
Washington Year, Washington, Columbia Books, *jährlich.*
Washington Information Directory, Washington, Congressional Quarterly, *jährlich.*
Washington Representatives, Washington, Columbia Books, jährlich.

Ressourcen im Internet

American League of Lobbyists: http://www.alldc.org
Center for Responsive Politics (CRP): http://www.opensecrets.org/lobbyists/index.asp
Influence Online: http://www.influenceonline.net
Political Finance: http://www.politicalfinance.com
THOMAS (Informationssystem der U.S. Kongresses): http://thomas.loc.gov
Clerk of the House of Representatives: http://clerkweb.house.gov/pd/loby.htm
Secretary of the Senate: http://sopr.senate.gov
FARA Registration Unit Public Office: http://www.usdoj.gov/criminal/fara

Literatur

Alemann, Ulrich von, 2000: „Lobbyismus heute" in: Wirtschaftsdienst 80(2000)3, 142-145.
Althaus, Marco (Hrsg.), 2002: Kampagne, Münster.
Baumgartner, Frank R./Leech, Beth L., 1998: Basic Interests. The Importance of Groups in Politics and Political Science, Princeton, NJ: Princeton University Press.
Bennedsen, Morten/Feldmann, Sven E., 2002: „Lobbying Legislatures" in: Journal of Political Economy, Jg. 110, Heft 4, August,919-946.
Berry, Jeffrey, 1977: Lobbying for the People, Princeton:
Princeton University Press.
Boehmke, Frederick J., 2002: The Effect of Direct Democracy on the Size and Diversity pf State Interest Group Populations, in: The Journal of Politics, Jg. 64, Heft 3, 827-844.
CRP: Center for Responsive Politics, 2000: Influence. Inc. Lobbyists Spending in Washington (2000 hg.) www.opensecrets.org/pubs/lobby00/ am 14.1.2003
Eastman, Hope, 1997: Lobbying: A Constitutionally Protected Right, Washington: American Enterprise Institute for Public Policy Research.
Goldstein, Kenneth M., 1999: Interest Groups, Lobbying and Participation in America, Cambridge: Cambridge University Press.
Graziano, Luigi, 2001: Lobbying, Pluralism and Democracy, New York: Palgrave.
Ismail, M. Asif, 2001: The Clinton Top 100. Where are they now?, Center for Public Integrity, www.publicintegrityo.org (am 25.3.2003).
Kollman, Ken, 1998: Outside-Lobbying. Public Opinion and Interest Group Strategies, Princeton: Princeton University Press.
Libby, Ronald T., 1998: Eco-Wars. Political Campaigns and Social Movements, New York: Columbia University Press.
Maskell, Jack, 2001: Lobbying Congress: An Overview of the Legal Provisions and Congressional Ethics Rules, CRS Reports for Congress, 14.9.2001, Washington D.C.: Congressional Research Service.

Neue Aktionsfelder:
Agenturen in den Lobby-Kinderschuhen

Tobias Kahler / Manuel Lianos

1 Einleitung

Alles zieht nach Berlin: Mit dem Umzug der Politik vor fünf Jahren sind den Vertretern aus Regierung und Parlament auch die Vertreter der Interessen gefolgt. Einmal angekommen in der Berliner Republik, hat sich in Sachen Public Affairs jedoch einiges getan: Die Lobbyisten sind nicht bloß zahlreicher geworden. Innerhalb des „Systems Lobbyismus" selbst hat es Verschiebungen gegeben, die wichtige Fragen um die Regeln im Spiel mit der Macht aufwerfen. Den Verbänden haben manche, wohl zu Unrecht, Ohnmacht zugeschrieben. Sie könnten ihre Mitglieder in einem dynamischen Umfeld nicht mehr angemessen vertreten, sagen Kritiker.

Auch die Konzerne stehen vor neuen Herausforderungen: Berlin liegt für die meisten Unternehmen nicht wie Bonn damals „vor der Tür", und in der allgemeinen Aufgeregtheit an der Spree wollen Vertreter der Wirtschaft nicht untergehen. Deshalb gibt es einen erhöhten Kommunikations-, Dialog- und Repräsentationsbedarf. Die Folge: Immer mehr Konzerne eröffnen eine eigene Repräsentanz im politischen Zentrum des Landes. Neben diesen beiden Gruppen, Verbands- und Konzernlobbyisten, sucht ein weiterer Personenkreis seine Chance in Sachen Interessenvertretung: die professionellen Berater aus Agenturen und Büros[1].

Die externen Berater betreiben vor allem die so genannten Public Affairs, „Außenpolitik für Unternehmen", wie es Lobbying-Experte Peter Köppl anschaulich bezeichnet hat (Köppl 2003: 28). In Berlin ist das ein Wachstumsmarkt, da Unternehmen verstärkt um Einfluss und Aufmerksamkeit ringen. Auch wenn vom „Boomtown Berlin" (Axel Wallrabenstein) derzeit kaum jemand redet, sind die Akteure trotz wirtschaftlicher Rezession weiterhin zuversichtlich. Sie haben begonnen, sich in Berlin-Mitte einzurichten.

2 Public-Affairs-Agenturen: Was machen die eigentlich?

„Wer macht denn so was?", fragte die ZEIT im vergangenen Jahr, um das Thema Public-Affairs-Agenturen zu beleuchten (vgl. Karweil 2002). Eine spannende Frage,

---

[1] Laut den gängigen Festlegungen sind Agenturen Beratungseinheiten ab 5 Mitarbeitern. Bei weniger Mitarbeitern spricht man für gewöhnlich von Beratungsbüros.

zumal sich die Medien auf das Thema „Hunzinger, Scharping, Schreiber" gestürzt hatten und dort auch gerne mal Lobbyismus, PR und Public Affairs in einen Topf warfen.

Das Medieninteresse war jedoch von kurzer Dauer. Was die Unterschiede zwischen PR, Lobbyismus und Public Affairs betrifft, ist die Öffentlichkeit nicht unbedingt schlauer geworden. Vielleicht ist gerade das hier zu Lande fehlende Verständnis für das Phänomen der Interessenvertretung daran schuld, dass es den Medien nicht gelang, die Begrifflichkeiten und Akteursgruppen voneinander abzugrenzen. Schließlich weckt der Begriff Lobbyismus noch immer „negative Assoziationen – wie manipulierte Machenschaften von Interessenvertretern, illegitime Einflussnahme in Hinterzimmern, wenn nicht gar Anklänge an Patronage und Korruption", wie Politikwissenschaftler Ulrich von Alemann behauptet hat (von Alemann 2000).

2.1 Viele Lobbyisten und kein Durchblick? Ein Versuch der Abgrenzung

Gerade aufgrund des Negativ-Images von Lobbying ist eine differenzierte Betrachtung notwendig. Berater aus Agenturen und Büros bilden neben Verbänden und Konzernrepräsentanzen eine dritte Säule der Public Affairs, die zwar Instrumente der ersten beiden nutzt, sich im Resultat aber von ihnen unterscheidet.

Man kann die Interessenvertreter, wenn man denn möchte, in gedankliche Schubladen packen. Das reduziert zwar die Komplexität der Strukturen, macht den Begriff „Lobbying" jedoch greifbarer. Was sich aus zahlreichen Gesprächen mit Akteuren aus der Szene herausfiltern lässt, ist die allgemeine Abgrenzung der Profile: Während Verbändevertreter sich um die politische und gesellschaftliche Positionierung von Branchen kümmern und gleichzeitig die Interessen der Mitglieder nach innen zusammen halten müssen, können externe Public-Affairs-Berater eine solche Positionierung unabhängig von Meinungskonflikten und Reibungsverlusten – also schneller, flexibler, pointierter – für ein einzelnes Unternehmen betreiben.

Deutlich zeigt sich: Die individuelle Interessenvertretung von Unternehmen liegt voll im Trend, viele der Konzerne siedeln eigene Repräsentanzen in Berlin an. Die Lobbyisten der Unternehmen arbeiten jedoch viel stärker als Informationsbeschaffer und tagtägliche Schnittstelle zur Politik, denn als Architekten umfassender Kommunikationsstrategien. Sie betreiben je nach Branche und Unternehmen entweder stärker „kommerzielles Lobbying", indem es um die Beschaffung und politische Absicherung von Aufträgen geht, oder „politisches Lobbying", das darauf abzielt, Gesetzesvorhaben zu beeinflussen. Aufgrund der geringen Kapazitäten ist es ihnen aber fast unmöglich, größere Public-Affairs-Projekte und Kampagnen umzusetzen. Diese Aufgaben übernehmen immer häufiger beauftragte Agenturen.

Gleichzeitig stehen die Konzernlobbyisten vor einem Generationswechsel, der neue Chancen bietet. Die jungen Lobbyisten aus der zweiten Reihe drängen nach oben, zumeist mit neuen Ideen und Kommunikationsansätzen, zumeist offener für Agenturen, deren Leistungen sie weniger als Konkurrenz, denn als punktuelle Unterstützung deuten. Die These, dass die externen Berater mit ihrem Angebot Verbände und die konzerneigenen Lobbyisten verdrängen, wie manche in der Branche mutmaßen, kann daher wenig überzeugen. Viel eher ist es Teil der wachsenden Professionalisierung von Public Affairs, dass Firmenleitungen neben Verbänden und ihren konzerneigenen Vertretern Agenturen als dritte Säule zur Außenpositionierung ihrer Interessen hinzu ziehen.

Die oftmals gestellte Frage nach dem Einfluss *der* Lobbyisten ist daher falsch gestellt. Sie verkennt die Vielfalt und Unterschiede. Lobbying ist nicht gleich Public Affairs, sondern bestenfalls ein Ausschnitt davon. Public Affairs ist keine spezielle Form des Beziehungshandels oder der Public Relations, sondern hat einen strategischen Anspruch. Zudem muss deutlich gemacht werden, dass ein Firmenrepräsentant nicht das selbe tut wie ein Public-Affairs-Berater.

2.2 Public Affairs in der Selbstbeschreibung

Doch trotz der Abgrenzungsmöglichkeiten zu den anderen Vertretern gibt es hier zu Lande noch immer keine einheitliche Definition des Begriffs Public Affairs. Die Akteure selbst tun sich schwer, ihren Tätigkeitsbereich einzugrenzen. Auszüge aus verschiedenen Selbstbeschreibungen, die sich im Internet oder in Broschüren nachschlagen lassen, zeigen die gleiche Grundrichtung auf: Es geht bei Public Affairs im Kern um *die strategische Positionierung einer Organisation, in der Regel eines Unternehmens, an den Schnittstellen von Politik und Gesellschaft*. Zum Thema Public Affairs ist bei den Anbietern zu lesen:

- „Die Beziehungen zwischen Unternehmen oder Organisationen auf der einen Seite und dem politischen und gesellschaftlichen Umfeld auf der anderen Seite sind der Bezugspunkt von Public Affairs." (BBDO).
- „Burson-Marsteller unterstützt Kunden dabei, ihre Geschäftsziele durch gezielte Interaktion mit den jeweils relevanten „Stakeholdern" zu erreichen." (*Burson-Marsteller*)
- „Für Unternehmen und Verbände ist (...) der Kontakt zu Meinungsbildnern und Entscheidungsträgern in Verwaltung und Politik wichtiger denn je. Politikkommunikation ist längst nicht mehr den politischen Parteien und Institutionen vorbehalten. Unternehmen, Verbände und eben auch Einzelpersonen nutzen immer offensiver diejenigen Kommunikationsmittel, die früher eine Domäne der politischen Akteure im engeren Sinne waren." (*ECC Kohtes Klewes*)
- „Deshalb brauchen Unternehmen und Verbände Kontakte zu politischen Entscheidern. Wir beraten bei der Strategieentwicklung und helfen, dass politische Entscheidungen im Dialog getroffen werden." (*FischerAppelt*)
- „Aufgabe von Public Affairs ist die schnelle und effiziente Kommunikation mit Entscheidungsträgern und Meinungsbildnern, mit dem Ziel, neue Freiräume für Unternehmen, Organisationen und Produkte zu eröffnen. Die präzise Analyse

von politischen Prozessen, umfassende Kenntnisse über Positionen der Entscheidungsträger und Meinungsbildner und nicht zuletzt kreative Ideen bei der Problemlösung garantieren den nachhaltigen Erfolg auf dem Markt." (*GPC International*)
- „Public Affairs nach unserem Verständnis ist weniger „Beziehungspflege", schon gar nicht „Kontakt-Makelei" nach unrühmlichem Vorbild. Sondern die systematische Beobachtung und Analyse von politischen Trends, die Entwicklung von Kommunikations- und Einfluss-Strategien und ihre saubere Umsetzung. Gezielte politische Kontakte und breite öffentliche Kampagnen müssen dabei zunehmend Hand in Hand greifen." (*komm-passion group*)
- „Unser Erfolg ist ein umfassendes Netzwerk exzellenter Kontakte und Verbindungen sowie langjährige berufliche Erfahrungen in Führungspositionen. Das Angebot der WMP EuroCom AG umfasst das gesamte Spektrum der Public Affairs. Mit Kreativität und Erfahrung stellen wir konkrete Anliegen und Interessen überzeugend dar und vermitteln sie einer breiten Öffentlichkeit." (*WMP Eurocom*)

Jeder, der Public Affairs betreibt, hat sein eigenes Bild davon, und – das ist das Praktische für ihn – er kann es auf einem Diagramm anschaulich darstellen. Das muss er auch, denn schließlich erwarten seine Kunden eine Kompetenz, die – wenn nicht gar Berge – so doch zumindest Erwartungen in Politik und Gesellschaft versetzen kann. Public Affairs ist ein aktiver, strategisch geplanter und dialogorientierter Prozess (Dagmar Wiebusch), dessen Instrumente mit den für Laien abschreckenden Anglizismen benannt werden.[2]

Grob vereinfacht handelt es sich bei Public Affairs um eine *Unternehmensberatung in den politischen Raum*. Konkrete Maßnahmen und Materialien, die die Berater nutzen, sind unter anderem Parlamentarische Abende, Politische Salons, Hintergrundgespräche, Positionspapiere, Fact Sheets und dergleichen. Viele wollen da aber nicht stehen bleiben – sie betrachten die Wirtschaftsunternehmen als medialen Körper, den es öffentlich zu gestalten gilt.

2.3 Public Affairs: Unternehmen werden politisch

Berlin ist weder für Politiker noch für professionelle Interessenvertreter mit den Bonner Zeiten zu vergleichen. Die Ansprüche und Anforderungen an Interessenvertretung sind in der neuen Hauptstadt enorm gewachsen. Neben der täglichen Einflussnahme auf die Politik positionieren sich Unternehmen immer stärker selbst in der Öffentlichkeit. Das zu verknüpfen, ist Anspruch der Public-Affairs-Agenten, so PR-Profi Axel Wallrabenstein von der Berliner Agentur Publicis: „Es genügt nicht,

---

[2] Siehe zu den Begrifflichkeiten vor allem Schönborn/Wiebusch (2002).

den Firmenstandpunkt nur den Politikern zu vermitteln, auch die Öffentlichkeit muss – mit Hilfe von Kampagnen – überzeugt werden."

Im täglichen Kampf um Aufmerksamkeit muss alles richtig sitzen. Daher schulen Public Affairs-Agenturen, sofern sie einen „full service" anbieten, ihre Kunden auch im Umgang mit den Medien in Form von Coaching, Workshops und Seminaren. Die Kunden der Berater sind für gewöhnlich Konzernspitzen, die sich mit einer bestimmten Aussage in der öffentlichen Wahrnehmung positionieren wollen.

Berlin hat neue Räume für den politischen Dialog eröffnet. Schon lange sind die Verbände nicht mehr die einzigen, die Einflussnahme praktizieren. Agenturen, Büros mit einzelnen Beratern, Anwaltskanzleien bieten in der Hauptstadt ihre Dienste für Unternehmen an. Sie wissen um ihre Chancen, fällt es den Verbänden doch im Zuge der wachsenden Globalisierung und des gestiegenen Wettbewerbsdrucks immer schwerer, die Interessen ihrer Mitglieder zu bündeln und nach außen zu kommunizieren. Zum Thema Dosenpfand etwa konnte der Brauereiverband keine offizielle Meinung abgeben, weil die Interessen der großen Unternehmen denen der kleinen Brauereien entgegen standen. Was sollte Verbands-Präsident Dederichs da machen? Ihm blieb nur übrig, keine Stellungnahmen abzugeben.

Um dieses Dilemma zu überwinden, heuern Unternehmen immer häufiger externe Berater an. Sie sollen im großen medialen Rauschen dafür sorgen, dass die richtige Message zum richtigen Zeitpunkt bei den richtigen Personen ankommt. „Man muss wissen, wann ein Brief mit einem bestimmten Stempel auf einem bestimmten Tisch liegen muss, wann man zu Christiansen gehen muss, wann man welches Thema in die Zeitungen bringt", sagt Richard Schütze, Leiter der Agentur *ipse communication*.

„Pro-Aktive Medienarbeit" nennen das die Experten. Im Klartext heißt das, dass Schütze sich intensiv um seine Kunden kümmert. „Wir schauen, welche Themen es gibt, zu denen man sich positionieren kann. Damit schaffen wir eine Themenplattform, auf der man sich in den verschiedenen Dimensionen angemessen bewegen kann", erklärt er. Und Themen gibt es viele. Wenn wir die Bildung, die Volksgesundheit oder den Regenwald retten wollen, springen Unternehmen immer häufiger der Politik zur Seite. Der Aufschwung der Public Affairs hat offensichtlich auch mit einer Entwicklung zu tun, die in Deutschland erst jetzt so richtig in Mode kommt: Corporate Social Responsibility, Corporate Citizenship und Corporate Reputation sind die Stichworte aus dem englischen Sprachgebrauch, die die soziale Verantwortung, das Bürgerschaftliche Engagement und die Imagepflege der Unternehmen bezeichnen.

Auch in Sachen Lobbying sagen inzwischen viele in der Wirtschaft: „Wir haben ein ganz bestimmtes Problem und wollen es direkt vortragen." Viele in der Szene sprechen schon von einem allgemeinen Trend. Umfragen, wie die von *Plato Kommunikation*, scheinen dies zu belegen. Die Berliner Public-Affairs-Vertretung der Werbe-Agentur *Scholz&Friends* hat unter der Leitung von Hans Bellstedt die Hauptgeschäftsführer deutscher Spitzenverbände befragt und deutet die Resultate in der Weise, dass sich große Unternehmen verstärkt um eine Emanzipation von ihren Verbänden bemühen. Von einer Ohnmacht der Verbände kann jedoch keine Rede sein. Dass Unternehmen ohne die Arbeit der Verbände auskommen, ist für einige in der Branche „ein Wunschdenken von großen Agenturen, die auf Suche nach neuen Firmenkunden sind", sagt Martin Röbke von der Agentur *Nolte Kommunikation*. Röbke berät mit seinem Team Dachverbände wie die BDA, aber auch große und kleine Fachverbände, wie den Verband der Entsorgungsunternehmen, den BDE, oder die Interessenvertretung der Vermessungsingenieure, den BDVI. Kommunikation zur Politik finde immer noch sehr stark über die Verbände statt, die meist über gute Kontakte zu den Entscheidern verfügen, versichert er.

Emanzipation ist daher das falsche Wort: Unternehmen stellen vielmehr fest, dass Verbände nicht alle Public-Affairs-Aufgaben, wie etwa die öffentliche Imagepflege, erledigen können. Verbände können es sich auch nicht erlauben, ihre Energien auf einen einzelnen Konzern zu konzentrieren, mag er auch noch so bedeutsam sein. Die Folge: Viele Konzerne wie etwa der Pharma-Anbieter Altana bauen in der Hauptstadt eigene Repräsentanzen auf. Auch der Konzernriese Bayer will nach den negativen Schlagzeilen in den USA – Stichwort Lipobay – in Berlin zukünftig selbst mitreden und glaubt, mit einer Firmenrepräsentanz schneller reagieren zu können, wenn es irgendwo Sturm läutet. Als Sprungbrett bezog der Konzernriese ein Büro auf Probe: In Sichtweite der Politiker – in den Räumen einer Beratungsagentur.

3 Die Strukturen: Internationale Netzwerke und heimische Akteure

Mehr als 30 Agenturen betreiben ihrer eigenen Auffassung nach Public Affairs in Berlin, wenn auch mit unterschiedlichen Schwerpunkten. Das hängt verständlicherweise auch davon ab, wie die jeweiligen Akteure an der Spree personell aufgestellt sind. Etwa die Hälfte der Berliner Agenturen und Beratungen sind in eine internationale Netzwerkstruktur eingebettet. Ihr Heimatmarkt ist oftmals Washington D.C., ihr zweites Standbein Brüssel. Die andere Hälfte besteht aus kleineren Agenturen, die bereits in Bonn zu den bekannten Akteuren zählten oder von dem politischen Umzug nach Berlin profitierten. In vielen Regierungs-, Parlaments-, aber auch Verbandsbüros gab es eine starke Verjüngung, die Newcomern auf dem Markt mehr Chancen eröffnete. Mittendrin in dieser Szenerie schwirren zahlreiche Einzelkämpfer umher, die schon zu Bonner Zeiten wussten, wie man Kontakte in die Politik gewinnbringend verkauft.

Unter strukturellen Gesichtspunkten lässt sich die Branche der Berater in vier Typen einteilen:

1. Zahlreiche Einzelberater – schätzungsweise 500 – haben ihre Nische in hochregulierten und -komplexen Politikfeldern. Die kleinen Büros mit ein bis zwei Schreibkräften verfügen zumeist über langjährige Kontakte in die Politik und

Verwaltung. Für Unternehmen ein unschätzbarer Vorteil: Meist sind die Einzelberater die erste Adresse, wenn es um kommerzielles Lobbying, die Beschaffung von Aufträgen, geht;
2. Inhaber-geführte inländische Agenturen können hingegen größere Projekte und Kampagnen betreuen, die über Lobbying und Kontaktmanagement hinaus gehen. Hier stoßen die organisatorischen Kapazitäten der Einzelberater schnell an ihre Grenzen;
3. auf Public Affairs ausgerichtete Abteilungen internationaler Agenturverbände verfügen über Netzwerke, die für international operierende Unternehmen attraktiv erscheinen (ein Großteil der Gesetze kommt aus Brüssel, eine Vielzahl neuer Trends aus den USA); und
4. so genannte „full service"-Anbieter aus internationalen Netzwerken, zumeist PR-Agenturen, bieten ihren Kunden sowohl internationale Kapazitäten als auch integrierte Kommunikationsleistungen, etwa die Verknüpfung mit Werbe- und PR-Strategien.

Wie viele Berater inzwischen Berlin zu ihrem Revier erklärt haben, kann niemand genau sagen. „Insgesamt ist die Szene noch immer sehr fragmentiert", sagt Claudia Conrad, Geschäftsführerin der Beratungsbüros *Conrad*, die die Branche noch aus Bonner Zeiten kennt. Sicher ist: Man kennt viele der Konkurrenten. Doch es sind neue Akteure hinzu gekommen, Berlin ist offener, dynamischer und aufgeregter als die alte Bonner Republik. „Um die Jahrtausendwende sind Public Affairs richtig in Mode gekommen. Jeder wollte dabei sein", erinnert sich Sönke Nissen, der ehemalige Leiter des Berliner Büros der amerikanischen Agentur *Burson-Marsteller*.

Immer häufiger stoßen PR-, Werbe- und Media-Agenturen sowie Unternehmensberatungen, die sich den politischen Markt erschließen wollen, zum Geschäft hinzu. Auch Anwaltskanzleien versuchen sich in Sachen Public Affairs. Juristen genießen nicht nur standesgemäß eine hohe Reputation, sie haben, das wissen die Auftraggeber natürlich, auch den Vorteil des Zeugnisverweigerungsrechts in einem diskreten Geschäft. Doch, so sagen die Insider, im Kerngeschäft sind es meist die gleichen Spieler, die die Aufträge an Land ziehen. Nimmt man alle Berater aus Agenturen zusammen, kommt man auf eine Zahl von etwa 100. Manche reden gar nur von 50 ernst zu nehmenden Akteuren. Nicht umsonst erzählt man sich in der Szene die Geschichte von dem selbst ernannten Berliner Public-Affairs-Berater, auf dessen Visitenkarte steht: „Sprechzeiten Montags und Dienstags von 8 bis 15 Uhr". Wie so viele Geschichten, die in Berlin-Mitte kursieren, hat auch die ihren Wahrheitsgehalt: Den Herrn gibt es wirklich.

4 Die Zukunft mitgestalten: Agenturen suchen neue Felder und Strategien

Zukunftsmärkte für Public Affairs existieren dort, „wo es hohe Summen zu verteilen oder zu verlieren gibt. Dort passiert zunächst einmal am meisten", erklärt Bernd

Buschhausen von der weltweit vertretenen Agentur *GPC International*. Das ist etwa bei Privatisierungsprojekten oder Public-Private-Partnerships der Fall. Ganz klar gelte: „Wenn der Kunde keinen Mehrwert sieht, wird er auch keine Agentur beauftragen", so Buschhausen. Und die größten Erwartungen bietet der Gesundheitsmarkt, da sind sich die Berater einig. Alle Agenturen rüsten im Bereich Health Care auf, wohlwissend, dass hier erhöhter Beratungsbedarf besteht. So genannte „komplexe Politikbereiche", neben dem Gesundheitsmarkt zunehmend auch die IT-Branche, sind die Zukunftsmärkte der Berater. „Auf jeden Fall werden wir uns in den nächsten Jahren auf diese Felder konzentrieren", sagt Sabine Kuhnert von *komm-passion*. Da wundert es kaum, dass Public-Affairs-Berater, trotz Konjunktur-Krise, an das Potenzial ihres Geschäfts glauben. „Es wird ein Miteinander der verschiedenen Agenturtypen geben, vom Einzelberater bis zur deutschen Tochter eines international aufgestellten börsennotierten Netzwerkes", ist Ralf Welt, Geschäftsführer der deutschen Beratungsagentur *dimap communications*, überzeugt.

Chancen der Spezialisierung warten auch in der strategischen Ausgestaltung von Anliegen der Auftraggeber. Wenn ein Unternehmen ein Gesetz beschleunigen oder verhindern will, wird die kleinteilige Arbeit der Firmenlobbyisten gegenüber Parlament und Verwaltung immer häufiger durch zeitlich begrenzte Koalitionen, so genannte Issue Coalitions flankiert. Ziel dieser Koalitionen ist es, möglichst viele Partner für ein Ziel zu gewinnen und sie zeitbegrenzt in der Öffentlichkeit auf allen Ebenen dafür werben zu lassen. Um etwa das Rabattgesetz durchzusetzen, hatten die Konzerne *Procter&Gamble*, *Lufthansa* und *Coca-Cola* mit Hilfe der Agentur APCO ihre Stimmen in der Botschaft „Mehr Bonus für den Kunden" so lange gebündelt, bis das Gesetz nach 18 Monaten verabschiedet wurde. Mit dem Erfolg zerfiel die strategische Allianz.

Eine Stärke der Agenturen liegt darin, sich im Auftrag von Unternehmen an politische Positionen heran tasten zu können, ohne die Reputation des Auftraggebers zu gefährden. Das weiß auch die Wirtschaft. Warum sollte sich ein Unternehmen auch den eigenen Namen an einem Thema oder einem Detail verbrennen, wenn man eine Agentur vorschicken kann, um die Sache zu sondieren, um Freunde und Feinde ausfindig zu machen? Deren Anonymität und Diskretion hilft dann auch im „Schadensfall", wenn der Einsatz gegen eine populäre Sache keinen Erfolg verspricht. Das funktioniert mittlerweile schon recht gut in der Berliner Republik.

Durch Coalition Building können auch Verbände, Vereine, Bürgerinitiativen oder Selbsthilfegruppen in eine Kampagne integriert werden. Damit bedienen sich die Interessenvertreter des so genannten Grass-Roots-Lobbying, das in den 70er-Jahren von Public Interest Groups in den USA entwickelt wurde. In den 90er-Jahren entdeckten kommerzielle Lobbyisten den Nutzen dieser Strategie für ihre ökonomisch motivierte Klientel. „Bei bestimmten Themen können sich vollkommen neue Partnerschaften herausbilden, die die Verbände mit einschließen", weiß Sönke Nissen. Aus potenziellen Konkurrenten werden somit Partner im Lobbying.

Dass die Verbände externe Unterstützung nötig haben, glaubt auch Dr. Lutz Meyer von *FischerAppelt*. Meyer war unter anderem im Innenministerium unter

Otto Schily tätig und weiß, wie schwierig manchmal die Suche nach dem richtigen Ansprechpartner in der Politik sein kann. Bislang hätten die Verbändevertreter vor allem das diskrete Gespräch mit den zuständigen Abgeordneten, mit den Entscheidungsträgern in den Ministerien und Behörden gesucht. Doch das Gegenüber, so Meyer, verfüge oft nicht über ausreichend Einfluss und Befugnisse, „um den Gang der Dinge im Sinne des Interessenvertreters zu verbessern".

Eine umfassende Strategie schließt neben dem direkten Kontakt die Beeinflussung der öffentlichen Meinung mit ein. „Jedes Thema braucht seine Inszenierung", glaubt Lutz Meyer. In Zeiten der Mediengesellschaft mit mehr als 400 Zeitungen, 850 Zeitschriften, 220 Radiosendern und 35 TV-Kanäle müssen Verbände lernen, sich dauerhaft in Presse und TV zu bewegen. Die Losung ist schlicht: „Wer bereits bekannt ist und ein festes Image hat, kann die Medien schneller erreichen", sagt Meyer. „Wer erst im Problemfall mit der Öffentlichkeitsarbeit beginnt, läuft Gefahr, in der Masse der täglichen Nachrichten unterzugehen", oder schlimmer noch: „in die Nörglerecke abgedrängt zu werden". Und weil das schließlich niemand will, sehen Agenturen hier neue Chancen für Beratungsaktivitäten. Die Agentur *Trialon* aus dem Osten Berlins betreibt neben der politischen PR für die PDS die gesamte Kommunikation für die Volkssolidarität, den größten Sozialverband im Osten Deutschlands. Ihr Vorteil: „Wir wissen, wie die Menschen im Osten angesprochen werden wollen, und das ist unsere Trumpfkarte im regionalen Wettbewerb", sagt *Trialon*-Chef Reiner Strutz.

Chancen für externe Berater bestehen nicht nur in der Außenpositionierung, sondern auch im Management der internen Verbändekommunikation. Um deren Mitgliederschwund zu stoppen, müssen die Problemstellungen und Herausforderungen der Verbände stärker nach innen vermittelt werden. Mögliche Ansätze sind regelmäßig erscheinende Verbandszeitschriften oder die Aufwertung von Internet-Auftritten mit Service-Angeboten, denn „ständige Legitimation gegenüber den Mitgliedern", so Berater Martin Röbke, „wird immer wichtiger."

Um die Gunst der Entscheider in den Verbänden für sich zu gewinnen, müssen die Berater jedoch verstärkt für sich werben und Überzeugungsarbeit leisten – denn auch um ihr eigenes Image ist es nicht zum besten bestellt. Viele Agenturen haben versucht, sich frühzeitig auf einem vermeintlichen Wachstumsmarkt zu positionieren. Doch die geliehene Autorität von Visitenkarten hält nicht immer, was sie verspricht. Martin Röbke von *Nolte Kommunikation* sieht dies auch so: „Bei den Verbänden schlummert großes Potenzial. Agenturen sollten allerdings nichts versprechen, was sie nicht halten können. Schließlich verfügen Verbände zumeist über bessere Kontakte zur Politik als Agenturen. Die aber können ihrem Kunden raten, wie er seine Kontakte effektiver gebraucht."

Es gibt gute Agenturen und schlechte Agenturen, heißt es in der Szene. Und die schlechten benutzen Public Affairs als Etikette, als so genanntes „add on". Sönke Nissen, der das Berliner Büro von *Burson-Marsteller* seit 1995 aufgebaut hat, glaubt: „Mittlerweile springen viele aus der PR-Branche auf den Zug auf. Ob das aber immer dem entspricht, was drauf steht", wagt er zu bezweifeln. So rechnen einige Beobachter des Public-Affairs-Booms mit einer verstärkten Konsolidierung des Marktes, in deren Folge einige ressourcenstarke Unternehmen den Großteil des Wachstums ausmachen. Die These ist freilich umstritten. Sie verhindert auch nicht, dass immer mehr Akteure dabei sein wollen. Sie alle wissen: Der Beratungsbedarf in der Politik hat nicht abgenommen. Am besten von allen wissen das die Politiker selbst. Die Folge: Immer mehr von ihnen wechseln die Seite.

5 Public-Affairs-Agenturen: Die Methoden und Instrumente der Berater

Böse Zungen behaupten, die Beraterszene sei ein großer Verschiebebahnhof von Politikern und eine Arbeitsbeschaffungsmaßnahme erster Güte. Ganz falsch ist das nicht. Zwar ist Public Affairs von Hause aus ein Markt, der Ökonomen, Juristen und PR-Leute anlockt. Aber immer häufiger klopfen Berufspolitiker, deren Mandat ausläuft, bei den Agenturen an und fragen, ob es nicht einen Platz für sie gäbe. Anders herum geschieht dies freilich auch. „Abwerbegespräche kommen häufiger vor", bestätigt eine Ministeriumsmitarbeiterin. Politiker und Politikkenner im Beratungsgeschäft, das passt natürlich. Schließlich kommen sie vom Fach. Sie haben Praxis-Erfahrung und können einschätzen, welche Hebel wo anzusetzen sind, damit ein Vorhaben voran kommt oder scheitert. Ob Detlev Samland, früher SPD-Europaabgeordneter und ehemaliger Europaminister in Nordrhein-Westfalen, jetzt Leiter des Berliner Büros des Agenturnetzwerks *ECC*, oder jüngst Matthias Machnig, der ehemalige SPD-Bundesgeschäftsführer, der seit Mai diesen Jahres bei *BBDO* für Public Affairs tätig ist: Viele, die man aus der Politik kennt, haben das Lager in die beratende Position gewechselt.

Für den einen oder anderen Politiker sind Beraterverträge die materielle Krönung einer Laufbahn, die in Parlament, Regierung und Parteien begann. Viele Berufspolitiker nehmen ihre Kontakte mit in eine zweite Karriere als Agentur-Consultant, und zwar parteiübergreifend. Das nützt Kunden und Adressaten, denn der grundlegende Bedarf an Wissen, den Manager nötig haben, um nicht mit falschen oder überzogenen Erwartungen auf die Politik zuzugehen, ist nicht zu unterschätzen. Immer wieder gibt es in Reihen der Industrie extrem hohe Wissensdefizite darüber, wie Politik funktioniert, wo die Entscheidungen getroffen werden. „Ich hatte schon Kunden bei mir, die mich überhaupt nicht verstanden haben. Denen musste ich erst einmal grundlegende Dinge über Politik erklären, was etwa der Unterschied zwischen Bundestag und Bundesrat ist", erzählt *12Cylinders*-Geschäftsführer Heiko Kretschmer.

Karl-Heinz Heuser, Berater von Weber Shandwick, der weltweit größten PR-Agentur, ist sich gar sicher, dass 90 Prozent aller Unternehmenschefs noch nicht einmal den Namen ihres Wahlkreisabgeordneten kennen, geschweige dann, warum er so wichtig für sie sein kann. Für *ipse*-Geschäftsführer Schütze ein Graus. „Wenn ich die Chefetagen der Großindustrie und ihre Vorgehensweise sehe, schüttele ich nur den Kopf. Die glauben, sie würden Kontaktmakler à la Hunzinger benötigen, um

Termine bei Politikern zu bekommen. Wenn ich im Vorstand eines großen Konzerns bin, muss ich das ohne fremde Hilfe hinbekommen."

5.1 Wie wichtig sind die richtigen Kontakte?

Dass viele nicht so selbstbewusst sind, zeigen die erfolgreichen Hilfestellungen des Marktführers der Szene. Gemeint ist das große Netz der Berater von WMP Eurocom. WMP ist die Abkürzung für „Wirtschaft, Medien, Politik" und zeigt gleichzeitig, welche Kontakte da geknüpft wurden. Mit einem Netzwerk aus lebens- und politikerfahrenen Partnern führt der Journalist Hans-Erich Bilges die Beratungsgesellschaft. Sie verschafft Zugang zu den oberen Fünfhundert der Gesellschaft. Ihr Geschäft ist die „Beratung für Public Affairs", und zwar, so wird betont, nicht mit den Methoden des umstrittenen PR-Manns Moritz Hunzinger.

Was die WMP Eurocom so erfolgreich macht: Sie hat ein riesiges Netzwerk in der Elite gesponnen. Nahezu alle Interessen können abgerufen werden: Den Part des bekennenden Liberal-Konservativen übernimmt Hans-Hermann Tiedje, der die *WMP Eurocom* gemeinsam mit Bilges führt. In den neunziger Jahren war Tiedje Chefredakteur der Bild-Zeitung und Wahlkampfberater von Altkanzler Helmut Kohl. Tiedje steht auch heute noch der CDU nahe. Auch das Feld der Sozialdemokraten ist mit Peter Danckert abgedeckt. Der sitzt nicht nur im Aufsichtsrat der *WMP Eurocom*, sondern auch als SPD-Abgeordneter im Bundestag. Ähnlich verhält es sich mit dem FDP-Abgeordneten Günter Rexrodt: Er ist im Vorstand von WMP. Als Berater und im näheren Umfeld werkeln bekannte Größen wie der ehemalige Regierungssprecher Uwe-Karsten Heye, Hertha BSC-Präsident Bernd Schiphorst, Unternehmensberater Roland Berger, Ex-Außenminister Hans-Dietrich Genscher mit. Schiphorst ist der Mann mit Kontakten: Er ist nebenbei noch als Medienbeauftragter Berlin/Brandenburg tätig und war bis vor kurzem Berater der Bundesanstalt für Arbeit.

Dass die Arme des Netzwerkes bis ins Parlament hinein reichen, ruft bei den Medien und in der Politik immer wieder Kritik hervor. Christian Lange, Bundestagsabgeordneter der SPD und der Mann, der die Offenlegung von Nebeneinkünften bei MdBs gegen großen Widerstand erfolgreich initiiert hat, sieht im Lobbying generell nichts Negatives. „Kritisch wird es allerdings, wenn MdBs auf der „pay roll" von Unternehmen stehen", sagt er. WMP bereitet das Ganze allerdings keine Sorgenfalten. Immer wieder gelingt es der Mannschaft um Bilges und Co. Themen von hohem Wert in Presse und TV unterzubringen. In der deutschen Medienlandschaft werben sie derzeit für den EU-Beitritt der Türkei. Da kann Bilges seine Kontakte zur Presse nutzen: Entweder er schreibt selbst einen Kommentar oder ruft bei den alten Kollegen im Verlagshaus Springer an, damit das Thema auftaucht. Das muss keine klare Meinungspositionierung sein, es reicht, das Thema auf die Agenda zu setzen. Schon das allein ist ein Erfolg, denn man schafft es, dass die Öffentlichkeit sich damit auseinander setzt. Sogar WMP-Konkurrenten nennen das „perfektes Themenmanagement". Für Unternehmens- und Medienberater Klaus Kocks ist WMP daher auch die unangefochtene Nummer eins auf dem Markt. „Was ich im Kleinen mache", so der Geschäftsführer der *Cato-Sozietät* und langjähriger Konzernsprecher von Volkswagen, „machen die im Großen".

5.2 Wie politisch sind die Agenturen?

Doch wie viele Kontakte braucht man, um Erfolg zu haben, und wie viele, um getadelt zu werden? Zumindest eine Erkenntnis scheint in der Branche gesichert: Ohne die richtigen Kontakte bekommt man weder Kunden noch Aufträge. Viel Lob ernten die Platzhirsche von WMP in der Szene allerdings nicht. Die Zeiten, in denen Etats an Stehtischen vergeben werden, müssten eigentlich vorbei sein, fordern die meisten aus der Branche. Astrid Williams, Leiterin des Berliner Büros von *GPC International*, ist sich sicher: „Wenn ich erfolgreich Public Affairs mache, dann erreiche ich meine Ziele auch, ohne jeden Akteur persönlich zu kennen." Sabine Kuhnert von *komm-passion* pflichtet ihr bei: Sie befürchtet, dass Public Affairs in der Öffentlichkeit fälschlicherweise als „blanke Kontaktmakelei" gebrandmarkt werde. Sicher brauche man Netzwerke, aber den meisten Teil der Arbeit mache die Entwicklung von Strategien aus. Das sieht auch eine der bekannten Größen in der Szene so. Kontaktarbeit mache, so Berater Karl-Heinz Heuser, nur „etwa ein Viertel des Zeitaufwands aus. Der Rest ist inhaltliche Arbeit." Und die, so Heuser, habe dazu geführt, dass die Politik besser informiert ist als früher.

Besser informierte Politik? Agenturen als Silberstreif am Horizont des oftmals mangelnden politischen Dialogs? Das wird sich zeigen müssen. Fest steht, dass die Berater aus Agenturen mit politischen Idealen wenig am Hut haben. Bei dem was sie tun, nehmen sie in der Regel keinen moralischen Standpunkt ein. Kodizes gibt es zwar, auch Tabus: Viele machen keine Lobby für die Rüstungsindustrie, andere vertreten nicht die Tabakindustrie. Wieder andere sind sich sicher, „niemals zwei Seiten gleichzeitig zu vertreten, die in einem Punkt verschiedene Interessen haben", sagt Sabine Kuhnert. Doch dass man die Meinung, die man nach außen vertritt, auch selbst teilen muss, um erfolgreich zu arbeiten, ist vor allem in der jüngeren Generation nicht weit verbreitet. Sehr schnell habe Public-Affairs-Berater Bernd Buschhausen von *GPC* gelernt, „dass es besser ist, eine emotionale und professionelle Distanz zu den Themen und Positionen, die man beratend begleitet, einzunehmen." Agenturen würden oft gerade auch wegen ihrer unvoreingenommen Haltung und distanzierten Sichtweise eingesetzt. Und schon aus Glaubwürdigkeitsgründen wäre es „kontraproduktiv, wenn eine Agentur die Interessen des Kunden öffentlich vertreten würde", sagt Buschhausen. Die Folge: „Die Kommunikation zwischen Politik und den Interessenvertretern wird dadurch weniger emotional und – wenn man so will – entpolitisiert", glaubt zumindest Dominik Meier, Agentur-Chef von *miller+meier-Consulting* und Sprecher der Deutschen Gesellschaft für Politikberatung (*degepol*).

Agenturen in den Lobby-Kinderschuhen 347

Für manchen Verbände-Vertreter klingt das befremdlich, sind die Agenturen doch in der Lage und Willens, für „jeden Klub in jeder Position" zu spielen, sich jederzeit abwerben zu lassen und von Partie zu Partie das Trikot zu wechseln. Jemand, der in einem Verband groß geworden ist, vermutet dahinter zunächst einmal die Eigenschaften eines Söldners mit all ihren negativen Konnotationen. Sabine Kuhnert von *komm-passion* ist sich jedoch sicher: „Ob politisch oder unpolitisch – jede Agentur trägt ihre Auftraggeber aus der Vergangenheit mit sich herum, und die potenziellen Kunden wissen auch, wo sie positioniert ist." Vielmehr gehe es darum, politikerfahren zu sein. Dazu aber brauche es eine bessere Qualifikation des Nachwuchses. „Im Gegensatz zu den USA werden hier zu Lande Consultants noch immer nur „on the job" ausgebildet, und das nicht immer ausreichend, da sie oftmals nicht die richtige Vorausbildung mitbringen." Junge Berater müssten eine Doppelqualifikation mit wissenschaftlichem Background und gleichzeitiger Agentur-Erfahrung mitbringen, fordert Kühnert. Das erst bilde die Voraussetzung für die Entwicklung einer stärkeren berufsständischen Identität.

6   Die Grenzen der Public Affairs

Die Grenzen der Public-Affairs in Berlin sind noch offen. Fest steht: Die Branche braucht eigene Ausbildungsziele. Doch die Berater müssen auch an ihrer Reputation arbeiten. Sie müssen daran arbeiten, dass ihr Berufsbild in den Medien entmystifiziert wird. Diskussionen werden bisweilen in Publikationen und auf Veranstaltungen wie dem Deutschen PR-Tag geführt, der im Mai unter dem Motto „Die Grenzen der Public Affairs" stand. Doch eine Branche, die „aus dem Nirgendwo zwischen dem bröckelnden Kompetenzanspruch der Parteifunktionäre, dem verunsicherten Insider-Lobbying alter Schule und dem neuen Marktinstinkt der PR-Agenturen" (Althaus 2003: 189) kommt, kann nicht von heute auf morgen zu sich selbst finden. Ihre Mitglieder sind aus den Lobbyzirkeln ausgeschlossen und nicht beim Bundestag akkreditiert. Sie haben noch kein allgemein gültiges Verständnis von sich und von dem gefunden, was sie tun. Auch fehlt eine klare Kodifizierung über das Verhalten. Sie sind bislang zu wenig miteinander vernetzt, haben bis vor kurzem keine eigene Vertretung gehabt. Ob sich das mit der *degepol* ändert, wird man sehen müssen.

Einige in der Berater-Szene setzen darauf, dass sich die Branche in den nächsten Jahren selbst reinigt, und sie selbst überleben werden. Im Fachjargon nennt man das Konsolidierung. Die, die Public Affairs nur als Etikett benutzen, würden dann vom Markt verschwinden. Das Berliner Geschäft, so behaupten Kritiker, habe auf Dauer nur Platz für fünf bis sechs größere Agenturen. Angesichts des Reformbedarfs in der Politik sollte man vom Gegenteil ausgehen: Wenn politisch viel passiert, müsste die Nachfrage enorm sein. Ist sie aber nicht. Die Dienstleistungen der Berater werden noch immer weit weniger als politisches und Krisenmanagement wahrgenommen, als die Agenturen selbst glauben. Das liegt zum Teil an den traditionellen Strukturen in Deutschland: Hier zu Lande herrscht weiterhin ein verbandsdominiertes Lobbysystem, und der Teil des Beratungsbedarfs, den die Agenturen abbekommen, ist noch immer gering. Die Meiers und Wallrabensteins werden die Hundts und Rogowskis auch mittelfristig nicht beerben, wenngleich ihre Arbeit eine Entwicklung beschleunigt, die man für gewöhnlich die „Amerikanisierung der Politik" nennt: Medialisierung und Professionalisierung von Interessenvertretung. Das liegt zum anderen daran, dass die Konzerne und Verbände in Sachen Kommunikation selbst aufrüsten: Mit einer Konzernrepräsentanz, mit dem Ausbau der Pressestellen und ihrem Umbau zu eigenen Kommunikationsabteilungen. Es wird Wert darauf gelegt, dass Experten aus dem eigenen Hause nach innen und außen kommunizieren, da sie – so die Annahme – mehr vom eigenen Produkt beziehungsweise der eigenen Dienstleistung verstehen. Da haben es externe Berater schwer.

Berater können helfen und unterstützen, ist von Unternehmerseite oft zu hören. Doch im Kern wird immer wieder auf die enorme Bedeutung direkter Beziehungsgeflechte zu den politischen Entscheidern hingewiesen. Demnach sucht gerade die Politik zunehmend den „Direktkontakt zu Unternehmen, um ungefilterte Einschätzungen zu erhalten", versichert Fritz Schröder-Senker, Leiter Governmental Relations der *Coca-Cola GmbH* in Deutschland. Dieses Bedürfnis ist anscheinend stark ausgeprägt. Denn bislang gibt es keine herrschende Meinung unter den Konzernspitzen, dass man einen externen Public-Affairs-Berater haben muss. Deren Services erscheinen den potenziellen Kunden offenbar als ersetzbar, unpassend oder unnötig – oder sie wissen einfach nicht, was die Agenturen leisten können. Daher besteht auch gegenüber den potenziellen Geschäftskunden Aufklärungsbedarf. „Wenn alle über die „Do's" und „Don'ts" informiert wären, würde das auch die Arbeit mit den Kunden erleichtern", glaubt Heiko Kretschmer von *12Cylinders*. „Die hätten dann eine bessere Vorstellung von unserem Tätigkeitsfeld."

Agenturen müssen ihren kommunikativen „Mehrwert" für Unternehmen beweisen, sie müssen zeigen, dass sie filigran, subtil und vorbeugend agieren können – also Lobby à la Carte anbieten. Die Branche der politischen Kommunikationsberater sollte der Diskussion um Regeln, Standards und Selbstverständnis daher auf keinen Fall schulterzuckend ausweichen. Sie sollte sie selbst führen, um sich den Fragen nach ihrer Legitimation, aber auch ihres geschäftlichen Nutzens zu stellen. Räume für diese Diskussion sind bereits vorhanden: In der Vereinigung *degepol* ebenso wie in den Medien, so zum Beispiel im Fachmagazin *politik&kommunikation*. Die American Association of Political Consultants (AAPC) in den USA macht es vor, so der Public-Affairs-Experte Marco Althaus: „Sie lässt sich sogar in der Harvard-Universität vor laufenden Fernsehkameras einmal jährlich die Leviten lesen. Das ist durchaus ein Forum für unpopuläre Erläuterungen. Kontra geben ist erlaubt – wegducken nicht" (Althaus 2003: 193f.).

Soweit wie in Washington oder Brüssel ist man hier zu Lande noch lange nicht. Wenn man von Public Affairs in Berlin redet, blickt man auf einen diffusen Markt, in dem verschiedene Generationen, Traditionen und Auffassungen von Interessenvertretung aufeinander prallen. Das Spiel der Berater wird das der Verbände und Konzernvertreter nicht ersetzen, sondern ergänzen. Die Politik hat die Agenturen als einheitliche Gruppierung bislang nicht wahrgenommen. Sie ist jedenfalls nicht bereit, die Berater als „politische" Akteure zu begreifen und ihnen klare Vorschriften zu geben, etwa in einem Lobbygesetz. Das Spiel der Agenturen und Büros in Berlin bleibt daher eines ohne Schiedsrichter, ohne einheitliche Regeln, ohne einheitliche Trikotfarben, ohne Spielfeldbegrenzung. Wer seinen Kunden und den Zuschauern mehr bieten will, sollte sich dafür einsetzen, dass sich daran etwas ändert.

Literatur:

Ahrens, Rupert/Knödler-Bunte, Eberhard (Hrsg.), 2003: DIE AFFÄRE HUNZINGER – Ein PR-Missverständnis, media mind.
von Alemann, Ulrich, 2000: Vom Korporatismus zum Lobbyismus? Die Zukunft der Verbände zwischen Globalisierung, Europäisierung und Berlinisierung, in: Aus Politik und Zeitgeschichte, 26 - 27 / 23. - 30. Juni.
Althaus, Marco, 2003: Abenddämmerung für Wildwest-Consulting – Die Semiprofessionalität der politischen Beraterbranche, in: Ahrens, Rupert/Knödler-Bunte, Eberhard, (Hrsg.): DIE AFFÄRE HUNZINGER – Ein PR-Missverständnis, media mind, S. 189 – 199.
Althaus, Marco/Cecere, Vito (Hrsg.), 2003: Kampagne 2! Neue Strategien für Wahlkämpfe, PR und Lobbying, Lit.
Karweil, Christiane, 2002: Wer macht denn so was? Visitenkarten sammeln, Kontakte pflegen und gegen Vorurteile kämpfen – Public-Affairs- Berater nach der Hunzinger-Affäre, in: Die ZEIT, Nr. 39.
Köppl, Peter, 2003: Kein Platz für Amateure, in: politik&kommunikation 03, Februar, S. 28 ff.
Ruisinger, Dominik, 2003: Wann werden wir erwachsen?, in: Ahrens, Rupert/Knödler-Bunte, Eberhard (Hrsg.): DIE AFFÄRE HUNZINGER – Ein PR-Missverständnis, media mind, S. 63 – 68.
Schönborn, Gregor/Wiebusch, Dagmar (Hrsg.), 2002: Public Affairs Agenda. Politikkommunikation als Erfolgsfaktor, Luchterhand.
Simmert, Christian/Engels, Volker,2002: Die Lobby regiert das Land, Argon.
Strauch, Manfred, 1993: Lobbying. Wirtschaft und Politik im Wechselspiel, Gabler.

Das neue Lobbyinstrument – PR im Journalismus

Klaus Kocks

Der Wahlkampfmanager und Medienberater von Lady Thatcher, die man die Eiserne nannte, weil sie gute PR-Leute hatte, Lord Bell also, hat eine Rede wie diese mit den Wort eröffnet: „You can trust me, I"m a spin doctor."

Der in England inzwischen geläufige Terminus des „spin doctor" für den Public Relations Manager legt nahe, dass es jemanden geben könnte, der es verstünde, einer Sache den richtigen Dreh zu geben. Das mag so weit gehen, dass eine Sache dadurch nicht nur auf die Sonnenseite gedreht wird, sondern sogar die Wahrheit verdreht. Natürlich in einem bestimmten und erkennbaren Interesse, etwa dem des Premierministers, der Legitimität für sein Regierungshandeln sucht. Solche Nöte soll es ja geben.

Gedacht wird dieser Vorgang als eine heimliche, vielleicht sogar unbemerkte Intervention im Spielraum der Berichterstattungs- und Kommentarfreiheit der Medien. Gedacht werden diese Medien wiederum als Organe eines pluralistischen Wirtschaftszweiges, der unabhängige Redaktionen frei wirken lässt, so dass sie in ihrer Gesamtheit ausgewogen als eine Vierte Gewalt die Westminsterdemokratie vollenden. Ein erhabenes Ideal.

Die moralische Hybris, die auch diese Veranstaltung in früheren Jahren ab und an erfüllt hat, kommt daher: Man schaltet und waltet als Journalist, allzumal als Öffentlich-Rechtlicher, im Allgemeinwohl.

Wenn dem so wäre, käme den verdeckten Interventionen der PR die Rolle eines Parasiten zu, der sich am gesunden Wirtstier einer freien Presse nährte. Das mag nicht reputierlich sein, aber es gehörte zu Gottes bunter Fauna. PR wäre gegenüber den Medien, was Lobbyismus gegenüber der Politik zu sein sucht. Oder Werbung gegenüber Verbrauchern. Oder Investor Relations gegenüber Anlegern und Kapitalmärkten. Oder Sekten gegenüber den Glaubensbereiten. Sie bemerken, es gibt eine ganze Reihe von Schattenwirtschaften, deren transparenteste sicher die Werbung ist, die man trotzdem einen „hidden persuader", einen „heimlichen Verführer" oder – korrekt übersetzt – einen „verborgenen Überzeuger" genannt hat.

Die Schattenwirtschaft der Öffentlichkeitsarbeit lebt, so mein Punkt in der Parasitenmetapher, von einer redaktionell freien Presse, einer pluralistischen und demokratisch verfassten Medienlandschaft.

Wenn Sie in einer Diktatur Meinung anweisen können oder in einem bestimmten Zustand der Wettbewerbswirtschaft Meinung kaufen können, brauchen Sie die nötige Macht oder das nötige Geld, aber ganz sicher keine PR. PR gibt es nur, auch wenn das für Sie seltsam klingt, in demokratischen Gesellschaften.

Daraus habe ich selbst als PR-Manager immer die Überzeugung gezogen, dass es gilt, für die Grundfesten der Publizistik einzutreten – auch und gerade als „spin doctor". Der Parasit hat nämlich das allergrößte eigene Interesse an der Gesundheit seines Wirtstieres.

Es ist keine gesellschaftspolitische Pose, dass ich für die Erhaltung und Entwicklung von Qualitätsjournalismus neben meiner unmaßgeblichen Meinung einiges an Zeit und Geld investiere. Es hängt auch mit einer kommunikativen Eigenheit von PR zusammen, die die wenigen wirklich guten PR-Manager, die es gibt, kennen und fürchten.

PR ist wirkungsunsicher, prinzipiell labil und liegt in zeitlicher Hinsicht wie bezüglich der Intensität auf einer Sinuskurve. Wenn der Scheitelpunkt dieser Kurve überschritten ist, geht es nur noch bergab. Fragen Sie mal Herrn Dr. Westerwelle nach der goldenen 18 auf den Schühchen und dem Wohnmobil, das Guidomobil hieß, und Herrn Möllemann nach seinem Flyer, der simultan, wenn nicht konzertiert kam. Das war selbstvernichtendes PR. Man kann diese Selbstvernichtung als Ausdruck unserer politischen Kultur werten.

PR hat stets eine innere Gefahr der Selbstvernichtung, die an der Dosis hängt; so wie es bei Paracelsus den Übergang von der Arznei zum Gift gibt.

Zudem gibt es Ansteckungsgefahr. Ein publizistisches Medium, das einen bestimmten Grad an inkludiertem PR überschreitet, vernichtet sich selbst. Dann würde das ZDF zu QVC, was die Götter verhüten mögen. Ob die Anzeichen bei anderen TV-Gruppen, insbesondere den zeitweise politisch so geförderten „freien", schon jetzt in diese Richtung deuten, das zu beurteilen, überlasse ich Ihnen. So weit das Bekannte.

Neu ist, dass wir einen sich beschleunigenden Prozess erleben, in dem die Verleger Redaktionskosten rigoros externalisieren. Und zwar auf die Anbieter von Informationen, also die PR. Schon Sparen ist nicht das gleiche wie Effizienzsteigerung. Externalisierung von systeminternen Kosten ist etwas gänzlich anderes. Das Rollenbild der verführten Unschuld ist mittlerweile eine verlogene Groteske. Es gibt eine Nachfrage nach PR, die von der PR nur noch mit Mühe zu befriedigen ist. Auch aus den Medien und den Ressorts heraus, die dies aus berufsethischen Gründen leugnen.

Da die Übernahme von Redaktionsaufwand durch Dritte ein Geschäft ist, können die Verleger wissen, dass dafür eine Gegenleistung erwartet wird, werden muss, sonst wäre es für den Content-Provider ja nicht einmal eine Betriebsausgabe.

Das Yin und Yang von Journalismus und PR ist eine beiderseits beförderte und beiderseits verborgene gemeinsame Praxis. Wie die Schattenwirtschaft; sagen wir, in Italien, in dem auch noch die Schamgrenze zur Staatsmacht gefallen ist. Wir verdanken dem neuesten Irak-Krieg die Metapher des Journalisten der „embeded" ist. Eine verhängnisvolle Metapher, da liegt die Publizistik also im Bett der PR. Ich versage mir, diese Metapher zu Ende zu denken.

Institutionen aus Politik und Wirtschaft schaffen sich, wenn Sie ein kleines und sehr konkretes Beispiel wollen, Satellitenübertragungswagen an und stellen sie den

TV-Journalisten zur freien Verfügung, die nur senden können, wenn ihnen dies gestellt wird. Stufe zwei: Die PR-Anbieter zeichnen Ereignisse mit eigenen Teams auf und legen das Vor-Programm auf Satellit zum kostenlosen Abgreifen durch die Medien. Stufe drei: Sie inszenieren Ereignisse, die eine so starke audio-visuelle Dramaturgie haben, dass sie den Berichterstattungsanlass überhaupt erst ergibt, also die Berechtigung, das PR-Material ins Programm zu heben.

Das Lamento der berufsethischen Bedenkenträger etwa über die Inszenierung von Politik darf nicht darüber wegtäuschen, dass eben diese Inszenierung vehement von den gleichen Medien gefordert wird. Wir wollen O-Töne! Wir brauchen Bilder! Wir wollen eigene O-Töne! Wir brauchen eigene Bilder!

Ich kürze ab. Es geht nicht nur um die viel gescholtenen „Elektronischen" und dort die „Freien". Wenn eine Tageszeitung für ihre Medienredaktion das gleiche Tagesbudget bereitstellt, das ich am Abend in Schumann's Bar ausgebe, darf ich mich als Leser nicht wundern, wenn ich die PR-Klamotten meiner Kollegen zum Frühstück vorgesetzt kriege oder eine Agenturmeldung, die auch wiederum nur nachkocht, was ein PR-Kollege ihr vorgekocht hat.

Ich lasse die vermeintlichen Beispiele aus dem Motor- und Reisejournalismus bewusst aus, weil das den beliebten, aber fehlleitenden Fehlschluss zulässt, die Zustände in den Wirtschafts- und Politikredaktionen seien prinzipiell anders.

Wenn die Verlage das Trennungsgebot von Redaktion und Werbung so weit verwässern oder gar aufheben, dass jene Zwitter überhand nehmen, die heute schon die Fachpresse überfluten, wird der Aggregatzustand des Mediums eines Tages umkippen. Dann kann ich mir ja gleich, statt eines Magazins, den Quelle-Katalog oder die Werkszeitschrift oder den Anlageprospekt zur Lektüre vornehmen. Das ist keine Übertreibung. Viele Abbesteller von Zeitungsabos sind exakt dieser Meinung, sie haben diesen Schritt schon gemacht. Sie meinen keine Zeitung mehr zu brauchen, weil sie die kostenlosen Anzeigenblätter kriegen.

Ich rufe hier nicht zum Puritanismus auf. Ich habe natürlich nichts gegen Geschäfte. Mich erschüttert auch „ein wenig Schleichwerbung" nicht. Nicht mal das gegenwärtige Ausmaß bei den Öffentlich-Rechtlichen erschüttert mich. Ich würde auch Werbung nach 20 Uhr überleben, wenn sie denn als solche kenntlich ist. Aber man will, ich sage das jetzt ganz populistisch, als Bürger, als Leser, als Zuschauer nicht verarscht werden.

Ich komme damit an einen Grundwiderspruch: Kann man sich als „spin doctor" über den wachsenden Einfluss der eigenen Branche beschweren? Das klingt nach einer gewissen Schizophrenie.

Der Befund trifft zu. Das liegt daran, dass PR-Leute Schizopraktiker sind: Wir suchen das Gespräch mit klugen, unabhängigen Journalisten, um als Makler eines erkennbaren Interesses zu informieren, zu überreden, zu überzeugen. Wir tragen den Standpunkt eines Mandanten vor. Und werden nach „audiatur et altera pars" gelegentlich angehört. Aber das gelingt selten genug. Weil es selten gelingt, ist es wertvoll. Weil es wertvoll ist, verdienen wir damit relativ anständig.

Die Rolle der PR ist also ordnungspolitisch völlig klar: Sie wissen als Journalist, welchen Mandanten ich vertrete. PR artikuliert ein erkennbares Einzelinteresse. Nicht mehr! Deshalb und nur insoweit ist es politisch wie moralisch legitim.

Ordnungspolitisch prekär ist ein Massenmedium, das verlegerische und redaktionelle Belange verdeckt verschränkt. Ein Medium, das das Trennungsgebot von Redaktion und Werbung zunehmend verwischt und aufhebt. Das das Trennungsgebot von Meldung und Kommentar kaputt-featured. Das schließlich dem Leser redaktionelle Qualität suggeriert, die in Wirklichkeit aber auf okkulte Content-Provider mit einer PR-Agenda transferiert worden ist.

Ordnungspolitisch prekär ist die verlegerisch betriebene Aushöhlung der Pressefreiheit und der systematische Ersatz von eigenfinanzierter Redaktion durch fremdfinanzierte PR, worüber der Kunde hinweggetäuscht wird, also betrogen. Wie Diebe in der Nacht schweigen darüber beide Seiten, PR und Publizistik.

Wenn man einen solchen Trend bis an sein böses Ende dächte, wäre in unserer Eingangsmetapher der Parasit zum Wirtstier mutiert. Wir wissen dann, was „embeded" wirklich meint. Und genau das meint der Begriff „content provider" ja: Es gibt ein technisches Medium, es gibt Werbekunden, es gibt Zuschauer – wie zum Teufel komme ich jetzt noch an ein bisserl Redaktion?

Damit würde sich am Ende des Tages das gesamte System aber selbst entwerten. Was ein wertloses, ja wertvernichtendes Mediensystem ist, können Sie doch schön im Internet, am World Wide Web sehen, in dem fast alles gratis und fast alles wertlos ist – jedenfalls hat ein Publizist dort noch kein Geld verdient. Auf Flohmärkten kauft man den Sperrmüll anderer Leute.

Ginge der Orwellsche Alptraum in Erfüllung, wäre man am Ende nicht nur als „spin doctor" brotlos, man wäre auch als Staatsbürger betrogen. PR und Journalismus schweigen allzu oft zu den Vorboten der Schönen Neuen Welt wie, ich habe es gesagt, Diebe in der Nacht. Die Beute ist aber der Kernwert ihres gemeinsamen Geschäftes: die publizistische Glaubwürdigkeit.

Man muss hoffen, dass die Verleger in der Aushöhlung der Pressefreiheit durch Externalisierung von Redaktionskosten auf PR so weit nicht gehen. Und sei es, dass ich als Leser lerne, das Doppelte für meine Zeitung zu zahlen. Oder als Zuschauer einer Gebührenerhöhung zuzustimmen. Das muss ich lernen, will ich nicht, dass in der ökonomischen Struktur unserer Medien allein die Werbung die Redaktion finanziert und es bei einer Werbeflaute eben auch mal ohne Redaktion gehen muss.

An dieser ökonomischen Struktur, einer strukturellen Schieflage, hat die Medienindustrie über Jahrzehnte nicht gerührt, aber es ist ja auch keine Industrie im ernsten Sinn des Wortes. Ein Satiriker würde sagen, diese Medienindustrie besteht noch immer aus Familienbetrieben und Behörden. Von beiden sind Revolutionen nicht zu erwarten.

(Rede, gehalten bei den Mainzer Tagen der Fernsehkritik, 1. April 2003)

Lobby-Kampagnen
Zur Kolonisierung der Öffentlichkeit

Thomas Leif / Rudolf Speth

1 Einleitung

„Wir brauchen Bewegung" und „wir wollen den Adler fliegen sehen". Mit diesen Worten eröffnete Dr. Michael Rogowski, der Präsident des Bundesverbandes der Deutschen Industrie (BDI) den BDI-Reformkongress am 22. September 2003 in Berlin. Der Reformbewegung in Deutschland sollte ein entscheidender Schub verpasst werden.

An Symbolik hatte der BDI nicht gespart. Nicht nur die Adler flogen, auch eine kleine Demonstration der Anzugträger gab es am Ende der Strategiedebatte. Bei der Kundgebung vor dem Sitz des BDI stellten sich 9 Reforminitiativen vor, die alle die Reformvorschläge des BDI, die er in einem dicken Papier niedergeschrieben hat, unterstützen.

Lobbyismus einer anderen Art betreiben diese und rund 20 weitere Initiativen. Sie vertreten nicht die Interessen eines Unternehmens oder Verbandes gegenüber einem Ministerium oder einem Abgeordneten. Sie beackern die Stimmung im Land. Für dieses Ziel geben sie sich gerne als Teile einer Bürgerbewegung aus, die für Reformen wirbt und auch die Politik unter Druck setzt. „Bürgerinnen und Bürger…" so hob Michael Rogowski vor den versammelten Managern auf der Straße an.

Dass dabei die Interessen ganz bestimmter Bürgerinnen und Bürger gemeint waren, blieb unerwähnt. Gemeinsam ist diesen Kampagnen nicht nur die inhaltliche Zielrichtung, sondern auch die Methode. Sie nutzen Medien und Marketing, um die Stimmung in der Bevölkerung für die fälligen Reformen zu verbessern. Oft sind dabei Millionenbeträge im Spiel, wenn es darum geht, eine in den Büros von Werbeagenturen entworfene Kampagne zu finanzieren. Und nicht immer ist die Herkunft des Geldes klar.

Die Initiativen, die alle aus dem bürgerlichen Lager stammen und weitgehend von der Wirtschaft getragen werden, kann man als flankierende und ergänzenden Kampagnen nach dem Motto „getrennt marschieren, vereint schlagen" begreifen. Sie beherrschen die Instrumente des Politikmarketings und der Kampagnenpolitik und geben den Interessen der Wirtschaft den Anstrich einer Bürgerbewegung.

Im Folgenden sollen einige der Initiativen kurz charakterisiert werden. Alle sind sie extern finanzierte Interventionsformen in der politischen Arena, die die Art des Politikbetriebes verändern können.

2 Der BürgerKonvent

Der BürgerKonvent trat im Mai 2003 als neuartiger Typ politischer Kampagnenführung aus dem konservativen Spektrum an die Öffentlichkeit. Ausgestattet mit 6 Mio. Euro war es das erste Ziel des BürgerKonvents in der Öffentlichkeit bekannt zu werden. Mit Zeitungsanzeigen in überregionalen Tageszeitungen und Werbespots im Fernsehen schaffte der BürgerKonvent nach eigenen Angaben einen Bekanntheitsgrad von 24 Prozent in der deutschen Bevölkerung.

Der Zeitpunkt für den Auftritt war günstig. Noch hielt die Frustration im bürgerlichen Langer über die unerwartet verlorene Bundestagswahl an. Der Aufruf „Bürger auf die Barrikaden" von Arnulf Baring war noch nicht lange her. Mit der Agenda 2010 von Bundeskanzler Gerhard Schröder wurde die Notwendigkeit von Reformen auf den Feldern der Gesundheitspolitik, des Rentenversicherungssystem und des Arbeitsmarktes und der sozialen Sicherung deutlich markiert. Gleichzeitig gab und gibt es hinhaltenden Widerstand von den zahlreichen Vetospielern und Lobbygruppen. Aber auch in der Bevölkerung war die Reformstimmung nicht allzu groß.

Die beiden Gründer des BürgerKonvents, die für ihn an die Öffentlichkeit traten – Prof. Dr. Gerd Langguth und Prof. Dr. Meinhard Miegel – stammen aus der CDU. Langguth war Geschäftsführender Vorsitzender der CDU-nahen Konrad Adenauer Stiftung und war in den 70ern RCDS-Bundesvorsitzender. Meinhard Miegel leitet das von ihm und Kurt Biedenkopf gegründete Institut für Wirtschaft und Gesellschaft (IWG) und war Mitarbeiter von Biedenkopf als dieser noch Generalsekretär der CDU war. Während Miegel den aufgeklärten Bürger idealisiert, denkt Langguth nüchterner. Die Ziele des BürgerKonvents lassen sich seiner Meinung nach nur durch Gegenmachtbildung im Lager der Union durchsetzen.

Zielgruppe ist deshalb auch das bürgerliche Lager. Die Reformkräfte in ihm sollen gestärkt werden. Die beiden Gründer unterliegen dabei nicht den Zwängen einer Volkspartei, die ein breites Spektrum von Meinungen abdecken muss. Sie können ihre Position ohne Kompromisse eingehen zu müssen formulieren. Der BürgerKonvent kann als eine Parallelkampagne angesehen werden, mit der unabhängig und manchmal auch gegen die Partei inhaltliche Positionen formuliert werden, um damit im gesamten Lager mehr Unterstützung zu mobilisieren. Dennoch beansprucht der BürgerKonvent für alle Bürger zu sprechen. Die Formel „Wir Bürger..." gehört zu seinem rhetorischen Fundus wie auch der durchgehende Bezug auf die Bürgergesellschaft.

Trotz der Parteinähe gibt sich der BürgerKovent sehr parteien- und politikkritisch. Den Parteien müsse die Monopolisierung der politischen Willensbildung streitig gemacht werden, heißt es im Manifest des BürgerKonvents. Außerhalb der politischen Parteien soll Politik gemacht werden, was einige als Aufruf für eine neue APO verstanden. Miegel und Langguth wenden sich gegen die etablierte Parteipolitik und rufen die Bürger auf, ihre Wahlkreisabgeordneten unter Druck zu setzen.

Von den inhaltlichen Positionen unterscheiden sich die Vorschläge des BürgerKonvents wenig von denen des BDI oder des Wirtschaftsflügels der CDU. Die lobbyistische Herrschaft der Minderheit gelte es aufzubrechen und der Bürger- und Gemeinsinn sei wiederzubeleben. „Faktisch setzen straff organisierte Minderheiten ihre Interessen ... gegen die objektiven Interessen der nicht organisierten Mehrheit durch", heißt es im Manifest des Bürgerkonvents. Diese Minderheit sind für Miegel die Gewerkschaften, denen einen Blockiererhaltung zugeschrieben wird.

Weniger Staat und mehr Eigenverantwortung, so könnte man die Generalthese der beiden Sprecher des BürgerKonvents zusammenfassen. Die Staatsquote sei auf unter 40 Prozent zu drücken und die Bürger müssten stärker für sich selbst sorgen. Ziel sei es, aus der „Vormundschaft des Staates" herauszutreten und eine selbstbewusste Bürgergesellschaft zu werden. Die geforderte Verschlankung des Staates bedeutet für das Feld der Rentenversicherung eine Umstellung der Rentenversicherung auf Kapitaldeckung. Private Vorsorge durch Kapitalbildung sei zu betreiben und die jetzige Rentenversicherung sei auf eine Grundsicherung zurückzuführen. Ein Versprechen der Lebensstandardsicherung könne es nicht mehr geben.

Im Bereich der Gesundheitspolitik gehen die Vorschläge der Agenda 2010 von Gerhard Schröder zwar in die richtige Richtung, aber nicht weit genug. Auch hier geht es um mehr Selbstverantwortung und um eine Rückführung der Absicherung von Risiken auf einen minimalen Kern. Mehr Selbstverantwortung ist auch das Stichwort für den Arbeitsmarkt. Lockerung des Kündigungsschutzes, Verlängerung der Lebensarbeitszeit und eine Kultur der Selbstständigkeit sei anzustreben. Vom Staat allein könne die Reduzierung der Arbeitslosigkeit nicht erwartet werden.

Der BürgerKonvent versucht für die anstehenden Reformen die reformbereiten Kräfte zu sammeln und in der Bevölkerung eine reformfreudige Stimmung zu erzeugen. Die Deutschen seien immer noch im Koma, ließ Meinhard Miegel bei der Veranstaltung des BDI vernehmen. Um aus diesem Koma zu erwachen, wolle der BürgerKonvent auf der lokalen Ebene tätig werden. In einem zweiten Schritt sollen lokale und regionale BürgerKonvente gegründet werden, die von der Zentrale in Bonn geführt und mit Informationen versorgt werden.

Der BürgerKonvent hat in den ersten Monaten große Medienresonanz erzeugt und Erwartungen beim Publikum geweckt. Miegel und Langguth glauben einen Nerv getroffen zu haben und spüren bei der Bevölkerung ein Bedürfnis nach Grundorientierung, das sie befriedigen wollen. Sie sind aber selbst bislang dem Anspruch nach Transparenz nicht gerecht geworden. Noch ist nicht bekannt, woher die 6 Mio. Euro, die für den Start ausgegeben wurden, stammen. Zudem bietet der BürgerKonvent bislang keine Strukturen der Partizipation an. Von den versprochenen lokalen Foren ist nichts zu hören.

Der BürgerKonvent ist in der Landschaft bürgerlicher Initiativen und bürgerlichen Protestes keine singuläre Erscheinung. Es gibt – nach eigenen Angaben – inzwischen rund 25 Initiativen mit einem ähnlichen Charakter und einer vergleichbaren Zielrichtung.[1] So hat sich am 12. Oktober 2000 die Initiative Neue Soziale Marktwirtschaft gegründet. Ein ähnliche Zielrichtung verfolgt auch die Initiative „Deutschland packt's an". Von der jüngeren Generation kommt die Initiative „Marke D", die zudem stärker von PR-Agenturen und Beratungsbüros unterstützt wird. Die Initiative „D 21" hat die Förderung der neuen Technologien in den Mittelpunkt ihrer Kampagne gestellt.

Für Meinhard Miegel sind diese Initiativen durchaus Gruppen, mit denen man kooperieren oder mit denen man fusionieren kann.[2] Nun drängen auch die Geldgeber nach einer Meldung des *Spiegels* die Initiativen dazu, enger zusammenzuarbeiten.[3]

3 Initiative Neue Soziale Marktwirtschaft

Die Initiative Neue Soziale Marktwirtschaft (INSM) wurde im Jahr 2000 von den 16 regionalen Arbeitgeberverbänden der Metall- und Elektroindustrie ins Leben gerufen. Die Initiative versucht, für die Ordnung der Sozialen Marktwirtschaft zu werben und für deren Reform und Anpassung an die veränderten Bedingungen zu kämpfen.

Ausgestattet mit einem Jahresbudget von 8,5 Mio. Euro betreibt die Initiative professionelle Kampagnenpolitik, die von der eigens dafür gegründeten PR-Agentur berolina.pr, unter der Leitung von Dieter Rath und Tasso Enzweiler, entworfen und koordiniert wird. Die Initiative besitzt mit 65 freien Mitarbeitern, davon sieben fest angestellten, einen schlagkräftigen Apparat.[4]

Die wissenschaftliche Fundierung liefert das Institut der Deutschen Wirtschaft Köln (IW). Prof. Dr. Hans Tietmeyer, von 1993 bis 1999 Präsident der Deutschen Bundesbank, konnte für den Vorsitz des Kuratoriums der Initiative NSM gewonnen werden, dem weitere Prominente angehören. Charakteristisch ist, dass sich die INSM im Unterschied zum BürgerKonvent an Politiker wendet. So sind beispielsweise im Kuratorium der Bundesminister für Wirtschaft und Arbeit, Wolfgang Clement, sowie der bayerische Ministerpräsident Edmund Stoiber vertreten. Auch bei den Botschaftern der Initiative, die die Aufgabe haben, die Ziele der Initiative öffentlichkeitswirksam zu vertreten, finden sich auffällig viele Politiker. Dies ist Ausdruck der Zielrichtung der Initiative, nicht nur in der breiten Bevölkerung für marktwirtschaftliche Reformen zu werben, sondern auch gezielt auf die Politik einzuwirken.

---

[1] „Wir haben 25 Institutionen gezählt, die eine ähnliche Ausrichtung haben wie wir", erklärt Meinhard Miegel in einem Interview, Die Welt, „Gewaltiger Zulauf", 22. Mai 2003.
[2] WDR: Bürger-Konvent: „Eisbrecher für die Politik": www.wdr.de/themen/politik/deutschland/ buerger-konvent/ZZ.
[3] Der Spiegel, 25/2003 „Edel-Apo plant Fusion". „Auf Druck deutscher Großkonzerne und reicher Privatunternehmer wollen neu entstandene Protestbewegungen wie der „BürgerKonvent" und die „Initiative Neue Soziale Marktwirtschaft" (INSM) enger kooperieren und so den Reformdruck auf die Bundesregierung erhöhen."
[4] Zu den Zahlen: Der Spiegel 22/2003, 26. Mai 2003. www.spiegel.de/spiegel/0,1518,250934,00html.

Ähnlich wie der BürgerKonvent ging es in der Anfangsphase erst einmal darum, bekannt zu werden und die Medienaufmerksamkeit zu gewinnen. Dazu wurden in der Startphase innerhalb von drei Monaten 9 Mio. € ausgegeben. Die INSM konnte so auch eine Blaupause für die weitere Strategie des Bürger-Konvents liefern. Zeitungsanzeigen mit dem Slogan „Chancen für alle" und mit den Gesichtern von Prominenten wurden in den Medien Stern, Spiegel, FAZ und Handelsblatt geschaltet. Eigene Broschüren und Themenhefte wurden produziert und kostenlos verteilt. Der Präsident des Verbandes der bayerischen Metall- und Elektroindustrie, Randolf Rodenstock, veröffentlichte ein Buch „Chancen für alle. Die Neue Soziale Marktwirtschaft", das durch die Initiative kostenlos vertrieben wird. Regelmäßige Pressemeldungen, mehrere TV-Spots und sechs Fernsehbeiträge in Kooperation mit n-tv brachten der Öffentlichkeit die Themen der INSM näher. In der ARD lief zur Prime time eine dreiteilige Fernsehserie zum den Themen Steuern, Rente und Arbeitsmarkt von TV-Autor Günter Ederer, die jetzt von der INSM vertrieben wird – eine rechtlich fragwürdige Form des Programmsponsorings. Journalistenwettbewerbe und andere Aktionen (Reformbarometer, Professorenpanel und eine Zeugnisaktion, bei der die Leser der *Bild am Sonntag* die Arbeit der Bundesregierung und der Opposition benoteten) halten die zentralen Themen der Initiative in der Diskussion.

Bei der Internetpräsenz wird eine Besonderheit der Strategie der INSM deutlich. Die Initiative tritt nicht unter eigenem Namen an, sondern betreibt drei unterschiedliche Websites: www.wassollwerden.de für Jungendliche und Studierende, www.wirtschaftundschule.de zielt auf die Lehrer und www.chancenfueralle.de bietet als Hauptseite einen Überblick über die Themen der Initiative und Stellungnahmen zu aktuellen Themen. Die letztgenannte Website verzeichnete 2002 nach eigenen Angaben knapp 600.000 Besucher. Von den Broschüren wurden etwa 510.000 Exemplare verteilt und das Buch von Randolf Rodenstock hat eine Auflage von 23.000 Stück.

Ziel der INSM ist, die öffentlich Diskussion über marktwirtschaftliche Reformen in ihrem Sinne zu beeinflussen. Im Kern geht es ihr um mehr Eigenverantwortung und um weniger Staat. Im Einzelnen sind es folgende Themen: Liberalisierung des Arbeitsmarktes, Reform der sozialen Sicherungssysteme (Renten- Kranken-, Arbeitslosenversicherung sowie Sozialhilfe), Beschränkung des Staates auf Kernkompetenzen, Subventionsabbau, Förderung der Selbstständigkeit, Reform von Schulen und Universitäten. Sie unterstützt dabei zum Teil den Reformkurs von Gerhard Schröder, geht aber in vielen Punkten entschieden weiter in Richtung eines neoliberalen Programms. Durch die einzelnen Maßnahmen soll die Reformstimmung in der Bevölkerung gefördert und die Bereitschaft der Politik, Reformen auch durchzusetzen, unterstützt werden.

Wenngleich der Erfolg dieser Initiative von Arbeitgeberverbänden nicht exakt angegeben werden kann, so ist doch die Mischung aus professioneller Kampagnenpolitik, vergleichsweise hohem Budget und längerfristiger Kampagnenführung so abgestimmt, dass die Botschaften auch von der Öffentlichkeit aufgenommen werden. Die Nähe zur Politik, insbesondere zur CDU, und die Indienstnahme von Meinungsmachern stellt sicher, das nicht nur die Öffentlichkeit für die Ziele der INSM sensibilisiert wird, sondern dass ihre Themen auf die politische Tagesordnung gesetzt werden. Der Prozess der öffentlichen Themensetzung ist mit einem hohen finanziellen Einsatz verbunden.

Harte Kritik kommt von den Gewerkschaften, die in dieser Gründung von Arbeitgeberverbänden einen direkten Angriff auf sie sehen.

4 Deutschland packt's an

Die Aktion „Deutschland packt's an" wurde Ende 2001 als eine Gemeinschaftsaktion deutscher Fernsehsender, Verlage und Unternehmen der Werbewirtschaft gegründet. Ähnlich wie die beiden anderen Initiativen verfügte sie zum Start über ein relativ hohes Budget von 8,7 Mio. Euro.

Der Bezugspunkt der Aktion ist die berühmte „Ruck-Rede" („Durch Deutschland muss ein Ruck gehen") von Bundespräsident Roman Herzog aus dem Jahr 1997. Herzog ist Schirmherr der Aktion und leitet die Kommission der CDU/CSU zur Reform der sozialen Sicherungssysteme.

Geschäftsführer der Aktion sind Karl-Ulrich Kuhlo und Paul Andreas, Vorsteher von n-tv. Zum Initiativkreis, der Berater- und Botschafterfunktionen übernimmt, gehören unter anderen Dr. Lothar Späth (bisher Jenoptik), Dr. Renate Köcher (Institut für Demoskopie Allensbach), Dr. Tonio Kröger (Leiter Marketingkommunikation DaimlerChrysler Deutschland), Claus Strunz (Chefredakteur Bild am Sonntag) und Sebastian Turner (Vorstandsvorsitzender der Agentur Scholz & Friends).

Mit Herzogs „Ruck-Rede" ist gleichzeitig das inhaltliche Profil dieser Initiative vorgezeichnet. Bürokratieabbau, Reformen in den Bereichen Bildung, Gesundheit und der sozialen Sicherungssysteme werden propagiert. Auch hier ist es eine Mischung aus angemahnten Reformen, die sich mit dem Titel „mehr Selbstverantwortung" zusammenfassen lassen, und klimatischen Maßnahmen zur Verbesserung der Stimmung in der Gesellschaft, die inhaltlich das Programm kennzeichnen. Die Aktion will die „Stimmung in Deutschland" verbessern und so eine „Aufbruchstimmung" erzeugen, die Unternehmer, Entscheider und Arbeitnehmer erfassen soll.[5]

Medienpartner sind die Fernsehsender RTL, SAT.1, Pro7, ZDF, n-tv, N24, VIVA, MTV, 9live, tvb, tvm, und Hamburg 1 sowie die Verlage Springer, Bauer, Burda Medien, Gruner + Jahr, Verlagsgruppe Handelsblatt, Deutscher Fachverlag und F.A.Z. Hinzu kommen Partnerschaften aus den Verbänden VPRT, BDZV, FAW, VDZ, ZAW und BDI. Die Fernsehsender stellen kostenlose Werbezeiten und die Verlage kostenlosen Anzeigenraum zur Verfügung. Große Außenwerbegesellschaften haben im ersten Quartal 2002 25.000 Plakatflächen zur Verfügung gestellt.

---

[5] www.deutschland-packts-an.de.

Wichtigstes Standbein der Initiative sind die PR-Agenturen: Springer & Jacoby, 12 Cylinders, Scholz & Friends, Ogilvy & Mather, DDB, Elephant Seven und ramjac images. Sie entwickeln kostenfrei Werbe- und PR-Kampagnen. Von diesen PR-Agenturen wird auch der Auftritt der Aktion bestimmt. Bislang wurden von den Werbeunternehmen drei unterschiedliche Kampagnen entwickelt. Es sind Plakat- und Anzeigenkampagnen, wobei die dritte eine Testimonialreihe ist, bei der Prominente aber auch Unbekannte zur mehr Mut und Selbstvertrauen aufrufen.

Die Aktion „Deutschland packt's an" kann man als den wirtschaftspsychologischen Beitrag der Medien und der Werbewirtschaft zur Verbesserung der Stimmung ansehen. Sie ruft nicht – wie der BürgerKonvent – die einzelnen Bürger zu Protesten auf und ist auch weniger mit der Politik verbunden wie die Initiative Neue Soziale Marktwirtschaft.

5 Marke Deutschland

Marke Deutschland – „Deutschland TM™" – ist eine Initiative der PR-Agenturen und Unternehmensberatungen accenture, ECC Kohtes Klewes und Wolff Olins. Weitere Kooperationspartner sind Financial Times Deutschland, n-tv, Hessischer Rundfunk, BerlinPolis, das Institut für Markenmanagement sowie die European Business School Oestrich-Winkel.

Marke Deutschland trat 2002 hervor und möchte Deutschland zu einem neuen Selbstbild verhelfen, das tatkräftig, zupackend und vorwärtsweisend ist. Auch von dieser Initiative werden gesellschaftspolitische Veränderungen angemahnt.

Ausgangspunkt ist die Behauptung, dass Deutschland sein altes Selbstbild, das durch den Boom der 50er und 60er Jahre des vergangenen Jahrhunderts und durch „Made in Germany" geprägt war, verloren hat. Ein neues Selbstbild soll durch den Ansatz „branding nations" erreicht werden.[6] Deutschland soll als Marke entwickelt werden und diese Marke soll als Katalysator für die gesellschaftliche und wirtschaftliche Erneuerung genutzt werden. Politik wird hier auf ein Marketing-Konzept der Markenbildung eingedampft: „Wir betrachten dieses Land durch die Brille des Markenmanagers", heißt es.

Die bisherige Aktivitäten gipfelten in der Identifikation eines Markenkerns in 10 Thesen. Der nächste Schritt bestand darin, dass mit dem „Spielmacher-Gedanken" Botschafter oder Testimonials gefunden werden sollen, die als Impulsgeber und Multiplikatoren in allen wesentlichen gesellschaftlichen Bereichen wirken sollen. Sie sind Identifikationsfiguren für diese neue Marke.

Die Kampagnenpolitik umfasst bei Marke Deutschland ähnliche Elemente wie die anderen Initiativen. Die üblichen Mittel der Werbewirtschaft werden verbunden mit Personen, die als Botschafter nach außen wirken. Deutlich anders ist hier der Anspruch, aus Marketingabteilungen heraus Politik machen zu wollen. Das bran-

---

[6] Siehe: www.marke-deutschland.de.

ding-Konzept soll auf Politik übertragen werden, ohne zu reflektieren, dass politische Abläufe in der Demokratie sich grundlegend von den Spielregeln einer Werbeagentur unterscheiden.

Marke Deutschland scheint die Idee der jüngeren Generation zu sein, die in den PR-Agenturen Konzepte für die Politik entwickeln. Es finden sich kaum bekannte Personen und die Initiative wird direkt vom Büro von accenture aus betrieben. Dies lässt darauf schließen, dass – im Unterschied zu den anderen Initiativen – weit weniger Finanzmittel vorhanden sind.

Weitere Initiativen sind im Entstehen. Der SPIEGEL berichtet von einer Initiative des Münchener Personalberaters Dieter Rickert, der für den 19. Juli 450 Unternehmer, Wissenschaftler, Journalisten, Kulturschaffende und Werbe- und PR-Experten zur Gründungsversammlung der Initiative „Klarheit in der Politik" eingeladen hat.[7]

---

[7] Der Spiegel, Nr. 22, 26. Mai 2003.

„Im Vorfeld miteinander reden"
Der Dreißiger-Multiplikatoren-Club-Berlin (DMC)

Interview mit Heinz Warneke, Vorsitzender des DMC

Speth: Welche Ziele hat der Dreißiger-Multiplikatoren-Club-Berlin?

Warneke: Die Ziele des Clubs sind mehrschichtig. Ich möchte etwas ausholen und sagen: auf der einen Seite im öffentlichen Dienst, in den Ministerien und auf der anderen Seite in der Wirtschaft werden ja im Grunde genommen zwei unterschiedliche Sprache gesprochen. Das erste Ziel des Clubs ist es, aus beiden Seiten Menschen zusammenzubringen und Verständnis füreinander zu schaffen, damit die andere Seite weiß, wie denkt die Wirtschaft, dass die Wirtschaft weiß, wie denkt die Politik. Auf diese Weise sollen Meinungsverschiedenheiten am besten ausgebügelt werden. Das zweite Ziel ist: Wir leben im Kommunikationszeitalter. Menschen müssen miteinander reden, um Verständnis für die Situation zu bekommen. Das heißt also: unsere Mitglieder aus der Wirtschaft haben Gelegenheit, im monatlichen Jour-Fix Vorträge über ihr Unternehmen zu halten, haben die Möglichkeit, ihr Unternehmen vorzustellen. Und so erzeugt ein Kreis von 100 Personen ein Bewusstsein für die Probleme der anderen Branchen. Andererseits haben die Mitglieder aus den Ministerien und Landesvertretungen die Möglichkeit, ihre Probleme vorzustellen, so dass man Kontakte schafft und Informationen austauscht.

Speth: Sie habe Ihren Club jetzt sehr harmonisch und nett dargestellt. In ihrer Selbstdarstellung haben Sie sich als dreißig Freunde beschrieben – Wirtschaft und Politik funktionieren nach unterschiedlichen Logiken. Macht es hier Sinn von Freundschaft zu reden?

Warneke: Neben der geschäftlichen Situation sollten natürlich die menschlichen Aspekte nicht zu kurz kommen. Wenn sich der Bundeskanzler mit einem Schriftsteller oder Künstler trifft, so sind das zwei verschiedene Bereiche. So können aber Freundschaften entstehen, selbst wenn sie unterschiedliche Sprachen sprechen. Wir haben neben dem Ziel des Clubs der Verständigung beider Seiten, natürlich auch das Ziel, zu kommunizieren. Es bleibt nicht aus, dass sich Freundschaften entwickeln und dass man dann z. B ein Bier zusammen trinkt oder gemeinschaftlich eine Fahrt in die Autostadt Wolfsburg organisiert. Das sind Dinge, die sich dann entwickeln. Ich glaube schon, dass das Wort Freunde in diesem Zusammenhang gebraucht werden kann, wenn die Zusammensetzung eines solchen Kreises stimmt.

Speth: Ihre Mitglieder sprechen nicht nur eine unterschiedliche Sprache. Die Mitglieder aus den Ministerien und die Lobbyisten aus den Unternehmen haben auch unterschiedliche Interessen.

Warneke: Das ist richtig. Wir führen ja keine Verhandlungen mit- oder gegeneinander. Wir versuchen Verständnis zu wecken. Ich möchte dies an einem Beispiel verdeutlichen: Wenn in unserem Club ein Mitglied aus dem Gesundheitsministerium mit einem Ärztevertreter zusammensitzt, dann wird vielleicht beim Bier oder beim Clubabend über das eine oder andere Thema gesprochen. Und man weckt damit gegenseitiges Verständnis für die Situation der anderen Seite. Es ist im Lobbyismus, im politischen Leben so: ein großer Grundsatz ist, bei der Wahrheit zu bleiben. Ein anderer Grundsatz lautet, diese Wahrheit richtig zu übermitteln und Respekt vor der anderen Seite zu zeigen. Ein Industrievertreter, ein Verbandsvertreter hat die Aufgabe, die Interessen seines Unternehmens, seines Verbandes gegenüber der Politik zu artikulieren, die Politik andererseits hat die Verpflichtung, im Sinne der Bürger und der öffentlichen Meinung Gesetze zu machen, die im Bundestag mehrheitsfähig sind und die für die Bevölkerung etwas bringen. Diese Gegensätze sind auf einen Nenner zu bringen. Irgendwo muss man ja miteinander reden. Man muss ja nicht miteinander streiten. Es ist ja immer besser, im Vorfeld schon miteinander zu reden, als dass man mit starren Fronten in die Verhandlungen geht.

Speth: Politiker sollen alle Interessen berücksichtigen – Lobbyisten vertreten nur das Interesse ihres Unternehmens. Geschieht der Lobbyprozess in Form eines Tauschprozesses? Welche Bedeutung hat das Geben und Nehmen?

Warneke: Geben und Nehmen sehe ich schon als einen wichtigen Faktor -gerade weil wir jetzt von Konfrontation gesprochen haben. Wenn erst einmal ein Gesetz von einem Ministerium entworfen wurde und auf dem Tisch liegt, dann kann das Gesetz eine Reihe von Dinge enthalten, die etwas fragwürdig sind. Wenn dann der Lobbyist kommt, dann setzt das Beharrungsvermögen des Ministeriums ein und dann hält man erst einmal dagegen. Wenn man aber im Vorfeld, bevor ein Gesetz überhaupt geschrieben wird, die Situation der anderen Seite kennt und sich überlegt, ob die Vorstellung des Lobbyisten mit dem Allgemeinwohl vereinbar oder eine nackte egoistische Forderung ist, wenn man dieses im Vorfeld schon mal abklärt, wird manches leichter und man kann vieles besser gestalten. Verständnis für die andere Seite im Vorfeld der Gesetzgebung ist ein entscheidender Punkt im Lobbyismus.

Speth: Ist Ihr Club Teil des Trends hin zur Informalisierung der Politik?

Warneke: Nein. Lassen sich mich mal etwas provokant sagen: Für mich ist ein Esel das von einer Kommission entwickelte Pferd. Ich halte also von dem Zerreden in Kommissionen nicht so viel. Unser Club ist ein Club ohne Satzung, ohne Mitgliederbeiträge und mit einem Vorstand, der im allgemeinen Einvernehmen der Mitglieder konstituiert ist. Das macht unsere Arbeit interessanter, weil wir nicht auf starren Dingen herumhacken. Ich glaube nicht, dass in unserem Club Politik wie in den Kommissionen gemacht wird. Ich bin auch nicht der Meinung, dass wir in dieses Schema hineinpassen. Unser Schema ist – wie gesagt – gegenseitig Verständnis wecken, nicht aber unmittelbar auf das politische und administrative Geschehen in den Ministerien Einfluss zu nehmen.

Speth: Ihre Mitglieder nehmen aber doch Einfluss auf das politische Geschehen.

Warneke: Einfluss zu nehmen bedeutet ja, politische Entscheidungen zu verändern. Einfluss nehmen kann ein Lobbyist überhaupt nicht.

Ein gut arbeitender Lobbyist kann die Meinungen für die er steht, vertreten, überbringen und kann der anderen Seite sagen: überlegt euch, ob ihr diese Meinung miteinbeziehen müsst. Das ist in meinem Verständnis kein Einfluss, sondern Information. Die Einflusslobbyisten, die es auch gibt, arbeiten mit massivem Druck und anderen Mittel. Gegen diese Einflusslobbyisten habe ich etwas. Sie gehören nicht in das politische Geschäft. Das sind die Auswüchse des Lobbyismus, die zu missbilligen sind.

Speth: Wenn ein Teil ihrer Clubmitglieder der Auffassung ist, dass ein bestimmtes Gesetzesvorhaben wie beispielsweise die Dienstwagenbesteuerung verhindert werden muss, dann werden Sie doch tätig.

Warneke: Also zuerst einmal kommt es auf den Inhalt der Entscheidung an. Bei allem was man macht, steht am Ende die Frage: ist dieses mehrheitsfähig. Wenn ein solches Problem aufkommt wie die Dienstwagenbesteuerung, dann muss man sich Folgendes überlegen: Gut, nehmen wir einmal an, wir sind alle dagegen, dann machen wir unseren Einfluss geltend. Dann muss ich mich aber fragen, ob es auch Sinn macht, den Einfluss geltend zu machen und könnte am Ende eine Änderung der Entscheidung der Regierung stehen. Wäre die Änderung des Vorschlages der Regierung mehrheitsfähig? Dies muss man sich sehr genau überlegen. Am Ende ist es ja immer die Logik, die Mehrheitsfähigkeit, die Wahrheit, die im Raume steht.

Natürlich wird von manchen Industriezweigen – ich will hier keine Namen nennen –, in denen noch monopolistisch gearbeitet wird, wo es bestimmte Einflusssphären gibt, wo es noch festgesetzte Preise gibt, schon Einfluss genommen. Da wird auch schon gedrückt. Es gibt auch die Einflussnahme, die an Erpressung grenzt. Wenn beispielsweise eine bestimmte Gruppe der Regierung sagt, wenn ihr das macht, dann müssen wir 5000 Leute entlassen. Das ist für meine Begriffe schon nicht mehr im Sinne des Lobbyismus richtig. Das grenzt schon an Erpressung. Der Lobbyist muss versuchen, Interessen, die mehrheitsfähig sind, rüberzubringen, Es steht am Ende immer die Frage, ist es mehrheitsfähig und dient es der Bevölkerung.

Speth: Die Mitglieder Ihres Clubs werden erst einmal von Unternehmen bezahlt.

Warneke: Zur Hälfte. Zur anderen Hälfte werden sie aus den Kassen des öffentlichen Dienstes bezahlt. Wir achten auf Parität.

Speth: Nehmen wir einmal die eine Hälfte, die von Unternehmen bezahlt wird. Diese hat den klaren Auftrag, die Interessen Ihres Unternehmens zu vertreten. Was geschieht nun, wenn diese Hälfte zur Auffassung gelangt, dass ihre Interessen nicht durchgesetzt werden?

Warneke: Ich möchte nun einmal den Ansatz etwas variieren. Ein verantwortungsbewusster Lobbyist muss auch manchmal den Mut haben, gegenüber seinem Auftraggeber, der von ihm verlangt, dieses oder jenes durchzubringen, zu sagen: das kann ich nicht anbringen, das ist nicht mehrheitsfähig oder dies ist ein solches egoistisches Eigeninteresse unserer Branche oder Firma, damit komme ich nicht weiter. Es gehört auch zu den Aufgaben des Lobbyisten, dieses zu sagen. Wenn wir auf den 30er-Club zurückkommen, so ist zu sagen, dass wir keine einheitliche Branchenstruktur haben, sondern eine sehr heterogene Struktur. Wir haben vom Energiesektor bis zur Automobilindustrie, von Dienstleistungsverbänden bis hin zu Stiftungen viele Bereiche vertreten. Auch innerhalb unseres Clubs gibt es keine Meinungsbildungen oder Abstimmungen, die einheitlich ausfallen.

Speth: Diskutieren Sie das auch so in Ihrem Club und sagen: Dies geht zu weit. Hier habt Ihr euch zu weit vorgewagt, dies sind ganz spezifische Interessen, die können wir nicht mittragen.

Warneke: So wird es schon diskutiert. Ich kenne eigentlich keine Sachfrage in der sich beispielsweise alle Mitglieder einig waren. Es gibt da immer irgendwelche unterschiedlichen Meinungen. Es ist auch nicht das Ziel, eine einheitliche Meinung zu bilden und dann Einfluss zu nehmen, sondern gegenseitiges Verständnis zu wecken. Es ist klar, dass Eon oder Ruhrgas andere Auffassungen haben als der Grüne Punkt. Das ist klar und wird bei uns auch diskutiert. Ziel ist innerhalb der Mitgliedschaft diese unterschiedlichen Meinungen zu diskutieren und Verständnis zu erzeugen.

Speth: Wie wird man Mitglied?

Warneke: Sie rufen einen der drei Vorsitzenden an. Die prüfen dann im kleinen Kreis, ob die Branche und die Person für uns interessant sind. Dann laden wir in der Regel zwei bis dreimal zur Probe ein, dann ergibt sich das so.

Speth: Wie rekrutieren Sie die Mitglieder aus den Ministerialbürokratien?

Warneke: Da werden wir in der Regel auf Empfehlungen hin tätig. Wenn wir beispielsweise die Landesvertretungen nehmen: Wenn wir sechs oder sieben Landesvertretungen haben, dann kann jemand kommen und die Aufnahme eines Mitarbeiters z. B. aus der Landesvertretung Niedersachsens vorschlagen, die bislang nicht vertreten war.

Bei den Ministerien kommt es vor, dass wir feststellen, ein bestimmtes Ministerium nicht drin zu haben. Dann kommt ein Vorschlag aus der Reihe der anderen Ministerialen oder aus dem Kreis der Lobbyisten, die mit diesem Ministerium zu tun haben, den Ministerialrat xy zu uns einzuladen.

Speth: Haben Sie alle Ministerien dabei?

Warneke: Nein, wir haben noch nicht alle Ministerien vertreten.

Speth: Ist es das Ziel, alle Ministerien drin zu haben?

Warneke: Das Ziel ist, alle Ministerien, alle Landesvertretungen und natürlich, alle führenden Bereiche und Unternehmen der Industrie dabei zu haben.

Speth: Haben Sie auch Vertreter aus dem Bundeskanzleramt?

Warneke: Ja.

Speth: Wie sieht es mit Verbänden aus?

Warneke: Das ist ganz unterschiedlich. Man muss ja sehen: der Lobbyismus ist ja sehr unterschiedlich strukturiert. Wir haben ja bestimmte Branchen, in denen die Macht der Firmen so groß ist, das sie einen eigenen Lobbyisten haben, DaimlerChrysler, BMW, VW, Ruhrgas oder andere. In anderen Branchen können sich die Firmen dies gar nicht leisten. Da sind dann oft die Verbände bei uns Mitglied.

Speth: Manche sagen, die Verbände würden nur noch in der zweiten Liga spielen. Wie beurteilen Sie die Situation der Verbände?

Warneke: In den letzten Jahren ist sicherlich die Möglichkeit der Verbände, sich in den Ministerien Gehör zu verschaffen, geringer geworden. Hier hat nicht zuletzt die Regierung Schuld durch die bereits erwähnten Kommissionen. Der wirtschaftliche Sachverstand ist ja bei den Verbänden genauso hoch wie bei den Kommissionen. Warum nun Kommissionen bessere Ergebnisse bringen sollen als die Diskussionen in den Anhörungen der Ausschüsse, weiß ich nicht. So etwas ist immer auch eine Wellenbewegung. Ich gehe davon, dass sich irgendeinmal eine Änderung ergibt und die Verbände wieder mehr Gehör finden.

Speth: Müssen die Verbände sich ändern?

Warneke: Ja (zögert). Einer gewissen Anpassung an den Zeitgeist muss sich jeder unterziehen, jeder Verband, jedes Unternehmen. Sie sehen das beste Beispiel bei der Gewerkschaft mit dem unseligen Streik im Osten. Der war gegen den Zeitgeist. Und dann geht das schief. Eine kluge Gewerkschaftsführung hätte das vorher erkannt und andere Wege beschritten. Das möchte ich als Beispiel für die Verbände auch sagen: Die Verbände müssen den Zeitgeist erkennen, sie müssen sehen, wie verschaffen wir uns Gehör. Ein Verbandsvertreter, der konnte noch vor 30 Jahren mit zwei Zeitungen und ARD und ZDF reden und wusste, seine Meinung wird überall in der Republik verbreitet. Wir haben heute eine andere Medienstruktur, wir haben eine andere Informationsstruktur. Da ist schon eine Verschlankung, eine Konzentration auf den Punkt und ein Umdenken erforderlich. Wenn ich ein Interesse vorbringe, dann muss ich es vorher so testen, dass ich weiß, dies ist im Sinne der Mehrheit. Egoistische Dinge bekomme ich heute als Verband nicht mehr durch. Damit bringe ich mich ins Abseits.

Speth: Würden Sie in Ihren Club auch Hunzinger aufnehmen?

Warneke: Das kann ich im Moment nicht beantworten.

Speth: Es gibt ja Lobbyisten dieses Schlags.

Warneke: Ich gehe einmal davon aus, dass ein Hunzinger bei uns keine Mitgliedschaft beantragt.

Speth: Wie steht es mit Leuten aus PR-Agenturen und Anwaltsbüros?

Warneke: Der Lobbyismus in Berlin ist zur Zeit in einem Gärungsprozess. Nach der Wiedervereinigung und nach dem Regierungswechsel sind ganz neue Strukturen zustande gekommen. In Berlin herrscht ein anderes Klima als noch in Bonn. Da müssen sich die Dinge neu entwickeln. Ich kann diese Frage beantworten in Verbindung der vorigen Frage. Wenn die Verbände in den letzten 10 Jahren ihre Arbeit überzeugend wahrgenommen hätten, dann wäre für diese Außenseiter kein Platz. Insofern muss man den Verbänden noch einmal sagen: nehmt eure Aufgaben richtig wahr. Ihr seid die richtigen Vertreter der Interessen euerer Mitglieder und überlasst das nicht Dritten.

Speth: Welche Eigenschaften muss ein Top-Lobbyist besitzen?

Warneke: Ein Lobbyist muss zum Ersten menschlich aufgeschlossen sein, Interesse für alle Dinge haben, viel Fingerspitzengefühl haben, er muss mit Menschen umgehen können. Er muss zum Zweiten Rückgrat genug haben, um auch gegenüber dem Arbeitgeber sagen zu können, was ist machbar und was ist nicht machbar. Er muss die Geduld haben, die Dinge langfristig anzugehen, er muss auf die Menschen zugehen können, er muss warten können. Er muss bis zu einem gewissen Grad zeitlich opferungsbereit sein, denn Lobbyismus bedeutet auch, während der Sitzungswochen an jedem Abend zwei oder drei Empfänge zu besuchen und sich sehen zu lassen. Er muss in der Lage sein, Sachverhalte knapp, kurz und klar rüberzubringen.

Speth: Wie geschieht dass, wenn er seinem Auftraggeber beibringen muss, dass bestimmte Dingen nicht durchzusetzen sind?

Warneke: Das ist eine schwieriges Unterfangen und auch eine Charakterfrage. Ein kluger Unternehmer oder Vorstand wird auf seine Lobbyisten hören. Wenn ein Unternehmer oder ein Verband seinem Lobbyisten die Anweisung gibt, die Sache muss so und so durchgesetzt werden und der Lobbyist erklärt, dass dies so nicht geht, dann muss man wissen, dass er das nicht mehr mit Überzeugung macht. Firmen, Verbände und Konzerne sind klug beraten, wenn sie das, was sie durchsetzen wollen, auch vorher mit ihren Lobbyisten absprechen.

Speth: Brauchen wir für Lobbyisten mehr ethische Standards?

Warneke: Im Grund genommen würde ich sagen: ja. Ein Lobbyist muss sich zur Wahrheit bekennen. Er muss wissen, dass man heute niemanden bestechen kann, sondern nur noch überzeugen kann. Ein Lobbyist muss wissen, dass mit Caviar, Champagner und leichten Mädchen nichts mehr erreicht werden kann. Er muss Argumente rüberbringen. Das sind sicherlich ethische Standards. Solche ethischen Standards sollten sicherlich einmal festgelegt werden.

Speth: Brauchen wir für den Lobbyismus mehr Transparenz?

Warneke: Auf jeden Fall! Wer nichts zu verbergen hat, kann sich der Forderung nach Transparenz stellen. Der Lobbyist, der etwas zu verbergen hat, macht sein Geschäft nicht so wie es sein sollte.

Speth: Wie bewerten Sie die Macht der Ministerialbürokratie?

Warneke: Politiker kommen und gehen, Bürokraten bleiben bestehen. Dieser Ausspruch hat sehr viel Wahrheit. Ich entsinne mich, dass ich einen Berliner Behördenleiter einer Senatsverwaltung einmal gefragt habe, wie kommst Du mit Deiner Senatorin klar. Er antwortete drauf: Ach, ich habe die letzten fünf überlebt, ich werde die jetzige auch überleben. In diesem Spruch ist etwas makabre Wahrheit drin. Ein Politiker, der in ein Amt kommt, hat es in der Regel sehr schwer. Er muss sich erst einmal in die Materie einarbeiten und er ist darauf angewiesen, dass die Ministerialbürokratie gut, zuverlässig und sachdienlich arbeitet. Die Interessen der Ministerialbürokratie scheinen mir nicht immer im Einklang zu sein mit denen der gerade in der Regierungsverantwortung stehenden Parteien und Politiker. Hier wäre etwas frischer Wind schon nötig. Ich könnte mir eine Verschlankung der Ministerien und der politischen Ebene vorstellen – dafür aber ein Unterbau als Dienst des Bundes. Wir haben unterschiedliche Ministerien. Es gibt einige, die sehr beweglich sind und sehr schnell reagieren und das Geschehen in der Bevölkerung und den Markt sehr genau kennen. Es gibt andere, die haben den Zähigkeitskomplex.

Speth: Wer Macht hat, gibt nicht gerne Macht ab. Gibt es diese Tendenz in der Bürokratie?

Warneke: Also diese Tendenz ist zweifellos da. Sie ist überall vorhanden. Man muss allerdings der Bürokratie allerdings auch zugute halten, dass sie in einem sehr starken Maße durch Gesetze in ein Korsett gezwungen ist. Diese Gesetze sind nicht immer vernünftig. Es gibt kein Land auf der Welt, in dem die Gesetzeswerke so dick sind wie in Deutschland. Wir könnten in Deutschland sehr stark auf eine große Reihe von Gesetzen und Verordnungen verzichten und würden dann, wenn es zu Entscheidungen kommt, den Beamten nicht zwingen, sein Gesetzbuch aufzuklappen und nachzusehen wie habe ich zu entscheiden. In solchen Fällen kann er nach dem gesunden Menschenverstand entscheiden.

Speth: Gibt es Ressentiments in den Medien und der Öffentlichkeit gegenüber den Lobbyisten?

Warneke: Zum Teil schon. In vielen anderen Ländern – Amerika, England – hat Lobbyismus einen ganz anderen Stellenwert als bei uns. Dort wird er als zwingend notwendig angesehen, um die Interessen kennenzulernen. Ein Bundestagsabgeordneter, der aus dem öffentlichen Dienst kommt, sitzt nun im Bundestag und soll von der Außen- bis zur Innenpolitik, von der Finanzpolitik bis zur Kulturpolitik über alles mitentscheiden. Er kann sich natürlich der wissenschaftlichen Mitarbeiter seiner Fraktion und teilweise auch der Ministerien bedienen. Aber er möchte natürlich eine objektive – oder zumindest eine Information der anderen Seite bekommen. Dafür ist der Lobbyist da und dies muss er seriös, ernst und wahrheitsgemäß leisten. Insofern hinkt Deutschland beim Image des Lobbyisten hinter den anderen Ländern hinterher. Die Journalisten sind zeitweilig geneigt, die Lobbyisten in die Ecke zu stellen. Das hat sich in den letzten 10 Jahren ein bisschen verändert. Der Ruf des Lobbyismus war schon mal schlechter. Er hat sich ein wenig verbessert. Die Journalisten prügeln heute auf die Politik ein. Die Zielrichtung ist eine andere geworden.

Der seriöse Journalismus sieht heute, dass die Information der Politik auch durch die andere Seite notwendig ist.

Speth: Ist der durchschnittliche Abgeordnete heute gegenüber den unterschiedlichen Interessen hilflos.

Warneke: Also zunächst spezialisiert er sich auf bestimmte Ausschüsse. Er widmet sich ja nicht der gesamten Bandbreite. Er ist im Großen und Ganzen bei vielen Themen auf die Fachkunde seiner Kollegen angewiesen. Das heißt, er sitzt beispielsweise im Verteidigungsausschuss, dann ist dies sein Spezialgebiet. Ich gebe zu, es ist heute für einen Politiker im Bundestag sehr schwierig, über alles entsprechend informiert zu sein. Dies kann nur nach der Auswahlmethode geschehen. Er liest nun zwei bis drei Zeitungen und kennt das allgemeine Stimmungsbild. Wenn er dann an ein Sachproblem kommt, wenn eine Gesetzesvorlage entwickelt oder aus den Ministerien in den Bundestag rübergereicht wird, dann wird es schwer für ihn. Dann muss er sich informieren. Nun ist in einem solchen Fall für den Abgeordneten das Ministerium nun auch die andere Seite. Er soll darüber entscheiden, was die Ministerialbürokratie entworfen hat. Wenn er darüber entscheiden will, dann hat er auf der einen Seite die wissenschaftlichen Mitarbeiter seiner Fraktion, aber er muss einfach auch an die andere Seite ran, die durch das Gesetz betroffen ist.

Speth: Kommen Abgeordnete auf Sie als Lobbyisten zu und fragen um Rat und Bewertungen von Gesetzesvorhaben?

Warneke: Mehr als öffentlich so bekannt wird. Es gibt einfach einen Meinungsaustausch, es gibt einfach von den Abgeordneten einen Willen zur Information. Sie kommen schon auf die Interessensverbände zu. Es gibt hunderte von Fällen während meiner 20jährigen Lobbytätigkeit; hunderte von Fällen, in denen Abgeordnete einen Industrie- oder Verbandsvertreter anrufen und fragen, wieso wird das so und so gemacht. Das ist die übliche Praxis.

Speth: Da haben Sie doch dann einen Pluspunkt bei dem Abgeordneten, den Sie beim nächsten Zusammentreffen ins Spiel bringen können.

Warneke: Auf der einen Seite ist Lobbyismus kein Kuhhandel. Auf der anderen Seite ist das richtig: Wenn man dann ein Anliegen hat, kann man es ihm vorbringen. Dann hat man eine offene Tür. Um mehr geht es nicht. Ob dieses Anliegen von der anderen Seite als vernünftig angesehen wird, ob die andere Seite sagt, diesem Anliegen sollten wir nachgehen. So entstehen ja auch Gesetze. Man kann von den über 660 Abgeordneten des Deutschen Bundestages nicht verlangen, das sie aus dem Bauch heraus Interessen erkennen und Gesetze machen. Irgendjemand muss ja sagen, kümmert euch doch mal um dies oder das.

Speth: Formulieren Sie das auch in Ihrem Club? Gilt das auch bei Ihren Club-Abenden, dass gesagt wird: dieses oder jenes steht jetzt auf der Agenda?

Warneke: Nein. Das würde ja das Einzelinteresse eines Lobbyisten betreffen – und das machen wir im Club nicht. Das ist nicht unser Ziel, dass wir eine Meinung zusammenfassen. Das wollen wir nicht.

Speth: Wie finanziert sich der Club?

Warneke: Überhaupt nicht. Wir haben kein Budget. Wir haben keine Kasse. An den Clubabenden gibt es Einladungen durch den, der seine Interessen vorstellt. Von dem einen oder anderen werden Portokosten übernommen. Wir haben keine Geschäftsstelle. Wir wollten bewusst aus den Satzungszwängen raus.

Speth: Was sind die drei wesentlichen Trends im Verhältnis Lobbyismus-Politik?

Warneke: Es ist natürlich bei dem Druck der Medien, der zunimmt, sehr schwer, insgesamt zu einem vernünftigen Arbeiten zu kommen. Ein Theaterregisseur konnte früher seine Inszenierung vorbereiten und erst bei der Premiere saßen die Kritiker vorne. Heute sitzen die Kritiker bereits bei den Proben und zerreißen das Stück schon bevor es auf die Bühne kommt. Ähnlich hat auch der Lobbyismus zu kämpfen. Es ist schwer, die Dinge durchzubringen.

Wenn ich einen Trend beschreiben soll, dann nehme ich an, dass sich die Politik irgendwann besinnt, wie man Meinung bildet, indem man die vielen Nebengeräusche, die vielen Umfragen, die Presse, ein wenig beiseite schiebt und die Mitarbeiter aus den Ministerien heranzieht. Und wir haben dort die andere Seite, die Interessenverbänden. Und nun hören wir uns bei allen Vorhaben beide Seiten an.

Ich glaube, dass der Lobbyismus über die Jahre an Bedeutung gewinnt und die eine oder andere Randerscheinung zurückdrängt.

Der Zweite Trend ist, dass die Industrie und die Verbände erkennen, dass Lobbyismus nicht der Platz ist für ausgediente Vorstände oder abgewählte Politiker, sondern dass es ein eigenes Berufsbild ist, bei dem man sehr genau darauf achten muss, ob der Einzelne das kann, ob er mit Menschen umgehen kann. Ich glaube auf der einen Seite, dass sich die Dinge wieder in geordnete Bahnen begeben. Ich glaube auf der anderen Seite, dass die Industrie eine Vorleistung dazu erbringen muss, um die Qualität des Lobbyismus zu verbessern. Denn dort müssen Leute hin, die das können und nicht Ex-Staatssekretäre oder -Minister, die dann ein Unternehmen vertreten dürfen.

Speth: Wie bewerten Sie den häufig zu beobachtenden Wechsel von der Politik in den Lobbyismus.

Warneke: Dies sehe ich kritisch.

Speth: Wir haben aber das Problem, dass man nicht einfach Lobbyist werden kann. Dafür gibt es keine Ausbildung.

Warneke: Ja, das ist richtig. Natürlich gibt es bei einem Regierungswechsel einige Leute, die auch die Fähigkeit haben, Lobbyist zu werden. Manchmal ist es so, dass die Regierung wechselt und sie finden alle ausgeschiedenen Staatssekretäre bei irgendeinem Unternehmen als Lobbyisten oder als Direktor einer Wohnungsbaugesellschaft wieder.

Speth: Es gibt ja Agenturen, in denen aktive Politiker Lobbyisten sind.

Warneke: Da lobe ich mir das amerikanische System. Wenn jemand aktiver Politiker wird, hat er aus dem aktiven Geschehen im Wirtschaftsprozess auszuscheiden. Ein Regierungsmitglied kann dort keine Aktien mehr halten. Hier bin ich der Meinung, dass wir nicht scharf genug trennen. Das kann damit zusammenhängen, dass unser System zwei Dinge hat, die man besser korrigieren sollte. Wir haben erstens zuviel Abgeordnete. Unser Parlament wäre mit 450 Abgeordneten gut und ausreichend bestückt. Und daraus ergibt sich ein zweite Konsequenz: Sie sind zu niedrig bezahlt. Man sollte die Abgeordneten besser bezahlen und fordern: keine aktive Tätigkeit als Verbandvertreter oder Anwalt oder ähnliches. Zwischen Beruf und Parlamentarier sollte man konsequent trennen.

Speth: Wie rekrutieren Sie neue Leute?

Warneke: Man sieht jemand zu, und denkt, der könnte in unseren Club passen, der hat das Zeug dazu. Wenn man ihn dann ein bisschen abklopft auf seine Persönlichkeitsstruktur, auf seine Fähigkeit, Kontakte zu schaffen, auf seine Fähigkeit, auch intensiv etwas zu vertreten, dann zeigt sich bald, ob er dafür geeignet ist. Es gibt eine Reihe von jungen Leuten, die kommen und sagen, sie wollen Lobbyist werden. Sie meinen, das sei eine passende Arbeit für sie.

Speth: Es gibt ja die Regel, dass man 15 Jahre braucht, um das Netzwerk zu bauen.

Warneke: Das ist richtig. Das Ideale wäre natürlich: Ein Lobbyist hat einen jungen Assistenten. Dieser junge Assistent wächst dann in das Netzwerk hinein. Das Wichtigste eines Lobbyisten ist natürlich sein Netzwerk. Aber dem besten Lobbyisten nützt es nichts, wenn die Türen nicht offen sind. Wer irgendetwas bewegen will, muss wenigstens die Möglichkeit des Gesprächs finden.

Bloß nichts Verbindliches
Das Zusammenspiel von Ministerien und Lobbyisten

Andreas Skowronek

„Ulla Schmidt gibt Lobbyisten nach" – urteilt die „Frankfurter Rundschau" am 14. Mai 2003 auf ihrer Titelseite. Die von der Bundesgesundheitsministerin vorgenommenen Abstriche an der von ihr geplanten Gesundheitsreform führt die Zeitung auf den Druck zurück, der von Kassenärzten, Kliniklobby, privaten und gesetzlichen Krankenversicherungen ausgeübt worden sei. Was ist von diesem Verdikt zu halten? Ist der Einfluss der Lobbyisten tatsächlich so groß wie die Überschrift vermuten lässt? Eines steht fest: Lobbyisten brauchen den Kontakt zur Politik wie der Mensch die sprichwörtliche Luft zum Atmen. Schließlich sollen sie Einfluss ausüben, indem sie die von ihnen vertretenen Interessen an die politischen Entscheidungsträger herantragen. Und so kommt es nicht von ungefähr, dass der Deutsche Bundestag und die Bundesministerien zu den wichtigsten Adressen eines Lobbyisten gehören. Verwunderlich nur, dass sich Bundestagsabgeordnete wie auch hochrangige Beamte aus den Ministerien zum Ganzen lieber nicht äußern. Auf einer Anfang Januar in Berlin durchgeführten Tagung mit dem Titel „Lobbyismus – die fünfte Gewalt?" jedenfalls äußerten sich weder Abgeordnete noch Ministerialbeamte zu dem Thema.

Das mutet merkwürdig an. Gilt doch: „Demokratie ist nicht nur Delegation, sondern auch Kontrolle von Herrschaft." Diesen Grundsatz betont Thilo Bode (Bode 2003), selbst ein erfahrener Lobbyist in Sachen Umwelt- und Verbraucherschutz. Zu groß ist das Spektrum von Lobbyisus, als dass man seine Handlungsmuster im Verborgenen lassen könnte. Lobbyismus changiert zwischen dem Anspruch legitimer, demokratischer Interessenvertretung und illegitimer Einflussnahme, die bis hin zu Patronage und Korruption reichen kann. Eher selten dürfte sich das vom Staat zu vertretende Gemeinwohlinteresse mit den aus Lobbykreisen vorgetragenen Vorschlägen decken. Lobbyisten handeln gerade nicht mit einer primären Gemeinwohl-Verpflichtung. Ihre Aufgabe ist es, den ganz speziellen Interessen ihrer Auftraggeber Gehör und Geltung in der Politik zu verschaffen.

Der Ruf der Branche ist daher auch nicht der allerbeste. Lobbyist" genannt zu werden, das kommt schon fast einer Beleidigung gleich", beschreibt Peter Lösche das Akzeptanzdilemma der in Deutschland aktiven Lobbyisten (Lösche 2002). Wohl mit ein Grund dafür, dass sich Lobbyisten gerne auch als „Politikberater" bezeichnen. Schließlich klingt „Politikberater" weniger anrüchig als die Berufsbezeichnung „Lobbyist". Jenes Akteurs also, dessen Handeln im System der politischen Entscheidungsapparate vielen Bürgern so wenig bekannt ist. Nicht zuletzt deshalb, weil der Lobbyist die Öffentlichkeit eher scheut, als dass er sie sucht. Lobby-Büros –

allein im Einzugsbereich des Deutschen Bundestages mehr als 2.000 registrierte Verbände, Organisationen und Anwaltskanzleien – gehen nur ungern an die Öffentlichkeit. Sie legen großen Wert auf Vertraulichkeit und handeln lieber im Verborgenen, indem sie den Kontakt zu Abgeordneten und Ministerialbeamten suchen, ohne ihr Tun groß an die Glocke zu hängen. Lobbyisten wirken vorzugsweise hinter den Kulissen der Macht.

Von der Öffentlichkeit wahrgenommen werden sie allenfalls dann, wenn etwas schiefgeht. Erinnert sei hier an die „Hunzinger-Affäre" im Sommer des vergangenen Jahres.

Die Affäre um den Lobbyisten Hunzinger verfehlte ihre Wirkung indes nicht – jedenfalls nicht völlig. Bundesverteidigungsminister Rudolf Scharping und der Abgeordnete Cem Özdemir zogen als erste ihre Konsequenzen. Auch die Lobbybranche reagierte unverzüglich. Sie rügte die Geschäftspraktiken eines Moritz Hunzinger als unlauter und ging auf Distanz zu dem „Schwarzen Schaf" aus Frankfurt am Main. Der Begriff „Code of Conduct" machte die Runde. Eine Art Verhaltenskodex, der regelt, was Lobbyisten bei der Wahrnehmung ihrer Aufgaben tun dürfen und was nicht. Im April diesen Jahres schließlich verabschiedete die „Deutsche Gesellschaft für Politikberatung" einen Verhaltenskodex, um „ein klares Zeichen für Transparenz zu setzen."[1]

1 „Code of Conduct" in den Ministerien?

Doch wie verhält es sich mit der für eine Demokratie so unentbehrlichen Transparenz in den Bundesministerien? Beim Thema „Code of Conduct" und Lobbyismus hält sich die Auskunftsbereitschaft der Ministerialbürokratie in Grenzen.

Nicht nur auf der Tagung Berlin hüllte sich die Verwaltungsspitze in Schweigen. Auch nach einer schriftlichen Anfrage der Redaktion des *Forschungsjournal Neue Soziale Bewegungen* in den Ministerien hielt sich die Auskunftsbereitschaft in den dortigen Amtsstuben in Grenzen. Von sämtlich befragten Bundesministerien äußerte sich lediglich die Hälfte darüber, ob es im jeweiligen Ressort Regeln gibt, die den Umgang mit Lobbyisten festlegen? Doch selbst jene, die antworteten, sehen für einen Verhaltenskodex keinerlei Notwendigkeit. Volker Halsch, Staatssekretär im Bundesfinanzministerium (BMF), reicht es aus, dass ein „Allgemeines Informationsblatt zur Korruptionsbekämpfung" sowie die „Geschäftsordnung der Bundesregierung/Bundesministerien" die „Annahme von Belohnungen und Geschenken" sanktioniert. Beim Thema Transparenz verweist Halsch auf die in der Bundesverwaltung geltende „Richtlinie zur Korruptionsbekämpfung" und fügt hinzu: „In dieser Richtlinie werden auch Elemente für mehr Transparenz wie z.B. eindeutige Zuständigkeitsregelungen und ordnungsgemäße Aktenführung aufgelistet." Eines lässt

---

[1] Vgl. http://www.degepol.de – Pressemitteilung vom 08.04.2003 sowie den Verhaltenskodex im Wortlaut unter: http://www.degepol.de/index.php?&id=13.

Halsch indes unerwähnt: In allen genannten Regelwerken geht es lediglich um behördeninterne Transparenz. Immerhin definiert die Gemeinsame Geschäftsordnung der Bundesministerien den Begriff „Transparenz" eher vorsichtig. Zwar betont die frühere Staatssekretärin im Bundesinnenministerium und heutige Bundejustizministerin Brigitte Zypries im Vorwort dieser Geschäftsordnung, dass nunmehr auch Bürger zu Gesetzesentwürfen frühzeitig gefragt würden. Ob jedoch Gesetzentwürfe bereits im Beratungsstadium ins Internet gestellt werden, um möglichst früh mit der Öffentlichkeit darüber diskutieren zu können, steht indes im Ermessen des jeweiligen Ministeriums. Äußerst vorsichtig verhält sich die Ministerialbürokratie insbesondere gegenüber den Medien. Scheinbar gilt: In den Ministerien ablaufende Vorgänge werden regelmäßig erst dann transparent – sprich in die Öffentlichkeit getragen – , wenn sie bereits abgeschlossen sind. Informationen über die im Vorfeld laufenden Geschehnisse erteilen letztlich nur die Pressereferate.

Lediglich das Bundesministerium für Wirtschaftliche Zusammenarbeit und Entwicklungshilfe (BMZ) reklamiert expressis verbis einen „Code of Conduct" für sich. Laut Staatssekretär Erich Stather gelten dort folgende Prinzipien: „Gleichbehandlung, Vertrags- und Gesetzestreue, Transparenz, Loyalität, Vertraulichkeit und partnerschaftliche Zusammenarbeit". Wie aber lässt sich dieses „Magische-Sechseck" zum Wohle der Transparenz auflösen? Wiederholen die beiden ersten Grundsätze lediglich das, was dem Grundgesetz als Gleichbehandlungsgebot und Rechtsstaatsprinzip seit jeher bekannt ist, bleibt eine ganz wesentliche Frage unbeantwortet: Nämlich, wie sich Vertraulichkeit und partnerschaftliche Zusammenarbeit auf der einen Seite und Transparenz auf der anderen Seite in Einklang bringen lassen?

2 Transparenz und Informationsfreiheit

Sollte die Ministerialbürokratie die öffentliche Diskussion um die Lobbyisten schadlos und unbemerkt ausgesessen haben?

Die Mitglieder des Bundestags befasste das Thema „Transparenz" nach der „Hunzinger-" und „Bonus-Flugmeilen-Affäre" durchaus. Sie hatten zu klären, welche Nebeneinkünfte sie – und vor allem wem gegenüber – offenlegen wollen. Schließlich schuldeten die Parlamentarier der Öffentlichkeit nicht nur Rechenschaft, sondern auch ein strengeres Reglement, wollten sie nicht weiter in Verruf geraten. Nebentätigkeiten, die mit der vom Grundgesetz postulierten Unabhängigkeit der Abgeordneten in Widerspruch geraten können, sollten von vornherein unmöglich gemacht werden. Doch die anfangs von vielen Abgeordneten geforderte größtmögliche Transparenz in puncto Nebentätigkeiten und Interessenkollisionen verschwand im interfraktionellen Konsens darüber, dass der „gläserne Abgeordnete" mit dem im Grundgesetz verankerten „freien Mandat" nicht in Einklang zu bringen sei. Heraus kam ein Offenlegungsmodell, das vor allem dem Bundestagspräsidenten, nicht aber der Öffentlichkeit, Aufschluss über die wirtschaftlichen Beziehungen von Abgeordneten zu Privatpersonen und Unternehmen gibt.[2]

Den Umfang der genannten Nebentätigkeiten muss der Bundestagspräsident indes akzeptieren. „Er wird nur stutzig werden, wenn die Presse von ganz anderen Dingen berichtet", betont Lösche das Manko der neuen Regelung gemäß Paragraf 44a des Abgeordnetengesetzes (Lösche 2002). Für den Göttinger Politikwissenschaftler eine unzureichende Regelung. Denn: „Kontrolle und Offenlegung funktionieren nur dann, wenn die Journalisten zum Nachrecherchieren eingeladen werden." Dies sei aber nur dann möglich, wenn wenigstens die relevanten Grunddaten „automatisch und regelmäßig veröffentlicht werden." (Lösche 2002)

Ein Informationsfreiheitsgesetz könnte hier Abhilfe schaffen. In vier Bundesländern ist es bereits in Kraft getreten; namentlich in den Ländern Brandenburg, Berlin, Nordrhein-Westfalen und Schleswig-Holstein. In allen genannten Ländern kam das Landesinformationsgesetz zwar unter Mitwirkung der dort in der Regierung befindlichen SPD zustande. Aber eine Herzensangelegenheit der Sozialdemokraten ist die Informationsfreiheit kraft Gesetzes nicht. Vielmehr ist es ein Lieblingskind von Bündnis 90/Die Grünen. Sie sorgten im Jahre 1992 dafür, dass die Informationsfreiheit sogar in die Verfassung des Bundeslandes Brandenburg aufgenommen wurde. In den übrigen Ländern musste die SPD wie der sprichwörtliche Hund zum Jagen getragen werden, um ein Informationsfreiheitsgesetz zu verabschieden. In Berlin kam das Gesetz während der bestehenden schwarz-roten Koaliton mit den Stimmen der Grünen und der PDS im Senat zustande, weil man kurz vor dem Wahltermin mit einer neuen Regierungskonstellation rechnete. Das Gesetz wurde also gegen Diepgens Willen Wirklichkeit, die Schwarz-Rote-Koalition nochmals aufgelegt.

In Schleswig-Holstein garantiert ein Informationsfreiheitsgesetz (IFG) das Recht auf Auskunft und Akteneinsicht für jedermann, weil die SPD im Jahr 2000 um ihre absolute Mehrheit fürchten musste und meinte, nach dem Wahltag auf die Stimmen des Südschleswigschen Wählerverbandes angewiesen zu sein. Um sich die Gunst des SSW zu sichern, machte die SPD sich einen IFG-Entwurf eben dieser kleinen Partei zueigen und verabschiedete das Gesetz.

Nahezu grotesk mutet das Geschehen im Bundesland an Rhein und Ruhr an. Weder die Grünen noch die SPD hatten das dort geltende IFG initiiert, sondern ausgerechnet die CDU-Opposition im Düsseldorfer Landtag. Dermaßen auf eigenem Terrain vorgeführt, reagierten die Düsseldorfer Koalitionäre schnell und brachten im Januar 2002 einen eigenen Gesetzentwurf zum IFG durch.

Auf Bundesebene indes erweisen sich sämtliche gegebenen Zusicherungen hinsichtlich eines Informationsfreiheitsgesetzes als Lippenbekenntnisse. Bereits im Koalitionsvertrag zwischen SPD und GRÜNE/BÜNDNIS 90 im Jahr 1998 vereinbart, steht es auch im aktuellen Koalitionsvertrag, ohne dass seine Realisierung zu

---

[2] Abgeordnetengesetz im Wortlaut unter: http://www.bundestag.de/gesetze/abg/Verhaltensregeln für Mitglieder des Deutschen Bundestages im Wortlaut unter: http://www.bundestag.de/gesetze/go/goanl1.html

erkennen ist. Im Sommer letzten Jahres zogen die Regierungsfraktionen ihr Gesetzesvorhaben wegen des vehementen Widerstands von Wirtschaftsminister Werner Müller zurück. Auch eine erneute Gesetzesinitiative wird mit erheblichem Gegenwind aus den Ministerien rechnen müssen. Unsere Frage, ob ein Informationsfreiheitsgesetz mehr Transparenz bringen kann, blieb überwiegend unbeantwortet. Lediglich das Gesundheitsministerium griff die Frage auf, begnügte sich indes damit, die Gründe des gescheiterten Gesetzesvorhabens im vergangenen Sommer zu referieren. Und Staatssekretär Klaus-Günther Biederbick aus dem Bundesverteidigungsministerium will über die vom Verwaltungsrecht bereits zuerkannten Informationsansprüche erst gar nicht hinausgehen. Folgte man dem, bräuchte man kein Informationsfreiheitsgesetz, dessen Ziel eben darin besteht, mehr Transparenz zu schaffen und die Akzeptanz behördlichen Handelns zu erhöhen, wie das Oberverwaltungsgericht Münster im Juni 2002 entschied[3]i.

3 Lobbyisten als feste Größe

Politikverdrossenheit und Wahlmüdigkeit scheinen die Ministerialbürokratie indes nur wenig zu interessieren. Die Offenlegung der von nahezu allen Spitzenbeamten bestätigten intensiven Beziehungen zu Lobbyisten, wäre ein erster Schritt zu mehr Transparenz. Nur das Bundesverteidigungsministerium wird dies nicht überzeugen können. Der dort tätige Staatssekretär Biederbick weist nämlich von vornherein jedweden Kontakt zu Lobbyisten weit von sich. Selbst bei schwierigen Entscheidungen verfüge das Ministerium über ausreichenden Sachverstand im eigenen Haus oder bei den Streitkräften, so Biederbick und ergänzt: „bei nicht ausreichend vorhandener Sachkenntnis werden Verträge mit entsprechenden Beratungsfirmen geschlossen." Sollte Biederbeck wirklich entgangen sein, dass Lobbyisten viel lieber als Politikberater oder Consultants firmieren?
 Erst im April fielen der Presse Ersatzteillieferungen für Schiffsmotoren auf, die an die indonesische Kriegsflotte geliefert worden waren. Noch unter der Kohl-Regierung hatte Indonesien 39 Kriegsschiffe aus NVA-Beständen von der Bundesrepublik erhalten. Die damalige Opposition protestierte damals scharf. Heute bürgt die rot-grüne Bundesregierung für die Ersatzteillieferungen, ohne dass der Rüstungsexportbericht dies offenlegte (vgl. Frankfurter Rundschau vom 17.4.2003). Offensichtlich gibt selbst das Besondere Verwaltungsrecht keine hinreichenden Auskunftsansprüche, um ein Informationsfreiheitsgesetz obsolet machen zu können.
 Die Ministerialbürokratie selbst lieferte schließlich den Beweis für diese Annahme. Wegen der nur geringen Aussagekraft der uns auf unsere Anfrage gegebenen Auskünfte befragten wir die noch eine Antwort schuldig gebliebenen Ministerinnen und Minister nocheinmal, ausgestattet mit dem Informationsrecht der Presse. Unter

---

[3] Oberwaltungsgericht Münster, Urteil vom 19.06.2002 – Aktenzeichen: 21 B 589/02. Vgl. dazu auch den Bericht auf der Homepage des Westdeutschen Rundfunks unter:
http://www.wdr.de/themen/politik/recht/informationsfreihet/index.jhtml

Beifügung des bis dato bereits fertiggestellten Manuskripts, um sich ein besseres Bild von den bisher gegebenen Auskünften machen zu können, bekam sieben Ministerien die im Januar schon gestellten Fragen im Juli nochmals vorgelegt. Doch die Gelegenheit, an der dürftigen Informationslage nutzen sie nicht. Lediglich zwei von sieben Ministerien meldeten sich telefonisch, um mitzuteilen, dass sie zu dem schon Gesagten nichts hinzuzufügen hätten. „Superminister" Wolfgang Clement ließ durch seinen Referenten Kai Schäfer ausrichten, dass man überhaupt keine Stellungnahme abgeben wolle. Über die Gründe für diese Verschlossenheit sei er nicht befugt etwas verlauten zu lassen.

Aus dem Ministerium für Bildung und Forschung (BMBF) meldete sich das Pressereferat. Man schließe sich den Ausführungen der Nachbarressorts an, ließ Florian Frank, stellvertretender Pressesprecher im BMBF, wissen. Was soll das bedeuten? Schließlich waren insbesondere alle bisher erhaltenen Auskünfte zum Informationsfreiheitsgesetz als ein Instrument zur Schaffung von größerer Transparenz mehr als dürftig. Wir wollten es nun genauer wissen und hakten nochmals telefonisch nach. Interessanterweise hatte Pressesprecher Frank weder gelesen, was die anderen Ministerien geantwortet hatten, noch war ihm ein Informationsfreiheitsgesetz bekannt. Er sei ja schließlich kein Jurist und verwies uns ans Bundesjustizministerium. Dieses hatte ebenfalls nicht auf unsere erneute schriftliche Nachfrage geantwortet und tat das auch nicht, nachdem wir uns telefonisch in der Pressestelle von Ministerin Zypries gemeldet hatten.

Gäbe es ein Informationsfreiheitsgesetz auf Bundesebene, hätten alle angefragten Ministerien antworten müssen. Florian Frank aus dem BMBF wäre der „rettende" Hinweis, er sei ja kein Jurist, verwehrt geblieben. Vielmehr hätte er unsere Anfrage an eine fachkundige Stelle im BMBF zur Beantwortung weiterleiten müssen. (Sämtliche IFG der genannten Länder finden sich auf der Homepage: http://www.brandenburg.de/land/lfdbbg/ adressen/ifgdtld.htm)

Ohne ein solches gesetzlich verbrieftes Informationsrecht auf Bundesebene ist Transparenz und Kontrolle nur im alten Stil zu erreichen. „Kommissar Zufall" und funktionierende Netzwerke sind die maßgeblichen Faktoren, wenn Journalisten aufdecken, warum die Lobby mal wieder triumphiert – sei es bei der Gesundheitsreform, der Öko-Steuer oder der Lkw-Maut.

Literatur

Bode, Thilo 2003: Die Demokratie verrät ihre Kinder. Deutsche Verlagsanstalt, Stuttgart/ München.
Lösche, Peter 2002: Lobbyismus und Politik – nur ein „ganz normales Geschäft"?. Universitas – Nummer 676.

Kommentierte Literaturauswahl

Gerhard Bäcker / Reinhard Bispinck / Klaus Hofemann / Gerhard Naegele, Sozialpolitik und soziale Lage in Deutschland, Band 1, Band2. Wiebaden, Westdeutscher Verlag 2000.
Umfassende Gesamtdarstellung zur Sozialpolitik in Deutschland, das auch die wichtigen Akteure, Interessengruppen und Interessenskonflikte in den einzelnen Sozialsystemen in den Blick nimmt. Das Buch bietet eine wichtige Grundlage, um die Lobbyaktivitäten in der Sozialpolitik zu verstehen. Der Gesundheitssektor wird ausführlich analysiert im Kapitel VI des 2. Bandes

Gunnar Bender / Lutz Reulecke, Handbuch des deutschen Lobbyisten. Mit einem Geleitwort von Hans-Olaf Henkel. F.A.Z.-Institut.
Das "Handbuch des deutschen Lobbyisten" ist ein praxisnahes Buch von zwei Insidern der deutschen Wirtschaft. Sie erklären darin, wie man relevante Themen für das Lobbying erkennt, die richtigen Akteure auswählt und die geeigneten Maßnahmen ergreift. Dies ist aber nur dann erfolgversprechend, wenn der Lobbyist auch die Feinheiten des Gesetzgebungsprozesses kennt, den die Autoren auch behandeln. Wichtig ist aber auch, von der Politik als erst zu nehmender Berater akzeptiert zu werden. Das Buch richtet sich mit vielen Beispielen an erfahrene Lobbyisten in Unternehmen, Verbänden, Non-Profit-Organisationen und Agenturen, aber auch an Berufsanfänger, die für eine erfolgreiche Lobbystrategie noch kaum Erfahrung angesammelt haben.

Ralf Kleinfeld, / Annette Zimmer / Ulrich Willems, Lobbying. Strukturen, Akteure, Strategien, Opladen, Leske+Budrich 2003.
Die Autoren des Sammelbandes, die aus der Verbändeforschung kommen, analysieren jüngere Entwicklungen des Lobbying. Die lobbyistische Politikbeeinflussung wird für Deutschland, für die EU und vergleichend mit der amerikanischen Praxis untersucht. Themen des Bandes sind auch die Lobbystrategien von Umweltverbänden, das Lobbying für Allgemeininteressen und die Asymmetrien bei der gesellschaftlichen Interessenvermittlung.

Christan Lahusen / Claudia Jauß, Lobbying als Beruf – Interessengruppen in der Europäischen Union. Baden-Baden 2001, Nomos Verlagsgesellschaft.
Die Arbeitsweise von Lobbyisten und deren Folgen für die Entscheidungsfindung auf der Ebene der Europäischen Union ist das Thema der von Christian Lahusen und Claudia Jauß vorgelegten Studie, die beim Nomos-Verlag erschienen ist. Entgegen dem Buchtitel widmen sich die Autoren nicht nur den Zugangsvoraussetzungen für ein berufliches Dasein als Lobbyist, sondern lenken den Blick zugleich auf den Polit-Apparat namens Europäische Union. So erhält der Leser sowohl einen Über-

blick über die Einrichtungen der Europäischen Union als auch detaillierte Informationen darüber, wie die Lobbyinglandschaft in Brüssel und Straßburg strukturiert ist. Mit der Frage, wie es um die Transparenz des Zusammenwirkens von Lobbyisten einerseits und Politikern sowie Beamten der Kommission andererseits bestellt ist, befasst sich die Studie in den beiden letzten Kapiteln. Trotz eines „internen Wettbewerbs" zwischen den verschiedenen Interessenvertretern gäbe es durchaus geschlossene und exklusive Lobbyistenkreise, die Newcomern erfahrungsgemäß nur schwer oder überhaupt nicht zugänglich seien. Wegen der in hohem Maße informell ablaufenden Kontakte zwischen Lobbyisten und politischen Entscheidungsträgern sehen die Verfasser eine Elite von Verbandsvertretern dermaßen stark begünstigt, als dass diese die politischen Weichenstellungen in Brüssel nahezu unbehelligt von „schwächeren" Lobbygruppen vornehmen können. Von den grundsätzlich gegebenen Zugangsmöglichkeiten profitierten schwächere Interessengruppen lediglich dann, wenn es zu einem Auseinanderdriften der Interessen innerhalb der „Machtnetzwerke" komme. Doch selbst, wenn alle Interessengruppen und Consultancies die gleichen Zugangsrechte über ein formell ausgestaltetes Verfahren erhielten, brächte dies nicht per se mehr Transparenz. Gleichwohl böte eine Formalisierung die Chance dafür, dass sich die verschiedenen Akteure in Lobbykreisen gegenseitig kontrollieren könnten. Die Studie analysiert das in Brüssel agierende Lobbywesen vor dem Hintergrund der Prinzipien von demokratischer Legitimation und Kontrolle politischer Entscheidungen, ohne dabei die Gefahr nicht zu durchschauender Entscheidungsprozesse unerwähnt zu lassen.

Hans Merkle, Lobbying – Das Praxishandbuch für Unternehmen. Darmstadt 2003, Primus Verlag.
Sich kritisch mit dem Lobbyistenwesen zu befassen, ist nicht das Anliegen des Buches aus der Feder von Hans Merkle. Der Ehrenpräsident des Weltverbandes der Werbetreibenden mit Sitz in Brüssel legt vielmehr eine Rezeptur für erfolgreiches Lobbying vor. So bietet das Werk des praktizierenden Lobbyisten Merkle den Vorteil, sich einen schnellen Überblick über die vielen Hebelpunkte von aktiven Interessenvertretern auf dem politischen Parkett verschaffen zu können. Gleichviel, ob es um politische Entscheidungen in Berlin oder in Brüssel geht, stets unternehmen Lobbyisten ihre Vorstöße an genau den Stellen, an denen sich ein Gesetzesvorhaben aktuell befindet. Funktionieren tut dies nur unter zwei Voraussetzungen: Erstens muss der Gang des Verfahrens bekannt sein. Zweitens müssen Verbindungen sowohl in die Ministerien als auch in das Parlament bestehen. Ganz im Stile eines Praxishandbuchs zeigt der Verfasser sämtlich zu beachtenden Faktoren eines erfolgversprechenden Lobbying auf. Allein die Lektüre der Kapitel über Lobbying in Deutschland und Brüssel machen deutlich, dass Lobbying im Verborgenen geschieht und mit Transparenz nichts zu tun hat. Stets geht es um persönliche Kontakte zu den politischen Akteuren, die mit einem Entscheidungsverfahren in den jeweiligen Entwicklungsstadien eines Gesetzes oder einer Verordnung befasst sind.

Auch wenn sich das Praxishandbuch naturgemäß an jene richtet, die sich im Lobbying versuchen wollen, gibt es einen ausreichenden Einblick in die Mechanismen und Funktionsweise, die genutzt werden, um Sonderinteressen von Einzelnen oder Einzelgruppen in den politischen Entscheidungsprozess einfließen zu lassen.

Rinus van Schendelen, Machiavelli in Brussels – The Art of Lobbying the EU. Amsterdam 2002, Amsterdam University Press.
Obgleich das Buch „Machiavelli in Brussels" in erster Linie als Strategie-Ratgeber für Lobbyisten konzipiert ist, profitieren auch Nicht-Lobbyisten von der Darstellung. Denn bevor Rinus van Schendelen die verschiedensten für Lobbyisten relevanten Handlungsfelder – und derer gibt es zuhauf – darstellt, liefert auch er detaillierte Informationen über den Aufbau und das Zusammenspiel der EU-Einrichtungen. Im Anschluss schildert er anhand zahlreicher Beispiele die Lobbyarbeit auf der europäischen Ebene. Vor dem Hintergrund, dass die EU ein Mehr-Ebenen-System ist, zeigt der Verfasser, auf welchen Ebenen und über welche Einrichtungen sich Verbände und Interessengruppen Zugang zu den Entscheidungsmechanismen verschaffen, um schließlich die politischen Ergebnisse mitbeeinflussen zu können. Zwar räumt der Verfasser ein, dass sich viele Bürger, Journalisten und auch Politiker in den nationalen Parlamenten schwer täten, die „EU-Maschine" zu verstehen. Der für ein demokratisch verfasstes System erforderlichen Transparenz entstünden daraus aber keine Nachteile. Denn die notwendige Transparenz stellten weniger die Kommission oder das Europaparlament als vielmehr die in Brüssel agierenden Interessengruppen her. Der zwischen ihnen herrschende Wettbewerb allein reiche aus, um die Entscheidungsabläufe nachvollziehbar nach außen transportieren zu können. Diesem Wettbewerbsprinzip verpflichtet zeigt sich van Schendelen mit dem status quo zufrieden. Folgerichtig betrachtet er vornehmlich die Interessengruppen als den Katalysator der europäischen Integration.

Wolfgang Schroeder / Bernhard Weßels, Die Gewerkschaften in Politik und Gesellschaft der Bundesrepublik Deutschland. Ein Handbuch. Wiesbaden, Westdeutscher Verlag 2003.
Dieses Handbuch nimmt einen der wichtigsten Interessenvertreter in der Bundesrepublik in den Blick und analysiert umfassend die gegenwärtige Situation und Politik der Gewerkschaften. Kern aller Analysen bilden die gewandelten Rahmenbedingungen für gewerkschaftliche Interessenvertretung in Politik, Wirtschaft und Gesellschaft.

Autorenverzeichnis

Dr. Inge Maria Burgmer ist Geschäftsführende Inhaberin der Burgmer Managementberatung in Berlin. In unterschiedlichen Stabsstellen-Funktionen konnte sie tiefen Einblick in das Zusammenspiel von Politik, Wirtschaft und Spitzenverbänden gewinnen. Heute arbeitet Frau Burgmer als strategischer und politischer Berater und Coach für führende Repräsentanten vornehmlich der deutschen Wirtschaft.

Klaus Escher wurde 1965 in Koblenz geboren und lebt derzeit als Rechtsanwalt in Berlin. Nach dem Studium der Rechtswissenschaften, Neueren Geschichte und Politik u.a. in Bonn und einem Masterstudiengang in Sankt Gallen (M.B.L.) folgten berufliche Tätigkeiten in der Deutschen Bank u.a. als Vorstandsassistent sowie anschließend als Leiter der Politischen Kommunikation und der Hauptstadtrepräsentanz der BASF. Zwischen 1994 und 1998 war der Autor Bundesvorsitzender der Jungen Union und Mitglied des Bundesvorstands der CDU.

Ralf Fücks, 1951 in Edenkoben (Pfalz) geboren, studierte Sozialwissenschaften, Ökonomie und Geschichte. 1982 schloss er sich den GRÜNEN an. 1991 bis 1995 war er in Bremen Senator für Stadtentwicklung und Umweltschutz sowie Bürgermeister in der Bremer „Ampelkoalition". Seit 1996 amtiert Ralf Fücks als Vorstand der neuen Heinrich-Böll-Stiftung. Er war Mitglied der Grundsatzprogrammkommission von Bündnis 90/Die Grünen und Mitautor des neuen Parteiprogramms, das im Frühjahr 2002 verabschiedet wurde. Im Sommer des Jahres 2000 wurde Ralf Fücks von Innenminister Schily in die „Unabhängige Kommission Zuwanderung" berufen, die ihren Abschlussbericht im Juli 2001 präsentierte. Er ist Autor zahlreicher Beiträge für Zeitungen und politische Zeitschriften.

Alain Grenier: (geb. 1962, verheiratet, 3 Kinder), lebt seit 1989 in Stuttgart und engagiert sich dort seit 10 Jahren für mehr Nachhaltigkeit im Verkehrsbereich. In diesem Sinne gründete er 1997 einen Verein (Initiative Schöne Straße e. V.), der sich kritisch mit der örtlichen Verkehrspolitik auseinandersetzt. Er hat in Montréal und Hagen die Wirtschaftswissenschaften (Schwerpunkt: Umweltökonomie) studiert und arbeitet zur Zeit freiberuflich als wissenschaftlicher Mitarbeiter beim „Büro für angewandten Umweltschutz GmbH", ein Ingenieurbüro, das sich mit Infrastrukturprojekten und deren Umweltauswirkungen in Deutschland beschäftigt.

Franz-Reinhard Habbel, 1950 in Brilon geboren, ist Sprecher des Deutschen Städte- und Gemeindebundes. Zuvor leitete er das Büro der Vertretung des Hochsauerlandkreises. Habbel ist Experte für Politikkommunikation und eGovernment. In dieser Eigenschaft arbeitet er in verschiedenen nationalen Arbeitsgruppen zur Reform des Public Sektors u.a. im Bundesministerium für Wirtschaft und Arbeit und im Bundesministerium des Innern.

Thomas Hart: Dr. Thomas Hart ist Projektmanager für Medienpolitik in der Bertelsmann Stiftung. Zu seinen Verantwortungsbereichen gehören die Marktaufsichtsreform für Informations-, Kommunikations- und Medienmärkte (Projekte „Kommunikationsordnung 2010" und „Internet TV"), filmpolitische Herausforderungen vor dem Hintergrund der Digitalisierung, Selbstregulierung von Internet-Inhalten, die Entwicklung neuer Selbstverwaltungsstrukturen im Internet sowie die Rolle des Internet in einer neuen Bürgergesellschaft. Nach seinem Studium der Volkswirtschaftslehre an der Universität Nürnberg und „Film & Media Studies" an der University of Stirling, Schottland, folgte die Promotion am Nürnberger Volkswirtschaftlichen Institut zur europäischen Telekommunikationspolitik. Seit Anfang 2000 ist Thomas Hart bei der Bertelsmann Stiftung beschäftigt. Er ist Autor von Veröffentlichungen zu den Themen Telekommunikationspolitik, Medienregulierung, E-Government und zur ökonomischen Dogmengeschichte.

Markus Jantzer: Der studierte Diplomvolkswirt begann seinen beruflichen Werdegang mit einem Volontariat beim „Wiesbadener Kurier". Es folgte eine Anstellung als Redakteur bei der „Ärzte Zeitung", bevor er zur „Medical Tribune" wechselte und dort stellvertretender Chefredakteur wurde. Heute ist Jantzer Ressortleiter von „epd sozial", der Fachpublikation des Evangelischen Pressedienstes für die Sozialbranche.

Tobias Kahler, geb. 1974 in Herdecke, Nordrhein-Westfalen, studierte Politik und Wirtschaft an der University of North Carolina at Chapel Hill, an der Freien Universität Berlin und an der London School of Economics. Er war unter anderem beim American Jewish Committee im Bereich Kampagnenmanagement und bei der politikagentur als Projektleiter für Eventmanagement und Public Affairs tätig. Seit Mai 2002 ist er Chefredakteur des Fachmagazins politik&kommunikation.

Konrad Klingenburg, Diplom-Politologe, seit 15. September 2000 Referatsleiter für politische Planung in der Grunsatzabteilung des DGB-Bundesvorstandes und Leiter der parlamentarischen Verbindungsstelle des DGB, habe vorher von 1996-2000 als Büroleiter für den SPD-MdB Konrad Gilges gearbeitet, war davor von 1991 bis 1995 Mitarbeiter im von Egon Bahr und später Dieter S. Lutz geleiteten Institut für Friedensforschung und Sicherheitspolitik an der Universität Hamburg (IFSH), und studiert habe ich Politikwissenschaft in Berlin, Freiburg und Kingston/Ontario, Kanada.

Prof. Dr. Klaus Kocks war Vorstandsassistent/Ghostwriter der Ruhrkohle AG (Essen), Geschäftsführer Informationszentrale der Elektrizitätswirtschaft IZE (Frankfurt), Sprecher der Hersteller und Betreiber der Kernkraftwerke in Deutschland (Frankfurt), Hauptabteilungsleiter Aral AG (Bochum), Bereichsleiter/Prokurist der VIAG AG/ VAW aluminium AG (Bonn), Hauptbereichsleiter/Direktor der Ruhrgas AG (Essen) sowie Mitglied des Vorstandes (Ressort Kommunikation) Volkswagen, Generalbevollmächtigter Volkswagen AG (Wolfsburg). Geschäftsführender Gesellschafter der CATO Sozietät für Kommunikationsberatung GmbH,

Horbach/ Westerwald. Generalbevollmächtiger der forsa.net, Berlin. Vize-Präsident der Deutschen Paul Lazarsfeld-Gesellschaft. Gast- und Honorarprofessuren für Strategisches Kommunikationsmanagement. Publizist.

Kurt Langbein, geboren 1953; Soziologiestudium in Wien; TV- Dokumentarfilmer („Teleobjektiv", „Betrifft") und Sachbuchautor (z.B. „Gesunde Geschäfte – die Praktiken der Pharma-Industrie", „Bittere Pillen; mit 2,3 Millionen verkauften Exemplaren eines der erfolgreichsten Sachbücher in Deutschland, „Kursbuch Gesundheit", „Leben verlängern um jeden Preis?", „Das Medizinkartell") 1989-1992 Ressortleiter Wissenschaft bei Profil seit 1992 Geschäftsführender Gesellschafter der Multimedia-Produktionsfirma Langbein & Skalnik Media (Print, TV und Web), seit 2000 zusätzlich Herausgeber des Gesundheitsportales „surfMED" (www.surfmed. de).

Dr. Thomas Leif, geb. 1959, Chefreporter Fernsehen SWR Landessender Mainz, Vorsitzender Netzwerk Recherche (www.netzwerkrecherche.de)

Manuel Lianos beendete 2002 sein Studium der Politikwissenschaft in Marburg mit Diplom und ist seit 2003 als Redakteur bei „politik & kommunikation" tätig. Während seiner Studienzeit war er als Redaktionsassistent bei der Oberhessischen Presse (Marburg) im Ressort „Welt" beschäftigt.

Karlheinz Maldaner: Das Studium der Wirtschaftswissenschaften, Sozialwissenschaften und Betriebswirtschaft beendete Maldaner mit dem Diplomabschluss. Nach seiner Tätigkeit als Leiter des Büros und Schatzmeister beim Parteivorstand der SPD, übernahm er die Büroleitung des Vorsitzenden des Planungsstabes der SPD Bundestagsfraktion. Es folgte ein Wechsel zur Daimler-Benz Aerospace AG als stellvertretender Repräsentant. Maldaner war bis Oktober 2003 der Konzernbeauftragter für Politik, Parlament und Regierungsangelegenheiten in der Hauptstadtrepräsentanz der Deutschen Telekom AG.

Dr. Anke Martiny, geb. 1939, Journalistin, von 1972-1989 sozialdemokratische Bundestagsabgeordnete, Arbeitsgebiet Verbraucherpolitik, 1989-Januar 1991 Senatorin für Kulturelle Angelegenheiten in Berlin, von März 1992-November 1996 Leiterin des Büros der Friedrich-Ebert-Stiftung in Tel Aviv/ Israel, seit 1998 in verschiedenen Funktionen tätig für Transparency International Deutschland

Eckehard Niemann, Diplom-Agraringenieur, 55 Jahre
E-Mail: Eckehard.Niemann@freenet.de

Birger P. Priddat, Prof. Dr., geb. 1950, Lehrstuhl für Volkswirtschaft und Philosphie an der Universität Witten/Herdecke, Forschungsschwerpunkte: institutional economics, Theoriegeschichte der Ökonomik, Wirtschaft & Politik, Modernisierungsprozesse. Veröffentlichungen: Hegel als Ökonom 1991, Die andere Ökonomie: Gustav Schmoller 1995, Moralischer Konsum 1998, Electronic Government (mit St.A. Jansen) 2001, Theoriegeschichte der Ökonomie 2002.

Dr. Jochen Roose, Dipl-Soz., geb. 1972, wiss. Assistent am Institut für Kulturwissenschaften der Universität Leipzig (seit 2002). Forschungsschwerpunkte: Europäisierung, insbes. Grenzregionen und europäische Öffentlichkeit; soziale Bewegungen, insbes. Umweltbewegung. Veröffentlichungen: Europäisierung von Umweltorganisationen. Wiesbaden: Westdeutscher (2003).

Rinus van Schendelen ist seit 1980 Professor für Politikwissenschaft an der Erasmus Universität Rotterdam. Er schrieb mehrere Bücher und Aufsätze über Lobbying, besonders Lobbying auf der Ebene der EU. Seine jüngste Publikation zu diesem Thema: *Machiavelli in Brussels: the Art of Lobbying the EU* (Amsterdam University Press, 2002). Er gibt häufig Kurse für Lobbygruppen auf der EU-Ebene. Kontakt: vanschendelen@fsw.eur.nl

Gottlob Schober ist Diplom-Kaufmann. Er arbeitete vier Jahre für das ZDF-Magazin FRONTAL und seit Januar 2001 für das ARD-Politikmagazin „Report Mainz". 1998 gewann er den Ernst-Schneider Preis der Industrie- und Handelskammern.

Wolfgang Schroeder: Dr. Phil. habil. Schroeder ist Privatdozent für Politische Wissenschaft an der Johann Wolfgang-Goethe Universität, Frankfurt am Main. 2001 hielt er die Vertretungsprofessur an der TU Darmstadt 2001 inne. Schroeder ist Abteilungsleiter für Sozialpolitik beim Vorstand der IG Metall, Frankfurt am Main. Veröffentlichungen: Katholizismus und Einheitsgewerkschaft, Bonn 1992; Das Modell Deutschland auf dem Prüfstand, Wiesbaden 2000. Gewerkschaften in Politik und Wirtschaft der Bundesrepublik (zusammen mit Bernhard Wessels), Wiesbaden 2003.

Andreas Skowronek (geb. 1965) arbeitet nach seinem Volontariat bei der Fachzeitschrift „Arbeitsrecht im Betrieb" als freier Journalist. Nach der Ausbildung zum Industriekaufmann und dem Besuch des Abendgymnasiums Dortmund studierte er Rechtswissenschaften in Bochum und Münster. Während des Studiums Mitautor des beim Nomos-Verlag erschienenen Handbuchs für AT-Angetellte. Neben seiner journalistischen Arbeit ist Skowronek als Referent in der politischen und gewerkschaftlichen Bildungsarbeit sowie als Autor zu den Themen Arbeitsmarktpolitik und Betriebsverfassungsrecht tätig. Kontakt: redakteur1@mac.com

Dr. Rudolf Speth, Politikwissenschaftler, Privatdozent am Fachbereich Politik- und Sozialwissenschaften der FU Berlin. Publikationen zur politischen Theorie, politischer Kommunikation und Demokratietheorie. Speth war Wissenschaftlicher Mitarbeiter bei der Enquete-Kommission des Deutschen Bundestages „Zukunft des Bürgerschaftlichen Engagements". Studie zum BürgerKonvent: „Der BürgerKonvent: Kampagnenprotest von oben ohne Transparenz und Bürgerbeteiligung". Beratung für verschiedene Organisationen, Publizist.

Dr. Martin Thunert, Studium in Frankfurt/M., Tübingen, Glasgow und Kingston, Ontario, Kanada. Habilitation im Fach Politikwissenschaft an der Universität Hamburg, seit 2001/2002 DAAD Visiting Associate Professor of Political Science an der University of Michigan, Ann Arbor, USA. 1991 Mitarbeiter im U.S. Senatsausschuss für Arbeit und Humanressourcen bei Senator Edward M. Kennedy, 2003 Gründer und einer der Sprecher der Ad hoc-Gruppe ‚Politikberatung' in der Deutschen Vereinigung für Politische Wissenschaft. Arbeitsgebiete: Politik westlicher Industriestaaten, insbesondere USA, Kanada und Großbritannien, Politikberatung u.a.Kontakt: martin.thunert@t-online.de oder thunert@umich.edu

Heinz Warneke, geb. 16.03.1931 nach Ausbildung von 1956 bis 1970 Manager bei Bauknecht und Braun 1970 bis 1980 Geschäftsführer Deutschlandhalle Berlin, Ausstellungs-Messe Gmbh. Berlin 1981 bis 1982 Politikberater in den USA 1983 bis 1996 Lobbyist für die Münzspielbranche in Bonn seit 1996 selbstständiger Unternehmensberater.

Wolf- Dieter Zumpfort, Dr., geb. 1945 in Niendorf (Kreis Ludwigslust). Direktor der TUI AG, Leiter der Verbindungsbüros in Berlin und Brüssel. Studium der Volkswirtschaftslehre und Promotion an der Universität Kiel. Danach Tätigkeit als wissenschaftlicher Mitarbeiter und als Angestellter bei der Landesbank Schleswig-Holstein. 1979 bis 1983 Abgeordneter des Deutschen Bundestages. Danach Verbandsgeschäftsführer und selbständiger Unternehmensberater. Von 1987 bis 1988 Abgeordneter des Landtages Schleswig-Holstein. Seit 1990 Direktor der Preussag AG, die im Juni 2002 zur TUI AG umbenannt wurde. Derzeit ist er Präsident des „Collegiums", eines Gesprächskreises von Cheflobbyisten.

AKTUELLE Praxis-Fachbücher

Andreas Baumert
Interviews in der Recherche

Redaktionelle Gespräche zur Informationsbeschaffung
2003. ca. 220 S. Br. ca. EUR 17,90 ISBN 3-531-13883-9

Stefan Bösel, Karin Suttheimer
Freie Mitarbeit in den Medien

Was Freelancer wissen müssen
2002. 203 S. Br. EUR 14,90 ISBN 3-531-13788-3

Margaretha Hamm
Journalistische Praxis

Ein Lehrbuch für Volontäre und junge Journalisten
2003. ca. 250 S. Br. ca. EUR 19,90
ISBN 3-531-13864-2

Thomas Leif (Hrsg.)
Neue Leidenschaft: Recherche

Skandal-Geschichten und Enthüllungs-Berichte.
Ein Handbuch zu Recherche und Informationsbeschaffung
2003. ca. 276 S. Br. ca. EUR 23,40 ISBN 3-531-14126-0

Netzwerk Recherche (Hrsg.)
Trainingshandbuch Recherche

Informationsbeschaffung professionell
2003. 222 S. Br. EUR 17,90 ISBN 3-531-14058-2

Kurt Weichler
Handbuch Freie Journalisten

Alles, was wichtig ist
2003. ca. 250 S. Br. ca. EUR 17,90 ISBN 3-531-13801-4

www.westdeutscher-verlag.de

Erhältlich im Buchhandel oder beim Verlag.
Änderungen vorbehalten. Stand: Juli 2003.

Abraham-Lincoln-Str. 46
65189 Wiesbaden
Tel. 06 11. 78 78 - 285
Fax. 06 11. 78 78 - 400

Westdeutscher Verlag

Frank Esser, Barbara Pfetsch (Hrsg.)
Politische Kommunikation im internationalen Vergleich

Grundlagen, Anwendungen, Perspektiven
2003. 510 S. Br. EUR 39,90 ISBN 3-531-13625-9

Christina Holtz-Bacha (Hrsg.)
Der Kampf um Stimmen (Arbeitstitel)

Die Wahlkampagne im Dreieck von politischen Akteuren, Medien und Wählerschaft. Studien zur Bundestagwahl 2002
2003. ca. 280 S. Br. ca. EUR 26,90 ISBN 3-531-14028-0

Klaus Kamps
Politisches Kommunikationsmanagement (Arbeitstitel)

Grundlagen und Tendenzen einer Professionalisierung moderner Politikvermittlung
2003. ca. 250 S. Br. ca. EUR 23,00 ISBN 3-531-13280-6

Marcus Maurer, Carsten Reinemann
Schröder gegen Stoiber (Arbeitstitel)

Nutzung, Wahrnehmung und Wirkung der TV-Duelle
2003. ca. 220 S. Br. ca. EUR 22,90 ISBN 3-531-14019-1

Barbara Pfetsch
Politische Kommunikationskultur

Politische Sprecher und Journalisten in der Bundesrepublik und den USA im Vergleich
2003. 273 S. Br. EUR 32,90 ISBN 3-531-13708-5

Frank Zervos
Digitales Fernsehen in Deutschland

Medienpolitische und medienwirtschaftliche Herausforderungen des zukünftigen Fernsehens
2003. 215 S. Br. EUR 22,90 ISBN 3-531-14027-2

www.westdeutscher-verlag.de

Erhältlich im Buchhandel oder beim Verlag.
Änderungen vorbehalten. Stand: Juli 2003.

Abraham-Lincoln-Str. 46
65189 Wiesbaden
Tel. 06 11. 78 78 - 285
Fax. 06 11. 78 78 - 400

Westdeutscher Verlag